本成果受到 2011 年教育部"新世纪优秀人才支持计划"项目、2016 年兰州大学"中央高校基本科研业务费专项资金"重点项目《民族文化与社区发展研究》(16LZUJBWTD002) 资助,特此感谢!

教育部人文社会科学重点研究基地
兰州大学西北少数民族研究中心

外助与自立之间
——西北少数民族乡村社区发展研究

赵利生 焦若水 谢冰雪 等 ◎ 著

中国社会科学出版社

图书在版编目(CIP)数据

外助与自立之间：西北少数民族乡村社区发展研究 / 赵利生等著. —北京：中国社会科学出版社，2019.10

（兰州大学民族学与社会学丛书·第一辑）

ISBN 978-7-5203-3248-4

Ⅰ.①外⋯ Ⅱ.①赵⋯ Ⅲ.①少数民族—民族地区—农村社区—社区建设—研究—西北地区 Ⅳ.①D669.3

中国版本图书馆 CIP 数据核字（2018）第 225505 号

出 版 人	赵剑英
责任编辑	任　明
责任校对	周　昊
责任印制	李寡寡

出　　版	中国社会科学出版社
社　　址	北京鼓楼西大街甲158号
邮　　编	100720
网　　址	http://www.csspw.cn
发 行 部	010-84083685
门 市 部	010-84029450
经　　销	新华书店及其他书店

印刷装订	北京君升印刷有限公司
版　　次	2019年10月第1版
印　　次	2019年10月第1次印刷

开　　本	710×1000　1/16
印　　张	43.25
插　　页	2
字　　数	709千字
定　　价	148.00元

凡购买中国社会科学出版社图书，如有质量问题请与本社营销中心联系调换
电话：010-84083683
版权所有　侵权必究

《兰州大学民族学与社会学丛书·第一辑》
丛书编委会

顾问：杨建新

主编：赵利生　周传斌

编委：王　力　王希隆　王建新　王海飞
　　　切　排　田　烨　闫丽娟　李树辉
　　　李　静　杨文炯　阿旺嘉措　陈文江
　　　武　沐　罗红光　周传斌　宗喀·漾正冈布
　　　赵利生　徐黎丽

《兰州大学民族学与社会学丛书》
总　　序

　　学界一般认为，民族学与人类学（尤其是文化人类学）基本上是同义的，同时，民族学与社会学也有着密切的关系。我国民族学先驱之一的吴文藻先生，先后获得美国达特默斯学院社会学学士（1925）、哥伦比亚大学社会学硕士（1926）和博士（1929年）学位。在哥大就学期间，他旁听美国人类学之父博厄斯的课程，从而"意识到人类学与社会学之间密切的关系以及把这两门学科结合起来进行研究的必要性"。[①] 回国之后，他任教的燕京大学社会学系成为我国人类学与社会学的重镇。他的弟子费孝通先生，也主张"在中国，社会学和民族学从学术分科上说可以合而为一的"。[②] 民族学与社会学相融通，成为老一代中国民族学家的一个特征。

　　兰州大学具有悠久的民族学与社会学研究传统。在20世纪30—40年代的第二次中国边疆研究高潮中，马鹤天、顾颉刚、黄奋生等均为当时的代表人物，而这三位学者都与兰州大学有或多或少的交集。1928年，马鹤天曾任兰州中山大学校长。顾颉刚不仅先后有六次西北之行，并且还曾于1948年任兰州大学历史系主任。黄奋生则曾在20世纪50年代在兰州大学历史系兼职讲授藏族史课程。1946年，国民政府正式设立"国立兰州大学"时，辛树帜校长首倡开设边疆语文学系，设藏语、蒙语、维语专业，成为兰州大学民族学教学与研究的标志性事件。1952年的院系大调整中，边语系整体并入了新成立的西北民族学院。此后，又有兰州大学历史系学子杨建新于1959年赴中央民族学院深造，在翁独健、王辅仁、

　　[①] 吴文藻：吴文藻自传，《晋阳学刊》1982年第6期。
　　[②] 费孝通：民族社会学调查的尝试，《中央民族学院学报》1982年第2期。

贾敬颜门下完成学业,并于1963年回兰州大学任教,接续了兰州大学的民族学学术谱系。

20世纪40—50年代,亦有两位毕业于清华大学(西南联大)社会学系的学者先后来兰州大学任教。出生于兰州的谷苞,1935年赴清华大学求学,后转入社会学系。1941年10月,他转到由吴文藻教授、费孝通教授主持的云南大学和燕京大学合组的社会学研究室工作,度过了三年的"魁阁"调查时期。1944年,他到兰州大学任教,开设社会学课程并在洮河、白龙江流域及甘肃各地开展田野调查。1949年8月,谷苞随解放军西去新疆,开始了另一段学术生涯。1941年毕业于西南联大社会学系的晏昇东,是晏阳初的侄子。1951年,晏昇东曾来兰州大学任教,开设《少数民族概况》《社会调查》等课程。1980年费孝通主持北京大学社会学系复建,曾邀请晏升东讲授《社会调查方法》。

改革开发以后,兰州大学民族学与社会学得到恢复,并获得了长足的发展。1983年,从新疆社科院离休的谷苞先生,返回兰州大学任兼职教授,协助培养了首批民族学专业硕士生。杨建新教授创建的兰州大学西北少数民族研究中心,不仅成为教育部人文社科重点研究基地,还逐渐形成了从民族学本科到硕士、博士、博士后培养的完整体系,成为我国西北地区民族学研究与人才培养的高地。同时,兰州大学也建有社会学系,开展社会学研究并培养了大批人才。

民族学与社会学的交叉,也是20世纪90年代以来兰州大学西北少数民族研究中心的学术特色之一。在民族学一级学科博士点和硕士点下,自设了民族社会学二级专业。除较早出版《民族社会学》(2003)专著外,西北少数民族研究中心的不少博士、硕士学位论文和学术专著,也都体现了民族学题材与社会学方法的交融。这既是对中国民族学学术传统的继承,也体现了兰州大学民族学研究的一个特点。

在习近平新时代中国特色社会主义思想的指导下,在"一带一路"倡议的引领下,兰州大学西北少数民族研究中心老、中、青三代学者立足西北,辛勤耕耘,收获颇丰。基于此,我们拟出版"兰州大学民族学与社会学丛书",陆续推出一系列的研究成果,恳请学术界批评指正。

是为序。

赵利生　周传斌
2018年7月

目　　录

第一编　总论 …………………………………………………… （1）

第一章　导言 …………………………………………………… （3）
　　一　研究背景 ………………………………………………… （3）
　　二　研究意义 ………………………………………………… （6）
　　三　研究方法 ………………………………………………… （8）
　　四　研究思路 ………………………………………………… （11）

第二章　社区发展研究的回顾与反思 ………………………… （14）
　　一　社区概念的简单追溯 …………………………………… （14）
　　二　社区发展理论与实践的回顾 …………………………… （18）
　　三　对社区与社区发展的反思 ……………………………… （25）
　　四　结语 ……………………………………………………… （28）

第三章　发展与民族乡村社区发展 …………………………… （29）
　　一　发展与当代民族发展 …………………………………… （29）
　　二　认识发展：GDP 与 HDI 的对弈 ……………………… （36）
　　三　走近发展：社区的视角 ………………………………… （39）
　　四　在文化中体认发展 ……………………………………… （41）

第四章　民族乡村社区发展的动力及其逆反机制分析 ……… （44）
　　一　社会发展及其机制的理论探讨与乡村观照 …………… （45）
　　二　内外源动力及其转换机制：民族乡村发展的追求 …… （49）
　　三　社区发展的逆反机制：民族乡村现实的反思 ………… （53）
　　四　结语 ……………………………………………………… （61）

第二编　自组织与民族社区发展 ……………………………… （63）

第五章　沙尼——洮河流域藏族传统民间组织调查 ………… （65）
　　一　问题的提出 ……………………………………………… （65）

二　沙尼的概念界定及其类型 ……………………………………（67）
　　三　沙尼结构及其特征 ……………………………………………（72）
　　四　沙尼的功能 ……………………………………………………（79）
　　五　沙尼的发展历程及趋势 ………………………………………（87）
　　六　结论 ……………………………………………………………（92）

第六章　寺坊组织——甘肃省临夏州G县西村寺管会调查 ………（95）
　　一　回族寺坊组织与和谐社区建设 ………………………………（95）
　　二　研究个案——西村寺管会 ……………………………………（98）
　　三　西村寺管会的运行起始 ……………………………………（107）
　　四　西村寺管会的运行过程 ……………………………………（121）
　　五　结论 …………………………………………………………（137）

第七章　土族传统民间组织青苗会调查 ……………………………（142）
　　一　青苗会的基本情况 …………………………………………（142）
　　二　青苗会的历史 ………………………………………………（143）
　　三　青苗会的结构与推选制度 …………………………………（148）
　　四　青苗会的活动与功能 ………………………………………（152）
　　五　青苗会与村庄管理系统 ……………………………………（158）
　　六　土族青苗会的现代调适 ……………………………………（165）

第八章　互助小组——天祝县锐华村剪羊毛活动与社区
　　　　发展 …………………………………………………………（169）
　　一　调查地简介 …………………………………………………（170）
　　二　剪羊毛小组 …………………………………………………（172）
　　三　剪羊毛小组形成的原因 ……………………………………（178）
　　四　剪羊毛活动的运作 …………………………………………（181）
　　五　结论 …………………………………………………………（184）

第三编　反贫困与民族社区发展 ……………………………………（189）
第九章　扶贫项目的效益——青海土族农村社区调查 ……………（191）
　　一　问题的提出 …………………………………………………（191）
　　二　社区印象：扶贫项目的进入与实施 ………………………（192）
　　三　社区发展：扶贫项目的影响 ………………………………（196）
　　四　社区守望：社区发展面临的困境及反思 …………………（205）

五　对农村民族社区发展的思考 …………………………………（213）
第十章　援疆项目的社会效益分析——新疆哈萨克族
　　　　乡村社区牧民定居工程调查 ………………………………（216）
　一　问题的缘起 …………………………………………………（216）
　二　研究设计 ……………………………………………………（225）
　三　田野点——苏村牧民定居工程的社会效益分析 …………（231）
　四　援助发展与自我发展的悖论 ………………………………（239）
　五　援疆背景下民族社区之自我发展 …………………………（244）
第十一章　"硝沟模式"——宁夏固原市硝沟村调查 ……………（249）
　一　硝沟村基本情况与"硝沟模式" …………………………（249）
　二　硝沟村"少生快富"工程的实施 …………………………（253）
　三　各类扶贫项目的实施 ………………………………………（260）
　四　在质疑声中创立的养鸡创业园 ……………………………（270）
　五　项目实施过程的问题：平等与效率、保守与激进 ………（276）
　六　结语：形成中的"硝沟模式" ……………………………（280）
第十二章　民众参与视角下的国家项目实施——边境民族
　　　　　社区新疆哈萨克拜村调查 ……………………………（286）
　一　相关概念界定 ………………………………………………（288）
　二　走进哈萨克拜村 ……………………………………………（290）
　三　国家项目在民族社区实施情况 ……………………………（296）
　四　民众参与国家项目存在问题分析 …………………………（316）
　五　完善民众参与国家项目的思考 ……………………………（324）
　六　结语 …………………………………………………………（331）

第四编　民族文化与民族社区发展 ………………………………（333）
第十三章　发展与重构——阔克麦西莱甫调查 …………………（335）
　一　研究缘起 ……………………………………………………（335）
　二　研究设计 ……………………………………………………（344）
　三　溯源与正流：马村阔克麦西莱甫的田野调查 ……………（351）
　四　"地方性知识"视野中的阔克麦西莱甫变迁与传承 ……（360）
　五　阔克麦西莱甫引发的思考 …………………………………（382）

第十四章 "小地方"的力量：市场化与社区建构——青海黄南藏族自治州吾屯社区唐卡产业经济发展的个案研究 …… (386)
  一 问题的提出：中国农村社区变迁的另一种可能 …… (386)
  二 田野 …… (387)
  三 社区建构：社区经济发展的文化机制 …… (388)
  四 结语 …… (410)
第十五章 民俗旅游与土族社会变迁 …… (413)
  一 问题的提出：旅游视域中的民族社区发展 …… (415)
  二 研究设计 …… (424)
  三 米德悖论：民俗旅游背后的地方性知识发现 …… (429)
  四 农家乐与风情园：国家引导下的比较 …… (433)
  五 女性角色的比较 …… (451)
  六 结论与思考 …… (456)

第五编 社会转型与民族社区发展 …… (461)

第十六章 统一与分散：转型期对回族乡村精英的实地研究——以白村为例 …… (463)
  一 白村基本概况及研究设计 …… (463)
  二 白村社会中的精英 …… (469)
  三 白村乡村精英与有关部分的互动 …… (491)
  四 新时期回族乡村精英的变迁趋势 …… (515)
  五 回族乡村精英与回族乡村社会的治理 …… (528)
第十七章 风险社会视野中的社区地质灾害及其治理研究——以兰州市的一个多民族社区为个案 …… (532)
  一 问题的提出 …… (532)
  二 华林坪社区及其地质灾害 …… (533)
  三 地质灾害的传统治理与效果 …… (545)
  四 多元主体的治理模式 …… (565)
  五 结语 …… (569)
第十八章 区隔与聚居——上西园社区少数民族流动人口聚居区研究 …… (571)
  一 研究缘起 …… (571)

二　走进田野 …………………………………………………… (578)
　三　聚居区与社区居住空间的区隔 …………………………… (583)
　四　聚居区流动人口与社区的交往与文化区隔 ……………… (591)
　五　少数民族流动人口社区融合中的制度区隔 ……………… (597)
　六　区隔与融合：聚居区与城市社区关系思考 ……………… (603)
第十九章　社区民族关系与社区整合——甘肃省张家川回族
　　　　　自治县马关乡石川等村调查 ………………………… (609)
　一　历史上的马关乡回汉民族关系 …………………………… (609)
　二　当代马关乡回汉民族关系的分析 ………………………… (615)
　三　马关乡回汉民族关系的停滞点——回汉通婚 …………… (636)
　四　结论 ………………………………………………………… (646)
第二十章　国家、农民关系与社区发展——对新疆柯坪县
　　　　　劳动力培训与输出的动员研究 ……………………… (649)
　一　柯坪县概况 ………………………………………………… (649)
　二　劳动力转移：走出困境的发展策略 ……………………… (651)
　三　劳动力培训与输出：全面动员 …………………………… (656)
　四　劳动力培训与输出：成绩与问题 ………………………… (662)
　五　结论 ………………………………………………………… (665)

结语：外助与自立之间——迈向社区发展的本土理论 ………… (672)
　一　大转型中的社区中国 ……………………………………… (672)
　二　田野未到与未尽之处 ……………………………………… (675)
　三　外助与自立之间：迈向社会发展与治理创新的新时代 … (677)

后记 ……………………………………………………………… (683)

第一编

总　论

第一章 导 言

一 研究背景

改革开放40年，我国经济社会发展取得了令人瞩目的成就。然而，这种发展存在不平衡、不协调等问题，尤其是区域差距与民族差距逐步扩大，城乡发展不平衡引起了社会与民众的普遍关注，当然也成为民族学、社会学关注的重要问题。费孝通指出："没有中国农村的现代化，就没有中国的现代化。同样没有中国少数民族的现代化，也就谈不上中国的现代化……充分发挥少数民族地区的优势，把少数民族地区资源开发和社会经济发展妥善结合起来，逐步改变民族地区相对落后的状况，使之同全国经济发展相适应，这是发展我国综合国力的极为重要的一个环节。"[①] 因此，以新发展观为指导来审视少数民族地区的农村发展，分析其社会变迁和发展的问题成为民族学的重要课题。我国是世界上最大的发展中国家，农村人口约占总人口的一半，长期以来保持着小农经济的基本经济格局，农村发展具有特殊难度与艰巨性。中国发展涉及的几乎所有深层次矛盾与问题均与农村发展问题有本质联系。农业、农村与农民问题一直是中国革命与建设的中心问题与关键所在。我国自古以来就是一个多民族国家，而少数民族80%以上的人口在西部和边疆地区，根据2015年各省人口统计数据，新疆、宁夏、青海、甘肃四省区内少数民族人口已达到21934300人，占西北总人口的35.30%，其中乡村人口比例分别为52.77%、44.77%、49.70%、57.06%，均超过全国的平均水平43.90%。这充分表明民族发展的重点依然在农村，特别是城市化进程加速发展的背景下，少数民族农

[①] 费孝通：《对民族地区发展的思考》，载《费孝通论西部开发与区域经济》，群言出版社2000年版，第315、320页。

村发展需要更为迫切的重视，其中缘由非常明确。在我国新一轮开展的精准扶贫关注中，集中连片特困地区被作为重点攻坚扶贫区域集中关注，其中的六盘山地区、秦巴地区、乌蒙山区、滇桂黔石漠化区、滇西边境山区、西藏、四省藏区、新疆南疆地区等8个地区都位于西部少数民族聚居区，其农村居民人均纯收入仅为全国平均水平的一半。而在国家级贫困县的统计中，西部各个省份的贫困县占全国的63.345%，民族贫困县所占西部贫困县的比例达到了59.733%，① 进一步说明了少数民族的发展，关键是农村的发展。农村发展的问题解决了，少数民族发展面临的众多问题，诸如贫困问题、教育问题、卫生问题也就迎刃而解了。我国边疆大部分是少数民族农村牧区，促进民族乡村社区发展也有利于边防巩固、民族团结和社会和谐。而我国民族地区地域辽阔，生态环境多样，历史文化悠久，不同区域经济社会发展差异很大，推进农村社会和谐与发展的难度与对策亦将有较大不同。我们拟以社区为切入点，对西北民族地区乡村社会发展进行研究。

西北是我国少数民族分布集中、活动频繁、影响深远的地区。在长期的历史发展过程中，多民族共同开拓了这块神奇的土地，地域文化深深地打上了民族特色与宗教特征，形成了多种文化与宗教交融共生，多种生计方式共存的独特格局。本研究项目所选的个案均来自甘肃、青海、宁夏以及新疆四个省区不同的少数民族聚居区。西北少数民族地区土地面积辽阔，西北四省区面积共约290.69平方公里，约占全国面积的30%，民族成分众多，民族文化丰富多样，能源矿产资源丰富，但生态环境脆弱，经济社会发展的历史起点低，发展水平普遍落后于全国平均水平。由于受自然、历史、区域等因素的制约，西北少数民族地区区域经济发展缓慢，与东部沿海地区的发展差距日益扩大。它直接或间接地影响着我国经济的整体发展和民族地区的安定团结以及现代化的进程。西北地区新疆、青海、甘肃、宁夏地区生产总值从1978年的132.64亿元增长到2015年的21443.94亿元，人均地区生产总值从1978年的364.78元增长到2015年的34517.35元，但远低于全国平均水平51750.53元。根据相关研究的统计分析，在一系列衡量经济社会发展指标方面，西北少数民族地区在全国

---

① 万国威、唐思思、王子琦：《西部民族地区精准扶贫机制研究：来自甘肃的实证调查》，《甘肃行政学院学报》2016年第2期。

比较中总体上都处于发展劣势。2009年中国可持续发展能力排在全国后十位的省份依次是：广西、新疆、河北、山西、青海、贵州、云南、甘肃、宁夏、西藏。① 西北少数民族地区均在其列。因此加快西北民族地区的发展不仅是重要的社会经济问题，更是重要的政治问题。

西北民族地区是我国的迟发展地区。由于基础条件差，教育、文化等社会事业也相对滞后，制约着经济的发展，一些居住在边远山区的少数民族由于交通不发达和信息的闭塞，市场化程度低，生活相当贫困，这是目前民族乡村社区发展面临的重要问题，也成为西北地区新农村建设的难点和重点。据国家统计年鉴，2015年全国农村居民人均可支配收入11422元，而西北四省则远低于此平均水平，分别为：甘肃6936元，青海7932元，宁夏9118元，新疆9425元。② 通过对青海省互助土族自治县土族农村社区长期的田野调查，本研究项目发现，扶贫发展项目在社区发展中一方面回应着村民的需求；另一方面，在加快社区发展，消除贫困，缩小社区与其他区域的差距起了很大作用。同时，在对口援疆项目中，应更多地倾向于培养和激发当地群众自我发展的能力和可持续发展能力。

本研究项目关注了边疆地区的发展，国家通过一系列专项行动，在政策、资金、人力、物力上提供了大力支持，例如兴边富民、扶持人口较少民族发展、对口援疆等为边疆地区的发展带来了新的机遇。边境地区发展过程中最突出的特点就是要强调少数民族的发展，建立具有民族特性、满足民族内在需求的发展模式，这必然要求少数民族作为主体切实参与到社区发展中来。本研究项目重点解读了少数民族民众在项目中的参与情况，分析少数民族自身发展与参与的内在联系及对社区发展的影响，以期国家发展项目在边境民族社区的良好实施，实现民族地区及少数民族的可持续发展。

我国《"十三五"促进民族地区和人口较少民族发展规划》明确指出了少数民族和民族地区发展面临的突出问题与特殊困难。总体上看，民族地区经济社会发展滞后，产业发展层次水平偏低，新旧动能转换难度较大，资源环境约束大。从发展的能力上来看，人口整体素质有待提高，创

---

① 中国科学院可持续发展战略研究组：《2012中国可持续发展战略报告》，第313页。转引自门洪华主编《中国战略报告——中国软实力的战略思路》（第1辑），人民出版社2013年版，第135页。

② 根据中华人民共和国国家统计局主编《中国统计年鉴2015》整理。

新发展能力弱，贫困程度深。①。加快少数民族和民族地区发展，乡村社区发展显然是基础和关键。社区在理论界与实际工作部门中具有如此重要的地位，最为重要的动因是因为人们认识到社区是整个社会的细胞，是人们参与社会活动的基本场所；社区是社会的缩影，是具有相对完整意义的社会实体，社区发展是社会发展的基础。社区研究是社会学理论发展的重要基础，是社会研究的具体化与深化，尤其是对于我国这样地域辽阔、文化丰富、民族众多的国家，社区研究更凸显了其重要性。社区不仅是社会的基本单元，也是透析社会的重要方法，是沟通社会学理论研究与应用研究的桥梁。我国各个少数民族都有其悠久的历史，丰富多彩的文化与传统，社会发展的模式自然应突出地域与民族特点，而离开了深入的社区调查，这一点是不可能做到的。中共十六届六中全会明确提出："积极推进农村社区建设，健全新型社区管理和服务机制，把社区建设成为管理有序、服务完善、文明祥和的农村生活共同体"，党的十八大强调，"解决好农业、农村、农民问题是全党工作重中之重"。更凸显了民族乡村社区发展的现实意义与迫切性。

总之，西北少数民族地区的发展关键是乡村的发展，在城市化和现代化的冲击下，西北少数民族乡村社区正面临由传统社会向现代社会转型的关键阶段，其发展面临着巨大的挑战和机遇。目前，西北少数民族乡村社区发展面临的重要任务则是解决经济发展、社会发展、文化发展以及社会转型等方面的问题。基于以上现实背景和认识，本研究项目立足于西北少数民族乡村社区发展现状，在个案深入调查和多个案比较的基础上，深入探讨影响和制约西北少数民族乡村社区发展的问题，建立多样性民族社区发展的基本框架，以促进区域、民族、城乡和谐发展。

二 研究意义

（一）理论意义

首先，为构建社会主义和谐社会提供重要的理论支撑。构建社会主义

---

① 国务院：《国务院关于印发〈"十三五"促进民族地区和人口较少民族发展规划〉的通知》（国发〔2016〕79号），http://www.gov.cn/zhengce/content/2017 - 01/24/content_5162950.htm，2016年12月24日。

和谐社会是我们党从中国特色社会主义事业总体布局和全面建设小康社会全局出发提出的重大战略任务，体现了建设富强、民主、文明、和谐的社会主义现代化国家的时代要求。目前西北少数民族地区总体上是和谐的，但也存在着不少影响社会和谐的矛盾和问题，其中城乡发展不平衡是较为突出的矛盾，无论在基础设施、公共服务还是收入分配等方面，农村都严重滞后于城市。随着工业化、城镇化的发展，城乡二元结构和农村经济社会发展中的一些深层次矛盾逐渐显现出来。这些问题解决得好坏直接影响着"三农"问题的解决以及和谐社会的建设，通过西北少数民族乡村社区发展研究，可以为进一步认识西北少数民族地区发展中存在的问题，走出发展的困境，建立良好的民族关系，发展适合西北少数民族乡村社会的治理模式，为构建社会主义和谐社会创造基础条件。

其次，丰富和发展中国特色社会主义农村发展理论。党的十九大明确提出实施乡村振兴战略的部署，它是在深刻分析当前国际国内形势，全面把握我国经济社会发展阶段特征的基础上提出的，也是从党和国家事业发展的全局出发做出的重大决定。西北少数民族乡村社区的发展研究可以为我国少数民族地区新农村建设提供特殊的素材。西北少数民族地区新农村建设不仅关系到全国农村建设的全局，而且关系到各民族团结、边疆稳定与和谐，具有重要的现实意义。从某种意义上说，少数民族的发展，关键是农村的发展。农村发展的问题解决了，少数民族发展面临的众多问题，诸如贫困问题、教育问题、卫生问题就迎刃而解了。只有西北民族农村地区发展起来，才能真正实现社会主义新农村建设，才能实现全面建成小康社会的目标。本研究项目立足于西北少数民族乡村社区发展，从西北少数民族地区各乡村民族社区选择各个层次的典型个案进行分析比较，形成互补和对照。从整体上，深入全面的探讨西北少数民族乡村社区发展，对西北少数民族地区新农村建设具有重要的理论意义，可以丰富西北少数民族地区新农村建设的理论研究。

再次，丰富和拓展民族社区发展理论。在梳理以往研究的基础上，以城乡差距与民族差距为背景，迟发展为视角，对民族社区发展进行系统分析。不仅要对西方发展理论，尤其是社区发展与不发达地区发展理论进行反思，同时要对中国传统社会发展理论进行梳理，包括对少数民族社会发展观的思考，当然更要对新中国成立以来中国共产党人对民族社会发展的不断探索与创新进行总结，以科学发展观为指导，对新农村建设与农村社区建设的实践进行总结与思考，尤其是突出社会建设在乡村社区发展中的重要地位，结合西北民族社区发展实践，进行有益的理论综合与创新。

（二）实践意义

首先，通过社区研究为培养和增强少数民族自我发展能力提供参考。西北少数民族地区的经济、文化、社会发展远落后于我国东部地区，发展西北少数民族地区，自我发展能力的培育和增强至关重要。如何推动少数民族和民族地区从"输血"型向"造血"型转变，增强西北少数民族地区自身的造血功能，使广大群众通过项目的带动，逐步走上脱贫致富、共同繁荣和持续发展的道路是我们研究的重点和关键。为此，我们对少数民族社区民众的社会参与和文化建设与创新进行了较为深入的调查与研究。

其次，结合民族地区实际，探索民族社区发展的有效途径与模式。西北不同的民族所处的地理环境不同，民族文化不同，社会结构与社会组织呈现出较明显的地域特征与民族差异，如何充分调动广大民众的积极性与创造性，在国家、市场与社会之间有效配置资源，既促进民族地区尤其是乡村的发展，又关注少数民族自身的发展，培养和增强少数民族的发展能力，实现少数民族与民族地区长治久安与可持续发展是本课题要解决的重要问题，我们关于社区动力机制的探讨将对此进行有益的探索。

再次，通过实证研究为西北少数民族地区反贫困战略提供对策建议。由于西北少数民族地区经济社会发展起点较低、生产方式相对传统、基础设施较薄弱、劳动力素质偏低等综合因素影响，该地区成为贫困人口的集中分布区，且贫困人口多集中于乡村社区中。缓解和消除西北少数民族地区贫困现象是西北少数民族乡村社区发展面临的重大现实课题，本研究通过运用多点民族志的方法，以点带面，通过对扶贫项目、援疆项目的实施和社会效益的分析，试图找到西北少数民族社区反贫困研究的方向和方法，为反贫困研究提供素材，力求探寻民族地区有效反贫困的模式与战略，促进民族地区农村贫困问题更好地解决。

三　研究方法

（一）文献研究法

文献研究几乎是任何一个研究都无法超越的，它能提供翔实的相关研究成果，同时能呈现相关组织或单位的历史记录。对文献资料的搜集、分析与思考贯穿于研究的始终。本研究项目通过搜集和分析与田野点相关的以文字、数字、符号、画面等信息形式出现的文献资料，为自己的研究提供有力的理论支撑和借鉴。通过对文献的研究可以了解田野点的历史概况、政区沿革、社会习俗、民间记载等内容的资料，并掌握学术界对于相关问题及相应区域研究的进展程度，并在田野调查之前对田野有一个宏观的把握，以便能够更有针对性地进入田野点进行研究。本研究项目针对具体的田野点，选择不同的文献资料，包括田野调查点的历史、民俗以及与研究主题相关的核心文献和背景文献等资料，结合相关的历史文化著作，各级政府的相关政策、工作总结、统计数据等对西北少数民族社区发展相关的历史、文化、经济社会发展状况进行梳理。

（二）田野调查法

本研究项目采用多点民族志的方法进行田野调查。在多个田野地点针对民族乡村社区发展的民族志是为了使民族志摆脱单一地点的局限性，便于从宏观上进行研究。同时，可以比较全面反映西北少数民族地区的结构特征、社区的环境差异和资源的多样性，从宏观上把握社区发展程度的差异性，进而更好地提出不同生活方式的西北少数民族乡村社区发展路径。本研究项目以点带面，观照西北民族走廊中民族、宗教、文化、地理、生计等内容，注重多元社区的比较，多元田野点之间的连接、交互和相互印证，增强本研究项目叙述和建构的能力，力图涵盖西北少数民族乡村地区社区各种形态，展示民族地区乡村社区发展这一主题的全局性和复杂性。

本研究项目在甘肃、青海、新疆、宁夏等不同地区选取具有代表性和特殊性的民族社区，从社区规模、民族类型、地理环境、生计方式等多个方面出发，围绕少数民族社区发展中涉及的某一主题，采用参与观察、问卷访谈、深度访谈等各种方法，通过长期的田野调查，对西北少数民族社区的发展状况做出整体的把握，完成基础性资料的收集。

（1）参与观察法。参与观察是民族学研究中最常用的调查法，是收集第一手资料的基本方法。观察法为了解人们的行为和行为发生的背景提供了一种直接、有效的方法，它不但强调观察的细致入微，而且要求参与到当地人的生活中。在观察过程中尽量取得被观察者的信任，与其友善接触，建立友好关系，以期获得真实信息。课题组成员在对某一主题进行研究时，例如对民俗旅游与土族民族社区变迁进行调研时，深入互助县 XZ 社区、ND 庄园、XB 土族风情园等地进行观察，亲身参与了活动的整个过程，切身感受和体验了少数民族社区活动，并拍摄图片资料，为后续研究做了充分准备。

（2）访谈法。访谈法是我们研究的主要方法，并在此基础上针对重要问题，对被访谈者采用重点访谈与深度访谈方法。在确定田野调查点之后，课题组成员首先对需要访谈的相关人员进行确定。取得一定的信任后，与访谈对象就研究主题进行深入访谈，倾听他们的真实想法和感受。在此过程中，采取录音的方式以便分析和归纳。

（3）问卷调查法。调查问卷主要针对研究项目的主题进行设计，在于准确了解被调查者对某一问题关心的程度、态度及心理状态。例如课题组成员在对援疆项目的社会效益和扶贫项目进行调研时，采用问卷调查的方法，具体收集资料方式为问卷作答，采用课题组成员问问题，被访谈者回答，再由课题组成员填答的形式进行。

（三）类型比较研究

本研究项目在探究西北少数民族乡村社区发展的一般规律时，采用类型比较的方法。西北少数民族地区社会经济发展基础的多样性和复杂性，要求我们运用类型学的方法来概括出不同的类型，进而形成不同类型之间的比较。西北少数民族地区由于各民族历史、文化、经济的差异性形成了多层面、多样化的复杂状况，少数民族社区有着明显的多类型和多元化的特点。宗教与文化差异、民族差异、群体差异、组织差异、阶层差异、区位差异、发展差异以及利益主体多元化、文化多元化、价值观念多元化等必然在社区类型与生活上表现出来，从根本上影响着研究工作的开展，并构成相当大的工作难度。本研究项目以初级群体中个体之间的相互关系为起点，然后扩展到次级群体中初级群体之间的相互关系，概括出社区的不同类型，最后扩展到一个大地区中次级群体之间的相互对比，进而以点带面，对宏观区域的发展状况进行整体研究。

（四）跨学科综合研究法

本研究项目针对西北少数民族乡村社区发展涉及的相关主题，采用民族学和社会学相结合的方法，将民族学的参与观察、深度访谈等田野调查方法和社会学的问卷调查、SPSS 数据分析等方法相结合，进行材料的收集与分析。

四 研究思路

首先，本研究项目以个案研究为基础。西北少数民族乡村社区的发展问题是我们研究的出发点，把少数民族乡村社区本身作为一种整体的独立研究对象，全面分析其典型的历史渊源、现实结构和多元文化，描述其运行机制。因此，个案研究作为本研究项目最基础的方法，来解剖民族社区的社会结构，具体表现在通过注重民族社区的独特性，选取了不同具有代表性的少数民族社区作为田野点，注重个案本身的意义和价值。

西北少数民族乡村社区是多样性生活的集中体，这就要求我们用多种方式来观察和认知少数民族农村社区的全貌，方法之间的区别固然有一定的影响，但是在对社区整体生活的认知服务上却是一致的。本研究在大量访谈、参与式观察和座谈会、资料研究等研究方式的基础上，利用各种统计数据资料，评估西北少数民族农村地区的反贫困取得的效果，分析不同类型民族社区的发展模式，以宏观与微观结合的视野分析西北少数民族乡村社区村民生活的基本图景，力图使定性研究与定量研究相得益彰，为我们理解独特的少数民族社区的发展背景提供完整的视角，为更深入地研究西部少数民族农村地区近几年的发展状况提供一种全面的视角。

田野地图

其次，本研究项目的突破点在于个案的分析和比较。通过拓展个案的方法旨在建立微观分析的宏观立场，试图立足宏观分析微观，通过微观反观宏观。通过积累不同类型的社区，分析不同类型社区的数据，归纳不同类型民族社区的社会结构，对少数民族农村社区的反贫困战略和发展模式进行某种类型的概括，即从少数民族社区研究到比较分析到模式化的方式，以点带面，从局部走向整体，进而达成对整个西北民族走廊发展状况的宏观认识。

再次，本研究项目的重点是发展中地方性知识的应用。对少数民族乡村社区现代化的分析，应该转向追求一种将自己的分析路径严格地限制于具体的社区历史情境之中，尊重民族社区内社区成员的实践知识，以具体的社区和族群的文化习俗、价值观念为依据的局部性的、地方性的社会叙事。地方性知识的概念是格尔茨在《地方性知识》这本书中首先提出，向以往人类学所提倡的普遍性知识提出了潜在的挑战。[1] 这一术语在人类学中揭示了普世知识和无所不能假设的不存在性。指出了任何知识和文化都不能脱离社会时空的脉络而独立存在，强调了知识的平等性，任何一种地方性知识都有其不可替代的优势和功能，是当地人们在长期实践中形成和发展的，有其存在的自身价值和独特的含义。在现实中，地方性知识应对发展话语的手段有多种多样，它具有改变、形塑甚至摧毁发展话语的能力。[2]

在我国这样一个文化多元的多民族国家中，民族地方知识是指各少数民族在其长期的历史发展、文化变迁和独特的生态地理环境中积淀并传承下来的独特而深厚的本土知识，这些都可以称为地方性知识，它是各民族宝贵的精神财富，历史上各民族依靠这些极富创造力的精神资源实现了民族的可持续发展。[3] 它是一个民族在自己生存、延续和发展过程中所形成的一种"民间智慧"或是一种"本土技术知识"，这种实践知识具有自己独特的内容和价值体系，它形成时就意味着与各民族社区的生态、地缘等独特生存环境相适应，其发展过程与本土人历史文化传承和社会结构密不可分，是社区成员在实践中总结出来的"生产法则"和"生存之道"。因

---

[1] 林丽妍：《理解地方性知识——读〈地方性知识〉》，《法制与社会》2008年第2期。

[2] Grillo, Ralph, D., "Discourses of Development: The View from Anthropology", in *Discourse of Development: Anthro-pological Perspectives*, edited by Ralph D. Grillo and Roderick L. Stirrat, Oxford and New York: Berg, 1997。转引自杨小柳《地方性知识和发展研究》，载《学术研究》2009年第5期。

[3] 周俊华、秦继仙：《全球化语境下民族地方性知识的价值与民族的现代发展——以纳西族为例》，载《云南民族大学学报》（哲学社会科学版）2008年第5期。

此，西北少数民族乡村社区的发展是建立在这种生存法则和生存智慧之上的实践，研究中注重少数民族地区地方性知识的运用可以更好地反思发展背后的文化，对于民族文化自觉和文化自信有重大的意义。

最后，本研究项目的落脚点是理论自觉和文化自信。费孝通先生认为，文化自觉是一种深刻的理性反思和批判，"是指生活在一定文化中的人对其文化有'自知之明'，明白它的来历，形成过程，所具有的特色和它发展的趋向，不带任何'文化回归'的意思。不是要保守，同时也不主张'全盘西化'或'全盘他化'。自知之明是为了加强对文化转型的自主能力，取得决定适应新环境、新时代文化选择的自主地位"[1]。可见，文化自觉的目的在于正确对待他者文化，客观认识本土文化。理论自觉和文化自信是文化自觉的特殊形式，在少数民族乡村社区的发展中扮演着重要的角色，能够给发展提供一种手段，能够解决发展的终极目的。因此，认识民族社区的特殊文化，反思民族社区发展的机制、模式和特点，唤起以少数民族本土知识为应用的发展理论的自觉，建构民族文化的自信，对于缩小地区之间的差距、解决发展不平衡的问题具有重要的意义。

总之，少数民族社区具有高度的复杂性和特殊性，是因为民族社区族群多元、历史悠久，其社区本身的结构就很复杂；更重要的是由于其发展具有后发性、外源性的特征，特别伴随着我国社会的转型，民族社区的发展阶段表现出多元性，传统和现代多元并存，地区之间、城乡之间发展极为不平衡，这些都加剧了我国少数民族农村社区发展的复杂性，这是我们在建构分析少数民族发展理论的过程时必须关注的。同时，中国少数民族社区的运行过程也是非常复杂、特殊的，有着自身的逻辑，我们很难简单地按照某种一般性规则对发展的效果做出一般性的预期，实际上我们常常面对的是没有预料到的后果。我们不能简单地按照"理性主义"的话语权，在发展过程中造成对民族社区自身结构的破坏，进而影响到当地村庄的生活状态。因此，我们要汲取发达地区的理论，对传统特别是西方的发展话语权进行深入的反思和批判，汲取民族文化中的合理成分，面向民族地区现代化的时机，把发展看作一个系统的过程，注重民族地区的生态建设，实施好兴边富民的战略，尊重民族社区的多元性，注重培养社区内部的发展能力，根据具体的实际状况，构建出符合我国民族地区发展的理论。

---

[1] 费孝通：《文化的生与死》，上海人民出版社2009年版，第210页。

第二章 社区发展研究的回顾与反思

当今中国,"社区"一词不仅在学术界被广泛使用,而且也是街头巷尾大众广泛关注的热词。然而认真阅读社区研究的著作与日常生活中的运用,似乎又存在较大分歧。因此,在我们从事社区与社区发展研究时,首先有必要对社区与社区发展已有研究进行梳理与反思,以期获得对社区与社区发展更准确的认识,以更好地思考民族社区发展及取向。

一 社区概念的简单追溯

汉语"社区"一词译自英文单词community[①]。community 一词被认为是"最基本、最广泛的社会学单元观念(unit-ideas)"。"社区(community)的重新发现毫无疑问是19世纪社会思想中最具特色的发展,这一发展还延伸到了社会学理论之外的其他领域,诸如哲学、历史及神学,使

---

① community 在民国时被引入中国学术界,先后经历了"共同社会"(杨开道)、"区域社会"(孙本文)、"人群"(张世文)的译法。而"社区"的译名则和1932年罗伯特·派克(Robert Park)到燕京大学讲学有着很大的联系,也正是在派克离华之后,燕大学子准备出一本纪念论文集的时候,community 一词被燕大社会学系学生黄兆临译为"社区"(参见阎明《中国社会学史 一门学科与一个时代》,清华大学出版社2010年版,第173页)。有关"社区"译名的产生,费孝通先生后来有回忆(参见费孝通《略谈中国社会学》,见《费孝通全集》第14卷,内蒙古人民出版社2010年版,第249—250页)。"社区"一经产生,便很快流行开来,也被吴文藻先生采用。吴先生也是中国最早定义社区和倡导社区研究的人。吴先生指出"社区乃是一地人民实际生活的具体表词,它有物质基础,是可以观察到的";同时,"社区既是一地人民的实际生活,至少要包括下列三个要素:(1)人民,(2)人民所居处的地域,(3)人民生活的方式或文化"。他特别强调"文化"乃一社区研究的核心(吴先生的具体论述请参见《现代社区实地研究的意义和功用》一文,见吴文藻《论社会学中国化》,陈恕、王庆仁编,商务印书馆2010年版,第432—433页)。

得其真正成为本世纪（19 世纪）富有创造力作品中的主题之一。"① 同时尼斯贝（Robert A. Nisbet）更是将"社区（community）"归为社会学的五个基本概念之一，② 由此我们不难看出，community 在社会学乃至社会科学、人文科学界中所占的地位。然而正如有学者所言，"为'共同体'（社区）寻找一个清晰的定义，实在是件费力不讨好的事情"③。

community 这个英文词，自 14 世纪以来就存在。最接近的词源为古法文 comuneté，拉丁文 communitatem——意指具有关系与情感所组成的共同体。可追溯的最早词源为拉丁文 communis，意指普遍、共同。④ 学术界一致认同，最早将"社区"（gemeinschaft）引入社会学视野的是德国社会学家滕尼斯（Ferdinand Tönnies）。滕氏于 1887 年出版其名作 *Gemeinschaft und Gesellschaft*，⑤ 首次将社区—社会引入社会学讨论之中，此后，便成为

---

① Robert A.Nisbet, *The Sociological Tradition*, New Brunswick, Transaction Publishers, 1993, p. 48.

② See Robert A. Nisbet, *The Sociological Tradition*, New Brunswick, Transaction Publishers, 1993, p. 6. 另外 Nisbet 所言的其他四个单元观念分别为权威（authority）、身份（status）、神圣（the sacred）和异化（alienation）。

③ 李义天：《共同体：内涵、意义与限度》（前言），见李义天主编《共同体与政治》，社会科学文献出版社 2011 年版，第 3 页。

④ ［英］雷蒙·威廉斯：《关键词：文化与社会的词汇》，刘建基译，生活·读书·新知三联书店 2005 年版，第 79 页。

⑤ 此书一般被译为《社区与社会》，在我国就这两个德文单词有诸多译法，如自然社会与人为社会（吴文藻）、礼俗社会与法理社会（费孝通）、通过社会与联组社会（康少邦）等。在我国通行的此书的译本为林荣远所译的《共同体与社会》（1999，2010），但诚如有学者指出的，滕尼斯本人使用的两个德文单词 gemeinschaft 和 gesellschaft，是极难翻译成其他文字的。1940 年，当美国人 C.P. 卢米斯第一次将滕尼斯的这部著作从德文译成英文时，苦于找不到对应的词，他只能将此书的标题译为"社会学的基本概念"。1955 年，在英国出版这部著作的英译本时，标题译为"社区与社团"（Community and Association），一直到 1957 年芝加哥大学重版卢米斯的译本时，才将标题定位"Community and Society"。从那以后，Community 和 Society 成了滕尼斯这两个关键概念在英语世界中的通常译法。但是，争论并未因此平息。一直到 1973 年，沃纳·查曼在主编《斐迪南·德滕尼斯：一种新的评价》时，仍然感到："一般说来，滕尼斯社会学的那两个关键概念，尚处在未翻译的状态，因为将它们翻译成'Community'和'Society'仍然带有模糊不定的意味。"但是，抱怨归抱怨。无论在此前编撰滕尼斯的《论社会学：纯粹、应用和经验》（1971 年），还是在此后为 *Gemeinschaft und Gesellschaft* 一书的新版撰写"导言"（1988 年），查曼使用的仍是 Community and Society。显然，查曼清楚地理解这两个概念间的微妙区别，但就是无法在浩瀚的英文词汇中找到恰当的对应（周晓虹：《西方社会学历史与体系》第一卷《经典与贡献》，上海人民出版社 2002 年版，第 291 页）。其后，剑桥大学将该书作为政治思想史系列丛书推出，译为 Community and Civil Society（*Community and Civil Society*, translated by Jose Harris and Margaret Hollis, Cambridge, Cambridge University Press, 2001）。

社会学不可回避的经典议题。

滕尼斯将人类结合依意志之不同分为两种,一为共同体(社区,gemeinschaft),另一为社会(gesellschaft)。共同体是由本质意志结合而成。此意志的特征为:相似、习惯性和念旧。故此结合可谓是以血缘(亲属)、地缘(邻里)、心理或精神(友谊)三者为基础而形成的一致关系。它的例子是传统和农村社会。社会则是由选择意志结合而成。此意志的特征为:细心、区别和思考计算。故社会是透过协商、立法、公众舆论三者而形成。其典型的体现就是都市。①

在滕尼斯看来,"一切亲密的、秘密的、单纯的共同生活,被理解成为是在共同体里的生活。社会是公众性的,是世界"②。"共同体是持久的和真正的共同生活,社会只不过是一种暂时的和表面的共同生活。""因此,共同体本身应该被理解为一种生机勃勃的有机体,而社会应该被理解为一种机械的聚合和人工形态。"③

通过对 community 一词词源的追溯以及滕尼斯论述的考察,我们发现此两者均未突出后来人们讨论"社区"时所强调的地域性内涵。那么,要弄清社区一词的地域性内涵的来源,我们就需要把视点从德国转向美国,从滕尼斯转向帕克(Robert E. Park)。

帕克是最早定义社区的美国社会学家之一。④ 美国社会学刘易斯·科瑟指出,帕克在德留学时,深受德国社会科学的影响,其中便提到了滕尼斯的《社区与社会》。"……帕克仅提到一位柏林大学的教师,那就是哲

---

① 参见[德]斐迪南·滕尼斯《共同体与生活》第一篇和第二篇,林荣远译,北京大学出版社 2010 年版;白秀雄等《现代社会学》,五南图书出版公司 1982 年版,第 441 页。

② [德]斐迪南·滕尼斯:《共同体与生活》,林荣远译,北京大学出版社 2010 年版,第 43 页。

③ 同上书,第 44—45 页。

④ 帕克被认为是最早定义社区的美国社会学家,然而在英语世界,最早给予社区定义的社会学家,当属英国的迈基文(R. M. MacIver)。他在 1917 年出版的《社区》(Community,汉译本为《社会学原理》)一书中认为:不管是多大的面积的共同生活,都可以称为"人群"(community),如村、镇、县、省、国家及更大的领域……在一起生活的生物就要互相模仿。人无论在什么地方,只要大家在一起生活,就必须从这种共同生活之中产生与发展出某些共同的特点,如举止动作、传统习俗、语言文字等。这种种的特点,实在是一种有势力的共同生活的标记与结果(迈基文:《社会学原理》,张世文译,商务印书馆 1933 年版,第 24 页)。迈基文的定义,也没有强调社区的地域性而更为注重共同生活的表现(传统习俗等)。

学家弗里德利希·保尔森。人们可能怀疑帕克对保尔森的形而上学究竟有多大的兴趣,但可能通过保尔森——费迪南德·滕尼斯的至交,帕克才知道《团体与社会》(《社区与社会》)。这部著作对他必定产生了影响……构成帕克对大都市文化与简单文化之间作出区分的基础。"① 在帕克主编的《社会学导论》(Introduction to the Science of Sociology)中,他就指出"每一个社区均是一个社会,而每一个社会却并非都是一个社区"(every community is a society, but not every society is a community)。② 后来在题为《人文生态学》(Human Ecology)的文章中,帕克给出了他的社区概念:

> 社区的基本特征,是这么构想的,其包括:(1)一定地域内有组织的人口;(2)这些人或多或少完全扎根于其所占领的土地;(3)个人生活在相互依赖的关系当中……③

帕克的社区定义强调了人口、地域及相互依赖的关系三个因素。正如学者所指出的,芝加哥学派的社会学研究是以城市街区作为基本考察对象的实证研究;他们之所以特别在意 community 在地理位置上的边界划分,是因为其研究重点在于描绘地理意义或行政管理意义上结合在一起的区域人口之间的各种具体的行动方式,而不在于描绘一种特定的社会范式和关系模型。④

美国社会学界,在帕克以后发展出各种不同的有关社区的定义,"甚至对早期美国社会学而言社区就作为中心概念"⑤。1955 年,乔治·希拉里(George Hillery)搜集到了社会学家不少于 94 种有关社区的定义,然

---

① [美]刘易斯·A. 科瑟:《社会学思想名家》,石人译,中国社会科学出版社 1990 年版,第 417 页。

② Robert E. Park and Ernest W. Burgess, *Introduction to the Science of Sociology*, Chicago, the University of Chicago Press, 1921, p. 161.

③ Robert E. Park, "Human Ecology", *American Journal of Sociology*, Vol. 42, No. 1, 1936, p. 4; see Larry Lyon, *The Community in Urban Society*, Philadephia, Temple University Press, 1987, p. 5。中文参见徐琦、莱瑞·赖恩等《社区社会学》,中国社会出版社 2004 年版,第 3 页。

④ Craig Calhoun, "Community: Toward a Variable Conceptualization for Comparative Research", *Social History*, 转引自李义天《共同体:内涵、意义与限度》(前言),见李义天主编《共同体与政治》,社会科学文献出版社 2011 年版,第 7 页。

⑤ 徐琦、莱瑞·赖恩等:《社区社会学》,中国社会出版社 2004 年版,第 3 页。

而在这 94 种定义当中唯一的共同之处就是都与人有关。① 希拉里还发现 94 种定义中有 69 个具有社会互动、地域和共同纽带的相同之处；有 70 个，或者几乎是 3/4 的定义均认为地域和社会互动是社区的必备要素；并且超过 3/4（73 个）的定义认为社区包含了社会互动和共同纽带特征。他进而指出，大多数的定义均认可构成社区的三大要素：地域、共同纽带和社会互动。② 在此，我们发现尽管在帕克之后出现了数量众多的社区定义，但是毋庸置疑其均深受帕克及芝加哥学派的影响。虽然对于社区的概念是仁者见仁、智者见智，但是其最基本的人口、互动、地域的要素却是一脉相承的。

通过上面的梳理我们发现，帕克注重城市社区的研究与滕尼斯对他的影响是分不开的，而中文社区一词的产生也和帕克有着莫大的关联。那么正如王小章所言：从"gemeinschaft"到"community"再到"社区"的转换演变表明了人们对于所谓"社区"之含义的理解的变化过程，而追溯回顾这个变化过程则启示我们至少应该从两个方面来理解社区的本质属性，一是它的地域性，即具有一定边界（通常以居民能经常地进行直接互动从而能相互熟识为限）的时空坐落；二是它的社会性，即人们共同生活中存在和形成的功能上的、组织上的、心理情感上的联系。③ 将其地域性和社会性结合起来，在两者并重的基础之上，更加关注其社会性，去寻求一种和睦、友善的人类生活共同体，是我们对于社区的认识和理解。再者，追寻滕尼斯笔下的社区传统、社区感情，也将是我们所倡导的社区建设或社区发展的重点。

二 社区发展④理论与实践的回顾

中文"社区发展"由英文名词 community development 翻译而来。此英文名词的使用，一般认为首见于法林顿（Frank Farrington）的《社区发

---

① Colin Bell, Howard Newby, *Community Studies: An introduction to the sociology of the local community*, London, George Allen and Unwin Ltd., 1971, p. 27.

② Ibid., p. 29.

③ 王小章：《何谓社区与社区何为》，《浙江学刊》2002 年第 2 期；亦见冯钢、史及伟主编《社区：整合与发展》，中央文献出版社 2003 年版，第 19 页。

④ 笔者在此的论述，是从广义上理解社区发展，社区建设包含其中。

展》（Community Development: Making the Small Town a Better Place to Live and a Better Place to do Business）一书当中。也有学者认为该词最早出现于林德门（Eduard Lindema）1921 年的之著作中，还有的认为最早出现于斯坦纳（Jesse F. Steiner）1928 年的著作中。[①] 抛开争论，我们需意识到早期对于此一名词的使用，与后来联合国倡导的在世界范围通行的社区发展的工作方式没有多大关系。不过，在学术上或不失为一种思想的渊源。[②] 二战以后，许多国家（尤其是农业国家）面临着贫困、疾病、失业、经济发展缓慢等一系列问题，要解决这些问题，仅仅依赖政府力量是远远不够的，因此运用社区民间资源、发展社区自助力量的构想应运而生。联合国成立以后，特别倡导社区发展工作，谋求各地区人民生活的改良，形成了一种世界性的社会改良运动，当世各国，无论是已开发国家，或是正在开发中国家，莫不激起了一股澎湃的社区发展工作浪潮，并由农村社区逐渐推向都市社区，颇具相当成效。[③]

社区研究在我国学术史上本就有着非比寻常的地位，尽管社会学经历学科被取消的命运，但是改革开放以来，随学科的重建，社区研究再次成为中国学界一个十分重要的研究焦点。有学者指出，随着社区建设（社区发展）在改革日程表上的地位提升，社区建设、社区发展研究在 21 世纪地位突出。据他研究统计，从 2003 年到 2006 年，大陆学界发表城市和农村社区建设方面的专著近 100 多种，硕博士学位论文 100 余篇，学术论文难以计数，涉及城市社区自治和治理模式、社区建设理论、中外社区建

[①] 《社区发展的意义与评价》，黄正源译，《社区发展》季刊创刊号，1977 年，转引自徐震《社区与社区发展》，正中书局 1980 年版，第 150 页。大陆学者对于 community development 的首次使用，均持法林顿之说。笔者翻阅文献，每次遇到有关社区发展概念的论述，其论述基本一致："社区发展"（community development）这个概念最早是由美国社会学家 F. 法林顿在《社区发展：将小城镇建成更加适宜生活和经营的地方》（1915 年）一书中提出的。1928 年，美国社会学家 J. 斯坦纳在其所著的《美国社区工作》中，1939 年，美国社会学家桑德森与波尔斯在合著的《农村社区组织》一书中，对社区发展的基本方法和理论从不同角度进行了论述。这一论述来自王颖与方明之《观察社会的视角——新社区论》，而他们的观点也是对台湾学者论述的综合（参见方明、王颖《观察社会的视角——新社区论》，知识出版社 1991 年版，第 293—294 页；徐震《社区与社区发展》，正中书局 1980 年版，第 150 页；张丽堂、唐学斌《市政学》（下），五南图书出版公司 1983 年版，第 513—514 页）。

[②] 徐震：《社区与社区发展》，正中书局 1980 年版，第 151 页。

[③] 张丽堂、唐学斌：《市政学》（下），五南图书出版公司 1983 年版，第 513 页。

设比较研究、性别与社区建设、中国社区建设成果的个案和经验总结等多个主题。[1] 而在吴铎先生主编的《社会发展与社会学》一书中，作者从学理和实践两个层面总结了改革开放以来我国学者们的社区发展研究。[2] 下面，笔者将从社区发展的概念、原则、理论模式入手，对社区发展研究的理论层面作 简单梳理；继而从社区发展在国外和社区发展在中国两个方面对社区发展研究实践层面作一简要回顾。

(一) 社区发展研究的理论回顾

就社区发展的定义而言，如同社区的定义一样，学术界很难有一个统一的界定。桑德斯早在 1958 年就指出，一个名词用于很多不同的国家、很多不同的行业、很多不同的目的，自然对于许多人会形成许多不同的解释。[3] 继而他给出了社区发展的四种不同界定："过程论"、"方法论"、"方案论"和"运动论";[4] 1970 年，由桑德斯、华伦（Roland L. Warren）等合编的《社区发展工作过程说》（*Community Development as a Process*）一书问世，强调社区发展为工作过程，此一观点成为当时社会发展看法的主要潮流。[5] 后来，美国学者克里斯坦森（James A. Christenson）和罗宾逊（Jerry W. Robinson）在其合编的《社区发展在美国》（*Community Development in America*）一书中列出了包括桑德斯的四分法及联合国在《社区发展与经济发展》一书中给出的定义[6]在内的 22 种关于社区发展的定义。[7] 他们承认了桑德斯四分法的合理性，弃用了联合国的定义，并提出了一个包含六点内容的定义，"社区发展是：（1）一群人（2）在社区中（3）达成一个决定（4）要创始一个社会行动过程（如：有计划的干预）

---

[1] 参见肖瑛《社区建设研究综述》，见中国社会科学院社会学研究所编《中国社会学年鉴 2003—2006》，社会科学文献出版社 2008 年版，第 39 页。

[2] 参见吴铎主编《社会发展与社会学》，上海人民出版社 2009 年版，第 202—204 页。

[3] [美] 桑德斯：《社区论》，黎明文化事业股份有限公司 1982 年版，第 533 页。

[4] 对此四种界定的具体论述参见：桑德斯：《社区论》，第 534—535 页。

[5] 参见徐震《社区与社区发展》，中正书局 1980 年版，第 154 页。

[6] 联合国在 1960 年出版的《社区发展与经济发展》一书中给社区发展这样一个定义——社区发展为一种过程，用以指依靠人民自己的努力和政府当局的努力，改善社区的经济、社会和文化状况，并把这些社区整合进国家生活，使其全力以赴地对全国进步做出贡献的过程。

[7] 参见徐震编译《社区发展在欧美》，"国立"编译馆，1983 年，第 10—15 页。

(5) 去改变 (6) 他们的经济、文化或环境的情况"①。

台湾学者徐震翻译桑德斯的书, 并在自己的著作当中沿用其四分法,② 同时也同桑德斯一样主张社区发展"过程说"③。而大陆学者在论述中也基本都清一色引用桑德斯的论述, 如方明、王颖、夏学銮、常铁威、潘泽泉等, 区别在于有的学者依据此提出了自己的主张, 有的则只是借鉴他人之思想。这些学者当中, 北京大学夏学銮教授以目标理性和工具理性两个维度综合了桑氏的四分法, 在此基础上提出一个受到很多学者认可的定义: 所谓社区发展, 就是运用人文关怀的方法、客观科学的步骤和社会互动的过程, 发现社区需要, 解决社区问题的计划方案和促使社区按照一定的社会制度理想和价值观念发生理性变迁的社会运动。④

社区发展原则的研究, 我国大陆学者多是引述国外学者的见解, 鲜有提出自己主张者。台湾学者蔡宏进依据台湾地区社区发展之实践, 提出了十一条社区发展的原则⑤, 值得我们借鉴; 由何肇发教授组织主编的大陆的第一本社区教材中也列出了六条原则, 而这六原则在笔者看来只不过是对蔡氏十一条原则的精简。⑥ 而论及社区发展模式的学者, 重在从理论层面探讨社区发展的进路。何肇发主编的《社区概论》当中, 指出了三个重要的社区发展的理论模式: 系统模式 (System Model)、均衡发展模式 (Balanced Development Model) 和问题解决模式 (Problem-solving Model)。⑦ 夏学銮教授从社区发展的存在和社区发展的功能两个方面, 讨

---

① 参见徐震编译《社区发展在欧美》,"国立"编译馆, 1983 年, 第 15 页。

② 参见徐震《社区与社区发展》第七章。

③ 徐震在其《社区发展——方法与研究》一书当中, 开篇就指明"本书视社区发展为一种工作过程"(徐震:《社区发展——方法与研究》, 中国文化大学出版部 1985 年版, 第 1 页)。

④ 夏学銮:《社区发展的理念探讨》,《北京行政学院学报》2001 年第 4 期。

⑤ 此十一条原则为: 民主的过程, 本着解决问题的原则, 注重教育方法的原则, 以能改进社区的社会经济及文化条件为原则, 由下而上的发展过程, 全体参与的原则, 自力更生的原则, 合作途径的原则, 发展领袖的原则, 针对需要的原则, 物质与精神发展并重的原则。参见蔡宏进《社区原理》, 三民书局 2007 年版, 第 226—231 页。

⑥ 何书的六条原则分别是: 民主原则、解决问题的原则、自力更生的原则、全体参与的原则、自下而上的原则、物质文明与精神文明同步发展的原则。对照蔡氏的十一条之说, 笔者认为此是对蔡书的精简。蔡氏的《社区原理》初版于 1985 年, 何氏主编的《社区概论》则初版于 1991 年。

⑦ 何肇发主编:《社区概论》, 中山大学出版社 1991 年版, 第 120—123 页。

论了社区发展的八种模式。① 方明和王颖教授则以整体、分散与代办三种模式总结了世界各国推行社区发展的组织模式。② 而潘泽泉教授从社区建设理论的内在逻辑即理论建构方式、社区建设的学术传统与实践理性法则以及社区建设和失去发展的动力机制三个方面解析了社区发展相关理论，从学理层面为我们理清了社区发展的理论建构。③

总体来看我国学者就社区发展理论的研究，始终就围绕着历史渊源、概念界定、发展原则、理论模式等几个话题，虽然讨论者很多，但是很少有人能提出新颖的观点，多是借鉴前人论述。中国社区研究从书斋向田野的转换过程中，需要综合国内学者有关社区发展研究的论述，借鉴和参考西方社区发展的最新理论成果，更需要立足本土社区发展的实践要求，探究本土社区发展的动力机制。

（二）社区发展在国外

"社区发展"一词本来就译自于英文的 community development，故而加强对国外社区发展的研究对我国也是大有裨益。目前笔者所掌握的资料，最早对于国外社区发展进行全面详细介绍的当属台湾学者徐震。其编译的《社区发展在欧美》④ 一书，对美国和西欧各国的社区发展介绍甚为详细。此书共分为两部分："社区发展在美国"和"社区发展在西欧"。美国部分系由克里斯坦森和罗宾逊合编的 *Community Development in America* 翻译而成，全书共12章，分别就美国社区发展的概念、历史、理论、方法、教学、研究及其展望，分析甚详。西欧部分译自亨德里克斯（G. Hendriks）的 *Community Development in Western Europe* 一书，以及雷李（Ray Lees）和史密斯（George Smith）合著的 *Action-research in Community Development* 一书的前四章。除介绍西欧国家推行社区发展之社会背景与工作方法外，对于法国、西德、希腊、意大利、荷兰、挪威等国之社区发展工作，均有介绍，同时徐震还专门编译了英国社区发展章节，介绍了英国地方政府推行社区发展的经过、方法与评估。除此之外，大陆学者对国

---

① 参见夏学銮《社区发展的理念探讨》，《北京行政学院学报》2001年第4期。
② 参见方明、王颖《观察社会的视角——新社区论》，第304—306页。
③ 参见潘泽泉《行动中的社区建设：转型和发展》第五章，中国人民大学出版社2014年版。
④ 徐震编译：《社区发展在欧美》，"国立"编译馆，1983年。

外社区发展也有所涉及。如魏娜的《社区组织与社区发展》一书的第二章"国外社区组织与社区发展的经验及启示",介绍了美国、澳大利亚、新西兰、英国、墨西哥、以色列等八国社区发展的实践经验。[①] 吴亦明在其著作中则介绍了英国的社区照顾运动和韩国新社区运动。[②] 再到后来,由汪大海、孔德宏编译的《世界范围内的社区发展》[③] 一书对世界上典型地区的社区发展进行了较为系统全面的介绍。该书分九个部分及一个附录。第一部分主要介绍了社区发展的新主体、研究目的等;第二部分主要论述了社区发展的国际背景、实践形式、社会价值与社区发展的原理,以及一直影响着社区发展的社会和知识传统与趋向;第三部分到第八部分是对各个国家的研究,它们代表了世界的主要地区:加拿大、新西兰和以色列三国是北部发达的工业化国家,孟加拉国、加纳和智利是南部发展中国家或第三世界,这六个国家都围绕着同一架构,遵循类似的形式。从理论或政策的视角,并结合实践反映出各国社区发展的现实状况;第九部分则是在前八部分的基础上突出国家之间的比较和北京的对比,进而确定社区发展的本质和变革范围,着力关注一些与社区发展相关的急迫的和共同的主题。而周芳玲、乔桑编译的《魅力社区的建设》[④] 则是一本系统介绍日本社区发展、社区建设的专著。2009年夏建中教授出版了《美国社区的理论与实践研究》一书,其中也对社区发展实践的历史与模式做了详细的梳理。[⑤]

另外,潘泽泉教授将二战之后国外的社区发展划分成四个阶段并总体进行了梳理,指出了21世纪世界范围内的社区发展的新变化和新趋势。同时还概述了日本、加拿大、美国、以色列、荷兰等为代表的发达国家和以加纳、印度等为代表的发展中国家的社区发展实践。[⑥] 总体而言,我国学者借鉴和学习国外的社区发展经验,都只有一个目的——促进中国社区发展。

---

① 参见魏娜《社区组织与社区发展》第二章,红旗出版社2003年版。
② 参见吴亦明《现代社区工作:一个专业社会工作的领域》第五章,上海人民出版社2003年版。
③ 汪大海、孔德宏编译:《世界范围内的社区发展》,中国社会出版社2005年版。
④ 周芳玲、乔桑编译:《魅力社区的建设》,中国社会出版社2004年版。
⑤ 参见夏建中《美国社区的理论与实践研究》,中国社会出版社2009年版。
⑥ 参见潘泽泉《行动中的社区建设:转型和发展》第四、七章,中国人民大学出版社2014年版。

(三) 社区发展在中国

我国早期的社区建设,可追溯至兴起于20世纪二三十年代的乡村建设运动。本书的回顾主要集中于新中国成立以后至今。奚从清先生的《社区研究——社区建设与社区发展》一书是较早讨论社区建设与社区发展的专著。他在著作中就社区建设从1991年兴起,以及发展的现状(90年代)和存在的问题做了叙述。[①] 集中来看,我国社区发展的实践主要是推进城市社区发展(建设)和农村社区发展,有关此的研究我国已有大量成果。前文提到的肖瑛的研究综述便证明了这一点。在城市社区发展方面,正如华伟所言,中国城市社会控制方式的转型,20世纪上半叶主要是从传统社区向法定社区(市政层级)演变,在20世纪下半叶则经历了一个否定之否定的过程,先是由以法定社区为主转向以单位体系为主,然后又开始由单位制向社区制回归。[②] 他就城市基层管理体制50年变迁做了详细的归纳与总结。再从单位制衰落到社区制的复兴过程中兴起了很多城市社区建设的模式,如上海模式、沈阳模式、江汉模式、青岛模式等,学者对此讨论较多。如夏国忠的《社区简论》一书里就对上海、沈阳、江汉模式有所讨论;王青山、刘继同的《中国社区建设模式研究》[③] 一书对北京、天津、江汉等很多社区发展实践模式都作了讨论;常铁威在《新社区论》一书中对上海、青岛、沈阳、江汉和百步亭五种社区发展实践模式从核心特征、组织体系、推进方式等五个方面进行了比较[④]。

我国的农村社区发展实践研究,主要是以个案方式探讨和总结农村社区发展的动力及发展模式。这方面的成果已经难以数计,典型的如朱启臻、鲁可荣、高春风的《农村社区发展动力研究》[⑤],王霄的《农村社区建设与管理》[⑥],潘屹的《家园建设——中国农村社区建设模式分析》[⑦],

---

① 参见奚从清《社区研究——社区建设社区发展》第二章,华夏出版社1996年版。
② 华伟:《单位制向社区制的回归——中国城市基层管理体制50年变迁》,《战略与管理》2001年第1期。
③ 参见王青山、刘继同《中国社区建设模式研究》,中国社会科学出版社2004年版。
④ 参见常铁威《新社区论》,中国社会出版社2005年版,第71—74页。
⑤ 朱启臻、鲁可荣、高春风:《农村社区发展动力研究》,中国农业大学出版社2008年版。
⑥ 王霄:《农村社区建设与管理》,中国社会出版社2008年版。
⑦ 潘屹:《家园建设——中国农村社区建设模式分析》,中国社会出版社2009年版。

鲁可荣的《后发型农村社区发展动力研究——对北京、安徽三村的个案分析》①，周沛的《农村社区发展道路与模式比较研究——以华西村、南街村、小岗村为例》②，等等。

在我国还有较有特色的民族社区发展，学者们主要就民族地区的社会文化变迁、经济发展、社会保障及民族地区社区建设等问题展开讨论。早在民国时期，社区研究在我国肇兴之时，吴文藻先生就倡导民族学家们要关注边疆部落社区的研究。后来，更是有边政学派研究的兴盛。新中国成立之后，学者们同样也关注民族地区的发展，且陆续有成果问世，如费孝通先生的边区开发研究，潘乃谷、马戎主编的《边区开发论》③，马戎等主编的《中国民族社区发展研究》④，等等。

三　对社区与社区发展的反思

滕尼斯的《共同体与社会》出版至今已有120多年的历史。早在120多年以前滕氏就指出，一个社会的时代已紧随着一个共同体的时代而来。那么我们身处的这个时代在滕尼斯看来，当是一个十分"社会"的时代，尽管在这个时代，"社区"（共同体）一词像一个"明星"一样存在着并被广泛使用，然而，滕氏所谓的"共同体"只能是一个理想保留在人们心中。早在20世纪90年代，英国史学家霍布斯鲍姆（Eric Hobsbawm）就指出，"社区（community）一词，在这数十年间滥用的如此空洞抽象、不切实际，因为原有社会学意义的所谓社区，在现实生活中已经再难找到"⑤。那么我们如火如荼地讨论社区（共同体），探讨社区发展是否还有"意义"？我们也不禁要像贝尔（Colin Bell）和纽拜（Howard Nweby）那样发出疑问：如今还有谁在读滕尼斯？

---

① 鲁可荣：《后发型农村社区发展动力研究——对北京、安徽三村的个案分析》，安徽人民出版社2008年版。
② 周沛：《农村社区发展道路与模式比较研究——以华西村、南街村、小岗村为例》，《南京社会科学》2000年第10期。
③ 潘乃谷、马戎主编：《边区开发论》，北京大学出版1993年版。
④ 马戎等主编：《中国民族社区发展研究》，北京大学出版社2001年版。
⑤ [英] 艾瑞克·霍布斯鲍姆：《极端的年代：1914—1991》，江苏人民出版社1998年版，第639页。

(一) 意义的追寻——作为一种认同归属的共同体（社区）

在《共同体与社会》一书中，滕尼斯也意识到了从共同体到社会已然是时代的大势所趋，但是字里行间我们仍然能感受到这个石勒苏益格小老头对他童年共同体生活的怀念和喜爱，① 而这也正是19世纪末社会家们大量讨论社区（共同体）的"通病"——"某种道德忧虑和道德怀乡症"②。

美国作为社区研究的重镇，尽管经历了20世纪五六十年代的"社区"衰落，但是社会发展的事实却使"社区"在70年代得以"复兴"，且更受学者以及全社会的关注。这一切无不表明当今时代对于"社区"（共同体）的追求已成了追求美好生活的代名词。因为正如鲍曼（Zygmunt Bauman）所言，"共同体是个温馨的地方，一个温暖而又舒适的所在，它像一个家，在这个家中，我们彼此信任，相互依赖"③。

那么在我国，社区的情况又是如何呢？城市里，群体性冷漠、信任危机、道德缺失等问题越发严重；乡村社会中，家族、宗族观念淡漠，乡土观念日趋流失，老人问题的严重显示了作为传统美德"孝道"在乡土社会的践行已经出现了很大的偏离，从前那种"熟人社会"也渐趋变成一个"陌生的世界"……这一切现实问题预示我们已经进入了"一个充满怨恨的社会，一个没有激情的社会"，④ 在这样一个社会中，我们谈何美好与幸福。

因而，对于"共同体"追求的倡导显得十分重要且非常必要。我们不仅要倡导一种地域性的实体的社区发展与社区建设，更重要的是呼求一种"共同体主义"的回归，一种重新唤起人们的群体意识和归属感的精神诉求。因为地域提供了生活空间的同时，需要一种认同、归属感提供对于持久、恒定、美好共同体（社区）生活的想象。"共同体意味着某些

---

① 有关滕尼斯童年的生活请参见［德］乌韦·卡斯滕《滕尼斯传：佛里斯兰人与世界公民》，林荣远译，北京大学出版社2010年版。
② 李义天：《共同体：内涵、意义与限度》（前言），见李义天主编《共同体与政治》，第14页。
③ ［英］齐格蒙特·鲍曼：《共同体》序曲，欧阳景根译，江苏人民出版社2007年版，第2—3页。
④ 潘泽泉：《行动中的社区建设：转型和发展》（序），中国人民大学出版社2014年版，第3页。

'善',反映了人们关于某些规范维度的理解,寄托着他们关于美好生活的一种设想。"① 正是这些"善"和美好的期望,激励着人们对于共同体的追寻。

在一个社区"失落",十分"社会"化的时代追求共同体(社区),那么就会回到一个备受学者们关注的问题——现代社区何以可能?

(二) 现代社区何以可能?——社区发展的追求

在对社区概念的追溯中,我们发现,可以从地域性和社会性两个方面理解"社区"。那么回到现代社区何以可能的问题,我们更关注的是社区的社会性,因为正如柯亨(Anthony Cohen)在《共同体的符号结构》一书中所指出的,最好不要把共同体予以实体化,不要理解为建立在地方性基础上的社会互动网络,应更多地注意共同体对于人们生活的意义以及他们各自认同的相关性。② 我国学者也早就意识到过分关注社区的外在形式,而忽略对其内在社会性的重视,是很难实现真正意义上的"社区"的,故而孙立平教授强调"社区发育",③ 贺钢教授关注"社区意识""社区情感"④。我们在此强调的社区的社会性,同样是注重包含社区意识、社区情感的一种认同和归属感的寻求。

因此,现代社区何以可能的一个很重要的方面就是要建设一种对于共同体(社区)生活的特定想象。那么这种想象该源于何处?应该源自伊兹欧尼(Amitai Etzioni)所言之"对一系列共同的价值、规范、意义以及共同的历史与认同——简言之,一种特殊的文化——的一定程度的承诺"。⑤ 而这种特殊的文化,除了所谓的"地方知识"(包含传统)外,还需要人们不断进行如伊兹欧尼所说的"道德对话",在对话的过程中,建构、补充、完善共同体(社区)所需要的共享的文化。在这种善的文

---

① 李义天:《共同体:内涵、意义与限度》(前言),见李义天主编《共同体与政治》,第13页。
② 转引自李义天《共同体:内涵、意义与限度》(前言),见李义天主编《共同体与政治》,第12页。
③ 参见孙立平《社区、社会资本与社区发育》,《学海》2001年第4期。
④ 参见贺钢《现代社区何以可能?》,《浙江学刊》2002年第2期;亦见钢、史及伟主编《社区:整合与发展》,第3—16页。
⑤ [美]阿米泰·伊兹欧尼:《创造好的共同体与好社会》,史军译,见李义天主编《共同体与政治》,第350页。

化中，我们所倡导的社区意识、社区情感得以产生，同时这种社区意识、社区情感又反过来建构和完善人们所追求的"善"的共同体生活。那么在此基础上，鲍曼笔下的那个失去了的天堂（共同体），也有了重新获得的可能。

在社区地域性的基础上更加强调其社会性，是我们倡导社区发展、社区建设的主要方向。追求一种乌托邦式的善的、美好的共同体生活，不管是过去、现在还是未来，都是人类本能的追求。

四 结 语

尼斯贝在其《西方社会思想史》的结语里说，他在曾经的《寻求社区》（The Quest of Community）一书中，这样表述："只要略微审视现代重要的哲学家、神学家、社会学家、心理学家以及人类学家的著作，甚至阅读一下现代小说家、诗人或其他富于想象力的作家的作品，必将立即发觉20世纪的人们因感到无根和疏离而心怀忧惧，并且对于社区有强烈的兴趣。"[1] 同时，他也指出在美国和西欧，不仅知识分子，普通大众也在极力寻求社区，甚至是以令人惊骇的方式。可见，（社区）共同体已是人们"在一个不确定的世界中寻求安全"的最佳选择了。找到那个包含着地方感、幸福感、归宿感的"善"的共同体，不仅是人们的梦想，更是人们付诸实践的动力。

在一个渴求"天堂"回归的时代，向着包含了一系列共同的价值、规范、意义以及共同的历史与认同的特殊文化方向的社区建设成了我们必然的选择。尽管前路坎坷，我们也要尽最大的努力去寻求。诚如吴叡人在安德森《想象的共同体》一书导读的结尾所言，"'共同体的追寻'——寻找认同与故乡——是'人类的境况'本然的一部分，但是就像所有人对理想社会的追求一样，这条道路上也遍布着荆棘和引人失足的陷阱。我们必须尽最大的努力，在情感与理性之间、同情与戒慎之间以及行动与认识之间寻求平衡"[2]。

---

[1] ［美］尼斯贝：《西方社会思想》，徐启智译，桂冠图书公司1991年版，第492页。
[2] 吴叡人：《认同的力量：〈想象的共同体〉导读》，见［美］本尼迪克特·安德森《想象的共同体》导读，上海人民出版社2005年版，第17页。

第三章 发展与民族乡村社区发展

一 发展与当代民族发展

发展伴随着现代化与全球化的步伐,影响着世界的每一个角落,发展这一概念本身也经历了从经济增长、经济增长基础上的社会变革、生态基础上的经济可持续、以人为中心的综合演变过程合发展的演变过程。从人类学的视野来看,发展理念的演变折射的是"传统—现代"这对二元模式变项的各种变式,例如,曼恩的"身份社会—契约社会",斯宾塞的"尚武社会—工业社会",马克思的"封建主义社会—资本主义社会",滕尼斯的"共同体—社会",托克维尔的"贵族制—民主制",迪尔凯姆的"机械团结—有机团结",韦伯的"宗法传统经济—理性资本主义经济",等等。其实,在现代社会信任研究中广泛采用的帕森斯的"普遍主义—特殊主义",也是一对二元模式变项,并且它与"传统—现代"这对二元模式变项具有密切的内在关联。在这里,"普遍主义"对应"现代","特殊主义"则对应"传统"。更为重要的是,人类学基于"他者"立场对发展所抱有的反思与警惕,以及背后隐藏的人文关怀,使我们可以对发展和发展背后隐藏的社会进化论思想进行重新体认。因为即便是在21世纪的今天,在国内外学界进入充满"反思发展"的后现代话语的时代,那蕴含在发展阶段论背后的学理假设,以及为衡量和分析发展程度而设置的标尺和框架,无不反映出社会进化论对于当代学界和决策部门的巨大影响力。从一般意义来看,以往社会科学界以为"现代化"主要是一个社会—经济转型的过程,但实践证明,这样的认识有待进一步讨论。

1. 经济增长不等于发展

几乎所有的经济学家都共享着一个信念:物质财富的增长必然通向

人类的满足。实际上,发展带来的不全部是美好,发展带来的社会秩序的变革、文化的冲突与震荡也深刻地影响着人们的生活,特别是经济发展带来的"去魅"大大消减了宗教的影响,而宗教又恰恰是少数民族地区民众内心宁静的重要因素,在发展主义者轻描淡写的发展阵痛期和必经代价名词后面,是众多被发展挟裹的民众的痛苦与失去。来自全球范围的历史观察也完全不支持这样一厢情愿的设想,在实际人均GDP增加的大约60%的时间里,欧洲人的幸福感并没有显著提高。日本人在1958—1978年间,人均GDP增至原来的5倍,但日本人的幸福指数几乎没有变动。同时,发展大大压缩了人们生活的时空,"邻居效应"被极大地扩散,正所谓没有任何事情比目睹邻居的日子蒸蒸日上而自己原地踏步更令人痛苦了,纵观许多地方发生的族际冲突与矛盾,许多问题都可以发现这样的逻辑与问题。弗雷德·赫西(Fred Hirsch)在《增长的社会限度》一书中提出"丰裕悖论":即使人们渴望得到的大多数物质性产品因经济发展已经得到,但他们并不满足。在赫西看来,除了"物质性产品"之外还有"地位性产品"。前者的可获得性可以随着经济增长而日趋丰富;而后者的供给却是有限度的,基本上不随着经济增长而增多,正如剧院里好座位的数量总是一定的。当基本需要得到满足后,地位性产品往往会被人看得更重要,其供给无法增长的特性也就意味着相应的真实收入无法提高。伴随着中国社会转型带来的是社会分层加剧、基尼系数升高,西北少数民族地区虽然从发展中受益,但是发展差距加大,发展动力不足,对社会原有秩序的冲击都迎面而来,整个西部地区在某种程度上都在发展中处于不利地位。如何走出这一悖论?在经济增长中添加道德含量或将其纳入更高的目标可能是出路所在。这一点,连20世纪最为著名的经济学家凯恩斯也是最为坚守的原则,其传记中描述凯恩斯毕生都坚持认为,只有使人们在道德上得到提升时,经济发展才算是正当的事业。

2. 发展未必是直线进化

极端现代主义者特别希望使用国家的权力为人民的工作习惯、生活方式、道德行为、世界观带来巨大乌托邦式的变化。从这种视角来看,发展的要务在于消除贫穷,但是正如萨林斯所言,贫穷并非史前小康社会的普遍现象，而是文明社会的一大发明。① 弗格森更是认为，"将贫穷简单地归结为一个技术性问题，丝毫不留任何的回旋余地，同时向无权无势的受压迫民众允诺以技术性的手段来解决问题，'发展'这一错综复杂而又充满霸权意识的问题群，成了当今世界将贫困议题非政治化的一个主要手段，成了一架使国家官僚权力适时地以'贫穷'为借口，加强和施展影响的机器"。② 实际上，对进化式发展的警惕早在初露端倪之时就引起了关注，早在1922年奥格朋的《社会变迁》一书出版之后，以"社会变迁"这一概念代替"社会进化"就成为当时美国社会学界的趋势。但是真正在研究中认识到文化的地位和作用，学术界并没有达成共识，晚近以来关于发展问题的学术研究一般采取三种态度对待文化：一则忽视文化；二则将文化看成偶然现象，或者看成一种具有内在普遍性、福利最大化的理性的折射；三则将文化视为妨碍进步的前现代障碍。

在忽视文化的研究阵营当中，科学主义和理性主义的意识形态占据着主导位置。极端现代主义需要这个"他者"，一个黑暗的双生子，以清楚地表明自己是落后的解药。这个"他者"既可以是想象的异邦和地方，又可以是与一切极端现代主义相悖的发展实践，文化往往成为极端现代主义概括性地显明自己地位的代名词。这一思潮在涉及科学技术领域的发展问题上最为突出地表现出来，斯科特通过展现代表科学知识——实践知识之间的激烈冲突，发现在很大程度上，现代的研究机构、农业试验站、化肥和机械的销售商、极端现代主义的城市规划者、第三世界的发展者、世界银行的官员都是通过系统地贬低我们所称的米提斯，也就是实践知识来建立自己成功的制度化之路。不过，一方面是全球化进程中资本逐利需要更多地利用当地的文化与实践知识，因此用"在地化"的方式更加重视文化在经济全球化中的价值，另一方面，发展的多样性也使人们认识到，完全忽略文化的发展是难以维继甚至根本不存在的，如同帕斯卡（Pascal）所说的，理性主义的最大失败"不在于它对技术知识的认知，而在于不能认知其他"。

将文化视为偶然现象的思潮难以提出新的、基于文化的发展观。在认识论上没有得到廓清和比较框架不明晰的情况下，各种所谓的本土化也就

---

① ［美］马歇尔·萨林斯：《石器时代经济学》，张经纬等译，三联书店2009年版。

② Ferguson, James, *The Anti-Politics Machine*: "*Development*", *Depolitization*, *and Bureacratic Power in Lesotho*, University of Minnesota Press, 1990.

演变成为以西方之矛攻西方之盾的文字游戏,难以深入分析本土发展与西方化之间的关系。乡土中国的这场巨大变迁将会为华夏子孙带来什么样的新的基层生活共同体(local communities)? 什么样的社会组织和网络? 什么样的"日常生活结构"? 而对于这样一些问题的回答,以及与费孝通理论中重要的"多元一体的民族文化结构"的关联,在民族社区更是被发展主义、现代化等许多宏大的字眼所遮盖,更多的时候甚至表现出一种对小文化粗暴的侵入与改造,在民族社区中出现的种种问题,不但挑战着道德伦理的底线,甚至也影响民俗等文化之根!"不能将他者的经验置于西方的有关人的概念框架下并通过'移情'的方式来理解,而是应该置于他们对'自我'概念的框架下来观察",但是,地方性知识并不是现实的全景,格尔兹所界定的地方性知识,"就是站在特定的立场上看问题,这就使任何获得的知识都必然是有局限的,从而任何主体的建构都是不完善的,这就必然要求多种阐释的并存。"①

将文化视为妨碍进步的前现代障碍的队伍则很大程度上由第三世界的国家和政府构成。晚期殖民地的现代化者有时利用权力将他们认为落后和需要指导的人民加以残酷地改造。革命家有许多理由轻视那些封建的、极度贫困的、不平等的过去,他们希望永远消灭它们。以中国为例,列文森在其主要著作《梁启超和现代中国精神》及三卷本的《儒教中国和它的现代命运》中,表达了两个互为依存的基本观点:其一,从根本上来说,在中国占统治地位的儒教是与现代社会水火不相容的,现代价值观念是西方冲击之结果;其二,中国只有摧毁传统秩序,才能够建立新的现代秩序。在阐述前一个涉及思想史的问题时,列文森依据的是费正清的冲击—回应模式;而在阐述后一个涉及宏观社会变迁的问题时,列文森借用了当时流行的传统—现代模式,这一模式首先将传统和现代视为互相排斥、水火不容的两个社会体系,而在这个构架下,中国是传统的、野蛮的、静态的,西方是现代的、文明的、动态的,静态的中国无力自己产生变化,它需要在西方这个外力的冲击下发生巨变。由此,"随着西方的入侵,'传统'中国社会必然会让位于一个新的'现代'中国",而这个中国是"和现代西方社会异常相似的社会"。

---

① 李雪:《格尔兹真的错了吗?——格尔兹认识论原则再探》,《开放时代》2006年第2期。

3. 发展不等于西方化

"在 19 世纪的西方，进化论者主张进步，因而不仅曾经推动过西方现代化的进程，而且还启蒙了非西方民族的自觉，然而……当时的进化论思想家和人类学家，都将西方当成是全体人类未来发展的方向，也就是将西方放在文明阶梯的最顶端。在运用进化论思想的过程中，西方人类学家经常为了满足他们自己的理论需要，将非西方文化的各种类型排列为一个特定时间上的发展序列，好像所有的非西方文化都是在成为西方世界的文化残余（cultural survivals）。"① 在特殊的时空情境中被纳入现代化与全球化的非西方地区，不得不按照西方已有的发展模式设定自身发展的路径，久而久之，发展被西方化的霸权性逻辑所替代，实际上，早在萨义德的《东方学》当中，在对中国社会发展的研究中，最为流行的两种方式莫过于"冲击—回应"模式（impact—response model）和"传统—近代"模式（tradition—modernity model），前者认为在 19 世纪中国历史发展中起主导作用的因素或主要线索是西方入侵，解释这段历史可采用"西方冲击—中国回应"这一公式。后者则认为西方近代社会是当今世界各国万流归宗的"模楷"（norm），因此，中国近代史也将按此模式，从"传统"社会演变为西方的"近代"社会，认为中国历史在西方入侵前停滞不前，只能在"传统"模式中循环往复或产生些微小的变化，只有等待西方猛击一掌，然后才能沿着西方已走过的道路向西方式的"近代"社会前进。这两种解释模式在美国学界长期盛行，其排除了人类经验中某些极为重要的领域，仅仅因为一时无法认定它们到底是属于"传统的"还是属于"近代的"的认识论问题受到强烈的质疑。柯文《在中国发现历史》率先提出以中国为中心的历史观，并演变成为与中国做跨文化对话的潮流。但知识范式的变革是一个长期的过程，反观本土研究界，众多的研究都潜在地受到"冲击—回应"模式和"传统—近代"模式的影响。

改变以往的以世界（也就是欧美）为方法、以中国为目的（分析对象）的研究范式，代之"以中国为方法"（china as method）、以世界为目的的研究范式。正因为这种主、客体并置实现了多元的主体性，或者说没有用一种主体性取代另一种主体性，也使在不同的主体性之间有可能获得某种共通性，抑或如胡塞尔所说的"主体间性"（inter-subjectivity）或交

---

① 费孝通：《人类学与二十一世纪》，《西北民族研究》2002 年第 1 期。

互主体性。胡塞尔想说明，具有认识能力的主体不是单数，而是复数，因此需要从"主体性"走向"主体间性"，实现"自我"和"他我"的沟通。这种沟通要求主体克服个体单纯的"为我性"进行"移情"，站在他人的立场上去理解他人，从而形成"视界融合"，由"交互主体性相互地构造客观的世界"。受胡塞尔的启发，日本学者加加美光行希望能够在主体间性的基础上建立一种"共同行动主义"（co-behaviorism），通过各个主体间的相互联动作为"中心视角"来展开中国研究；并且，他没有将这种主体间性限定于胡塞尔的认识主体之间，而是将它扩大到了对象世界或中国这个行动主体。从这种视角来看中国乡村社区的发展实践，可以发现与流行的国家控制与社会抵抗学说相比，乡村社会发展的实践与互动有着我们常常忽略的多元复杂性，起码在形式上它可以包括相互间的妥协、渗透、调和与共生，其间的微妙实践的必要解释正是我们认识农村社区发展的钥匙，也应成为未来中国农村社区发展研究的主要方向，因为"中国农村社会的最底层也绝不是不分青红皂白的一大堆农民"①。当代中国关于社会的改造工程，在规模上和对社会生活实践的影响上没有超出轰轰烈烈的社区建设，那么就需要尊重社区自身的逻辑，从生活世界的逻辑出发，理解中国社区发展的主体性。

通过经验的考察和背后的深层理念的反思，我们发现，发展不仅是一个实践的进程，更是一种政治和意识形态的理想模式。全球化发展模式也称发展主义（developmentalism），是一种意识形态，一种认为经济增长是社会进步的先决的信念。第一个质疑"将发展定为目标的可取或可行性"的人是沃勒斯坦，他通过五个启蒙式的提问引出"发展是指路明灯还是幻象"，结论是：发展是幻象。学者们的多维分析形成了发展研究的不同取向。有学者将之概括为"社会转型说"，指发展是长期的结构调整和社会转型过程；"干预行动说"强调发展是为了实现短期或中期目标的活动；"西方话语说"指发展是西方现代性的统治性话语。② 就这一点而论，与前述社区发展的认识有相通之处，或者说社区发展是社会发展的具体化。"在社区的时空坐落中考察民间文化和传统，一方面可以使我们了解文化和传统的固有特性，另一方面对于我们思考现代化理论的局限性也将

---

① ［美］柯文：《在中国发现历史》，林同奇译，中华书局2002年版，第113页。
② ［美］阿图罗·埃斯科瓦尔：《遭遇发展》，汪纯玉、吴惠芳、潘璐译，社会科学文献出版社2011年版。

具有重要的贡献。"① 各种发展理念与发展实践之间的冲突，或许更能体现发展的复杂性所在，在比较的视野中，坐落于具体时空之中的西北多民族社区的发展与不发展的现实，以生动鲜活的经验为我们重新思考发展提供了最好的解释。

4. 现代化是当代民族发展的必然选择

现代化是不同民族与国家从农业社会向工业社会的转变及其深化的过程，是当代社会变迁的实质与各民族共同追求的目标。现代化是社会系统全面发展的过程，它是以科学技术为先导，以经济建设为中心，带动社会的政治、文化发展，推动人们的价值观念、生活方式、社会心理等整个社会变迁的历史过程。现代化绝非指某个单一领域的进步，而是社会整体的进步和变革。

现代化是人的出现、文明出现之后，人类社会所发生的最为深刻的社会变革，它是一种新的文明形态即工业文明产生与扩散的过程。费孝通先生曾指出：对于人类发展来说，文明是一元的，文化是多样的；文明是文化的内在价值，文化是文明的外在形式。② 现代化作为世界性历史进程是不可逆转的，也是单个的民族与国家所无法抗拒的。生存环境固然不同，传统文化与生计方式不同，发展的基础不同，现代化将呈现出鲜明的民族特色与不同的发展模式，但不现代化是绝对不成的。各个国家与民族文化的多样性存在决定了现代化不可能只有一种"西方模式"，现代化的过程与模式必须符合每个国家和民族的文化特质，而这就决定了各个国家和民族现代化道路的差异性。

众所周知，中华人民共和国成立以前我国一些少数民族地区仍处于相对落后的状态，且发展极不平衡，多种生产方式与社会形态并存。新中国成立以后，中央政府在马克思主义民族理论与社会发展理论指导下，采取直接过渡的方法，分两步走，即民主改革与社会主义改造，使各民族共同走上了社会主义道路，为各民族现代化打开了胜利之门。中央政府加大对民族地区的投资，各民族人民迫切希望发展，民族地区社会经济发生了前所未有的深刻变化。但我们也应清醒地看到，历史上遗留下来的贫穷落后

---

① 王铭铭：《现代的自省——田野工作与理论对话》，http://www.360doc.com/content/06/0807/22/2311_175896.shtml。

② 费孝通：《费孝通民族研究文集》，民族出版社1988年版，第452页。

与民族差距不可能一夜消除,民族之间事实上的不平等依然存在,尤其是改革开放以来,东部沿海地区在"两个大局"思想指导下,优先发展,社会经济综合实力有了明显提升,但同时在客观上也拉大了同西部民族地区的差距。我们应当注意到,东、西部社会发展差距的拉大不仅涉及经济问题,一些民族分裂势力经常以贫富不均、发展不平衡为借口试图挑拨民族之间的矛盾,这就使民族社会的现代化在很大程度上成为重要而敏感的问题。正因如此,加速民族地区的现代化进程,切实提高民族地区人民的生活水平和生活质量,成为我国社会发展中最为紧迫的任务之一。现代化进程中,区域差距与民族差距扩大有其必然性,但我们也应看到,这只能是阶段性选择。尤其是对我国这样地域辽阔、民族众多、区域差异明显、社会结构加速分化的发展中大国来说,区域与民族社会经济的协调发展非常重要。少数民族是中华民族的有机组成部分,没有少数民族与民族地区的现代化,就不可能真正实现我国的现代化与中华民族的伟大复兴,社会主义本质也决定了我们必须实现各民族共同繁荣,因此加快少数民族与民族地区现代化成为目前民族工作最为重要的任务。

二 认识发展:GDP 与 HDI 的对弈

发展经济学在不同发展阶段对"发展"这一概念有不同的理解,衡量发展程度的指标和方法也一直是它研究的主要问题。在 20 世纪 60—70 年代,发展是指一国经济获得或保持国民生产总值以每年大约 5%—7% 或者更高的速度增长的能力。在这一时期,发展经济学家们衡量发展的最重要的指标是人均国民生产总值增长率,其次是生产结构和就业的变化等指标。进入 20 世纪 90 年代以来,"发展"这一概念的内涵进一步扩大,联合国开发计划署(UNDP)的专家们进一步提出了人类发展的概念。他们认为,人类的发展不仅包括健康、教育和体面的生活水平,而且也包括政治自由、参与社会生活及人身安全等方面。为了对各国人类发展的水平进行度量和比较,1990 年 UNDP 提出了一套度量人类发展水平的指标体系即人类发展指数(HDI)。HDI 是对人类发展的总括衡量,它衡量一个国家在人类发展的三个基本方面的平均成就。(1)健康长寿的生活,用出生时的预期寿命来表示;(2)知识或教育,用成人识字率(占 2/3 的权重)以及小学、中学和大学的综合毛入学率(占 1/3 的权重)来表示;

（3）体面的生活水平，用人均 GDP（按购买力平价法计算的美元 GDP 指数）来表示。在 HDI 1990 的定义中，人类发展是一个不断扩大人们选择的过程，最关键的选择包括拥有健康长寿的生命、受教育和享受高生活水准，还包括政治自由、有保障的人权以及自尊——亚当·斯密所谓的在公共场合与别人相处不至于感到羞愧。但是，HDI 1990 只是一个开端，人类发展的概念被故意地设计为开放式的，并且足够强健和有活力为新世纪提供一个发展范式。在 HDI 诞生 20 周年之际，HDI 2010 提炼和升华了 HDI 1990 中对于人类发展的定义，提出了一个人类发展概念的凝练版本："人类发展是扩展人们过上长寿、健康和有创造力生活的自由，促进他们有理由珍视（have reason to value）的其他目标以及积极参与构建一个平等和可持续发展的星球。人们作为个体或在群体中，既是人类发展的受益者，也是推动者。"[1]

我国社会经济发展长期以来受经济发展主导，在衡量地区差异发展时多关注 GDP 的增长，而对人类发展指数重视不足，特别是在有关发展的地区差异问题上，人类发展指数揭示出的发展差异和发展代价被极大忽略。赵志强等用人类发展指数估计了中国东中西部的差距。结论是东中西部的人类发展差距并没有逐步扩大，而是呈现收敛的趋势。覃成林等指出各个省区之间的人类发展总体差异不断缩小，但东高西低的两极分化的趋势却十分明显。杨永恒等提出人类发展指数的主成分分析方法，并应用于对中国地区间的比较分析；在此基础上，他们进一步依据中国各省级单位的人类发展状况提出了"一个中国，四个世界"的观点，基于省级面板数据从人类发展指数角度对中国社会进行了最为完备的比较研究。可以发现，经济发展指数与人类发展指数并非简单的伴生关系，在很多情况下，西北地区以资源开采和牺牲环境为代价的发展往往是一种涸泽而渔式的发展，发展虽然取得了短期的效果，但是伴之而来的贫富分化、阶层分化、环境污染等问题反而大大降低了民众的幸福感。课题组在西北多民族社区实地调查中发现对少数民族文化心理、宗教信仰的忽略，形成了众多的"发展问题"，甚至在一些社区中出现了"反发展"的社会情绪，也从一个侧面表明了从人类发展指数更为全面

---

[1] UNDP, *Human Development Report 2010*2010, http://hdr.undp.org/en/reports/global/hdr/2010/.

的关照民族社区发展的重要性。

表3-1　　2014年西北五省人类发展指数与人均地区生产总值对比

	预期寿命	排名	教育	排名	收入	排名	人类发展指数	排名	人均地区生产总值	排名
陕西	0.865	22	0.671	20	0.648	27	0.751	14	46929	14
宁夏	0.845	26	0.613	30	0.682	15	0.726	22	41834	15
新疆	0.828	27	0.451	31	0.677	16	0.769	8	40646	16
甘肃	0.826	28	0.7	11	0.778	4	0.735	18	26433	30
青海	0.791	30	0.627	28	0.616	31	0.726	22	39671	19

数据来源：《中国人类发展报告2016》，http：//www.cn.undp.org/content/china/zh/home/library/human_ development/china-human-development-report 2016。

从发展的时间线索来看人类发展指数对于地区发展的重要意义，则更能发现单纯的经济增长的局限。人类发展指数之父Mahbubu I. Haq曾被认为是巴基斯坦20世纪60年代经济奇迹时期的政府专家和"五年规划"的编写者，当时巴基斯坦的经济增长已经连续10年超过6%。然而就是在这一时期Haq开始对巴基斯坦的经济发展模式有所反思：耀眼的经济增长数据完全误导了人们，巴基斯坦存在广泛的地区间、城乡间、阶层间的发展不平衡，普通民众的状况与数字的反映完全不同。从此Haq踏上了探索人类发展的学术道路。阿马蒂亚·森最初和Haq因人类发展指数展开激烈的争论，森最初非常反对用另一个数字HDI来代替现有的数字GDP，因为数字或多或少会简化任何事物。但是最终达成共识的缘由在于人们需要HDI的简化性，HDI虽然是和GDP一样粗糙的数字，但却是一个更好的替代性指标。关键的问题在于HDI与GDP有重要的不同：GDP聚焦于人们所拥有的商品及其价值，而HDI则聚焦于人们的实际生活。HDI的重要特征是以人为中心（people centered），而GDP则以商品为中心（commodity centered）。HDI不是要提供一个对于自由的完整度量，而是要唤起人们对于放弃"GDP崇拜"的重视。

人类发展指数运用于中国社会发展观察的意义还在于，我国是一个地域辽阔的多民族国家，地域差异与民族文化对社会经济发展有着重要的影响作用，以我国少数民族人口分布较多的西北地区为例，长期以来社会经济发展滞后使发展主义理念有着广阔的空间，但是发展带来的问题和代价却并未得到有效的重视，从人类发展指数来看，西北地区大发展水平更低而且增速不高，按照发展主义的思路，或许应该通过进一步的发展去解决人类发展指数的问题，而不是考虑到人类发展指数本身才是西北地区发展滞后的根本原因。

表 3-2　　　　西北五省人类发展水平 1982—2008 年的变化

省份	HDIh 1982年	HDIh 2008年	HDIh 2008—1982年	HDIo 1982年	HDIo 2008年	HDIo 2008—1982年	HDIni 1982年	HDIni 2008年	HDIni 2008—1982年
陕西	0.5028	0.7643	0.2616	0.5288	0.7723	0.2436	0.6349	0.8308	0.1959
新疆	0.5056	0.7637	0.2581	0.5213	0.7737	0.2524	0.6049	0.8208	0.2159
宁夏	0.4964	0.7594	0.2630	0.5148	0.7667	0.2518	0.5942	0.8246	0.2304
青海	0.4733	0.7155	0.2422	0.4833	0.7203	0.2371	0.5416	0.7571	0.2155
甘肃	0.4713	0.6978	0.2265	0.4942	0.7053	0.2111	0.5747	0.7661	0.1914
全国均值	0.5387	0.7824	0.2437	0.5608	0.7888	0.2280	0.6507	0.8374	0.1867

经济发展专家苦心孤诣，制定了现代化规划，只因不符合"文化"而被束之高阁。然而，民众的评价却是发展中国家有了美国的帮助，就不再发展了。人们的文化反而成了社会发展最大的问题：它"妨碍"了（资本主义）经济理性与经济进步——因此非西方社会的人们便不能像我们那样幸福安康。（另一种看法则将经济开发定义为，从物质上保障和提高当地人的生活方式，除了当地人，很少有人去反思这种看法。）

三　走近发展：社区的视角

发展演变过程中对社会维度的关注固然使我们对发展的认识有了全新的认识，但是社会本身的宏观性依然有碍于我们体认实践中的发展，那么，是否专注于个体层面的发展就可以解决这一问题呢？关于社会网络、社会信任、社会资本方面汗牛充栋的文献大多给出否定的回答，正如托克维尔所说，人们在民主的时代往往寻求"渺小和粗鄙的快乐"，"导致个人将自己完全封闭在内心的孤独之中的危险"。换言之，"个人主义的黑暗面是以自我为中心，这使我们的生活既平庸又狭窄，使我们的生活更缺少意义，更缺少对他人及社会的关心"。那么，什么是解决社会科学研究中个人—社会关系这一终身性难题的途径？"如果研究只是局限于宏观或量的分析，很难套用既有理论和信念。然而，紧密的微观层面的信息，尤其是从人类学方法研究得来的第一手资料和感性认识，使我们有可能得出不同于既有规范认识的想法，使我们有可能把平日的认识方法——从既有概念到实证颠倒过来，认识到悖论的事实。"① 有鉴于此，社区不但成为研究者认识社会的基本单元，也成为社会发展的基本单位，联合国在1955年专门发布《通过社区发展推进社会进步》的报告，强调社区发展是"旨在通过整个社区的积极参与和全面依靠社区的首创精神，来为社区建立一种经济条件和社会进步的一种过程"。研究界与实践发展的结合使社区发展成为一种新的潮流，在中国乡村社区的研究至少有三种较为流行的理论范式：平野义太郎的"村落共同体"、杜赞奇的"文化、社会共同体"和施坚雅的"市场共同体"。以平野义太郎为代表的日本学者认为中国乡村社会的基本结构单元是具有封闭、内聚特征的村落。而美国学者施坚雅提出的基层市场共同体假设认为单纯的村落无论从结构还是功能上都是不完全的，构成中国乡村社会基本结构单元的应该是以基层集镇为中心，包括大约18个村庄在内的、具有正六边形结构的基层市场共同体。杜赞奇则从国家政权建设的角度，探讨了随着国家政权力量的渗入，乡村社会权力结构的变迁，并提出了一个更具有综合性的分析模式——文化网络。② 显然，在这三种分析的范式中，对社区的定位有着极大的差异，对村落与基层市场、行政区划、宗族、宗教、通婚圈、水利协作、武装自卫等结构因素关系分析的侧重不同成为重要因素。需要看到的是，以改革开放为主导的社区发展时空环境来大大推动市场因素在社区发展中的作用，施坚雅20世纪在中国大城市市郊和港口附近观察到的变化，在今天尚处于市场化进程中的西北少数民族乡村社区正在发生，"在市场体系现代化导致社交范围扩大的同时，它却可能造成了社区的缩小。它还使村庄具有了新的意义，随着基层市场社区逐渐消失，他们的大部分社会功能转移到下层村庄当中，每个小村庄逐渐变得把自身利益看得高于村际合作"。

小小的社区不但成为影响学术界与实践领域的重要名词，而且在人类学有关发展的研究中显现出独特的价值所在。安·克努森在分析地中海历史时，扩张中国家的那些中央集权的缔造者，以历史的支撑者自居，他们

---

① 吴毅：《感受经验——田野研究方法散思》，《三农中国》第11辑，湖北人民出版社2007年版。

② ［美］杜赞奇：《文化、权力与国家：1900—1942年的华北农村》，江苏人民出版社2010年版。

的作为产生了彼此相关的事件链以及逻辑的变迁和发展,亦即"伟大的历史"本身。而平等主义的、以交换为取向的传统主义者,则自视为地方社会、亲属群和街坊邻居的代理人,而他们的作为所产生的行动只有有限的效应,根本无法造成结构上的变迁和发展。他们的作为是"小历史"的作为,而他们于其中行动的社会、政治和文化间架,正是他们的行动想要的再造和保障其稳固性的目标。"大历史"与"小历史"、"国家视角"与"地方社会"的论争实际上讨论的是社会发展的时间维度与空间维度,将二者得以整合起来进行对话,正是人类学家一直关注的社区,是中国民族学研究的传统所在,正如费孝通所言,"以全盘社会结构的格式,作为研究对象,这对象并不能是概然性的,必须是具体的社区。因为联系着各个社会制度的是人们的生活,人们的生活有时空的坐落,这就是社区。每一个社区有它一套社会结构,各制度配合的方式。因之,现代社会学的一个趋势就是社区研究,也称社区分析"。更为重要的是,发展本身关乎社会生活中人的感受与体验,斯科特在《国家的视角》中所反思的正是在宏观层面上发展所承诺的美好,那些试图改善人类命运的大型国家项目都失败了?也许从国家的视角看这些项目都是成功的,但从人民的角度来看,这些大型工程造成的灾难有的至今还在威胁人类的生活,相似的乌托邦工程还在不断地计划和开展。斯科特虽然没有给出明确的答案,但是用"米提斯"这一词语间接地回答了地方与社区的重要性,"社区作为一个有生命力的口头文献图书馆,它是农民所做的观察、实践和试验的总和,这些知识是个人无法独立积累起来的"。普通人有关发展的理念又是如何得到理解的呢?我们发现,在"地方"这一时空关系中,当地人对于发展的理解至关重要的,也是人类学家孜孜以求的地方性知识的最好体现。当然,正如项飚有关普通人的"国家观"所揭示的,老百姓倾向于接受"总体性国家概念",期望进入国家,而不相信独立于国家之外会给他们更大的自由和权力。

四 在文化中体认发展

所谓发展,也应该从历史的角度来审视社区发展的社会脉络。正如史华慈在《古代中国的思想和世界》中所言,"与某些文化人类学家不同,思想史家必须对所有那些为整个文化提供了超时间的、超问题意识的'关键答案',对提供了导致得出'西方文化是 X,中国文化是 Y'之类鲁莽的、全球性命题答案的一切努力保持着深刻的怀疑。和希腊古代思想一样,中国古代思想对古代文明的那些问题也不会提供单一的反响。从轴心期时代这些文明的共同文化取向之中所兴起的并非是单声道的反响,而是得到相当程度认同的问题意识。当人们从整个文化取向的层面下降到问题意识的层面上时,跨文化的比较就会变得激动人心和富于启发性。真理往往存在于精细的差别之中,而不是存在于对于 X 文化和 Y 文化的全球性概括之中。尽管人类还存在着由各种更大的文化取向所造出的迄今未受质疑的差距,但在这个层面上,人们又再次找到了建立普遍人类话语的可能希望"[1]。在对社区发展进行研究的过程中,将个案放置于更高的社会文化结构中考察,避免将一个社区地方文化视为独立的整体,从而使我们的观察与思考成为"人类学的岛屿",也使我们对研究者自身的角色有着明确的认识,"观察者永远是他或她所观察到的变化中的情景的关键部分"。

  文化是社区生活的基石,它是凝聚社区团结的力量,承载着整个社区的有机生命,维系着社区内部人与人的交往与互动。对于发展项目实施过程来说,人类学者所带来的最大变化,莫过于将主导中心从技术专家转向当地社区的普通民众,最大限度地挖掘本土知识和传统智慧的潜在价值。实践证明,人类学者完全有能力在探讨发展路径和发展模式的过程中贡献才智,在发展项目周期中扮演更多的重要角色。人们不再盲目地迷恋参与式观察在人类学研究中的标签性地位。看报纸、分析政府文件、观察治理精英的活动、追踪跨国发展机构和有限公司的内在逻辑等获取资料的方式正日益替代与社区成员谈话和共同生活的方式。民族志正成为一种灵活的机遇性策略,通过关注来自不同社会政治场域的不同知识形式,以多种方式综合性地去了解不同地点、不同群体和不同困境,而不只是一条通向"另一种社会"的整体知识的捷径。然而,民族志也有局限之处,在何种意义上一个个社区的民族志受到宏观社会结构的影响,这是中国民族学社区研究中长期争论的问题,我们的研究正是将西北多民族多种类型的社区进行广泛的考察,在多个个案比较的基础上力图将社区发展置于更为宏观的地区结构、民族结构和经济结构中考察,从而避免将社区孤立在宏观的社会结构之外。

---

[1] [美]本杰明·史华兹:《古代中国的思想世界》,程钢译,江苏人民出版社 2003 年版。

民族社区发展生态系统与文化系统。"如果不加强地方社区,鼓励他们在规划与维持其基础设施过程中积极参与并发挥更大作用,发展战略注定会失败。"[①] 20世纪70年代末,日本著名发展社会学家鹤见和子反思西方现代性时,提出了"内发型发展论",她在很多著作和论文中明确指出其"内发型发展论"的原型来源有两个:一个是中国的社会学家、人类学家费孝通;另一个是日本的思想家、民俗学家柳田国男。费孝通的小城镇研究、城乡发展模式、少数民族的发展与地方文化传统以及晚年的文化自觉等理论和方法中,很清楚地透射出重视"地域""文化传统"等理念,正是鹤见和子内发型发展论中所强调的重要概念,而且费孝通开创的小城镇和城乡协调发展研究也是她构筑内发型发展论的实践事例。1989年,鹤见和子在执教20年的上智大学进行了最后一次讲演,题为"内发型发展的三个事例",对于内发型发展的特点,她表述为:内发型的发展是"适应于不同地域的生态体系,植根于文化遗产,按照历史的条件,参照外来的知识、技术、制度等,进行自律性的创造"。同时她进一步分层论述,她认为内发的发展,文化遗产以及广泛意义上传统的不断再造的过程是非常重要的。所谓传统主要指在某些地域或集团中,经过代代相传的被继承的结构或类型。特别要强调的是"为特定的集团的传统中体现出来的集团的智慧的累积"。[②] 传统有不同的层面。第一,意识结构的类型,主要表现为代代被继承下来的思考方式、信仰体系、价值观等;第二,代代被继承下来的社会关系的类型,如家族、村落、都市、城乡之间的关系的结构等类型;第三,提供像衣食住等所有必需物品的技术类型。可见,这是一种由内而外而非由外而内的发展。这种将社区作为连接微观研究与宏观研究的节点的视角,既见社区之"树木",又能见社会之"森林",已经成为当代社区研究的新趋势,因为从社会的角度来看社区不过是"宏观的系统的结点",分析当地系统的社区研究显然很难应对其逃避开研究所面临的社会问题和背景的批评,如何使社区的研究和社会系统的研究相结合起来,沃伦的答案是水平与垂直模式的概念化,分析社区子系统背后的宏观控制系统,为社区系统理论提供了一个主要贡献。

[①] 潘泽泉:《由社区建设达成社会建设》,《湖南师范大学社会科学学报》2010年第5期。
[②] [日]鹤见和子:《内发型发展的理论与实践》,胡天民译,转引自《"大转折"背后的乡村"秘径"》,《读书》2015年第11期。

第四章 民族乡村社区发展的动力及其逆反机制分析

20亿农民站在工业文明的入口处，这就是20世纪下半叶当今世界向社会科学提出的主要问题，[①] 法国著名社会学家H.孟德拉斯的这一判断，在今日观察西北少数民族乡村社区发展时仍然具有深远的意味，在西北少数民族地区迈向城市化的进程中，城乡二元结构、凋敝的乡村社会都将是不可避免的挑战。除此之外，由于文化、宗教、民族等问题的影响，西北少数民族乡村社区面临的问题更具有特殊性。如果说社会科学的使命就是为了揭示隐藏在纷繁复杂的社会现实之下的，通过分析理性和逻辑理性超越形成世界（world of becoming）去发现本质世界（world of being）的话[②]，那么机制则是最能代表社会科学研究努力方向的词语。正因如此，对乡村社会发展的关注，也经由了一个逐渐整合的过程，而社会发展机制的提出，则标志着科学研究对存在于哲学、政治、军事、工程建筑中系统思想的科学化研究。作为现代社会学重心由欧洲移向美国的代表性人物之一，美国社会学家T.帕森斯在其《社会行动的结构》中对社会系统展开开创性论述，就是为了纠正当时学术界长期注重现实研究而忽视理论研究价值的状况。帕森斯大声疾呼，理论本身不会作为资料积累的产物出现，因为资料在某种意义上仍是源自于理论的指导。在某种意义上，事实只是根据概念图式有关经验的一种陈述。必须充分重视理论在社会学研究中的应有地位，社会学必然不能满足于对一定环境中各不相关也不大重要的事实的罗列，更需要我们用理论提炼来抽象综合现实纷繁复杂的图景。可以说，不论回顾西方社会学研究的经典著作，还是回归到中国少数民族地区

[①] [法] H.孟德拉斯：《农民的终结》，李培林译，社会科学文献出版社2004年版。

[②] 谢宇：《社会学研究与定量方法》，社会科学文献出版社2005年版。

乡村社会变迁的历史实践之中，如何立足于长时段的实地观察并提出理论思考，都是民族研究的一个必经路向。

在当前新农村建设的大背景下，立足于西北少数民族乡村社会的客观现实，民族乡村社会发展机制及其逆反机制的研究从理论指向上就是要实现这样一种价值诉求。我们在西北多民族地区的众多田野个案调查，从每一个个案来看都是通过一种"解剖麻雀式"的研究，将每一个民族乡村社区看做具有自主行动能力的主体，充分展示民族乡村社区在发展过程中面临的种种挑战，从而扩展我们对西北民族乡村社区发展理解的多样性。不过，社区的个案研究并非没有局限，从社会的角度来看社区不过是"宏观的系统的结点"，分析当地系统的社区研究显然很难应对其逃避开研究所面临的社会问题和背景的批评。那么，如何使社区的研究和社会系统的研究相结合起来？美国社会学家沃伦的答案是——水平与垂直模式的概念化——为社区系统理论提供了一个主要贡献。沃伦认为，社区的垂直模式是"不同的社会单位和子系统与社区外系统之间结构与功能的关系"的变化大大加强了垂直模式。水平模式是"社区不同的单位和子系统互相之间的结构与功能关系"。显著的社区系统的存在取决于其水平模式的力量。换言之，社区内的当地单位现在被如此紧密地连接（垂直的）到社区外系统，以至于社区是否保持显著的社会系统问题，主要依靠不同的当地单位之间连接（水平的）的程度。我们在多个个案比较研究的基础上，将西北少数民族地区发展的整体状况呈现出来，并与我们长期关注的乡村社会发展机制相结合，[①] 从社会机制的角度对个案研究中呈现出的问题进行了进一步的反思。

一 社会发展及其机制的理论探讨与乡村观照

现代意义上的社会发展理论，是指1838年奥古斯特·孔德提出社会学这一新的学科概念之后，对社会发展过程和规律系统化、规范化了的理性认识和抽象概括，它的形成和发展经历了漫长的演进过程：经典社会发展理论、经济社会协调发展理论、社会可持续发展理论的先后演进构成了

[①] 刘敏：《山村社会——西北黄土高原山村社会发展动力研究》，甘肃人民出版社2000年版；焦若水：《事件村庄——西北乡村社会发展的逆反机制研究》，硕士学位论文，西北师范大学，2005年。

发展理论的基本脉络，而演变的基本走向则经历了由重物到人、物并重，再到以人的永续需要为中心。① 实际上，代表了发展研究主流特别是针对发展中国家的发展问题研究的发展经济学，对于发展含义的认知深化同样也反映了这样一种对系统性、层级性的社会体系制度而非经济因素跃升的过程。②

由于这一过程与社会工业化、现代化的过程紧密相连，因此，社会发展理论在研究的重心上逐渐开始分化，关注城市发展与宏观发展的极化理论与大发展理论得到了充分的重视，而关注乡村与社区发展的微观理论在理论界长期未受到应有的重视。这样一种偏差最终以发展实践所付出的沉重代价得到纠正，人们逐渐认识到关注乡村社会发展和将社会之纲——社区作为研究切入点的重要价值与意义。正如拉茨所言："没有了社区……社会只能是虚幻。地方社区的重建在任何人类维度上的任一层次都是必要的。"终极来看，关注社区研究的社会学家的中心任务并非其他，就是发现良好的社会是如何可能和运行的。

人们开始抛却虚幻的宏观议题，进入实际的社区，从社区这一能进行具体观察与研究的社会事实中间探索社会系统运行的内在秘密，机制（mechanism）正是在这样一种背景下从自然科学中引入社会科学研究，这一本意为某一事物运行的内在结构与逻辑过程的名词，被社会学界定为社会系统内各要素间的律动或惯性的作用联系，这种作用联系通过一定的作用形式表现出来，形成系统的综合效应。可以说，社会机制的研究与社会学整体性与实践性的理论承诺和社会学实证精神的发展取向是紧密相连的，③ 社会机制的抽象性很容易使我们想起帕森斯高度抽象的理论风格。的确，对社会系统的功能分析，始于结构主义大师帕森斯的理论创造，帕森斯把社会行动作为社会学的研究对象，将行动系统分为四个子系统：社会系统、人格系统、文化系统和行为有机体系统，这些子系统又可以进一

---

① 刘敏：《社会发展理论的演变走向及其特征》，《甘肃社会科学》1999 年第 3 期。

② 一般认为经济发展理论主要的三个学派，关注二元经济结构及其居民储蓄能力的刘易斯、缪尔达尔、纳克斯、罗宾斯坦、罗丹、赫尔希曼、普雷维什、辛格等构成结构主义学派；主张充分市场经济、出口导向战略与人力资本理论的鲍尔、凡纳、舒尔茨、哈勃勒尔、迈英特等为代表的新古典主义学派；强调对发展中政治、法律、文化、社会等制度因素分析的以诺斯为代表的新制度主义学派。详见马颖《发展经济学 60 年的演进》，《国外社会科学》2001 年第 4 期。

③ 刘少杰：《后现代西方社会理论》，社会科学文献出版社 2000 年版。

步分为子子系统。例如,把社会子系统分为经济、政治、社会化和社区四个子子系统。这些系统之间相互依存、相互影响,它们各自执行不同的功能,以共同维持整修系统的运行。四类系统对应着四种功能:行为有机体系统具有适应(Adaptation)功能、人格系统具有目标获取(Goal Attainment)功能、社会系统具有整合(Integration)功能、文化系统具有模式维持(Latency)功能,简称 AGIL。这些系统的功能问题,称作四个功能分析范式,即系统是分层次的,因而功能也是分层次的。帕森斯的这种系统与功能"四分法",大可以用于解释整个人类社会,小可以解释某一制度。他说这四个功能范式是以单细胞的有机体到最高级的人类文明中的所有组织及其进化的基本性质为基础的。帕森斯还进一步从控制论的角度,对系统内部和外部之间的能量和信息交换关系做了说明。[①] 当代美国著名社会学家乔纳森·特纳则以社会宏观动力学为核心讨论了社会发展的普遍机制,他认为人口规模及其生产能力、分配手段及其对权力的影响、社会规模及其内部分配方式这些主要因素的分化水平、整合能力,以整体性的方式影响着人类社会的发展。

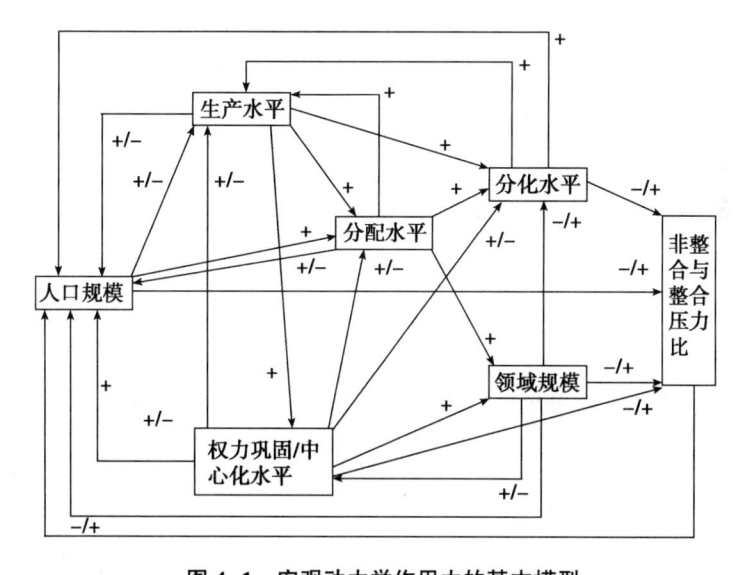

图 4-1 宏观动力学作用力的基本模型

西方社会理论对机制情有独钟的关注,就是力图从具体个案、抽象数

[①] [美] 帕森斯:《社会行动的结构》,社会科学文献出版社 1998 年版。

据研究局限中发现一般性的解释规律与逻辑，能超越个案现实对社会科学研究结论的限制。受西方社会科学思潮的影响，当代中国的社会学研究者对社会机制进行了系统的研究，先后有学者提出了社会机制论①，社会发展复合分析法模型②，社会良性运行与协调发展机制③，社会系统协调论④等系统的探讨了社会机制的结构、含义与现实意义。

民族乡村社会发展，在性质上系由特定乡村社会的时间、空间和人的活动三要素所组成，关乎民族乡村社会结构转型和乡村社会价值观念变化。整合性的民族乡村社会发展，可认为是一种社会经济、政治和文化发展的过程，民族乡村地区居民用它来改善他们的生活条件。发展的正常途径，应该是成长而共享，分化而整合，依赖走向自赖，异化走向同化，外化走向内化，以及外求走向内求的一种过程。⑤但传统的民族乡村社会发展理论存在着缺陷，就在于其对发展的障碍因素分析通常被简化为"点"的因素式分析，与其关注"面"的社会发展之间的理论不对等性，即一方面我们在研究社会发展的过程中，经由发展—经济发展—社会发展的跃升，关注发展的整体取向，形成了以对象—目标—手段—作用为逻辑模式的理论构架。⑥另一方面又对社会发展中可能出现的障碍与困境简化为因素分析法，忽略了存在于社会系统中各障碍因素的联系，导致了对发展困境解释的乏力，一些民族地区社会发展的实践和理论过分强调了核心地区对边缘地区的现代化扩散，而相对忽视了其内在生长力的培养，出现费孝通先生概括的"人文生态失调"现象与马戎先生概括的"扩散—供给模式"问题，要顺利推进民族地区现代化，就必须注意社会系统诸要素的协调，以保证外源动力与内源动力的聚合转换，真正实现少数民族自我本位的发展。⑦我们的研究取向，正是出于把本来存在于社会之中的各障碍因素的互动关系概括出来，以更科学地从正、反两个方向理解社会发展。

---

① 严家明、于真、杜云渡等：《社会机制论》，知识出版社1994年版。
② 蔡明哲：《社会发展理论——人性与乡村发展取向》，巨流图书公司1987年版。
③ 郑杭生：《社会学概论新修》，中国人民大学出版社2005年版。
④ 韩明谟：《社会系统协调论——关于社会发展机理的研究》，天津人民出版社2002年版。
⑤ 蔡明哲：《社会发展理论——人性与乡村发展取向》，巨流图书公司1987年版。
⑥ 刘敏：《山村社会——西北黄土高原山村社会发展动力研究》，甘肃人民出版社2000年版。
⑦ 赵利生：《民族地区现代化进程中的动力转换机制分析》，《人文杂志》2003年第6期。

这一趋向在当代社会发展主义的导向之下，更是受到了极大的忽略，但是理论问题意识与视角的反思并未停顿，整个马克思主义理论的阶级斗争学说都是建立在对社会发展不合理不和谐的反思与批判之上的，而西方社会学对帕森斯的批判也构成了一种蔚为壮观的景象，① 齐美尔通过社会交往形式对冲突和竞争问题的探讨，派克的冲突与竞争学说及其对社会集合行为和社会距离量表的研究，达伦道夫的辩证冲突论和科塞的冲突功能论，到后来柯林斯《冲突社会学：迈向一门解释性的科学》当中确立以冲突为主题的社会学，构成了绵延与西方社会学理论发展的一条重要平行线，正如亚历山大所言，冲突理论出现后的30年里，对经验社会学的实践产生了巨大的影响，在每一经验领域都形成了一种"冲突论观点"，② 这也从另一维度构成了我们对民族乡村社会发展逆反机制研究的基本理论依据所在。

二 内外源动力及其转换机制：民族乡村发展的追求

在工业化、城市化的背景下，关注西北少数民族地区社会发展的研究，尝试将社会发展机制图式的理论关怀同西北民族乡村社会发展实践结合起来，因为西北少数民族乡村地区不但受一般城乡二元社会结构的影响和制约，而且还和特殊的民族宗教文化、习俗传统和地理环境结合在一起，其发展的难度和特殊性可以说又远远高于其他类型的地区。将社会发展系统与机制带入民族地区乡村社会发展视野，是基于社会学家对我国典型欠发达地区西北黄土高原地区的研究成果。社会学家刘敏先生把农村社会发展的过程、层面、规模和形态概括为三种类型：一是区外动力嵌入型发展，即发展动力源于社区外部，社区内部的动力要素处于被动状态。这种发展的领域是局部的，发展过程是间断的，发展成果是有限的。二是内外源动力聚合型发展，即发展过程由外源动力输入而起，但主要动力源于社区内部，表现为外、内源动力的有序聚合。三是内源动力扩张型发展，即在内外源动力聚合发展的基础上，社区内部的动力要素不断强化和扩张，日益成为农村社区发展的主体性力量，这时外源动力输入减缓，社区

---

① Lewis A. Coser, *The Functions of Social Conflict*, New York: Free Press, 1956.
② [美]杰弗里·亚历山大：《社会学二十讲：二战以来的理论发展》，贾春增等译，华夏出版社2000年版。

发展的主要表现为高度组织化的群体自主行为。这种发展涉及经济和社会生活的各个领域，发展状态是持续的，发展成果是全面的。刘敏先生从内外源动力及其机制的角度来研究乡村社会的发展过程，对同样处于欠发达状态的西北少数民族乡村地区有着很强的启示价值。因为只有外源动力聚合转换为内源动力，与民族固有的传统结合起来，实现自我本位的发展，使少数民族从现代的旁观者转化为行动者，用自己的腿走自己的路，使少数民族地区拥有自我发展能力，民族地区现代化才能获得真正意义上的成功。①

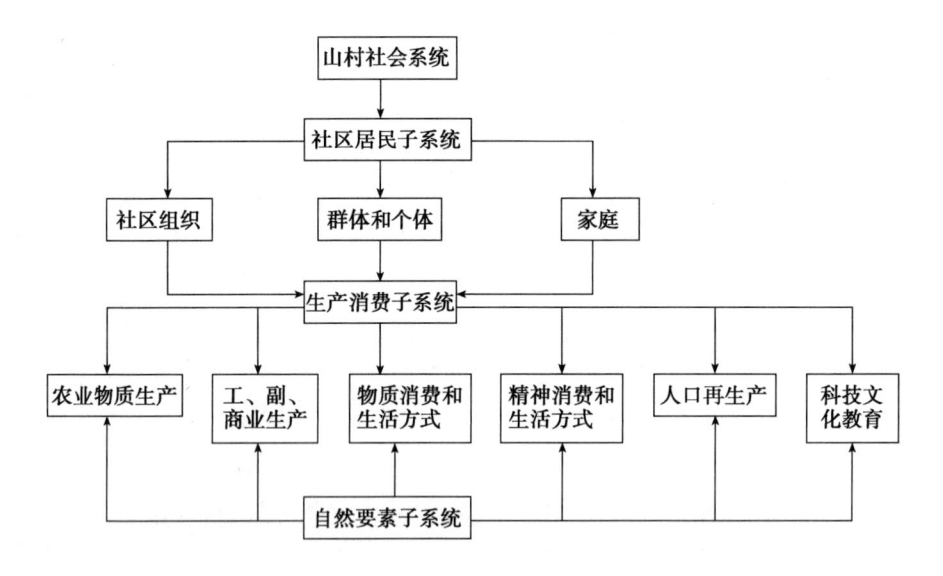

图 4-2　山村社会系统运行图

资料来源：刘敏：《山村社会——西北黄土高原山村社会发展动力研究》，甘肃人民出版社 2000 年版。

山村社会系统运行及其理论，正是建立在对山村社会系统的结构与运行分析的基础上的。从基本的结构来看，山村社会运行系统可以划分为四个层次：第一个层次是具有功能性的作为社会主体的社区居民；第二个层次是社区组织；第三个层次是生产与消费；第四个层次是社区自然要素。促使山村社会系统发展的动力来自两个方面，一是外源动力，一是内源动力。乡村社区发展的真正实现有赖于两种动力在互动中实现聚合，乡村社

---

① 赵利生：《二源动力聚合转换机制述论》，《科学·经济·社会》2003 年第 2 期。

会发展的动力聚合系统由四个子系统构成：本体聚合子系统（不同的社会系统整体之间或同一社会系统整体内部不同的行业、产业之间发生的互动与聚合），定向聚合子系统（社会系统要素和动力要素在既定目标和规范化的原则下，产生的组合过程和形成的合力，包括目标控制聚合和规范约束聚合两种形式），多相聚合作系统（社会系统发展和外源动力之间，内、外源动力子系统内部各要素之间的单边和多边聚合），调节聚合子系统（在调节机制的存在和作用下，社会系统内各要素之间的互动与组合，一般包括战略协调、文化协调和信息反馈控制三种类型），乡村社会发展就是在这四个子系统的协调互动中逐渐进行的。将乡村社区发展动力概括为内源动力和外源动力之后，需要进一步探索的问题将是外源动力向社区内部输入的载体、形态及其过程如何，外源动力与内源动力聚合、转换的中介、机制是什么等一系列问题。显然，问题的关键在于研究内、外源动力的转换机制与模式维持功能，从这一角度来看，可以比较清晰地发现，乡村社区发展的动力来源与转换过程可以区分为三个阶段：第一阶段是外源动力输入阶段，动力来源于政府及各级组织，表现为单一的区外组织活动；第二阶段则表现为外、内源动力聚合，外源动力输入后，以社区组织为载体，与内源动力相聚合，表现为社区自组织行为；第三阶段为内源动力扩张，社区组织通过政策、战略、规划，动员社区成员广泛参与，表现为社区群体行为。我们在青海黄南藏族自治州吾屯唐卡市场化的研究表明，作为民族文化代表的唐卡，之所以没有像其他非物质文化遗产那样濒临灭绝，与村庄藏族、土族画师将唐卡这一亚文化与主流文化进行互动转换有着直接的关联，市场化虽然对民族文化带来了潜在的挑战，使唐卡本身发生了剧烈的转型和分化，但是吾屯的唐卡市场化与文化转型得以并行发展，在经历了短暂的市场阵痛后，当地藏族、土族人已经进入了内源动力扩张发展的阶段，社区成员的自觉意识与行动都使唐卡艺术得以继承和并创新性地发展。[①]

以外源动力向内原动力转换的角度来研究西北少数民族乡村社会的发展，最典型的研究对象莫过于观察各类扶贫、基础设施建设项目对乡村社会的影响。从这一领域的已有研究来看，费孝通2000年时指出，"自从新中国成立以来，从50年代到80年代的30年中，国家工业建设的重点曾

[①] 李元元：《青海吾屯唐卡的市场化与社区建构》，内部研究报告。

经放在中部和西部之间的走廊地带,从内蒙古经陕西、甘肃到四川,投资达 3700 亿元。在我们这样一个工业不发达的国家,这个数字是不算小的。用这笔钱建成了九条铁路和几千个大中型国营企业。但是这几千个大中型企业,却并没有成为这个地区社会经济发展的启动力"[1]。因为这些企业的存在和发展,和当地少数民族没有多大关系,更谈不上带动当地经济的发展,实际上是一种嵌入式经济。翁乃群的研究更是表明,作为西南出海大通道重要组成部分的南昆铁路,并不像宣传的富民路、发展路那样对当地少数民族乡村社会发展带来积极的影响,铁路通车后村民并没有将铁路变成自己经济生产中可以利用的交通运输工具,铁路作为现代交通运输基础设施的意义是非常有限的,其他方面的影响甚至可以说几乎不存在。[2] 我们从社会效益的角度考察了援疆项目,基于苏村牧民定居工程对援疆项目的社会影响、社会互适性、可持续性进行了全面的考察,发现援助发展与自我发展之间存在着悖论,如何摆脱援助依赖,真正从受益者的角度出发,将外在援助和少数民族社区自我发展意愿、能力有效结合起来,是援疆项目可持续发展的关键环节。[3] 同样,我们调查的田野点新疆哈萨克拜村,从 2006 年以来成为国家各类项目的"汇聚点",各类基础设施建设、农业发展、文化建设、技能培训以外源动力输入的方式进入乡村民族社区,但是由于这种外源动力采取以政府为主导、自上而下的发展模式,项目由各级政府部门负责组织实施,在实施过程中具有特征明显的行政化色彩,项目实施缺乏参与式理论的指导和参与式方法、工具的应用,造成了民众在项目中参与的缺失,主体地位得不到体现。如何通过社区参与式发展的方式,实现外源动力与内源动力的聚合,避免社区在外源动力支配下出现"被发展"的状况,还需要在国家民族地区发展体制、地方政府能力、社区组织发展状况等方面做出系统性的改进,参与式发展对地方性知识的尊重和本土化创新也是应有之义。[4]

这正是西北黄土高原山村社会发展的内外源动力聚合系统与"二源

---

[1] 费孝通:《论西部开发与区域经济》,群言出版社 2000 年版,第 378 页。
[2] 翁乃群:《南昆铁路建设与沿线村落社会文化变迁:南昆八村(广西卷、贵州卷、云南卷)》,民族出版社 2001 年版,第 4 页。
[3] 魏冰:《援疆项目的社会效益分析》,内部研究报告。
[4] 谢冰雪:《边境民族社区发展——民众参与视角下国家项目在社区的实施,以新疆哈萨克拜村为例》,内部研究报告。

动力"转换机制理论的现实关怀所在,在这一机制中具体包括组织转换机制、管理转换机制、公众参与转换机制三种具体的内容,在西北乡村社会发展过程中,实现内、外源动力转换是发展的关键所在。从西北黄土高原山村社会发展的内外源动力聚合系统与"二源动力"转换机制和三种子机制出发,我们可以发现,山村社会发展的动力转换是组织的、群体的、个体的合力的作用结果,这种社会结构中的合力,作用于社区社会发展需要的结构,持续激发新的发展需求,"二源动力"的转换和扩张就不断由假设变成现实了。我们关于甘肃临潭万人扯绳活动的研究,揭示了内生性民族关系对西北民族乡村社会发展的积极效用,民众不只从心理上认可万人扯绳,认为"绳力"能把当地各民族凝聚起来,而且从行为上也认可万人扯绳,平时外出务工的民众在特定时期都会赶来参与。万人扯绳构筑了临潭地方社会中汉、藏、回等多民族的互动网络。在特定的时空情境里,互动在个体和群体之间普遍展开,县城街道、龙神庙、集市、饭馆等场所都成为多民族交流沟通的舞台,龙神的祭拜、扯绳的方式、庄稼的收成以及子女的教育、务工的情况都是民众的共同话题。围绕万人扯绳及其互动网络形成了动态、自觉、和谐的内生性民族关系,这种民族关系也更易得到民众的认可,从而更加持久和稳定。[①] 这种通过集体性、仪式性展现出来的内生民族关系,正是民族社会各子系统之间良性互动和谐共处的典型例证。

三 社区发展的逆反机制:民族乡村现实的反思

实际上,关注西北少数民族乡村社会发展与强调乡村社会问题的视角,恰与社会学研究的传统相契合,正向的声音固然宏然于世,但反向的呼吁也不绝于耳,正是在这种"社会的债务人"(达伦道夫)角色与使命的迫使下,社会学能够认真地选择研究的课题,必须而且能够对社会做出贡献。从这一角度来思考乡村社会发展,必然触及社会问题与发展困境问题,要求我们对应发展研究积累的成果,以同样系统化的视角审视乡村社会的发展困境。如是观之,则可发现三农问题在西部少数民族地区是一个系统问题,实质是农业发展、农村社会进步、农民生计三

[①] 陈芳芳:《多民族"万人扯绳"与内生性民族关系研究》,内部研究报告。

者的不可持续性交织而成的农村社会系统失衡问题,由于特定历史制度安排所造成的农村社会系统相对封闭以及内部子系统边界不清、功能模糊和反分化倾向,使大系统趋于"无序"或"混沌"状态。① 社会学把社会各系统、各要素的运动出现一定程度的紊乱甚至背离原运行轨迹或运行目标的现象称为社会机制逆反。从社会机制逆反的控制性可区分为可控性逆反和不可控性逆反;从社会机制要素主体的表现形式可区分为行为性逆反和思想性逆反。② 制约贫困地区经济发展的主要因素,与其说是资金缺乏和劳动力素质低下,不如说是缺乏制度和机制创新。③ 基于西北少数民族乡村地区长期发展滞后甚至陷入内卷化发展困境的现实,我们进一步从民族地区乡村社会发展逆反机制的角度进行思考,认为在西北少数民族乡村地区发展中存在着逆反机制,是西北少数民族乡村地区各种障碍性因素通过一定手段联结起来,经由社会系统中的惯性运动,在整个社会系统中,对乡村社会发展起系统性逆反作用的社会力量及其综合效应,由乡村社会系统内部逆反机制与外部逆反机制两部分构成。乡村社会体系内部包括手段缺失机制、联动断裂机制和惯性乏力机制,与上级这三种机制共同作用形成的贫困文化;城乡二元社会之间发挥作用的外部逆反机制则由外源动力输入制度阻碍机制、区位隔断机制以及二者演化而成的外显文化区隔机制组成。

外源动力输入制度阻碍机制是指由于社会制度设计上的整体失衡与公正的不充分,乡村社会发展的外源动力被阻滞,突出表现为一系列制度设计,不但原有制度对乡村的不合理剥夺没有得到相应补偿与改革,城乡二元社会结构没有改观,反而因社会转型期利益的剧烈重组,导致了针对乡村社会发展的制度设计不合理程度进一步增强,突出表现为由流动农民工"第三元"的形成与农村发展困境在全球化与知识经济多重压力下的进一步加深。我们对录巴寺民族地区集体行动的案例研究,正揭示了以发展面貌出现的外源动力介入民族社区带来的问题——发展带来的不仅是收益,也有沉重的代价。从 GDP 层面衡量的发展同时带来了生态环境的破坏、

---

① 何景熙:《我国"三农问题"的社会系统分析与思考》,《调研世界》2006 年第 8 期。
② 严家明、于真、杜云渡等:《社会机制论》,知识出版社 1994 年版。
③ 宋才发、周丽莎:《民族地区反贫困发展机制研究——以新疆和田地区墨玉、策勒、洛浦三县为例》,《新疆师范大学学报》(哲学社会科学版) 2010 年第 4 期。

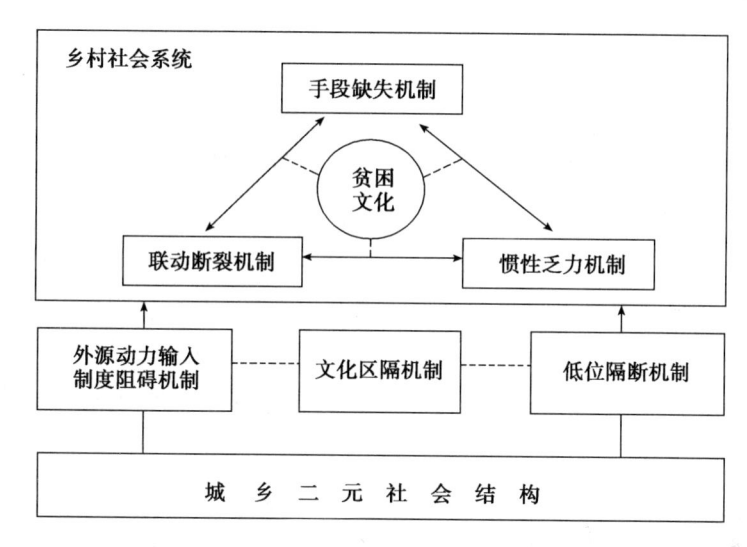

图 4-3 乡村社会发展逆反机制

村庄生活秩序的破坏、村民生存的影响,① 录巴寺民族地区集体行动中社区民众对发展的抗拒,实际上是因为对发展过程中自身利益被剥夺而采取的应激行为。如果不能从根本上改变民族社区发展过程中当地民众受害者的地方,从外部和精英视角难以理解的"对发展的抗拒"就难以改变。

区位隔断机制则既是制度阻碍机制特别是城乡二元结构作用的后果,又反过来对制度阻碍机制起强化作用,表现为乡村社会既不能获得内生性发展,又不可能从两个在区位上明显隔离(孙立平甚至称之为"断裂")② 的社会系统中获得发展动力,整个社会系统被区分为"资源集中化的城市"与"空心化"的乡村,整个乡村社会日益在时间、空间两个方面被隔绝起来,在这样一种形态下,城市成为乡村包围之中的"现代化飞地",而乡村则在文化贫困与数字鸿沟的双重作用下被甩出社会发展的轨道,甚至被刻意地制造成落后的状态,以迎合外来社会的需求。我们对青海互助土族乡村社区的民俗旅游调查发现,在全球消费主义和民俗旅游的刺激下,那些地处偏远、面貌落后的民族社区逐渐被包装成为"原真性的民俗文化",民族旅游似乎大大改变了区位隔断机制对民族社区发

---

① 袁宝明:《多民族地区农民集体行动研究——以录巴寺水电站修建事件为例》,内部研究报告。

② 孙立平:《断裂——20 世纪 90 年代以来的中国社会》,社会科学文献出版社 2003 年版。

展的制约，但是其内在逻辑远非边缘变中心那样简单。当民族社区被外来的旅游力量推动时，导致社区外在和内部结构的极大变迁，沿袭费孝通先生的"差序格局"思想，我们可以发现当外来力量介入民族社区的变迁当中时，原有社区中的"差序"结构发生了较为明显的改变。表现在土族乡村社区当中，公司、政府等新的行动者介入社区，社区的"差"的类型更为丰富，带动了社区结构的变迁，类似于费孝通《江村经济》中描述的由于机器进入乡村所导致的家户结构和社区的变迁就体现出类似的变迁，民俗旅游促动了社区的发展，也使民族社区原有的均衡结构被打破，表现为社区中的"差"不但加剧，这大大影响了社区整合的难度。同时，由于旅游经济的影响，社区中企业、政府也大大地改变了社区中的"序"，经济因素在少数民族乡村社区变迁中的影响大大增强，家户之间更深入地参与经济活动导致社区活动的外向化、理性化大大增加，社区更多地卷入到更大社会体系的变迁当中。[1]

在解释许多社会面对现代化时宁愿选择落后和非理性现象时，文化一成不变地成为最方便的原因。[2] 文化区隔机制体现了乡村社会发展的深层矛盾，布迪厄认为文化产品的世界与社会阶层等级世界是相关联的，而且这一世界本身是有等级的，并且还制造等级。[3] 社会转型导致乡村社会发展知识差距的加剧，在某种程度上城乡知识差距的问题甚至成为中国解决经济增长和社会转型这两大问题的关键。[4] 而"在这样一种文化混杂中，我们可以发现一个非常值得注意的现象就是，在社会中处于边缘的群体，比如农民，他们每天观看的电视节目和城里人几乎没有什么不同，但那些电视剧的内容，与他们几乎完全不相干，甚至也不属于他们的时代"[5]。文化区隔还表现为国家或市场逻辑对地方文化网络的冲击，尽管很多外源动力带有美好的初衷，但是在进入具体的乡村社区之后，导致的后果往往背道而驰。我们对新疆阔克麦西莱甫的调查发现，国家模式下阔克麦西莱甫的传承尽管在非物质文化遗产的概念和政策下得到保护，但是最终的结果可能是将这种本来具有活力的民间文化连根拔起，割裂了民间文化存活

---

[1] 屈兰：《民俗旅游与土族民族社区变迁》，硕士学位论文，兰州大学，2011年。
[2] 冯珠娣、何伟亚：《文化与战后美国的中国历史学》，《文史哲》1996年第6期。
[3] 布迪厄：《区隔：品位判断的社会学批评》，社会科学文献出版社2000年版。
[4] 李泓冰：《请加倍正视农民的文化需求》，《人民日报》2006年11月3日。
[5] 孙立平：《我们正在开始面对一个断裂的社会？》，《战略与管理》2002年第2期。

的社会环境。政府组织的阔克麦西莱甫一般都是临时搭的艺人班子与上场表演的演员们将传统节目大体上串演下来，而围观的观众也只是观看演出。艺人、上场的表演者与围观的群众是拼成拼盘的三块而不具有整体性，不能很好地进行互动。此类阔克麦西莱甫最明显的特征是舞台化、程序化，失去了传统模式运行下的阔克麦西莱甫所特有的活力、生命力与神韵。传统模式运行下的阔克麦西莱甫是个具有广泛性、参与性与共享性的整体，无论是艺人还是阔克麦西莱甫受众，每人都是其中自娱自乐的一分子，都将自己的所爱、所能在这个文化场中淋漓尽致地发挥出来与大家共享。[①] 这两种不同的民间文化运行方式深刻显示出在发展的线性逻辑下，发展的主导者和少数民族民众之间思维逻辑上的鸿沟是多么巨大。

手段缺失机制意指对社会主体——村民素质要求和行为约束规范的缺失，既包括影响主体发展的客观物质手段，也包括思想意识、理想情操、规章制度、风俗习惯、伦理道德等非物质因素，使生活于一定社会空间范围内的主体缺少可资利用和发展的基本工具与手段。在物质手段上，如传统农业在发展外来新技术的本地转化率以及农民对新技术的接受能力都处于一个落后的水平，而不论是作为发展主体的农村劳动力素质水平，还是作为物质手段的农业技术及其应用，都在新的时期对农村社会发展起着举足轻重的作用。[②] 少数民族受语言文字、双语教育等条件的限制，在发展准备上不足，影响着社区发展长效机制的形成，我们有关青海土族扶贫项目的跟踪研究发现，当地民族社会扶贫项目中相关技术、培训、教育支持的缺乏，使大量投入的硬件设施建设效益难以有效发挥出来，[③] 少数民族乡村社区反而被看作文化贫困的典型象征。如何使外源动力更好地与民族乡村社会中的地方性知识结合起来，以参与式发展的方法推动民族乡村社会发展，是未来民族社会工作介入的新空间。

联动断裂机制则是由于社会组织化、法团化的外部社会系统变迁压力与乡村社区治理滞后二者相互作用下，乡村社会缺乏要素、手段与主体三

---

① 魏冰：《"阔克麦西莱甫"的重构分析——基于西北少数民族乡村社区文化发展的反思》，内部研究报告。
② 张宁、陆文聪：《中国农村劳动力素质对农业效率影响的实证分析》，《农业技术经济》2006年第2期。
③ 钟静静：《扶贫项目的效益与青海土族农村社区发展》，硕士学位论文，兰州大学，2011年。

者之间有机结合,协调互动的社会自组织能力下降,乡村社会系统内各要素功能相互激发与制约,产生聚合效应的能力下降及由此造成的社会机制纽带作用的下降,换言之,整个社会在工业化和信息化的背景下迅即理性化致使乡村社会发展的感性制约大大增强。① 一方面,乡村社会对社会发展资源与手段的利用能力持续降低,与主体社会进行互动与分享社会进步的可能性被限制;另一方面,乡村社会的自组织效能受到挑战,突出表现为社区治理的无为与社区系统的低水平发展。我们对甘肃回族村庄白村的田野研究,较为全面地展示了转型期民族乡村社会精英变化的谱系,特别是民族社区中乡村精英的分散化,导致民族乡村社区的碎片化和原子化状况加剧,使民族社区内部自身的联动机制大为削弱。如何在少数民族乡村社区精英外流但保持乡土认同的状况下实现乡村精英之间的互动,如何在基层政府权力和乡村社会精英之间保持权力的平衡,如何使宗教精英和社会精英与经济精英之间有效合作,如何使乡村社区精英在民众中发挥整合作用,这一系列问题都在白村中完整的展现出来,不过,白村这一回族乡村社区精英及其社区权力结构变迁所揭示的远非个案意义的田野调查经验,它对我们思考由此带来的族群结构和社会分层结构问题有着深远的启示价值。② 美国社会学家威尔逊在《真正的穷人》中指出,那些仅仅观察到黑人逐渐从贫民窟中逐渐搬出来,为实现所谓和白人同住一个屋檐下而欢呼是短视的。因为黑人精英搬出贫民窟恰恰意味着黑人社区完整的生态系统被破坏殆尽,留在黑人社区里的民众成为永远难以融入主流社会的真正底层和真正的穷人,更为严重的是,黑人精英的搬出意味着社区权力的代言人和治理缺位,最终导致的是黑人社区陷入群龙无首的境地。③ 我国少数民族地区受人口流动结构性因素的影响,民族社区中各主体间的互动协作机制面临着很大的挑战,如何避免社区自组织系统因为精英外流与村庄内精英间的良性协作,应该成为少数民族乡村社区治理未来关注的重点。

外源动力在民族社区中作用发挥,有赖于内源动力的社会准备程度。

---

① 刘少杰:《社会理性化的感性制约——建构和谐社会的难题》,《吉林大学社会科学学报》2005年第2期。
② 马小华:《统一与分散:转型期对回族乡村精英的实地研究——以白村为例》,内部研究报告。
③ [美]威尔逊:《真正的穷人:内城区、底层阶级和公共政策》,成伯清译,上海人民出版社2007年版。

语言、习俗、文化都有可能面临外来强势文化的冲击、少数民族自身在教育、技能上准备不足。惯性乏力机制则是指以上诸种手段作用与乡村社会时，由于乡村社会长期处于缺乏惯性推动的低发展均衡陷阱中，依赖输血而缺乏造血能力，难以实现乡村社会系统发展的跃升，乡村社会系统吸收、内化和延伸功能的衰退，难以转化为推动乡村社会真正发展的力量。同时，生产要素简单化和低层次化使农村缺乏突破自我的"文化力"，在教育资源、传统文化、社会制度、低俗文化与迷信文化、科技知识与技艺文化等要素联动作用下，演化为一种综合性的贫困文化，表现为在阶层化、高度个人化的社会里，乡村的贫困农民对其边缘地位的适应或反应。正如刘易斯所说，它是一种比较固定的、持久不变的、代代相传的生活方式。贫困文化对它的成员有独特的形态和明显的社会心理影响。使乡村社会成员形成一种文化纠缠与定义的周而复始的循环模式。[1] 我们在宁夏固原硝沟的调查就鲜明地体现了政府总结的反贫困模式和村民眼中的反贫困现实之间的巨大差异，按照理性科学原则设计的反贫困项目在实际运作中面临的是村庄的文化权力网络，其中既有基层村干部与普通村民之间的博弈，又有村庄内部社会分化与村庄历史带来的挑战。政府树立的各类示范村虽然在短时期带动了少数民族村庄的发展，但是也打开了隐藏在村庄下面的潘多拉盒子，如果没有相应的互动调适机制，外源动力反而成为导致少数民族农村社区动荡和冲突的直接因素。[2]

现代化进程及现代性本身有它固有的价值及一系列制度、规范，比如平等、自由的观念、成就取向、世俗化、市场化等。这些价值及体现这些价值的规范和制度，与西部民族地区传统的伦理规范、风俗习惯、价值观念、意识形态等非正式制度因素必然存在着明显的不和谐性和冲突性，从而影响经济发展和现代化进程。[3] 形成乡村社会逆反机制的各要素的功能虽然会因乡村社会的具体情况有所差异，但他们之间并无主次、从属之分，而是以复合交融的形式共同发生着逆反作用。需要特别注意的是乡村社会发展的逆反机制与发展机制的逆反作用的区分，二者在理论上具有不同的意义，在乡村社会发展实践中也容易被人们所混淆。发展机制的逆反作用/效应一般表现为两种现象：一种是发展机制的不适应，由于乡村社

---

[1] 转引自吴理财《论贫困文化》，《社会》2001年第8—9期。
[2] 陈峰焦：《宁夏固原硝沟反贫困模式实证研究》，内部研究报告。
[3] 奂平清：《西部民族地区经济社会发展的制约因素》，《甘肃社会科学》2007年第6期。

会发展机制是在整体社会系统中进行的,用新经济社会学的话来说,是"嵌入"(embedded)特定的社会系统中的,统一性的或外嵌式的发展机制必须与"地方性知识"(格尔茨)或"小传统"(雷德斯菲尔德)取得和谐与一致,与多因素、多层次、多结构的农村生态环境综合体及其人与自然、社会与自然的多重关系中运行,[①] 发展机制的不适度与错位都会导致社会系统内部的紧张与问题产生。另一种可能的结果是,发展机制的适当或过度发展效应,如帕森斯"AGIL"图式所示,社会系统的运行必须遵循结构、功能协调的原则,一旦系统中某一子系统过于强大或弱小,都会影响整体社会系统的平衡与社会行动的实现。[②]

我们认为,对社会机制逆反的理解,超越了社会公平、社会失控、断裂文化等这样一些具体的议题单位,将乡村社会发展纳入对社会发展的研究脉络之中,立足对我国传统乡村发展困境的深入反思,以系统的观点去考察乡村社会整体性发展落后现实状况,特别是反思简化性与对策性改革,将乡村社会逆反机制界定为这样一种现象或过程,即乡村社会系统在与整个城乡社会系统进行互动的过程中,由于乡村系统内部、乡村社会系统与整体社会系统之间互动的失调,所形成的阻碍、消耗乡村社会系统发展的综合作用模式与效应。这样的理解,既与对发展理论的批评逻辑层次自恰,又能真正从整体上理解农村社会的发展困境。需要说明的是,对影响山村社会协调发展的要素,已通过人口子系统、生态环境子系统、经济子系统三个非良性循环模式得到概括性的研究,[③] 是我们对影响乡村社会发展的诸种因素进行系统模型建构的初步探索,西北黄土高原山村社会发展的内外源动力聚合系统与"二源动力"转换机制的提出也在内在的逻辑上与非良性循环模式建立了呼应性的关系,因而为从个体层面和宏观层面理解西北乡村社会的发展嫁接了一个中观性的解释框架。

---

① 刘敏:《山村社会——西北黄土高原山村社会发展动力研究》,甘肃人民出版社 2000 年版;李周、国鲁来:《发展的含义及评价体系的演进与全面建设小康社会》,《中国农村观察》2006 年第 2 期; R. E. Park and E. W. Burgess, *Introduction to the Science of Sociology*, Chicago: The University of Chicago Press 1921; Ralf Dahrendorf, *The Modern Social Conflict*, an Essay on The Politics of Liberty, Widened and Nicolson, London, 1988.

② 焦若水:《事件村庄——西北乡村社会发展的逆反机制研究》,硕士学位论文,西北师范大学,2005 年。

③ 刘敏:《山村社会——西北黄土高原山村社会发展动力研究》,甘肃人民出版社 2000 年版。

四 结 语

"每个社会都应该根据本身的文化特征，根据本身的思想和行动结构，找出自己的发展类型和方式。有多少社会，就应有多少发展蓝图和发展模式。共同适用的统一发展模式是不存在的。"[①] 少数民族地区社区发展存在某种空间制约效应，在我们多个社区的田野调查中，贫困的邻居、贫困的村落和贫困的地区即系统性落后的地区在少数民族地区是普遍存在的。外部的项目支持虽然可以从道路、医疗设施、公共活动场所、饮水等基础设施上给予社区发展的外部性支持力量，但是由于在教育（包括双语教育带来的影响）、文化上的差距导致这些乡村社区对共享社会经济发展缺乏社会准备，导致外来资源的闲置和浪费。对西北民族乡村社会的发展研究，必须把发展机制与逆反机制有机结合起来，把关于两者的研究统一归结于关注农村社会发展现实的理论使命之下。

在发展主义的主导下，同样也出于社会正义的缘由，关于乡村发展的焦点一直落在发展及其构建与实现上，在正向思维的主导下，障碍克服与问题解决成为最基本也是最为直接的研究取向，但是围绕发展主义的一个长期问题在于现实的诘难与反面教训，这也促使研究者进一步思考，仅仅用正向的发展机制是否能洞悉乡村社会的整体社会机制？逆反机制的提出，是从反向的角度去思考乡村社会发展的困境，既然社会是一个各要素结合、在特定时空结构展开的系统，那么，影响社会发展的各种要素必然就具有了系统性的特点，也必然要求我们从机制而非要素的观点出发进行分析，不过，分析的方向与视角恰恰与发展机制相反，理论的构造上说发展逆反机制与发展机制相背而行，但在理论的现实取向来说却同发展机制是一致的，即在系统地消除逆反机制的过程中如何更好地研究乡村社会发展，而不是用一种单一视角（发展逆反机制）取代另一种单一视角（发展机制）。

对于西方学术界来说，中国的任何一个社会问题放置在西方都有可能导致毁灭性影响的情况下，中国何以发展或者中国何以还能发展都是一个谜一般的问题，这就意味着，我们既不能忽视西方社会学理论在中国实践

[①] 联合国教科文组织：《内源发展战略》，社会科学文献出版社1988年版，第2页。

中所面临的外部效度检验问题，直接借取那些在西方形成的夹杂着成功与失败的经验，又不能只埋头于中国的特殊实践，漠视西方社会发展研究所取得的理论成果。西北乡村社会发展机制与逆反机制的研究，并不是要将现实套进"历史的紧身衣"（米尔斯）[1]，而是在正反两面的观照中，立足于现实和理论两个维度，扩展社会学乡村社会发展研究的认识视野。

---

[1] ［英］C. 赖特·米尔斯：《社会学的想象力》，生活·读书·新知三联书店 2004 年版。

第二编

自组织与民族社区发展

与传统发展观将地方性知识中的传统组织视为发展包袱的观念不同，社区发展意识到传统组织资源在地方性社会中的可贵："居住于相对固定地域、彼此间拥有建立在地缘关系基础上的比较深刻的连带性的人群中间，所蕴藏的共同行为的潜力，被看成十分宝贵的组织资源和发展资源，社区发展正是试图充分利用这种属于人类本质性的资源来为一地的和全社会的居民谋取合意的福利。"[①] 而随着全球化和现代化的推进，社会一体化和生活个体化的双重趋势使传统原生社区逐步瓦解，聚焦于城市社区和我国东部地区农村社区的研究显示，社区传统组织的消逝使社区发展中的组织主体单一化趋势增强，城市社区的居委会、农村社区的村委会几乎成为唯一的发展组织主体，社区居民参与性的缺乏使组织发展动力不足，因此社区组织培育成为社区发展的一个必要内容。

然而，位于西北的广大民族地区的传统社区，在课题组的研究中发现其"生于斯长于斯"的社区传统组织在不同的地域文化中呈现出契合于地方性知识的组织结构与模式，仍旧彰显出强劲的生命活力，在农村社区的运行和发展中扮演了不可或缺的角色。它们不仅在日常生活中是社区居民集体行动的主要场域之一，具有组织、维系居民集体行动的能力，培育社区居民的集体认同感，而且在社区资源的分配、社区秩序的维系、社区集体规范的达成、社区文化的生成、社区凝聚力的集成等方面均发挥了积极的功用。因此，西北少数民族地区的社区发展中，如何看待社区中传统组织的发展与变迁成为社区发展应该思考的问题。

---

① 陈涛：《社会发展与社区发展》，《社会学研究》1997年第2期。

第五章 沙 尼[①]

——洮河流域藏族传统民间组织调查

我国西北各少数民族都有悠久的历史和丰富多彩的文化。反映在民众的日常生活中，有不同于汉族的独特的生活方式与社区组织，社区组织与结构的地域特色与民族特征必然反映在社区发展中。目前乡村社区自组织能力受到学界普遍关注，而我们在甘肃省卓尼县发现的独特的传统民间组织沙尼给我们提供了有趣的个案。我们想通过它来透视传统民间组织的现代变迁与重构及其在社区发展中的功能。

一 问题的提出

家族是乡土社会联结的重要纽带，并与广泛的社会文化领域发生着密切而持续的互动，是中国人类学发展过程中一直备受关注的问题，取得了一系列重要研究成果，引起了海内外学界的广泛关注。但综观已有研究，汉族是重点，而少数民族家族研究则相对薄弱。中国地域辽阔，生态环境多样，文化丰富，民族众多，家族不可能不打上地域特色与民族特征。陈德顺先生指出："少数民族中的家族与汉族相比，在结构与功能上有一定的特殊性，是一种不完全的家族。"[②] 其表现是少数民族家族人口相对较少，部分民族留有母权制，大多没有家族祠堂和成文的族谱，没有汉族意义上的族田等。但无论是汉族的家族，还是少数民族家族，在强调"血缘关系形成是家族系统的内在构造"[③] 这一点上则是共同的。事实上，

[①] 沙尼，藏语拉丁转写为 Sha Nye。根据目前调查，是存在于卓尼农耕地区的一种类似于家族的组织。

[②] 陈德顺：《民族地区村落家族的特征性分析》，《云南民族大学学报》（哲学社会科学版）2006年第2期。

[③] 王沪宁：《当代中国村落家族文化》，上海人民出版社1991年版，第16页。

"家族是在不断的再造过程中存在的"①,这一再造过程不仅反映在纵向的历史演变中家族结构与功能的变迁,而且在横向上显示出地域与民族差异。少数民族家族既有不同于汉族的"不完全"的一面,也有其超越与扩大的一面。血缘在人们观念中一直是最自然、最基础的,被描绘成一种无法否定的自然的关系,但人类学家在非洲研究中所发现的"新几内亚模式"②则说明血缘在一定程度上亦是文化建构的。

笔者所在的研究团队通过对位于甘肃省甘南藏族自治州卓尼县一个藏族自然村落的调查,发现该村至久以来所存在的一种以血缘和地缘联系起来的类似于家族性质的组织,在村民人生重大事件的处理和日常互助方面发挥了积极的作用,维护着社会的稳定。这种组织有着和家族不同的组成方式,而查阅当地的地方文献对此并无记载。在这种多民族杂居的地区,这么多年的民族交融使沙尼有着怎样的变化?对它的关注与深入研究,对于汉、藏民族和谐共处有着现实的意义,也许可以为我们探讨乡村社会治理的途径提供另外一种借鉴。

笔者调查的地点位于甘肃省甘南藏族自治州卓尼县西南的 L 沟自然村。之所以以一个自然村而不是行政村作为调查的单位,是因为在具体调查过程中发现,村民活动的地域范围和村里这种民间组织是在自然村落这个相对集中的场域中发生的,村民和其他位于一个行政村的自然村落并无太多交往。而这种"沙尼"组织的发生区域也聚集在这一地域范围之内。同时,这种以自然村落为基点的沙尼组织在该县其他村落同样存在。

卓尼县,"为安多藏区之一部,僻处甘南,地介青、藏、川、康间"。③"历代曾分期隶属于雍、秦、陇诸地及陕西、甘肃辖领。"④ 15 世纪,该地开始由土司政教合一制度统辖,500 余年中,封疆自守,不与外界往来,直到 20 世纪 50 年代以来废除土司制度,建立基层政府,交通条件逐步改善,才使卓尼打开了大门。

---

① 王铭铭:《社区的历程——溪村汉人家族的个案研究》,天津人民出版社 1997 年版,第 28 页。
② 周星、王铭铭:《社会文化人类学讲演集》(上),天津人民出版社 1996 年版,第 361 页。
③ 杨生华、姚天骥:《安多藏区甘南卓尼之现状》,《卓尼文史资料》(第一辑),第 53 页。
④ 卓尼县志编纂委员会编:《卓尼县志》,甘肃民族出版社 1994 年版,第 1 页。

按照土司建制，笔者所调查的 L 沟自然村属于原朱扎七旗中的朱扎旗，按照现在的地理位置划分，则属于南部洮河区的喀尔沁乡（原属于大族乡，2006 年 4 月由大族乡和卡车乡合并，在原大族乡乡政府设立大族乡办事处，人员分工未变）的 L 沟村。L 沟行政村由 6 个自然村组成：L 沟自然村、SPL 村、XPL 村、NZ 村、GG 村、GK 村。L 沟自然村位于喀尔沁乡东部林区的 L 沟内，距离沟口 1 公里左右，距离县城 10 公里，距离原大族乡办事处 1.5 公里左右（原大族乡乡政府位于 MDK 村，两村之间有洮河阻隔，以前都是划船而过，1989 年由县里出资建了一座水泥桥，使交通更加便捷）。

在东西山脉夹成的名为 L 沟的山沟里，从 GM 村沿河而行 4 公里左右便到达该村。该村南北走向，房屋依山而建。发源于县境内光盖山系的分支色树纳主峰北麓的拉力沟水从村庄中间流过，北流至 L 沟沟门村北汇入洮河，全长 20.7 公里，宽 1—5 米左右。两岸的村庄由两座水泥桥和一座土桥相连。从村南面沿河而上的 16 公里两岸的山坡是该村的主要草场，面积 25 万平方米。其植被主要属森林草甸草场，一般海拔在 2500—3500 米之间，与针叶林混交分布，占该村属地的 80% 以上。该村沿北而下的区域稍见宽阔，是耕地的主要分布区域，山上山下大概有 500 亩左右（其余散布在山谷之中）。所以，按聚落形态划分[①]，属于条带状农村。据 2007 年喀尔沁乡政府统计，该自然村人口 512 人，户数 102 户，藏族登记在册的占 99%（只有两户在户口上登记的是汉族，其余都是登记藏族）。该村以农、牧为主，在天然林保护工程实施前也兼有林业。林业开发期间与汉族同胞长期接触使该村大部分村民懂得汉语。

二 沙尼的概念界定及其类型

LLG 自然村被当地老人称为"草盖俄"，藏语的拉丁转写为 Tsho Ba Lang。"草"是一块儿的意思；"俄"是"五"的意思，意为该村是由 5 个部落集中到该地居住而形成的一个村落。由于没有文献记载，据口头传说，古时候 L 沟中森林茂密，野兽众多，散落在两翼山脉中的 5 个部落由

[①] 刘豪兴：《农村社会学》，中国人民大学出版社 2004 年版，第 49 页。

于人丁稀少，居住分散，经常遭到野兽袭击，为了自保，这5个部落迁徙山下聚落而居，逐渐形成了现今的居住格局。这五个部落后来形成了5个沙尼：空扎库布、阿扎库布、雅子库布、葛贝岗仓、阿贝仓，它们延续至今。

从这段故事我们可以看出，他们口中的"部落"相当于氏族的性质和规模，其规模相对较小，由六七户组成，但无法追述和推断各部之间具体的血缘关系。这五个"部落"聚居在一起相当于一个"联盟"的过程，为了共同的利益聚族而居。"沙尼"的由来或许就是在"结盟"以后，人们传统的部落观念与记忆在现实中的残留与延续。

在土司统治期间，该村土地属于土司的"兵马田"类型，它的所有权属于土司，土司分配给当地百姓耕种和放牧，这些部落属民以户为单位，向土司提供少量地租，由大总承来收取。他们需要服兵役，一般是每户一人一马一枪，"上马为兵，下马为民"。① 在一层一层的管理体系中，土司，总承，具体到每个旗中的俄拉②，在户的层面上，沙尼之间的互助与合作实际是维持家庭生存和生产的最基本、最有保障的一层。

（一）沙尼的定义

对于"沙尼"的概念，一般认为，"沙尼"是一种聚居一地，最初是根据同一部落血缘关系而形成的一种类似于家族的组织，各沙尼间彼此身份关系明确，形成初衷是满足人们日常生活中互助的需要。这也是藏语中沙尼的本来含义，指具有一定关系的亲属。但在沙尼后期发展过程中，出现了因田地关系而接纳的成员。于是，沙尼结构逐渐扩大，作为民间互助组织的特征也逐渐显现。沙尼成员被赋予了特定的权利与义务关系，形成了"相互制约"的监督机制，甚至可以对不履行沙尼义务的成员予以开除。

该村唯一一家开除沙尼的案例：

> 邓家，原先是从李家分出来的，以前叫李家时也叫邓。因为儿子（DCX之子）姓没过，就不再叫了。如果名字换了也可以叫。已经有

---

① 洲塔：《甘肃藏族部落的社会与历史研究》，甘肃民族出版社1996年版，第257页。

② 俄拉，藏语音译，具有田地管理和庄村祭祀的组织职责，是村级的管理体系，至今仍发挥着效用。

十五六年没有来往了，阿爷（DCX 的岳父）没了再没叫。这是由六七十岁的阿爷决定的。（2007-8-11，XLM）

该案例缘由是邓 CX 入赘到李家，按照习俗邓本人可以不改姓，但是他的儿子应该随母亲所在姓氏姓李，但实际情况是儿子仍随父姓，引起了李家所在沙尼的不满，群体对该户排斥，最终将其开除出去。这个案例的存在说明当地沙尼之间对于血缘关系的强调，更重要的是长期以来所形成的这种约定俗成的"规则"的权威性是不容忽视的。日常生活中没有沙尼的互助使其孤立无援，很难生存。

沙尼是一个相对封闭的、民间互助性质的组织。其传承以户为单位，按照各户血缘代际传承。一般不会轻易纳入新的户数，它扩大的形式表现在分家之后户数数量的增长。在沙尼的发展过程中也逐渐渗入了非血缘性因素，而接纳非血缘性成员则必须经过特定的程序与仪式。沙尼成员固定，但并不是一户只能属于一个沙尼，也可以同时是两个沙尼组织的成员（似乎是两个场域的并集形式），该户在各自沙尼内拥有相同的权利和义务，也并不因此影响该户在沙尼内的地位。然而，两个拥有同一户成员的沙尼之间却大多并无其他关联。

在这样的沙尼组织中，同一沙尼内的家庭并不拥有相同数量的沙尼，但是，每一户家庭却十分清楚自己的沙尼成员及其远近关系，以便在红白事、祭祀等重大生活场合中及时、准确地确定对方的联系方式。这种举措可以有效地增进沙尼彼此之间的情感，以体现"亲近"。一旦这种场合错过一户亲沙尼，则极有可能导致双方关系出现缝隙，从而带来不必要的麻烦。所以，似乎沙尼之间的联络演变成一种固定模式，有效增进了沙尼的依赖性，增强了沙尼的凝聚力，传承其沙尼文化。

从其定义来看，沙尼更注重的是互助的功效。沙尼最初的形成应该和汉族的家族属于同一性质，强调血缘的边际。但沙尼在发展过程中，因为特定历史时期下田地沙尼、新型互助沙尼的出现突破了原有的血缘界限，变为一种以互惠的互助行为为依托的组织，凸显出它"扩大性"的特质。

（二）沙尼的类型

1. 按照形成来划分，沙尼可分为亲房沙尼、田地沙尼和新型互助沙尼。

（1）亲房沙尼：因血缘关系而形成，这种血缘关系既包括五代之内分家出来的"一家子"，也包括上隔数代至今已无法辨明的"同宗"。该地藏族对于血缘的记忆不像汉族那样久远，没有汉族家族复杂的世袭网络，待几服之后就只记得他们以前是"一家子"，而不清楚更具体的亲属关系。这也是该地的特点。总之，这些具有血缘关系的家庭正是最初沙尼形成时的主要组成人员。这类沙尼和家族具有相同的性质，

> 一个房子里出来的，比如我们老哥家原来和我们是弟兄，过上五辈左右就是亲房沙尼，我们这个房里出来，弟兄分着出来的就叫亲房沙尼。（2007-8-12，LWM）

（2）田地沙尼：也叫做"吃田地"。意指因购买土地和房屋而替代原屋主成为原田地所有人所在沙尼的成员，同时继承原成员的权利和义务。这种现象的发生主要存在于土司时期，却是如今沙尼的重要组成部分，也是家族"扩大"的主要结构因素。

在土司时期，一些家庭由于贫穷急需用钱，人丁稀少无力承担徭役而外迁，或家里人得"汗病"（传染病）去世等各种原因，卖地成为一种事实。所买之人在买下土地的同时也承担了相应的义务，如承担土司的劳役（一户五十担马料），服兵役（一户一人一马一枪），以及民间互助等活动。卖地分为两种，一种具有时间期限，立下字据，到时收回。这种是卖给当时尕房子①的；一种是彻底买断，买主加入卖主所属沙尼，成为田地沙尼。当然，加入须与田地所在沙尼商讨之后，经过特定程序与仪式方可生效。但是，这种沙尼成员的社会地位与亲房沙尼似乎有所不同：

> 成了田地沙尼，正月初八跑马的时候你就要坐在下面，不能坐上面，你这个庄的人不是，你家的娃娃老婆子下面坐。（2007-9-1，LJCL）

---

① 尕房子：当地人叫做"卡如囊"。多是外地的汉族，因躲避灾难和战乱等原因拖家带口来到卓尼土司的辖区，没有田地、没有牛羊，租住当地人的房子，住在小房子里。男的一般给人家砍木头挣个零用钱或者租用当地人的土地生活。媳妇靠给人家种庄稼做针线活儿挣钱买粮食生活。不入户，不承担杨土司的劳役。

这种田地沙尼和尕房子的形成有着特殊的历史因素。经过政权的变革和洗礼，如今田地沙尼和"尕房子"在村里已经没有人再专门提及，也改变了当时低下的地位。但是，田地沙尼仍旧不许参与该沙尼的祭祀。"尕房子"这个代表外来户的标签也依旧存在于人们的心里。每当提起往事，人们可以清晰地分辨出村里哪几家是当时的"尕房子"，他们虽然分得了土地，但在文化认同方面仍遭遇一定的排斥。这些"尕房子"也是后面新型互助沙尼的主要组成人员。

（3）新兴互助沙尼：是指依照民间约定，通过一定的仪式由原无沙尼的几户人家由互助需要而形成的沙尼，也称为新沙尼。这类沙尼其成员间并非一定有血亲关系，却以沙尼互称，有较强的认同感。它与传统沙尼有着极大的不同。

2. 按照沙尼之间关系远近来分，沙尼可分为亲沙尼、一般沙尼和外沙尼。

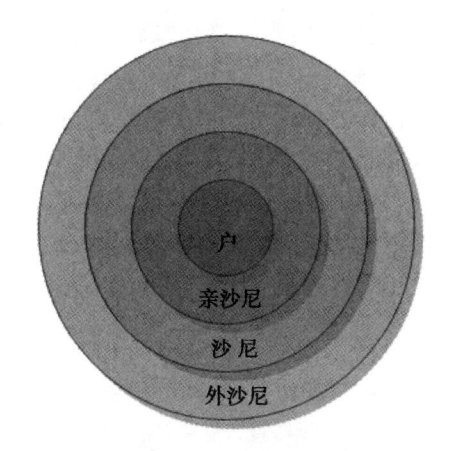

图 5-1　沙尼信构图

亲沙尼：在同一沙尼范围内，主要是因血缘关系的亲近并且相处融洽的人家之间和因吃田地（买家是卖家的亲沙尼而不是相反）而形成的互助关系，分为单向和相互的两种，单向亲沙尼具有不可反向性（可能在土司时期这种因田地关系形成的单向亲沙尼在一定程度上体现出一种地位的不平等）。特别的，也有在同一沙尼内因亲近的姻缘关系而形成的亲沙尼。

我们一庄的话，我们丫头给人家给给了，他就是我们的亲沙尼，

因为婚姻关系形成的，这就是亲沙尼。(2007-8-19，JCIB)

亲沙尼，主要就是弟兄们人亲亲，几辈过去就不成了。(2007-9-3，CNB)

按当地人的说法，亲沙尼与其他沙尼似乎是一个以户为中心向外扩散的同心圆的内外围（见图5-1），内围为亲沙尼，由关系亲近的几家沙尼结成，遇到事情先相互商量，然后决定是否找外围来帮忙。外围即一般沙尼，也就是一个沙尼内除亲沙尼之外的其他沙尼，在当事人通告之后有相互帮扶的义务。最外围，即外沙尼，在调查中得知在当地人的"记忆"中并无亲属关系。平时并无往来，在特别需要人手时才会通知帮助。这种形式的沙尼，只对个别户而言，并不得到该沙尼圈的其他成员承认，具有单向性的特点。所以，一个户的外沙尼与该户原本所在沙尼并不必然具有关联。

从中可以看出由于文化的因素，当地藏族没有特别强烈的因血缘关系而成为的"亲属观念"。他们更注重彼此实质间的亲近，更体现出一种选择的民主。这与家族组织中的强制认同不同。不同沙尼关系远近的表现形式，可以在沙尼间互助的范围与具体事务中体现出来。这在笔者之后的分析中会有所体现。

三 沙尼结构及其特征

"姓氏是血缘的符号"[①]，也是沙尼区分的重要基础，该村村民名字具有明显藏族特征，但姓已普遍存在。该村代际传承是按父系传承，在所有102户家庭之中，共有15个姓氏，除李姓（44户，占56.9%，分布于该村五个沙尼之内）、陈姓（7户，占6.9%）世居之外，其他各姓氏都为外来移居此地之人员。其中除贺姓来自河南省外，均来自卓尼及周边地区，或入赘、未过姓，按妻家继承沙尼；或以买田地入沙尼者。他们的由来，具体见表5-1。

---

① 方维保：《家族伦理的颠覆、改造与回归》，《海南师范大学学报》（社会科学版）2007年第6期。

表 5-1

姓氏	所属沙尼	成因	时间来源
申姓	沙尼一	入赘（没过姓）按妻家继承	
刘姓	沙尼一	买地｜入赘	1918 年临潭逃难
虎姓	沙尼三	入赘（没过姓）	1950 年左右 卓尼合家山人
韩姓	沙尼三	买陈姓田地	1918 年临夏逃难
吴姓	沙尼四	入赘｜买陈姓 改溪姓｜田地	临潭人新城人
王姓	无沙尼	入赘，其妻去世恢复原姓	
焦姓	沙尼六	入赘（没过姓）	杨化人
姬姓	沙尼六	买地	
马姓	新沙尼	尕房子	岷县人，1958 年土改定居
邓姓	无沙尼	拉柴	1958 年土改定居
雷姓	无沙尼	娶妻	旧城人，1958 年土改定居
吕姓	新沙尼	做生意	河阳人，1958 年土改定居
贺姓（汉）	新沙尼	做生意	河南人，1958 年土改定居

资料来源：2007 年的实地调查。

具体分布与结构如下：[1]

沙尼一：五月初九祭祀（图 5-2）

该沙尼共 28 户，由李（20 户）、刘（5 户）、申（3 户）三大姓氏组成，是本村户数最多的李姓沙尼，也是该村最早的沙尼之一：阿贝仓。从其构成来看，该沙尼是由最早居住在此的李姓大户发展而来，由于对于血缘传承没有记载，所记忆的李姓亲属关系只限于三代之内。其两个外姓也都是因为入赘而成为同一族，在当事人看来虽姓氏不同，但流着相同的血液，属于同族。该沙尼长期以来没有接纳新的外来成员，并且该沙尼成员也没有加入其他沙尼的案例；只有两户由于各种原因家中只剩 1 人，随着这个人的离村，该户消失。所以具有完整结构的该沙尼其认同性和凝聚力可见一斑。

对于亲沙尼而言，从该图可以看出，互为亲沙尼的三大家中两家是由

---

[1] 以户为统计单位，以户主名字为标记。图中显示户主之间关系，非结构完整的世系图。资料来源于实地调查。

图 5-2

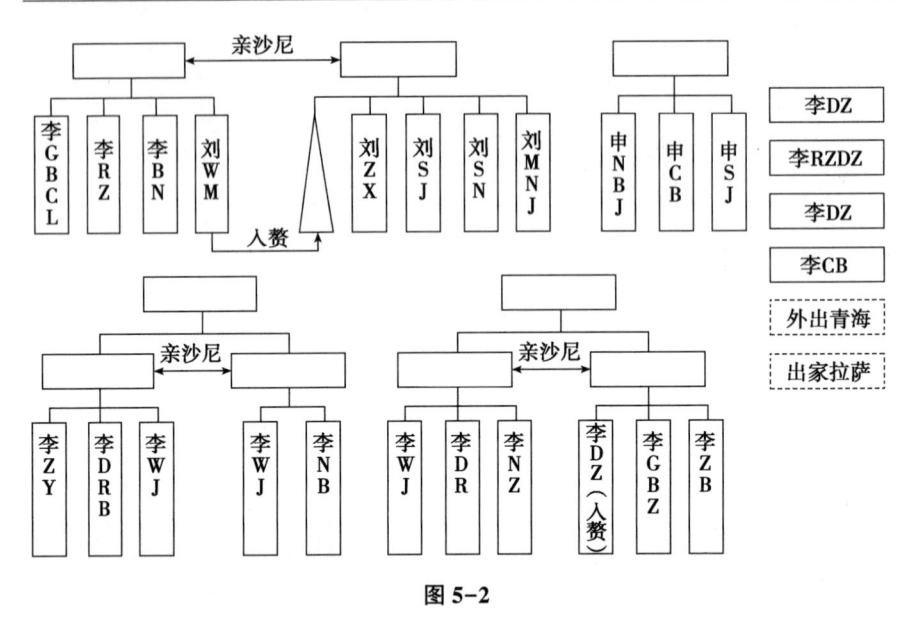

说明：△ 女性　□ 男性　→单向亲沙尼　←→双方互为亲沙尼

于血缘关系，另一亲沙尼是由于在同一沙尼中因入赘而使原本关系就十分融洽的两大家形成了彼此的亲沙尼关系。这个沙尼的沙尼祭祀一直保留，全体成员一致参加，这使该沙尼有很强的稳定性和排他性，也因具有较完整的关系结构，其沙尼认同和凝聚力也十分鲜明。人数众多的阿贝仓在村中拥有很大的势力，该村村长和其所属行政村支书皆出于此沙尼。

沙尼二：五月十五祭祀（见图 5-3）

该沙尼同样具有古老的地缘和血缘关系，是最早的五个沙尼传承之一，全部由李姓构成，共 12 户。内部结构没有质变，虽不清楚具体亲属结构，但同属李姓，完全由血缘关系结成。沙尼结构完整，祭祀活动一直延续。该沙尼至今仍保留阿奈①一职，负责村中古老的大大小小的祭祀仪式。据说以前村中有 5 名这样的神职人员，经过"文革"，现仅存 2 名。阿奈在中华人民共和国成立后经过历次运动，虽其掌管的部分经文早已流失，但在村中仍拥有很高的神职地位，也是这个沙尼深厚历史的见证。

该沙尼在发展过程中，将沙尼三纳入其外沙尼，以便在重大事件中解决人手不够的困难。但是，这种关系只是单向的，并不具有相互性。

---

① 阿奈，又称管巴，藏传佛教宁玛派系统僧人，祖孙传承，本村现有 2 名阿奈，出自同一家，叔侄关系。

沙尼二

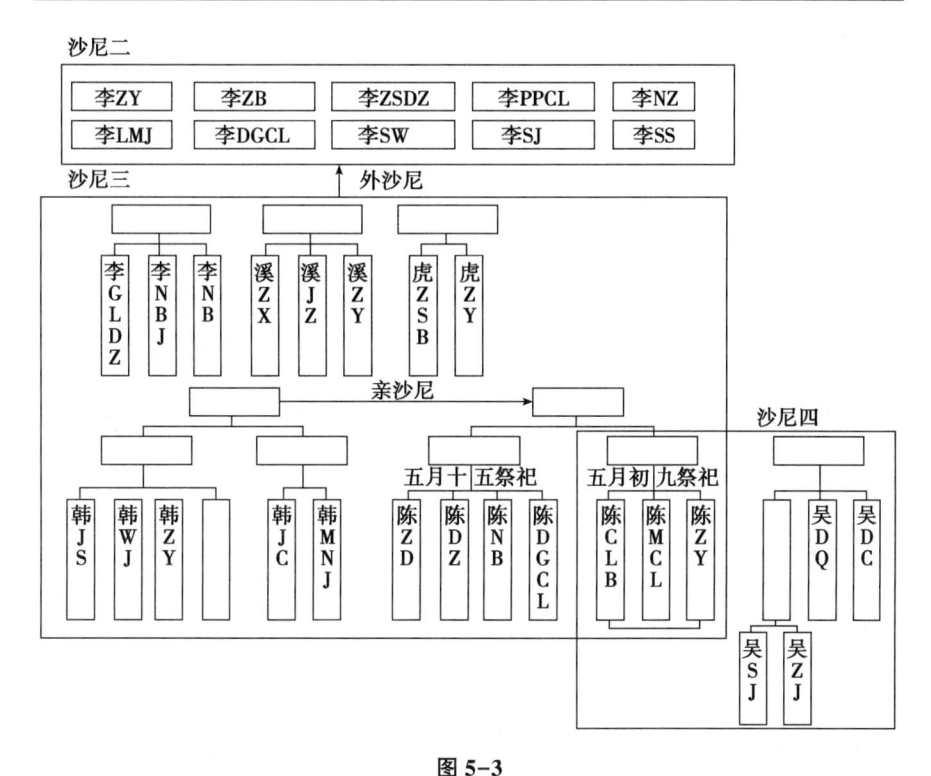

| 李ZY | 李ZB | 李ZSDZ | 李PPCL | 李NZ |
| 李LMJ | 李DGCL | 李SW | 李SJ | 李SS |

沙尼三　　↑外沙尼

[图：家族结构图，含沙尼三、亲沙尼、沙尼四]

李GLDZ、李NBJ、李NB、溪ZX、溪JZ、溪ZY、虎ZSB、虎ZY

亲沙尼

五月十五祭祀　　五月初九祭祀　　沙尼四

韩JS、韩WJ、韩ZY、韩JC、韩MNJ、陈ZD、陈DZ、陈NB、陈DGCL、陈CLB、陈MCL、陈ZY、吴DQ、吴DC

吴SJ、吴ZJ

图 5-3

说明：△ 女性　　□ 男性　　→ 单向亲沙尼　　→ 单向外沙尼

沙尼三、四（见图 5-3）

沙尼三共有 21 户，其中李姓 3 户、溪姓 3 户、虎姓 2 户、韩姓 6 户、陈姓 7 户（分为两个家支：陈 3—1 家支与陈 3—5 家支）。沙尼四共有 7 户，陈姓 3 户（沙尼三中的陈 3—5 家支）、吴姓 4 户。

该沙尼的特点如下：

首先，其成员大部分属外来移民，不过其居住历史很早，且都是因为当时"吃田地"买了陈家的田地而形成的田地沙尼。在公社化时期，取消了共同供奉的山神，且之后也没有恢复。

其次，该成员中两户当地最早的居民陈姓家族的沙尼有所不同，陈 CLB 所在的陈家因卖地给吴家，从而和吴家也形成了沙尼的关系（沙尼四），所以他们家属于 2 个沙尼（沙尼三和沙尼四），但陈 ZD 所在支系与沙尼四并无任何联系。从沙尼的范围可以看出它和家族的唯一所属性有所不同。沙尼成员所属的"扩大"也是"扩大性家族"的范围之一。

再次，处于第三代的两大陈家祭祀时间也不同，一个是五月十五，一个是五月初九，他们祭祀的山神也在不同的位置。这和国家行政嵌入有关。原本该沙尼祭祀的参与者还有李家。"文革"过后，由于李家对祭祀的犹豫和不确定态度，以及陈家各自发展的趋向，最终导致以各自支系的名义插箭祭祀山神。调查过程中得知，在过去祭祀活动很强调血缘纯正，即便是田地沙尼的韩家、溪家、虎家也没有资格参与祭祀。

沙尼五：五月初三祭祀（图5-4）

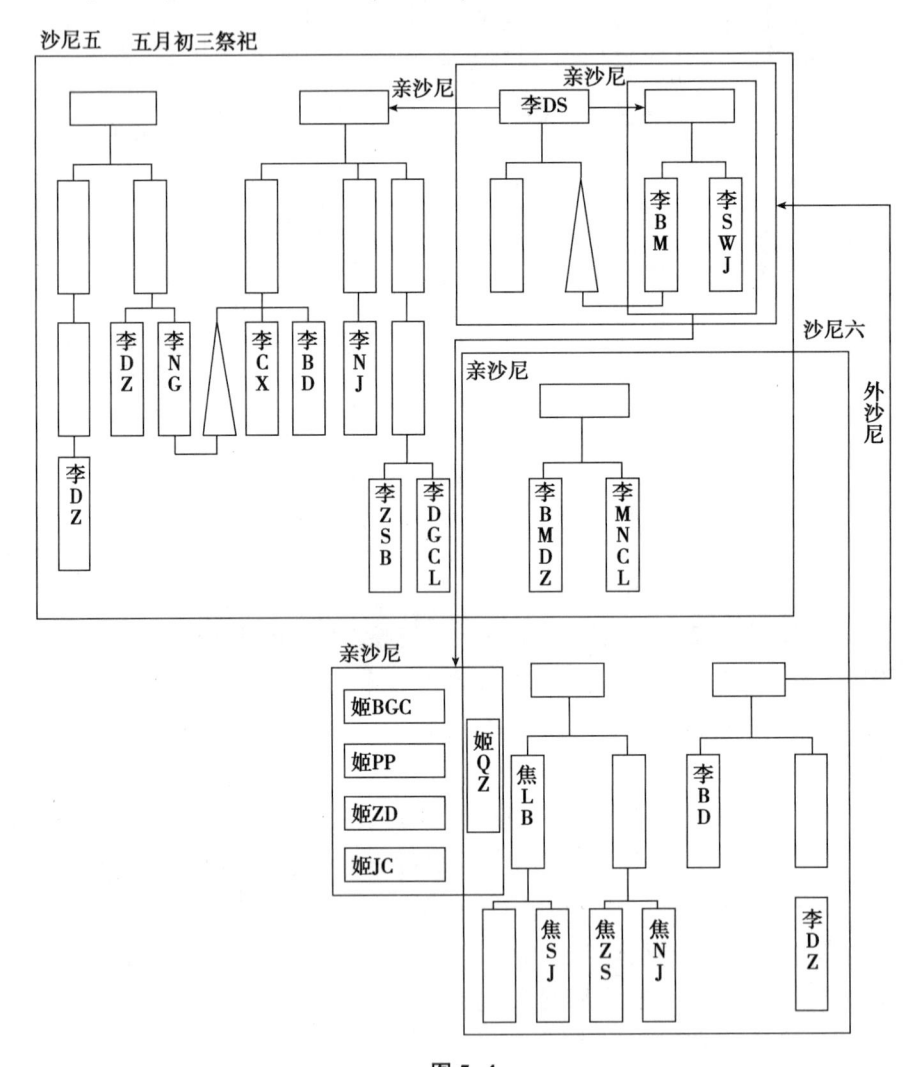

图 5-4

说明：△ 女性　□ 男性　→单向亲沙尼　→单向外沙尼

该沙尼也是李姓沙尼，13 户，分为三个亲沙尼圈（李 DZ—李 DGCL

为一个相互的亲沙尼圈；李 DS 的亲沙尼为李 BM、李 SWJ 两户和李 DZ 所在沙尼圈，这是一个单向的亲沙尼关系；李 BMDZ—李 MNCL 的亲沙尼圈为沙尼六）。

该沙尼中保留有传统的沙尼祭祀。其成员间有着复杂的血缘和婚姻关系。由于当地藏族没有汉族不出五服不能结婚的规则，所以近亲结婚的案例时有发生，致使沙尼在父系血缘的基础上加入姻缘因素使其网络更加复杂。该沙尼的独特性在于该沙尼成员李德寿同时属于两个沙尼圈，而这两个沙尼圈其他成员之间并无沙尼关系。从中可以看出，沙尼之间并不必然总是存在双向的关系，亲沙尼的范围也是各户人家各有不同。

沙尼六：无祭祀（图5-4）

该沙尼成员共9户，李姓4户（李 BMDZ—李 MNCL 与李 BD、李 DZ 并无血缘关系），焦姓4户，姬姓1户。沙尼五的成员李 BMDZ 一家虽属于沙尼五，但其亲沙尼却是沙尼六。沙尼六形成有六年时间，其成员互为亲沙尼，可见其关系的融洽。但这八家的亲沙尼关系并不是血缘或姻亲，而是由于该沙尼成员以前是居住在同一巷子里的邻居，彼此关系十分要好，时常得到彼此的帮助，于是达成协议结成亲沙尼。这个沙尼的形成完全是源于彼此的自愿互利，并无祭祀。这一沙尼在关系与结构上突破了传统上亲房沙尼和田地沙尼的两种组成形式，反映出沙尼在满足新时期人们社会交往需求上的新特征。

该沙尼成员姬 QZ 拥有两个亲沙尼的圈子，一个是由于要好的关系，另一个则是由于共同的祖先。虽然成员姬家才（入赘，无子，丧妻另娶）已与姬家无实际血缘关系，但仍是该亲沙尼圈子的成员之一。体现出沙尼组织包容的"扩大性"，是"扩大性家族"范围之一。

沙尼七：新型互助沙尼

刘 MNJ（与该村其他刘姓无关）、吕 RD、贺 CM、马 LL 共4户。

这里所谓的"新型互助沙尼"的"新"，有这样几种含义：一为"形成时间新"，形成于2002年；二为"成员定居时间新"，都是属于1958年人民公社建设时期才定居下来的居民，虽当时因国家政策分得了土地，但是却没有沙尼归属，在实际生活中仍被当地村民认为是外来户，无形之中予以排斥。这在生活中造成的不便直到20世纪90年代末才由几户人家商洽决定没有沙尼的这几户人家共同形成一个新的主要以帮扶为主的沙尼，没有山神祭祀，这就是含义三"成因新"。他们虽分配到了土地，但在村中却没有沙尼归属,因此也就没有固定的帮扶人家,在实际生活中仍被当地村民认为是外来户。这种被社区排斥的局面一直持续到20世纪90年代末,后来这几户商洽,共同决定形成一个新的主要以帮扶为主的沙尼。该沙尼没有山神祭祀。突出体现了互助的性质,成员间虽无血缘关系,却相互提供物质和心理的支持。

沙尼八:没有沙尼的几户

邓姓:1户。其缘由是邓某入赘到李家(LGLDZ家),参与韩、溪、陈所在沙尼的活动。按照他们约定,邓本人可以不改姓,但是他们的儿子应随母姓李。但实际情况是儿子仍随父姓,结果引起了李家所在沙尼的不满,导致对邓家予以排斥,最终将其开除,不再允许他们参与沙尼事务。这个案例说明,当地沙尼对于血缘关系的强调,更重要的是长期以来形成的约定俗成的"规则"其权威性是不容忽视和挑战的。访谈得知,邓家只有一子,现已在外地工作。由于个人性格等因素,老两口对有无沙尼持无所谓态度。

王姓:1户。原WPPCL入赘李姓沙尼(沙尼一),改姓李,养有一子(LYCI)。后因其妻及妻子的父母去世,WPPCL再次娶妻且改回原姓(后生有一子,现在拉萨打工),在其沙尼的建议及见证下,WPPCL和其子分家,分得少量家产另起门户,并且退出该沙尼。其子继承李家大部分财产,且延续李家所有关系,参与李家沙尼活动。对于有无沙尼问题,王家呈躲避不答的态度。但根据其他村民反应,该户与其子(LYCI)虽分家但常有往来,其互助一般也在其两家展开。

雷姓:1户。两个孩子均外出打工,老两口在家照顾患有癫痫的孙子。在访谈过程中当事人表露出没有沙尼的艰辛,但因个人性格因素,不愿加入外来沙尼。

> 问:没有沙尼的话,母亲去世怎么办的?
> 答:再亲戚们来。
> 问:你觉得没有沙尼方便不方便?
> 答:不方便么。
> 问:体现在什么方面?
> 答:干什么事是给人家邀着呢。(2007-8-28,LZC)

这几户在村中仅有分配来的土地（王家为分家得来的少量土地），没有牧场和外来收入。他们对自己在村中未来的发展也感到迷茫。他们在村中处于弱势地位，在任何重大决策中都显得势单力薄，有着较强的让孩子在外发展从而离开村落的心理倾向。由此可以看出，这几户在社区强烈的沙尼文化环境里，缺少亲戚和沙尼的帮助，不可能形成深厚的社区根基。沙尼的这种自我帮扶、维护和对外排斥的特性，在保持了社区秩序完整的同时，也制约着社区间的人际互动。

四 沙尼的功能

沙尼产生于民间，服务于民间，其功能渗透到民众日常生活的方方面面。长期以来它始终以显性或隐性、直接或间接、物质或精神的方式，多形式、多侧面地影响和渗透到民众的日常生活与行动中。

1. 祭山神

该地藏民除保持着藏传佛教的信仰之外，仍保留了大量的原始信仰成分。该村整体祭祀三大山神，各沙尼也有各自供奉的山神坐落于村东西两面的山上。祭祀有着明确的规定，外姓沙尼不能参加本姓祭祀。这一方面强调了沙尼本身的"纯正性"，同时，一年一次的祭祀活动也增加了沙尼成员之间的认同感和凝聚力。其具体做法如下。

祭祀沙尼山神的仪式相对简单，沙尼们轮流承担祭祀的任务。遇到沙尼祭祀的日子，承担祭祀的沙尼提前去告知阿奈具体日期，并回家准备祭祀物品（如褴、柏香、灯和一种专门祭祀山神所做的十字交叉圆头或尖头的木质箭状物体）和食物（烟、酒和馍馍）。

祭祀的当天，同一个沙尼（这里指同姓的亲沙尼）约好时间一起来到本沙尼山神所在地，将所拿的"箭"插在神桩之上，坐在一起煨桑，阿奈会开始一系列仪式：选坐在合适的位置开始一边念经一边敲鼓（牛皮制成鼓面，鼓帮画有一定寓意的图案），并在煨桑的火上烧红三个白石头，将放了牛奶的清水倒在上面转三圈。仪式完成之后，大家坐在一起喝酒聊天，联络感情。在下山之前，沙尼们嘴里一边念着嘛呢一边将毛线（过去是由羊毛捻成，现在则改成普通的毛线，代表放生的意思）绕着神桩转三圈，随后尽量抛下山去，然后嘴里大声喊着"唵嘛呢叭咩……"走下山，直至到了山脚，便解散归去。

沙尼成员之间按户轮流承担祭祀的任务，一方面保证了祭祀按时顺利进行，另一方面体现出一种民主和公平原则。莫里斯·哈布瓦赫（M. Halbwachs）认为"作为文化象征符号的仪式、庆典等是每个家庭的集体记忆，它有着维系家庭共同体的作用"[①]。在沙尼里，这种集体记忆的符号也许就是每年的祭祀。这种祭祀不仅强化着沙尼清晰的界限，而且使同一沙尼之间的感情得到交流，增加了彼此之间的认同，也在这种仪式的重复中强化了信仰，加强了组织的凝聚力。

也许藏传佛教的信仰和山神信仰比汉族祖先崇拜更具有明确的约束力，使沙尼文化具有更强的大影响力和无形的凝聚力，一直跟随着家庭成长的始末，并随其延续而延续。在当今社会，即使年轻人外出打工，其个体在陌生世界中的行为暂时不受约束，但他的家庭仍处于该沙尼之中，该尽的义务与责任仍旧由他的亲人执行。一旦他回归，沙尼隐性的这种文化氛围依然发挥着作用。

2. 红白事

红白事是家庭成员在一生中所遭遇的人生大事，在农村乡土社会这种人情社会中，其隆重与否有着深刻的含义。在这样的事件中，沙尼发挥了举足轻重的作用，并且从中可以看出沙尼与亲戚的作用完全不同。

（1）红事

结婚之前，由媒人和阿奈，还有本沙尼内的亲沙尼选两个代表，去女方家商量彩礼和具体细节问题。在举办喜事前两天，由新郎父母将本沙尼的人员全部召集在一起，由当家的指定或大伙选定一个能干的人当"管家"，总管分配结婚过程中全部的后勤工作，其他沙尼则承担招待来宾、记礼账、烹煮食物等一系列具体事务。

娶亲当天过程中沙尼的参与：沙尼和当事人的亲属要组成成双数的送亲队伍和接亲队伍。沙尼中年长者和有威望者陪同接待当事人双方的接送亲队伍。

在问到沙尼和当事人的亲属有何不同时，当事人可以很清楚地区分他们的差别：

> 送亲外面的亲戚再不去，一切的事情都是本沙尼的人帮着。外面

[①] ［美］莫里斯·哈布瓦赫：《论集体记忆》，上海人民出版社2002年版，第95—142页。

的亲戚们来了只是吃喝，再全部都不管。（李 BM 的父亲）

沙尼的主要角色是担当整个事件的策划人和具体事件的实施人，主要是服务的角色。并且在送亲的当中，也可以看出其"亲"的特点。在这个过程中，沙尼承担全部繁杂的事务性工作，当事人的家庭也可以从繁忙的准备过程中解脱出来，更好地招待客人。如果没有沙尼的帮忙，当事人一家人是很难完成的。在这里，我们也可以看出，亲戚在本事件的过程中，更是一种"局外人"的角色，他们来了只是吃喝和礼仪性的交往，并不进行帮忙等具体的事物。可见，沙尼之间互助的义务落实到了婚事的每一个细节。

（2）白事

> 像这个家里一个老的去世了，家里这个儿子，赶紧把这帮沙尼、田地沙尼、亲房沙尼都通知给，在我家里来一下，我家里老的过世了。叫来，在就啥事情咋办呢，大家商量协商，选一个总管，当家的长子有乜，和长子商量。再怎么抬呢，家里放几天呢么，请喇嘛呢么，人手怎么安排呢么，请客吃饭要怎么做呢么，这全都沙尼商量。
>
> 装人的是箱子，木头做的四面，板板的。上头把那个买来的纸一铺，画些画就可以了。火葬，多一半是箱子这种。箱子做好之后，亲人和沙尼要给穿衣服，摆放成坐的姿势。把人往进抬的时候，亲沙尼必须在场，一个或几个都行，必须要装，这个过程要呢。
>
> 他们的大儿子，去寺上找喇嘛看下日子，需要放几天时间。然后请喇嘛来家里面念经，天天念，直到送葬为止。这几天沙尼白天给做饭，招呼客人，晚上人们闹丧的时候他们也不能睡，给端茶倒水。直到火葬过程结束，沙尼需要烹饪食物招待宾客。（2007-7-30，LZC）

从白事的处理中可以看出，沙尼在其中扮演着承担决策和后勤工作的重要角色。然而我们从其中一个细节"把人往进抬的时候，亲沙尼必须在场，一个或几个都行，必须要装，这个过程要呢"。根深蒂固的记忆能变成一种"文化无意识"积淀到心理深层,成为一个人日常行为的文化指令。① 而这种对于老百姓来说的大事件中对于沙尼的认可和仪式的强化,体现出沙尼的特殊地位。虽然随着时代的发展,这一仪式象征的意义多于现实意义,但是可以看出在沙尼组织的前期,沙尼的重要性和不可或缺性。可以想象在当时人丁稀少的情景之下沙尼的功用。而这种仪式,作为一种符号,一直传承下来至今。

我们关注之处不在于红白事的具体过程的特殊性,而是在这人生两个重大事件之中,在人生两大事件中,沙尼的互助、支持与精神慰藉是显而易见的,并一直延续着。这种作用,在当今外人看来也许无足轻重,但在农村这一流动性相对不大的社区来说,却是非常重要和实用的。

3. 盖房

当地房屋全是土木结构的"苫子房",需要大量木材与土方,单靠单个家庭完成非常困难。在盖房这种人生大事中,自然也少不了沙尼的身影:

> 红梁,这个最后放,这个要看日子,要和家里主人的命相相投,算好几月几日几时。红梁,要用红布红绸子包好,有的人家里面还要放些银子。上梁的时候,要做十二个碗大的馒头,还要把煮好的鸡蛋剥了皮,再准备一碟红枣,一碟软糖。同时献给匠人一件衣裳或衬衣。在上红梁的时候放炮、给灯、煨桑。上了红梁之后,房子里要架床夜里守房子,直至房子盖好。

> 个人的兄弟,沙尼这些,你全部喊来,来了以后就相互开材啊,开板材啊,上土,搞这些。(2007-8-13,LWM)

> 盖房子主要还是请沙尼们来,全部来,作用还大,砍木头、拉木头,拉土打墙。技术活儿做不了。等房子立起来之后,再就叫木匠来做。然后请喇嘛算日子上红梁。(2007-8-10,LKM)

在这里,沙尼固定的帮扶义务代替了朋友帮忙的不确定性,使当事人省去了雇用工人的花费,也消除了人手不够的忧虑。

---

① 易中天:《闲话中国人》,华龄出版社1996年版,第248页。

4. 分家

哥哥弟弟分家沙尼们要叫，沙尼们叫来商量，沙尼们给你分呢呗。家产，家里面的柜子啥的都可以分呢呗，吃饭碗啥的都可以分，有十个碗是你的五个俺的五个，这就是沙尼们说了算。粮食，柜柜子里的麦子，都要舀呢。(2007-8-28，LKM)

根据当地的习俗，分家的时候一般不立字据。如果是两个兄弟，那么，母父双亲会分别由兄弟俩各自赡养。如果有3个老人，比如说爷爷也健在，一般也会将3个老人分成两家，一家养一个，另一家养2个。相应的负担则通过其他财物的分配予以补偿。这些都由沙尼和当事人一家共同商议决定。平常叫来的是沙尼中地位高一些的、有威严的老人来主持。

问：分家的事儿，沙尼们议论不议论啊？
答：哦，议论着呢。分家谁们家来了沙尼，分开家沙尼们参加着呢。全部不参加，个别的参加。威望好一些的。人家分的时候家产都是啥，或者是两个儿子呢么三个儿子呢，要分公平呢！他那个掌握不住人家还分不成家，说了人家不服。有时候分着分着两家就吵起来了，给你多了给你少了。比如说是一个碗，就一个，你们两个人要分呢，打开两个不成么。再就给你拿上了他不成么，他拿上了你没有。这就由分的人决定呢。下次装个啥给没有装上的那个人多装上一点，基本要分公平呢。(2007-8-15，LYM)

乡土社会资源有限，生存艰难，分家是一件大事，涉及当事人的实际利益，自然离不开沙尼的参与。沙尼中的"能人"，尤其是老人，往往就成了分家的"乡土法官"，他们的协调能力与裁定的公正与否，对家庭和睦与社区和谐起着重要的作用。

5. 调解纠纷及困难救助

乡村社会的稳定具体体现在家家户户的和睦，这是社会最基层的事物，也是最琐碎的事情。沙尼无疑在一定程度上起到了调和家庭与社区纠纷、缓和家庭矛盾的作用，从最基层稳定着社会的结构。

家里俺有两个兄弟，弟兄两个不对头，你有媳妇呢，俺有媳妇呢，家里吵架不圆满，沙尼们要叫去呢，沙尼叫来要调解呢。(2007-8-20，焦闹杰父亲访谈)

有时候管呢，吵架了，沙尼们劝着呢。有时候是管不下，人家相劝一卦，你听了听，不听算了。(2007-8-16，SMNC)

老的你说啥，道理要说呢么，胡说下就不解决问题，人家就把你说下的那不采纳。商议着，就你说得那么不对，大家这么一议论是，不对的人就不发言了。我的不对了你们说，你们谁的好了照谁的办，基本上团结着呢。要商议呢么，不商议意见也不统一。结婚、抬老的，有时候沙尼们还吵着起来了，比如说是倒了老的了，比如说是媳妇出嫁到拉力沟，娘家人来了，这个做啊么阿么的两家人就争着起来了，那再老的们就说了，你的不对，再别说了别吵了，就是老的么阿么的。婚事也是那么的，或者我们说下的要下的啥你们没有给我拿全，争执起来了，一家不松，一家要结呢，吵闹起来了。老的们主要是压事的，一那么的就引老的出来。(2007-9-1，LKM)

沙尼尽量劝呗，劝不下再就村委会调解。沙尼的作用大，我们这一帮沙尼说是哪两家打架呢，把这帮沙尼叫上，老年人叫上几个，协商下，解说一下就可以了。(2007-8-19，LGBCL)

比如说你们沙尼里头谁家给给了，那大大一卦还要把沙尼请乜。请了是那么个字据还那么做着呢。比如说也有过姓的也有不过姓的，过姓的那个我们原来是李家，娃娃给张家给给了，给了人家门上是要姓张呢，不姓李了，就像人家养下的一样要姓张呢，那么是沙尼就传到他们屋里做字据呢，要按个手印，人家还要给沙尼们抬花呢，抬花就是抬布施么，或者是五块呢么十块呢，人来了抬那么的个钱儿。

哎，给了，姓李的姓了张了，就是人家的人了。去了原来沙尼还来不成，给下张家的就不是这个沙尼了，这个沙尼来不成了，另出去了。(2007-9-1，LKM)

从这段访谈中我们可以看出沙尼作为中间人见证收养过程的角色，并且当事人（被收养人）的沙尼族属问题，沙尼界限依旧分明，并不因为收养关系的发生而引起混乱。

1997年该村村民吕家收养李姓人家一个男孩，具体过程以及日后发生的矛盾在村中影响颇大，在访谈当事人之后，我们了解了沙尼在这件事情中的角色：

> 吕：嗯，当时沙尼们来下着呢。沙尼们还来，还把他们信一过，立了字据按了手印儿，一家一家名字都放着呢（关系契约）。还给他们钱儿抬上，我给他们抬了一千多块，因为我收养着人呢。
>
> 问：你们关系不好之后本沙尼的人解决这个事情没有？
>
> 吕：那个过姓的时候他们说是有也，最后那个不成了再法院起诉了再解除了以后他们给的话一给是再他们沙尼院来了，院来了把我们东西那抢来了，法院他们给骂得不成，就抢来了不是么。
>
> 问：那沙尼不管？
>
> 吕：那沙尼是他们的沙尼，就抢来了。我们沙尼没喊么呐，我们有我们的沙尼，是四五家子，我们也在，但没管……他们人多么！法院说了，他拿了拿去，你不要管。（2007-8-7，吕荣地访谈）
>
> 以前吕家没有沙尼，他收养了李家的儿子就和他们（李家所在沙尼）是一个沙尼了。他那没太成，成就是一个沙尼，那都是花子来，他们以前是二十家沙尼，一家一家的名字都放着呢。……后来就无效了呗。他们（吕家）地也另给了呗，半个地都给了，不给不成，证人有呢呗，分给了。（2007-8-19，当时事件见证人）

作为个案，从这段调查中可以看出以下几点：（1）订立收养手续，被收养的孩子改为吕姓。沙尼必须在场证明，起到公证的作用。（2）当事人收养一方需要给在场的沙尼一定的费用——"抬钱"。（3）收养关系成立之后，原李家的儿子改姓，作为收养的条件之一，吕家入李家沙尼；这一点无血缘的利益关系跟汉族社会家族制度有着本质的区别。（4）解除养子关系时，吕家被自动开除出李家沙尼组织。从中可以看出李家沙尼对本沙尼内成员的偏袒与保护。同时也体现出强烈的排他性，从沙尼阻挡法官执法也可以看出由于该村村民受教育程度较低，沙尼的袒护有时超越了法律的界限，对现代法制是一种阻碍。

社区生活难免有灾难发生，在乡村社会保障制度缺失或不完善的情况下，沙尼的作用不可低估。至今村民还记着1957年LNZ家着火的事情。大火把李家的东西全部烧光，沙尼与村民及时帮助：

俺的大大（父亲的哥哥）带着俺，每家每户，再就是外村，去要粮食。有的人就是穿的给，鞋也给，衣服也给，粮食也给呢！再就是被子，炕上铺的盖的都给呢。沙尼也给呢呗，再就是你家着下火，俺把你领着去要呗。（2007-8-25，LNZ）

1991年，LRZ家着火，房子烧毁，村里人（主要是沙尼）帮忙之情景：

他们给我砍木头，他们给我拉木头，他们给我拉土打墙，不是这个墙么，打墙。包括就是我管的就是说木匠的这个手工要管，木匠的饭要管，在其他的一点人家村里人都理解着呢，该你家家里面吃的，我也不吃了，我自己家里面一吃就成了。哎，给你不增加负担，人都互相体谅着呢么。（2007-9-3，LRZ）

从以上几个方面可以看出，沙尼对于处在社会结构底层的家庭所具有的无时不在、面面俱到的关怀，这种反应的灵敏度以及落实到具体的关怀是任何国家行政组织所不具备的。这是乡村社会的组织所体现出的强大的人文关怀。也是生命个体及个体家庭对该组织强烈依赖的原因之一。

"在承包制下分散经营的农民退到家族共同体以形成一种'组织'或'势力'是否出于一种寻找互相保护与安全的紧迫需要呢？面对陌生且充满风险的'市场经济社会'，他们需要有一个'关系网'。面对地方政府的名目繁多的杂税，他们需要有一种自我保护。"① 这是对中原农村的解析。在西北卓尼藏族，对于个体家庭的诉求，沙尼提供了保护网的第一层。这种对于安全的需要可以突破血缘的限制发挥更大功用。从以上的实际案例中可以看出沙尼对于处于社会结构最底层的家庭所具有的关怀，这种最细微最朴实的帮助使家庭的生命周期得以延续，使社会结构趋于稳定，而且也是家庭个体发展的需要。它的出现是村庄内生秩序的必然。这也体现出它强大的生命力。

---

① 曹锦清：《黄河边的中国》，上海文艺出版社2000年版，第16页。

五 沙尼的发展历程及趋势

沙尼有着悠久的历史,强大的生命力。中华人民共和国成立以后,历经风雨,在新时期又焕发出新的活力,而且适应当代社会,在发展上体现出一些新的特征。

(一) 沙尼的发展

1. 人民公社及"文革"时期

某些人眼中:

没有么呐,你要上沙尼做啥呢?你给儿子媳妇结婚,那生产队队长就是搞的人,食堂就给你们做上一顿随便饭,那就成了么呐。再结婚仪式队长们做着呢么。那你房子也没盖么,个人的旧房子还管不住着呢,还啥摊儿有你的家呢。几天收割开了,活儿做着呢。一个县里哪摊儿活没做完哪儿摊儿调着呢,全部要割着呢。就这个土地一合作以后就沙尼没有了,一个建了社了么,以前是一家一户。(2007-8-23,李家老人,79岁,"文革"时期的小组长,家庭成分为贫农)

某些人眼中:

(1)"文革"时候结婚、人没了,啥时候都有呢对啦?不用沙尼谁去干了?你家有啥事情,别人喊来就不行呗,沙尼们好来攒心呢,别人邀不来,沙尼叫上来就成了。(2007-8-27,溪家老人,79岁,"文革"时期家庭成分为贫农)

(2)我结婚的时候(1961年),嫁来的时候啥都没有,就传了一袋子面,全村人也叫不起么,就家里的沙尼们来大家吃上一顿就成了。媳妇们还吃不饱么,男人们要干活,让他们先吃,我们就喝点糊糊……后来家里被批判,什么东西都拿走了,娃娃们饿得不行,沙尼们就晚上偷偷给送来点馍馍。白天不敢来么,怕连累了,就偷偷地来……(2007-8-18,李家老人访谈6,"文革"时期家庭成分为富农)

2. 沙尼的出现：

问：沙尼们怎么出来的？

答：土地下放了以后再沙尼出来了。这家屋里远处不去么撒，各有各的地方呢，给你土地分着按着人口分着下来了，牲口给你分了，这就坐在屋里来我们以前先人是一个沙尼，现在我屋里倒了老的了，你是你的沙尼，他是他的沙尼。按照老人们的回忆就把以前那个安起来了。（2007-8-1，韩家老人，73 岁）

沙尼是社区的传统组织，一直发挥着重要功能。伴随着现代化与制度变革，中华人民共和国成立以后，20 世纪 50—70 年代随着合作化和集体化的推进，人民公社体制下国家对乡土社会的强力介入和"文化大革命"的精神强化，使该村的内生秩序——沙尼因其本身的构成因素（血缘因素）和存在环境（突破血缘、强化阶级观念、重新分配土地等行为）遭到质疑和冲击，被迫在农村社会中隐身，转为"地下"，成为暗中帮扶的隐性团体，表面上替代它的是共同劳作、共同吃饭的经济强制与无神论的意识形态控制为依托的国家行政权力。于是形成这样的一种沙尼"消失"的假象。

家庭联产承包责任制则使农民重新获得了发展的可能和选择的空间，这不仅是经济层面，更是精神层面的自由。农民获得土地使用权，家庭作为基本生产单位，使互助需要显现。国家与社会的相对分离，加之血缘情感、地缘利益与虔诚信仰的复苏，使沙尼这一历史记忆被重新唤起，呼唤着沙尼文化的回归。所以，沙尼作为庄村的内生性秩序重新显形。在新的时期，焕发出新的活力。

（二）新时期沙尼的变化

1. 分家带来的结构扩大

问：现在沙尼和以前一样吗？

答：哦还是一样，没有变。现在沙尼就多下了，五八年以前的时候是人少么，我们这个藏民是，那个时候计划生育没有么撒，国民党的时候么撒，没有计划生育是，十个娃娃养乜，十二个娃娃养乜，有死的么是撒。男孩子平安的话是卓尼的阿古当下了，去当和尚了，再没办法了。一个家，大儿子给你说媳妇，再老二、老三、老四、老五，五个儿子的话四个儿子卓尼县上去。

问：哦，就不分家了？

答：哎，不分家了，哦习惯就是那么的个。分家，你儿子没养下，十个沙尼你儿子没养下比方说，是沙尼你两个儿子，我没有儿子，给我儿子给。你的儿子我不给是我别的儿子可以行，那不叫行，沙尼的规矩就是那么的个，你土地要给我要交呢，别人的不成，那么的个我们卓尼来过么。现在那一卦干部一当，再计划生育搞是搞，好是好得很，不是那过去三十五家子，现在一百多少了

媳：过去是三十五家子人么。我们现在这个是新庄么。那头上去了是那个大房子是我们的，瓦房盖下的，那原来是我们的房子。我们一家子成了五家子了！（2007-8-9，LDZ）

分家，指已婚的兄弟们通过分生计和财产从原有的大家庭分离出去。中国人的分家包括三个要素：实质的分开而另组一家庭；财产的分析；祖先牌位的分开与分别祭祀。①

在该村的实际生活中，分家时财产的继承是保持父系继承制，由沙尼和父母协商兄弟财产的分配。当该户没有儿子只有女儿时，女儿与入赘的女婿可作为血缘延续的一员享有继承权。而当地家家供奉的"家神"②一般仍旧供奉于老屋，以老屋中居住的老大或老小来继承供奉"家神"的职责。

传统藏族社会，由于居住环境相对恶劣，医疗水平不高，婴儿成活率较低。另一方面由于信仰因素，入寺为僧者众多。而女儿出嫁后不算做该户成员，家庭的传承一直是以核心家庭——主干家庭为主，没有户数和人口的显著增长。于是几百年来沙尼的规模一直保持平稳而没有显著扩大。

中华人民共和国成立后，随着各项生活指标的提高和少数民族宽松生育政策的实施，以及20世纪50—70年代对宗教信仰的严格控制，使人们的宗教信仰明显弱化，传统上多子送往寺院的路被堵死。改革开放以来虽恢

---

① 周大鸣：《凤凰村的变迁》，社会科学文献出版社2006年版，第146页。
② 家神，当地人房屋建构过程专门留有一间供奉佛像、经卷、器物等象征神性的东西，每月初一、初八、十五和各大节日都会煨桑、点灯、换净水、烧香等。

复宗教信仰自由，但入寺者相对往昔亦大大减少。家庭生长周期开始变短，人口迅速增长，在大概60年的时间里，一直保持35户左右人家的拉力沟已增至102户。于是，分家成为必然，进而成为沙尼结构扩大的主要因素。

2. 外出打工造成影响力相对减弱与沙尼互助内容的丰富

拉力沟村北面茂密的原始林一度是该村经济收入的主要来源。"那个装车挣得多呗！一车那时间最早的是600元，慢慢涨到1000多元了。"（报告人：李工布次力）由于村里丰富的林业资源，使该村百姓"守着财富"不愿外出。直到1999年国家天然林保护计划在当地的实施，全面禁止砍伐天然林，每年只给5—6天拾柴时间，断了全村的财路。而人口的增长使微薄的土地难以承担粮食的供给，人们开始外出打工，获得多元的经济来源。现在有多数年轻村民有过外出打工经历，与外面世界的接触在一定程度上冲击着该村古老的村落文化：

女的们现在出去的也多，出去好，让女的们也见见世面，看看外面的世界，要不天天坐在这山沟里啥也见不上。（村长访谈）

如果那时候，出去是老公和老婆一起出去，老公说老婆别去，那就别去。现在媳妇们想做啥就做啥，有的还问一问，有的连交代都不交代。以前做啥要问啥，现在就做饭给婆婆一问就行了，婆婆说是你看着办吧，想做啥就做啥就做。（2007-93，SCH）

年轻一代与老年人之间的隔阂明显起来。一方面"文化反哺"现象出现，另一方面，村落古老文化在年轻人身上逐渐流失。沙尼对于年轻人的制约出现了一定程度的软化。由于长期在外，定期的祭祀只能由留在家中的老年人代劳。"见识广泛"的年轻人开始质疑老年人的说教……

而在我们调查期间，正值农作物收割季节，大部分外出打工人员纷纷返乡抢收庄稼。而距离远的人们无法返回，家中劳动力不够，则会有沙尼与朋友的互助。但这并非帮扶义务，没有强制性，而是出于自愿，并非全部沙尼参加，只是亲沙尼或者关系好的沙尼朋友之间的帮忙。地里一片繁忙景象，女主人则欣喜地在家做饭招待这些帮忙的朋友。如今机械化的使用提高了收割与扬场的速率，有农业机械的沙尼在完成自家的农活之后去其他沙尼家帮忙，这也是沙尼之间帮扶的内容之一，这些也丰富着沙尼互助新的领域。

3. "打拼伙"——沙尼提供的新型交友方式

打拼伙儿是该地妇女们凑钱凑物聚会的一种形式，一般由沙尼内的同龄女性在空闲时间里大家凑钱在一起聚会，是一种休闲的方式。女性由于家庭分工和日常劳动的限制，社交活动贫乏。而由于沙尼这种互助形式，各户人家齐聚在当事人家进行共同劳动，反而给该沙尼内的女性提供了一个交流感情的平台。时间久了就会衍生出这样一种"打拼伙"的社交方式。

> 那时候打拼活儿，才收的十块钱。也不需要跟家里要，到了夏天了是采药、搬狼肚这些挣点，再苗圃干活儿。打拼伙的时候，有时候派两三个到县城里去买东西，下午三点多了，打个电话，叫个车，就买上来。一般再去了就买点牛肉、羊肉，再就买点果子、饮料、酒。如果是纯女的了是去就饮料，果汁，水果。啤酒，有时候会买的，多不买，买一捆子，没人喝，喝的人挺少的。回来就开始做饭，捏包子、捏饺子那些。做的人做，聊天的人聊天。朋友们都相互说我干去，你坐着，就这么的。
>
> 再聊啥呀，就是如果新嫁过来的，都不太熟悉么，再聊聊你，聊聊我，说说就熟悉了嘛。在她嫁过来的一个村的，以后就一直会在一起，就会叫的，就熟悉了么。有的新媳妇们还不敢来，羞的。新媳妇过几年她们就习惯了。头一年她们大街上也不会来的。家里屋里人来了，坐在小房里出来都不出来。有人打个招呼，一问，就不见人了，不出来了。自己羞得不出来。
>
> 打拼伙儿的时候，咱们都坐到一块儿了就是朋友了，互相聊天说笑。谁就说咱们跳舞吧，坐着没意思么，来，你们会跳啥给我教个吧，就这样。再掐着浪着，再会跳一个，这才将……。我们就再就是放开了是，光盘放开了，话筒插上，跟着唱。唱我们藏歌的也有，都有。新媳妇们正好这样还可以认识认识人，不然见了新媳妇们羞的，问都不问，就走了。（2007-9-5，SCMC）

2009年春节，笔者有幸参与了这样的一种聚会：由于李LMJ在正月十二嫁女儿，该户所在的沙尼所有成员齐来帮忙。在忙碌了3天之后，该户所在的12户沙尼成员20—30岁的妇女决定在其中一家举行"打拼伙"

的聚会,在正月十三晚上举行。晚饭后大家齐聚在一家(该家男主人借口出去串门留给女人们单独聚会的空间),买来了丰富的食物与饮料,吃喝玩乐进行到深夜。在这个全由女人组成的聚会上,大家又唱又跳,互相说笑,和平时羞涩不语的农家妇女形象完全不同,表现出了藏族妇女能歌善舞大方得体的性格,彻底放松了一回。这样由沙尼活动引申而来的妇女聚会形式,不仅增进了沙尼间彼此的认同与感情,对当地妇女而言也是一种积极有效的社交方式,丰富了妇女们生活的内容,尤其对嫁进该村的新媳妇而言,更是一个积极融入当地社会与文化的契机。

4. 由血缘向社区互助组织转化的特色更加明显

"宗族力量在一百多年来的自外而内、自上而下的冲击下,不可避免地出现'衰落'现象。不过,值得注意的是,它也在新的充满敌意的状况下寻找自身的生存空间,并且它已在社会现实中通过适应和自我更新获得自我延存的力量。"① 与家族一样,沙尼作为卓尼藏族的传统组织,随着当代社会的发展,人际、群际、区际互动的增多,沙尼文化亦面临创新。新兴互助沙尼的出现、几户邻里沙尼的形成,以及沙尼网络的日益丰富,使传统的沙尼结构适应新形势发生了明显的分化与重构,使沙尼由血缘组织向社区互助组织转化的趋势日益显现。相信在这一机制下,无沙尼者的困惑与价值的迷茫会逐渐缓解,对此我们应给予充分肯定。

六 结 论

扩大家庭是"由有共同血缘关系的父母和已婚子女,或已婚兄弟姐妹的多个核心家庭组成的家庭模式"②,是核心家庭的扩大。弗里德曼在其《中国东南的宗族组织》、许烺光在其《宗族·种姓·俱乐部》中,都多次提到扩大家庭,从更为广泛的意义上对扩大家庭在传统背景下进行了分析。而是否存在扩大的家族,学术界没有给予应有的关注。但通过对拉力沟村沙尼的系统分析,我们认为,沙尼就是扩大的家族。其扩大主要体现在两个方面:一是结构的不断扩大;二是功能的不断延伸。

"家的成员以血缘为基干绝不是自然发生的,血缘也包括非血缘。为

---

① 王铭铭:《社会人类学与中国研究》,生活·读书·新知三联书店1997年版,第91页。
② 《中国大百科全书·社会学》,中国大百科全书出版社1991年版,第138页。

发挥各种功能，特别是为了维持'生活保障'的经营，家—同族按照需要而包容了超越亲属、非亲属区别的成员。"① 这段文字虽然是日本学者有贺对于日本家族结构的分析，但从中可以看出，家族发展的趋势有时却是要超越血缘限制的。沙尼这一以血缘关系为基础的组织形式随着时代的发展和社区需求的变化，其形成基础不断被赋予新的内容，其边界也经历了不断拓展的过程：沙尼发生了由血缘沙尼到血缘沙尼与田地沙尼、契约性沙尼混合、共存的转变。这一转变一方面证实了这种组织在社区存在的合理性和稳定性；另一方面也反映出，只要有合理的组织机制，"互助"的利益需求也可以成为维系沙尼原有功能、扩展沙尼组成结构的有效动力。这也是沙尼"扩大性"的根源。正如唐仁郭先生指出的"由血缘宗族组织转向社会地域组织是少数民族传统社会组织的共同特点"②，沙尼在现实生活中的结构变迁使其民间互助的特征日益显现。

在沙尼结构的扩大中，还有两个值得关注的显著特征：一是母系亲属的积极介入，如由姻缘关系形成的沙尼使沙尼网络更加丰富，民族特征更加突出，是藏族性别文化在组织结构上的体现，其突出表现为赘婿在沙尼与村落中的地位都远高于汉族地区；二是沙尼关系多元并集的现象，如单向、非对等、分支组合的沙尼等多元网络的出现。文化是人为的，也是为人的，沙尼的这些变化都使作为社区组织的沙尼网络更加丰富与多样，也为民众享受多元的沙尼文化、满足各自的社会需求提供了选择的可能。另一方面也是适应现实社会不断创新的结果。

与沙尼结构上的复杂化相对应，反映在功能上，沙尼同样凝聚着社区成员间对沙尼文化的认同，维护着村落秩序。沙尼在突破血缘制约的同时，在社会互动中更突出了"契约性""情感性"的互助色彩，使得同一户可以同时是两家的沙尼，并且得到社区的承认，使其更具有组织的特征。沙尼的多元选择性与复杂结构，还使其成员间的互动与互助范围明显扩大，对村落整合与变迁的渗透与影响更加系统而全面。当然，既然是组织，就有边界，就有一定的排他性，这在民间互动与秩序重构中应当引起我们的关注。当然我们也应看到沙尼的功能有一定的边界，近代以来国家力量的介入，与外界的广泛交往，已使沙尼与更为广泛的社会系统发生了

---

① 转引自［日］藤井胜《家和同族的历史社会学》，商务印书馆2006年版，第32页。
② 唐仁郭：《我国少数民族传统社会组织的共性成分》，《黑龙江民族丛刊》（双月刊）2007年第3期。

密切联系，其封闭性减弱，开放性增强，沙尼成员也正以开放的心态面对沙尼、选择行动。

　　在卓尼藏区，沙尼有着悠久的历史，在新的历史条件下又将焕发出新的活力。它不仅是一种独特的社区文化现象，是一种传统，而且将在现实中延续，在国家与社会的良性互动中，在促进和谐社区建设中都发挥独特的功能。这些，对我们深入解读相关区域社会结构分化与秩序重构，对于我们反思汉族家族，从多元角度思考社区组织的内在逻辑与功能，重构稳定有序的乡村社会，有着重要的参考价值。

第六章 寺坊组织

——甘肃省临夏州 G 县西村寺管会调查

西北民族地区是多宗教共存的地区，有许多民族多数群众信仰宗教，宗教在民众的日常生活中发挥着重要作用，宗教与宗教组织在社区整合中是不容忽视的重要方面。处于转型时期的中国社会，是一个现代与传统、变革与循规、开放与束缚共存的多元结合体。在急剧的社会变迁中，中国社会转型期的转型效应在回族乡村社会中也逐步凸显，回族乡村社会也在悄然发生着变化，维系村庄的人际关系与权威格局也在不断地分解与重组着。乡村回族寺坊作为特殊的乡村社会，对中国的转型效应有着不同的回应，而寺管会作为维系回族寺坊运转的核心组织，对回族寺坊发挥着重要的作用与功能，同时也成为回族寺坊人际关系与权威秩序演义的重要舞台，以及构建和谐回族乡村社会的重要考察对象。

一 回族寺坊组织与和谐社区建设

我国作为一个多民族的国家，民族社会的和谐与稳定是中国整个社会和谐与稳定的一个重要组成部分。回族作为我国众多少数民族成员中的一员，有着分布广泛、人口众多等特征，是我国少数民族大家庭中的重要一员。而乡村回族社会又是整个回族社会中的主要组成部分。所以，在构建和谐社会的建设中，回族乡村社区的和谐构建显得尤为重要。

回族是一个信仰伊斯兰教较多的民族，伊斯兰教在回族社会中扮演着十分重要的角色，而在乡村社会中其重要性尤为突出。宗教的存在必然催生相应的宗教组织，在回族乡村社会中，回族人把以清真寺（Masjid）为中心的聚居区称为"哲玛尔提"（Jamā't），这是阿拉伯语的音译，意为"聚集、集体、团结、共同体"等，意译为"寺坊"。寺坊是回族社会基层的宗教社区，除具有普通社区的特征外，更多地依靠共同宗教文化的维系。回族寺坊社区（Jamā't）是回族在"大散居、小聚居"中保持本民族群体传承的一种社会组织形式。在社会学的社区研究中，一般比较强调社区的地理边界；而对回族"寺坊"来说，文化边界是更重要和基本的。"寺坊"可以看作由"寺"和"坊"构成的立体结构，"寺"是社区的核心和标志，是社区的"灵魂"；"坊"是社区的整体和构成，围绕清真寺聚居的众多回族家庭构成一个地理社区。另一方面，回族寺坊社区的独特文化内涵又可能使这个社区打破地理界限，具有地理上的广延性（extensive）和文化上的内敛性（intensive），这是回族寺坊社区区别于一般社区的重要特点。① 而在笔者看来，寺坊与社区的区别主要在于，寺坊是一个以宗教为界限的社区，更准确地来说，是回族村庄内部由于不同的伊斯兰教教派或门宦而形成的分属于不同清真寺的教民组成的宗教共同体。这就是说，如果我们将一个回族村庄视为一个社区，假设这个回族村庄是由几个不同的宗教教派组成，那就意味着这个回族村庄有可能是由几个回族寺坊组成的。而且村庄内人们的寺坊归属不以区域而是以宗教教派来划分，甚至有些村庄内的教民可能会归属于另一个村庄内的某个寺坊。当然也会出现不同教派的教民归属于同一寺坊的情况，这主要是因为其中的某一教派在数量上占有绝对的优势，其他教派的教民还不足以在本村内形成一个寺坊，从而造成不同的教民同属于同一个寺坊。例如笔者调查的西村共有109户住户，其中新教（伊赫或合瓦尼教派）有98户，占了绝大多数，所以其他11户住户中有8户也同归属于西村寺坊。

乾隆四十六年（1781年）苏四十三起义后，清政府在西北回族地区推行乡约制度以加强对回族社会的控制，使清真寺的管理与组织形式发生了变化。清真寺普遍实行了内称"学董"、对外名为"乡约"的组织形式。② "学董"下有数名"乡老"，组成清真寺管理组织，负责管理清真寺财产，聘请阿訇，并有一定的处理民事纠纷和宗教事务的权力。民国以来特别是解放后，寺坊宗教生活的民主管理组织"清真寺民主管理委员会"正式诞生并成为当前普遍存在的回族寺坊管理组织。寺坊宗教生活的民主管理主要体现在两个方面：寺管会的民主选举制度和阿訇聘任制度。现在的寺管会由全坊教民民主选举

---

① 周传斌、马雪峰：《都市回族社会结构的范式问题探讨——以北京回族社区的结构变迁为例》，《回族研究》2004年第3期。

② 马通：《中国伊斯兰教派与门宦制度史略》，宁夏人民出版社2000年版，第80页。

产生，其成员数目依照寺坊规模的大小而多少不等，一般为 3 人：寺管会主任、会计、出纳。当选的条件是：信仰虔诚、常守"哲玛尔提"（集体礼拜）；为人诚实，有威信；有组织和管理能力。寺管会成员的任期一般 3—5 年，可以连选连任。寺管会的职责包括：管理清真寺的宗教生活和聘任阿訇，管理经济收入和基本建设，协调寺坊成员内部的关系等。[①] 在本研究中，笔者将寺管会视为围绕管理寺坊清真寺而在寺坊内部成立的一种教民自选、自治、自管的宗教管理组织，其具有宗教组织和民间组织的双重性特征，但主要以宗教性组织特性为主。

乡村社会组织在构建和谐社会中的重要性是不容置疑的，而回族作为有着鲜明宗教信仰的民族，宗教组织在回族乡村社会中扮演着十分重要的角色。所以，和谐回族乡村社会的构建离不开对回族乡村社会宗教组织的认识与把握，而关系与权威作为考察组织的两个重要方面，对认识组织的结构以及探讨组织的功能等方面都有着不可替代性的重要作用，考察组织中人际关系与权威的最好途径就是以流动性、变化性的视角来考察关系与权威在整个组织中的流动、重组与再生等现象，以此来考察整个组织无疑是我们全面、深刻认识某一组织的最佳选择。通过对组织整个运行过程的考察，去把握组织运行中关系与权威的流动、重组与再生，将会使我们的视角得以延伸，即通过组织去认识组织所在的社会。所以，通过对乡村回族寺坊组织运行过程中关系与权威的流动、重组、再生全面解析乡村回族寺坊组织，通过对乡村回族寺坊组织的剖析认识整个回族乡村社会，构成了我们准确把握构建和谐回族乡村社会的思想脉络，即通过组织中的变量来考察组织，通过组织来认识与把握整个社会，通过对乡村社会的认识与理解来构建和谐的乡村社会正是我们整个研究的思想主线。也就是说，从整个寺坊组织运行过程中的关系与权威的变化来捕捉整个回族乡村社会的人际关系与权威格局的变化，通过这种变化挖掘出整个回族乡村社会人际关系与权威格局错综复杂的内在面貌，从而为构建和谐的回族乡村社会做好准备。

---

① 周传斌：《西海固伊斯兰教群体和宗教组织》，《宁夏社会科学》2002 年第 5 期。

二 研究个案——西村寺管会

（一）西村基本概况

G 县位于甘肃省中部西南方，总面积 538 平方公里，全县辖 5 镇、4 乡，102 个行政村、1121 个社，3.65 万户、20.5 万人，其中回、东乡等少数民族人口 19.93 万人，占总人口的 97.9%，其中回族占总人口的 73.03%。在少数民族中，除藏族以外，其余的少数民族均信仰伊斯兰教，县内有 15 个不同的伊斯兰教教派和门宦，如：格底目、伊赫或合瓦尼教派，胡门、花寺、哲赫忍耶等门宦。在 1986 年时就有清真寺 395 处，阿訇 400 多人，虔诚的信仰精神，频繁的宗教活动，形成了县内浓郁而富有特色的宗教文化氛围，影响到这里的各个方面。因此，G 县被认为是中国内地伊斯兰教特色十分突出的县份。鉴于 G 县回族寺坊组织的同质性强（从寺管会的选举以及管理方式等方面来讲），为便于调查的深入和资料的取得，本研究将研究的村落定位为自然村——西村。

西村位于 G 县城向东 23.5 公里处，位于西村所属的 M 镇向西 3.5 公里处，村庄占地 2.3 平方公里，耕地总数约为 500 多亩，人均耕地数约为 0.8 亩左右，总人口数为 606 人，其中回族 521 人占 87.6%，其余为东乡族。共有 109 户住户，其中 106 户属于西村寺坊，其余 3 户隶属于其他村庄的寺坊。西村为全民信仰伊斯兰教的村庄，其中 98 户属于新教（伊赫或合瓦尼教派）；另外 8 户人家中，有 5 户属于胡门门宦，他们和新教教民同属于一个寺坊，剩余 3 户属于哲赫忍耶门宦，隶属于其他村庄的寺坊。经笔者观察，在西村经常到清真寺做礼拜的教民占西村总人数的 13% 左右。而其中男性老年人（65 岁以上老年人）占到总体男性老年人数的 90%，其余的男性老年人没来清真寺做礼拜的主要原因是健康问题。[①] 而在西村的"学习班"经常学习的人数也占到了西村总人数的 5% 左右，在寒暑假期间，在清真寺学习经文的小孩（14 岁以下）人数占总体小孩人数的 85% 左右，而女性小孩的这一比例更是高达 95% 左右。西村是一个移民村庄，大概有 100 多年的历史，史有"八家河"之称，至

---

① 由于在西村女性不能到清真寺做礼拜，只能在家做，所以此处只统计男性老年人的人数。

今有些其他村庄的老人仍称西村为"八家河"。从中我们不难发现，当初迁移而来居民总共只有 8 户，根据西村老人的讲述，结合西村地理位置的构成，我们了解到，当时的 8 户人家，分别居住在上河、下河、中河、道扳（各 1 户），西嘴嘴、东嘴嘴（各 2 户）。即使在今天，西村的家族居住分布仍以此为大体格局，只不过后来出现的"大路沿"为新近形成的一个杂居区而已。

（二）西村寺管会的历史沿革与构成

1. 西村寺管会的历史沿革

一个村庄的发展离不开组织的建设，而对于一个绝大多数信教的村庄来说，宗教要在村庄中生存、维持、发展的话，宗教组织的建设是一项非常重要的保障。正如霍维洮指出的那样，"任何一个民族在社会发展的同时，都必然推动社会发展组织水平的提高，以此来保证和确定社会发展的内容。所以，回族必然要以自己的组织创新来满足本民族社会发展的需要。而这一组织发展的起点只能是教坊。或者说，教坊是回族社会组织发展所可继承和借用的现实形式。这在西北回族社会表现得十分突出"。[①] 回族寺坊组织产生的历史渊源，也是以适应当时宗教发展的需要而产生，从唐朝时的"蕃坊"到元朝时的"哈的"再到后来的"寺坊"，可以说回族寺坊组织的变迁沿革，一方面是适应了当时执政者管理的需要，另一方面也是一个外来宗教自身发展的需要。

寺管会与清真寺的关系就像是秤与砣的关系，两者谁都离不开谁，西村寺管会的沿革史也可以说是西村清真寺的变迁史。所以，描述西村寺管会的变革史，我们从西村清真寺的变革说起无疑是正确的。据西村所属的 G 县的县志所载，G 县最早的清真寺可能出现在元朝，而可考证的资料显示，最晚至明朝时期 G 县就有清真寺了。至于西村的清真寺，大概是在 1940 年左右建立的，当时清真寺只有 1 名阿訇和 2 名清真寺学员，至于寺管会成员也只有学董 1 人，主要负责阿訇与清真寺学员的生活问题，当时西村的户数为 30 户左右，西村寺坊的成员有 20 多户，其余村民虽住在西村，但在寺坊的隶属上属于另外一个村庄的寺坊组织。中华人民共和国成立后，G 县的清真寺有了很大的发展，数量快速增加。据县志记载，当

---

① 霍维洮：《近代西北回族社会二重组织及其演变》，《西北民族研究》2005 年第 3 期。

时G县大、小清真寺就有387座。1958年，G县两个乡镇发生了反革命叛乱，叛乱被平定以后，连续在县内开展了"彻底摧毁封建特权、宗教剥削、宗教界反革命根子"的群众运动，在全县进行了"大辩论"，并于9月13日在县上举行了"阿訇、学董、乡老辩论会"，参加会议的阿訇351人、学董110人、乡老96人（已捕办的除外）。会议之后，全县出现废除、关闭、拆除清真寺的高潮，大约有300座清真寺被拆除或被改作他用。当时全县保留清真寺约48座。1961年10月，根据中央有关精神，全县增开清真寺22处；1962—1963年间，又陆续增开30多座；到1966年"文化大革命"前夕，全县有清真寺和简易活动点80处。"文化大革命"开始不久，阿訇、学董等受到冲击，大量伊斯兰教经典被收缴焚毁。至1967年2月，G县全部清真寺、拱北被关闭，多数遭到拆毁，其中包括不少历史悠久的古典建筑。全县公开性的宗教活动被禁绝。

十一届三中全会以后，根据中央有关文件精神，G县逐步全面落实自1958年平叛反封建斗争扩大化以来所遗留的宗教界问题，先后恢复和重建了98座清真寺与拱北。新建的清真寺多数都使用钢筋水泥等新型材料。在式样上打破了过去清一色中国殿堂式建筑风格，相当一部分采用了阿拉伯圆顶式样，内外装饰和水电等设备上也远远超过了以往。现在300多座清真寺星罗棋布于G县境内，不仅充分满足了信教群众宗教活动的需要，而且成为G县最具特色的人文景观。[①] 而西村的清真寺也在1980年，在当前清真寺所在处重新建立起来，当然清真寺在建立之前寺管会已成立，主要负责新清真寺的重建工作以及阿訇的聘请和学员的招收工作。之后到现在，西村清真寺已有七任阿訇开学，有五任寺管会管理事务。

2. 西村寺管会的变革特点

从时间特点来看，通过对西村寺管会的换届和清真寺阿訇的辞聘情况的分析，笔者发现在时间上，这两个方面有惊人的相同性，就是寺管会的换届周期呈现出从长到不断减短的趋势，而清真寺的阿訇的任期虽然有局部的变化，但总体上还是呈现出任期越来越短的趋势。例如：从1980年到1988年，寺管会就更换了一届，同是清真寺阿訇从1980年到1990年共10年才更换了一任，而在1996—2005年10年期间，寺管会却更换了三届，阿訇更是更换了四任。从中我们不难发现，随着世俗化的进程，人

[①] 广河县志编纂委员会：《广河县县志》，兰州大学出版社1989年版，第578页。

际关系与权威格局呈现多元化的趋势，人们的宗教观念不断朝世俗化方面变化。这种变化表现在寺坊中就是寺管会换届周期和清真寺阿訇任期的变化。从变革的人员构成来看，寺管会作为一个宗教性的自治组织，其人员构成的变化也是随着社会的发展变化不断地变化着。人们在选择寺管会成员上更看重能力和经济实力等方面，而不再注重传统的农村血缘、辈分等因素。笔者调查发现，随着现代社会世俗化的推进，寺管会人员的年龄逐渐趋于年轻化。

> 让年轻人们上，一帮老头没钱没势的啥都做不了，还赖在那里做啥着哩（干什么呢）？（2007-6-21，BL）

而其中最有力的例子是，H寺坊在一次选举中，竟将一个23岁的年轻人选为学董，在当地引起了不小的轰动，但是年轻人凭借自身的经济、人际关系、个人权威赢得胜利却是大家不可否认的事实。从变革的形式特点来看，主要表现在寺管会的选举以及运行越来越呈现出更加趋于正规化、全民化的特点。也就是说，在现代社会中，人们对这样一个宗教组织的重视度比以前有所加强，而在寺管会的选举运行中，教民的参与度在加强，人们对寺管会运行的监督力度也在加强。这主要是因为一方面，随着现代社会分层化趋势的加强，人们之间的关系逐渐由血缘走向业缘，从而导致在寺管会的选举以及运行中，不同层次的人们之间的相互竞争与监督的加强。而另一方面，这也与寺管会运行领域越来越深入到人们的日常生活有很大的关系。例如西村人们的日常用水由寺管会管理，这无疑增加了人们对寺管会运行的关注。

3. 西村寺管会的组织构成

从回族寺坊的成立来看，从最初的"蕃坊"到后来的"哈的"到现在的寺坊，是从松散的集体形式向不断组织化、秩序化组织形式的变化过程。寺坊中，清真寺是其教民民俗生活的核心，它不仅是一个重要的宗教活动中心，也是回族民俗文化的交流中心，对其管理也经历了从元时的"穆塔完里"（译称"督寺"）负责清真寺的事务，到后来的"乡约"制度，再到现在的寺管会制度的变化。从其人员构成上看，经历了从宗教人士治寺到政府部门任命再到寺坊自治民主管理的变化。笔者调查发现，当前的寺管会的人员构成是经济加家族势力共同作用下的组合体。也就说，寺管会成员既是寺坊经济实力的代表，也是家族权威的体现。由于西村寺坊的大小在 G 县属于中等，所以西村在历届寺管会的选举中，只选举 1 名学董和若干名乡老，而不像一些大的寺坊有正副两名学董。当前西村寺管会有 1 名学董（来自中河家族），3 名乡老分别来自大路沿、下河、西咀咀家族。

（三）西村寺管会在村庄中的作用和地位

1. 寺管会在村庄中的作用

寺管会的作用地位是依托当地的清真寺来体现的，而清真寺在回族乡村社会中的作用主要包括以下几个方面。首先，清真寺作为回族寺坊宗教活动的中心，使寺坊教民以清真寺为核心，形成了回族共同的民族习俗、民族心理和民族性格。每天 5 次的礼拜、阿訇利用聚礼来传授宗教知识，规范教徒的行为道德。伊斯兰教经典不仅涉及宗教思想和宗教仪式，还涉及日常生活的方方面面。所以，穆斯林的生活习俗便受教律的影响形成并固定下来。这些习俗包括了一个人从生到死的整个历程，即出生、成人、结婚、丧葬，也包括了民族节日、饮食习俗。其次，清真寺的作用还体现在寺坊的经济方面（穆斯林要完成"五功"之一的"课"，即天课的收缴，主要由清真寺进行）。其他如开斋捐的收支，平时的副课"绥德嘎"和公德的接纳也在清真寺进行。清真寺在这种特殊的民族经济中充当了重要角色。再次，当然清真寺对回族寺坊的作用主要体现在对宗教文化的传承方面。这种作用主要是通过两种方式来体现的：一是以清真寺阿訇为中心，通过宣讲教义也就是通常所说的"卧尔兹"这一方式来实现的。这种方式使伊斯兰教知识得到了进一步的传播和深化，使穆斯林的生活习俗得到了进一步规范，思想意识有了进一步的统一、提高。二是通过经堂教育来实现。也就是通常所说的清真寺学员教育和针对寺坊教民实行的"学习班"来实现的，通过经堂教育，一方面在回族青少年中普及了伊斯兰教知识，从小培养了宗教的信仰同感情；另一方面，造就了一代宗教职业者、经师、学者，同时，有力地推动了阿拉伯文化与中国文化的融合，促进了回族文化的发展。通过"学习班"，使广大教民的宗教知识以及个人品德的修养方面有了很大提高。最后，清真寺是回族寺坊之间相互交流的纽带，它对促进本民族内部的文化交流起着重要作用。清真寺承担着本坊进行对外交流的职能。这种对外交流职能，一方面是代表本坊参加一些宗教活动，如参加伊斯兰教协会会议、参与其他寺坊的讲学活动以及其他清真寺的过节等活动。另一方面是进行有关接待外来人员的工作。

由上可知，在回族村庄中，作为人们宗教信仰日常的演义舞台，清真寺在回族村庄中扮演着极为重要的角色。而寺管会作为这一机构的管理组织其作用、地位就不言自明了，清真寺依赖寺管会的管理而维持运转，寺管会是应清真寺的管理需要而产生的，所以相对应清真寺的作用，笔者将寺管会的作用分为两个方面。

一是面向清真寺的作用。第一，聘请清真寺掌学阿訇以及教学阿訇等。清真寺中的宗教核心是清真寺的掌学阿訇，寺管会一旦成立，第一件事就是要聘请清真寺的掌学阿訇，再与掌学阿訇商量聘请教学阿訇（二阿訇或三阿訇等），最后，由掌学阿訇决定招收清真寺的学员等宗教事务。聘请阿訇是寺管会非常重要和紧迫的宗教任务，因为一个寺坊中没有掌学阿訇，也就意味着这个寺坊的清真寺面临着关门的危险，清真寺关门也就意味着整个寺坊的解体。而聘请阿訇是寺管会运行中最复杂也是最容易起矛盾冲突的地方。所谓"新官上任三把火"，对一个寺管会来说，这第一把火可能就是聘请清真寺的阿訇了。

第二，管理清真寺的寺产以及管理清真寺的天课、捐赠等资金。上面我们提到清真寺是回族寺坊组织的经济中心，每年每户寺坊教民都要上缴一定的天课，还有捐赠等，而这些天课、捐赠有实物和金钱两种方式上缴的，自然动员、收缴、管理这些寺产的责任无疑是属于寺管会的。清真寺的寺产作为维持寺管会正常运转的主要保障，对每个清真寺来说有着非常重要的意义，而西村一般最主要的天课的收缴是在每年的斋月，因为按照教义斋月上交天课会有更大的来世回报。所以，每年的斋月期间是寺管会开始动员、收缴和寻求寺管会运转资源的主要时间。至于寺产的管理，视不同寺坊的情况而定，一般来说寺产多的清真寺（如有些清真寺有属于自己的商铺、出租的场地等）其管理工作相对较重，而西村的寺产管理工作主要还是以寺坊教民上缴的实物天课（如玉米、小麦、土豆）以及清真寺不动产（礼拜殿堂的地毯、淋浴室的热水器等）为主。

第三，负责清真寺学员的饮食起居等生活问题。寺管会的日常工作中最普通和最重要的工作就是负责清真寺学员的饮食起居问题了。清真寺的学员作为寺管会的主要服务对象，无论对清真寺还是对寺管会都有着非常重要的意义，尤其是其数量直接影响着整个寺管会的运转过程，因为一般清真寺的学员是免费在清真寺学习和吃住的，所以其人数越多也就意味寺管会将为之付出更多的运行资源。而一个清真寺的学员数量一般往往与这个寺坊的大小、开学阿訇和地理位置等有关，也就是说寺坊越大、开学阿訇的名气越大、寺坊的地理位置越好将会有越多的清真寺学员。而在当前清真寺的学员数量急剧下降的情况下，每个清真寺拥有的学员的数量无疑成为寺坊教民向外炫耀的资本之一。

第四，负责本清真寺与其他清真寺以及宗教机构的活动等方面。清真寺是本寺坊与其他寺坊进行宗教交流互动的主要纽带，而寺坊的寺管会无疑是这一纽带的主要扮演者。回族每年的两大节日（尔德节和宰牲节）是回族最隆重的宗教活动，在这些大型的宗教活动中，通常是几个或者十几个寺坊联合起来共同举办宗教活动和庆祝仪式，需要不同寺坊的寺管会共同合作、相互协调搞好宗教活动，同时这种宗教活动往往也给不同寺坊的教民之间的相互交流提供了机会。除此之外，一般其他的一些宗教活动（如聘请阿訇、看望朝觐者等）都是由寺管会和本坊的阿訇共同完成的，这些活动一方面加强了本寺坊与其他寺坊之间的联系，另一方面也使本坊教民更好地吸收了外来文化。

二是面向寺坊教民的作用。第一，负责主持葬礼的全过程。伊斯兰教认为，为亡者举行葬礼是一项集体活动，所以每个寺坊中有人去世，都会请其他一些寺坊的阿訇、清真寺学员以及教民来参加葬礼。而本寺坊的人更不必说，都要积极参加，大家共同负责挖坟、请人、维持葬礼秩序、送葬等全部的葬礼过程。而寺管会作为整个葬礼的主要负责者、协调者、指挥者，是整个葬礼不可缺少的一部分。

第二，负责本寺坊教民的宗教活动。这里的宗教活动主要指的是教民的学习问题，也就是寺坊组织中近几年兴起的"学习班"。随着宗教世俗化的加剧，寺坊教民在不能全身心地投入宗教知识的学习时，"学习班"的出现无疑填补了这一缺憾，使广大的寺坊教民既能进行世俗活动，又弥补自身在宗教知识方面的缺乏。而寺管会作为清真寺的主要负责人，与"学习班"的核心人物（教学阿訇），有着面对面的交往，起着在两者之间的信息交流、问题反馈等作用，同时寺管会成员作为"学习班"的主要参与着，对其中出现的问题能以最快的速度加以处理，协调整个教学活动的正常进行。在世俗化进程不断加剧的今天，回族乡村社会的世俗化倾向也越来越明显，那么在这种趋势之下，回族乡村社会宗教的世俗化，无疑是回族村庄最明显的表现。鲁忠慧指出"对中青年回族男性穆斯林来说，现阶段游离于'一日五时礼'而争取改变现有经济现状，成为他们选择的趋向性行为方式"。① 在西村的调查中，笔者也发现了同样的现象，当然，通过回族穆斯林的"一日五时礼"群体老龄化的现象，我们并不能断定回族穆斯林宗教世俗化趋势，但我们不能否认的是这种现象的出现无疑是世俗化所带来的产物。在西村，这种宗教的世俗化还表现在其他各个方面。据村中老人回忆，在20年前西村本村中大概有清真寺学员四五十人，而现在有的清真寺只有两三人，很多孩子在读完或者没有读完初中，就被送到北京、上海等餐厅做服务员了，成为家中的一个劳动力，而到清真寺当学员被人们认为没有前途而被放弃。

> 现在的人们全都朝钱的脸上看着哩，教门现在粗着不成了（宗教世俗化的厉害），尤其是现在的年轻人。现在念经的人没有了，寺修得越来越好了，而做礼拜的人少着没有了。（2007-8-23，NM）

随着世俗化的加剧，回族寺坊中的宗教学员的数量有急剧下降的趋势。但是，随着清真寺在新的领域中作用功能的拓展，使寺管会的宗教职能发生了巨大的变化，清真寺从以前主要以招收学员为主，转向对寺坊教民的宗教知识传授，从城市回族寺坊中的阿语学习班，到农村寺坊中以经文学习为主的"学习班"等的出现，就很好地说明了这一变化。

第三，调节寺坊内的人际小矛盾，处理一些生活问题。回族寺坊社会既是一个宗教组织、也是一个社会实体，其中当然也会发生一些人际矛盾和财产纠纷等问题，虽然寺管会是应宗教事务的管理而设立的，但其作用远远超出宗教界限，当然，寺管会在世俗性事件上的处理能力也借助了其宗教权威的资本。这些矛盾纠纷处理一般都是寺管会和阿訇一起完成的，寺管会借助阿訇的宗教权威，结合自身的社会关系网络来共同解决这些世俗问题。

2005年8月16日，西村G某家的小孩发生车祸丧命，事发时家

---

① 鲁忠慧：《透析回族穆斯林"一日五时礼"群体老龄化现象》，《宁夏社会科学》2005年第5期。

人和肇事司机双方决定私下处理，但后来家人和司机在赔偿问题上相互僵持，当时车祸司机也是一位本县的回族，于是决定请本村的寺管会出面协调，在寺管会和本寺坊掌学阿訇的协调下，双方对赔偿一事最终达成协议。(2007-8-13，AKF)

第四，维护本寺坊的宗教文化。一个民族之所以存在，其在文化方面的特性是非常重要的一个因素。在回族内部，对宗教文化的维护主要体现在对本寺坊中的宗教教派以及宗教教义方面的维护上。在伊斯兰教内部有不同的教派和门宦组织，在宗教教义上每个教派和门宦大体一致，但也存在差异，而这些差异往往是教派、门宦之间发生宗教纠纷甚至冲突流血事件的导火索，一个寺坊往往也最看重自己的教派、门宦归属。所以，一般寺坊之间的界限也就体现在教派门宦的归属上面，这也就是为什么同一村庄会有不同寺坊的原因之所在。寺管会作为本寺坊的代表，在维护本寺坊的宗教文化中有着非常重要的作用，如反对其他寺坊对本寺坊不利的宗教言论、防止其他不属于本寺坊教派或门宦的人对本寺坊教民的教唆、监管本寺坊中的教民出现转教派、门宦以及传播异教派、门宦思想的现象等。

第五，兴办公益事业以及宣传国家宗教政策。寺管会作为寺坊的公共组织，随着现代社会的发展其公益性业越发凸现出来，如动员本坊教民修路、建桥、铺设自来水方面发挥寺坊中其他组织和个人不可替代的作用。当然，一般这种作用的发挥也是借助了宗教资源，如西村在铺设自来水时，以清真寺缺水的名义动员全村人来购买、铺设自来水设施等。在宣传国家政策方面，由于寺管会是清真寺的法人代表，是寺坊与国家直接对话的媒介，所以根据时势，结合教义，宣传国家政策，寺管会在协调与其他民族的关系方面便成为国家最佳的选择和寺坊教民值得信赖的传播媒介。

2. 寺管会在村庄中的社会地位

寺管会作为村庄社会的宗教自治组织，它是以服务寺坊为目的而成立的组织机构。它在寺坊中的社会地位是与其在寺坊中的作用相对应而产生的。笔者为了便于说明，将其地位分为宗教性地位和世俗性地位两个方面。

寺管会的宗教性地位主要表现在：寺管会作为回族宗教权威机构（清真寺）的管理组织，宗教的权威性本身就赋予了其无比的宗教权威性。一方面，寺坊的宗教权威机构（清真寺）需要寺管会来管理运作，另一方面，清真寺的宗教权威地位无疑给寺管会披上了宗教权威的外衣，其地位高低也与清真寺地位的高低有着相关性。换句话说，一个寺坊的清真寺在这一地区有着很高的社会地位，因此，此寺坊的寺管会也同时拥有很高的社会地位。所以说，寺坊寺管会的宗教地位与寺坊本身地位的高低有着很高的相关性。无论怎样，寺坊的寺管会作为寺坊权威机构的管理者，其在本寺坊中社会地位在宗教性方面是不言而喻的。

寺坊寺管会在世俗性方面的地位主要表现在：寺管会虽然作为一个宗教管理组织，但其本身却来自世俗社会，所以寺坊寺管会的世俗性地位主要依赖组成寺管会的成员，寺管会成员本身的地位与权威性决定了其在回族村庄日常世俗性的社会地位。也就是说，寺管会的世俗性地位主要与寺管会成员有着高度相关性，换句话说，一个寺管会组成成员在当地有着很高的社会地位，那么其在本地就会拥有较高的世俗性社会地位。当然，从寺管会的选举来看，其组成成员一般在本寺坊中拥有较高的社会地位、权威和较广的人际关系，所以说寺管会成员的世俗性社会地位在寺坊中也是很高的。

综上所述，我们不难发现，寺管会在寺坊中，无论是在宗教性方面还是在世俗性方面，都有着较高的社会地位，只不过宗教性的社会地位与寺坊本身的社会地位有关，而世俗性的社会地位与寺管会的组成成员有关罢了。不过，我们也应认识到寺管会在寺坊中的地位是一个相对的概念，也就是说，寺管会作为一个非营利的服务组织，其社会地位的高低是有范围空间的限制。

三 西村寺管会的运行起始

对社会组织一般有两种理解：一种是广义的组织，即泛指一切人类共同活动的群体，包括家庭、家族、村社等初级群体；另一种是狭义的组织，即相对于初级群体的次级组织形式，也可称之为正式社会组织。它是人们为了实现某种共同的目标，将其行为彼此协调与联合起来所形成的社会团体。[1] 换句话说，组织就是被正式组织起来的群体，而一个社会群体要想从群体变成一个组织，首先要做的就是选举。寺管会作为寺坊的次级

---

[1] 郑杭生：《社会学概论新修》，中国人民大学出版社2002年版，第192页。

组织，其运作的首要条件是选举出组织运作的执行者，也就是推选出寺管会的组织成员。

(一) 寺管会成员的选举

1. 影响选举的主要因素

每一个组织成员的选举，既是一个组织运行的开始，也是一个组织性质的标志，通过对主要影响组织成员选举因素的考察，我们会对一个组织作出进一步的了解。通过对西村寺管会选举的深入调查和了解，笔者将影响寺管会成员选举的因素归纳为以下几个方面。

(1) 经济因素

在中国传统社会中，权威或地位是贯穿整个社会生活的核心，是宗法制度和等级制度的体现。它包含一种长幼、辈分的含义在内。而权威或地位发展到现在，除了保留传统的内容之外，更是扩展到以经济地位和社会地位来衡量。而经济地位和社会地位的高低意味着拥有资源量的多少，两者成正相关。[①] 寺管会是一个非营利性公益宗教管理组织，是应寺坊清真寺的运转而成立的。从其产生、发展、变迁的轨迹来看，从刚开始的教长掌权到后来的富户、大户掌权再到现在的民主选举，都无不将经济因素作为选举其成员，尤其是其核心成员（学董）的首要标准。每个组织机构的运转都离不开经济资源方面的保障。而寺管会作为一个服务性的宗教组织，经济的保障对其运转来说无疑是最重要的条件之一。虽然每个寺坊的清真寺都将天课收入作为其经济的主要来源，但是个人的捐赠却在寺坊清真寺的正常运转中有着非常重要的作用，而这种作用往往体现在寺坊清真寺的一些大的经济需求上面，如翻修房屋、兴建楼房、聘请阿訇等时，一个拥有雄厚经济实力的寺管会成员将会承担起资金的主要来源，至少也是在寺坊中捐资最多的个人之一。从西村每年个人的天课、捐资方面来看也是一样，寺管会成员无疑是捐资最多的个人之一。如在西村寺坊2006年的课税、捐资一览表中，寺管会成员的捐资金额占整个寺坊的1/3，而其中寺管会核心成员（学董）出资3000元，与寺坊中出资最高的成员持平。随着宗教世俗化的加强，在当前寺管会成员的选举中，经济因素作为

[①] 杨梅菊、程建君：《论资源配置原则在中国人际关系中的运用》，《辽宁工学院学报》（社会科学版）2003年第5期。

最重要的因素将扮演越来越重要的角色，根据笔者的调查发现，历届寺管会成员中，经济实力处在本村前 10 位的人数占总寺管会总人数的 70% 以上。例如当前西村的寺管会成员中，其中三位的经济实力都在西村的前 10 位之内，而另一名寺管会成员的经济实力也在前 20 位之内。

（2）个人因素

综观中国各少数民族的宗教组织机构或者社会组织机构，我们不难发现这样一个规律，其在选举社会组织的成员时，都把能讲会说、见识广博、言行公正、在群众中有威信、肯为群众办事作为选举的一个重要标准。这在中国其他少数民族的宗教组织或社会自治组织都有体现，如苗族的"议榔"组织、黎族的"合亩"组织、侗族的"门款"组织等。例如瑶族石碑组织的头人"老"，一般是一些办事干练、积极参与村中事务，在群众中享有较高威信的人。[1] 在选举寺管会中，对个人因素也有相同的要求，如在宗教方面有着较强的积极性、人际关系搞得好、个人威信较高等，其中个人的关系和权威网络起着非常重要的作用，因为在中国，"关系"意味着身份与形式、内容的统一。关系的内容随着先定的身份形式而来。关系越是靠近亲缘的核心，其内容越是具有肯定性情感、越多合作、越亲密；越是远离亲缘核心，便越具有否定性、越少合作、越疏淡。随着农村社会的变迁，人际关系在业缘中表现出来的亲缘性越来越强，强有力的人际关系网络给选举带来的是"推动"的作用。权威是一种合法化的权力，拥有权威就意味着个人拥有使他人心甘情愿服从的权力，而个人所拥有的权威网络资源，必将使寺管会的正常运转避免许多麻烦。所以，强有力的权威资源在选举中对个人起到了拉动的作用。

（3）家族因素

无论对本土社会学还是西方的中国学者来说，家族始终是中国国情研究的一个重要的切入点，对于中国少数民族村庄的研究更是如此。正如费正清所说，中国的家庭是自成一体的小天地，是一个微型的邦国，中国的社会单位是家庭而不是个人，家庭才是当地政治生活中负责任的成分，村子里的中国人直到最近主要还是按家族制组织起来，村子通常由一群家庭和家族单位组成，他们世代相传，永久居住在那里，靠耕种祖传土地为

---

[1] 杨圣敏：《中国民族志》，中央民族大学出版社 2002 年版，第 386 页。

主,每个家庭既是社会单位、又是经济单位,其成员靠耕种家庭所拥有的田地生活,并根据其家族成员的资格取得社会地位。① 陈勋也指出,村落家族文化仍在延续,在其有形空间消散后,其无形空间却仍然在顽强地延续、再生与扩张。② 王沪宁将村落家族文化的功能概括为族内功能和族外功能两个方面:"具体言之就是生存、维持、保护、绵延、族化、文化。"③ 在西村寺管会的选举中,家族作为一个重要的影响因素,扮演着非常重要的角色。通过调查,笔者发现家族作为一个社会事实,对寺管会选举的影响主要体现在以下几个方面。

a. 由原来的血缘关系上升到共同的利益关系。

从人际关系理论来理解,寺管会成员的参选成功与否不仅代表着自己的面子与权威,更是整个家族势力在村中的体现。所以,寺管会成员的参选者,将自己与家族的血缘关系上升到了共同的利益关系。同一家族的人也以自己家族的参选者顺利当选为荣,某一家族参选者的参选失败,也就意味着其他人对整个家族的否定。所以在选举中,同一家族的人往往会不惜一切力举本家族人顺利当选。

YB 是西村寺管会当前的一位成员,有亲兄弟五人,YB 是老大,其他兄弟都已成家立业。YB 家族在西村算是一个大家族,但由于整个家族的经济不是太好,所以以前几次的选举中未曾提名,而这次在被提名以后,YB 的其他兄弟觉得自己的脸上也很有光。虽然以前家族中各妯娌之间时常为小事闹矛盾,但为了支持 YB 选举成功,整个家族团结一起,在众人面前表示全力支持 YB。而在 YB 参选成功后,其兄弟全力支持 YB 寺管会的活动,如搬请阿訇时的接客等活动。

  YB 无该当上着(YB 当上成员以后),无该们的媳妇们一卦们好哈了(他们的妯娌之间的关系变好了),寺里搬阿訇时,无该们弟兄做着哩、吃着哩(在寺里搬请阿訇时其家族很出力也受到好处)!(2007-8-4,MW)

b. 家族是将来寺管会运行资源的主要来源。

---

① 费正清:《美国与中国》,商务印书馆 1948 年版,第 17—20 页。
② 陈勋:《村落家族文化公共空间的嬗变》,《经济与社会发展》2004 年第 3 期。
③ 王沪宁:《当代中国村落家族文化》,上海人民出版社 1991 年版,第 29 页。

组织成立以后，首先面临的问题是组织运行资源的获取，对于寺管会这样一个非营利的宗教组织来说，运行资源的获取更显得重要，所以才会在寺管会的选举中，将经济因素作为一个重要的参考标准。同理，在农村社会中，家族的财富虽不是共同所有，但对寺管会这样的一个公共性组织来说，寺管会成员家族所拥有的财富，对寺管会的运行来说无疑是非常重要的保障。由于共同利益的支撑，家族在寺管会运行中已成为了一个整体。寺管会成员个人所拥有的资源固然对寺管会的运行是重要的，然而家族作为个体的共同体，其所拥有的社会资源绝非个人能比。而对一届寺管会的选举来说，在需要强有力的经济支持时，一个经济实力雄厚的家族集团，往往对选举有着决定性作用。

> 你看这次 YB 当上乡老以后，无该们（他们）的弟兄们跟以前大不一样，AHM（YB 的弟弟）以前出钱都出着一点点，今年你看一当当（一下子）出了 500 多块。(2007-8-4，MW)

c. 家族是寺管会成员个人关系与权威的支撑点。

家族成员参选，首先意味着其在整个家族中有相当的社会关系和权威资本。在寺管会的选举阶段，家族的社会关系与权威网络，无疑是参选成员获得的先天性社会关系与权威网络之一。一个家族的社会关系与权威网络体系，代表着整个家族人员在寺坊中的身份与地位，带着这种先天性的身份参选，无疑是获得了非常重要的参选筹码。在寺管会的运行阶段，家族的社会关系与权威网络，是个人在获取资源、决策实施等阶段必不可少的支撑点。一般在大的寺坊之中，由于家族势力的错综复杂往往导致寺管会选举进入僵持状态；在寺管会的运行阶段，各种家族势力又是监控运行工作的主要力量。而对于寺管会成员来说，家族势力在运行阶段正是抵制各种不利参选因素的主要保障。

d. 寺管会的组织结构是寺坊家族结构的体现。

上面我们提到，中国农村社会家族观念的特殊性在回族寺坊中表现为从世俗性领域不断向宗教领域的渗透。在回族寺坊中具体表现为寺管会成员的构成上，寺管会的核心成员是学董，而寺管会除其之外，还有数量不等的乡老，一般为 3—5 人。而家族结构在寺管会上的体现，就表现在乡老成员的选举中。通过调查笔者发现，几乎在所有的回族寺坊的寺管会中，其乡老成员都是由寺坊中不同家族的人来担任。由这一现象我们不难发现，寺管会的成员构成结构其实就是寺坊的家族结构的一个体现。例如，在西村的现任寺管会成员中，学董来自中河这一家族，而其他三位乡老分别属于东嘴嘴、上河、下河三个不同的家族。

（4）前任寺管会成员的影响

寺管会的换届选举主要有两种原因：一是由于运行过程的中断，不得不选举新的成员来使中断的运行继续下去；二是因为寺管会成员的任期届满，在整个运行良好的情况下开始换届。

在第一种情况下，由于整个运行过程出现的矛盾激化和突出，所以换届一般是全员的换届，也就是所有前任寺管会成员全部下台，重新选出全新的运行组织。在这种情况下，对新成员的选举主要的影响有以下两方面。

客观方面：寺坊成员会根据前任寺管会运行中出现的问题来考虑人选。

> 在（19）97年西村寺管会的换届选举中，大家觉得前任寺管会运行的问题主要出现在对清真寺资金的不合理使用上，所以在大家觉得应该选出一位在资金的管理方面比较有经验且值得信赖的人，故以前在村中当过村会计的S当选。（2007-8-7，SS）

主观方面：前任寺管会成员觉得自己的失败很让他们在村中失面子。所以，一方面他们会想让后来的成员收拾烂摊子，会支持或者直接推举他们认为那些可以挽回局面的人，从而挽回由于自己的失败而造成的损失。另一方面，由于自身工作的失败会让他们产生逆反心理，所以在寺管会成员的选举中，前任寺管会成员就成了选举中的主要"捣乱分子"。无论谁当选，几乎都会成为他们反对的对象，因为这时冲突已成为目的而不是一种达到目的的手段。

第二种情况下，由于人们觉得这届寺管会成员还不错，所以一般是部分成员的调换。在这种情况下对新成员的选举主要的影响有以下两方面。

客观方面：新的成员的选举主要是为了补充换届成员的缺失部分，所以这时人们对新的成员的要求，主要是以能否替代调换成员的作用方面来考虑。比如，换届中一位有威望的成员被换掉，人们可能会觉得新的寺管会缺乏权威人员，故选出一位有威望的成员可能是比较好的选择。所以，在村中有威望的老年人比有钱的年轻人更有可能当选。

主观方面：虽然寺管会运行良好，但并不是说没有矛盾。所以，在任者在接纳新的成员的时候主要有两个因素影响他们的选择，如果离开者与在任者关系较好，那么在任者主要会依据离开者推选的人来选举新成员；如果离开者与在任者之间关系不好，那么与离开者关系较好的人，将很难被在任者接纳而选入寺管会。

（5）新的影响趋势

a. 职业分化，寺坊的人际关系从血缘关系趋向业缘关系。随着现代化进程的加剧，农村社会的人们已逐渐从他们世代赖以生存的土地上解放出来。从事新的职业在农村已是司空见惯的事，虽然他们没有完全脱离农民的身份，但是这种职业性质的变化，无疑影响着他们生活的各个方面。回族历来就是重商的一个少数民族，在西村也不例外，从20世纪八九十年代"家家户户贩羊毛"的现象到现在的贩卖茶叶、牛羊、开饭馆、运输业等多种职业的发展，加之西村又处在一个经商气氛很浓厚的地区，所以在西村寺坊教民的职业构成，主要以农业为主经商为副和经商为主农业为副的两种方式占主体地位。不同的职业分化形成不同的人际关系与权威格局，这也是为什么在选举过程中，一个新的寺管会成员从过去很容易全票通过，到现在长时间僵持不下的原因之一。

> 在西村新任寺管会的选举中，主要推举新学董的是他们一起贩运牛羊的同伙，由于新任学董在贩运牛羊中既赚了不少钱、又与其他人的关系搞得比较好，在寺坊中的同伙中树立了较高的威信。所以，在选举新学董时同伙们极力推举他为新任学董。（2007-8-16，LG）

b. 社会分层，不同势力代表的出现。当前对于社会分层的研究越来越受到学者们的关注，但大部分社会分层的研究都集中于对城市社会的研究，由于农村社会的社会分层不显著以及难以量化分析等原因，使得对于农村社会的社会分层的研究尚处于尝试阶段，主要问题出现在社会分层标准的统一问题上。但社会分层在农村社会作为一个社会事实的存在，却是大家不容忽视的一个问题。同样，在西村社会分层化的现象也在宗教领域内凸显出来。表现在寺管会选举上面，就是西村内出现的各种参选势力的相互对峙，这种对峙的显著特点是分层的，也就说在不同的职业、不同收入层次内形成不同的相互对峙现象，从而影响寺管会的选举工作。

c. 国家权力的介入，行政机构对宗教事务管理的深化。寺管会作为一个宗教性自治组织，国家权力往往不介入其选举运行等过程，但随着农村社会的变化，寺坊作为一个社会实体也在不断变化中，而在寺管会的选举中，由于职业分化、社会分层、家族等因素的错综复杂的影响，使寺管会的选举处于长时间的对峙时，国家权力的介入无疑是解决这一对峙状态，并将其纳入正常化的一种最佳的选择。在各种势力对峙的情况下，国家权威在整个选举中扮演着一个重要的裁决角色，且受到各方势力的认可。

> 在与西村相邻的 W 村，在 2004 年的寺管会换届选举中，由于各种因素相互影响，致使选举工作在持续一个多月的相互争吵后也没能完成，最后是通过县宗教局出面，协调各方面的关系，任命了新的寺管会成员，持续了一个多月的选举工作才算完成，整个寺坊的运行才算走上了正常的轨道。(2007-8-16，LG)

d. 代理管理的出现，打破管理人员选举的地域限制。寺管会作为寺坊的宗教性管理组织，其根在于寺坊，所以寺管会成员的选举从规则上讲，是从本寺坊中选举出管理本寺坊宗教事务的人员。因为寺管会的运转不是一个短期阶段性的过程，而是伴随着每天寺坊清真寺的事务而展开的，所以对于寺管会成员的选举来说，其成员必须有充足的时间和精力来完成各种事务。然而，随着社会现代化进程的加剧，人们的传统观念的变化，以及在寺管会成员选举上理性化的成分也在不断地出现。在西村的访谈中笔者发现一个新出现的现象，即非本寺坊的居民却成了寺管会的成员。

> 村社 Z 村的一个寺坊组织在最近的一次选举中，由于经济的原因，大家一致推荐早已迁出 Z 村而居住在北京市的 T 某为本寺坊的学董，原因是 T 某有着雄厚的经济实力以及积极的捐赠行为。而由于 T 某居住地域位置的原因，又将居住在本坊 T 某的堂弟选为代理学董，代理 T 某执行管理事务。(2007-8-16，LG)

由上我们不难发现，这种情况的出现，一方面说明了农村社会血缘关系的扩展，另一方面也表现出人们在寺管会选举中越来越理性化的一面。

根据吉登斯的结构化理论我们发现，在寺管会选举阶段，整个寺坊社会的结构（规则与资源）影响着寺坊成员的行动。对选举者来说，寺管会成员本身所拥有的资源影响着他们的抉择，如他们在选举时看重被选者的经济实力以及家族势力等。对被选者来说，他们主要通过自身所负载的各种资源在选举中取胜。职业网络关系以及个人因素等都成为影响选举的重要因素。同时结合韦伯的行动理论我们发现，寺坊成员在选举中所表现出来的各种行动类型。如价值合理性、传统性行动主要表现在选举中他们对选举者个人能力的强调。目的合理性、情感性行动主要表现在前任寺管会成员对选举的影响上。

2. 选举的过程与形式

通过开集体会议来选举组织的负责人，似乎是任何一个社会组织必须经过的头道程序。这在中国各少数民族的组织选举中都会见到。例如：苗族的民间自治组织"议榔"是通过"议榔大会"来选举负责人以及制定相关规约的，这种大会一般是由男性家长组成。寺管会的成员选举与"议榔"组织的选举过程相类似。寺管会成员的选举一般分为三个步骤。首先，前任寺管会成员召集寺坊中每个家庭的代表（只有男性参加）在清真寺召开选举大会，在选举大会上前任寺管会成员首先说明辞任的理由，其次向大家汇报整个在任期间的主要工作和存在的问题，同时公布当前寺管会的账目情况。最后，推选下届寺管会成员并请大家发表推选意见和推选新的人选。当然，这时的选举主要是围绕推选寺管会的核心成员学董展开的。这一阶段是整个选举中最重要的一个组成部分，因为一旦选举学董成功，那么学董是有权提名或者指定乡老的人选，加之学董与乡老在寺坊中的威望有很大的不同，使得参选的人员对这一职位有着特殊的关注度，结果往往是一两次的集体大会很难将学董选出，选举程序在这一阶段要僵持很长一段时间。

在大家推选学董成功以后，整个选举实质上已经成功，因为新任学董的成功选举，意味着整个选举中最重要的工作已告完成。但是，往往寺管会的选举在这时才进入了高潮阶段，因为一般是由新的学董提名副学董和乡老并征求大家的意见。按规则来说，每个寺管会成员都有发表意见的权力，再加上乡老的人数相对较多，而且这时家族、经济、宗教等多方面的因素交织在一起，各个不同家族、不同势力的较量在这时开始显现，并对选举造成影响，此外同选举学董相比，乡老入选的条件限制要相对宽松。所以，我们说影响寺管会成员选举的主要因素其实就体现在这一阶段。

最后，在副学董和乡老选举成功以后，新旧学董进行寺管会公章以及账目的交接仪式。在交接仪式完成以后，整个选举大会就告结束，同时意味着新的一届寺管会的成立。

（二）寺管会的成立

1. 寺管会成员构造的关系与权威网络

每届寺管会的成立，都是寺坊人际关系与权威碰撞交汇共同作用的产物，而作为此活动核心角色的寺管会成员，无论是有意地去构建选举的环境，还是无意中被其他成员赋予了各种额外的人际关系与权威，都说明寺管会成员先天性的人际关系与权威和后天性构建的人际关系与权威，确实已深深附在了寺管会成员的身上。在宗教与世俗两个不同的社会领域中，这种人际关系与权威构建、赋予的方式和作用又不尽相同，故笔者从构造关系与权威的途径和作用两个方面分述如下。

（1）构造关系与权威网络的主要途径

a. 从宗教方面来看主要有以下两个方面。

一是通过在斋月里的请客。依照伊斯兰教的风俗习惯，在斋月寺坊里的教民一般要宰羊、鸡等，请阿訇、满拉（清真寺学员）以及家族人员、邻居等到家中来开斋，这也算是增加来世回报的一种宗教方式。但随着宗教世俗化的影响，斋月开斋的宗教活动也受到越来越大影响，成为人们扩大关系以及树立权威的一种手段。如对寺管会成员 SDK 的访谈中有这样一段话：

> 本身月份里炒菜（请客吃饭），主要是请穷人的，但是早（现在）倒行着哩（相反了），人们一直叫富人哩，穷人哈阿该叫哩（只请富人，不请穷人）？这个也是一个拉关系的手段，也是一个在人前头活人的方式啊（请客吃饭是拉关系与树立威望的手段）！（2007-7-26，SDK）

当然，通过对寺管会成员在当选前后的请客人数的对比，我们发现几乎所有的寺管会成员，在当选以后其请客人数有明显的增加，而在离任后又逐渐地减少。通过上述情况我们不难发现，在斋月、伊斯兰教节日等宗教性事件，显然已成为寺管会成员构造人际关系与权威的一个重要途径。

二是通过其他各种宗教活动。在西村外部的人际关系与权威的构造中，寺管会成员主要依靠的是各种宗教活动的举办，例如承办宗教的大型节日，如古尔邦节、尔德节等，一个寺坊承办这些大型节日，本身就对寺管会成员社会威望的提高有着重要影响。在本寺坊与其他寺坊的一些活动中，如给新修建的以及聘请了新的掌学阿訇的清真寺道喜等活动中，作为本寺坊代表的寺管会成员，在这些活动中有机会结识更多的寺管会成员，从而为建立新的人际关系网络打下了基础。

> 这个哈当上着（成为寺管会成员后）事情多得很，今儿到这个寺里贺学（给聘请阿訇的寺坊道喜）去了，明儿又给新当学董的人恭个喜哩，麻烦得很！不过这么时（这样）你认识的人也多了，接触的都是大人物，反正是关系网拉得比以前大多了。（2007-7-26，SDK）

b. 从世俗方面来看主要有以下几个方面。

一是通过自身先天性关系与权威网络的扩展。每个人的身份地位的获得，都由先天性获得和后天性获得两个方面组成，寺管会成员在构造社会关系与权威网络的初期，主要依靠自身先天性的关系与权威网络的扩展。这种先天性关系与权威网络的获得主要来自父母以及整个家族。先天性关系与权威网络的获得给寺管会成员自身在后天性的关系与权威网络的构建上，造就了很多发展的机会与途径，而通过寺管会选举这一事件，更使这种扩展达到了更广阔的领域。

二是通过非宗教事件构造关系与权威网络。在上文中我们提到，寺管会的作用中有针对寺坊教民的世俗性活动，如调节寺坊内的人际矛盾、解决一般纠纷等。虽然这些非宗教性的世俗活动一般也是借助于宗教的权威来完成的，但这些世俗性的事件无疑给寺管会成员构建自身的关系与权威网络提供了舞台。这些世俗性事件的解决，一方面协调着寺坊社会秩序，另一方面无疑使寺管会成员在寺坊教民的心中树立了更权威的形象。

三是通过寺坊与国家部门之间"桥"的作用来构建自身的关系与权

威网络。寺管会成员作为寺坊管理组织的法人代表是直接与政府对话者。一般来说，寺坊与国家的管理部门始终保持一定的距离，然而寺坊作为一个现实存在物，却始终无法摆脱国家权力的影响而独立存在。国家与寺坊的对话是通过寺管会来实现的，所以寺管会成员在国家权力与寺坊之间扮演着社会资本中的"桥"的角色，而这一角色的定位带给寺管会成员的既是压力又是扩大自身关系与权威网络的机会。寺管会作为一个宗教性的自治组织与村民自治组织有着很大的差异，而作为一个独立的宗教自治组织，国家权力在介入其中时，寺管会成员无疑成为最佳的选择对象，而寺管会成员作为传递国家与寺坊之间信息的媒介，其自身的关系与权威网络无形中在不断地扩展着。

（2）寺管会成员构造的关系与权威网络的作用与影响

关系与权威网络的构建带给寺管会成员更多的社会资本，其作用与影响主要表现在两个方面。一是在宗教方面，寺管会成员无疑获得了自身内心的安慰和外在教民的尊重和认可，其实在寺管会成员参选的众多原因中，有一个因素是最基本的，那就是为了能在来世得到更多回报，从韦伯的社会行动来看，这种行动属于"价值合理性行动"，即他们不管自己的目的是否达到，后果是否合理，均不作考虑，只有现实的行动手段才成为他们考虑的对象。所以更好的人际关系与更强权威，使寺管会成员在他们的行动的价值上得到了合理性解释。同时在世俗性社会里，也获得了现实性的宗教资本，从而获得了更利于寺管会运行的资本。二是在世俗社会方面，更多的社会资本的获得，意味着更多现实利益的取得，寺管会成员是寺坊中权威机构清真寺的管理者，虽然他们的工作无任何现实物质的回报，而通过从一般普通的教民到寺管会成员这一身份的转变，无疑给他们带来更多的符号性利益，而这些符号性利益往往伴随着信任、尊重、认可、权威等多方面的附载物，这些附载物无疑使寺管会成员在世俗性社会活动获取了更多再生产性的社会资源。

2. 西村人际关系与权威格局的形成

一次寺管会的换届选举，意味着一次大的人际与权威关系格局的形成，从参选者构建自身关系与权威网络到新的寺管会成员的选举，再到选举的最终揭晓，一系列过程无不是人际关系与权威不断变动、成型的复杂程序。寺坊中教民支持谁或者反对谁，都会成为人际关系变化的原因，加之家族因素以及经济因素等多因素交织重组，更加影响到了整个寺坊社会的人际关系与权威结构。对于西村这样一个以单寺坊为主的村庄来说,这种影响更不可低估。

  在 2005 年的西村寺管会的选举时,寺坊中的前任寺管会成员都有着家族和亲戚关系,所以他们想趁寺管会换届选举之时把自己家族中的一个清真寺学员聘请为本寺坊清真寺的掌学阿訇。在选举的前一天晚上,他们带着礼品到几家寺坊中较有威望的教民家中,希望劝说他们在明天的寺管会选举中,能够将聘请自己家族清真寺学员为本寺坊掌学阿訇的事提上日程。然而,谁知寺坊中有人跟踪他们发现了他们的行踪,第二天将整个内幕揭发,搞得全寺坊的人都知道此事。而感觉被愚弄的寺坊教民,于是无论如何也不再聘请前任寺管会成员家族的清真寺学员为本寺坊的掌学阿訇。(2007-8-27,NH)

  这个事件,一方面使前寺管会成员在寺坊中的人际关系与权威急剧下降,另一方面也使前任寺管会成员对现任寺管会成员不满和对寺坊公共事务疏远,从而使原本和谐的寺坊人际关系与权威格局有了新的变化。
  在选举成立后,寺管会成员作为寺坊组织运行中的主要行动者,寺管会为他们提供了一个新的行动空间,于是在寺管会的运行中他们开始寻求不断扩大自身权威与关系网络的途径,这种扩大权威与关系的行动既有目的合理性行动,如寺管会成员通过非宗教事件构造权威与关系网络,又有价值合理性行动,如寺管会成员通过各种宗教活动构造权威关系网络。正是这些行动作用力的持续反馈,不断地重构着寺坊社会的结构。当然,行动作用力的意外性后果是,一方面它构成了寺管会成员进一步行动的条件,如行动领域的扩展。另一方面又对寺管会成员的行动形成了障碍。如上文(对 NH 的访谈)所述的选举事件所造成的不良后果。

(三) 小 结

  乡村社会组织演绎着转型时期的乡村社会的人际关系与权威格局的变迁。在农村人际关系与权威格局变化趋向定势化、网络化的今天,无论是经济的变化引起人际关系的裂变、传统文化的变迁引起权威格局的重组,还是人们的需求、动机、价值观的变化都造成了农村社会关系与权威的交互变化,都需要去寻找承载和演绎这种变化的载体或舞台。在回族寺坊中，寺管会无疑成为我们的首要观察对象。作为回族寺坊中的组织实体，它不仅仅是一种将分散的人或事物整合起来的系统，更多地是指一种关系和权威交织的象征物，既是宗教领域的象征物，也是世俗领域的精神象征物。正是这种双重的象征性，决定了人们对这样一个神圣性的宗教组织发生了世俗性的兴趣，导致世俗性的因素在其中的显现。回族寺坊中宗教精英的权威并未因世俗化而减弱，只不过是从纯粹的宗教传统权威转化到了一种混合的世俗权威而已。这就是在世俗化日益严重的今天，为什么人们对一个宗教组织会如此热心的原因。寺管会的选举其实是一种宗教心理和世俗心理双重作用下的产物，不过在现代化进程日益加强的今天，宗教性和世俗性在这种作用力中的比重在不断地发生变化，也就是世俗性的心理的上升和宗教性心理的下降。

　　在转型时期，尽管中国农村的人际关系正由以血缘型关系、地缘型关系为主向以业缘型关系为主转变，但人际关系与权威格局仍带有浓厚的亲缘色彩。而对于中国这种先赋性的、以身份形式制约内容的人际关系，翟学伟提出了三个本土概念：人伦、人情和人缘。他认为，"中国人际关系的基本模式是人缘、人情和人伦构成的三位一体，它们彼此包含并各有自身功能。一般说来，人情是核心，它表现了传统中国人以亲亲（家）为基本的心理和行为样式。人伦正是这一基本模式的制度化，它为这一样式提供一套原则和规范，使人们在社会互动中遵守一定的秩序，而人缘是对这一模式的设定，它将人与人的一切关系都限定在一种表示最终的本原而无须进一步探究的总体框架中。由此，人情为人际行为提供是什么，人伦为人际行为提供怎么做，人缘为人际行为提供为什么，从而构成一个包容价值、心理和规范的系统"。[①] 传统的农村权威格局是与血缘、辈分等传统因素相互交织的产物，在韦伯的权威理论中，理解传统权威制度动因的一个关键要素，是将其看作家庭关系或者说是家族关系的扩展。韦伯区分了三种不同形式的传统权威：老人统治、族长制以及世袭制。寺坊的寺管会其权威形式就是典型的族长制变种。正是基于上述农村社会人际关系与权威形式的特殊性，造成了在寺管会的选举过程中，寺管会成员作为其中的主要行动者，在他们的行动场域进行着关系与权威的再生产，而先天性的人际关系与权威身份和后天的行动构建正是造成他们自身人际关系与权

---

① 翟学伟：《中国人际关系的特质：本土概念及其模式》，《社会学研究》1993年第4期。

威格局和整个寺坊人际关系与权威格局的主要原因。

四 西村寺管会的运行过程

(一) 关系与权威的再生产

1. 运行资源的动员与获得

对组织结构较为常见的研究，是通过分析组织成员和他们在组织发挥作用的过程来进行的。本研究也将遵循这一研究思路展开，首先从寺管会运行资源的获取来谈寺管会的运行。寺管会选举成立以后，运行资源的获取是寺管会成员面临的首要问题。对于任何正式组织或是非正式组织来说，组织是靠其一定的资源来维持生存和寻求发展的。对于回族寺坊组织来说，寺管会就是这样一个值得全坊教民共同提供运行资源的组织机构。随着现代社会世俗化脚步加剧，寺坊组织的资源获取形式也在不断发生着变化，而寺管会作为一个宗教性的管理组织，有着与其他组织不同的资源获取的手段与途径。

a. 寺管会运行资源的来源形式。

所谓资源，指的是一切可被人类开发和利用的物质、能量和信息的总称，它广泛地存在于自然界和人类社会中，是一种自然存在物或能够给人类带来财富的物质。在社会学研究中，"资源一词已被解释为可以通过人际行为传递的任何物质或符号，简言之，关系网上的资源既可包括货币、证券、实物、服务等物质性资源，或者提供职务、职称、荣誉、工程中标、股票上市等准物质资源，也可包括信息、信任、服从、支持、尊重、感激等非物质性或符号性资源"。[1] 笔者在这里将寺管会运行资源的来源划分为"实体资源"与"符号资源"两种，实体资源是指各种物质资源，等同于资源定义中的自然资源；符号资源是指寺管会成员所拥有的各种可支配的信息、权力、关系等，等同于资源定义中的符号性资源。而实体资源又分为"内生""外生"两类。寺管会的内生资源是指本寺坊内部教民所缴纳的"天课"以及各种捐赠等物资，伊斯兰教的天课主要由两部分组成，即"无数勒"与"则卡体"。两者具体数目是，无数勒是庄稼收成

---

[1] 高文盛、席嘉：《资源辨析：社会网视角中的关系网》，《中南民族大学学报》（人文社会科学版）2002年第4期。

的 1/10，而则卡体是指除实物收入以外其他做生意、打工等收入的 1/40。除这两者之外，内生资源主要还有一些经济好的教民向清真寺捐献的煤、面粉等物资，当然，内生资源主要还是以天课为主。① 外生资源是指寺管会成员动员其他寺坊的教民以及一些机构团体所捐赠的物资。至于符号资源的来源，一方面是来自寺坊本身所有的各种符号性资源，如寺坊的声誉、清真寺阿訇的名气等，另一方面来自寺管会成员所负载的各种关系、权威以及威望等。所有的实体资源和符号资源构成了寺管会运行的总体资源。

b. 动员资源的手段与途径。

上文中已论述，寺管会运行资源的组成方式是由实体资源和符号资源构成，由于符号资源是一种外在的无形附加物。所以，在这里重点介绍寺管会运行过程中对实体资源的动员、获取的手段和途径。

对于内生实体资源的动员来说，主要是通过以下步骤来实现的。首先通过阿訇的讲学，让人们知道伊斯兰教天课的意义，从而在宗教上将其合法化。其次是阿訇和寺管会成员一般在斋月召开天课收缴会议，一是向坊民说明寺管会的收支情况，二是动员大家积极出资、出物。这种会议在斋月举行是借助斋月特殊的宗教意义，从而达到宗教与世俗两方面相结合的作用效果。在这种会议中，寺管会成员一般起到动员、鼓励、带头出资的作用。

对于外生实体资源的动员来说，主要是通过以下两个步骤实现的。

一种是寺管会成员到别的清真寺或社会组织中请求捐助。这种方式主要是寺管会成员动用自身的关系来获取资源，寺管会成员自身所拥有的关系是资源获取的主要媒介。

> 在 2004 年西村清真寺的扩建过程中，由于寺坊内生资源远远不够，作为寺管会成员的 D 动用自身人际关系，到北京、广东等地向自己的朋友动员清真寺的扩建资金，还通过一些亲戚动员到了一些资金，缓解了扩建资金的不足，后来，D 还动用自身的关系，到一家钢材代销点以低价并且赊账弄到了一些建设钢材，才使整个工程的完工有了一个重要的保障。(2007-10-6，HRN)

---

① 关于天课的具体内容，请参阅杨志银《关于"天课"在社会经济活动中的作用的调查研究——以云南省沙甸、鸡街镇穆斯林的天课为例》，《世界宗教研究》2000 年第 1 期。

另一种是其他寺坊的教民以及一些组织机构等主动向本寺坊提供捐赠。这种捐赠主要依靠的是寺坊清真寺教学阿訇和寺管会成员的威望，是他们的权威在发挥作用。清真寺作为回族寺坊宗教中心，它还担负着教学的任务，一个有威望的阿訇会给清真寺招来更多清真寺学员，学员的增加一方面意味着清真寺负担的加重，因为清真寺要负担更多人的吃饭以及生活管理等问题；但另一方面也意味着更多外生资源流向了清真寺，因为当教民把自己的孩子送进某个清真寺时，他就更愿意捐赠给这个清真寺。

在寺管会的运行过程中，寺管会成员从单纯的世俗性身份转变到世俗与宗教双重性身份，这时他们的行动途径与手段亦有了新的变化，权威与关系的扩展也是借助了外在的宗教权威力量。如通过清真寺阿訇讲学、斋月的宗教意义来动员教民出资，从而使自身的权力带有了宗教意义上的合法化，在获取资源的途径上也有了新的变化，如到其他清真寺去动员捐赠等。这时他们的行动既有价值性行动，同时也伴随着目的合理性行动，而哪种行动占主体主要取决于寺管会成员的自身因素。

> 现在的人，光凭你一个人说着听不进去，人们哈说到出钱时都先看你学董、乡老着哩，你出的不多时，都不出了。不过你把阿訇拉上就不一样了，阿訇的几句话啥事情都哈长给了（阿訇的话会把所有的事都摆平了）。（2007-8-16，LG）

2. 运行资源的决策实施
a. 资源的管理。

资源的管理在这里主要指实体资源的管理，在回族寺坊组织中，是由寺管会成员中的会计管理整个账目的收支，其余成员进行监督以及辅助管理其他的实体资源，如上缴来的玉米、土豆等粮食作物以及其他的寺产。西村寺坊同其他寺坊一样，其运行资金由寺管会中的会计管理，而其他成员主要是辅助管理上缴来的实物，同时也对会计资金的管理进行监督。当然在资源的管理中，最重要的一项就是向寺坊其他成员公布账目，由于西村寺坊的资金以及实物等资源的有限，所以西村寺管会一般是一年为一周期公布收支情况，公开的形式也是比较简略的。下面是西村寺管会2006年的账目公开记录。

西村清真寺 2006 年收支情况公开栏

收入	支出
去年剩余：15420 元	
斋月收入：32430 元	总支出：57947 元
玉米：27547 元①	
其他收入（外界捐赠）：6584 元	
总收入：81981 元	总计剩余：24034 元

寺管会宣
2007 年 3 月 15 日

从中我们可以看出，这种账目公开形式的简单性、管理账目的不明性以及在管理中出现的监督不力等。然而，在传统的农村回族寺坊组织中，人们不会更多地去深究收支中的具体细节，因为作为一个宗教性组织，寺管会本身最大的约束力就是来自宗教而不是来自外界。在每年的账目情况中也许最吸引人们眼球的还是某某又捐多少钱等。

b. 资源决策实施的方式与程序。

寺管会是应清真寺的正常运转而设立的宗教性组织，所以寺管会资源决策实施的对象主要有两个方面：一是本寺坊内部的资源支出，也是寺管会资源支出中的绝大部分。主要包括清真寺学员的吃、住、清真寺阿訇的工资、清真寺建筑的修缮、电费、电话费等支出。这部分资源的决策实施中，主要的方式一般是由寺管会的会计负责各种支出，而学董与其他成员主要负责决策各方面支出的平衡，例如每年的支出不能超出收入太多，否则就采取控制清真寺学员的数量、动员新的资源等措施。在重大的项目支出中，如修建新的清真寺建筑等，主要是召开全坊大会共同商议资金的征收和支出等问题。二是寺坊外部的资源支出，主要包括本寺坊与其他寺坊之间关系上的走动、一些宗教活动的举办等。虽然这部分支出在资源的支出中占很小比率，但其作用却不可小视，因为它是本寺坊获取符号性资源的主要手段。通常在这方面，由于资源的支出不是很大，而且不是本寺坊内部的事，所以一般由寺管会成员自行决定，通常不与清真寺掌学阿訇商议。

---

① 将玉米出售后的资金（2007 年 5 月 19 日摘抄自西村清真寺账目公开栏）。

c. 资源决策实施的主要影响因素。

（1）清真寺学员的数量。在上文中，我们提到寺管会主要服务对象是寺坊的清真寺，而清真寺运转的主要问题在于如何维持其学员的日常吃、住等生活问题。从寺管会产生的渊源上来看，也是应清真寺学员的需要而产生的。所以，清真寺的学员作为寺管会的主要服务对象，其数量的多少直接决定了寺坊内部资源的支出。

在SLH阿訇的时期，满拉（清真寺学员）有90几个，多着阿里的数哩（多得很）！无会儿（那时）全部的力量都用在满拉的吃住上了，再阿里（哪来）的钱做别的事情哩（再没钱做别的事情）！(2007-7-26，SDK)

（2）清真寺的修建工作。一般清真寺的大型修建项目较少，尤其是对一般的寺坊来说，像修建清真寺大殿等由于耗资巨大，故较少发生。但一些小型的翻修却要在寺管会资源支出的计算之内。如修建仓库、翻修房屋等基础设施。所以，在每年寺坊内部的资源支出中，都要考虑这方面的支出情况。例如西村在2005年翻修淋浴室就化了近5000多元。

（3）清真寺的掌学阿訇。我们知道清真寺阿訇作为宗教权威，在寺坊中可以说拥有很高的权威，并且在上文中我们提到，在有些寺坊其资源是由清真寺掌学阿訇掌控。所以说清真寺阿訇在寺坊内部资源的决策实施中有着非常重要的影响。比如在招收清真寺学员、聘请其他阿訇等方面，掌学阿訇的意见是寺管会不得不考虑的一个方面。

这个你看在SLH阿訇的时候，学董乡老钱阿里用（钱用在哪里）都同SLH阿訇商量着哩，学董乡老阿一个人（那一个人）说了还不算数。(2007-10-6，HRN)

（4）寺坊管理中的非直线权威。一般来说，在一个组织中存在两种权威模式。一是直线权威：在组织的运行中，作为组织的最高负责人，对组织的运行以及对运行资源的决策实施无疑有着绝对的控制权力。二是非直线权威：在组织的运行中虽不是直接的负责人和决策者，但对直接的决策人有很大的影响力。在回族寺坊组织中，非直线权威对资源的决策实施有着不可忽视的影响。那么在回族寺坊中谁在扮演着非直线权威的角色？他们又是怎样影响寺管会运行资源的决策与实施的？经笔者调查发现，在回族寺坊中，非直线权威主要有以下几类：一是前任寺管会成员的遗留权威；二是寺坊中的老人权威；三是寺坊中有权势的非寺坊组织权威。他们对运行资源的决策与实施的影响也不尽相同。前任寺管会成员的影响主要有两个方面。一是他们在任时有很多工作没做好，希望当前的寺管会成员能完成他们的心愿，成功地使寺管会运行走上轨道。所以，他们会很支持当前的寺管会成员的工作。二是由于以前自己的工作没做好，他们害怕当前的寺管会成员如果做得很好，将使他们没有面子，进而使自己进一步在村中失去威望，所以他们会不断地在资源的决策实施中进行阻挠和破坏。

> 2005年，由于西村的清真寺要扩建，要占用临近一位村民的后院，而由于该村民与前任寺管会成员的关系不好，所以，前寺管会与该村民就占地赔偿的问题没有达成协议，一直拖到了现在。而当前的寺管会成员与该村民的关系很好，所以很快双方就达成了协议。就在此时，前任学董K来到现任学董D的家中，向D提出了警告，意思是说，以前他们没有弄成，所以现在不许D弄这件事，因为D的做法让他们以前的寺管会成员觉得脸上无光。但D没有理睬K的警告，还是与占地村民达成了协议。K知道此事后，就在村中散布言论说，由于D与该村民的关系不一般，所以在赔偿上让该村民占了很大便宜。但由于D在村中的人缘与威望，所以此言论并未对D造成大的影响，故此两人的翻脸使K在村中的关系与权威急剧恶化，恼羞成怒的K从此决定与D老死不相往来，并且鼓动其他前任寺管会成员一起来与D断交。（2007-10-15，DW）

寺坊中老人权威和其他权威，作为中国农村社会传统权威保留形式，在回族寺坊中依然存在并发挥着自身的能量。在寺管会这样一个公共组织中，这些权威形式更是获得了其他组织所不具备的生长土壤。并且他们对寺管会决策的影响主要表现在名誉、面子、权威等符号性的资源方面。

3. 运行领域的扩展

任何组织都是一个不断与外在的环境进行相互作用的开放系统。组织处在这样一个相互作用的环境之中，必然在不断地进行自我调整和自我发展，所以组织的变迁问题是任何组织都不可避免的一个阶段，而组织的变迁是以组织自身运行变化为前提的。寺管会作为一个宗教性的组织，虽然有着其固有的稳定性，但在现代社会如此剧烈的变迁之下，也在不断地进行着自我调整。

a. 运行领域扩展的原因。

组织发生变迁的原因一般来说主要有两个：一是组织外部环境的影响，二是组织内部环境的变化。同样寺管会也不例外，其运行领域扩展的外部原因主要有以下两种。（1）社会世俗化的加剧。随着世俗化的加剧，人们的宗教自觉性已大为降低，寺管会原有的管理方式已难以将人们与寺管会紧密联系起来。（2）国家基层公共管理的缺失。随着村民自治组织功能的日渐萎缩，以及基层权力的上调，使国家在基层公共管理上存在不同程度的缺失，加之回族寺坊作为一个宗教性组织，人们更倾向于寺管会这样的宗教性组织的管理，从而导致了寺管会在寺坊中发展空间的扩展。其运行领域扩展的内部原因主要有以下两种。（1）寺管会的组织特征。从寺管会本身的组织特性来讲，它来自于世俗社会，而不是一个纯宗教性的产物。从其最初的功能来看，其在世俗社会领域本身就有着很大的活动空间，只不过随着社会的发展，这种空间在不断地扩大而已。（2）寺坊内部新的需求。寺管会的产生是应寺坊的需求而产生的，所以新需求的出现必然会导致其在功能上的调整。例如寺坊中教民对学习宗教知识而要求开办"学习班"等，而这种调整一方面为寺管会增添了新的问题，但同时也为其创造了新的运行空间。

b. 运行领域扩展的表现。

组织的变迁是内、外不环境共同作用的后果。所以寺管会运行领域的变化也相应地表现在外部世俗性的扩展和内部宗教性的扩展。外部世俗性活动主要表现在公共事务方面的介入或者直接的管理。如居民自来水的管理以及修路、桥等公共设施中，寺管会越来越扮演起不可缺少的一部分。

2006年西村寺管会借清真寺用水之名，向政府部门申请资金在西村修建了自来水设施。而在整个工程的施工以及管理过程中，寺管会成员扮演了绝对的主角。并且在工程完工后，其收费以及管理工作也由寺管会负责。并且规定，每次收费的剩余资金上缴清真寺，但费用短缺时却由西村全体承担。而且这样的管理模式在其他很多寺坊都已实施。

内部宗教性的活动主要表现在一些新的宗教活动的开展，如前文提到的寺坊"学习班"等方面。

c. 扩展的成绩与问题。

组织的变迁必然伴随着成绩的取得和新的问题的出现。寺管会作为一个宗教性管理组织，其运行领域的扩展也必然取得一定的成绩和出现一些问题。成绩的取得不必说，一方面弥补了国家在基层公共管理中的缺失，例如修路、修桥等公共事务；另一方面提高了寺管会自身的地位，推动了寺坊宗教的发展。问题主要表现在以下两点。(1) 寺管会成员从传统的宗教性权威，向现代世俗权威身份的转变中出现了角色不清。在世俗性事件的管理中还在套用原来在宗教性事件上的管理模式，其结果无疑造成了管理上的混乱。例如西村在居民自来水的管理上，还是采用账目不详细公开的做法常引起人们对账目管理的质疑。(2) 寺管会成员对新事物的不同态度。人们对新事物的接受有一个认识的过程，这在人们对待一些宗教性事物上表现得尤为突出。例如关于举办阿语学习班（让女性也学习阿拉伯语）等方面。

> 人们力出上时，都盼望着你们（寺管会成员）做点啥，你啥都没做，说钱花完了，人们高兴哩吗（人们会高兴吗）？（2007-8-16，LG）

（二）关系与权威再生产的后果分析

在寺管会的运行中，寺管会成员作为行动主体，不断在社会结构中使社会关系与社会权威再生产，从而达到行动目的，一方面他们作为行动者不断地创造新的行动空间，另一方面新的行动空间也给他们设置了一些障碍。结构是规则与资源的结合体，行动者要想在结构中利用资源达到目的，不得不遵守规则。而寺管会成员作为行动主体，其关系与权威不断再生的同时，由于他们的行动而造成的意外性后果也产生了，对于寺管会的运行来说，这种意外性后果主要表现在运行愿望的达成和运行失调、中断两个方面。具体论述如下。

1. 寺管会运行期望的达成

a. 寺管会运行良好的主要表现。

寺管会作为回族寺坊的宗教性管理组织，其运行的状况好坏直接影响到寺坊的方方面面，一个运行良好的寺管会主要表现在两个方面。一是寺管会的财务状况良好。财务作为寺管会运行的主要保障，其状况直接关系到寺管会的运行，从某种意义上可以说财务状况是寺管会运行状况的晴雨表。二是寺管会成员或是清真寺阿訇的更换是不是过于频繁，寺管会成员的换届选举应该说是一件非常正常的事情，但频繁的更换则是寺管会运行中内部出现问题的主要表现，同理，清真寺阿訇的频繁更换也是寺管会出现问题的表现。

b. 良好的寺管会运行对寺坊的影响。

寺管会的良好运行对整个寺坊来说，有着方方面面的影响，甚至可以说是渗透了寺坊的各个角落。笔者经过调查发现其主要表现在四个方面。（1）寺管会成员社会人际关系与权威的进一步扩大。通过一个运行良好的组织载体，寺管会成员自身的人际关系与权威成功的再生产，从而进一步构建了其自身行动的关系与权威网络，这种扩展最直接地体现为寺管会成员获得了连任。（2）对寺坊人际关系与权威格局的进一步的协调、整合。寺管会是回族寺坊中人际关系与权威格局的直接表现体，作为人际关系与权威的载体，其良好的运行状况无疑对寺坊的人际关系与权威格局起到了协调、整合的作用。（3）在寺坊清真寺方面的积极影响。寺管会是应寺坊清真寺的管理而设立的，所以在其良好的运行中，得到最多实惠的是清真寺。这主要表现在一些清真寺修缮项目的完成、清真寺阿訇的连任等方面。（4）一些寺坊公共事务的完成。在上文中我们提到，在回族寺坊的公共事务中，寺管会扮演着重要角色，而运行良好的寺管会无疑对这些公共事务的完成有着重要影响。一方面寺管会协助政府部门进行一些公共事务，如修路、宣传宗教政策等，另一方面寺管会独立完成一些公共事务，如西村自来水项目的实施与管理。

2. 寺管会运行的失调与中断

a. 运行失调与中断的原因。

组织在运行过程中的失调与中断是组织运行中不可避免的现象，同样，寺管会在运行过程中经常会出现失调、中断的现象。经过实地调查与分析，笔者从"内"与"外"两个方面，将寺管会运行失调、中断的原因归为以下几个方面。一是从寺管会运行失调、中断的内部因素来看，主要有两个原因。

（1）寺管会内部的人员之间的矛盾与冲突。"在西美尔看来，社会总是一个包含着协调和冲突、吸引和排斥、爱和恨的统一体。他认为人际关系有一种矛盾的心理特征。恰恰是那些关系密切的人们，他们之间的意见、感情反而不尽一致，有相同的地方，也有不同的地方。"① 正因为如此，寺管会作为回族寺坊中日常事务管理的组织，其内部成员既有着同一个寺坊的社会关系，又有着同一组织内部的组织关系。而在这样的双重身份之下，寺坊内的人际关系与权威和组织内的人际关系与权威相互交织，从而形成了错综复杂的人际关系与权威网络，导致了寺管会内部的各种矛盾冲突。

  2004 年西村一水渠暴涨将寺管会成员 MD 的耕地冲毁，于是其子与镇政府派来管理修渠事务的人员之间，为冲毁耕地赔偿问题发生了纠纷、争执，而事后被村书记 AKF（也是西村寺管会成员）带领的派出所人员将其逮捕。于是 MD 与 AKF 之间的由此结仇，而同时两人又都是寺管会的成员，两人之间的不和直接反映在寺管会的日常工作之中，最后西村村书记 AKF 不得已退出寺管会，但从当时寺管会其他成员的口中得知，其实两人之间的矛盾在寺管会时已形成，而在水渠事件中的抓人问题，只不过是两人之间相互矛盾的表现而已。(2007-8-9，YSF)

  (2) 寺管会内部运行资源的管理问题。运行资源作为寺管会整个运行最基本的保障，在寺管会运行中的作用是不言而喻的。所以对寺管会运行资源的管理工作在整个寺管会的运行中显得尤为重要。由于寺管会是一个宗教组织，我们在上文中提到其对资源的管理主要依靠的是宗教性手段，例如，在寺坊中一般教民都会相信寺管会成员不会滥用或者挪用清真寺资源等。但是这种管理手段有其固有的弊端，尤其是随着当前社会的发展，人们民主管理意识的增强，这种弊端不断地凸显出来，从而导致了资源管理上的混乱。这种混乱主要表现在对各种支出预算的不足，导致资源透支、各种费用的不透明，导致少数教民的不满；在公共设施建设中使用宗教性管理手段，导致管理不善；在资源决策中的角色不清，导致出现谁

---

① [美] 刘易斯·A. 科瑟：《社会学思想名家》，石人译，中国社会科学出版社 1990 年版，第 203 页。

都想管但谁都管不了的局面等方面。

二是从寺管会运行失调、中断的外部因素来看主要有两个方面。寺管会成员作为教民的代表，一方面面对寺坊内、外教民的监督与支持，另一方面面对既受他们管理又指导他们的阿訇权威，还要面对他们主要扶植的对象——清真寺学员以及监管他们的政府管理部门等。所以寺管会运行失调、中断的外部原因也就与这两个方面有关。

a. 寺管会运行失调、中断中阿訇的因素。

寺管会的运行失调、中断主要出现在掌学阿訇离任期间，而掌学阿訇的被迫离任往往是导致寺管会运行中断的直接原因。根据调查，笔者将寺管会运行失调、中断中阿訇的主要因素归纳为以下两个方面：一方面是寺管会成员与阿訇关系处理不当导致阿訇的离任。虽然清真寺的掌学阿訇是非寺管会成员，但其对寺管会的运行有着非常重要的影响，因为寺管会成员整天面对和服务的对象之一就是清真寺的掌学阿訇，一些活动也主要是围绕清真寺掌学阿訇来展开的。而寺管会成员与阿訇之间的关系的破裂也就意味着寺管会运行的中断。正因为如此，寺管会成员与掌学阿訇的人际关系的好坏对寺管会的正常运行有着十分重要的影响。我们从下面一篇论文的摘要来谈起。

> 我担任上海沪西清真寺管委会主任已七年。在实际工作中，我深切地体会到只有处理好教长和寺管会的关系，才能团结一致在安拉的道路上，爱国爱教，搞好教务，加强寺管工作，使清真寺为穆斯林宗教活动提供更多方便，也有助于青年阿訇的成长。[①]

从中我们不难发现，在寺管会的运行中，清真寺阿訇有着十分重要的影响，而寺管会运行的失调、中断也往往与清真寺阿訇之间有着重要的关系。

> 西村的一次寺管会运行中断，是因为一位寺管会成员在检查清真寺时，看到清真寺的学员们在天还未黑的时候就已打开了几个房间的灯，所以认为学员们很浪费，就将电闸关掉了，事后关电的事很快就

---

① 杨振华:《教长和寺管会团结管寺》,《中国穆斯林》1993年第5期。

被掌学阿訇得知，掌学阿訇认为，学员们的事，寺管会不应过多干涉，而关电又没告诉他，所以觉得有点没面子，就找来关电的寺管会成员指责了几句。当时寺管会成员也没说什么，但事后心里很不高兴，好几天对寺里的事不管不问，使寺管会的运行受到了很大的障碍，最终导致了寺管会的运行失调。(2007-8-21，BZ)

另一方面，寺坊教民对阿訇的不满将影响到寺管会的运行。寺坊清真寺的掌学阿訇作为寺坊的宗教领袖，在寺坊中享有很高的宗教权威，但随着世俗化进程的加剧，以及清真寺阿訇作为寺坊一个特殊的关系与权威载体，往往处在各种利益关系以及世俗事务的夹杂之中。寺管会与清真寺掌学阿訇之间的关系可以说是一种相互影响、相互依存的关系，寺坊中的人们对阿訇的不满有可能会影响到寺管会的运行，人们对寺管会成员的不满也将会影响到对清真寺阿訇的态度。这两者之间的微妙关系使寺管会中的人际关系与权威格局在不断地发生着复杂微妙的变化，这种千丝万缕的关系从寺管会成立时，寺管会成员挑选掌学阿訇时就已开始了。因为清真寺从外界聘请来阿訇，在得到了一部分人赞许的同时，也有一部分人不满，这种赞许与不满往往是导致清真寺阿訇提前离任或者寺管会运行受阻的原因之一。这种现象具体表现在人们对阿訇的尊重程度以及在各种宗教事务中的积极与否和对寺管会工作的支持力度等方面。

b. 寺管会运行失调、中断的教民的因素。

寺管会成员来自世俗社会，身上背负着寺坊教民的期望，同时他们又是寺坊中人际关系以及权威交织的混合体。也就是说，寺坊中的人际矛盾和冲突会渗透到寺管会中来，而由于寺管会运行产生的矛盾冲突又会表现在寺坊的世俗事件中。所以，这样双重的关系致使寺坊成员在寺管会运行中扮演着十分重要的角色。其作为寺管会失调、中断的外部因素主要表现在以下两个方面。

一是寺坊成员对寺管会成员的期望与现实工作成绩之间的差异。寺管会作为寺坊中的宗教性管理组织，承载着寺坊成员的期望，例如希望寺管会成员能够聘请知名掌学阿訇、有更多的捐赠以及办事积极认真等。而一旦他们发现选举的寺管会成员在这些方面与自己的希望相差很远时，他们就会对寺管会的运行产生消极的影响，甚至筹划新的寺管会成员的选举等。例如在访谈中有一位寺坊成员这样说道：

>我觉得，要么你别当（寺管会成员），假若你真的想当，那么你上去啥都不做，钱也不多出，那你还不如趁早下台。死皮赖脸地当着，有啥意思。（2007-9-25，AGN）

二是世俗性的矛盾冲突引起的宗教性矛盾冲突。前面提到寺坊中的人际矛盾会渗透到寺管会中来，而这种渗透的结果无疑是给寺管会的运行带来了致命性打击。寺管会本身作为寺坊中的公共自治组织，其从选举产生时就已是各种矛盾、冲突的演义场，加之在运行过程中对资源的决策实施等方面的问题，必然造成寺坊中世俗性矛盾影响到寺管会中的宗教性事务，而寺管会运行中产生的宗教性矛盾，又反馈到整个寺坊组织的运行上，相互作用、相互反馈最终造成了寺管会运行过程的失调、中断。

（2）寺管会运行失调、中断造成的主要影响。

对于任何事物我们都应一分为二地来看，同理对于寺管会运行失调、中断造成的影响也是如此。笔者通过调查分析将寺管会运行失调、中断的影响从正、负两个方面归纳如下。

a. 寺管会运行失调、中断的正功能。

寺管会运行失调、中断的正功能主要表现在两个方面。一是让寺管会成员认识到寺管会内部存在的问题。通过寺管会运行失调、中断，寺管会成员对自身存在的问题，以及整个寺管会运行中存在的问题有一个比较清晰的认识。一方面促使他们不断完善管理方法、方式，提高管理效率。另一方面也在无形中协调着寺管会内部的各种发展的人际关系与权威格局。二是重新调节、整合着寺坊中的各种矛盾与冲突。寺管会运行的失调、中断，从外部原因上来看，我们知道它是整个寺坊矛盾、冲突的表现，正是寺管会运行的失调与中断，从另一个侧面充分揭示了这种矛盾、冲突的实质，从而为寺坊进一步进行自我调整和改善提供了一个切入口。寺坊中的矛盾、冲突通过寺管会这样一个渠道分散开来，从而大大降低了寺坊矛盾冲突的强度。

b. 寺管会运行失调、中断的负功能。

其实，寺管会运行的失调、中断对整个寺坊来说更多的是造成了负面影响。寺管会运行失调、中断的负面影响主要表现在以下四个方面。

其一，阿訇的提前离任。虽然清真寺阿訇的任期没有固定的周期，但是，在寺坊中，人们的概念是在一届寺管会还没有换届，以及在没有其他的寺坊来聘请本寺坊的阿訇时，清真寺阿訇的离任就被认为是提前离任。当然也可能有其他原因导致清真寺阿訇的提前离任。但一般来说，清真寺阿訇的提前离任最主要的因素就是寺管会运行失调、中断造成。阿訇提前离任造成的最直接后果是清真寺部分宗教活动的停止，这对回族寺坊来说是最难接受的后果。

其二，清真寺由于经济问题而出现运转困难。寺管会的服务对象是寺坊的清真寺，一旦寺管会运行出现失调、中断，受影响最大的就是寺坊的清真寺。其中最大的影响就是，由于寺管会对资源的管理不善而导致清真寺出现经济问题。其主要的表现就是清真寺学员的吃、住以及清真寺食堂人员的工资等出现供应不足的问题。

其三，寺管会成员的离任以及寺管会本身的解体。寺管会运行的失调、中断，当然对寺管会本身造成了很大的影响，而一般的失调可能会造成其成员的离任，而寺管会的中断则有可能造成整个寺管会本身的解体。

其四，打击寺坊成员的宗教积极性。寺管会运行的失调、中断，对寺坊成员来说可能造成他们在宗教事务上的积极性下降，而这种积极性的降低又会进一步影响到寺管会的运行，造成恶性循环。其主要的表现是，寺坊成员在交纳天课、捐赠等方面都会有消极的表现。例如一位寺坊成员在访谈中其说道：

> 人们钱、粮食都出上了，人家们（寺管会成员）胡花过了（滥用），这么哩吗（这样）谁有那个性格着出钱哩（谁会乐意出钱）？（2007-9-25，AGN）

(3) 寺管会运行失调、中断解决的手段与途径。

通过对寺管会整个运行过程的了解，我们发现寺管会运行失调、中断的主要原因在于寺管会、寺坊清真寺、寺坊成员这三者的关系之上。所以，寺管会运行失调、中断的解决也是通过这三个途径实现的。笔者将其归纳为以下几个方面。

a. 寺管会方面。

寺管会内部出现像管理不善以及矛盾冲突时，解决的手段主要是更换寺管会成员。如发生资金管理不善，就选举更善于关于资金的成员上台。如果寺管会成员内部之间的矛盾冲突导致的运行失调、中断，主要的解决途径还是更换新的成员，以便调整原寺管会中的人际关系与权威格局。

b. 寺坊成员方面。

寺管会的运行由于寺坊成员对寺坊阿訇不满、或对寺管会成员不满而导致的失调、中断，其解决手段视具体情况而定。如果能以寺管会成员的人际关系和权威压制住不满势头，就采取强制的压制手段。如果寺管会成员发现确实存在问题且这种不满已严重威胁到寺管会运行就采取缓和措施，如聘请新的清真寺阿訇、改善自身管理方式等。当然如果由于寺坊成员的关系而导致寺管会的运行出现难以控制的局面，政府部门可能就是解决问题的最佳选择。如前面所举的由宗教局出面解决寺管会选举的事件。

c. 清真寺阿訇方面。

也许由于清真寺阿訇导致的寺管会运行失调、中断问题的解决，是所有问题中最容易解决也最容易留下后患的问题。说它最容易解决，是因为无论清真寺阿訇提前离任，还是与寺管会成员发生矛盾，最简单、直接的办法就是再聘请一名新的清真寺阿訇就解决问题了。说它最容易留下后患，是因为我们前面说过清真寺阿訇是各种关系、利益的负载者，而无论阿訇的离任还是聘请新的清真寺阿訇，都会造成人们对寺管会工作以及宗教事务中的消极反应。

3. 西村人际关系与权威格局的重构

乡村社会的变迁必然伴随乡村人际关系与权威秩序的重构，乡村人际关系与权威格局的变化同样刺激着乡村社会的变迁。20世纪以来，中国乡村社会经历了巨大的震荡，乡村重建的内容实质就是乡村秩序的重建。而乡村社会秩序的生成主要有两个方面：一是外部的行政嵌入，二是村庄内生。所以，在国家权力日益深入渗透到乡村但又难以有效整合乡村的当今，村庄秩序的变迁主要是村庄内部社会关系与权威格局双重作用下的产物。

从运行资源的动员到决策实施再到运行领域的扩展，最后造成运行的失调与中断是一系列的关系与权威再生产、再重构的过程。费孝通曾把中国传统社会人际关系结构概括为"差序格局"，将村庄的人际关系描述成，石头被丢进水中，产生的一圈一圈向四周不断延伸的波纹。农村社会的血缘和地缘特点，加之回族寺坊特有的宗教特性，使寺管会这样一个公共组织中发生的关系与权威的变化产生"波纹效应"，从而导致村庄人际关系与权威秩序的改变。寺管会的运行是一个动态过程，在这个过程中，寺管会成员的行动，将更显重要，其行动后果也更加突出。如果说在寺管会的选举中，寺管会成员是作为被动的候选者，更多依靠他们先天性资本的话。那么在寺管会的一系列运行过程中，他们是一个绝对的行动者，而由他们的行动（关系与权威的再生产）造成的行动后果，无疑又在不断重构着村庄的人际关系与权威格局，尤其是在其运行的失调、中断时期，这种重构尤其明显，主要表现在寺坊中小群体的形成、家族内部关系的裂变重组等方面。例如在访谈中一位寺管会成员说道：

现在你看，因为寺里的这些事情，闹得人们拉帮结派，东一派、西一帮的，都成啥样子了吗！（2007-7-26，SDK）

（三）小　结

从世俗身份到世俗与宗教双重身份的变化，从寺管会的选举到寺管会的运行，是寺管会成员身份的转变过程，他们从人们的期望的负载者转变成为了期望的实现者，这样的转变过程无论是对寺管会成员还是对寺坊成员来说，其意义是大不相同的。寺管会选举中透露出的家族关系与权威扩大到整个寺坊甚至其他寺坊之中的现象，在寺管会的运行中，更多地是个人的关系与权威的扩大，成为整个家族人员引以为豪的资本。而个人从人际关系与权威的建构，到人际关系与权威的再生产，从世俗性领域到宗教性事务的介入，本身就说明个人身份地位发生的显著变化。无论是寺管会成员的局部更换还是全体解体换届，都改变不了其在寺管会运行中造成的行动后果，也就是说在寺管会成员权威受限的情况下，寺管会成员的人际关系却在发挥自身的作用，反之亦然。换句话说，一位寺管会成员在离开本村后其权威可能不在，但其人际关系网络却依然存在，依然在寺管会以后的运行中产生影响。

身份转变后寺管会成员取得的成绩与面临的问题。宗教的制度框架与人们日常生活环境的改变和生活发展，有着不可忽视的联系性，而寺管会成员将在这种联系性中不断地建构起自身的关系网和权威网，而正是宗教的世俗性和世俗性的活动事件给寺管会成员的行动构建创造了一个舞台。随着宗教世俗化的加强，这种舞台将变得越来越宽广。寺管会在日益世俗化的过程中，不断调整着自身的结构适应着不断发生变化的外界环境。从村庄公共性的事件中，不断扩展着自身的运行空间，而从宗教性领域向世俗性领域的渗透，无不表明寺管会成员的行动，不断地为其自身创造着更宽广的行动空间。而在新的世俗性活动中，寺管会所表现出来的管理混乱以及问题，一方面说明寺管会成员还没有从传统的角色向现代角色成功转变，从而发生了角色不清的现象；另一方面也说明在新的行动空间存在着新的行动阻力和障碍，即寺管会为其成员提供新的行动空间的同时，也提高了对他们的要求。

回族寺坊组织与寺坊社会的相互影响与适应。根据科塞的冲突理论，在寺管会的运行中，现实性冲突和非现实性冲突在不断交织影响着寺管会的运行。这些冲突从世俗社会到宗教组织，从宗教组织到世俗社会，不断相互影响作用着。寺管会作为回族寺坊中的公共组织无疑成为矛盾冲突发泄、控制的安全阀，成为各种矛盾冲突的演义舞台，这些矛盾、冲突给回族寺坊组织造成的正负两方面的影响又再次重构着回族寺坊社会。一方面整合了各种矛盾冲突，另一方面也造成了清真寺阿訇的离任、寺管会的解体等后果，从而最终造成了人际关系与权威小群体的出现。从村庄关联的角度来看，一般学者们认为造成村庄关联度低的原因主要有两个方面。一是解放后的革命运动以及各种政治运动对传统村庄人际关系与权威格局冲击。二是市场经济意识的渗透，对农村社会传统人际关系与权威格局的破坏。村民之间传统的社会关系与权威格局的逐步解体，而现代的社会关系与权威没有建立起来，造成了村庄社会关联度的低下。从西村寺管会的运行过程来看，也正是如此。寺管会成员的行动扩展本身，在不断地解构着传统的人际关系与权威格局，在新的运行领域，他们又缺乏构建现代新型人际关系与权威格局的手段与途径，从而造成了寺坊社会关联度的降低。但从另一个侧面来说，回族寺坊组织毕竟有着其他农村社会不可比拟的特殊性，而宗教作为强有力的意识控制力，在不断发挥着作用，不断加强着处在降低趋势的集体意识。所以，回族寺坊组织以其特殊性，使寺管会这样的一个宗教性管理组织在世俗化的变迁中，不断调整自我，适应着不断变化发展的周围环境。

五 结 论

（一）转型期的回族寺坊组织

本研究通过对西村寺管会这一宗教组织运行全过程的剖析，从寺管会选举成立的影响因素，到寺管会成立后的运行资源的获得及决策实施，再到寺管会运行领域扩展后取得的成绩以及存在的问题、寺管会的发展趋势等方面做了深入的探讨。由以上的研究以及结合前人学者们在此领域上的成果，笔者将寺管会运行所透露出的问题总结为以下几点。

1. 回族寺坊组织承载着寺坊社会权威与关系，成为寺坊社会中关系与权威的演义舞台

乡村社会中权威与关系的再生，是通过一定的载体来体现的。在回族寺坊中，寺管会很好地扮演了这样一个载体的角色。从寺管会选举到寺管会的运行来看，我们发现整个寺管会的运行展示了寺管会成员人际关系与权威生产、再生产的全部过程。随着社会转型的不断演进，寺坊社会的人际关系与权威格局也在不断发生变化，回族寺坊组织在运行过程中将这种变化表现得十分突出。

2. 世俗化进程的加剧对回族寺坊组织产生了深刻的影响，但这种影响有着双重性

一方面世俗化现象在回族寺坊组织中增多，另一方面在回族寺坊组织中也出现了新的宗教现象。在寺管会中无论是世俗化的现象，例如职业分化、社会分层、代理管理等现象，以及承担修路、修桥、管理自来水等事务，还是宗教性的事务，例如"学习班"等，都表明寺坊组织在世俗化的进程中不断寻求着生存和发展的空间。这就是说在世俗化的进程中，回族寺坊组织在世俗与宗教两个方面寻找着自己的生存和发展轨迹。作为寺坊组织的负责人，寺管会成员无疑将世俗化进程对回族寺坊组织的影响体现得淋漓尽致。他们从世俗身份转变到世俗与宗教双重身份时，一方面他们自身的世俗化关系与权威开始扩展、再生，另一方面宗教身份又使他们获得了更多的世俗与宗教性的关系、权威。

3. 乡村社会中地缘、业缘关系有加强趋势，同时传统的血缘关系依然很强

从寺管会选举的影响因素来看，我们发现经济以及职业等因素对寺管会成员的选举有着重要的作用力，这说明地缘和业缘关系在乡村社会中显现出了越来越强的影响力。但另一方面，我们发现家族因素在寺管会选举中也同样占有重要的地位，这说明在乡村社会世俗化进程加剧的过程中，家族等血缘关系依然有着强大的生命力，这种现象在有着宗教传统的回族乡村社会体现得更加明显。

4. 寺坊组织与寺坊社会、寺坊组织成员与寺坊组织之间存在结构二重性

一方面回族寺坊组织在寺坊社会中获得着更多的运行资源以及空间，但同时寺坊社会也在不断地对回族寺坊组织的运行提出新的要求与挑战。另一方面，寺坊组织成员通过寺坊组织，使自身的人际关系与权威得以扩展、再生，但同时寺坊组织也有可能成为寺坊组织成员关系与权威萎缩的一个重要因素。通过寺坊组织与寺坊社会以及寺坊组织成员与寺坊组织的关系，我们不难发现，回族寺坊成员在世俗化的进程中通过寺坊组织这一载体紧密地联系在了一起。

（二）乡村和谐社会的构建

1. 乡村和谐社会构建中的乡村社会家族问题

虽然学者们对家族的研究由来已久，但大多数研究只是关注了汉族的家族状况，对少数民族的家族情况的研究却很少涉及。然而，少数民族作为特殊的群体存在物，其家族情况也有着特殊的方面。正如学者陈德顺所指出的："要想对少数民族地区的家族势力有更深刻的认识，光从形式结构或体制上考察是不够的，有必要将其视为一个文化现象进行抽象分析。少数民族家族文化是一种复杂的社会现象，其基本特质是在复杂的社会关系中产生的，受多元文化交融及宗教教义的浸润，既有一般家族文化的共同特点，又有民族自身的特质。"[1] 从寺管会的选举成立到整个运行过程，我们不难发现家族在其中所扮演的重要角色，民族性在回族家族的身上也体现得淋漓尽致。家族既是寺坊组织选举中的重要对抗力与平衡力，也是保障寺管会顺利运行的支持力与整合力。从整个寺管会的选举来看，尤其是在乡老成员的选举中，寺管会似乎成了一个各种家族势力的较量场，而此时各种矛盾与冲突在不断地产生与升级，人际关系与权威秩序也在不断地变化与重组。然而，家族在寺坊组织中的角色扮演并未由此罢休，而是一直在寺管会的运行中循环延续着。所以，构建和谐的回族乡村社会，对乡村回族家族势力的关注与探讨必将是我们关注的焦点与核心之一。

2. 乡村和谐社会构建中的乡村社会精英问题

20世纪90年代以来，随着中国农村问题研究的兴起，农村精英研究

---

[1] 陈德顺：《民族地区村落家族的特性分析》，《云南民族大学学报》（哲学社会科学版）2006年第2期。

逐渐成为一个重要的研究领域。例如，在乡村精英的分类上，贺雪峰和仝志辉曾将村庄精英分为两类：一是体制内的村组干部，称为体制精英，掌握着村庄正式权力资源的村庄精英；二是体制外的村庄精英，称为非体制精英，不掌握村庄正式权力资源、但在村庄有一定政治社会影响力的村庄精英。[1] 学者陆学艺以精英产生的基本领域为标准，将乡村精英划分成政治精英、经济精英和社会精英。[2] 在乡村精英的地位与功能的研究中，学者徐勇指出："发挥乡村精英的带头作用，是由形式化民主转为实体性民主的关键一步。"[3] 项辉、周威锋认为农村精英有着一般村民所没有的影响力，他们的出现与发展会挑战并改变农村社区的权力结构。[4] 然而，少数民族乡村社会精英又有着他们的特殊一面，从回族寺坊组织的运行来看，寺管会成员既是回族乡村社会中的富有者，也是乡村社会中权威的拥有者，甚至是乡村政治的掌控人。所以，无论是从体制内与体制外来考察，还是从社会、政治、经济等来划分，都难以概括他们，他们是集各种乡村精英因素的复合体。从他们在回族乡村社会中的地位与功能来看，他们既是回族乡村社会整合的有力群体，也是造成回族乡村社会分裂、对抗的核心凝聚点。所以，在回族和谐乡村社会的构建中，如何引导回族乡村社会精英发挥强大的社会发展带动力以及社会整合力，是整个回族和谐乡村社会构建工作的重要组成部分。

（三）乡村和谐社会构建中的乡村社会公共空间问题

社区的公共空间是指社区内的人们可以自由进入并在其中进行各种思想交流的场所，以及在这些场所中产生的一些制度化组织和制度化活动形式。[5] 公共空间对基层社区强大的整合力，是我们构建和谐社区所需要的重要资本之一。清真寺作为回族乡村社会的核心公共空间其特殊性在于：在回族乡村社会中，清真寺既是坊民核心的宗教生活场所，又是重要的世

---

[1] 贺雪峰：《新乡土中国》，广西师范大学出版社 2003 年版，第 160 页。
[2] 陆学艺：《内发的村庄》，社会科学文献出版社 2001 年版，第 271 页。
[3] 徐勇：《由能人到法制：中国农村基层治理模式转换》，《华中师范大学学报》（人文社会科学版）1996 年第 4 期。
[4] 项辉、周威锋：《农村经济精英与村民自治》，《社会》2001 年第 12 期。
[5] 王玲：《乡村公共空间与基层社区整合——以川北自然村落 H 村为例》，《理论与改革》2007 年第 1 期。

俗活动中心，而寺管会作为负责清真寺运转的组织机构，其对回族乡村社会公共空间的重要性就不言而喻了。随着社会世俗化脚步的加快，转型时期中国农村人际关系与权威格局出现了多向度、多层面的变化态势，农村传统交往模式的定势化、人际关系网络化和淡漠化以及传统权威的世俗化、理性化是现阶段农村人际关系与权威变迁中的主流趋势，但从整个寺管会的运行来看，在回族乡村寺坊社会中，清真寺作为核心的公共空间发挥了强大的整合力。由此可见，如何挖掘以及利用乡村公共空间的这种整合力，将是我们构建和谐的基层社区的重要工作之一。

第七章　土族传统民间组织青苗会调查

2012年党的十八大指出"加强社会建设，是社会和谐稳定的重要保证"，社区建设作为社会建设的切入点和抓手，是构建和谐社会的一项基础性工程。由于我国是统一的多民族国家，地域与民族差异较大，如何因地制宜地开展社区建设，建立具有地域特征和民族特色的社区建设模式，是民族学值得研究的重要内容。伴随改革开放和国家与社会关系的重构，社区建设与发展的推进，乡村自组织路径与能力建设备受学界关注，在对民间力量与本土资源的探讨中传统民间组织研究逐渐兴起。河湟地区土族青苗会是扎根于该民族历史、信仰与生活实践的民间组织，有着顽强的生命力和巨大的社会功能，因此，我们着眼于青苗会组织独特运行机制的分析，试图挖掘少数民族本土资源，更好地适应地域与民族特色，推进民族地区乡村社区建设，实现民族社区发展的目标。

一　青苗会的基本情况

青苗会作为民间组织，顾名思义，与"看青"等农田管理事项密不可分，但是，这并不是其全部职责，它还承载着更广泛的意义。目前，青苗会的研究已经受到了国内外学者的关注，尤其是华北地区乡村历史上存在过的青苗会引起了国内外学者的广泛关注。早期的华北青苗会是产生于民间、结构松散的看青组织，清末民初，该组织以征派差徭为契机，演变为兼具"双面性功能"的村落自治组织。这些研究以历史文献资料的搜集、整理为基础，对青苗会与国家的互动进行了较为深入的剖析。20世纪80年代开始"强国家，弱社会"的格局发生改变，传统民间组织获得了发展的空间，在华北青苗会成为历史文化积淀的背景下，西北地区由于特殊的自然和社会环境，一些地区的青苗会在沉寂之后得以恢复。近年来，范长风、王淑英等已对洮岷多民族地区的青苗会进行了研究，研究对象聚焦于以汉族为主体的青苗会，研究视角多从族群关系出发，研究区域集中于洮岷地区。2010年笔者到土族聚居的河湟地区进行田野调查，发现该地区存在组织完整且生命力十足的青苗会。土族青苗会与洮岷青苗会虽然同居西北，二者却各具特色，因此，笔者针对土族青苗会进行了调查，我们对土族青苗会的研究将土族聚居区视为一个整体，突破以往静态的概述，通过"事件—过程"的分析方法，选取生动的个案，既从国家视野出发，探讨国家对乡村社会的影响，又从地方社会处着眼，阐释乡村社会的自我管理与民间秩序的自我构建。

研究主题确定以后，我们于2012年7月奔赴互助和民和，从县—乡—村三级格局出发，对土族聚居的9个乡镇和22个村落进行了考察，从宏观层面了解了土族青苗会的组织结构、运行模式和仪式呈现等事项。最终确定了互助的东家村和民和的草滩祁家作为主要田野点，因为这两个村子是传统的土族聚居村落，80%以上的村民为土族，而且民族特征明显，民族文化保留相对完整，尤为重要的是村落中的青苗会组织结构完整、功能完备，均能代表组织的不同形态。与此同时，我们又选取了互助县东沟乡大庄村（土族村落，距离县城较近）、民和县中川乡金田行政村的杨家和美一行政村的文家等作为参照进行对比分析，以期能够比较全面地反映土族青苗会的特征。

二 青苗会的历史

河湟地区土族聚居区的生态环境复杂多样，有高山区、脑山区、浅山区和川水区，生态脆弱性则表现在高海拔、低气温、灌溉条件差，尤为关键的是在任何区域都有不同程度的雹灾和干旱发生。人类和生态环境之间的关系是非常复杂的。一方面，人类适应并塑造了其生存环境，在行为上，生态环境的独特性通过小麦、青稞和洋芋的广泛种植可被直观地感受到，而以农业为主的生计方式充溢着许多不稳定性，农牧兼营和外出务工又为当地民众生产生活的丰裕提供了重要保障；另一方面，生态环境也会反作用于人类社会，影响人类的社会、经济生活和风俗习惯，自然灾害和生计方式多样化造成的多变性反映在当地民众的精神层面上是对佛爷和神灵的执着与敬畏，多元的宗教信仰体系使他们"佛神不分，见之则拜"。

在具体行为上，他们自发联合起来，在有规律的自然节奏的基础上形成了祭祀节奏，有效地运用文化因素去影响环境。他们也发展了提倡调和与合作的组织，来自我管理社会，从而提升获取生计资源和社会和谐的能力。这种社会组织就是土族青苗会。

根据土族老人的口述资料，青苗会是祖祖辈辈流传下来的，并不是近期的新兴组织，随着土族的形成而诞生。但是据笔者推断，土族青苗会的形成很可能与土族民众聚族而居和从事农业生产两个因素有着密切联系。土族青苗会历史悠久，由于缺乏文字记载，其具体缘起或已不可考，但是近百年来，它的发展脉络较为清晰，主要可分为三个阶段。

（一）从民国初年到1958年

20世纪上半叶，伴随着近代民族国家的出现，土族乡村社会的基层政权建设发生了很大变化，保甲制度开始盛行。保甲制度的实行，一定程度上打破了土族乡村社会中原有的自治状态，区、乡、保、甲的权力直接对村落中的政治、经济和社会进行干预，并层层负责。但是，民国时期军阀割据，社会动荡，治安混乱，保甲的任务包括，"农村中凡拨兵、摊款、征粮、丈地、收税、要民伕、派差徭等压榨群众之事，都由保、甲长负责办理"[①]。其实保甲的任务还包括户籍登记、治安等事务的处理。应该指出的是，当时基层社会呈现出较强的自治特征，民国时期保甲法的设置并没有致使土族青苗会走向消亡或衰退，它仅仅意味着土族乡村社会中多了一种管理机构。据土族老人回忆，青苗会组织结构较复杂，其形成以家族或家族联合为基础，一般都有会首[②]—老者—特柔其[③]三个层级。

土族青苗会的活动形式与内容和今天基本相同，保甲制度并没有触动青苗会的社会—文化根基，反而为它的持续发展保留着一定的生存空间，因此，当时组织极具权威性，老人治理色彩明显。在我们调查中，80多

---

① 互助土族自治县志编纂委员会编：《互助土族自治县志》，青海人民出版社1993年版，第302页。

② 会首在不同区域的职责相同，但是称呼有所差异，一般在民和称牌头，牌头又有大小之分，大牌头即牌头，小牌头即总家；在互助，会首一般称作总管，有些总管兼有服侍庙神任务时，也称庙管。

③ 特柔其，土语音译，当地民众用汉语将其表达为"青苗头"，文中取"特柔其"的称呼。

岁的老人回忆起当年青苗会的权威来，总是说"严肃得很"、"阵势大得很"。民和县草滩村的老人QSZ给我们讲述了一个当年牌头进行田间管理的故事。

> 那时间田间管理的阵势大，庄稼对众人相当重要，在这方面就抓得紧一些，当上牌头啊、总家啊就是管事的人了呗，一天两次转着，随便挡羊的人看见就跑，割草的人远远地看到就把腰弯下不起来了。文家现在有一个九十多的老汉呢，割草一直被牌头追着、害怕着，后来人家装成了一个妇道人，头巾一戴，牌头看到了，认为是一个妇道人家下来了，就没管着，他就又放心大胆的草也割着，树枝也砍着，最后没骗过去，还是让牌头抓住了，牌头们说这得罚呢。（民和县草滩村老人QSZ，男，81岁，2013-6-6）

可见，青苗会对田间管理发挥着重要作用，从一个侧面反映出，民众服从管理，对于组织成员很忌惮。在土族聚居区，保甲制度在新中国成立初期依然延续。1949年新中国成立初期，区、乡镇仍沿用旧称，全县有5个区、32个乡镇。1950年2月13日开始废除保甲制，建立行政村、自然村，全县建立136个行政村，682个自然村。[①] 在这样的情境中，青苗会关心着村落和民众的疾苦冷暖，更多地代表着民众、村落的福祉，而保甲给民众带来的却是摊派、收税，当时，群众曾编歌谣骂道："死人怕见阎王，活人怕见乡保长。"[②]

整个民国时期，政府试图把小社区转变为现代民族—国家的一个组成部分，但是，在进行社会改造的过程中，政府主要依赖的是保甲长和士绅的力量，作为传统的家族、青苗会等民间组织并没有被否定。民间传统根植于地方社会，具有强大的生命力，在民国时期乃至新中国成立初期，传统的习惯法、风俗习惯、仪式实践等均得以保留并依旧发挥着功能。

（二）1958—1980年

20世纪50年代到70年代末，广大的农村政社合一，公社制度试图

[①] 互助土族自治县志编纂委员会编：《互助土族自治县志》，青海人民出版社1993年版，第302页。

[②] 同上。

取消家族、民间组织,甚至传统聚落,大队和生产小队的设置则是为了将原有的聚落改造成为国家统一管理的生产单位,这期间民间自组织几近消失。正如有学者所说,这个时期"政府发挥了无产阶级专政的威力,打破了家族、民族界限,把人们按照阶级和利益重新组织起来,使人们牢固地归属于行政组织。国家与人民的关系基本上是命令与服从的模式,在资源配置方面,国家通过计划控制资源,人民通过归属于单位或社队而占用资源;在心理认同方面,国家按照不断在中央产生的意识形态新版本动员人民,而群众则遵循行政序列表示响应"[1]。

1958年在"破除迷信"时,全国范围内掀起了"大跃进"、大炼钢铁和人民公社化的运动。在土族地区,1958年"破除迷信"使绝大部分的村庙、寺院等宗教建筑遭到破坏,一切与宗教相关的活动均停止进行。

在宗教信仰方面,寺庙等活动场所被拆除,民众将信仰隐藏于心中。而在实际生产生活中,民众积极响应大炼钢铁的运动,极少部分庙宇挪作他用,大部分庙宇都被拆毁,并将庙宇中的檩条、房檐等木制品作为燃烧材料,将庙宇中的钢铁制品也充分利用。

这个时期给土族民众留下的最深刻的印象就是,习俗、信仰被当成封建、迷信的东西被取缔。根据我们调查的情况来看,这个时期国家对民间社会的宗教、习俗的监控力度很强,民间传统一度隐身或者几近消失。青苗会丧失了存在的信仰基础与社会空间,其农田管理、宗教祭祀、民间活动等职能消失。

> 青苗头一直有,就是破除迷信以后、"文化大革命"的时候没有。一直到(19)80年改革开放以后才恢复的,这个中间20年啥都没有。庙没有啊、庙管没有啊、信仰也没有啊。(互助县威远镇吉佛爷,男,土族,2012-7-12)

总体来说,20世纪50—70年代的各种"运动"在乡村社会中塑造了新的权力、经济和人际关系,引发了村落的许多变化。值得注意的是,政治运动所带来的社会变迁,是以对民间传统的全盘否定为前提的,这就导

---

[1] 高丙中:《民间的仪式与国家的在场》,《北京大学学报》(哲学社会科学版)2001年第1期。

致了一些合理的组织、文化传统被排斥和摧毁,在新的认同感尚未完全建立起来之时,民众的心理认同和信任遭遇了一定危机。

(三) 第三阶段为 1980 年至今

20 世纪 80 年代,农村实行家庭联产承包责任制,开创了农村生产的新局面,在该制度下,民众生产什么、如何生产、消费什么都由自己决定,而劳动产品也多由自己控制,这一切使民众的生产热情大幅度提高,农村社会获得了自我发展的可能。与此同时,农村社会的合作与互助也遇到了新的问题,即政府"公有"力量的部分削减,民间社会该如何自处,在这种背景下,乡村社会中在短时间内重新启用了自组织机制。在土族乡村社会中,宗教环境日趋宽松,各村开始捐资修复村庙和寺院,民众也可以自由地到庙里烧香磕头,宗教信仰的行为不再被制止,青苗会开始恢复。

> 我们这里的庙大部分是坐南朝北,衙门是坐北朝南。(19) 80 年恢复了,那时候庙没有,就在现在插牌的地方搭了个草棚棚临时过着。(民和县草滩村老人 QSZ,男,土族,81 岁,2013-6-6)

恢复起来的青苗会发生了新的变化。首先青苗会产生的社会基础发生了很大变化,原本带有浓厚血缘与地缘色彩的青苗会,在此阶段地缘与互助的特征更加凸显;青苗会的结构与功能也发生了新的变化,结构简化,一些地方已没有老者层级,而且组织职能逐渐地偏向庙神祭祀和民间活动举办。传统功能弱化的同时,土族青苗会在乡村旅游、社区建设等方面的新功能又有所显现。

通过土族青苗会近百年来的历史梳理,我们发现,一方面,从组织产生与成长的角度来讲,土族青苗会与村庙、信仰和民众之间有着复杂而密切的关联;另一方面,从其整体发展形态来看,乡村社会最底层的传统民间组织在任何时期都深受国家影响,只是在不同的社会背景下,它们与国家的关联存在着不同的状态。基于此,我们仍要进一步追问,土族青苗会与村庙和信仰究竟有着怎么密不可分的关系?为何受到民众如此热心的关注?它几经波折为何仍然能够生存于当地社会?

三 青苗会的结构与推选制度

青苗会是土族乡村社会关联的重要纽带,因地域与血缘关系的不同,呈现出了不同的结构与推选制度。

(一)青苗会的结构

组织结构是组织研究中必不可少的内容,也是研究土族青苗会的重要组成部分,它一般指组织内部正式规定的、相对稳定的相互关系形式,厘清土族青苗会的组织结构及层次才能洞察其在土族乡土社会中的运行法则。传统的组织理论强调结构的客观性、非人格化和形式化等概念,现代组织理论则开始重视结构与环境之间的关系,相信灵活的结构形式能更好地适应环境的需要。[①] 组织的外部环境既包含一般环境,又包括具体工作环境,从这个意义上讲,土族青苗会作为一种传统民间组织,它并不是一个静态的、封闭的社会群体,而是在土族乡村社会中,与其他的各种个体、群体、组织或者机构不断进行着交互活动。

中国传统民间组织尤其是少数民族传统民间组织很多是依赖信仰和仪式去组织社会生活的。土族青苗会亦是如此,它以村庙为活动中心,因村落与庙宇关系的不同,形成了两种组织形式;具体到青苗会内部,其组织结构也相对严密、层次明晰。

民和县中川乡美一行政村由鄂家、宋家和文家三个自然村构成,其中鄂家、宋家两个自然村均有村庙,供奉着自己的庙神,形成了一村一庙的格局。中川乡金田行政村也含三个自然村,即上马家、下马家和杨家,上马家和下马家两个自然村均有自己独立的村庙,也构成了一村一庙的格局。而美一行政村的文家自然村和金田行政村的杨家自然村,虽然不属于同一行政村,但因距离较近,共建一庙、共奉一神,属于多村一庙的形式。土族青苗会是以村庙为基本单位组织起来的,一般有村庙之处就会形成一个组织,因此,根据村落与庙宇的关系,土族青苗会可分为一村一庙一组织和多村一庙一组织两种组织

[①] 于显洋:《组织社会学》,中国人民大学出版社2001年版,第124页。

形式。

在组织内部，大部分青苗会都有两级或者三级结构，一般来说，两级结构为会首—特柔其，三级结构为会首—老者—特柔其。会首是青苗会的总负责人，总揽全局；老者的任务是监督会首并协助会首办事；特柔其主要是跑腿打杂，听候会首和老者的安排。

(二) 青苗会的推选制度

青苗会以家族或者家族联合为社会基础。会首的产生主要采用轮值、神选或者人选神定三种制度；老者多由民众推选或在各个家族中轮流产生；而特柔其作为青苗会的一个重要层级，主要采取轮值制度。随着土族乡村社会中老人权威的弱化，许多青苗会的老者层级已经缺失，所以，笔者在文中着重分析会首和特柔其的推选方式。

1. 会首推选制度

(1) 轮值制度

轮值制度指的是村庙所辖家族或者组社轮流，由每个家族或者组社选出合适人选来担任青苗会会首。民和县的青苗会多采取此种方式，以中川乡金田行政村杨家庙的青苗会为例，该组织分为牌头—老者—特柔其三个层次，其中，牌头2人，老者4人，特柔其12人。该青苗会管辖着杨家和文家两个自然村的民众，杨家自然村由杨、张两个家族构成，文家自然村由文姓一个家族构成。大小牌头对应不同的村庄，两村一年一换，再在村内按家族来轮流。2013年该青苗会的大牌头轮到了文家村，文家村只有一个家族，大牌头按照房数轮流；与此同时，小牌头轮到了杨家村，其就在杨家村的两个家族中轮流产生。

(2) 神选制度

神选制度指的是由神来选择青苗会会首，这种选择方式不太普遍，现多存在于互助地区。以丹麻镇东家村为例，该青苗会会首操持完一年一度的腊八庙会，就到了卸任的日子，而东家庙庙神——东家娘娘已于初七上午选定了新一任会首。初七清晨，四位少年抬着东家娘娘在村中选择下一任庙管，娘娘的轿子停靠在哪一户门前，哪一户的男主人必须担任未来的庙管。民众认为，孩子们对大人们的事情知之甚少，他们抬着娘娘的神轿停靠在哪一户门前完全是神的旨意，未掺杂人的情感，这样才能更好地体现神选的公正性。

(3) 人选神定制度

人选神定制度要求村民首先选出合适的人员，然后由神决定是否采用，青苗会成员的这种选择方式在互助地区较为普遍，其中东沟乡大庄村总管的产生较为典型。大庄村青苗会含总管—老者—特柔其三个层次，该青苗会总管换届的时间在农历二月初二举办庙会时。总管在换届前，先要向三位龙王询问此任总管能否卸任，神若同意，则可卸任，神再从村民推选出来的人员中选择下一任总管；神若不同意该总管卸任，他必须继续连任，直到神同意其卸任为止。村民推选的总管候选人也有一定标准，品德好、家庭好、有一定文化水平，这些都是非常重要的影响因素。根据调查了解，大庄村总管任职时间不等，有1年、3年、5年甚至6年的。

轮值、神选和人选神定制度是土族青苗会会首产生的三种制度。这三种制度都与庙神发生着千丝万缕的联系，极具神圣特质，说明在传统中国乡村社会中神的权力非常大，而人是可以利用神权，以神的名义去动员民众的。经由这些制度选出来的会首是神灵在现实世界的代理人，即使当选者能力欠缺或者经验不足，青苗会其他成员也要听从其指挥，助其完成任期内各项事务，而对于民众来说，会首的权威更是不容置疑，必须服从。另外，这些制度都有广泛的群众基础，在轮值制度下，会首直接产生于村落社会中的各个家庭之间，谁都会有承担这个责任之时，所以一般都会接受管辖；而神选和人选神定制度中的"候选人"，既是神定之人，又是村落中的一般民众，权威性更加突出。

2. 特柔其的产生方式

特柔其的产生多采取轮值制度，在各个家族或者组社中轮流。以互助县丹麻镇东家村为例，该村主要含马、刘、乔、殷、东、李、姚、温等13个家族，这里需要说明的是该村李姓并非由单一家族构成，而是由李姓（土）、李姓（汉）、角落李（土）三个家族构成，全村村民分属于马、东、李、角落李四个不同的家族联合体。据土族老人讲，马、东、李和角落李四个家族是最早在这个地方落户的，并占下了各自的土地，后来其他家族不断迁入，这些家族就分散在最初四户的土地上耕种，并形成了一定的依附和互动关系，发展至今，这种情况演变为马家户包含马、刘、乔、秦、殷、贾、宋和李八个家族；东、姚、伊三个家族归属于东家户；李家户含李、温、郭三个家族；角落李家户只有李家一个家族。

表 7-1　　　　　　　　　互助县东家村各家族基本情况

家户	家族	民族	户数	家户	家族	民族	户数
马家户 53 户	马姓	土	9	东家户 50 户	东姓	土	46
	乔姓	土	6		伊姓	土	2
	殷姓	汉	11		姚姓	土	2
	刘姓	土	4	李家户 42 户	李姓	土	37
	秦姓	汉	2		温姓	土	2
	宋姓	汉	7		郭姓	土	3
	贾姓	汉	1	角落户李 28 户	李姓	土	28
	李姓	汉	11				

资料来源：根据东家村 2012 年人口统计花名册绘制而成，在此仅用于说明基本情况。

东家村青苗会含会首 1 人、特柔其 4 人，特柔其的产生则与家户有着直接关系，4 个特柔其每年由每个家户中各选出一人构成。根据东家村 2012 年人口统计花名册，笔者统计结果如表所示，各个家户户数不等，马家户户数最多可达 53 户，而角落户李户数最少为 28 户，具体到家户里面各家族规模也大小不一，其中，东姓户数最多为 46 户，而贾姓户数最少为 1 户。东家青苗会显示了极强的开放性和包容性，虽然统计结果家户、家族规模大小不一，但是东家青苗会并没有形成老姓或者大姓家族占主导地位的特点，而是四个家户共同分担，基本上呈现了家族共治的模式。其他土族青苗会也大致如此，即使某一个家族户数和人口在村中占优势地位，其他家族也会相对平等地进入会首班子，共同管理乡村社会。这与洮州地区青苗会"一般形态是多姓中大姓宗族主导的组织形式，同时吸纳杂姓人进入会首班子"[1]，即使进入会首班子也是"加入各村的分会，并遵守青苗会制定的乡规民约"、"后面迁来的家户必须同样缴纳会钱和戏钱"[2] 的特点是不同的，洮州青苗会家族、宗族所发挥的主导力量比较强劲，即使其他杂姓人可以进入会首班子，大部分也处于被管辖的阶层，不能进入"核心权力层"。

至此，我们就可以回答土族青苗会与村庙、信仰之间的关系了。村庙

---

[1] 范长风：《甘南高原上的族群合作——洮州青苗会的人类学研究》，华东师范大学出版社 2009 年版，第 117 页。

[2] 王淑英：《多元文化空间中的湫神信仰仪式及其口头传统——以甘肃洮岷地区为田野调查中心》，博士学位论文，西北民族大学，2010 年。

中供奉着地方保护神，是地方神的外化形式，在土族民众心目中，这里是承载着他们精神、物质需求的权威中心，而土族青苗会恰恰是以村庙为基本单位组织起来的，并以庙神信仰为基础，"神判"作为其行动的工具。基于此，土族青苗会是被"神气"笼罩着的，而人是可以利用神权，以神的名义去动员民众的，经由轮值、神选和人选神定制度选出来的会首是神灵在现实世界的代理人，即使当选者能力欠缺或者经验不足，青苗会其他成员也要听从其指挥，助其完成任期内各项事务。

四　青苗会的活动与功能

土族青苗会产生于乡村社会，也服务于乡村社会。无论是在特定时空中的村庙祭祀及仪式实践，还是在日常生活中的农田管理、纠纷调解，青苗会都深刻地影响了土族乡村社会。

（一）村庙祭祀及仪式实践

仪式，通常被界定为象征性的、表演性的、由文化传统所规定的一整套行为方式。它可以是神圣的也可以是凡俗的活动，这类活动经常被功能性地解释为在特定群体或文化中沟通（人与人之间、人与神之间）、过渡（社会类别的、地域的、生命周期的）、强化秩序及整合社会的方式。[1] 也就是说，仪式充满着象征和表演意味，对于人类社会有着非比寻常的意义，它可以是日常情境中的世俗功利性活动，也可以是特定情境中神圣性的活动。在河湟地区，土族青苗会主持的仪式活动既有庄严神圣性的，又有世俗功利性的，它们是土族民众面对生态压力而采取的一种生存策略。青苗会的活动时间大致与农业生产周期相吻合，他们在每年特定的时间，都会举行仪式或庆典活动。

由表7-2可见，土族聚居区农作物从种植到收获，粮食从播种到收仓，大概经历了五个关键时期，主要是春播时刻、青苗期、庄稼长高的成长关键期、收获期和收藏完毕农事活动结束期。在土族村落的具体实践中，农业生产周期和仪式举行周期二者之间是不可分割的。每年开春，他

---

[1] 郭于华：《仪式——社会生活及其变迁的文化人类学视角》，载郭于华《仪式与社会变迁》，社会科学文献出版社2000年版，第2页。

们都会主持祭祀仪式，祈求顺利开种；在农作物幼苗期，青苗会又会举行仪式，宣告田间管理开始；等到庄稼长高，在其成长的关键期，青苗会带领民众转地界、搭鄂博，希望神灵保佑风调雨顺，使庄稼免受恶风雹雨的侵袭；在庄稼喜获丰收后，青苗会则会主持答报神恩的庙会；农历九月初九，各类农事活动基本结束，青苗头和民众全面答谢神灵，一年的活动告一段落。在没有天灾人祸、风调雨顺的年份，一年内至少有这五类活动，具体到不同村落，青苗会的活动又有所不同。可见，祭祀仪式的周期表与生产实践的周期是相对称的，反映着土族乡村文化中生产与村落仪式的不可分割性，也反映着土族青苗会的行动时间与农业生产周期的一致性。

表7-2　　　　　土族地区生产季节与青苗会主持的祭祀仪式

仪式名称	对应的季节性生产活动	仪式意图
开种仪式	春播	祈求开种顺利
插牌	青苗期	标志田间管理开始
转地界	庄稼成长关键期	祈求风调雨顺
庙会	庄稼收获期	敬神、酬神
九月九谢将	农事活动结束	全面答报神恩

柯林斯认为，整个社会都可以被看做是一个长的互动仪式链，人们由一种际遇流动到另一种际遇。人们不同水平的际遇形成了不同的互动仪式，由此我们可以预测将会发生的事情：在不同情境下所形成的团结性有多大，将会建立起什么类型的象征符号以及它们如何跟特定的人群相关联。[①] 土族青苗会主持的每一项活动都对应着不同的时间节点，并在不同的空间中设置象征符号，由此构成了不同的社会情境，在每一个独有的情境中，青苗会带动起了哪些人群？形成的"团结性有多大"？

表7-3显示的是民和县草滩村青苗会一年中主持的主要仪式和不同情境中的仪式带动起来的不同群体。草滩村青苗会主持的九项仪式中，堂运、十八天嘛呢、搭大小鄂博、纳顿四项活动原则上是民众全部参与的，其余活动均是部分民众参与的；部分民众参与的活动均是自愿的，而民众全部参与的四项活动，有自愿的，但是大部分有硬性规定的因素蕴含于其中。

---

① ［美］兰德尔·柯林斯：《互动仪式链》，林聚任、王鹏译，商务印书馆2009年版，译者前言第2页。

表 7-3　　　　　　　民和草滩村民间仪式与参与范围统计表

仪式名称	参与范围	民众参与原则
开种仪式	部分民众	自愿
堂运	全部民众	自愿
插牌	部分民众	自愿
转青苗	部分民众	自愿
十八天嘛呢	嘛呢会、全部民众	硬性规定
搭小、大鄂博	全部民众	硬性规定
纳顿	全部民众、邻村部分民众	自愿、硬性规定
叶尔将	喇嘛、部分民众	自愿
安神	部分民众	自愿

这些仪式实践都是青苗会的常规活动，除了每年农业生产周期内的定期行为，也会有非定期的活动，例如，为村落消灾解难请来喇嘛念经。仪式活动不排除有"迷信"的成分存在，但是不可忽视的是蕴含其中的传统文化元素。这些活动团聚起了不同范围内的民众，是村落中民众交往、沟通的重要方式，也是村庄文化平台构筑的重要力量。

青苗会主持的这些仪式活动，是在有规律的自然节奏的基础上形成的祭祀节奏，构筑了土族民众的精神生活空间与基本的文化价值系统，而这一系以生存为取向，与土族民众的生活、生产逻辑密切关联。仪式活动首先为人与神灵的沟通和交流搭建了平台，通过这一平台，土族民众与神灵形成了一种有效互动，民众希望神灵愉悦，满足自己在世俗世界的期望；其次，对土族村落来讲，仪式以青苗会联系起来的村落为单位举办，明显的区分了"自我"与"他者"，增强了共同体意识，强化了社区认同；最后，"仪式是文化多样性的再生产平台，是地方组织的孵化器"[①]，对于土族青苗会来讲，频繁的仪式实践为其提供了重要的文化空间，青苗会充分利用该空间，通过召集民众、组织活动等不断凸显自身存在，通过募集资金、调配人员来行使权力，加之仪式展演这一系列充满象征意味的行为，将传统权威得以巩固与绵延。

---

① 范长风：《青藏高原东北部的青苗会与文化多样性》，《中国农业大学学报》（社会科学版）2008 年第 2 期。

(二) 农田管理

> 村里的事情两个牌头一挂（全部）管着呢，牌头就和草滩村的领导是一个话呗，他们说的话，众人都要听着呢。庙里的事情、青苗的事情他们都要管，打仗骂仗上哪个对哪个不对，一挂也要说好呢呗。（民和县草滩村老人HJS，男，土族，68岁，2012年8月31日）

近乎70岁的HJS老人一语道破了青苗会在土族村落中所扮演的角色及发挥的重要作用，同时也道出了传统民间组织与村两委在民众心目中各自的固有地位。正如有学者所指出的那样，"在体制转轨的过程中和在市场经济逐渐发育成熟的过程中，旧的组织形式仍将长期起着整合农村社会的作用，如果人为地想让现有的农村社会组织解体，必然会带来社会的振荡，欲速则不达"[1]。土族青苗会作为土族乡村社会中历史上延续下来的民间组织，遵循的是接地气的"生存的逻辑"，这种"生存的逻辑"体现在村落生活的各个方面，长久以来，在民众的日常生活、生产活动乃至思想意识、价值观念中都具有整合作用。而具体的日常生活、生产活动，又构成了河湟地区土族民众的生活情境，在这些情境中，土族青苗会进行的田间管理和纠纷调解不仅关乎生计，更是一种实实在在的互助行为。

青苗会的职责与仪式实践的关联是内在的、密不可分的。在农作物幼苗期，青苗会举办仪式活动宣告田间管理开始，同时也将村规民约宣布，大致有几个方面：从此日起，乡社邻里和家庭之间不能打架、斗殴；禁止到田间地头和山坡上放牧；禁止砍树、拆房，如果必须要拆，则需事先向神佛请示；举丧期间不许号哭等。如若违犯，特柔其会根据情节轻重给予劝告或者罚款。这些村规民约是土族青苗会农田管理的制度保障，而仪式活动中设置的象征符号也具备警示作用，例如，互助插牌时，青苗会在树上系上哈达、山坡上插上大旗，时刻提醒民众不要触犯神灵、要严守规约。

在农田管理开始后，青苗头每天早晚围着地界转，发现在地头或者山

---

[1] 李守经、邱馨：《中国农村基层社会组织体系研究》，中国农业出版社1994年版，第14页。

坡上放羊的都要加以制止，酌情记录，在固定的时间收取"罚钱"，"罚钱"将成为青苗会的经费来源之一。互助县丹麻镇东家村西倚西山，西山分两侧，挨着村庄的这一侧生长着茂密的草和树，另一侧是农田，从插牌之日起，这座山就封山了，牛羊不能上去乱啃乱吃，人也不能上去破坏。2012年，特柔其远远地看到了半山腰处有一个妇女在放羊，立即上前去制止，这名妇女闻讯后带着羊迅速离开，但是仍被特柔其抓住并被罚款50元，最终这户人家丝毫没有讨价还价就缴了罚款。对于青苗会看管庄稼、守护青山的行为，一位特柔其如是说：

> 以前青苗会只管庄稼现在也管林子，林子里也不能去了，林子去了以后青苗会的人也有权干涉，我们已经制定下了，插了牌了，你的牛为啥在林子里呢，我们在村子里转了，见到就可以说。这种情况一般都没有，一旦看到有牛羊吃人家的庄稼就罚，老百姓都接受着俩。（互助县菜子沟村特柔其QMG，男，土族，2010-12-31）

乡村社会中的各种村民结合一方面以种种习惯、习俗的形式表现出来，一方面又作为一种规范意识影响着他们的日常行为。[①] 农田管理的实质在于使农作物免遭"非法"使用和占有。牲畜侵入田间去取食，土族青苗会不仅要将牲畜拉离田间，而且需要带着牲畜去寻找主人，并进一步追究主人的责任，甚至施以惩罚；土族民众去他人田间进行割草、砍树枝等破坏性活动时，若被发现，接受惩罚将不可避免。这是从原理上来讲的，如前文所说，其实，土族青苗会的这些行动是有"习惯法"支撑的。村规民约是土族祖祖辈辈流传下来的习惯法，也是青苗会看护庄稼和调解纠纷的"规章制度"，它们虽然不具有正式契约的法律意义，却是约束民众行为的规范与准则。年复一年不断重复的仪式和青苗会的监管，使村民熟知村落行为规范，并使个人、家庭总是与村落利益相连，从而，在调和人与自然关系的基础上，建立起和谐有序、共存共荣的乡村生活。

---

① 张思：《近代华北村落共同体的变迁——农耕结合习惯的历史人类学考察》，商务印书馆2005年版，第8页。

（三）纠纷调解

  两个村之间或者邻居之间闹了一个什么纠纷，村委会解决的话可能派出所、法庭要去呗，我们这里村民的意识中上法庭啊、互相告啊，这是最记仇的，最不愿意的，所以总管也会用他的一些传统的习俗去调解，也会有神的意志来调解。人们现在往往会有这么一种说法，我们俩骂仗、不和睦的时候，我给你这样说了你不相信，走我们到庙里去点灯去，让总管帮着看看谁的心诚。（互助县民族宗教局语文办 QZL，男，土族，47岁，2012-7-12）

  除了农田管理，调解纠纷也是青苗会的主要职责。调解纠纷在农村社会既非常重要又十分琐碎，青苗会的纠纷调解涉及家庭、邻里、村落之间三个层面。它按照村规民约除了能对家庭、邻里之间的矛盾处以罚款之外，更为重要的是，有效地缓和了家庭、邻里之间的关系。

  2011年互助县台子乡多士代村一祁姓村民与媳妇矛盾很深。这户人家原本经济条件并不是很好，2010年被村委会认定为"危房改造户"，危房改造户一旦确定，农户就需要在政府支持的基础上自己掏一部分资金将新房迅速盖起来。这户人家房子虽然盖起来了，却使原本拮据的经济条件雪上加霜。妻子认为丈夫懒惰，不努力外出挣钱，丈夫觉得房子盖起来还有很多活要做，而且天气越来越冷，活计也越来越难寻找，这些小矛盾不断升级使二人关系日益僵化，一气之下，妻子回了娘家，其间亲戚、朋友几次前去劝和都没有结果，她觉得和丈夫没法继续生活下去了。后来，这个村民找到了总管，总管多次奔往女方家中调和矛盾，动之以情，晓之以理，并承诺如果男子再不上进，他负责管理。经总管一说，女方娘家人也觉得日子还没有到过不下去的地步，要不然总管这么大年龄、这么大威望，也不会三番五次地前来。当事人在总管和父母的劝说下，答应回家试试，最终二人和好，家庭没有破碎。

  安排好村落之间的秩序也是青苗会的职责，民和县的青苗会在村落之间关系的处理上比较典型。在民和，土族民众于庄稼丰收之际酬谢神恩的活动称为纳顿，每一场纳顿的举办都有两个或三个村落中民间组织的合作，这些人负责协商处理与邻村间的事务，每遇村落间的不和谐之处，通常都是两个青苗会的人商议解决。

脆弱的生态环境、频繁的自然灾害、偏低的土地生产率，是青苗会产生的社会基础，它使土族民众为了应对自然环境压力和保障农业收入而不得不寻求更为广泛的社会联系与实际合作。而青苗会依照传统习俗和村规民约进行的自治，联结起了广大民众与乡村社会，正是这一合作的充分体现与联结的纽带。青苗会主持的仪式和行动共同建构了地方社会的凝聚力与秩序感，通过仪式实践，民间权威和村规民约不断得到强化，有效维护了乡村社会秩序，而其进行的田间管理和纠纷调解则是一种实实在在的互助行为，凝聚了民众力量，提高了应对自然与社会风险的能力。青苗会产生于民间，服务于民间，这里的"民间"指的是"国家给普通民众留下的一种空间，人们在这种空间里享有一定的自主性"[1]，也就是说，在当今社会中，土族青苗会在制度层面与现实层面的自治并不是脱离国家管理，而是在参照国家意志之时表达着乡村社会的利益，并随时与国家发生着互动。

五 青苗会与村庄管理系统

米歇尔·福柯认为，权力以网络的形式运作，在这个网上，个人不仅在流动，而且他们总是既处于服从的地位又同时运用着权力。[2] 按照他的理论，权力是一种关系网络，在20世纪80年代以来的土族乡村社会中，各类乡村社会组织不断恢复，加上原有的政治性组织，土族乡村社会形成了一个相互交叠的复杂的组织网络。在这里，我们分析土族乡村社会中两套重要的管理系统：一套是代表国家权力的由村干部负责的行政管理系统，另一套则是源于民间的青苗会组织负责的宗教事务管理系统。

行政村的干部主要有四位：书记、村主任、会计和妇联主任。从职责分工来看，这四位村干部与乡政府联系密切，及时向村民传达政府指示，是国家政策最基层的落实者，主要负责行政村的土地事务、社会保障、公益事业和计生工作等。青苗会的广泛存在，使土族乡村社会中的村级政治组织运行出现了与其他乡村社会不同的一面。在调研过程中，多数村民认

---

[1] 高丙中：《民间的仪式与国家的在场》，《北京大学学报》（哲学社会科学版）2001年第1期。

[2] [法] 米歇尔·福柯：《必须保卫社会》，钱翰译，上海人民出版社1999年版，第27—28页。

为村干部是执行党和国家政策的，青苗会管理的则是宗教、村庙等关涉村落福祉的事情，二者在生产生活中必不可少，但问及二者关系，村民又通常认为他们是两条平行线，行政村干部一般不会干涉青苗会的活动，青苗会也不能干涉行政村干部职权范围内的事务。实际上，二者是如何相处的呢？是否如民众所说他们是两条平行线，没有交汇点？而毫不相关或者互动又给乡村社会造成了怎样的影响？

（一）合作：崩康的共修

互助县丹麻镇东家村于2008年被列入青海省新农村建设示范村，自此，该村村容村貌发生了很大变化，柏油马路直通农户，村口处村民活动广场非常宽敞，但是活动广场旁边却矗立着年久陈旧的宗教建筑——崩康[1]，这与整洁美观的村容村貌格格不入，乡领导和村干部多次商议能否将崩康重建。东家村2012年特柔其这样讲道：

> 去年我当青苗头时，我们一共有四个人呗，广场的那个地方修了两个崩康，这个事情干下，哪儿都没能去。修崩康的事情，是县上、乡上说要盖的，从前我们上面那个崩康做得不好，上面的人说要给我们做个好的，这两个不一样，你们要是行的话就出点钱，帮着把这个事情办给。（互助县东家村2012年特柔其LFF，男，土族，73岁，2013-7-11）

村干部作为村落中的一分子，深知宗教规范与禁忌，他们清楚地知道宗教上的事情不能贸然实施，而且重建和新修崩康的费用着实让人头疼，重要的是他们一致认为这件事情与宗教相关，因此，开会商议时请来了庙管、青苗头和村中的老者们，村庄两套管理系统的人齐聚一堂。

> 村干部们把我们往大队里叫了，把青苗头都叫去了，庙管也叫去了，总共5个人，问我们同不同意，帮不帮助，需要3万元钱，钱不给的话我们就不修了。这个好呗，我们土民信仰还是有啊，我们还是钱给了，修上了。我们当时也问了庄子上的老人，应该怎么办、需要

---

[1] 崩康，宗教建筑，藏语意为"万佛殿"。

这么多钱、修还是不修？众人都觉得，公家修的话就修上，好着俩。（互助县东家村2012年特柔其LFF，男，73岁，2013-7-11）

可见，经过协商，两个系统的人达成了一致意见，决定将旧崩康翻新，同时在另一侧新修一座，使村庄更加美观，而且在庙管的支持下，村庙出资3万元，协助乡政府和村干部将此事做好。

这两个总共多少钱不知道，大队上说有8万元，反正我们出了3万元，多余的上面（县上、公社）的人给了。下面那个崩康是上面给的，木头是他们拉来的木匠也是他们做的；还有一个从前就有呗，去年重换了，那个崩康我们出了3万元钱，我们帮着，他们一起修了。（互助县东家村2012年特柔其LFF，男，土族，73岁，2013-7-11）

由此不难看出，在土族村落中，村民心目中不相干的两套管理系统在必要时是合作的，无论是哪套人员都是村庄的一分子，他们"都是基于为社区提供公共产品这个目标而存在的"①，将村落建设美好的愿望是一致的。当然这其中行政村干部的意见往往起着主导性作用。对于青苗会与村两委的关系，东家村村支书这样认为：

我们村的这个青苗头们和这个村委会配套。青苗头四个人和我们村委会三个人，总的七个人配套。比方说，他们一年两次转山，祈求不能打冰雹，也是为了村子好呗，这些活动青苗头和村委会两队人配合，不来的话就罚款，我们也支持。我们是合作的，你看乡政府下来在我们村子建一个广场，广场建成了，我们两拨人商量着要建一个崩康，你看也建得好好的呗。（互助县东家村书记DDC，男，土族，46岁，2012-7-13）

东家村不仅保留着浓厚的传统文化色彩，而且青苗会的组织化程度较

---

① 韩俊魁：《拉祜西头人制度——传统与国家力量影响下的变迁》，《民族研究》2006年第3期。

高，在村落中发挥着重要作用，因此，村两委的运行中时常会有青苗会的参与，传统民间组织成了村两委运用的资源。除了宗教建筑的修缮，村庄修建其他公共建筑和举办集体活动时，村两委与青苗会也发生着互动。

现在村子里有个啥大事情书记、社长就叫青苗头。比如，修崩康、修大队办公室，人家们问着，我们应该怎么修，怎么修好。修这个广场和办公室时我们一起到外面参观去了，东和乡那个魏家滩去了，卓扎滩也去了，去看他们的怎么修，修的好不好。当时，庙管去了，特柔其里我去了，还有庄子上的几个人一起去了。（互助县东家村 2012 年特柔其 LFF，男，土族，73 岁，2013-7-11）

大队上有什么活动给庙里请帖给着呗。比如，运动会啊，我们几百块拿上去着呗，这个钱庙管出一部分，青苗头出一部分，多的没有，一百或二百的心意要有俩呗。（互助县东家村 2012 年特柔其 LFF，男，土族，73 岁，2013-7-11）

改革开放以来，影响民间宗教乃至民间传统恢复的主要因素可能有二，一是经济的发展，二是国家权力解除了对此方面较为严格的控制。东家村村两委与青苗会共修崩康的个案表明，两种权威通过合作的方式来展现各自的力量，在村两委看来，邀请青苗会在场的行为不与他们扮演的特定角色有任何冲突，新崩康的修建既在村民心目中树立起了形象，又与国家所倡导的"宗教信仰自由""村容村貌整治"的思路极为吻合，具有一定的合法性；于青苗会来说，他们对此的解释强调所有村民在宗教信仰、神灵面前都是平等的，村干部也是如此，进一步讲，青苗会更希望自己有与代表着官方的村干部进行平等交流的权利，共修崩康恰恰提供了这样一个契机。

（二）退让与合作：庙会中的神人同迎

在村庄日常事务的处理上，行政村干部和青苗会之间几乎不会发生冲突，一旦二者意见不一致时，青苗会的权威将会受到极大挑战。

马丁在其 1981 年出版的《中国人的仪式与政治》一书中曾经提出过一个论点，认为中国民间仪式是一种交流模式，交流的两方分别是人和神。神俨然如帝国朝廷的官员，是皇帝下属的诸侯或"权贵"，而祭拜的人犹如向官府提出告诉和请求的百姓或臣民。实际上，中国人仪式中所用的摆设、道具、体态词汇等，均与旧时代臣向皇帝、民向官人汇报尘世之事、请求庇佑的方式相类似。① 在较为偏远的土族地区，民众之所以效仿帝国朝廷的礼仪，经年累月，成为一种传统，恰恰可能是因为当时他们距离正式权威和公正太远，于是他们创造出了能与自己进行互动的想象性的权威与公正。纳顿是民和县三川土族地区由牌头、特柔其组织的一项大型民间活动，旨在酬谢神恩、庆祝庄稼丰收。无论是从该活动的主旨、空间设置、内容乃至参与民众的体态来看，"神俨然帝国朝廷的官员"，民众对其充满了敬畏之心。2012 年农历七月十六，民和县祁家纳顿举办时，围绕着纳顿会手队伍"迎神与迎人"的事情发生了一件耐人寻味的事情。

纳顿主要由会手舞、面具舞和法拉神舞三类活动构成。会手舞中的合会手，两支队伍互相作揖致意，来回旋转三次，然而，在祁家纳顿上却合了四次会手。第四次合会手的原因是整支队伍前去迎接省、县领导和中央电视台的"客人"。"客人"的到来，对乡、村两级干部来说都是大事，村主任打算让会手队伍前去迎接，牌头们和会手队伍中的老人们稍有质疑。

    政府的人来了就是我的事情，包括放鞭炮都是我放，那些哈达我买，那些饮料我买，烟我买，这些钱都不用你们花，你们只要去迎接一下就行，那些人们就不去接，把我气死了。（民和县草滩村村主任QSH，男，土族，56 岁，2012-9-2）

原本在民众的心目中，纳顿是酬谢神灵的盛会，会手队伍迎接的、答谢的都是神灵，而非世俗世界中的人。在现代社会背景下，民众一番心理斗争之后，发明了一套新的意义来阐释传统规则。

    "人随神，神随人"，把人家去迎接一下，让人家们喜欢一下；再一个中央的、北京的人知道我们这个青海省民和县草滩祁家还有这

---

① 参见王铭铭《村落视野中的文化与权力——闽台三村五论》，生活·读书·新知三联书店 1997 年版，第 272 页。

么一个会场，人家说一句话你们民和县的草滩祁家纳顿好，对我们就有好处，我们的纳顿就能够宣传出去了。（民和县草滩村老人QSZ，男，土族，80岁，2012-9-1）

在这种新意义的引导下，整支近百人的队伍和迎神一样隆重地迎接了政府和电视台的观摩者。就我们的长期观察来看，一般村干部与青苗会不会发生分歧，但是二者如果发生分歧，让步的一般是后者。进一步讲，国家力量以各种形式不断渗透到土族民众的日常生活中，而传统民间组织在竭力维持边界之时，与村两委发生着有效互动。

（三）请社火队伍的"任务"接纳

青苗会与村委会的关系除了表现在宗教、文化事务上的商议合作、退让合作之外，还表现在村委会给青苗会安排任务。社火是在春节期间民间举行的集游艺杂戏为一体的民间文艺活动，是高跷、旱船、戏曲、舞狮、舞龙和秧歌等的通称。

正月的民和仍然天气寒冷、树木光秃，缺少南方的绿意浓浓、生机勃勃，但是世代生活于此的百姓却用热情、用歌舞杂戏迎接即将到来的春天，在社火中体现民族精神和审美认知，进而延续中华民族悠久古老的文化脉象。中川乡金田行政村杨家有一支社火队伍，活动并不是年年举行，但每逢举行之年都办的有声有色、气势恢宏。2012年春节期间，金田村杨家的社火队伍又耍起了社火，在周围村庄引起了强烈反响。当地有一种习俗，某一个村庄的社火队伍耍社火，周围的村庄都要诚心的"请（接）社火"，也就是邻村要邀请社火队伍前去本村表演。金田村西与草滩村接壤，2012年金田村耍起了社火，草滩村要礼节性地邀请他们前来表演，邀请、接待任务的承担者应该为村两委。

去年杨家的秧歌我们要请呢，大队上的钱儿没有呗，我一个人也担不起来，按照规矩这个事情我们不能不做呗，社长们就一起在村委会把会开了，最后众人决定收30元钱呢，但是上面要求村委会不能随便胡乱向村民收钱，我们就给牌头说了，每户人家收上30元钱，你们出面把这个事情办给。我们向村民收钱不可以，他们可以呗。（民和县草滩村村主任QSH，男，土族，57岁，2013-6-6）

就这样，草滩村迎接、邀请金田村杨家社火队伍的任务就落到了青苗会的头上，青苗会没有出席村委会和社长的会议，更没有丝毫的发言权，但是面对村委会分配给的任务，他们就得义无反顾地去做。

> 这个事情是大队的呗，那个时间大队的资金也没有，大队的人就开会了，各队的社长都去了呗，最后说，向众人收呢，可是怎么收呢，说"我们收入没有，接不下"，买烟了嘛、买酒了嘛、买肉了嘛，一挂牌头管了呗。（民和县草滩村2013年小牌头QGY，男，土族，61岁，2013-6-15）

当我们问到负责这个任务的会首时，他苦笑了一下，并说"到现在我收了两次钱呗"，因为在他们看来，向民众收钱并不是一件容易的事情。

> 为了接金田村杨家的社火，去年我腊月里收了一次钱，说的是一家子30块钱，收下来应该是7000多块钱，结果收下来有2000多没收上，70%多的人给了，20%多的人没给。收的钱没有达到计划的7000块钱，这样好烟没吃上、好酒没让人家们喝上呗，就这么凑合着过给了。（民和县草滩村2013年小牌头QGY，男，土族，61岁，2013-6-15）

由此不难看出，村两委依然居于村落权力资源的中心，他们安排村落事务更多的是基于自己的利益和优势，对于繁荣村庄精神文化生活的事情，村两委想到的办法不是如何自己有效解决，而是责任转让，为此直接将"烫手的山芋"转让给青苗会。而青苗会迫于无奈接受任务，却表达出了自己有把村落资源调动起来的能力。

通过青苗会与村两委并存的实践可以看出，在土族乡村社会的具体生活中，村两委负责着由各级地方政府一条线贯彻下来的事务，基本上按照行政性的逻辑管理着公共事务；而土族青苗会却与民众最基本的生存状态密切联系在一起，只要不与国家权力发生矛盾就可以在村落中自然存在，并从广泛的文化意义上进行着强有力的整合。通过三个案例还可以看出，国家力量不断渗透到土族民众的日常生活中，传统民间组织与村两委发生着有效互动,有时土族青苗会也在竭力维持边界,但"心有余而力不足"。有学者认为"在社会主义制度下,宗族组织能掌握的政治资源和经济资源都是极为有限的,但却掌握着广泛的文化资源"①,从这个层面上来讲,土族乡村社会中的青苗会也是如此,掌握着丰厚的文化和组织资源,拥有微乎其微的经济资源和政治资源。村两委作为土族乡村社会中主要的政治组织形式,在村落事务的处理上占有绝对优势的指导权,拥有较为广泛的政治资源和经济资源。但我们认为,传统的旧有的组织基础并非作为政府的对立面而存在,从一定程度上来讲,村两委与青苗会的明确分工,可有效地提高基层管理系统的运作效率。

六 土族青苗会的现代调适

20世纪80年代以来,我国"强国家、弱社会"的格局发生了改变,集权体制不断地向市场经济和民主政治的格局转变。伴随着社会转型的逐步深入,转型效应在广大的乡村社会中开始显现。土族乡村社会作为中国乡村社会的一部分,伴随着乡村社会成员的大量外出和职业分化等现象的出现,承载着传统的乡村社会记忆趋于弱化甚至部分消失,转型期的土族乡村社会经受着巨大的冲击,原有的和谐、有序的乡村社会秩序也遭受了挑战。在这样的关系链条中,我们似乎可以感知到,在现代化进程中,土族乡村社会一步步地走向了危机,乡村社会中的传统民间组织生存也面临着诸多困境。但是庆幸的是,虽然20世纪80年代初土族青苗会在衰颓之后和繁荣之始重新接续起了历史,沿袭了传统的组织架构,将仪式实践、田间管理、纠纷调解等职能融为一体,但是,该组织在国家与社会关系重构的背景下,不断进行调适,能动地改变着自身。

从微观层面来看,土族青苗会以村庙为圆心,凭借仪式实践和实在的互助行为形成了基于生存技术的独特运行逻辑,并与基层社会中一定程度上代表着国家意志的村两委发生着互动;从宏观层面来看,改革开放尤其是20世纪90年代以后,伴随社会转型,青苗会作为土族乡村社会中的重要组织,在与国家良性互动的同时,不断调整自身策略与乡村社会契合,

---

① 李守经、邱馨:《中国农村基层社会组织体系研究》,中国农业出版社1994年版,第14页。

更好地发挥了国家与社会之间的媒介作用。

土族青苗会在与国家发生互动中呈现出的变迁有两种表现形式,一是国家对民间活动加以保护,使之合法化,国家符号主动嵌入民间社会;二是民间社会主动"借用特定的符号让国家在场",经由这两种形式,土族青苗会进行了调适,使自己主导的民间文化合法化。

现如今我们在土族乡村社会中所能观察到的组织、信仰和仪式都进行了不同程度的调适,经历着变迁。这些都基于一个统一的时代背景,即"传统时期的相对自在—解放后的遭禁—20世纪80年代的恢复或复兴"。不过,经历过不同的时代背景,传统在当前复兴,"并不是什么都能够复兴,即使那些侥幸得以复兴的也不可能是原封不动。在相当大的程度上,人们主要是把传统文化作为素材,在国家允许的框架里重新塑造出来,进行自己的文化生产"①。

如前文所说,在农业生产的关键节点上,青苗会都会举办相应的仪式活动,每逢庄稼丰收之际,民和县三川地区的青苗会都会主持纳顿活动来娱神、娱人;在互助县,每当庄稼丰收或者庄稼耕种之际,都有敬神、酬神的梆梆会②,这些民俗活动在弘扬传统文化、增强民族认同感、活跃乡村文化生活等方面发挥着重要作用,但是它们均笼罩着浓厚的宗教色彩,甚至曾一度被冠以"迷信"的标签加以取缔。改革开放以后,土族民俗活动摘掉了"迷信"的帽子,不仅"在国家允许的框架里重新塑造出来,进行自己的文化生产"③,而且进入21世纪后,我国非物质文化遗产保护运动兴起,民和土族纳顿于2006年被列入第一批国家级非物质文化遗产名录,2007年互助土族梆梆会也被列入了青海省第二批省级非物质文化遗产名录,随之而来的是一批批"非遗"传承人的确立。国家通过立法、立项和财政支持等方式,将青苗会主持的这些活动纳入国家事件,这些民俗活动在获得国家认可与保护的基础上,受到了国家话语权力的影响。

正如有学者所讲,在高度现代性的条件下,民间的自我认同与民族—

---

① 高丙中:《民间的仪式与国家的在场》,《北京大学学报》(哲学社会科学版)2001年第1期。

② 梆梆会,互助县敬神、酬神的民俗活动,多在供奉娘娘和龙王的村落中举办,由邀请来的法师表演,青苗会筹办。

③ 高丙中:《民间文化与公民社会——中国现代历程的文化研究》,北京大学出版社2008年版,第17页。

国家、全球化的转型，表现为一种地方化与整体化（或者全球化）的辩证关系。换言之，一方面，民族—国家的政治经济利益与民族主义的意识形态互为表里，民族—国家将传统的文化符号意识形态化，使之成为实现政治经济利益的文化手段；另一方面，民间力量的增长需要在民族—国家的政治、经济与文化利益之间寻找相应的生存空间。① 也就是说，在当前社会中，国家在某些方面提供舞台，民间传统应邀走出民间，参与国家或者从属于国家的活动，从而实现国家主动在场。与此同时，民间力量与国家的现代性诉求之间也达成了某种默契，在这一过程中，民间不断地变化着自己的生存策略，来适应国家的生存环境。

土族民俗活动不仅在国家主导下进行着变迁，在民间社会，青苗会也借助国家资源积极调适。青苗会的活动中心是村庙，这些村庙多是20世纪90年代修缮起来的，"护国佑民"四个大字赫然刻于村庙中捐资修庙的功德匾上；在农业生产的关键时期，青苗会会在庙门上挂起"国泰民安""风调雨顺"两面大旗；在举办仪式活动时，"弘扬民族文化""促进民族文化，构建和谐社会"等横幅也被青苗会挂在了神帐前面，这些均是民众自愿选择的让国家在场。

我们常常用雷德菲尔德的大传统与小传统概念来表示不同层面或者不同地位的文化范畴，大传统指一个社会里的上层官僚、绅士、知识分子所代表的文化体系，小传统则是地方性的普通民众所代表的文化体系，具有地域特征。如果我们将改革开放以前大小传统在乡村社会的碰撞，理解为小传统被动地接受大传统改造的过程，那么，20世纪80年代以来，一定程度上，大传统与小传统二者之间出现了融合共生之势，小传统在恢复或者复兴之后，所用器物、仪式过程、行为态度等方面都会自觉或不自觉地加入了国家象征符号，能动性地"解读着"大传统，以求得在当前社会中的合法性。通过土族青苗会与国家的互动，我们可以看出，无论是国家率先主导，还是民间主动采取策略，国家符号都深深地嵌入到了乡村社会中，而传统民间组织也只有实现与国家的良性互动，才有可能坚守传统文化并焕发新的活力。

土族青苗会毕竟是服务于土族乡村社会的民间组织，与民众、村落发

---

① 刘晓春：《仪式与象征的秩序——一个客家村落的历史、权力与记忆》，商务印书馆2003年版，第35页。

展相契合才是根本，于是，青苗会也在积极地调适着自身，不断与变动的村落情境相适应。一般来说，文化变迁是某一社会由于其内在的原因如生态的变化、内在的发展或由于和他文化的接触而引起这一社会的文化变迁。[①] 可见，文化变迁来自于两种原因，即内部结构的变化与外部因素的诱发，组织变迁亦是如此，受内部与外部因素的双重影响。社会组织变迁包含的内容很多，例如，组织社会基础和运行资源的变迁、仪式和职责的变迁、技术与环境变迁等，土族青苗会的变迁可以折射出土族乡村社会诸多方面的变迁。

如前文所说，青苗会产生的社会基础是家族或者家族联合，然而，在有些村落中，各个家族的人口比例变化很大，按照各个家族来配比成员，已不合时宜，因此，部分青苗会已经改变了组织产生的社会基础，将组织完全与现代行政体制下的村民小组加以关联。例如，民和县中川乡草滩祁家青苗会会首及成员产生按照组社采取轮值制度，该村辖12社，每年在每个社中轮流产生一人，共计12人。在组织产生的基础变动之时，组织的不同职能也在此消彼长，田间管理职能弱化，逐渐地偏向庙神祭祀和民间活动举办。田间管理的"罚钱"原本是青苗会重要的资金来源，随着该职能的弱化，青苗会则按照经费预算，将"罚钱"均摊，来保障组织正常运行。

土族青苗会代表了土族地区乡土社会长期以来形成的社区权威，在强化社区认同、传承民族文化、整合乡村社会秩序方面发挥着很大作用。通过分析土族青苗会的现代调适，我们认识到，少数民族地区现存的组织、文化、仪式和习惯法等民间传统是特定时代的产物和文化形态，它满足了特定历史时期农业社会的需要。在土族聚居区，民众的生产生活在很大程度上还要依赖传统的组织和文化基础，心理上也需要一定支撑，因此，青苗会一定时期内仍然能够鲜活的存在于当今土族乡村社会。其研究有助于从地方性知识的角度揭示土族乡村社会的内在秩序和运行法则，又可以为当前开展的农村社区建设挖掘内生性资源，整合社区。

---

① 麻国庆：《走进他者的世界》，学苑出版社2001年版，第300—302页。

第八章 互助小组

——天祝县锐华村剪羊毛活动与社区发展

民间互助与相互依赖是社区行动能力的基本体现，也是社区存在、社区整合和社区发展的重要基础。民族学/人类学早期主要侧重对非西方的他者进行研究，通过社会组织和群体的研究来思考社会凝聚和运作的机制，并形成关于社会稳定和社区整合的理论观点。拉德克里夫·布朗的均衡性结构功能论，利奇的动态结构功能论，以及格拉克曼的冲突论，都让我们看到结构性很强的组织系统如宗族、亲属制度、政治制度在社会秩序维持方面的重要作用。然而，社会的稳定和整合不完全依赖组织完整的结构体系，还需要人与人之间的互动，莫斯从借助礼物交换发现人类社会整合的人际互动方式。[①]

上述理论思想都呈现出对地方性知识的关怀，这种从研究对象出发的地方关怀有助于我们思考西部民族社会发展的内在机制。现实民族社会中，不同地区不同群体的人们会根据自己所在自然和人文环境创造出人群结合和社会发展的方式。这些不同方式就是人们在实践生活中为实现社会团结稳定和发展自发组合起来。人类学脉络中，埃文斯·普里查德努尔人年龄组群体[②]和杜蒙的印度社区的"贾吉曼尼"[③] 充分体现这点。在国内研究方面，研究者发现黎族人会运用生产互助来满足实际的经济和社会文化需求[④]；不仅如此，西北民族地方社区也存在相应的组合方式，它们依

[①] 人类学对社会整合的研究脉络，具体可参见李正元《河西民间经济活动与乡村社会整合》，《中国民族学》第八辑，甘肃民族出版社2012年版，第63页。

[②] ［美］埃文斯·普里查德：《努尔人》，褚建芳、阎书昌、赵旭东译，华夏出版社2002年版，第289页。

[③] 杜蒙：《阶序人》，王志明译，（台湾）远流出版事业股份有限公司1992年版，第175页。

[④] 王振威：《"低效"但"有用"黎族农业生产互助：被建构出来的社会需求》，《中南民族大学学报》（人文社会科学版）2015年第3期。

据血缘和地缘等因素组合起来，实现社区稳定和发展，青苗会①就是这样一个良好的案例。然而，人们还是较少关注西北地方社会中组织性不强的互助群体，在一些村庄中，恰恰是这样的互助群体发挥着重要的作用。锐华村的剪羊毛小组就是这种不太引起学界关注、却又具有很强生命力的群体，其组织性不强，但具有很大的灵活性，在社区中发挥着丝毫不减于完整组织系统所发挥的重要作用。

为此，我们对甘肃省天祝县多民族村落锐华村的剪羊毛过程中的互助进行调查。剪羊毛是天祝县锐华村重要的经济文化现象，它有着无形的组织结构和行为规范。本研究从民族学/人类学社会整合的脉络出发，全面详细地把握这一实态性习俗，了解它的内在结构、功能及相关的规范，从而可以窥视多民族聚居村庄的社会结构。在此基础上，我们提出从生活实践的层面出发看待社区整合，可以更好地从动态层面分析社区建设能力和社区发展。与此同时，剪羊毛活动中的互助对思考当今民族地区社会的现代化、民族关系也有一定的借鉴意义。本文资料根据2007年暑假和2008年暑假在天祝县的调查整理而成。

一 调查地简介

笔者调查的锐华村位于天祝藏族自治县华藏寺镇。天祝县位于河西走廊南端和甘肃武威地区的西南面。县境东邻甘肃省景泰县，南连永登县，西部与青海省门源回族自治县、互助土族自治县相邻，东北部和北部与甘肃省古浪、武威两县交界。

天祝原为华热，意为英雄的部落，天祝原有36个藏族部落。天祝藏族自称是"华锐嘎布"（即白色的英雄部落），属于安多藏区。"华锐"在广义上指今甘肃的天祝藏族自治县、甘南裕固族自治县及邻近地带和青海湟水以北的大通回族自治县、互助土族自治县、门源等邻近地带在内的藏族生活区域；在狭义上仅指现在的天祝藏族自治县。

全县面积7100多平方公里，居住着藏、土、汉等16个少数民族，共

---

① 范长风：《青藏高原东北部的青苗会和文化多样性》，《中国农业大学学报》（社会科学版）2008年第2期；王淑英、郝苏民：《村落：民间社会的文化等级——以甘肃洮岷地区青苗会权利类型为例》，《西北民族研究》2010年第3期；赵利生、钟静静：《土族传统民间组织青苗会调查》，《西北师范大学学报》（社会科学版）2014年第3期。

23万人。县内群山环抱,峰峦叠嶂,山涧森林茂盛。有郁郁葱葱的苍茫林海,有终年积雪的雪山冰川,有碧草如茵的广阔草原,有世界上独有的珍稀畜种——天祝白牦牛,自然资源丰富。悠久的历史文化,并形成了独特的华锐文化区。

华藏寺镇位于县境南部,金强河下游。西连打柴沟镇、石门乡,北靠柏林乡,东依钱宝乡,东南与永登毗邻,总面积331.4平方公里。镇人民政府驻华藏寺。境内大山主要有墩子山、鹰窝山、南山等。境内大部分为金强河两岸阶地和浅山地。海拔在2394—3095米之间,年均气温2℃,年降雨量约350毫米,相对无霜期130天,属干旱区。[①]

天祝县境居住着藏、土、汉等16个民族。锐华村现有65户,共277人,居住着藏、土、汉三个民族,大部分为藏族,其余的为汉族和土族。该村存在藏汉、藏土、汉土通婚家庭的状况(见表8-1)。

表8-1　　　　　　　　　　锐华村民族通婚状况统计

家庭形态	户数(单位:户)	全村户口总数(单位:户)	在村里占比
汉族通婚家庭	15	65	23.1%
藏族通婚家庭	31	65	47.7%
土族通婚家庭	4	65	6.1%
汉藏通婚家庭	6	65	9.2%
汉土通婚家庭	5	65	7.7%
藏土通婚家庭	3	65	4.6%

资料来源:根据天祝县锐华村村民委员会统计的《人口登记表》(2007年)整理而成。其中有1户未登记。

锐华村原来属于柏林乡,后柏林乡被取消,原属柏林乡的区域并入华藏寺镇。锐华村距华藏寺镇16公里,村里有直达县城及镇上的公路。村的南面是周家窑,东接韭菜沟,西连黄草村。然而,就连最近的黄草村离该村都有3公里左右,且村与村之间需要翻山越岭。据年长的村民回忆:"我们同黄草原来属于一个部落,部落名叫加东措哇,属于现在的石门寺。"(2007-6-2,BZO)

进入锐华村,我们可以看到一条河流从北向南横穿锐华村,并且将锐华村分成左右两部分。由于降水少、河流常年干涸的缘故,村民戏称之为

[①] 乔高才让:《天祝县志》,甘肃民族出版社1994年版,第60页。

"干河"。只有突降大雨时，河中才能形成大水。从河北面的山上汇聚的水和中途汇集的水一道奔泻而下，流过之后，除了一些水坑中的积水外，其余的水则全部流到了村外。河流北面是一眼难窥全貌的草山，这些草山全是高山草场，共有几百万亩。属于该村的有8万亩左右。夏季从村头望去，山上一片秀色。我们也可以隐约望见白云似的小点，那就是村民家中的羊群。夏天，他们任由羊群在自家的草场上吃草。只有到草场上没草可吃的冬春季节时，他们才把羊赶回家中圈起来喂养。据村民们说："最近两年天气干旱的厉害，老天爷对降水卡得越来越紧。"（2007-6-2，ZWZ）近年来，村里一些不合理的超载放牧，使得草场上的草长得越来越稀，长得越来越矮。

顺"干河"向南而下，便是分散在河的两旁的村民的房屋，村民的房屋多为坐北向南的平顶砖瓦房。而且，每家的房前都用墙围成一个院子。房子的旁边一般是羊圈。村里的学校在河的右岸，学校前面是从镇上通往村里的水泥道路。

在这种生态环境下，锐华村形成了以畜牧业为主的定居村庄。村民们主要以放羊为生，一些村民家也喂养白牦牛。种植业较少，只能种植一些小麦、燕麦、饲草。因为当地可用耕地比较少，人均才2分地左右。加上当地干旱时间长，降雨少，无霜期短，农作物产量也不高，农作物的种植基本上围绕着羊来运转。在这样的状况下，村民们日常所需的主要粮食面粉都在附近的镇上购买；但买粮的钱及日常开销都是靠卖羊或卖羊毛而来。所以，养羊是村民最重要的事情，是他们收入的主要来源，关系到整个家庭的日常运转。在羊毛价格看好的年份，卖羊毛的收入在家庭收入中占据主导地位。因此，养羊最主要的是为了收获羊毛，这样，剪羊毛就成为村中每家每年重要的大事。在调查期间，我们发现锐华村剪羊毛通过家庭间联合一起完成。

二　剪羊毛小组

如前所述，锐华村村民收入主要在羊身上。所以，每个家庭羊的数量都很多。到剪羊毛的时候，单个的家庭难以在旧羊毛脱落之前全部把它剪下来。因此，剪羊毛需要家庭之间的合作，实现劳动力的交换，以便让每家都能顺利及时地剪完羊毛。笔者做调查的时候，当地家庭与家庭之间自发结合成一个群体（为了叙述方便，笔者把它称为剪羊毛小组），互相帮忙完成这一重要的生产活动。到2008年为止，村中一共有5个剪羊毛小组，基本上是自由组合在一起。村民说："我们一般是亲戚或平时玩得好的邻居朋友组成一组，想加入就加入，愿意出去就出去，我们不会怪他们。"（2007-6-3，BHZ）事实上，能够成为一个群体的不是亲戚就是朋友。下面笔者将用表格和文字叙述村里5个组的内部结构情况（见表8-2至表8-6）。

表 8-2　　　　　　　　　　　　A 组

序号	户主姓名	民族	家庭人口	养羊的数量	备注
1	文 ZZ[①]	藏族	4 人	约 130 只	
2	李 GG	土族	3 人	约 110 只	
3	李 MH	土族	4 人	约 50 只	2008年把羊卖了，只剩下80头牛左右
4	张 CW	藏族	7 人	约 200 只	
5	邱 JB	汉族	6 人	约 170 只	
6	华 GF	藏族	4 人	约 140 只	
7	董 ML	土族	6 人	约 140 只	
8	李 LX	藏族	4 人	约 120 只	2007年有羊220头左右，今年因外出打工，卖掉了100头
9	李 MR	土族	2 人	0	牛 50 头
10	陈 BL	汉族	2 人	0	儿子早逝，只剩两老，为村中五保户
11	齐 FB	藏族	5 人	0	卖掉羊，买了一辆铲车
12	殷 J	汉族	3 人	约 150 只	

说明：每户养羊的数目都是一个约数，因为羊的具体数量每年甚至每月在变，因此，羊的数量是根据村民自己说的数量为准。牛指的是天祝白牦牛。表8-2至表8-6同此。

A组现在只有9户了，3户没养的家庭已经退出了该组。一家是因为儿子不幸出车祸，媳妇留下小孩离开了。两位老人带着小孙女，无力养羊了。现在靠卖羊所得的收入生活，已经成为村里的低保户之一。1户把羊卖了，买了一辆小车在县城开出租。另外一户则主要在喂养牦牛。在现有的9户中，藏族家庭4户，汉族家庭3户，土族家庭2户。养羊最多的是张CW家，200只左右，因为他家有4个劳动力在家放羊。最少的是李

[①] 按学术规范，笔者为调查地村民隐掉真实姓名，而代之以姓及名字的首个英文字母组成的姓名。

MH 家，因为增加了养牛的数量，羊的数量减为 50 只左右。在该组中，文家和李 MH、李 MR、李 GG 家互为亲戚，陈 BL 家和邱 JB 家为亲戚。同自己亲戚在一组的占 50%，其余 50% 都是与"同一个庄子的人"在一组。

表 8-3　　　　　　　　　B 组

序号	户主姓名	民族	家庭人口	养羊的数量	备注
1	冯 LZ	土族	5 人	约 220 只	
2	杨 TY	汉族	4 人	约 180 只	
3	徐 WW	汉族	4 人	约 100 只	原来有羊 150 头左右。2008 年卖了 50 头
4	李 MY	土族	5 人	约 150 只	
5	白 HH	藏族	6 人	约 50 只	牛 40 头左右
6	白 HJ	藏族	6 人	约 80 只	牛 50 头左右
7	乔 CH	藏族	6 人	约 280 只	
8	陈 FL	汉族	5 人	约 150 只	一个儿子在外打工
9	张 ZL	藏族	5 人	约 180 只	
10	李 MC	土族	4 人	约 120 只	
11	昝 CH	藏族	3 人	约 50 只	原来有羊 100 头左右，因妻子动手术，卖了 50 头
12	马 GS	汉族	1 人	约 160 只	
13	董 ZW	土族	5 人	约 150 只	

B 组是华锐村成员最多的一组，一共 13 户。其中，藏族 5 户，汉族 4 户，土族 4 户。养羊最多的为乔 CH 家，280 只左右，家中有 4 个劳动力。最少的为昝家，因为妻子动手术，儿子上大学，家里缺少劳动力，只剩下 50 只左右。在该组中，冯 LZ 和董 ZW 为舅甥关系，李 MY 和李 MC 为兄弟，白 HH 和白 HJ 为兄弟，昝家与马家也有亲戚关系。与亲戚在一组的占 61.5%，其余的 38.5% 是"同庄好友"。

C 组现有藏族 7 户，汉族 1 户。养羊最多的为马 CX、亚 CJ 家，都为 150 只左右，劳动力都在家中从事放养。最少的是马 ZQ 家，今年刚同父母分家，分得 50 只羊。马 ZF 与马 ZQ 为父子，亚 CJ 和亚 CL 为兄弟。白 RY 和鲁 SY 为亲戚。与亲戚同在一组的占 75%，其余 25% 为"同庄好友"。白老师因为要调到镇上教书，所以把羊卖了。这样，他也就退出了羊毛组。

表 8-4　　　　　　　　　　　　　C 组

序号	户主姓名	民族	家庭人口	养羊的数量	备注
1	马 CX	汉族	5 人	约 150 只	牛 120 头左右
2	白 RY	藏族	4 人	0	2008 年把羊全卖了。白为老师
3	马 ZF	藏族	3 人	约 70 只	牛 10 头左右
4	马 ZQ	藏族	3 人	50 只	
5	亚 CJ	藏族	5 人	约 150 只	
6	亚 CL	藏族	5 人	约 80 只	一个儿子和媳妇在外打工。一个儿子上学
7	鲁 SY	藏族	4 人	约 120 只	
8	阿 ZG	藏族	3 人	约 120 只	

表 8-5　　　　　　　　　　　　　D 组

序号	户主姓名	民族	家庭人口	养羊的数量	备注
1	鲁 SH	藏族	4 人	约 80 只	
2	鲁 SL	藏族	4 人	约 110 只	
3	周 XG	藏族	4 人	约 130 只	
4	董 XL	汉族	4 人	约 120 只	两个儿子在外打工
5	董 XZ	汉族	4 人	约 130 只	
6	董 XX	汉族	6 人	约 120 只	
7	董 XW	汉族	4 人	约 120 只	
8	徐 WG	汉族	4 人	约 50 只	2008 年卖了 50 头羊，盖了两个葡萄大棚
9	常 XJ	藏族	6 人	约 100 只	牛 40 头左右

　　D 组现有 9 户，藏族 4 户，汉族 5 户。养羊最多的为周 XG 和董 XZ 家，都为 130 只左右，因为有小孩在上学，家中开销大。最少的徐 WG 家，因盖了两个葡萄棚，卖掉了 50 头，只剩下 50 只左右。鲁 SH、鲁 SL、周 XG 为亲戚，四位姓董的是兄弟。与亲戚在一组的占 77.7%，其余的 22.3% 为"同庄好友"。

表 8-6　　　　　　　　　　　E 组

序号	户主姓名	民族	家庭人口	养羊的数量	备注
1	马 JL	藏族	4 人	0	牛 100 头左右
2	马 JLU	藏族	6 人	0	牛 120 头左右
3	周 XY	藏族	5 人	约 110 只	牛 120 头左右
4	周 XX	藏族	6 人	约 120 只	牛 60 头左右
5	张 YH	藏族	4 人	约 150 只	牛 60 头左右
6	周 XJ	藏族	4 人	约 120 只	牛 50 头左右
7	阿 ZW	藏族	4 人	约 150 只	
8	齐 CD	藏族	4 人	约 180 只	
9	齐 CF	藏族	3 人	约 20 只	家有一个老母亲。儿子在外打工

说明：E 组的村民一年大部分时间在村后的山沟中放养牧牛，很少回村里住。有的把家都搬到了山沟里。从村里到山沟，步行需要 1 小时左右。

E 组 9 户人家全部住在村后的山沟中，全部为藏族。他们有的放牛，有的牧牛，有的兼而有之。不管是羊还是牛，每年给牛拔毛、给羊剪毛都在一起。马 JL、马 JLU、周××为亲戚，三位周氏和张氏为兄弟[1]，齐 CD 为齐 CF 的叔叔。与亲戚在一组的占 88.8%，其余的 11.2% 为"同庄好友"。

锐华村参加剪羊毛活动的共 51 户，平均每户 4 人。其他的因为上学、工作，或者经商、开车和打工常年在外。家里没有羊，只是户口留在家中，所以也就没有属于某个羊毛组。但是，即使在村里住着的也会因疾病、年老、单身等其他原因而退出羊毛组。可见，羊毛组是一个不断变化的群体，只要没有羊了，就可退出，这是不成文的规定，但只要有羊，就应该在一起剪羊毛。而且通过羊毛组的内部变化，我们可以了解到村民生计方式的变化、家庭状况和微观的人际交往关系的变动。

据村民回忆，自羊毛组形成以来，没有有羊户从一组换到另一组的现象。一位姓李的村民说："他们能在一组，就说明他们感情好。"（2007-6-11，LMP）对于互助小组成员的选择，村中大部分的人选择同自己的亲戚在一组，其次是邻里好友。可见，独立的家庭遇到生产需要时，由于血缘、姻缘的结合，使得他们首先想到的是寻求亲戚的帮助。

---

[1] 张 YH 原来姓周，后来过继给他奶奶，随奶奶姓张。

不过，现实实践中也存在例外情况：如马 GS 和马 CX 为兄弟，他们曾因分家的问题打过官司，两家人的感情因此有了隔阂，故而不在一组。一位村民在对我说起这件事时说："黄金不重恩义重，白银买转黑人心。"（2007-6-15，DXL）意在说明，兄弟俩不应该为了财产争斗，从而使他们不能在日常的生活中互相帮忙，失去了亲情恩义。这个例子可以得出：村民重情义的观念对羊毛组的构成有很大影响。另外，徐 WW 和徐 WG 两兄弟因各自的媳妇的矛盾而不在一组。但我也注意到，有些有亲戚关系且没有矛盾的家庭也没在一组，这可以从村民的回答中得到答案："他们能在一起，因为他们的感情都很好。剪羊毛时，是一家一家轮流着剪毛，所以尽管有些亲戚没矛盾，但可能与其他人合不来呗！"（2007-6-11，XLP）另外，对一部分家庭来讲，因为本村没有亲戚，所以，他们所在的羊毛组则全是感情好的朋友。

另外，民族因素与感情因素比起来，似乎并不是剪羊毛小组组成的首要考虑因素，村民们更看重的是交情。正如一位村民对我讲过的："他们会组织在一起，那是因为感情好嘛！"（2007-6-12，ZXD）的确，不论是从村民的话语中还是笔者的具体观察中，共同的合作加深了他们之间的交往关系。民族界限在他们心中的印痕非常淡，村民不管是汉族还是土族，都参加每年农历二月初的源自藏族的"祭山神"就是一例。但我们前面也提到，E 组的成员全是藏族，当我向村民提出这一疑问时，乔姓老人说："这个……（后面是较长时间的停顿），他们都在一块，关系好。"（2007-6-11，QSK）从该村民回答的含糊态度在某一方面可以窥见：他们在组成剪羊毛互助小组的过程中也许并未刻意考虑过这个问题。可见，各民族聚居在一起是可以和谐相处、和平共存的。他们会通过共同的活动彼此加强联系，维护自己的利益，促进民族社区的发展。

另外，羊毛组也存在两人之间有矛盾也在一个组内的情况，他们帮着剪羊毛，剪完后也会在一起喝酒，但喝酒的过程中彼此不会划拳致意。从上面的各种情形来看，感情因素在羊毛组中起了很重要的作用，而亲戚朋友是这种感情因素的来源，同时也表示，村民把这种情感因素作为他们互相帮忙的潜在规范，村内的人际关系受到这种规范的影响，这也可以成为村民结群的依据。由此可以看出，剪羊毛是一个非常灵活的民间互助现象。

剪羊毛组中有一个很重要的特征，那就是里面没有组织性的权威人物，有的也只是一个中介或串联者。例如，A 组的文家在本组中的亲戚最多，加上文家男主人办事厚道，人缘好，在新疆放过羊，见过世面，且做了 10 年的村支部书记。另外，他家的两个儿子都在外面上学，一个在上大学。因此，文家在近十几年的剪羊毛活动中有很大的影响力。也就是说，在有关剪羊毛的活动中，他是一个中介人，其他组员有事便乐意同他商量，但他不是组织者。事后，笔者在不同的场合访谈的村民都这样说："我们这个活动没有组织者，没有头头。"由此可见，剪羊毛组中的成员虽然不全是亲戚，但亲戚关系是羊毛组中种种关系网络的基础。在农村，邻里的关系与感情完全可以和亲属的关系与感情等同或者超越亲属关系间的情感，人与人之间的距离是影响人们情感的一个因素，所谓"远亲不如近邻"便是这个意思。村里其他两组也有曾经或现在任村干部的人，如 B 组的乔家和 D 组的周家。但是，剪羊毛组中没有领导者，也没有权威人物，据笔者访谈过的剪羊毛组内的老人、中年人、年轻人以及妇女，他们几乎众口一词地说组内没有领导者。村民之间是平等友好的关系，或许这种关系本身并不要求组内产生领导者或权威人物。

三 剪羊毛小组形成的原因

知道剪羊毛组的内部结构后，笔者进一步探讨剪羊毛小组形成的原因，以便更加全面和深入地理解这一实态型经济互助现象。

（一）自然环境的影响

自然环境是一个很重要的因素，人们的生计方式是建立在一定的自然环境上。

锐华村海拔高，平均海拔 2000 米以上，沟谷长深。气候寒冷干旱，多风沙，水资源匮乏，但草场广阔，据一位村民回忆说："新中国建立后，草场茂密，有的高至一米左右。"（2007-6-18，QGC）适宜于放牧，不适宜种植农作物。仅有的一些耕地也是用来种饲草及少量粮食（先是青稞后为小麦），这些都是为畜牧服务。放牛牧羊成为他们适应自然的生计方式。原来村中每家每户有牛，但是养牛周期长，产生效益的时间也就长，加上人手不足，很多家庭便把牛卖了，专心养羊。由于草场资源好，人们的羊也越养越多，据一位参与当时分羊的前任村长回忆，包产到户时每人 15.5 只羊，4.5 头牛。而现在每人平均有 25.7（该数据根据上述表格得出）只羊。

（二）单一的经济生产方式

由于当地适合放羊，于是村民就不断地增加自己家中羊的数量，养羊成为家庭最主要的劳动，也成为他们的最主要生产方式。一位老人对笔者说："我这一辈子除了放羊还是放羊。"（2007-6-20，ZSG）由单一而变得重要，因此，羊与家庭的生活水平、房屋建筑、家具摆设、生产工具、婚丧嫁娶、信仰活动、喜怒哀乐紧密相连。为了提高收入，改善生活水平，村民们在草质的改良、羊种的优化、疾病的防治方面费了许多心思。一切围绕着羊在转，羊是他们收入的主要来源。他们自己很少想过拓宽生产方式。一些村民对笔者讲："做其他的事，一个土农民，生下来就放羊，其他的事想做也做不了。"（2007-6-20，WSK）这句话反映了环境对于当地村民的制约性，即使村民有过改变处境的愿望却没有实现的条件。

（三）劳动力不足

由于饲养的数目增长的周期短，每个家庭每年增长的羊的数目很快。而当地每个家庭每户平均才 4 人，能参加剪羊毛的就更少。一个劳动力一天可以放几十只甚至 100 只羊或更多。但家中的劳动力一天难以完成剪羊毛的任务。加上改良以后羊的毛更长更密，在技术上要求也更高，也就相应地需要一个专门在一旁为大家磨剪刀的人，以及时地让变钝了的剪刀被磨得锋利，提高剪羊毛的速度。一位李氏大叔说："没有一个专门磨剪刀的人，剪羊毛很难进行下去。"（2007-6-15，LWJ）所以，一到剪羊毛的时期，家庭在经济方面的缺陷便显露出来了，村民自然也就想到动用自己在村中的人际关系了，而亲戚和朋友变成了首选的合作成员。当家庭中遇到困难需求帮助时，"求助于本家族或亲戚的力量就成为很自然的事情"[1]。而羊毛所带来的收入占当地村民家庭收入的重要比重使得他们无法因劳动力问题而减少放养羊的数目。笔者曾就此问题请教过村民，他们说："少养一些（羊），那不行啊！家里开支不够，就没办法生活下去

---

[1] 麻国庆：《家与中国社会结构》，文物出版社 1999 年版，第 166 页。

了。"（2007-6-16，LWJ）

（四）历史因素

据村民讲，当地集体剪羊毛发生在新中国成立后的大集体时期，那时候，剪羊毛和放羊的人是分开的，放羊的专门负责放羊，剪羊毛的负责接羊羔和剪羊毛。一直到集体解散时，村民们仍然沿用集体时那种全村在一起剪羊毛的方式，只是到后来发现人太多了在一起剪羊毛有很大的不便。于是，村民们便慢慢地自发联系起来，形成现在的5个羊毛小组。可以看出，剪羊毛习惯是在家庭受到政治体制的影响作为独立的生产单位的情况下出现的，体现了社会大环境的变化对民族地区生产方式的影响。

（五）农事安排的季节和羊的周期影响

每年农历的三、四月份，是母羊产羊羔的季节，此时气候寒冷，不便农事，接羊羔是他们最重要的事。接下来便是翻地，准备种饲草和少量粮食。这以后就到了七月份，这个时候"是老羊毛即将脱落的时候，新羊毛已经长出来了。错过这个时期，老羊毛就脱落了"（2007-6-18，ZSC）。也就是说，此时是剪羊毛的最佳时期，这是由羊毛的生长周期决定的。这个时候，村民们主要的任务就是剪羊毛，没有其他重要的农事。而且，羊毛在一天内剪完最好，因为剪羊毛期间羊群是不进食的。如果一天之内剪不完，就必须为羊准备食物，而此时，饲草正处于生长期，家中很难为所有的羊准备充足的食物。一天之内剪完后，羊群就马上被赶到草场上吃草去了。这样，羊就不会太挨饿，对它们的生长也就没有多大的妨碍。

综上所述，剪羊毛小组的形成是多种因素作用的结果，使村民在适应自然环境、维持生计和解决生产中劳力不足问题的一种选择性的文化适应。在这方面，经济文化类型[①]给了笔者很大的启发，使笔者注意到剪羊毛同周遭环境之间的复杂关系。这种环境不仅是自然方面的，还有社会方面的。剪羊毛活动是当地在一定自然环境基础上产生的，但这并不意味着自然环境直接决定了剪羊毛小组的构成。剪羊毛小组的构成还同人们亲属和邻里关系有关，这些并不受自然环境影响。此外，从上面的原因中可以

---

① 林耀华主编：《民族学通论》，中央民族大学出版社2003年版。

看出，剪羊毛在自然环境不变的情况下，曾经因为政治经济体制的改变在历史上有过变动。同时，人们的活动也会反过来影响到环境，从而迫使人们改变生计方式。现在，由于村民们养羊越来越多，已经超过了当地草场的承载能力，引起生态的变化，从而影响村民的生活。一些村民开始为未来担忧，一些村民则选择另外的生计方式，如进城开车。

显然，我们看到经济文化中各要素的变动会导致其他因素的变动，只是这种变化会有一定时间差，是一种相对稳定中的变迁。变迁过程中，社会、文化和政治因素都交织剪羊毛活动中。以上这些，则可以从剪羊毛小组人员的变动和养羊的数量中体现出来。下面我们进入剪羊毛具体活动，从具体的实态运行中看一看村民是怎样运用自己的关系合作完成生产任务、剪羊毛的程序及产生的作用。

四 剪羊毛活动的运作

剪羊毛活动是剪羊毛小组的具体体现和运作，这种活动是每年各组的成员轮流帮助本组的成员家庭剪羊毛，这一活动具体展现了组内成员互惠性的交换劳动的现象。通过前面对当地农事活动的简单介绍，我们可以直接进入这一具体的活动。

笔者到锐华村调查时正好碰上村民们准备剪羊毛。因此，笔者有幸目睹村民们剪羊毛全程。接下来笔者以文家剪羊毛活动为例，并在中间穿插一些该村其他组的剪羊毛的相关情况，介绍该村的剪羊毛活动。文家这一组会集了全村藏、汉、土所有的民族，有几户因没有羊而退出此组，这些，有助于我们更好地理解剪羊毛组的具体运行和涉及的社会文化因素。

> 文家所在的这一组2007年由9户组成，这一组原来有12户，但有3户已经没有养了，这三家可以不来帮文家剪羊毛。按照人们的约定，每户至少出1个人帮本组的成员家中剪羊毛。所以，如果是照正常的约定话，今天来文家的只有8个人，当然，这8个人是不分男女的。但今天到文家的却比8个人多，有13个人。已经退出的三家有两家也来帮忙，一家是文家的亲戚，五月份的时候文家帮他家拔牛毛；一家同文家关系好，据文家主人对笔者说："我们近年帮他们耕过地，他们今天没啥重要的事，就过来帮忙。"

问:"是你们通知他们来的吗?"

答:"不是,他们知道,自己过来的。我们这儿每家剪毛的时间早定了,他们都知道。"

事后,笔者了解到,村里每一组在剪羊毛之前,组内的成员会聚在一起商量每家剪羊毛的具体时期。然后按照已安排好的日子一家一家剪下去,直到最后一家。该组只有9户,但剪羊毛的时候来了13个人,除了两家已经退出的来帮忙的外,有几家来了2个人。同时,外组家庭来帮忙的情况也在此次活动中出现了。

A组中有位李姓村民,自己在帮本组剪羊毛的同时,他的妻子在帮另一组的村民家剪羊毛。有意思的是,当他的妻子帮忙剪完羊毛时,见自己丈夫所剪的那家还没完,又过来帮忙剪。这是外组的帮非本组的家庭剪羊毛的例子。其实在调查中笔者发现,也存在本组成员在剪羊毛过程中完全缺席的情况。也就是说,在本组成员剪羊毛时,自己家一个人也没有去。调查中,有一位村民因为送女儿去外地上学而不能参加剪羊毛。但是他家去了一个老人帮忙磨剪刀。关于这个问题,事后笔者同另外一个非本组的村民谈起时,他说:"这也很正常,我们都能理解,要不是家里有急事,谁也不会不来嘛,他不来,其他人多做一点,也就完成了。"除此之外,有两家因为父辈之间的关系特别好,但他们不在一组。从这两家的父辈开始,每年剪羊毛时两家都彼此帮忙,这个传统一直保持到现在的年轻一代。

这些村民自主参与帮忙剪羊毛的情节生动地体现了剪羊毛活动中村民之间的微妙的人际关系,说明在农村社区中,人际关系网络的复杂性、生产生活互助实践中的灵活性。

文家的羊毛是今年该组最先剪的一家。剪羊毛前,必须把羊从草场赶到家里的羊圈中。因为此时该村的羊都在草场上放牧,把羊赶回家在剪羊毛的前一天下午进行。待羊赶回家后,文家便通知本组的成员于第二天早上到文家吃饭。次日清晨,一些成员便带着剪刀到文家,待用完早饭后,剪羊毛工作便开始进行。

剪羊毛的地点就在羊圈旁,文家在羊圈旁建立一个专门用于剪羊毛的大棚。大棚的一头,设有一个专门磨剪刀的地方,剪羊毛的剪刀在剪完几只羊的毛后,必须及时地修理一下,否则便会变钝。磨剪刀是一项技术活，这项任务一般由懂得此活的老者担任。据一位剪羊毛的村民说："磨剪刀比剪羊毛轻松，即使懂得磨剪刀的年轻人也应该把这项活让给老者来做，否则会被认为是偷懒和对老人的不敬。"这种"约定俗成"的观念大概也是老者负责磨剪刀的一个原因。另外，磨剪刀是剪羊毛过程中必不可少的内容，没有它，不但影响剪羊毛的速度和效率，而且，剪羊毛过程将会无法继续进行下去。

除了磨剪刀外，还有几个分工的环节。剪羊毛，这是主体工作，也是非常辛苦的事。剪完一只羊的大概要二十几分钟，大概剪完4只羊后，他们就得休息一会。这项活一般由体力好的人来做。

给羊打针打号，打针指的是打预防疾病和羊痘的针，打号是指为剪完毛的羊做个记号，以免和别人家的羊混淆。这是一项轻松的活，主要由年纪较大的人负责。有的家庭同乡兽医站的人要好，专门请他们来为羊打针，这主要取决于一个家庭的对外关系。

装羊毛，也就是把剪好的羊毛装入袋中，这个活由妇女来做。准备吃的东西，这也是由妇女完成。

这几个环节，缺一不可，只有各个环节配合有序地进行，才能及时完成剪羊毛活动。在这几个环节中，体现了年龄和性别的分工。

明白了剪羊毛活动中的分工，我们就很容易明白文家剪羊毛的进程。在大棚的另一头，两个妇女负责把剪下的羊毛卷起来放进麻袋中。负责剪羊毛的人员集中在大棚的中间，剪羊毛时，要把羊的双脚用绳子系住，以免羊在剪羊毛的过程中动弹。每只羊的毛被剪完后，人们便在它身上打上记号，以此来同别家的羊作区分。同时也会为羊注入防疾病的疫苗。在这里，有个现象值得注意，有一个年轻的小伙子，因为不太会剪羊毛，所以他一边剪一边向熟练的人学。熟练的人也认真地教他各种具体的技巧，告诉他羊的每个部位应该如何剪才对。这是一个技术传递的过程，也是该村的年轻人社会化的一个方面。

在剪羊毛的场地外，文家的女主人同本组来帮忙的妇女为剪羊毛的成员准备食物。这一天饮食非常丰盛。据我了解，每家在剪羊毛前一两天，要准备好新鲜的馍馍，这样的馍馍吃起来软、口感舒服，容易吃。而他们平常吃的馍馍都是做好后放了很久，一般都变硬了。除了酥松的馍馍外，他们还特意为剪羊毛的人准备了菜，包括肉类和蔬菜类，这些都是提前买的。而平常他们很少吃菜，也很少出去买菜。

时近中午，妇女们便把准备好的饭食提入大棚内。这时，剪羊毛的人员便停下手中的活计，边吃饭边聊天，并借机休息一下。新鲜的馍馍伴着刚出锅的菜，那不仅是一顿丰盛的饭菜，更是主人家对帮忙的好友的回报和感激，体现的是浓浓的交情。吃饭的时候，他们聊关于羊的话题，说今年的收成，道村里发生的事，谁家儿女上大学了，谁家的两口子吵架了。只要是村里的事，都可以在这儿听到一些。有的人兴致一来便手舞足蹈借机表演一下，唱藏歌、迈锅庄舞步，气氛非常融洽活跃。吃完饭后，他们便继续忙起来，一直到结束。剪完羊毛后，文家又为他们准备好了饭食。不过，除了饭食还有啤酒。

此后，这一组的成员便轮流帮助该组的成员家中剪羊毛，直到这一年本组所有的成员家中的羊毛被剪完为止。来年，他们又这样轮流互相帮忙，共同完成各家剪羊毛的事情。剪羊毛活动充分体现了人们对性别分工、年龄分工、剪羊毛技术以及社会交往的认识和理解。

五　结　论

社区和谐建构涉及社区的各个方面。对民族社区尤其是乡村民族社区来讲，和谐的建构应该在社区经济发展的基础之上。这种发展的和谐与社区中人与人之间的互动和合作分不开。而且，和谐也是一个动态的进程，是在社会各方面的发展中的一种有序的良性运行。这种良性运行不排除矛盾，而是具备解决矛盾的机制。社区成员间的互助有利于减少矛盾的产生和化解矛盾。另外，考虑到民族社区内部的情况不一样，每个民族社区的建设应不同。多民族乡村民族社区里，我们还应该特别注意民族关系的和谐。

锐华村剪羊毛小组形成的原因、结构、功能以及实践充分体现上述各个方面，它表明社区是一个人与人之间互动频率很高的地方。特别是对拥有共同的经济生活以及活动范围窄的乡村社区，人与人之间的互动是形成群体和团体的前提。剪羊毛是当地村民在生活互动中形成的一种团结合作。这种团结合作为社区的存在、整合、稳定、发展提供必要的前提，没有合作，社区整合发展就会受到威胁。

维克多·特纳认为：社会"是一个动态的过程"①。因此，作为社会的一部分，社区团结和合作是在一种动态过程中实现的，而不是一成不变的现象。所以，当我们面对社区合作与发展的时候，我们不是面对一个静态的实体。无疑，我们不仅要注意社区整合中的自然环境、文化规范和规则，同时更要注意人们在社区合作实践中的矛盾和主体意识。系统层面考虑社会秩序运行和社区和谐，不仅脱离生活实际，还忽略了个体的主体作用。锐华村是一个缺少正式系统组织的村落，它没有借助血缘形成发达的宗族组织，也没有借助神缘形成强大的宗教组织。它只有一个正式但并没有深入到村民的实际生产活动中去的村委会。因此，剪羊毛活动更多是通过血缘、姻缘和邻里朋友的关系结合起来，形成剪羊毛小组，然后成员各自帮本组的成员家中完成剪羊毛的任务，这就是各家劳动力的彼此交换。这种互换中，人们不是在追求利益的最大，没有谁去计较劳动的多少，而是只要他们每年在一起把羊毛剪完就行。而且也不是为在剪羊毛中获得个人心理的满足，他们获得满足的是让各自的家庭的生产能够顺利完成，也就是在这个基础上各个家庭进行交换的计算。因此，这是一种莫斯所说的互惠性交换，只不过这种交换是在具体的活动中间来完实现，且有一定的时间限制。在这种等价互惠中，各个家庭以彼此明确的"经济和社会目的面对彼此"②。劳动力交换过程中，人与人之间关系也在变动；家庭间的联系也会随着剪羊毛活动的轮转而流转。

显然，共同的生产需要和共同的文化观念促成了他们之间的互相帮助。这种共同观念通过长时间的合作会增加人们之间的认同和联合团结的意识。剪羊毛小组间通过个体家庭间的互动，不仅不会淡化组与组之间人们的关系，而且会有利于人们之间互动和矛盾的化解。这种家庭层面的互动不仅可以规避个体之间的矛盾，还可以化解个体之间的矛盾。矛盾的规避和化解对增强人们的合作意识和社区的认同有着重要的效果。毫无疑问，这种社区整合和发展的机制告诉我们，静态的系统的社会整合的视角难以完整理解当地社区的整合，也无法理解当地民族社区的发展，而只有从人们生活实践的动态整合过程中才能理解和把握。

---

① [美] 维克多·特纳：《仪式过程》，黄剑波、柳博赟译，中国人民大学出版社 2006 年版，第 206 页。

② [美] 马歇尔·萨林斯：《石器时代的经济学》，张经纬、郑少雄、张帆译，生活·读书·新知三联书店 2009 年版，第 225 页。

通过羊毛小组的形成原因，我们知道，这种组织形式与当地的自然环境、生产技术、劳动力、农事的季节安排有关。一个社区，各部分之间是互相联系和依赖的，其中的每一部分发生变化，都会引起其他部分的相应变动。剪羊毛小组的建立和剪羊毛活动的展开，与当地人们的养羊的经济生活有着密切的关系。这种经济活动与当地缺水和广阔的草场有关。每家养羊的数目与家里的人口又有一定的关系。正如笔者在前面暗示的，气候恶化，草质变差，环境能够承载的羊的数目变少。因此，一些村民开始变换生计方式，放弃养羊，到外面开车、打工等。这些变动在羊毛组中成员的变动中可以体现出来。这种变动预示当地社区正在发生变迁。社区成员间的合作会更有效地应付变动的趋势，同时，保持和发展社区团结的集体意识。剪羊毛小组提供和呈现这种合作的基础和团结的集体意识，有效地应对了自然环境以及在此基础上产生的生计方式的变化。这种意识是社区自我调整能力的表现，也是社区和谐的重要方面。

笔者所讲述的乡村民族社区是一个多民族共同居住的地方。因此，民族关系的和谐应该是一个很重要的方面。从当地村民的通婚和剪羊毛情况来看，笔者以为，因为剪羊毛小组是当地村民为了完成自己家中重要的生产活动而形成的民间互助。羊毛组的内部成员都是感情好的亲戚朋友。亲属和邻里朋友的关系是一种无形的感情规范，它促使人们形成联结。亲属邻里则包含不同的民族成分。这种血缘、姻缘和共同的经济生活联系在一起的各民族成员，并没有强调彼此的民族身份。这并不是说民族身份不重要，他们都知道自己属于哪个民族。民族身份同其他身份交织在剪羊毛行动中，从而增强社区凝聚力和认同感。这样的民族关系应该是民族社区和谐建构中要达到的。

总之，乡村民族社区的和谐构建，首先得弄清楚当地的具体情况和社区内各因素间的联系。剪羊毛就是一个很好的观察点。通过这一切入点，全面把握它在社区中地位，以及它与整个社区的关系，这对社区和谐的建构会有重大的借鉴意义。围绕剪羊毛形成的小组及其实践就是一个动态的、灵活的民间互助现象。这是一种围绕行动来实现的社区整合，借助这种行动过程，我们可以知道它内部成员进出状况和剪羊毛过程中成员缺席与否的情况，就可以弄清一些家庭的大概状况和村中的人际关系。这些从生活实践中体现出来的因素，本身属于和谐社区中的内容，也是影响和谐社区中经济、社会及文化的建构。

剪羊毛小组这一民间互助现象，不仅对当地村民家中羊毛的及时剪完产生重大作用，而且，从它灵活的形式及中间透出的社会现象和合作的理念，对构建和谐的民族社区有着重要的作用。构建民族社区的和谐不仅是理论问题，更是一个实践的过程，特别是要当地的民众在建构和谐社会中受益。考虑到民族社区复杂多样的情况，不可能有固定的模式可以照搬。因此，关注民族社区人们自己的具体情况有其内在的价值。

第三编

反贫困与民族社区发展

2015年9月，中国国家主席习近平在西雅图发表演讲时提到："按照我们自己的标准，中国还有7000多万贫困人口。如果按照世界银行的标准，中国则还有两亿多人生活在贫困线以下。"① 针对我国的贫困问题，本届政府制定了"十三五"扶贫攻坚的总体目标，就是要彻底解决7000万人的贫困问题，"到2020年稳定实现农村贫困人口不愁吃、不愁穿，农村贫困人口义务教育、基本医疗、住房安全有保障；同时实现贫困地区农民人均可支配收入增长幅度高于全国平均水平、基本公共服务主要领域指标接近全国平均水平。确保我国现行标准下农村贫困人口实现脱贫，贫困县全部摘帽，解决区域性整体贫困"。

少数民族和民族地区由于受自然环境、地方社会、历史发展、传统文化等各种因素的相互制约，经济上贫困问题依然严重，据国家统计局调查显示，2015年民族八省区农村贫困人口占全国的比重为32.5%，贫困人口为1813万②，少数民族和民族地区如何脱贫是打赢脱贫攻坚战的重点和难点，也是全面建成小康社会的重点和难点。"到2020年全面建成小康社会，任何一个地区、任何一个民族都不能落下"是习近平总书记对民族地区发展的重要指示。各民族地区以往国家项目执行情况如何，今后该如何发力成为我们关注的一个重要问题。

我国西北民族地区的大部分农村民族社区（作为国家连片特困地区六盘山区、四省藏区、南疆三地州的相关区域）亦是脱贫攻坚的重点区域，经济因素的制约成为社区发展的短板。本课题组成员长期关注西北民族社区的贫困问题，立足于国家项目在民族社区的实施，通过对新疆哈密维族社区、新疆与哈萨克斯坦边境的哈萨克社区、青海互助土族社区、宁夏固原回族社区的田野调查，观察项目实施过程与实施效果，分析项目推动下的社区发展动力机制转换，思考影响社区项目效果的相关因素以及地方性知识在民族社区贫困问题解决中的实践，期望研究成果能够为我国目前全力推动的精准扶贫在西北民族社区的实施提供借鉴。

---

① 资料来源：http://politics.people.com.cn/n1/2016/0318/c1001-28210006.html。我们国家的标准目前是人均收入2300元/年（2011），约合1美元/天；世界银行标准是极端贫困为1.25美元/天，贫困为2美元/天。

② 国家民委经济发展司。

第九章 扶贫项目的效益

——青海土族农村社区调查

一 问题的提出

贫困是与人类发展进程相伴生的社会现象之一，是当今世界发展面临的重大挑战。解决贫困问题由此成为发展问题的重要组成部分。贫困一般被区分为绝对贫困和相对贫困。其中，绝对贫困根据"仅为维持生理效能的最低需要"加以限定，指收入难以维持最低限度生活需要的状况。而相对贫困则是根据社会收入的比较或差距来定义贫困的。由贫困这个复杂的社会经济现象的概念阐释，可以使我们从经济、文化、社会等不同因素的考察中找到其在发展方面的某种缺陷，例如，资本稀缺、资源短缺、文化障碍、环境恶劣等。然而，经过对贫困群体的调查，我们得知，贫困的真正原因并不是某一资源因素的短缺，而是资源、能动性机制与求变能力等方面的欠缺。

改革开放以来，以扶贫项目介入为契机，少数民族农村社区发展取得了显著成就，伴随着实践的拓展，学术研究也在不断深化。目前，国内围绕民族社区扶贫开发的研究成果丰硕，但现有的这些成果仍表现出一些不足。一方面，更关注经济效益，相对忽视社会效益，即使对扶贫开发社会效益开展研究也是零散的，缺乏系统性关照；另一方面，对少数民族文化与扶贫开发模式、少数民族民众需求等方面关注不够。

社区发展既表示以社区为基础的经济、社会、文化等实质内容或项目的发展，同时又表示一种发展理念，这种发展理念强调要从社区居民的需求和当地资源、人口的环境等协调、可持续发展。具体到自然生态环境比较脆弱，位置封闭性相对较高，属于相对贫困地区的青海土族农村社区发展呈现出了怎样的图景？国家相关扶贫政策和项目对他们的帮助有多大？

产生的效果又如何？村民的生产生活发生了哪些变化？他们如何看待自己社区的发展？……鉴于此，我们在青海省互助土族自治县 D 村进行了长期的田野调查，通过个案访谈和数据分析来探讨扶贫项目的决策选择原则、社会效益及其与农村民族社区发展之间的相关问题。

二 社区印象：扶贫项目的进入与实施

针对西部民族地区开发与发展的问题，费孝通先生曾指出："少数民族要改革，求进步，需要有外来的动力，不帮一下起不来，但帮多了，又会产生依赖现象，必须使外力内化，变外力为内在动力，才真正有利于少数民族发展。"[①] 以项目驱动的社区发展也必须强调"使外力内化""变外力为内在动力"。

（一）田野点的基本印象

互助县位于黄土高原最西端，处于青藏高原向黄土高原的过渡地带，呈现出两大高原的自然特征。地势南低北高，县境地势起伏，高低悬殊，山川岭谷纵横交错，地貌比较复杂[②]。该县从行政区划上隶属于青海省，是我国唯一的土族自治县，属于省定贫困县。全县总面积为 3360 平方公里，辖 8 个镇、9 个乡和 2 个民族乡。

D 村，是互助县台子乡的一个行政村。它位于台子乡南部，距离县城 3 公里，平均海拔 2600 米，年平均气温 3—3.5℃，北与新城村接壤，东与菜滩村相望，南倚威远镇，西和塘巴、下一村相连，境内从南至北有威南（威远镇—南门峡乡）柏油公路贯通。全村东西宽 2 公里，南北长 2.5 公里，总面积 5 平方公里。全村共有 6 个村民小组，320 户 1378 人，其中土族占全村人口的 99%。

全村共有耕地 3490 亩，人均耕地 2.6 亩。因为地势的原因，这里的土地一半是用自然流淌的河水灌溉，一半则是靠天吃饭。这里是自然灾害多发区，无论水浇地还是旱地每年都要做好预防工作，抵御冰雹、雨打的威胁。就大多数群众生活条件而言，他们不只是停留在以前吃洋芋、吃肉

---

① 费孝通：《费孝通民族研究文集》，民族出版社 1988 年版，第 452 页。
② 《青海省互助县城总体规划基础资料汇编》。

少的阶段，而是能随便买上些菜和肉吃了。多年来实施的扶贫项目已经在较大程度上改变了经济贫困的面貌。

社区内的基础设施建设近年来得到了改善。道路两旁整齐的房屋砖墙、有特色的门楼和路旁渐渐长成的松树，村容村貌的整治为社区带来了很大变化。村中的道路已经基本硬化，自来水也流进了大部分村民的家中。在扶贫项目扶持修建的小学校内，学童们好像忘记了学习的紧张，在院落内欢快地跑来跑去。国家为完善和发展西部地区医疗卫生事业而修建了卫生室，大红十字标记的房屋醒目的坐落在硬化路旁，卫生室的药品和设施已经初具规模，村民的"小病小灾""头疼脑热"可以不用出村子就能治疗。

村子的寺庙是土族文化语境中的一个重要概念，高耸的房屋坐落在村子广场的中央，若逢仪式期间，寺庙内，村民来来往往，一派活跃的景象。

（二）扶贫项目的基本印象

社区的扶贫项目呈现出了一种综合发展的项目组合特征。因为村上没有扶贫办专门管辖的"整村推进"扶贫工程，所以，村子集结了不同渠道的各种项目，以此发展和改善社区的生活和生产状况。调查显示，这些年社区内共实施了十多项扶贫开发项目，其中包括：教育（修建学校，改善教学环境，增添教学设备）、卫生（普及卫生厕所）、小额循环基金（用于发展经济项目）、养殖业（修建圈舍、开展技术培训、提供仔猪）、种植业（改良品种、连片开发）、人畜饮水工程、医疗卫生、危房改造和综合技能培训等。

1. 学校教育事业

1998年，D村学校被确定为国家贫困地区义务教育工程项目学校。2002年，确定为青海省"现代远程教育扶贫示范工程项目李嘉诚基金会西部中小学现代远程教育项目"扶持学校。学校先后修建了教室和办公室，共计28间房，还配备了远程教育接收器、电视和电脑。经济落后严重制约着民族贫困地区现代教育技术的发展。扶贫项目对提高村校办学条件，实现资源的高度共享，提高教师教学能力和拓宽学生视野起到了积极作用。

2. 农村经济发展项目

养殖业项目主要是发展养猪业。项目活动主要是修猪圈、给猪仔、改良品种、管理和预防培训。这是畜牧业从2008年开始投资的项目，给了

50户的猪圈，2009年又投资了小猪娃，2010年又给了100户村民每家5头仔猪。其目的是通过仔猪繁育，实现养殖业的规模化经营和产业化生产。受益群体必须是养猪经验丰富的农户。

种植业项目主要是洋芋、油菜的连片开发。这是青海省互助县农科所从2009年投资的项目，项目活动主要是提供优良种子、化肥、农药等投资和相关的技术指导、培训等。目的是调整种植结构、促进农民增产增收。

3. 小额循环资金项目

这是由县妇联争取到的何崇本先生援助的小额循环金项目。它于2009年在D村实施，每户妇女可以申请3000元用来发展养殖业。目的是帮助和支持贫困妇女发展养殖、种植等特色优势产业。农村贫困妇女通过该项目有了一个既帮助自己又帮助家庭的机会，是一个有性别敏感的发展项目。

4. 基础设施项目

人畜饮水工程2009年开始在村子实施。项目一次性解决了全村5个社的人畜饮水问题。然而，至今仍有五社因为地势高、水源位置低的原因处于没接自来水的状态。

硬化路面工程是2005年开始在D村实施的项目。现在村中的主干道均铺上了硬化路，所有村民受益，解决了村民出行难的问题。

危房改造项目2009年在村子实施。D村是青海省困难群众危房改造工程试点村。当年，政府一次性划拨了37户危房改造指标，以集中和分散两种形式开展，受益群体是低保户、五保户、残疾户和一些边缘户。

5. 村容村貌整治工程

村容村貌整治工程属于新农村建设项目。从2006年开始，分三次开展。项目活动包括路旁土墙换砖墙、换大门、建卫生厕所和村庄卫生整治。受益群体是公路旁的农户，至今一社和五社还没有农户受益。

6. 阳光工程的培训项目

此项目2004年开始实施，是针对村民开展的短期职业技能培训，基本上由乡镇一级的相关部门组织，一般培训3—7天，主要有电焊、农机维修、瓦工等方面。其目的是提高贫困地区人口技能素质，探索培训工作机制，为大规模开展培训奠定基础。

由此可见，社区内的项目可分为三类：第一类是以改善社区环境为主要目的的公共设施项目，如道路硬化、改水改厕、卫生项目；第二类是以促进农业生产为主的项目，如畜牧养殖、农作物种植；第三类是以能力建设和能力动员为主的项目，如技能培训、劳务输出。

（三）扶贫项目的进入与实施

实质性内容或者项目是社区发展的任务之一。扶贫项目进入社区主要有两种渠道。一是政府扶贫项目的直接下达。如今，在农村地区的扶贫工作中，各级政府多是通过政策、制度和项目"落实"扶贫工作，用层层下达的行政命令来推动政策、项目的贯彻和实施。二是社区精英的积极争取。扶贫项目受益群体受限，D村相对来说地平、路畅，而且有新农村建设上村容村貌整治的项目，所以扶贫办专管的"整村推进"项目并没有在这里推行。为此，社区精英为民众增收致富做了很多努力。

> 现在，国家对农村的这个扶持力度也大。一个大钱在那里放着，你也是老百姓，他也是老百姓，给了谁都可以。国家给我们互助县的钱就在那里放着，谁的手长谁就够得上，你跑得紧了你就多要上点，跑得不行了就要不上。这些个项目给谁都可以，反正这里的农民都是一样的，所以这个就看你的表现，这就要跑得勤，一直跑呢。（D村村支书WDC，男，土族，2010-12-31）

通过村庄精英的表述，一方面使我们了解了村庄项目为何呈现出多元化的特征；另一方面也使我们认识到村庄带头人对于社区发展的重要性。

西部的发展战略一方面是动员这些地区的少数民族参与他们本地区的开发事业，另一方面是要通过这些地区的经济开发使这些地区的少数民族发展成为现代民族。[①] 社区内主要存在三类项目，首先是公共设施项目，例如硬化路、自来水、卫生厕所等，这些项目的相关政策下达到村子里，村干部组织村民参与修建，因为这类项目的受益群体是全部村民，所以村民的参与程度很高。

其次，是促进农业生产的项目，例如畜牧养殖、农作物种植等，则是

---

① 费孝通：《从实求知录》，北京大学出版社1998年版，第111页。

社区的政治精英积极争取来的项目，当然这类项目的受益群体有限。

> 养殖业上搞得好的党员、群众给了，你搞得不好，我把这些个给了，你把这些个发展不起来，给了也白给，所以先是少部分人把这个猪先养起来，然后大家再跟上他们搞，这样一步步养起来，就这么个。（D村村支书WDC，男，土族，2010-12-31）

根据上述话语我们可以获知养殖业的项目首先是给了"带头人"，希望他们做个表率，对于这部分受益人的选择，先是村里初步筛选，然后是县上筛选，最终确定受益农户的名单，但是这些人都是党员或者群众里面养殖条件较好的农户。因此，这样就造成了社区内很多养殖条件一般、但是想依靠养殖富裕起来的贫困群体不能受益。

最后，对于能力建设和能力动员为主的项目，技能培训、劳务输出等，则主要是乡上、县上下达命令，村干部将通知张贴到村委办公室的公告栏内或者社区小商店的门口，让百姓自由选择，一些重要的通知、村干部也采取了印发通知分发到村民家的形式。由于村民的文化教育水平有限，这种通知方式并不能有效地带动群众参与的积极性。

三　社区发展：扶贫项目的影响

农村社区发展结构系统中，内、外源动力的相互作用及其所产生效果决定着社区发展的效能。外源动力对内源动力具有激发和推动作用。"只有将外源动力有效引入，使其着床于农村社区内部发展环境并与内部环境得以良好结合，进而激发和整合内源动力，最终使内源动力在自立的情形下产生决定作用。"① 针对民族地区发展问题，政府有责任、有义务进行保护性扶持，通过有条件财政援助和公共投资，建立起贫困地区经济运行的"造血"机制，采取更切合民族地区实际的扶持政策。②

---

① 陈怀川：《牧民定居村落发展动力分析》，《新疆社会科学》2010年第4期。
② 杨东萱：《边境民族地区扶贫与和谐社会建设探微——以云南省德宏傣族景颇族自治州为例》，《四川教育学院学报》2010年第6期。

（一）村民对扶贫项目的认知

社区居民应该是确定社区发展项目的主要决策者，而且项目选择应该能够为居民带来利益分享。扶贫开发项目是否能发挥预期效果，与村民的需求有很大关联，这是衡量扶贫项目社会效益的一个重要方面。村民对项目的认知一方面反映了村民对上述项目的参与程度，另一方面则能反映出村民对于项目的满意程度。

扶贫项目能够覆盖多少贫困人口，以及扶贫项目对贫困人口的瞄准性被认为是检验扶贫项目是否能达到减贫效果的重要依据。从统计数据可以看出，"改水改厕"（41.0%）、"修路/道路硬化"（24.4%）和"危房改造"（11.8%）位居前三位，即村民参加最多的项目主要是，引自来水、建卫生厕所、硬化路面建设和危房改造等基础设施与环境保护相结合的项目。这些项目的突出特点是有利于社区环境的全面改善。对于其他项目，村民尽管也有参加，但参加比例与上述项目相比较均不太高，尤其是对于扶贫项目建立起来的学校、技术培训和县妇联争取来的小额扶贫基金这类项目村民的认知程度很低。可见，村民更看重与自己的生活密切相关的扶贫项目，对于间接的能力增长项目和体现妇女参与的项目则受各种因素的影响而不大关注，至于学校项目则是由于改建而并非新建的原因所致。

表 9-1　　　　　　　　　　村民参加最多的项目

项目	频次	有效百分比
改水改厕	55	41.0
修路/道路硬化	31	24.4
危房改造	15	11.8
种植油菜、洋芋	8	6.3
养猪	8	6.3
低保	4	3.1
妇女手工/刺绣	3	2.4
合作医疗	2	1.6
技能培训	2	1.6
劳务输出	2	1.6
合计	130	100.0

在社区众多扶贫项目中,"自来水"(30.1%)、"土墙换砖墙/房改/危房改造"(17.3%)、"农作物种植/种植油菜、洋芋"(21.5%)、"修路/道路硬化"(13.5%)被村民排在最满意项目的前四位,其所占比例均远高于其他项目。"养猪/畜牧养殖/猪圈"(4.1%)、"改厕所"(3.8%)、"低保"(3.0%)、"合作医疗"(1.5%)、"贷款"(1.2%)、"刺绣/手工"(1.5%)、"农业补贴"(1.4%)、"务工"(0.8%)、"技能培训"(0.4%)等项目在排序中均以较低的比例位列偏后位置。

表 9-2　　　　　　　　　　村民最满意的项目

项目	频次	有效百分比
土墙换砖墙/危房改造/村容村貌	46	17.3
农作物种植/种植油菜、洋芋	57	21.5
自来水	80	30.1
改厕所	10	3.8
修路/道路硬化	36	13.5
养猪/畜牧养殖/猪圈	11	4.1
低保	8	3.0
贷款	3	1.2
合作医疗	4	1.5
技能培训	1	0.4
务工	2	0.8
刺绣/手工	4	1.5
农业补贴	4	1.4
合计	266	100.0

村民对项目的综合满意度突出了两大特点。一是农村基础设施建设和农业生产建设项目备受欢迎,村民们对此类项目感受最深刻,满意度较高。民族地区基础设施落后在很大程度上制约了其经济社会的发展进程,造成了目前该区域经济社会发展滞后的局面,因此,要改善贫困人口生产生活条件,就必须大力加强贫困地区基础设施建设。基于此,各类扶贫开发项目的设计理念和发展目标,更多的是从改变社区居民的生存环境和居住环境出发,重点集中在饮水、道路、用电、基本农田等与群众生产生活密切相关的公共性、公益性、基础性项目。在各类扶贫项目中,村民对基础设施类项目给予了较高评价。

二是尽管实施了众多项目,但村民对项目的满意程度出现了较大差异。为何出现如此差异？用社区民众的话说，一是由于不少项目的受益群体有限，在同一个村中，并非所有村民都能享受到项目，故此不同村民的感受和记忆就可能缺乏一些有关项目的信息；二是村民在评价一些项目时，如村容村貌项目，他们是间接受益者，而非直接受益者。所以，就其本身感受来说似乎有"距离感"。

扶贫项目在社区发展中扮演了重要角色。它一方面回应着村民的需求；另一方面，在加快社区发展，消除贫困，缩小社区与其他区域的差距起了很大作用。随着国家扶贫项目进入，原先平静、贫瘠的村子充满了活力。无论是个人、家庭抑或村子，也无论是村子的经济发展、社区环境、文化与心理，与项目实施前相比较，村民均感受到变化。这些变化是项目带给他们的，更是社区今后发展的基础和动力所在。

(二) 民众层面：扶贫项目的影响

由于各类扶贫开发项目的帮助，村民生活和社区面貌都发生了很大变化。扶贫项目对村民的影响可以概括为五个方面。

1. 经济收入的增长

经济条件的发展对于社区发展必要性极强，因为经济条件的发展常是社会文化发展的基石，经济条件的发展可直接影响人民基本生活的改进，故常为众人所能体会并乐于接受与追求。[1] 经济收入的增长是村民能够深刻感受到的变化之一。

表9-3　　　　　　　　　　家庭经济收入来源渠道

来源渠道	样本量	占总问题的百分比	排序
农作物种植	238	86.2	1
外出务工	222	80.4	2
畜牧养殖	52	18.8	3
经商	12	4.3	4
交通运输	5	1.8	5
手工制作	2	0.7	6
其他	1	0.4	7
合计	532	192.6	

说明：本题为多项选择题，故百分比之和大于100%。

---

[1] 蔡宏进：《社区原理》，(台湾) 三民书局2007年版，第228页。

一方面，连片洋芋菜籽开发、粮食补贴、农业税的减免和养殖业的扶持使农田的投入减少，收入却相对增加，上述统计数据显示农作物种植对于村民家庭经济的贡献率排在了第一位；另一方面，通过项目的实施，村民拓宽了家庭经济收入的渠道，经济来源呈现出多元化特点，以前村民被牢牢的束缚在土地上，近几年，随着与外界的不断交往，务工也有效增加家庭收入，并且村民逐步意识到知识、技术在外出务工中的重要性。

2. 生活质量的改善

生活质量的改善首先需要家庭居住环境的改善，房子无论在农村和城市都是财富和身份的象征符号。农村社区一般家庭的盖房资金需要多年的积累，对于盖房贫困村民是一种"奢求"，而危房改造对于村民居住环境的改善发挥了很大作用。

另外，生活质量的改善也表现在社区村民的生活水平上，当地的种植作物主要为洋芋、菜籽和小麦，所以村民以前的生活停留在吃洋芋和喝咸茶的层面，近年来生活水平不断提高，社区内的肉铺子、菜铺子的生意很是不错，很多村民早晨可以喝奶茶，午饭和晚饭都可以吃到其他蔬菜。

3. 能力和发展信心的增强

村民能力的增长是社区未来发展的一个内源动力。村民能力增长可以体现在致富能力、文化技能、思想观念和社会见识等很多方面。致富能力的增强一方面体现在对技能有了新认识，拥有技术的人日渐增多，"大女儿学做蛋糕，计划开商店"，"打算让孙子学车赚钱"，"做木工，靠手艺赚钱"……这些都是认识到技能重要性的一种体现；另一方面，外出打工沟通了社区和外部世界，村民不断适应社会发展，使务工能力得以增长。这是项目带来的间接影响。

与此同时，个体的发展信心近年来出现了不断增强的趋势。一方面，在国家政策的帮扶之下，村民现有生活条件得到改善，"房子盖上了更有信心"，"党的政策好，农村一年一年变化大"，"孩子老人都有保障了"这些都是发展的新动力，村民对生活生产充满了信心；另一方面，新事物不断进入社区，群众思想、见识不断转变，社区内呈现了"力争上游"的生活态度。

4. 社区参与的积极性增强

社会参与是一种广泛意义上的社区参与，既包含社区活动的参与也包含百姓与百姓之间活动的一种参与。社区参与是指社区成员自觉自愿地参加社区各种活动或事务管理的行动，是社区成员对各种决策及其贯彻执行的参与①。因为项目的实施，一部分村民对社区参与有了积极性，当然，大部分村民对村子的建设和发展尚未形成"人人为我，我为人人"的局面。然而，在农户之间的活动参与则是一如既往的活跃，土族村民很热心地参与盖房、杀猪等活动。

(三) 社区层面：扶贫项目的影响

现在农村，村民能够依赖的除了自己，很大程度上还有他所生活的社区，没有社区的支持，村民的权利很容易受到侵犯，如果贫困的村庄不能够通过可行能力建设增强自我的能力，那么村民就没有办法保护对于他们的生计来说不可缺少的微薄利益和资源。② 国家项目对社区发展也产生了很大影响。

1. 基础设施的完善

外源输入性动力因素在一定程度上改善了社区居民的基本生活条件。过去落后的条件给他们的日常生活和生产劳动带来了太多不便，现在便利的基础设施与之前形成了鲜明对比：

> 我们村子里原来有个井，我嫁过来就是挑水吃，挑水的人多去了还得排着，弄到家里来也不敢乱用，这几年，就把自来水拉到家里了，就不用担水了，有一些条件好的人家还用了太阳能热水器，方便得很。
>
> 以前下雨了都是泥水，要穿雨鞋，我家这里拖拉机都上不来，现在都好了，路好了，到外面买东西也方便了，种田收麦子的时候路不好就困在地上回不来了，盖房子的时候拉东西很方便，以前盖房拉沙石，人家嫌路不好就不来，盖个房子也困难得很，现在路好了，打个电话就来了。(D 村 WGZ，女，土族，2010-12-21)

2. 教育设施的改善

教育在当今经济社会发展中具有举足轻重的作用，这其中又以基础教

---

① 王琳：《社区参与：影响社区建设的关键因素》，《经济与社会发展》2005 年第 6 期。
② 王晓毅等主编：《中国 12 村贫困调查》（理论卷），社会科学文献出版社 2009 年版，第 50 页。

育的作用最关键,根据教育经济学研究,在发展中国家,尤其是教育落后的国家,小学教育的投资收益率要比中学教育的投资收益率高得多,而中学教育的投资收益率又比大学教育的投资收益率高。① 国家教委联合国儿基会为加强贫困地区小学教育修建了小学,既缓解了贫困地区办学条件差的境地,又使当地百姓减少了投资。

> 盖了很多教室和办公室,还配备了当时最先进的一个接收器、一个电视、一个电脑。这是最先配备电脑的学校。那时电脑是啥玩意谁都没有见过,学校有了电脑,学校的校长已经会使用电脑,尽管不能上网,已经认识什么是电脑,减轻了当地农民的负担,以前修学校全都靠老百姓捐资,当时不用资助,上面拨了款,学校建设得也比较好,第一个铺上地板砖的学校,以前刚修的时候新得很,现在时间久了就旧了。(D村小学教师BYQ,女,土族,2010-12-26)

修建学校有助于社区未来教育和人口素质的改善,而贫困地区现代远程教育的项目则有效拓宽了学生视野。

> 图书室图书量比较大,工程上配备了1700多本书,学生人均18本,2008年3月份教育局又给我们学校给了1000多本,共有3000多本书,让学生借阅。(D村小学教师BYQ,女,土族,2010-12-26)

3. 社区组织能力提升

"办的事更多了,更负责""更贴合老百姓利益""努力要项目"这些话语都说明村民对村务管理比较满意,同时他们也希望以村干部为首的社区精英能够发挥其优势,带动社区进一步发展。无论是分配到社区的项目还是政治精英自身争取来的项目都面临着执行与落实的问题,而实施和落实项目对村委会和党支部的能力却是一个考验。

> 现在我们的困扰还是多着呢,国家的项目下来以后呢,两家都是

---

① 于同申:《发展经济学——新世纪经济发展的理论与政策》,中国人民大学出版社2002年版,第114页。

同等困难的，给了这家了，不给的那家困难还是很大，问题也解决不了。我们现在的情况就是好的也好不到哪里去，不好的也太差不到哪里去，国家下来的项目有限，名额有限，你一次性把困难都解决了也不可能。(D村村民QDF，男，土族，2011-1-3)

4. 妇女地位的提高

在农村现有制度条件下，妇女无论对社区中生产资料的占有、公共事务的参与，还是对家庭财产的支配、生产生活管理方面都处于相对弱势地位。在我们调查的社区内土族妇女地位获得了一定提高，用于资助贫困妇女的小额循环资金是对妇女支持与关注的重要表现。

> 县妇联联系着一个香港的大老板弄的无息贷款、借款，专门扶持妇女的。一个妇女可以借3000块，他的这个是干啥呢，就是帮助妇女发展起来养殖业，这个男人就不借给，这3000块钱就是帮你抓个尕猪娃、买个饲料啊做个基本的。(D村村支书WDC，男，土族，2010-12-31)

与此同时，土族妇女在家庭中的地位也随着社会发展而不断变化。

> 我以前老跟丈夫要钱，给多少就花多少，很不自由，买个啥也买不上，现在出去打工了，挣了钱，不用再向丈夫要钱了，我丈夫也比以前尊重我了，我在家里说话也有分量了，地位也高了。(D村村民PFR，女，土族，2010-12-20)

以前土族女性在生产生活中地位很低，现在40岁以上的女性绝大部分没有上过学，在家庭里没有发言权，却干着所有的家务活，从上述女性的话语中我们可以窥见现在人们的思想观念转变了很多，女性在家庭中的地位获得了提升。

(四) 对社区扶贫项目的分析

扶贫项目在社区内是这样分配的：危房改造、低保、米面等社会救济给了最贫困的人；养殖业的猪圈、猪仔和技术培训分配给了发展条件较好的村民；中间群体如果耕地没有在连片开发的范围之内和住所不在公路旁则享受不到国家项目带给他们的利益，所以村民对于项目能否满足需求出现了不同的声音。

第一，技能培训项目的效果"弱化"。

在发展相对滞后的农村社区，外源动力能否充分发挥其推动力，激发内源动力自我发展能力，外源动力的可持续性运作具有关键作用。

阳光工程项目是在主要农产区、贫困地区和革命老区等地实行的技能、技术培训项目，旨在增强农民生产、生活能力。D村村民对阳光工程项目的认知很模糊，并认为他们的技能没有因此而得到提高。

互助县和台子乡组织的"阳光工程"技术培训项目的确存在，村民也反映"阳光工程有是有呢，在乡上呗，本来一个月的培训，给你培训上三天五天，啥也学不会，作用起不到"，可见培训项目对于村民的影响度甚小。究其原因如下。首先，宣传力度不够，很多村民对于技术培训处于听说过但是不了解详情的阶段；其次是时间短，三五天的培训，学到的只是技术的皮毛，对于村民技能没有任何实质性的改善；最后是技能的培训内容集中在农机维修、电气焊等方面，要么是对于农民生活、生产技能的提高作用不大，要么是学习期短，技术学不成，造成了一定程度上的参与积极性低下。

不稳定的、多变的外援投入必然会使社区发展缺乏持续性，这样不但造成社会资源浪费，也会挫伤村民参与社区发展的积极性。西北少数民族农村地区的群众技能、技术的掌握程度相对来说很低，即使外出务工也多依靠出卖体力，因此，技术培训类项目应该完善，真正为村民自身能力的提高奠定基础，因为单纯的经济增长不是扶贫的真正目的，最终的目标应是人的全面发展与社区自主能力的提高。[①]

第二，社区内教育发展的不完善。

在西部民族地区农村社会中，贫困有深厚的文化土壤，存在着大量文盲与半文盲人口，这种贫困对于实现社区发展是一道坚固的屏障，社区内的教育不应该只是学龄人口的基础教育，同时也应该包括除学生之外的其他社会成员的教育。D村村民的文化程度普遍很低，近乎40%的村民没有上过学，约30%的村民上过小学或者初中，接受过高中或者高等教育的

[①] 王思斌：《社会工作概论》，高等教育出版社1999年版，第227页。

村民人数很少，尤其是妇女的文化水平更低。这严重阻碍了社区的全方位发展，社区内的基础教育应该实现基础教育和社区教育的对接，并且教育发展项目要加大对高等教育扶持力度。

第三，民族文化传承项目的"缺失"。

民族社区的村落文化，既是民族社区精神文化的载体，又是民族社区经济、社会发展的表征。互助县小庄村的特色民俗旅游我们早已感受到其浓厚的土族文化氛围，但是对于没有形成旅游产业化经营的土族社区，无论是促进农村社区发展的项目还是扶贫办专管的整村推进项目在土族社区的推行都没有对土族文化保护、传承方面给予重视。

四 社区守望：社区发展面临的困境及反思

少数民族地区以国家的扶贫开发项目带来的巨大经济和社会效益作为发展基点，同时摆脱"等、靠、要"的思想，许多方面都获得了很大改观。然而，因为扶贫开发项目关注点、社区居民自身发展能力所限等原因，农村民族社区的发展依然面临着很多困扰，农村民族社区的未来发展既需要扶贫项目等外力推动，又需要激活内力，在内外源合力之下提升社区的能力建设，提高贫困人口的自我意识和能力，整合各种社会资源，帮助贫困人口树立起脱贫致富的能力和信念，最终从根本上消除贫困。

（一）社区发展面临的困境

费林认为，一个令人满意的社区应当是一个"有能力回应广泛的成员需要，解决他们在日常生活中遇到的问题和困难的社区"[1]。我们所调查的社区尚未发展成为令人满意的社区，为了深入了解扶贫项目在促进民族社区发展中的意义和社区发展在项目帮扶下依然面临的困境，我们运用质性研究方法，探索在具体情境中家庭与社区、经济发展与社会和谐、传统与现代、外面的世界和社区的变迁等多重面向、多种焦点、多种角度的社会现象。

1. 经济发展受限

经济发展在贫困社区发展中是最基本和最迫切的一个议题。

---

[1] 夏建中：《美国社区的理论与实践研究》，中国社会出版社2009年版，第5页。

第一，经济资本积累的不足制约着个体和家庭的发展。在我们所调查的社区大部分没病没灾、没学生的家庭生活都还不错，一旦存在上学、生病、盖房子、娶媳妇等事项时，村民的生活便很拮据，而这些内容也成了消费支出的主要方向。

第二，从社区层面来讲，社区内协会和合作社缺失也制约社区经济进一步发展。发展特色经济，实现产业化经营是实现民族地区脱贫致富的有效途径，也是实现贫困地区由"输血"到"造血"的重要手段。D村是互助县仔猪繁育基地，这对带动社区发展停留在"撒胡椒面""给猪圈""给猪仔"的阶段辐射带动能力不强，产销难以有效链接，因此，该社区养殖、畜牧业的发展依然面临着严峻问题，社区内既没有应有的协会或者是合作社，更没有形成链条式的发展和产业化经营，导致社区群众收入增长有限。

第三，社区发展中，项目执行不利也是阻碍经济增长的因素。对于项目的参与与认知程度存在着多种话语体系，有些村民这样认为，项目下来很多村民都不知道，即一部分项目是面子工程，所以得到"实惠"的是"面子"上的人；还有一部分人是与党员、干部有关系的人。其实，民族社区的居民作为利益的相关者，应分享发展带来的利益。政府在规划的制定和执行中，办事要透明，要让当地居民看到自己的利益。[①] 同时，村民也应该提高对扶贫发展项目的参与度和对社区发展的关心度，因为发展的目的是要通过共同的努力，使人们能够自己养活自己，有意识地自己教育自己。[②]

2. 思想观念保守

发展生产，人才奇缺是当前经济建设中的最大难题，没有一批掌握现代化科学知识的专门人材，没有具备一定文化科学知识的劳动者，经济现代化便无从谈起。[③] 现如今民族地区民众的教育文化水平有了很大提高，思想观念也发生了很大变化，不那么"保守""落后"了，然而形势依然很严峻。

[①] 陈刚：《发展人类学视野中的文化生态旅游开发——以云南泸沽湖为例》，《广西民族研究》2009年第3期。

[②] ［法］佩鲁：《新发展观》，张宁、丰子义译，华夏出版社1987年版，第117页。

[③] 林耀华：《民族学通论》，中央民族大学出版社1997年版，第577页。

> 我们现在贫困人口还是多呗，相比塘巴村，我们这里还是贫困着呢，他们这几年搞的大棚，发展还是快，我们还是原地踏步，我反正觉得养猪的也不多呢，每年都到外头打工，还有一些在外面工也打不上，家里的猪娃也不养呢，就是在家里坐着呢，这样的人还是多着呢，就是脑子不行。(D村村民QDF，男，土族，2011-1-3)

近年来随着区域流动的增强、经济文化联系的紧密，扶贫项目、政策观念的不断渗入，社区居民的思想观念有了很大改观，民众已经意识到了自身思想观念、教育文化的重要性，他们对自身"思想不够""脑子不行"，是一定程度上的自我反思。然而，对于后代的教育问题，很多家庭因自身发展能力所限，表现出无能为力。

3. 教育发展滞后

西部开发是中国现代化建设的一个重要组成部分，西部地区的开发，教育要先行，因为这是最终实现贫困地区内源式发展的一个重要途径，现代经济增长是以现代教育为基础的，工业化水平越高，对人才依赖性就越大，人力资本需求就越强，知识对经济发展的作用也日益强烈。[①] 学生教育分为家庭教育和学校教育两部分，在我们调查的社区内，大部分家长文化水平较低，学生的家庭教育呈现出了这样的图景：

> 上过学的媳妇们孩子做作业、学习就抓得紧，她们和我都是同岁，放学了孩子就开开电视了，作业写完了吗也不问，我问你家孩子作业写了没，她说我没管老师教着，反正就是一心就想着让老师教呢。以前觉得女孩子上学没有用，男孩子上学出去打工认识字，就可以了。(D村村民WGZ，女，土族，2010-12-21)

如何有效地转变家长的思想观念，提高学生家庭教育的影响力度是发展民族地区教育的一个重要环节。与此同时，民族地区的学校教育也面临着师资力量缺乏，师资水平有限和学生汉语教学适应等问题。

土族有自己的语言。随着外界文化的冲击和与外界联系的加强，与外面人交流，村民使用很熟练的汉语，但在家庭内部，村民多用土语交流。

---

① 徐新：《发展社会学》，上海大学出版社2005年版，第105页。

当然，这种情况使学生的上学出现了一定困扰。

> 娃娃们学汉语有一定困难，表达不清楚，有时心里知道就是不知道怎么表达出来。像这个是我们的主任，他上四年级语文，开学不久好像有一篇作文是说说你自己去过的地方，或者说想去的地方，问了半天没有反应，结果有一个学生举手了，老师就让他说说想去或者去过的地方，老师问了半天，他说塔尔寺。问他啥时候去的？他说不出来，本来是他上三年级的时候在夏天去的，他就不会表达该怎么说，他说我在三年级上册上去的，我们学的书是上册的，表达起来难度大得很。（D村小学教师BYQ，女，土族，2010-12-26）

4. 民族传统文化保护与传承问题严峻

民族文化从形态上来讲有显性文化和隐性文化之分，显性文化是一个民族的文化透露在外的表现形式，例如语言、文字、服饰等；隐性文化则是指根植于民族精神和思想深处的心理、信仰、价值观等方面的文化。在当今经济发展浪潮中，各民族都已经认识到了这股经济浪潮使他们比以前更容易受到他们无法控制的力量的危害。这些力量危及他们的文化与传统的存在。① 关于民族语言、刺绣、服装等方面文化的"遗失"，村民是这样表述的：

> 现在这个尕娃娃们就说汉话了，不让说汉话也不成，要不这个学没法上。土民的这个经济生活一步步提高了，经济慢慢发展上去了，把这些文化就慢慢消失了，这个我们也担心呢。（D村村支书WDC，男，土族，2010-12-31）

> 我们村的土族传统文化现在丢完了，需要保护，但保护不起来，土族没文字，人口少，除了互助县有一部分，其他地方少得很。我们民族的衣服平时不穿，那些长衣服都压在家里的箱子里，有的还是上千元的衣服，到了过年过节时才拿出来穿。（D村村民DWL，女，土族，2010-12-31）

---

① 罗康隆、黄贻修：《发展与代价——中国少数民族发展问题研究》，民族出版社2006年版，第73页。

通过村民的表述，我们感受到了显性文化在当今趋同性渐强的时代背景下极易受到外界因素的影响，村民想力挽狂澜，但是依靠个人力量对文化保护又无能为力。

民族的隐性文化在社会发展中表现出了极强的稳定性。土族信仰藏传佛教，每一个土族聚居的村子都会有一个寺庙。宗教在社区发展、民众精神和生活中发挥了一定作用。关于宗教上的事情，村干部尽量采取回避的状态，他们对宗教、寺庙等相关概念的描述总是一带而过，我们认为，宗教在民族地区不应该是一个与党、国家或者政府无关的事项，更不是一个与发展、现代化相悖的文化事项，因为宗教是许多少数民族传统文化的实质性内容，这些实质性的传统并不与现代化相对立，而且实现实质性传统的自觉转型是少数民族实现现代化的关键之一。[①]

（二）对社区未来发展的反思

在社区发展过程中，如何将外源发展动力有效运用，实现内外源动力有机结合，进一步培育和发展良好的、能自我发展的内源发展动力，最终达到社区社会经济持续发展之目的是关键之处。虽然与其他发展好的地方相比较，此次所探访的社区，无论是村民还是社区在发展方面都存在一定差距，但村民并没有"等、靠、要"，他们也在积极思考着社区发展。那么，农村民族社区仅仅依靠外界力量的输血能否实现发展？外源力量的帮扶应该关注哪些方面？如何激发社区内源力量的活力最终实现社区真正的发展，这是实现社区发展亟须关注的方向。

1. 扶贫项目外援推动的关注点

"当今任何一个国家，如果它的国民不经历这样一种心理上和人格上向现代性的转变，仅仅依赖外国的援助、先进技术和民主制度的引进，都不能成功地使其从一个落后的国家跨入自身拥有持续发展能力的现代化国家的行列。"[②] 一个国家的发展如此，一个农村民族社区的发展亦如此。未来扶贫政策、项目的设计和实施不仅要尊重当地文化和社会情境，而且要注重从外部推动社区内力发展和能力提升，这样外力的推动对于社区发展才会充分发挥有效作用。

---

① 杨建新：《中国少数民族通论》，民族出版社2009年版，第278—280页。
② [美] 英格尔斯：《人的现代化》，殷陆君编译，四川人民出版社1985年版，第7页。

第一，项目资金和技术支持并进扶持。

发展是硬道理，扶贫项目要将外部资金的注入与社区居民技术支持并举进行。互助县的主要畜产品有猪肉、牛肉、禽肉等，其中互助"八眉猪"为品牌产品，获得国家工商总局地域商标认证①，当地群众的生活也离不开猪肉，很多群众将现在生活水平的提高表述为"总能吃上肉"了。D村是互助县的仔猪繁育基地，因此，政府希望将畜牧作为当地致富增收的一个有效措施，投入了很多资金和实物支持，然而这种非持续性的扶持并不能有效地实现产业化经营。

要实现当地的真正发展，要让老百姓能在社区内"固定住"，一个能让老百姓看到希望的产业是必要的。形成产业化经营需要资金的持续投入和强有力的技术支持，否则依赖原有的传统技术难以适应现代化发展的要求。当然，这种规模发展的产业依赖社区和个人的力量难以达到，因此，政府或者社会力量对于社区发展产业要给予资金支持，与此同时技术、管理技能的扶持也不能懈怠。

第二，人力资源和知识资源并举开发。

贫困地区经济社会发展之所以相对滞后，在很大程度上是因为贫困地区的人力资源和知识资源的缺乏，不能跟上现代化和经济全球化的步伐②，因此，在未来的扶贫开发中人力资源和知识资源的开发很重要，尤其是在文化水平相对滞后的农村民族地区更是如此。一方面，千方百计地加大教育投资。相关研究表明，越是不发达地区教育投资的回报率相对越高，在小学内，我们指着现代化远程教育设备问这个利用情况怎么样？老师们给我们讲述了项目扶持下这个设备的利用情况："新课标已经改过来了，义务教育有的内容对不上，远程的东西应用的不是那么多"，"这个挺麻烦的，我们不是经常使用，进度赶不上"……我们可以感受到远程教育设备可利用率的低下；另一方面，针对社区文盲率较高的情况要完善各种非正规教育，包括专项技术培训、成人识字等，消除"她们都没上过学"的文盲状态，尤其是举办各种实用的技术培训，不是停留在泛泛的政策宣讲层面，要真正地向农民传授一技之长。

第三，制度政策和实际情境合理协调。

---

① 《青海省海东地区互助土族自治县县情》，内部资料，第2页。

② 李飞虎：《浅析农村扶贫中以人为本的内源发展》，《重庆社会工作职业学院学报》2006年第1期。

农村少数民族地区尤其是民族聚居的社区民族文化特点显著，文化色彩浓厚，在实施项目的时候不能搞整齐划一的政策，而是要根据民族传统文化发展民族特色产业，因为"我们要消灭的是发展水平的差距，而不是民族特点上的差别。民族特点的差别固然也会发生变化，但绝不应当和社会经济发展混为一谈"[1]。土族的刺绣、语言、服饰等民族固有的符号，在现代化的冲击下呈现了衰退趋势，但村民对于民族传统文化的保护和发展，呈现出了很强的信心，所以项目的关注点不能脱离当地的社会文化情境，要合理开发和挖掘当地的固有资源。

2. 内源动力激活的关注点

社区社会系统的内源动力的强弱与否，直接规定了社会发展的方向、规模和进程等基本态势的强弱，一个相对独立的社区，其任何发展尤其是"增质式发展"和"增能式发展"，都要从其内部寻求发展动力[2]。通过外源动力的作用来激活社区内源动力才是根本，也是实现农村民族地区真正发展的关键。

第一，社区意识和社区认同的培养。

社区意识与社区认同不是建立在社区外部或者个人基础上的，而且建立在社区成员之间信任与互动的基础之上，这种精神与认同的培养就是要让社区成员自觉意识到他们所在社区的发展和社区美好之处，同时鼓励他们自觉地参与到社区的发展过程中，这种意识与认同的培养是社区内源动力激活的一个重要表现，因为具有了自觉意识和对社区的认同才会真心地参与到社区建设中。我们所调查的社区村民对于社区参与呈现了两种倾向，对于社区层面的参与还没有形成"人人为我，我为人人"的局面，但是村民与村民之间则建立了良好的互动关系，"土族庄子百姓们团结得很"是最生动的表述。

第二，村民的现代化。

西部农村民族社区的现代化是一个非常漫长的过程，只有实现了村民的现代化，他们的思想观念和行为方式才能适应现代化的潮流。近年来，国家扶贫开发项目的不断进入和市场经济冲击，为我们所调查的传统的村庄注入了新鲜的血液；男女村民外出务工，也导致了自身行为方式、思想

---

[1] 费孝通：《费孝通民族研究文集》，民族出版社1988年版，第218—219页。

[2] 刘敏：《山村社会——西北黄土高原山村社会发展动力研究》，甘肃人民出版社2000年版，第191页。

观念的转变。村民的现代化是实现社区发展必需的因素，这一方面依赖于外界信息的传入，另一方面依赖于教育水平的提升。教育是实现个体的社会化与文化内化的重要过程，村民的现代化很大程度上依赖于农村教育的发展。在我们调查的社区教育致贫的家庭很多，很多村民反映"省吃俭用日子能过得下去，但是学生的费用没办法"，教育的高成本和教育结束后的就业问题是萦绕在村民心头的问题，教育的投入和扶贫项目对于教育的关注则是实现村民现代化的有力突破口，因为在贫困地区教育上的困难归根结底还是存在于资金与观念上。

第三，德才兼备的各类精英的成长。

精英是在社区内掌握优势资源，而且文化素质相对较高的群体，他们是社区发展的一个内源动力。精英的成长是社区内源动力激活的重要表现之一。

"党里面出个好干部，群众就能富，有项目能真正给穷人老百姓"，这是底层老百姓最迫切的愿望，作为外源推动力的扶贫项目尤其是国家和地方政府提供的一些项目，政治精英的作用很大，他们能否为本社区争取到最大的利益，真正发挥自己的"代言人"作用？当项目真正落实到村子的时候，这类精英能否带动群众将扶贫效益发挥到最大化，切实在项目实施过程中把好关？这是老百姓关心的焦点。

宗教精英对于社区的发展也做出了很大的贡献，因为土族是信仰藏传佛教的民族，宗教是他们的心理依恋与情感支撑。他们在社区发展与稳定和谐方面发挥了一定作用。农村民族社区的发展相对滞后，尚未出现成型的或者已经发挥了很大作用的经济精英，但是相对富裕的村民已经具有了经济精英的意识，他们希望发展养殖产业带动村里百姓富裕起来。

第四，民族文化的资本化。

民族文化资本化是将民族文化作为一种实现现代化的资源或工具。①民族地区发展经济与民族传统文化的保护是使一个民族立于不败之地的必然要求，二者必须有机结合起来，民族文化才能在现代化的浪潮中得到保护与传承。实现民族文化的资本化可以发展民族旅游业，互助小庄村的旅游已经产生了很大的经济效益和社会效益；可以将民族艺术商品化，安召

---

① 邱洪艳：《论少数民族地区内源式发展》，硕士学位论文，天津师范大学，2005年。

舞、轮子秋和对歌等文艺都是土族的特色文化，少数民族的一些艺术可以以商品化和市场化的场景来运作；还可以实现民族文化品牌化，庆阳香包已经打出了自己的品牌，土族刺绣也可以走这条路。

五 对农村民族社区发展的思考

伴随着市场经济体制的完善和国家对西部民族地区的大力扶持，农村民族地区的发展取得了可喜的成绩。但是，如何真正地培育民族地区发展的内在生长力，实现二源动力合力下的社区发展，仍是我们必须思索的现实问题。西部大部分农村民族社区发展的动力源依然停留在外部输血的阶段，或者向内外源动力聚合的阶段过渡，这是西部地区落后于东部农村地区的一个致命因素，因此，对于西部农村社区的发展来说，内源动力是最基本的力量，在以扶贫项目为依托的外源力量推动下，激活社区的内源力量实现内外源合力下的社区发展，这才是一种理想的发展图景。要克服以上困难，走出有增长无发展的窘境，必须从发展观的转变入手，立足民族文化与现代化的有效整合寻求对策与出路。[①]

1. 经济发展与社会发展并重

经济发展一直作为时代发展的主题在推动着社会的变革，影响着人们的思维和观念以及评价生活内涵的标准。村民关于发展的一系列思考，提到的关于其家庭和社区发展所面临的困境与挑战，基本均以经济发展为主轴，企盼着通过经济发展使社区实现与"外面世界"的对接，但却忽略了社区的民族性、文化根源和现实情境。村民如此考虑固然与目前社会发展的主流价值宣传、渗透有很大关系，但作为支持当地发展的项目似乎也忽视了社会发展的重要性，项目强调经济发展和验收效益的取向难免会为当地的社会发展理念、方式带来一些影响。民族社区开展扶贫工作，不能仅仅停留在低层次的帮困济贫上，要鼓励和引导民族社区人民利用本地区浓厚的民族特色发展特色经济和文化产业，改革现行的管理体制和运行机制，同时要促使民族心理、价值观念和思维方式等方面的变化，实现经济与社会并举发展。

2. 传统文化与现代文化并行

在全球化和市场化已经成为时代发展主题的背景下，现代发展似乎就

[①] 赵利生：《民族社会学》，民族出版社2003年版，第176页。

意味着"文化殖民",它携带着现代文化渗透到民族社区的每个角落、每个细节、每个部分,"现代服饰"、"电器"、"小车"和"肉食"等伴随现代发展而构建的现代文化体系正"润物细无声"地影响着少数民族社区的人们,引领他们为了"新生活"而努力赚钱。与此相反,社区固有的一些文化精髓在现代化的浪潮中却显得日趋衰弱,对传统文化的保护与传承,这是社区全方位发展的重要议题。一方面,外力推动的发展要尊重当地的民族特点和发扬优秀的传统文化。在推行项目的过程中必须注意到民族文化的差异性,在承认与尊重差异的前提下来规划和实施项目,不能把大量的资金投入和大规模的"硬件建设"当做新农村建设的主要工作,搞整齐划一的村庄改造,这样做对于民族文化的独特性和完整性没有一点好处。另一方面,振兴民族传统文化与发展经济结合起来。民族社区脱贫致富、经济发展依然是重要议题,也是民族传统文化得以振兴的正确路子。因此,政府在未来向社区投资和制定政策的同时要扶持民族文化产业的发展,做到经济与文化并举发展。

3. 村民自觉与项目驱动结合

少数民族社区之所以发展比较滞后,更多因为自然环境恶劣、地理位置偏僻等天然禀赋所致。要推动少数民族社区发展,必须结合当地的社会文化情境,探寻不同的发展路径。那么,发展的主体是谁?社区发展靠谁来发展?如何推动社区发展?这些问题便变得至关重要了。此次调查的社区,项目的设计、资源的调配无形中渗透着"我们"的思维,虽然其中不乏村民们的需求和希望,但距离村民所希望的发展模式仍然出现了不小的偏差。当今贫困地区民族社区的和谐发展必须实现外来支持者和村民的紧密互动和长期合作,在项目的实施中,项目组织是支持者和协助者,村民才是真正的主体,必须相信社区和村民是有内在能力的,给予他们充分的自主性和"话语权",让他们在行动中提升自己的能力。

4. 村民发展与社区发展同行

村民发展与社区发展是一个相互影响、彼此呼应的发展命题。社区发展必然为村民发展创造良好的环境和条件,村民发展也必将进一步推动社区的发展。因此,如何做好二者之间的协同是扶贫项目需要重点关注的。然而,村民对项目的感受更多为"撒胡椒面",有广度但缺乏深度,重视村容村貌的改进和整理,轻视村民个人技能水平的培训和提高。所以，到最后村民感到国家的扶贫政策的确非常好，想支持民族社区尽快地发展起来，但由于项目所涉及的目标和内容过于广泛，反而没有靶向，导致项目资源分配过于宽泛，与村民对项目持有的期望差距很大。

第十章 援疆项目的社会效益分析

——新疆哈萨克族乡村社区牧民定居工程调查

一 问题的缘起

(一) 援疆工作的回顾

1. 援疆工作的渊源

援助新疆作为一种发展、治理新疆的策略和模式在历史上早已出现。1759年,清政府完全平定了中国西北边疆的叛乱和割据势力,自1760年开始,清政府每年从内地调拨"协饷"200万—300万两白银,充作新疆军政费用。当时,全国有25个省级行政区,除了财政比较紧张的黑龙江、吉林、盛京(今辽宁沈阳)、乌里雅苏台(今蒙古国)、广西、贵州、云南、西藏、甘肃、青海外,其他的省以及粤海关、闽海关、江汉关、江海关等海关,都要分担新疆所需的财政支出。[①] 如遇到大事,清政府会拨专款支持。总之,历代中央王朝在治疆政策中都含有援助新疆的内容。据相关资料统计,从1760年到1911年,清政府拨付新疆的"协饷"和专饷高达4亿两白银。[②] 新疆各族人民在中央政府的统一领导和全国各地的支援下,利用新疆的资源优势,实现了较快的经济发展。

新中国成立之后,以毛泽东为核心的党中央,在认真研究和借鉴历代中央王朝的治疆策略的基础上,坚持从当地实际出发,创新发展了屯垦戍边、援助新疆发展等经验措施。其中包括:创立了中央支援地方、内地支援边疆、汉族支援少数民族、兄弟民族相互支援,调动全国各方面力量,

---

① 一鸣:《清朝时全国也曾"对口支援新疆"》,《政府法制》2010年第6期。
② 刘向晖:《援疆工作十四年回顾与展望》,《新疆地方志》2011年第3期。

共同推动新疆经济建设、文化发展和社会进步的治疆援疆策略。[1]

2. 对口支援政策的提出、巩固和调整

1979年4月25日至5月11日召开的全国边防工作会议上,中央政府第一次明确提出对口支援政策。乌兰夫同志在大会上作题为《全国人民团结起来,为建设繁荣的边疆,巩固的边防而奋斗》的报告时提出,国家将加强边境地区和少数民族地区的建设,增加资金和物资的投入,并组织内地省、市对口支援边境地区和少数民族地区。会议最终确定了东部经济发达的省对口支援5个自治区和3个少数民族比较集中的省(云南、贵州、青海)的具体方案。其中,江苏支援广西、新疆。[2] 同年7月31日中央以中发[1979]52号文件批转的乌兰夫同志在全国边防工作会议的报告中提出:国家"要组织内地省市,实行对口支援边境地区和少数民族地区"[3]。此后中央根据政策实施的情况对对口支援政策进行了多次重申、补充和调整。

1983年1月,国务院批准上年在银川市召开经济发达省市同少数民族地区对口支援和经济技术协作工作座谈会纪要,强调对口支援,必须坚持"共同发展"和"互利互惠"的方针,坚持"经济效益与互助风格的有机结合"的原则。

1984年5月,国家颁布的《中华人民共和国民族区域自治法》(2001年2月28日修订)第64条规定,"上级国家机关应当组织、支持和鼓励经济发达地区与民族自治地方开展经济、技术协作和多层次、多方面的对口支援,帮助和促进民族自治地方经济、教育、科学技术、文化、卫生、体育事业的发展"[4]。这是我国首次以国家基本法律的形式明确规定了对口支援政策的地位。

1987年4月,中共中央、国务院在批转的《关于我国民族工作几个重要问题的报告》中进一步指出:"大力发展横向联系,这是加快发展少数民族地区的经济,促进民族交往和进步的重要途径。发达地区应继续做

---

[1] 陈宏:《论新中国成立以来的援疆政策》,《新疆师范大学》(哲学社会科学版)2012年第6期。

[2] 钟开斌:《对口支援:起源、形成及其演化》,《甘肃行政学院学报》2013年第4期。

[3] 国家民委政策研究室:《国家民委民族政策文件选编(1979—1984)》,中央民族学院出版社1988年版,第242页。

[4] 国家民委:《中华人民共和国民族政策法规选编》,中国民航出版社1997年版,第46页。

好对少数民族地区的对口支援。这是一项历史使命，应当坚持做好。同时，在自愿结合、互利互惠的基础上，大力发展多方面、多层次、多渠道、多形式的横向联系。通过横向联合，互通有无，取长补短，促进资金、技术、人才的合理流动。"[1]

1995年9月，中共中央十四届五中全会通过的《中共中央关于制定国民经济和社会发展"九五"规划和2010年远景目标的建议》中专门提出了缩小东西部差距的措施，其中就规定了沿海发达地区对口帮扶中西部的10个省区。其中，山东帮扶新疆。

1996—1997年间，中央做出援疆工作新的重大战略决策，决定从内地省市和国家机关选派热爱新疆、坚持党的基本路线和方针，正确执行党的民族、宗教政策的党政领导骨干和专业技术骨干到新疆工作，为加快实现中西部地区开发，逐步缩小地区间差距的战略目标，提供有力的组织保证。援疆干部进入新疆工作，促进了新疆发展、维护了新疆稳定，为援疆工作注入新的活力和内容。

由此可见，援疆工作从古至今，从中央和各省的集中援建到对口支援、从单一援疆政策的提出到多元化的政策体系的建立、从区域性经济联合到支援范围和力度扩大，为对口支援政策的进一步发展和完善打下了坚实的基础。

3. 对口援疆政策的完善和发展

2005年中办发［2005］15号文件《中共中央办公厅、国务院办公厅关于确立有关省市、企业与新疆维吾尔自治区南疆四地州和新疆生产建设兵团在南疆三个师对口支援关系的通知》标志着对口援建工作进入新的阶段。文件规定，"继续坚持干部援疆工作的好经验、好做法，以干部支援为龙头，实行经济、科技、文化全方位支援，努力促进南疆的发展稳定"。同时要求"新疆维吾尔自治区党委和政府要加强统一协调和指导，本着争取无偿援助与开展互利合作相结合的原则，提出干部、项目、资金、技术等方面需求计划，争取内地有关省市和国有重要骨干企业的支持"。

2010年3月29—30日全国对口支援新疆工作会议在北京召开，这

---

[1] 国家民委：《中华人民共和国民族政策法规选编》，中国民航出版社1997年版，第52页。

是新一轮对口援建工作中援助新疆工作的里程碑。会议按照中央的决策部署，借鉴汶川地震灾害恢复重建模式建立起人才、技术、管理、资金等全方位对口支援新疆的有效机制，把保障和改善民生放在支援的优先位置，着力帮助各族群众解决就业、教育、住房等基本民生问题，着力支持新疆特色优势产业发展。这次对口援疆工作是援疆史上支援地域最广、所涉人口最多、资金投入最大、援助领域最全面的一次。按照中央的总体部署，19个省份分别结对援助新疆12个地（州）市的82个县（市）和新疆生产建设兵团的12个师。此次援疆工作力争经过5年努力，在重点任务上取得明显成效；经过10年努力，确保新疆实现全面建设小康社会目标。

（二）问题的提出

自20世纪70年代开始实施的对口援疆工作，对于新疆实现跨越式发展和社会长治久安具有重要意义。新阶段的对口援疆工作通过干部援疆、资金援疆和项目援疆等形式推动了新疆经济社会的发展，缩小了新疆与发达地区的经济差距，为推进新疆的社会稳定提供了有力的保障和支持。2010年中央新疆工作座谈会之后，新一轮对口支援新疆建设工作中河南省对口援建哈密地区，实施了涉及富民安居、定居兴牧、教育、医疗、人才培训、文化惠民、基层组织阵地建设等十个领域的援疆工程项目。调查组展开田野调查时已是河南省对口支援哈密地区的第四年，就经济效益而言，许多项目已卓见成效，但社会效益同样是综合评价援疆项目成功的重要因素。一个项目的经济效益、生态效益以及综合效益的分析通常发生在区域或国家层面，而社会效益的分析则需要在社区层面进行分析和考量。

牧民定居工程使许多农牧民借助援疆资金建设了住房，改善了住房条件，增加了农牧民脱贫致富的信心。但在调查中也发现了一系列的问题，有待进一步深入思考和解决。其中，有些牧民定居工程是比较成功的，取得了较高的满意度；有些牧民定居工程也存在失败的可能性。更为最重要的是，如何让"良好用意"的援疆项目，取得满意的社会效益？在对口支援政策和兴边富民行动的背景下，如何有效地分析援疆项目的社会效益，让援疆项目取得巨大的成功，成为新疆跨越式发展和长治久安的基础和保障？以及结合社会发展理论进一步反思西北少数民族乡村社区需要怎样的援助，才能更好地实现民族社区自我发展？

本研究所选田野点——苏村是援助项目的最直接受益的民族乡村社区之一。自 2010 年河南援建以来，就开始实施牧民定居项目工程，截至 2013 年 7 月，该工程已初见成效。该村属于典型的民族乡村社区，该社区生活的 94% 居民是哈萨克族，其中有一部分居民之前是当地的牧民，而且该社区实施的牧民定居工程也是援建项目工程中的重点和特色工程。因此，苏村在援疆项目实施的社区中具有一定的代表性。

（三）研究的目的和价值

1. 研究目的

本研究选取哈密地区巴里坤县哈萨克族乡村社区作为调查点进行田野调查，从哈萨克族乡村社区发展的角度审视援疆工作以及援疆项目对哈萨克族群众及其生存的乡村社区的影响，并从援疆项目利益相关者的社会认知入手，分析援疆项目的社会效益。同时，在兴边富民视域下进一步反思援疆工作中存在的问题，提出援疆背景下民族社区发展的路径，以期对西北少数民族乡村社区发展有所推动，对援疆模式的创新和兴边富民政策的发展有所贡献。

2. 研究价值

（1）应用价值

本研究通过对哈萨克族乡村社区援疆项目的社会效益进行分析考量，可以为顺利完成新阶段各类援疆项目任务，提升援疆项目的社会效益提供一定的参考；对发挥援疆项目更好地功用，规避"援助依赖"，增强民族社区自我发展能力具有重要现实意义；为政府和决策部门更好的制定和实施援疆项目，做好援疆工作提供政策建议。

（2）学术价值

本研究借鉴西方发展项目理论和实践经验的研究成果，通过援疆项目的社会效益分析，检验发展项目的理论观点，希望能够补充和丰富西北民族地区发展项目实施的理论和实践经验；同时运用社会发展理论，在"援助依赖与自我发展"的困境中，探索援疆背景下民族社区自我发展能力提升的路径；在研究方法上，借鉴民族学、社会学的定性和定量研究相结合的方法，力求精确而具体地分析援疆项目的社会效益。

（四） 文献综述

1. 国外发展项目的相关研究

发展是人类面临的永恒课题，随着人们对发展研究的不断认识和深化，在不同时期提出了不同的发展观点、形成了不同的发展理论流派。如今，发展已成为世界上各个国家和地区达成的共识，在发展中国家和贫困落后地区就形成了消灭贫穷落后和社会不平等的援助计划和方案。发展项目缘起于1949年美国总统杜鲁门为符合美国全球战略的需要而提出的直接向第三世界提供经济援助的项目——"第四点计划"。20世纪70年代，发展项目的投向中有一个新的动向就是乡村发展成为一个新关注点，并成为后来发展项目的核心内容。

然而，一个发展项目既能为受助对象带来福利，也有可能会遭到受助对象的拒绝而使项目失败。从20世纪70年代开始，西方学界开始对发展问题和发展项目进行质疑、反思和批判。埃斯科瓦尔在《遭遇发展：第三世界的形成与瓦解》一书中，通过对以往发展的彻底解构和批判，他认为发展是西方发达国家为制定符合其理念和标准的新战略需要而提出的统治性话语体系，他们以发展之名义，打着为了人民利益的旗号，所导致的结果却是少数特权群体的财富飞速增长和社会不平等的进一步加剧。最后，埃斯科瓦尔提出构想一个具有多元、差异和混杂性特征的后发展时代。[1] 美国学者詹姆斯·C. 斯科特《国家的视角》一书正式回答了此书的副标题的内容：那些试图改善人类状况的项目是如何失败的？他通过对大量的历史和民族学资料的综合分析后提出，那些由国家发起的发展项目的失败产生于四个因素的致命结合，即对自然和社会的管理制度、极端现代化意识形态、一个独裁主义的国家，它有愿望而且也有能力使用它所有的强制权利来使那些极端现代主义的设计成为现实、软弱的公民社会。[2]

弗格森（Ferguson，1990）在《反政治机器：在莱托所的"发展"、非政治化和官僚权力》一书中，罗列了一长串为莱托所提供过经济援助的国际机构，非政府和半官方组织，并指出，就资金、知识和技术层面而

---

[1] ［美］埃斯科瓦尔：《遭遇发展：第三世界的形成与瓦解》，汪淳玉、吴惠芳、潘璐译，社会科学文献出版社2011年版，第3页。

[2] ［美］詹姆斯·C. 斯科特：《国家的视角》，王晓毅译，社会科学文献出版社2004年版，第4—6页。

言，由近百个国际组织参与"发展"产业的实力，应足以使这个非洲小国起死回生。但结果是在这些发展项目中，创造的也只是项目不断失败或中途夭折的历史。

20世纪80年代，阿曼国政府邀请人类学家查蒂（Chatty，1996）参与了一个在不强求贝都因人改变生活方式的前提下，为他们提供基本的社会服务项目。查蒂首先做了一个有关项目社会影响的深度研究，了解项目人群的实际需求，作为项目实施的第一步。此举为其他发展项目提供了成功经验。正如潘天舒在《发展人类学概论》一书中所指出的，"绝大多数发展项目之所以失败，都是没有在实践中尊重项目实施地民众的文化习惯、无视社会制约因素所导致的必然后果"[①]。他在书中"发展项目的社会影响研究"一节中还举了中东地区各国政府试图在贝都因人当中推介文明居住方式失败实验的一个例子。在当地官员眼中，贝都因人四海为家的游牧民族特性，与现代文明社会的生活习惯是格格不入的，必须放弃。因此，他们使尽招数软硬兼施，力图让贝都因部落进入事先圈定和规定好的定居区。因为有关方面认为这样不但使生产力落后的游牧民族可以像现代人一样，过上居有定所的安稳日子，而且有利于提高当局政府的管理效率。结果事与愿违，贝都因人定居后，不改其喜好放牧的习性，过度放牧造成了定居点附近草原的严重沙漠化，最终这一发展项目被迫以失败放弃，政府不得不鼓励贝都因人重拾传统，回归自然。[②] 90年代中期以后，发展项目趋于完善，直接让受排斥的贫困者成为发展项目的优先受益人，而且邀请他们全面参与社会经济发展项目的设计、执行和决策过程。[③]

纵观国外发展项目的研究，由于擅长深度访谈和田野调查研究方法的民族学家、人类学家越来越多被邀请参与发展项目的实施，决定了他们的研究成果更多地集中于对各国发展项目的批判性分析和建设性反思上，这无疑为国内援助发展项目社会效益的提升提供了具有深度见解的参考。

[①] 潘天舒：《发展人类学概论》，华东理工大学出版社2009年版，第155页。

[②] 同上书，第148—149页。

[③] "United Nation Participatory Approaches to Poverty Alleviation in Rural Community Development", New York: United Nation Publication, 1999, 见杨小柳《发展研究：人类学的历程》，《社会学研究》2007年。

2. 国内援疆工作的相关研究

就地区发展而言,世界各地均存在区域发展不平衡现象,各国政府对区域差异普遍实行了干预措施,动用政府资源和权利向欠发达地区提供援助,其中较为成熟的援助方式,包括资金援助(尤其是财政转移支付制度)、人才援助、项目援助等。近几年来,国内以援助或者对口支援为研究对象的文章日渐增多,民族学、社会学、经济学、管理学等学科研究者从不同的学科和研究视角进行了深入的调查和研究。本文主要从三个大的方面进行梳理。

一是从宏观和整体层面上对援疆工作的方针、政策以及机制体制进行的研究。部分学者从国家政治体制、发展理论与法哲学深度分析对口支援的运行,深入探寻对口支援机制的深层运行基础,对援疆工作体制机制的创新问题、援疆项目全生命周期管理模式以及政府援助模式等宏观政策和援助机制进行了探讨、分析和论证。[1] 这些研究将政府调控、市场运作以及新疆自我发展等方面共同纳入一个整体的框架中进行整合分析,从某种意义上为目前的对口援疆总体政策的改良和援助机制体制改革提供了一定的参考和理论指导。此外,也有学者或通过实地调研或通过他国成功的援助案例研究,分析了对口援疆给新疆带来的发展机遇、变化和面临的挑战以及他国经验对做好新一轮对口援疆工作的启示。[2] 在这些林林总总的宏观层面的研究中,也不乏以实证研究为支撑的对新一轮对口援疆政策之科学性和合理性的探讨。如罗斌通过对河南对口支援哈密地区的实施现状进行分析,杨富强则以1997—2010年间的政策实践分析,分别对援建政策在实践运行中存在的问题进行了剖析和反思。[3] 这亦从实证层面为有效建立"政府主导、社会参与、市场运作、多元投资"的可持续性援助发展机制提供了证据支持。

---

[1] 王永才:《对口支援民族地区法治化研究》,博士学位论文,中央民族大学,2013年;乔牧川:《援疆过程中的政府援助模式》,《中国行政管理》2012年第5期;田芳:《关于创新对口援疆工作体制机制的思考》,《江西行政学院学报》2012年第1期;全钰昕:《对口援疆项目全生命周期管理研究》,硕士学位论文,中央民族大学,2013年。

[2] 靳薇:《关于援疆问题的调研报告》,《科学社会主义》2012年第4期;陈宏:《论国外援助政策及对援疆工作的启示》,《西北民族大学学报》(哲学社会科学版)2012年第4期。

[3] 罗斌:《当前对口援疆政策的实施现状研究》,硕士学位论文,中南大学,2011年;杨富强:《"对口援疆"政策回顾及反思——以1997年至2010年间政策实践为例》,《西北民族大学学报》(哲学社会科学版)2011年第5期。

二是从微观层面上针对援疆工作的某一领域或专题进行的研究。这些微观层面的研究主要集中于受援方与支援方政府的府际关系和角色定位、受援方自我发展能力以及具体援疆项目规划设计等方面。季菲菲等在分析对口援疆中府际关系网络的形成、利益相关者的作用和利益诉求的基础上，探讨了对口援疆工作合作方式和支援与受援双方政府应承担的职责乃至角色定位。① 鉴于新疆少数民族聚居的特殊区情，孙肖认为受援方政府的职能还应包括建立解决民族利益关系、协调民族分歧、缓和张力的民族关系协调机制，为各族群众提供交往交流的途径。② 就自我发展能力而言，研究者们的观点基本是一致的，强调援助模式须与受援主体的内部结构调整相适应，坚持"输血"与"造血"相结合，支援与共赢相结合，形成生存方式变革与受援主体自我发展能力之间的相互依存、相互促进关系。③ 尽管许多围绕具体援助项目进行的研究从不同角度近乎涵盖了所有不同援助内容（产业、经济、智力、人才、文化等），但其落脚点却大都放在了对口支援项目计划的可持续发展成效上④，归根结底，仍然是自我发展问题。对于新疆发展而言，援助是暂时的、外在的，如果不通过内在的、自身的发展来实现全面整体发展，这样的发展是不长久的，这也是形成援助依赖重要因素之一。在社会发展理论中，我们也强调内生与外援相结合的发展后，实现最后总的自我发展才是社会发展的目标。

三是关于对口援助项目的社会效益分析研究。这一部分的研究较少，主要是马戎和靳薇关于援藏和援疆项目的效益分析。马戎在靳薇的《援助政策与西藏经济发展》一书序言中强调了援藏项目社会效益评估的重

---

① 季菲菲、陈江龙、袁丰等：《府际关系视角下的跨区域经济合作——以江苏对口支援新疆伊犁哈萨克自治州直地区为例》，《干旱区地理》2012年第3期；刘春宇：《对口援疆政府应承担怎样的职责》，《中国经贸导刊》2011年第18期。

② 孙肖：《对口援疆背景下的民族关系协调机制》，《中南民族大学学报》（人文社会科学版）2011年第4期。

③ 孙肖：《对口援疆与少数民族农牧民自我发展能力的提升》，《中南民族大学学报》（人文社会科学版）2012年第3期；殷冀锋：《论产业援疆与增强新疆自我发展能力》，《经济研究导刊》2013年第30期。

④ 李秋萍：《高等教育资源配置与对口支援计划研究》，硕士学位论文，石河子大学，2008年；李建军：《文化对口援疆的"输血"类型及援疆路径选择》，《新疆社会科学》2012年第3期。

要意义。[①] 他还就新疆对口支援项目实施情况的调查做出分析,认为援疆工作虽取得了显著的成效,但就其产生的社会效益上来讲仍存在不少问题。[②] 靳薇在《西藏援助与发展》中详细阐述了中央政府对西藏的援助政策的发展与演进,及其在援助项目社会效益评估基础上对如何走出援助的思考。[③]

综上所述,国外发展项目的研究在批判和反思中积累了许多实践经验和理论知识,例如在项目策划和实施过程中关注文化和社会制约因素,更多地考虑实施地的传统文化、民众心理和社会因素等。而国内发展项目研究较为迟缓,相关研究较少,多以借鉴西方理论和经验为主。就目前研究现状来看,较少涉及对援疆项目社会效益的分析研究,更缺少对建立在此基础上的新疆民族社区自我发展能力等较深层次的援助社会效益的分析和探讨,而这正是援助过程中隐藏在其显性效益之下的"冰山",是新疆可持续性发展的内在活力和源泉。本研究的着手点和研究动力以及现实意义也正在于此。

二 研究设计

(一) 个案的选择

按照河南省2011—2015年援疆规划,2011—2015年,哈密地区和农十三师共安排河南援疆项目92项,河南援疆资金17.64亿元。实施安居、富民、教育、医疗、人才培训、文化惠民等"十大援疆工程",涉及城乡住房、社会事业、基础设施等方面。其中,"安居富民""定居兴牧"工程使许多人民群众和牧民借助援疆资金建设了住房和温室大棚,极大改善了住房条件,摆脱了贫困生活,受到张春贤、努尔·白克力等自治区领导的很高评价,并作为河南援疆特色在第二次全国对口支援新疆工作会议上交流。2010—2013年哈密地区实施援疆工程类项目96个,计划总投资

[①] 马戎:《重思援藏项目的经济和社会效益——为靳薇〈援助政策与西藏经济发展〉序》,《青海民族研究》2011年第4期。

[②] 马戎:《新疆对口支援项目实施情况的调查分析》,《中央民族大学学报》(哲学社会科学版) 2014年第1期。

[③] 靳薇:《西藏援助与发展》,西藏人民出版社2010年版。

42.63 亿元，安排援疆资金 11.6 亿元。截至 2013 年 10 月 20 日，开工建设 95 项，其中 65 项已完工，竣工验收 43 项，其他项目正按计划进度实施，累计完成投资 37.26 亿元。①

通过查阅期刊数据库、哈密地区政府文件、《哈密日报》以及政府网页等对援疆工作项目有了初期了解。本研究选取具有代表性的河南省援建哈密地区"十大援疆工程"（工程涉及富民安居、定居兴牧、教育、医疗、人才培训、文化惠民、基层组织阵地建设等民生项目）中的重点和特色工程项目——牧民定居工程②进行调研。

在确定牧民定居工程项目进行调研后，个案的选择是至关重要的。在哈密地区各乡镇均有或多或少的牧民定居工程项目，在掌握两居工程基本情况后，多次咨询河南援疆前方指挥部办公室工作人员 WQZ 同志，其中本想拿到《河南省援建哈密地区和农十三师总体规划（2011—2015年）》，但未能实现。经过 WQZ 同志的推荐和自己的分析比较，选取巴里坤县的 SJD 村为本研究的田野调查点。

2013 年 5 月开始进入调查点收集资料、开展调研。通过朋友介绍和带领进入调查点。因为她原来的邻居现居住于此，在她的带领下进入 SJD 村。进入调查点后，先来到她的老邻居——NYZGL 的家进行访谈，然后再由她带领进入其他居民家中进行收集资料和访谈。

（二）田野点介绍

本研究所选田野点苏村隶属于萨乡，位于新疆维吾尔自治区哈密地区巴里坤哈萨克自治县西部，距县城 40 公里，田野调查点为苏村的定居兴牧点，自 2011 年开始分三期建设，该乡共约 790 套，都可投入使用。该点位于乡政府周围，离牧场较远。苏村总人口 454 户 1973 人，主要由哈萨克、汉、维吾尔、塔塔尔、回 5 个民族构成，其中哈萨克族 1866 人，占总人口的 94.6%，有塔塔尔族等较少少数民族 21 户 100 余人。该村所处海拔在 2500—3000 米之间，年平均气温 2.6℃，最高气温 33℃，最低气温 -35℃。无霜期 103 天，年平均降水量在 168.8 毫米，年蒸发量 160.3 毫米，日照时数 2170 小时。乡域内四季不分明，分冷、暖两季，

---

① 数据来源：哈密政府网（http://www.hami.gov.cn）。
② 牧民定居工程即河南省援建哈密地区"十大援疆工程"中的"定居兴牧"工程。

属于大陆性冷凉干旱气候。由于气候干旱，以荒漠草原草场为主，分夏、秋、冬三季牧场。

苏村1949年之前是一块"风吹石头跑，人比黄羊少"的戈壁干滩。新中国成立初期，哈萨克牧民住在巴里坤城附近，这些牧民政治上刚翻身，再加上没有固定的职业，导致生活贫困。政府为改变这种现状，将他们迁往陵城不远的苏吉草原安家，在政府干部的协助和牧民的共同努力下，现在建成了一座草原小镇。村民主要以发展农牧业为主，种植小麦、苜蓿、大麦、马铃薯、大路菜、玉米等农作物，村中有天然草场420公顷，主要用于养殖牛、马、羊、骆驼等牲畜，年出栏1.1万头左右。由于自然条件等因素制约，村民生活水平较低，住房条件差，2010年人均纯收入4435元。根据新一轮援疆规划，在该村实施牧民定居工程项目，自2010年开始，在该村集中连片建设牧民定居房屋。截至2013年7月，房屋均已出售。同时，配套铺设柏油道路、接通自来水，治理村容村貌。但房屋入住率不高，在35%—45%之间。定居点周围配套设施不够完善，垃圾处理、生活用水设施不够健全。

（三）研究方法

本研究主要采用质性研究和定量研究相结合的方法，本研究拟采用的研究方法有文献法、问卷法、访谈法以及田野调查法。援疆政策回顾、完善和发展主要以文献法为主，辅以访谈法。田野调查法重点针对援疆项目的实施和社会效益以及民族社区自我发展分析部分；问卷法和访谈法集中于援疆项目的社会效益分析部分，其中问卷调查采用概率抽样方法以确定样本。

1. **资料收集方法**

（1）文献法针对援疆工作、援疆政策的提出以及对口援建政策的完善发展等主题，收集了相关的政策文件进行分析，同时包括牧民定居工程的相关文献进行收集整理，并在田野点苏村乡政府收集实施牧民定居工程的文献资料。其中包括各级政府的相关政策、工作总结、统计数据等资料。

（2）田野调查法田野调查是民族学研究的基础，也是最重要、最基本的方法。对于民族学学者来说，理论建构和实践探索的主要来源之一为田野调查，通过田野调查深入了解研究对象，服务于研究主题和目标。笔者在田野调查中主要收集牧民定居工程的实施、社会效益、满意度、适应性、存在问题等方面资料。

重点访谈与深度访谈针对重要问题，对被访谈者采用重点访谈与深度访谈方法。其中包括对援疆办工作人员 WQZ 同志的访谈、主管牧民定居工程的乡政府工作人员、村委会人员以及普通村民等，就牧民定居工程存在的问题，村民的满意度和适应性等问题深入访谈。这对形成援疆项目反思和思考有很大帮助。

（3）问卷调查调查问卷主要针对牧民定居工程的社会影响分析，用概率抽样方法，以户为单位样本，在苏村 454 户中抽取 100 户样本进行调查，样本有效率为 92%。具体收集资料方式为问卷作答，采用笔者问问题、被访谈者回答，再由笔者填答的形式进行。

2. 资料分析方法

完成资料的收集工作之后，对获得的资料采用了三种常用的编码方法。（1）开放式编码：首先是对资料的重新回顾，找出相关主题。本人发现在资料中多次出现：工程质量、配套设施、长远利益、社区参与等主题；（2）主轴式编码：在找出几个重复出现的主题后，建立主轴，继续根据主题对资料进行归类和分析；（3）选择性编码：对所有原始资料进行重新浏览和整理，找出与主题相关资料。

在对资料分析时采取了以下方法。

（1）比较性分析。对调查点收集到的资料进行了取同法和取义法比较。取同法主要是把注意力放在调查点牧民定居工程的工程质量、居民满意度、参与性等主题上，取异法用在找出调查点在不同族别、不同年龄、不同群体对牧民定居工程社会影响、适应性等差异性分析上。

（2）主题分析。本研究主要围绕牧民定居工程的反思和思考，因此，在对资料分析时主要针对不同调查对象对牧民定居工程的看法、态度和期望等。

（3）连续逼近法。根据确定的主题牧民定居工程的社会效益与民族社区发展，在收集的资料中不断进行多次分析，找出与主题相关的因果、条件与互动、策略与过程的问题。

（四）基本概念的界定

1. 对口支援

对口支援是在我国政治环境中产生、发展和不断完善的一项具有中国特色的具体的制度性政策模式。广义的对口支援是经济发达或实力较强的一方对经济不发达或实力较弱的一方实施援助的一种政策性行为，包括灾难援助、经济援助、医疗援助、教育援助等。狭义上和政府官方的精确解释是"对口支援，即结对支援，它是社会主义制度优越性和大协作精神的体现，是区域、行业乃至部门间开展合作与交流的有效形式。通常泛指国家在制定宏观政策时为支持某一区域或某一行业，采取不同区域行业之间结对形成支援关系使双方区位或行业的优势得到有效发挥，在对口支援中，提倡优势互补、互惠互利、长期合作、共同发展"①。

对口支援有三种援助模式：对受重大损失灾区救急性对口支援；对重大工程实施地定向性对口支援；对边疆各民族地区常规性对口支援。② 显然，对口援疆属于第三种形式的对口支援，具有如下特征。一是行政命令性，作为国家宏观调控的重要方式，国家通过制定政策，组织协调地区之间发展，对新疆经济社会发展进行干预和调控。二是互补协作性，根据中央的战略部署要求，支援方与受援方要实现优势互补、互惠互利、共同发展，不但对新疆发展有利，而且促进了支援方省市的发展。三是全面深化性，对口支援双方，就支援内容和形式是不断拓展的，并存在广泛的合作范围，从最初的经济援助、教育援助、技术援助到农业、工业、民生等领域的经济建设和社会发展的各个方面。

需要强调的是，对口支援是存在于"支援方"和"受援方"之间一种的互动、协作和发展共赢的关系。我们要明确的是，支援方有义务向受援方提供各种援助，并支持受援方的发展，这是一种不对等的单向关系。同时随着对口援助政策的实施，受援方具备一定的自我发展能力之后，支援方和受援方的权利和义务也需要发生变化，转向合作共赢，达到共同发展的目的。

2. 援疆项目

一般来说，项目是一种复杂的、非常规的和一次性的努力，受到时间、预算、资源以及设计用来满足客户需要的质量特征的限制。③ 它包括三个层面的含义：项目是一项有待完成任务，有特定的环境与要求；在一

---

① 国务院三峡建设委员会移民开发局：《三峡工程移民工作手册》，1999年，第140页。
② 赵伦、蒋勇杰：《地方政府对口支援模式分析——兼论中央政府统筹下的制度特征与制度优势》，《成都大学学报》（社会科学版）2009年第2期。
③ 陈志斌：《项目评估学》，南京大学出版社2007年版，第3页。

定的组织机构内，利用有限的资源（人力、物力、财力等）在规定的时间内完成任务；项目具有明确的目标。援助指的是帮助和救助，一般分为两类：一是一国之内不同地区间的援助；二是不同国家间的援助。[1] 援助被认为是"为共同的安全和共同的繁荣做投资"[2]。

援疆项目是指在对口援疆政策的指导下，国内各省市作为支援方与新疆各地州、市、兵团等受助方共同协商，通过深入研究和结合本地实际，建立的一系列具有对口支援性质的项目工程。目前来看，新一轮对口援疆项目种类繁多，范围广泛，将其分为社会民生、经济发展、人才培训三大类。其中，社会民生类项目包括基础民生建设类项目和社会发展类项目。基础民生建设类项目包括住房建设、安居富民工程、牧民定居工程、保障性住房工程、棚户区改造工程、住房建设配套设施、其他房屋建设等项目。社会发展项目包括教育（其中双语教育是重点）、卫生、文化、体育、科技、社会福利、其他社会事业等项目。经济发展类项目包括农业、工业、物流、园区建设等产业的发展。人才培训类项目包括：医疗培训、教育培训、干部培训、技能培训、其他培训等。就新一轮援疆初期成果来看，援疆项目多以社会民生和社会保障工程为重点，牧民定居工程就属于这一类型。

3. 社会效益

社会效益的概念，国内外并无统一的认识，尤其针对不同的行业领域，不同的项目工程，对社会效益进行的操作概念操作化存在明显的不同。本文认为社会效益属于项目社会评价系统，是对某一项目的社会评价指标之一，与经济效益、生态效益等指标并列。一般而言，社会效益是指项目实施后为社会发展目标的贡献，或称为间接效益或外部效益。

由于不同领域的项目具有不同的目标以及获得社会贡献也有所不同，因此，我们需要针对具体的项目工程界定其社会效益的内涵。有学者认为工程建设的社会效益内涵包括三个方面：一是社会再生产过程中一定投入对提高人民福利水平作用的内容；二是社会再生产中一定投入对提高社会文明作用方面的内容；三是社会再生产中一定投入对人自身的合理再生产

---

[1] 靳薇：《西藏援助与发展》，西藏人民出版社2011年版，第7页。
[2] 联合国开发计划署（UNDP）：《2005年人类发展报告》，第75页。

作用的内容。①

在援疆背景下，结合牧民定居工程实施的社会目标，牧民定居工程的社会效益主要指的是从利益相关者或社区发展角度对项目的社会影响、社会互适性、可持续性的三个维度上进行的分析。其中，牧民定居工程的利益相关者主要包括以支援方政府、受援方政府以及受益群众——苏村村民。

三 田野点——苏村牧民定居工程的社会效益分析

对发展项目的社会效益做出分析和评估是擅长深度访谈和田野工作方式的发展人类学家的优势。通过田野工作方式，他们不仅能够协调和分享经验性知识，也让我们认识到地方性知识蕴含的智慧。但是，一个项目的成功，受各种复杂的社会、文化、心理等因素的影响。本文从社会影响、社会互适性和可持续性三个维度对苏村牧民定居工程的社会效益进行分析。它们的含义分别是：社会影响指的是因牧民定居工程的实施对直接受益群众——苏村村民的生活、工作、娱乐、与他人互动的方式，满足需求的方式，以及作为社区成员的适应方式产生的变化②；社会互适性是对项目能否为当地社区的社会环境、人文条件所接纳，以及利益相关者支持项目存在与发展的程度和相互适应关系；可持续性指的是对影响项目的各种社会因素进行分析，保证项目的可持续性，包括分析容易导致较大矛盾的社会因素、可能出现风险的社会环境和条件等。

（一）牧民定居工程的社会影响分析

作为牧民定居工程的真正受益者——苏村农牧民，牧民定居工程给他们带来最大的社会影响就是居住方式和格局的变化。实施援疆项目之前，他们大多数生活在自己修建的房屋中或牧区的毡房中。在当地还流传着"四十顶黑毡房"的故事，新中国成立初期，苏村哈萨克族牧民没有固定

---

① 傅鸿源、李军：《工程建设项目的社会效益分析》，《现代管理科学》2008年第4期。
② ［美］拉贝尔·J.伯基：《社会影响评价的概念、过程和方法》，中国环境科学出版社2011年版，第60页。

的职业，以打长工或短工度日，生活比较贫困，住在几顶破毡房里，由于长年烟熏火燎、风吹雨淋变成了焦黑不堪的黑毡房。这个故事说的就是苏村居住条件，虽然现在苏村发生了巨大变化，但是截至牧民定居工程实施前，苏村村民的居住条件并不是很好，这也是选择在该村实施牧民定居工程的原因之一。

我很感谢政府给我们修这个房子，不然我们还是住在自己修的十几年房子里面。我们也不用掏多少钱，就可以住进来了，而且政府给我们无息贷款，这也帮助了我们在经济上的困难。（巴里坤县萨乡苏村，NYSGL，女，48岁，2013-6-10）

以前住的地方（彼此）离得比较远，串门儿、聊天都不方便。现在都在修得整齐的村里方便多了，联系、（相互）帮助也方便，离乡政府也不远，买东西看病都比较近。（巴里坤县萨乡苏村，KS，男，55岁，2013-6-20）

（当问到你是否愿意回到以前的地方去住）大家住在这里都很舒服，而且住得也近，肯定不会回去住。虽然我们对房子的质量、装修有一点看法，配套措施不太满意之外，我们总的来说还是比较喜欢住在这里的。（巴里坤县萨乡苏村，WS，男，32岁，2013-6-20）

现在住在这个安居房（牧民定居工程）里，我们的生活习惯也在慢慢地变好。我们有政府修的自来水管道，比以前自己打的井水要干净多了。村子里的马路也修得比较整齐，冬天还有家里太阳能热水也可以用上，多好呀。（巴里坤县萨乡苏村，JNE，女，31岁，2013-6-10）

从问卷来看，在问题："你对牧民定居工程是否满意？"苏村村民中满意度较高，"非常满意"和"较满意"两项比例一共为77.75%。从中我们看到，牧民定居工程在苏村获得较高的居民满意度，赢得当地居民的支持。

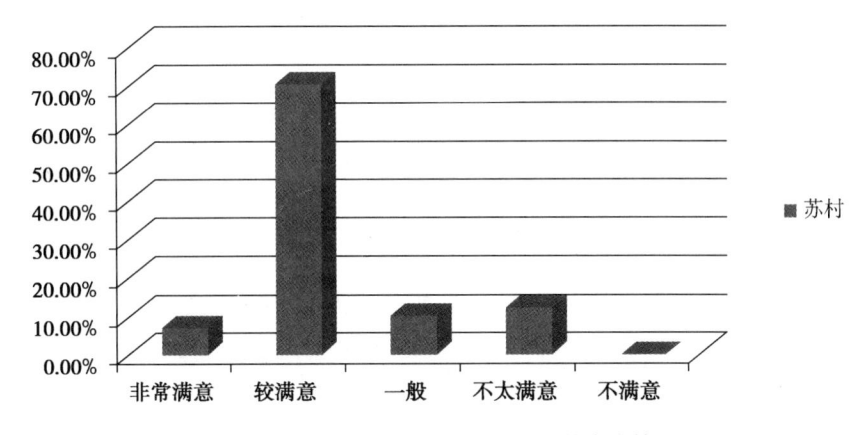

图 10-1 苏村村民对牧民定居工程的满意情况

在问到:"牧民定居工程对你的生产生活是否产生了影响,以及产生多大影响?"我们看到,牧民定居工程对苏村的社会影响在"影响很大"和"较大"两项中比例合计为 87.46%,说明对苏村村民产生较大的社会影响。

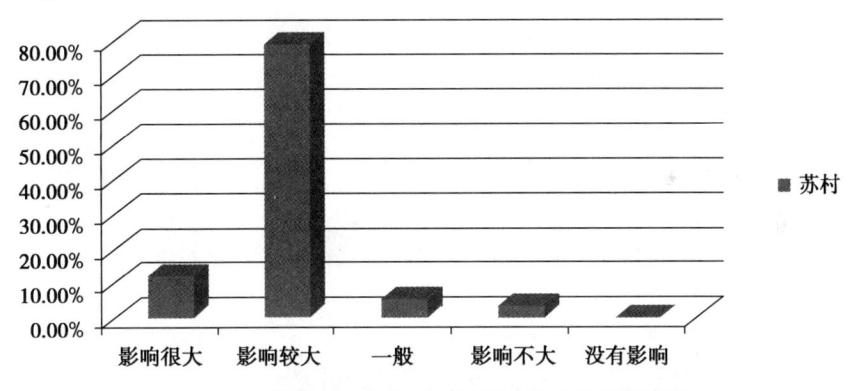

图 10-2 牧民定居工程对苏村村民的社会影响情况

由此我们可以看出,虽然苏村村民居住方式和格局产生了较大的变化,但是牧民定居工程是符合苏村村民生产、生活需要,满足村民居住条件的要求,并且在一定程度上村民的生活质量。新的定居点方便了村民之间彼此的交流、互动,增强了社区成员的凝聚力,就有较好的社会影响。

(二)牧民定居工程的社会互适性分析

正如潘天舒在《发展人类学概论》中所指出的,"绝大多数发展项目之所以失败,都是没有在实践中尊重项目实施地民众的文化习惯、无视社会制约因素所导致的必然后果"①。"项目受阻的根本原因,并不在于受援地区的民众拒绝变革,而是项目与当地生活方式的诸多方面,发生了难以调和的冲突。"② 因此,发展人类学家更多地关注制约项目策划和实施的文化和社会因素,更多地关注地方性知识对项目的作用和影响。简而言之,一个项目成功的关键就是对社会互适性分析的关注和强调。

因此,一个项目的社会互适性分析的目的是:使项目与社会相适应,以防止发生社会风险,保证项目生存的持续性;促使社会(当地社区)适应项目的生存与发展,以促进社会进步与发展。③ 对于苏村牧民定居工程而言,需要考量该项目与当地的社会环境以及文化、心理因素等的相互适应关系,以及对利益相关者支持项目存在与发展程度的分析。

在项目实施之初,政府在结合哈萨克族社会生活习惯的基础上,设计了牧民定居房屋,面积约 80 平方米,包括卧室、客厅和厨房三间。此外,每家都有独立的一个小庭园和养牲畜的棚圈。

图 10-3 苏村牧民定居房屋外部

---

① 潘天舒:《发展人类学概论》,华东理工大学出版社 2009 年版,第 155 页。
② 同上书,第 139 页。
③ 国家计委投资研究所建设部标准定额研究所社会评价课题组:《投资项目社会评价指南》,经济管理出版社 1997 年版,第 42 页。

第十章　援疆项目的社会效益分析

图 10-4　苏村牧民定居房屋内部

图 10-5　苏村牧民定居工程的牲畜棚圈

中央要求在新一轮对口援疆工作中把保障和改善民生放在优先位置，重点用于改善各族群众的生产生活条件，集中力量解决各族群众看得见、摸得着、得实惠的民生大事、实事。当前民生领域需要着力解决的突出问题，一是农村安居工程，二是公共服务设施建设，三是改善生产生活条件、增强造血功能。[1]

---

[1]　张春贤：《在自治区农村富民安居工程现场交流会上的讲话》，2010 年 6 月 29 日。

我们实施牧民定居工程充分体现了我们对口援疆的民生优先原则，这不仅仅改善了广大农牧民的生产生活条件，而且有效提升了农牧区公共服务设施的配套水平以及农业产业化的发展。我们觉得这是值得的。(援疆办，WXZ，42岁，2013-5-17)

在河南省的大力援助和支持下，哈密地区积极配合，做了援疆项目具体实施工作，哈密地委行署出台文件《关于加快推进地区农村富民安居工程建设的实施意见》，计划到2014年，按照富民安居工程标准要求，完成农牧区30880户富民安居工程建设任务。[①] 同时，制定两居工程（富民安居和牧民定居工程）房屋的建设和补助标准以及其他一些优惠政策。截至2013年6月，苏村牧民定居的房屋100%均已出售，45%的房屋现已入住居民。但是周围配套设施不够完善，垃圾处理、生活用水设施不够健全。(巴里坤县萨乡政府，WXC，45岁，2013-6-10)

我们在盖房子之前就请了设计人员结合哈萨克族人的生活习惯、文化传统、宗教信仰等进行的设计，在这一方面应该是没有问题。我们可以看到屋里的设计风格基本上都是哈萨克族在毡房里面的风格。村民应该适应这个居住风格和喜欢这种居住方式。房子大小基本满足我们生活的需要。门前还有一个小院子，旁边是牲口的棚圈。牲口都在山上（牧区），冬天可以赶回来。就建筑风格而言，这个房子符合我们哈萨克族人的生活习惯。(巴里坤县萨乡政府，AEDKTKN，男，35岁，2013-6-20)

现在每家每户都可以用这个炉子烧奶茶，做包儿萨克（油馃）、抓饭，烤烤肉。方便的很。没有什么不习惯的。只是有些配套措施并没有跟得上，我们的垃圾都没地方去扔，村里的街道也基本上没人打扫。(巴里坤县萨乡苏村，NYZGL，女，32岁，2013-6-20)

总之，在被访村民中，基本都对牧民定居工程满意，认为牧民定居房屋符合哈萨克族的生活习惯和文化传统，只有个别方面存在问题，并不影响项目顺利实施。同时，支援方政府、受援方政府以及受益农牧民对此项

---

① 哈密市地方志编纂委员会：《关于加快推进地区农村富民安居工程建设的实施意见》，新疆人民出版社2011年版，第468页。

工程都非常重视。从自治区到哈密地区以及巴里坤县都出台相应的政策措施，保障牧民定居工程的有效实施。

(三) 牧民定居工程的可持续性分析

可持续性是一个综合性的概念，它不仅涉及生态环境，还涉及经济、社会等诸方面。《我们共同的未来》①把可持续发展定义为"可持续发展是既满足当代人的需要，又不损害后代人满足需要的能力的发展"，这是最基本的含义。从社会属性看，可持续发展是在生存不超出维持生态系统涵容能力的情况下，改善人类的生活品质。

一个项目的可持续性分析是建立在社会影响分析和社会互适性分析基础之上，通过项目实施与社区成员的社会、文化、心理等各种因素的适应性，分析该项目能否继续实施或进行，包括在此过程中存在的社会风险、导致的社会矛盾，有待继续发挥其社会效益的社会因素、社会环境和条件等。

首先，就社会因素而言，牧民定居工程改善了当地农牧民居住条件，提高了农牧民的生活质量，是当前援疆项目中最现实的民心工程。从支援方到受援方都是非常重视的援疆项目，项目实施失败的可能性不大。但是在具体实施过程中存在问题，如工程质量、配套设施等会影响其社会效益的有效发挥，在可持续性分析中是值得注意的问题。

> 在我们村子里可以看到，有的房子还没住，就裂缝了。还有这个院墙也比较低，个子高的人抬高腿就可以跨进来。房顶上的橡子（梁）也比较细，不知道这个房间能撑多久？总的来说房子的质量我们有的时候还是比较担心的。(巴里坤县萨乡苏村，BLKBL，男，38岁，2013-6-10)

> 虽然政府给我们贷款我们掏的钱比较少，但是我们也想住得舒心住得放心。(巴里坤县萨乡苏村，ALBK，男，27岁，2013-6-15)

其次，从社会环境来看，对口援建政策本身是需要反思的，包括援助

---

① 《我们共同的未来》是世界环境与发展委员会关于人类未来的报告，1987年在日本东京召开的第八次世界环境与发展委员会上通过，1987年4月正式出版。

周期、援助方式、项目管理等因素一定程度上也决定了项目能否可持续性实施。同时，对口支援单位如何在现有的援疆模式或背景下建立双方长效、有机的合作共赢的援助模式，是推动援疆项目可持续发展和发挥其社会效益的重要保障。

> 村里有的人只是冬天回来住，一到夏天都在牧场，因为这里离牧场也比较远，不可能天天回来住，等到明年我们也想在牧场去放牧，家里可能就不会留人。有老人的，家里都留的是老人，年轻人都去外面打工或者说是牧场放牧了。（巴里坤县萨乡苏村，AEDKTKN，男，35岁，2013-6-15）

> 以前我们有些事想做但做不了，现在有了援疆项目、援疆资金，我们为农牧民可以干一些事情，这是很好的。但是，我们也不能确保事事都有人（援助省市）提供资金来做，我们想找到一个长久发展的方式，一来帮助我们发展，二来也能为对方的发展尽一些绵薄之力。（巴里坤县萨乡政府，KQL，40岁，2013-6-17）

最后，从社会条件来看，牧民定居工程是否实现和达到当地民族社区发展的目标和要求，满足当地农牧民生产、生活的需要，包括生态环境、自然资源、社会人文等能否保证项目的继续、可持续进行。

> 现在房子修好了，我们也需要生活，没工作不行。我们也想在村里、乡政府附近找到工作，希望政府能给我们更多的技能培训，让我们能够找到一个养家糊口的工作，这样我们才能住得更安心、安稳。（巴里坤县萨乡苏村，NYZGL，女，32岁，2013-6-10）

综上所述，牧民定居工程的社会效益是明显的，受援疆项目资助的农牧民对牧民定居工程的满意度较高，牧民定居工程总体是受欢迎的、社会影响较大。牧民定居工程不但改善了受益农牧民居住条件和居住格局，而且也增加了他们生活的信心。但在具体层面，存在一些需要解决的问题。

四 援助发展与自我发展的悖论

牧民定居工程只是援疆众多项目中的一个，在田野调查的基础上，通过对牧民定居工程社会效益及其存在的问题进行深入分析，以便进一步探讨援疆背景下援助发展与自我发展的关系，实现新疆更快更好的发展。

(一) 牧民定居工程存在的问题

1. 配套设施不齐全和工程质量问题

在苏村，谈到定居兴牧工程存在的问题时，反应最多的配套设施和房屋质量的问题。这是因为虽然政府投资兴建，但是配套设施没有及时跟上，如道路交通、生活用水、电以及垃圾的处理等，而且部分房屋存在质量问题无法居住。同时，这个问题不仅村民，而且政府也比较关注，因为政府将项目承包给承包商进行建设，如何有效保障质量也是关键。

> 现在家里的水、电还算是比较方便，每家每户都有自来水可用。马路是修好了，就是没人打扫，而且每家每户的垃圾都没地方扔只能胡乱堆放，也没有垃圾箱等设施。(巴里坤县萨乡苏村，NYZGL，女，32岁，2013-6-15)

> 我们家的房子最担心的就是房子的质量，听说别家搬进去之后才发现水管子是破的，在漏水。我们搬进来的时候，这个房子都是重新装修的，这个三合板都是太薄了，我们想再重新装一装(装修)住着舒服，但是这个钱需要我们自己来掏。(巴里坤县萨乡苏村，WLJBK，男，50岁，2013-6-13)

> 我们最担心的也是工程质量，房子有问题，农民不找建筑商，就找我们乡政府，我们也派人专门去抓工程质量。(巴里坤县萨乡政府，SB，男，48岁，2013-6-13)

> 我们的房子正在装修，你也能看到，这个板子的质量让我们不满意，但花的钱却不少。我们家的自来水管子去年冬天就冻坏了，而且村里有的家院子里又塌了。我家的院墙太低了，这一片的院墙都低，个子高一些的人，脚一抬就过去。墙角的土都松了，我看还得自己再修一修。(巴里坤县萨乡苏村，SLM，男，40岁，2013-6-17)

2. 参与机制并不健全

在牧民定居工程实施过程中，无论是定居点的选择、居住格局，还是房屋面积、建筑材料都没有居民的广泛参与，居民只是项目被动的受益者。

> 房子的格局我们基本满意的，包括这个羊圈，大小还是可以的，至于为什么这样修，我是不知道的。我们来的时候房子都修好了，我们也不知道为什么建成这样。我对这个房子的建筑材料不太满意，椽子太细了，想换也换不了，来的时候就全修好了。（巴里坤县萨乡苏村，BLBK，男，54岁，2013-6-15）

> 在建房之前，我们是做了一些工作，上面要求要建的有民族特色，符合民族群众的生活，但是像面积、选点我们说了也不算，是县上统一定的。（巴里坤县萨乡政府，LYB，45岁，203-6-10）

3. 利益相关者认识不统一

涉及牧民定居工程的三方利益相关者是指支援方、受援方政府、受益农牧民，他们对两居工程的认识存在差异。援助方只看重短期效益，投资在短期能看得见项目的效益（包括社会效益和经济效益等）；受援方政府更多想能拿到资金，建设出政绩和民生工程的项目；作为普通受益群众只想少交钱，来改善自己的生活水平。如何将三者利益实现有效统一，一定程度上决定了援疆项目的成效。

> 我们负责投资能够当前反映民生的项目工程，在我们援助期间能够看到效益的项目。目前，最能反映民生的就是两居工程，这也是我们援建的特色项目，我们投入的资金也比较多。（援疆办，ZGD，39岁，2013-5-17）

> 只要人家给钱，我们就很高兴，以前我们想做做不了的事，现在用援疆资金就可以解决了。我们也希望做一些成绩出来，让老百姓满意。两居工程是地区以及自治区重点推的项目，我们也很重视。（巴里坤县萨乡政府，ATBK，男，45岁，2013-6-15）

> 其实我们的想法也简单，我就想能趁着这个机会，把我们的房子问题解决了，能少交钱就少交，现在老百姓没有多少钱的。（巴里坤

县萨乡苏村，YEJ，女，52岁，2013-6-15）

（二）援助依赖的成因与规避

援助依赖的概念主要是针对国际间援助提出的，从1949年美国总统杜鲁门提出的直接向第三世界提供经济援助的项目——"第四点计划"，已经历了60多年的发展。通过国际援助，一些国家和地区迅速发展起来，但是大多数受援对象在接受援助以后，不但没有得到相应的发展，反而出现经济停滞或倒退，社会的不稳定，贫困人口大量增加，并由此出现了对不同程度的援助依赖。周宝根在分析西方对非援助的教训时提出，"依赖问题是影响发展援助效果的关键性原因"。并对援助依赖进行界定，援助依赖"是指受援国长期接受外来援助后，一旦没有这种援助的支持，其国内公共机构和经济社会体系就难以正常运转，经济社会发展战略和政策就难以制定和实施"①。

虽然援助依赖的概念主要针对国际间援助提出的，但是我们也可以在国内援助政策的背景下找到援助依赖的表现。安德鲁·费舍尔在对西藏经济政策分析时提出，援藏项目中存在援助依赖，"由于一些项目的规模大大地超出了当地经济的发展水平，以至于无法通过地方财政收入维持其运转，这种经济战略的实行进一步增强了西藏对中央财政支持和中部地区技术人员的依赖性"②。

马戎在借鉴美国社会学家赫克托（M. Hechter）在研究英国内民族发展差距时提出的"扩散模式"（diffusion model）（是指在各民族拥有平等权利的条件下，"核心地区"的社会和经济结构逐步扩散到"边远地区"，并使"边远地区"在社会与经济的发展方面达到"核心地区"的水平）③的基础上，修改为"扩散—供给"模式来解释国家对新疆经济社会的援助和支持现象。他认为中央政府对边疆地区的大量投入属于"扩散模式"，是值得肯定的。但是从民族地区的发展来看，马戎先生认为"扩散"并不一定等于"发展"，可能会有两种不同的结果：一个是"扩散—工业化"模式，即扩

---

① 周宝根：《西方对非援助的教训及借鉴意义》，《亚非纵横》2009年第4期。
② 安德鲁·费舍尔：《设计下的贫困——中国在西藏实行的经济歧视政策》，《藏事译》2002年第6期。
③ 马戎：《民族与社会发展》，民族出版社2001年版，第345页。

散后经过竞争实行工业化;另一个是"扩散—供给"模式,即扩散后中央把边疆地区在财政上完全包下来,形成一种依赖型经济。①

靳薇在《西藏援助与发展》中明确提出,中央对西藏的援助中出现了财政依赖、投资依赖、制度依赖等,并分析了援助的消极作用,主要包括援助带来了"荷兰病"、援助的收益减少甚至没有收益、以及援助快速增加是援助依赖成为制度等。② 靳薇认为"如果中央政府按照目前项目援助的方式持续援建,将会出现'项目援建→西藏民众生活水平改善→中央财政、对口支援地区拨款支撑援建项目→继续援建项目'的项目依赖和投资依赖"③。

通过对国内外援助依赖成因的分析,我们发现援助依赖的主要表现是:一是长期、过度的外来援助导致受援方缺乏自主发展的意愿和能力;二是无视受援方特殊的经济基础和社会管理体制,盲目援助损坏了受援方自身发展;三是援助方的利益的扩大化与援助的"殖民主义"④。

作为对口支援模式的同一类型援助方式——对边疆民族地区新疆——的常规性对口支援,是否存在和出现了援助依赖是值得我们深刻思考的问题。结合苏村援疆项目——牧民定居工程的实施背景、社会效益分析以及存在的问题,如何有效规避因援助依赖而产生的一系列问题?

首先,注重和增强民族社区自我发展能力的培养,正确分析援助发展与自我发展的关系。如果过分强调外部力量(援疆省市)的支持,依赖性势必增强,影响民族社区自我发展能力提高,在"输血"的过程中增强机体"造血"功能是关键,而不是代替"造血"。援疆项目应更多地倾向于培养和激发当地群众自我发展的能力和可持续发展能力。牧民定居工程项目不应仅仅是解决居住条件,应更多地考虑从根本上解决脱贫问题,而这就需要通过援疆项目,激发当地群众自我发展的活力。"援疆'民生项目'的立项,要特别注意该项目对当地少数民族人员就业的直接贡献,不能把项目和投资主要集中在基础设施建设上。"⑤ 比如让游牧的牧民定

---

① 马戎:《民族与社会发展》,民族出版社 2001 年版,第 346—347 页。
② 靳薇:《西藏援助与发展》,西藏人民出版社 2011 年版,第 226 页。
③ 靳薇:《项目援助与西藏经济发展》,《西北民族研究》2008 年第 4 期。
④ 孙同全:《国际发展援助中"援助依赖"的成因》,《国际经济合作》2008 年第 6 期。
⑤ 马戎:《新疆对口支援项目实施情况的调查分析》,《中央民族大学学报》(哲学社会科学版)2014 年第 1 期。

居下来，还要解决他们的生产生活问题，这样才能真正的实现定居兴牧，实现一个从传统畜牧业到现代畜牧业的转变。这才是定居兴牧工程的重点目标之一。让定居下来的农民有生活来源，帮助他们实现产业结构的转型和升级，完成"造血"功能。从而有效避免"援助依赖"。

其次，尊重受援地区的本土文化，重视地方性知识中蕴含的生存智慧。潘天舒从众多的发展项目失败的教训中分析得出，"群众才是发展项目成功真正的英雄"①，发展策略的成功取决于项目的实施是否符合当地文化条件和满足当地人的需求。费孝通创立的"迈向人民的人类学"和车尼亚的"人民为先"理念都在强调"以人为本"的思想。从社会发展观的演进来看，人类社会发展理论经历从以物为中心的阶段到以社会为中心的阶段，再到以人为中心的阶段，在此思路上体现出高度的一致性。不理会当地人的需求，不注重当地的社会、文化、心理因素的发展项目注定是失败的。这样不仅援助发展没有起到作用，而且影响和损坏了当地自身发展，这也是发展人类学家参与国际发展项目普遍认同的观点。

最后，积极营造和建立后援疆模式或新阶段援疆模式。援疆政策从最初的单边、纵向支援到横纵结合对口支援，再到新阶段的全方位、立体式对口支援，不但对口支援的机制体制上需要创新，在模式上也应有所发展。

在完善对口支援机制上，建立监督援疆项目的实施和评估机制。由于缺乏对援疆项目效果的有效评估，在市场化运作时，支援方政府或企业会选择投资短期项目，而长期项目投资较少。这就需要在援疆项目实施前进行评估，形成有效评估机制，评估该项目是否符合当地经济社会发展需要，满足人们的生产生活需要。在具体项目实施过程中，要建立实时监督机制，监督工程质量、资金投入和使用情况等。

总之，新阶段援疆模式应在对口支援基础上，实现支援方和受援方的在经济、产业、技术、人才、资源等全面的对口合作发展，并达到互利共赢、优势互补的目标，与支援方政府建立健全长效合作机制。从牧民定居工程的选择到实施再到成为援疆扶贫的"特色项目"，我们发现，是由其特性决定的：牧民定居工程是反映民生、短期见效、社会效益巨大的项目，这是实施的关键因素。而这又由当前援疆项目特点所决定。如果让援建双方达到"利益共赢"，建立健全长效合作机制，而不是短期的无偿支

---

① 潘天舒：《发展人类学概论》，华东理工大学出版社2009年版，第155页。

援，那样可能会实现更多、更好的援疆项目。然而，并不是没有合作的潜力，新疆可以凭借丰富的自然、文化、矿产资源等优势，使双方在利益上有所互补，达成合作双赢状态。

五 援疆背景下民族社区之自我发展

牧民定居工程创造了一定的社会效益，但如果在正确的认识和分析的基础上，进一步提高援疆项目的社会贡献和综合效益，需要我们在理论上进一步研究和反思援疆工作背景下民族社区发展理论；实践上及时发现援疆工作中存在的问题，从而进行政策调整，使援疆工作取得巨大的综合效益，实现新疆跨越式发展和长治久安。

（一）"国家空间"再造？

斯科特在"农村定居各生产中的社会工程"一部分中认为，国家掌握社会的方式就是使其清晰化，而被中央、宫廷或国家描述为"文明化的过程"的重新设计农村生活和生产的大规模努力，实际上是"被发明用来使农村、农村的产品和居民更容易被辨别和被中央掌握"[①]，即现代的发展主义民族国家将边疆的"非国家空间"转变为"国家空间"的再造。

斯科特认为，现代的发展计划，不论是在东南亚或其他地方，都要创造出国家空间，从而使政府可以改造那些"被发展"的社会和经济。[②] 并且，对这些空间的居民往往是痛苦的。文中提到印度尼西亚加里曼丹岛上的美拉图斯游牧山民，被当地官员集中在主要公路旁边设计好的村庄中，以便创造出固定和集中的人口，简单的来说就是方便清晰化的管理。而美拉图斯人却有一个"无拘无束的迁移"的共性，在政府官员来看，这正是他们可悲的落后。这一计划也是一个全局性的清晰化和集中化的项目。

还有一个例子就是二战时期马来西亚的"战略小村"，也是出于创建清晰、封闭和集中的国家空间，其目的就是要将中国人的小所有者和割胶人封闭起来，使他们不能为内地人数众多的中国游击队提供人力、食品、

[①] [美] 詹姆斯·C. 斯科特：《国家的视角》，王晓毅译，社会科学文献出版社 2004 年版，第 244 页。

[②] 同上书，第 249 页。

现金和物资。

以上两例从表面描述来看，与当前援疆项目中的牧民定居工程是相似的，或是与"国家空间"再造异曲同工？但实际上，我们认为，这两个案例中的政治逻辑与我们当前的新疆所实施的牧民定居工程是完全不一样的。如今在新疆所实施的牧民定居工程，绝不是为了实现以上例子中"国家空间"再造的目的，不但新疆自古以来就是我国领土的一部分，没有必要进行"清晰化"和"集中化"社会管理，而且援疆项目实施的目标也是完全不同的。援疆项目——牧民定居工程的实施是为了切实提高和改善当地牧民的居住方式和生产生活方式，提高生活质量，增强对生活的信心，实现民族社区自我发展，这也是对口支援政策和兴边富民行动的重要目标，也是为加快实现全民族的小康社会而做的努力。

但是，有一点是我们需要注意的，为什么"良好用意的"国家项目会失败，或者并未达到预期的目的？难道正如斯科特所说，"国家关于计划定居项目公开发布的理由往往是有序发展和社会服务（诸如提供健康医疗、卫生、充足的住房、教育、清洁的水和基础设施），但是这些计划很少能够按照预想的目标实现——不论是在马来西亚或者其他地方"，其原因是值得我们深思的。

斯科特给出的答案是"在被规划定居点上的人口集中可能并没有带来国家规划者所希望的结果，但是他却阻止或破坏了原有的社区，这些社区的凝聚力往往来自非国家方面"[①]。那么原因何在？我们目前实施的牧民定居工程是否也应考虑这样的问题：这样的社区是不是当地农牧民想要的，如果原有的社区凝聚力破坏了，如何恢复，或者是在项目实施前就对传统的社区凝聚力加以保护，同时，政府也应加强对新建社区凝聚力的培养和正确引导，包括社区文化、宗教信仰、生活娱乐等。

（二）超越援助：二源动力聚合转换机制理论下的民族社区发展

在研究特定地域发展时将其发展动力分为内生型和外源型是社会发展理论中的重要研究范式之一，可追溯到"五四"运动以来的"中学为体、西学为用""中西互补"的思想。[②]刘敏先生在对西北黄土高原山村社区

---

① ［美］詹姆斯·C. 斯科特：《国家的视角》，王晓毅译，中国社会科学出版社2004年版，第254页。

② 罗荣渠：《从"西化"到现代化》（上册），黄山书社2008年版，第2页。

社会发展进行研究时，提出的二源动力聚合转换理论，其主要思想是，任何社区社会发展的主要力量是源于其内部，外部动力要通过内源动力而发挥作用。① 其中转换的过程分三个阶段：第一阶段为外援动力要素输入阶段，即区外组织（政府）通过行政手段，向社区推行宏观的社会政策、发展战略及其计划，已输入必要的资金等，表现为单一的区外组织行为；第二阶段为外内源动力要素聚合阶段，即外源动力要素输入后，以社区组织为载体，与社区居民、家庭需要相结合，形成社区发展的"二源合力"，表现为社区自组织行为；第三阶段为内源动力扩张阶段，即在"二源合力"的基础上，动员社区居民成员广泛参与社区规划、社区决策和社区发展，社区内源动力不断发展、扩张，外援动力要素输入相对减弱，区外组织的功能由"输入"转向"服务"，社区发展主要表现为组织化了的社区群体自主行为。

虽然该理论源自黄土高原山村社会调查，但确实对于我们分析整个农村社会发展，转变发展观念，形成立足现实、着眼内在生长力的发展模式有重要参考价值。② 结合当前新一轮援疆背景下的新疆少数民族社区发展，二源动力聚合转换机制理论具有重要的指导意义。新疆少数民族社区发展亦可通过三个阶段来实现。

第一阶段：外援动力要素的输入已经实现，在目前对口援疆和兴边富民行动背景下，社区发展战略、目标及其计划，包括资金、技术、人力、物力的投入可覆盖到大多数民族社区中，外源性动力是充足的。

第二阶段：内、外源动力聚合阶段，这在援疆项目中属于重要阶段。需要援疆项目与社区实际相结合，考虑项目实施社区的社会、文化、心理等因素，真正满足社区及其居民需要，符合当地文化条件，形成社区发展的"二源合力"，共同壮大社区发展力量。

第三阶段：内源动力扩张阶段，是实现民族社区发展的关键阶段，只有加快动力要素向第三阶段转换，才能促使社区内源动力生长和扩张，实现民族社区的全面发展。从现有情况来看，新疆少数民族社区基本能够完成第一、二阶段的步骤。这就需要广泛动员社区居民参与社区决策、社区发展，不断增强内源动力。在社区内源动力足够强大时，外援动力的援疆

---

① 刘敏：《社会发展论》，中国社会科学出版社2012年版，第107页。
② 赵利生：《二源动力聚合转换机制述论》，《科学·经济·社会》2003年第2期。

要素可以逐渐退出社区发展,实现社区组织自我发展,从而有效避免援助依赖。

(三) 援疆项目受益者的追问

在应然层面,当地的农牧民作为两居工程的受益者无可非议,但在具体的操作层面,受益者出现了变化。一是支援方政府受援助时限——一般是5—10年——的制约,援疆项目的投资与建设不仅多数偏重于在短时间内看得到社会效益且更容易突显政绩的项目工程上。同时,支援方政府也可能在投资与建设过程中为自己的省市利益着想,与本省市的企事业单位联合,共同投资建设受援方,形成了支援方政府作为援疆项目的主要受益者之一。

> 首先我们对新疆从资金、人才、项目上提供了大量的援助,我们也希望新疆哈密能够更好、更快的发展。但是在帮助带动哈密发展的同时,我们也要实现自己的目标,像特色工程、重点项目等,并且能够实现我们支援省市和新疆的合作共赢。(援疆办,LZM,46岁,2013-6-10)

二是援疆项目的实施和建设也成为当地政府实现政绩的主要平台和基础之一,因此,受援方当地政府也无形中成为主要受益者。当地政府的政绩也受任期时限的制约,但更多的会考虑到民生建设上,希望援疆项目成为老百姓能看得到、感受得到的项目,两居工程也就成为最佳的选择。

> 老百姓现在最需要的也就是(牧民)定居工程,这些援疆项目是可以让老百姓看到、得到真正实惠的项目。我们也很愿意去做,这样不但我们能够实现改变我们的村貌,而且能够出成绩。(巴里坤县萨乡政府,AEDKTKN,男,35岁,2013-6-15)

以上两种受益者结构层面的变化造成了援疆项目的决定权落到支援方政府和受援方政府,这毋庸置疑。但如果援助项目仅基于援助时限和短期政绩的考虑,而忽略应然层面的真正的受益者——当地农牧民的利益时,援助可能便背离了本意而出现偏差。而在援疆项目的选择、实施和建设期间,当地农牧民并没有话语权,只能处于被动接受的地位。

> 我不知道为什么这么修?也没有人征求我的意见,其实有时候我也很想参与这类事情,因为毕竟自己出了钱而且也是自己生活住的地方。往远里说,我也想让政府(支援方政府)能够为我们在真正需要的事情上面多做一点投资,让我们生活得更好。(巴里坤县萨乡苏村,NYSGL,女,48岁,2013-6-10)

因此,在追问和反思援疆项目真正受益者时,更多地期望三方受益者能够联合,在合作共赢的目标下做好援疆项目。同时也就要求支援方政府和受援方政府在制定和实施援疆项目时,以参与式发展模式为手段,深入到基层老百姓中去,了解他们的需求,做有利于当地社区发展的援疆项目。

第十一章 "硝沟模式"

——宁夏固原市硝沟村调查

当前我国贫困地区高度集中在西部所谓"一方水土养不了一方人"的地区，虽然财政投入日益增多，但扶贫与返贫已经形成了拉锯战局面。在这种背景下，国家和地方政府为了促进西部贫困地区发展，既有针对性地实施了大量扶贫项目、惠农政策，又创立了一系列扶贫开发模式。"少生快富"是国家奖励自愿少生孩子的农民的一项扶贫工程，这项工程在西部贫困地区启动、并使扶贫资金的使用效益空前提高，其意义已经远远超出了计划生育工作本身，这是把扶贫工作与人口控制工作紧密结合起来的一次非常有益的尝试，对我国西部扶贫战略转变工作思路具有重要启示作用。[①] 宁夏回族自治区是最早实施"少生快富"扶贫试点工程的地区，自 2000 年开始就已在南部山区实行试点。近年来，根据该工程实践经验，宁夏南部山区对少生快富工程进行了深化，创立了多种新型扶贫开发模式。我们以固原市原州区"硝沟模式"为例，通过田野调查来探讨硝沟村"少生快富"工程与"整村推进"相结合的扶贫开发模式形成过程、项目实施过程及存在的问题，为"硝沟模式"的顺利推广提出建议。该研究对挖掘西北少数民族欠发达地区扶贫开发模式，促进西北少数民族地区农村社区发展具有重要意义。

一 硝沟村基本情况与"硝沟模式"

（一）硝沟村基本情况

硝沟村原名叫肖沟村，更久远的名字是肖家深沟，因肖家最早落户于

---

① 侯东民、蔡林：《宁夏回族自治区"少生快富"扶贫工程试点绩效评估》，《人口学刊》2007 年第 6 期。

深沟里而得名。村子位于彭堡镇北面，北与大疙瘩村接壤，西邻南堡子，南接姚磨村，东接西塬。硝沟村全村土地面积5.6平方公里，距离彭堡镇7.5公里，距离固原市市区18公里。该村是纯回族聚居村，村民分为"五扎六姓"，"六姓"为马、何、虎、尚、穆、肖；"五扎"指马家是一扎，何家一扎，穆家一扎，尚家一扎，肖家一扎，姓虎的和穆家是一扎。全村现有243户1086人，其中劳动力450人[1]。盐化工拆迁户[2]共有60户已转为城镇居民户口，其余为农业户口。硝沟村现有贫困人口256人。2009年前盐化工征地之前拥有耕地2607亩（加上自留地共4000亩），人均耕地为2.4亩，以旱塬地为主，盐化工征用耕地1300亩后，人均耕地为1.3亩。

截至2011年，硝沟村实施"少生快富"72户，2009年硝沟村被自治区确定为"少生快富示范村"。2010年，为了改变本村的群众的居住环境和生活条件，硝沟村被原州区确定为新农村中心示范村建设和危房危窑改造村。2010年，固原市原州区利用和泉州市丰泽区对口扶贫协作项目为契机，由丰泽区援助36万元、原州区配套投资500余万元合作建设，其中新农村建设项目投入100余万元、交通道路建设项目投入100万元、扬黄引水项目投入100万元、危房改造项目投入100万元、草畜产业及水窖项目投入100万元。2010年全村农民人均纯年收入达到了3300元，主要来自种植业、养殖业和外出务工，其中养殖业以养牛和养鸡为主，打工以建筑业和拾棉花为主。

在加快经济发展的同时，该村教育、卫生、文化等社会各项事业也取得了明显进步。硝沟村有村委会办公室三间，并在养鸡场新建有党员活动室，党支部、村委会、妇女协会等村级组织健全，全村共有党员23人；村内有一座小学，小学生可在村内就读，上学条件便利；村庄建有一个村

---

[1] 以上数据来自2011年硝沟村村委会的统计资料。

[2] 2008年，宁夏矿产地质调查院在固原硝口约30平方公里的勘查区域内，施工钻孔见到了厚度大、品位高的岩盐矿层，共求获岩盐矿石资源量30多亿吨、芒硝资源量约1.6亿吨，属国家大型盐矿，远景预测储量达到100亿吨以上，具有埋藏浅、厚度大、品位较高、易开采等特点。加之原有储量丰富的煤炭、石灰石资源，为此，宁夏研究决定设立"固原盐化工循环经济扶贫示范区"，简称固原盐化工。该示范区位于宁夏固原市位于原州区头营镇大疙瘩村、南屯村、胡大堡村、彭堡镇硝沟村及吴磨村5个行政村境内，涉及1189户（其中拆迁552户）5253人。硝沟村第三村民小组涉及其中，2010年2月份开始实施拆迁。

级卫生室，能保障基本看病需要；硝沟村是纯回族聚居村，该村伊斯兰教分为老教和新教。老教在二队和三队，其礼拜场所为硝沟东大寺。新教在一队，其礼拜场所为肖沟西大寺。

（二）贫困现状及成因分析

> 以前困难得很，人口多土地少，连生活都不得够吃，地里种的那个粮食，种啥吃啥，现在的清油、白面没有的，咱们这个地方是杂粮之地，要种好几样粮食呢，一年种上收了你就推着吃，现在吃这么好的菜去都没有，能顿顿吃上白面是这后四五年的事情，老百姓都能吃上白面了，我们这个村子十年前吃上白面的都是少数，一两天见上一顿，多的是秋天的杂粮，种了麦子旱得不成，玉米吃的都没有，就是吃的土豆、谷子、荞麦，一天吃着两顿饭，家口大的娃娃吃上个馍馍都很困难，吃的菜都是在沟底挖的那苦苦菜，给娃娃做成都吃，你想吃青菜除了自己有种的，种不上的买去也没有呢。那时候那个土窑窑，下透了泥都淌，吓死人呢。（硝沟村村民 LDF，男，回族，84岁，2011-7-16）

这是一位 84 岁老人对过去贫困日子的回忆，从老人的话语中我们可以对硝沟村过去的贫困有个直观的印象，过去硝沟村村民一年的收成仅仅是维持口粮，遇上下雨少的年份，甚至连口粮都无法保障。在新农村建设之前，村民的住房还以土房为主。

2004 年硝沟村农民人均纯年收入只有 1340 元，被原州区委确定为后进村。该村基本没有抗灾抗风险能力，农户现金储备极少，生产资料缺乏，群众生活困难；集体经济空白，社会公益事业得不到发展；基础设施欠账大，自然灾害频繁；村民的精神文化生活单调，观念落后。

"生态环境恶劣、人口增长快、人口素质低下、产业结构不合理以及城镇化水平低是造成西海固地区贫困的主要原因。"[①] 除了以上这些宏观层面的原因之外，具体到硝沟村，贫困的原因又有其具体特点，主要体现为以下四点。

---

① 王帆：《宁夏西海固地区反贫困战略研究》，《宁夏党校学报》2008 年第 5 期。

第一，基础设施相对滞后，生产经营投入不足，加之交通不便、信息闭塞等原因影响，全村以农为本观念根深蒂固，贫困程度较周边地区尤为严重。

第二，农民增收渠道单一，农业产业效益低下。全村没有形成经济效益较好的产业链条，农民经济收入主要依靠贫瘠耕地取得。农业结构不合理，秋粮种植面积大，经济作物种植面积小；农业基础措施设施落后，抵御自然风险能力极弱。

第三，农民文化素质偏低，观念落后，发展意识淡漠，接受新技能新事物能力差，导致扶贫效益不明显。

第四，因灾、因病、因残导致部分群众返贫。由于村情所决定，有些非贫困户一旦遇到自然灾害，又加入贫困的行列；因农村收入本来就少，家庭成员中，如果有一人患重病，致使贫困家庭更加贫困；少部分家庭中有残疾，也是导致家庭贫困的根源。

2010年开始，随着各种扶贫项目的集中实施，硝沟村贫困面貌得到改变，2011年底全村人均纯年收入达到了3165元。

（三）硝沟模式

首先应该明确"硝沟模式"不是硝沟村自己独立创造的模式，而是原州区在实施"少生快富"工程中创造出来的模式，是对"少生快富"工程的深化，硝沟村最具有代表性，"硝沟模式"代表了原州区在"少生快富"工程中好的做法与经验。换句话说，"硝沟模式"是"少生快富"与"整村推进"相结合的新型扶贫开发模式，超出了单纯计划生育工作的范畴，而是将西北少数民族地区的计划生育与扶贫开发结合起来，创立了一条"少生"与"快富"有机结合的扶贫新模式。

宁夏在实施"少生快富"工程重点地区的中南部七县二区，人口出生率和自然增长率都下降了2个千分点左右。然而，随着物价上涨等原因，奖励资金"含金量"实际上在缩水，工程吸引力也随之打折。针对前些年少生快富项目吸引力下降、一些项目户少生却没有快富等问题，宁夏回族自治区在南部山区试点少生快富整村推进，改变原有以家庭为单位的个体帮扶模式，试点以村为单位进行产业扶持，通过整合项目推进少生快富家庭创业致富。

"硝沟模式"是固原市原州区在"少生快富"工程实施进程中，探索解决人口过度增长和经济发展滞后的新思路。原州区在深入实施少生快富工程中,通过大力开展少生快富示范户、示范村创建活动,把以户为单位的少生快富项目实施变为以"整村推进"的方式实施,并在彭堡镇硝沟村进行试点,大胆探索,创造了"443双百"[1]整村推进,两个全覆盖的"硝沟模式"。因此,"硝沟模式"可以总结为:少生快富、部门联动、项目引领、整村推进,将"少生快富"工程与新农村建设相结合,与扶贫开发相结合,与环境整治相结合,将过去以户为单位的"少生快富"项目转为以"整村推进"的方式实施,将少生快富工程实施的一系列奖励扶助政策捆绑在一起,形成合力,整体推进,实现"以少生促快富,以快富促少生"的总体目标。

从2009年起,原州区通过整合新农村建设、交通道路建设、扬黄引水、危房改造等多个项目,向硝沟村投入资金500余万元,改造院落、大门,新建房屋,硬化道路,安装自来水管道,建设施圈棚,使硝沟村村庄面貌和村民居住环境得到很大改善,初步实现了少生和快富的统一。

2011年2月21日,固原市深化"少生快富"工程、推广"硝沟模式"现场会在原州区召开。固原市委、政府将硝沟村经验命名为"硝沟模式",并在全市予以推广。

二 硝沟村"少生快富"工程的实施

西海固地区自20世纪80年代开始实行计划生育以来,也同全国各地一样,管理方法上主要采取严厉的行政强制和经济处罚手段限制人口。这种方法虽然在一定程度上降低了人口无节制的生育,但由于与群众的生育意愿和需求发生矛盾冲突,不但没有从根本上解决人口过剩问题,反而造成"超生"群众的生活困难,引发了党群关系、干群关系的极度紧张甚至恶化的问题,计划生育工作愈发艰难。"少生快富"工程是在总结过去计划生育工作的经验教训后得出的措施,"在长期的艰苦探索和实践中,

---

[1] "443双百"——强化"四创新":创新利益导向机制、创新奖励机制、创新捆绑扶持机制、创新考核机制;坚持"四结合":把少生快富整村推进与新农村建设相结合、与扶贫开发相结合、与环境整治相结合、与计划生育村民自治相结合;做到"三优化":优化政策环境、优化居住环境、优化人文环境;达到"双百":全村少生快富项目户覆盖率达到100%、项目捆绑落实率达到100%。

我们感到单纯依靠行政命令和经济惩罚手段控制超生，很难从根本上解决问题。如果将计划生育工作与扶贫工作结合起来，建立利益导向机制，则既能使农民自愿实行计划生育，又能尽快地实现脱贫致富。少生快富扶贫工程就这样孕育而生了"[1]。

硝沟模式的核心内容是"少生快富"工程的整村推进，硝沟村即是依靠其超高的"少生快富"项目户覆盖率而在自治区脱颖而出，获得了各项荣誉。2009年硝沟村被自治区确定为"少生快富示范村"，从此，硝沟村开始进入各级领导的视野，扶贫项目也开始在硝沟村集中展开。因此，详细论述"少生快富"工程在硝沟村的实施过程便显得十分必要。

（一）"少生快富"工程在硝沟村的实施

"少生快富"工程在硝沟村上一任村支书和村主任时期开始实施，2009年硝沟村被自治区确定为"少生快富示范村"。通过访问上一任村干部和"少生快富"项目户，我们总结了硝沟村"少生快富"工程的实施过程。

1997年之前，彭堡镇并未实施任何计划生育奖励政策，但镇政府每年依然给各村下达计划生育指标，例如，1994年硝沟村完成了6例，属于超额完成，因此得到了镇政府的表扬，并奖励村干部50元钱。

1997年之后，宁夏制定了计划生育奖励政策，开始对实施计划生育的村民进行奖励。

"少生快富"工程在宁夏进行两年试点之后，于2003年8月开始扩大到南部山区八县，即开始实施宁夏南部山区八县（区）"少生快富"扩大试点工程项目。政府将对符合计划生育政策的回族及其他少数民族二女户育龄夫妇，自愿少生一个孩子并采取永久性绝育措施的一次性奖励5000元。

与此同时，村民MYR开始担任硝沟村村支书并连任两届。MYR是个退伍军人，由于有在外当兵的经历，他通过比较发现：

> 咱们这里娃娃们把老百姓害苦了，得想着发家致富，娃娃多了就

---

[1] 冯炯华：《"苦涩的事业"变成了"甜蜜的事业"——宁夏回族自治区实施"少生快富"扶贫工程的实践》，《华夏星火》2005年第1期。

是不行,少生一个就可以减轻个人负担。你看娃娃多得是怎么个情况,原来对这个知识抓得不紧,他就没那意识,姊妹都没上过学,这就是要转变观念的问题。(硝沟村原支书MYR,男,回族,2011-7-17)

于是MYR开始在村里劝说村民参加"少生快富"工程,当时的"少生快富"仅有一次性奖励,没有其他配套措施。MYR夫妇原本就是计划生育户,这为他开展工作提供了很大帮助,他首先通过自己的例子劝说弟弟参加了"少生快富";接着从村干部开始,要求凡是符合标准的村干部也要参加"少生快富",以村干部的行动为村民做表率。村干部在做村民思想工作的时候,以自己的亲身经历来说服村民,取得了很好的效果。

然而,这一过程并不是一帆风顺的,刚开始村民并不相信他们,连门都不让他们进。村干部便先动员亲戚朋友,通过各方面努力,一家一家地做工作。

2008年,村民MDC当选为村主任,他与村支书MYR商量如何发展本村经济时候,硝沟村由于自身条件太差,靠自己无法发展,必须向国家要项目,但国家为什么要把项目给硝沟村呢?硝沟村第一上面没人,第二也没钱,从哪个方面都行不通。最后二人仔细分析硝沟村的情况后发现,硝沟村唯一的亮点是"少生快富"工作做得好,其他村参加"少生快富"的项目户只能达到目标人群的40%左右,硝沟村却达到了80%。因此,他俩决定跑"少生快富"这个项目。

2008年开始,国家加大了对"少生快富"项目户的扶持力度,例如提高了一次性补偿金、给予营养费、配套低保以及扶贫项目优先等。

与此同时,硝沟村的村干部加大了对"少生快富"项目的推广力度,最后只要是有儿子的村民的工作基本都做通了,还促使两户纯女户参加了"少生快富"。2009年硝沟村被自治区确定为"少生快富示范村",至2011年72户目标人群全部纳入"少生快富"工程。

通过对硝沟村"少生快富"工程的实施过程进行分析,我们可以得出这样的结论:硝沟村"少生快富"工程的主要工作成果在2009年之前就已完成,并不是"硝沟模式"所强调的"少生快富"整村推进的工作成果。

(二)"少生快富"工程得以顺利开展的原因分析

魏瑞亮等人的研究指出"少生快富"工程能够在宁夏自治区顺利推行主要依靠以下做法:"实行一次性少生奖金、全程帮扶指导脱贫、配套优先优惠政策以及严格统一工作程序。"① 具体到硝沟村,通过该村开展"少生快富"工程具体过程的分析,我们得出该项目顺利开展有下述4个原因。

第一,在项目实施前,积极开展宣传动员,转变群众的传统生育思想观念,在群众中树立"少生快富"的思想氛围。

硝沟村村干部将强化宣传作为少生快富扶贫工程顺利实施的前提,紧紧抓住村民眼见为实、注重实惠的心理特点,从大部分村民文化程度不高的实际出发,开展了一系列一看就懂、一听就明、一记就清、形象通俗、群众喜闻乐见的"少生快富"宣传教育活动。

村干部将实施少生快富工程的政策内容精炼成通俗易懂、贴近生活的宣传标语和图片,建成国策宣传墙2座,宣传壁20座,并且集中培训育龄妇女,用身边的人演身边的事,用身边的事教育身边的人,让育龄妇女们真正体会到"少生优生,幸福一生""生男生女一样好,女儿也是传后人""少生才能致富"的深刻道理。他们把新型的生育文化融入到广大群众的生活之中,为新农村新家庭建设注入新的活力,使群众在欢歌笑语中接受了教育,树立了少生快富思想。

第二,村干部工作方法得当,尊重村民,让民众自愿、主动地参与项目。

"少生快富"工程与之前计划生育政策的最大不同之处在于,它不具有强制性。以硝沟村村民为例,由于该村村民皆是回族,有三个合法的生育指标,即只要村民不生育超过3个子女并且满足间隔,计生部门并没有权力干涉。而"少生快富"工程是鼓励村民放弃第三个生育指标,传统的计划生育强制性的工作方法并不只用于"少生快富"工程,因此,这就要求村干部通过做群众的思想工作,通过沟通来引导村民主动参与。

我们以硝沟村的前任村支书、村委主任的具体工作经历来分析他们如

---

① 魏瑞亮、魏艳华、张占明:《实施"少生快富"工程促进民族地区人口与经济社会协调发展》,《人口与计划生育》2004年第4期。

何与群众进行沟通。

例一：前任村支书 MYR 说服双女户参加"少生快富"：

> 一次咱们去动员说你看你两个女子结扎掉吧，这家和咱们正常老百姓还不一样，他智力有问题，腿脚还不利索，给这些人再不做工作，这也是村上的负担，也是乡上的负担，更是他家的负担，我们就给他做工作说，你再养也养不起，不实际，两个女儿就够了，去了四回，一步一步地做工作，然后就去做手术了。（硝沟村原支书 MYR，男，回族，2011-7-17）

例二：前村委主任 MDC 通过说服老人，促使其子女参与"少生快富"：

> 这一家的老汉 20 年前就死了，在他们那个家庭里面确实靠得就是这个娃娃，家里面还有一个瘫痪的呢，我进去看了一下，和这个老婆子谈起来。我就说在你养下这七个娃娃的时候你得的谁的帮助最大，得的女子的帮助大还是得的儿子的帮助大，她说好像我是得的女子的帮助比儿子大一点。我就说咱们不是搞这个少生快富嘛，生两个就能成了，她说，"哎那不成，我得多养两个呢"。当时第一步说不下去，过了几天，第二次再去说，那人家直接不讲这个事情，反正你进去坐下是坐下了，说起这个少生快富人家直接话不说。儿子说这个问题我们再考虑，我忙着呢你先出去，根本就是把你往外搡呢，这是第二次。第三次进去单独拜访老婆子和小两口，先把小两口从年轻人外面的发展慢慢讲，把这小两口讲通，那小两口说你问我妈去，我妈只要能同意我们啥事都能成呢。然后再问老人，当把老人的思想工作再慢慢做通，她说啥咱们从她那个话语上慢慢套着说，最后她说"哎那看人家小两口，只要人家小两口能成我就啥都不说了，我老了今不说明的话了"。完了我过去说你妈说能成，你看你们两个。我们又坐到一块，人家说这个事情我们也再不管了，你们看着弄去吧，这就成了。（硝沟村原村主任 MDC，男，回族，2011-7-17）

从两位村干部的工作经历中，我们可以总结出两点经验：一是村干部必须重视这项工作，并且有一种锲而不舍的工作态度；二是必须注意工作方法，在沟通的过程中，以村民的角度来思考问题，为村民的利益着想，让村民了解到参与项目的好处。

第三，通过转变利益导向机制，整合项目资金，向"少生快富"倾斜多项优惠政策，用实实在在的利益吸引群众主动参与"少生快富"项目。"从过去采取单纯依靠行政命令和严厉经济处罚的冷峻僵硬的管理方式，转向争取群众对人口计生工作的广泛理解和支持，通过建立利益导向机制，引导群众自觉主动参与的人性化管理方式。"[1] 该项措施也是"少生快富"工程与之前惩罚性的计划生育措施的根本区别。

近几年，硝沟村对扶农助农方面的各类项目全部进行了整合，优先向计划生育户倾斜，为他们积极争取资金、用地、项目立项、技术扶持等工作。"截至2009年7月底，全村有8万元项目资金落实到了计划生育户家里，占到各类扶农助农项目资金总数的20%，有42户计生家庭受益，占全村总农户的21.3%。"[2]

实实在在的收益极大地刺激了村民参与"少生快富"的积极性和主动性，使硝沟村的"少生快富"工作成绩在原州区甚至是自治区范围内名列前茅。这些措施也是之后"硝沟模式"的重要组成部分。

第四，通过树立典型，做到示范带动。

该村党支部书记"少生快富"户MYR夫妇带头创业，带领全村积极搞肉牛养殖产业，全村有70%的家庭都搞肉牛养殖产业，年收入达60万余元。这为全村的经济发展和家庭致富带了好头，"少生快富"户穆志平、马玉梅夫妇，靠养鸡发家致富，年收入近3万余元。

第五，生育观念的变化。"少数民族地区群众社会保障制度尚未建立，养老福利事业难以开展，养儿防老的思想尤为突出"[3]，但随着村民对自身经历的反思，发现多生儿子不仅不能防老，反而是贫困的原因和致富的障碍。二队村民XZF与两个儿子的例子可以清晰地反映出生育观念在两代人之间的变化。

---

[1] 桑敏兰、何银玲：《"少生快富"工程：人口与计划生育管理模式的综合创新——以宁夏为例》，《宁夏党校学报》2009年第6期。

[2] 彭堡镇政府办公室宣传资料：《少生与快富双赢——原州区彭堡镇硝沟村》。

[3] 吴小平：《少数民族地区计划生育工作难点与对策》，《中国卫生质量管理》2002年第6期。

我两个（夫妻二人）骂着不让结扎，大儿子说着"你养下那么多你顶了个啥，你和我大两个吃着苦拉我们兄妹四个难呢，我们这会儿政策这样好的话我就计划了不生了"。我说"你看你才一个儿子太少了"，他说"妈你给我那些话再不要说了，现在我们一个就能行得很"。（硝沟村村民 XZF，男，回族，2011-7-6）

以上五个原因是通过分析硝沟村开展"少生快富"工程的具体过程而得出的，但在我们仔细分析"少生快富"户的构成后会发现一个更为重要的原因，前支书 MYR 的一句话也道出了事实的真相："最后只要是有儿子的村民的工作基本都做通了。"

硝沟村目前 72 户少生快富的只有 2 户是纯女户，1 户独子户。这两户纯女户中，一户男人是瘫子，妇人是个哑巴，实在无力再生养。而那个独子户是三组的一个外来户，媳妇是汉族，河南人，夫妻二人感情甚好，生了一个儿子后，女方自己要求不再生了。

除了这两个独女户比较特殊之外，其他的 70 户少生快富起码都有一个儿子。按概率计算，两胎都是女儿的概率是 25%，而硝沟村的实际纯女户才 2.7%。这也难怪硝沟村的村民都笑谈硝沟村的媳妇很争气。该村驻村干部 FJN 也注意到这个因素：

这个村子纯女户只有 2 户，很多"少生快富"户都是一男一女或者是两个男孩，只能说是风水好，否则是成不了这个项目村的，其他纯回族村走不下去我估计是因为运气不好吧。（硝沟村驻村干部 FJN，男，汉族，2011-7-18）

该村村民也明确表达了假如前两胎没有儿子，肯定要接着生的态度：

我们就想养两个嘛，养两个现在娃娃都吃得好穿好。但如果当初生的是两个女儿就不计划，家里人肯定不同意嘛，没有想过只生一个。（硝沟村村民 MZL，男，回族，2011 年 7 月 9 日）

硝沟村村干部为推行"少生快富"工程所采取的措施并未突破魏瑞亮等人所总结的四点措施。因此"少生快富"工程能在硝沟村推广实施，除了国家的扶持政策，村干部的努力推广，实际上还有很大的"运气"成分，而这份生男孩的"运气"其实显现出该村背后对男嗣的看重的传统其实并未发生显著变化。

三 各类扶贫项目的实施

2009年，硝沟村被自治区确定为"少生快富示范村"。2010年，为了改变本村群众的居住环境和生活条件，硝沟村被原州区确定为新农村中心示范村建设和危房危窑改造村。到目前为止，当地政府声称共投入扶贫资金500万元，扶贫项目主要包括新农村建设项目与整村推进项目，这些项目主要用于改善乡村基础设施和村民居住环境的项目。除此之外，硝沟村还有一些用于帮助村民发展经济的扶贫项目，比如村级互助资金、少生快富户养牛补助以及瓦工培训等。这里我们将挑选其中五个典型类别项目进行论述，涉及养鸡创业园的项目将在下一部分专门论述。

（一）村级发展互助社与互助资金

"村级互助资金"全称为"贫困村村级发展互助资金"，由专项安排投入到贫困村的财政扶贫资金，以及贫困村内农户以入股方式投入的自有资金组成。在贫困村内实行"民有、民用、民管、民受益、周转使用、滚动发展"管理模式，着力缓解贫困农户发展生产所需资金短缺问题，推进贫困村和贫困农户可持续发展。

2011年原州区扶贫办开始在全区的新农村建设村、整村推进以及生态移民村中挑选了20个村开展"村级互助资金"项目，硝沟村入选，获得30万元的专项基金，并成立"硝沟村村级发展互助社理事会"来管理互助资金。该理事会包括支书、村主任和村会计三人，借款合同必须由三个人的盖章才生效。

硝沟村"村级发展互助资金"由扶贫办30万元专项基金和村民自愿入股资金构成，分为等额股份，每股1000元，其中扶贫资金配股600元，村民出资400元，硝沟村共有115名农户参与入股。每名村民最多入3股，最高可贷3000元发展资金，月息8‰，即村民交400元股金，可以享受3000元的贷款额度和分红权利。村民贷款时必须采取五户联保，或以4—6个社员为组担保。第一次借款期不超过一年，第二次借款时，视社员的信用度和项目情况可适当延长使用期,但须按规定由社员提出申请,经理事会批准后方可延期,延期时间不得超过两年。贷款的审批工作由"理事会"负责。每年利息收益的35%滚入本金,40%用于农户入股分红,25%提取公积金,主要用于"互助社"管理费支出。

按现任村支书XMG的说法,村级互助资金的特点在于借款手续方便,能够帮助解决村民紧急情况下小额的资金需求:

> 我认为这是最好的一个资金,这个最好推广也是最实惠的,没有什么约束、没有什么限制,老百姓都可以贷,比如说你哪个人急需了,我村上做一点钱,你这一家子人先用去;这一家人生病了,哪里有钱看你病呢,你先去看病,咱们再给你解决问题。(硝沟村村支书XMG,男,回族,2011-7-4)

至2011年7月,硝沟村村级发展互助社共向73户村民发放了贷款,主要面向贫困户和少生快富户。前村支书MYR说:

> 这是正儿八经的给穷人贷的,你看哪个穷的不得过的贷给,现在就怕是贷给咱们要不回来,咱们通过他们的亲人、老哥来担保,我可以给你贷一点,咱们可以实行这个政策。比方说我家是困难户,我们一人给3000,你们两口子我们可以给6000,你家穷一点,我给你贷点,你买两个羊,也可以买头牛。这个所有的人都可以贷,但是优先少生快富。(硝沟村原支书MYR,男,回族,2011-7-17)

养鸡创业园是硝沟村目前最大的产业开发项目,为解决养鸡户的资金困难,互助资金同样优先养鸡户。通过现任支书XMG的争取,原州区扶贫办又向硝沟村村级发展互助社投入了43万元专项资金。

"互助资金项目运作要始终坚持面向贫困群体不动摇,这是项目的宗旨,也是项目的出发点和落脚点"和"公示制度必须坚持,这一制度既是宣传群众的平台,又是群众监督的平台"[①],但硝沟村目前恰恰在这两个关键点上出现了问题。第一,资金流向开始倾向产业发展户,而不是贫

---

① 张龙:《对村级互助资金扶贫项目建设的调查与思考》,《决策探索》2011年第6期。

困户，村干部出于资金安全和发展本村经济的考虑，对养牛户和养鸡户进行了扶持；第二，互助资金的发放审核权实际由村支书 XMG 一人掌握，且对互助资金的运作情况并未公示。

（二）养殖业与种植业项目

由于采取禁牧政策，现在硝沟村养羊的数量很少，并无针对养羊的扶贫政策。养殖业的扶贫政策主要是针对养牛业，包括牛棚补助，针对少生快富的养牛补助；种植业方面，当地政府在推广薄膜玉米，向种植户销售优惠价的薄膜。

1. 牛棚补助

牛棚补助是 2009 年农牧局开始实施的扶贫项目，面向全区实行，按建筑面积进行补助，补助金额在 500—1500 元之间。这一项目对帮助农户发展养牛业有一定的帮助，目前存在的问题是有些农户建设好牛棚后到目前为止还未获得补助。前支书 MYR 对此的解释是农牧局资金不到位：

> 他这个钱现在还没下来呢，农牧局比如说是 2008 年的钱 2009 年打，2009 年的钱 2010 年打，这个我听说去年的钱马上下来了，现在政府还欠我们的这个牛棚钱，欠我们的这个大门钱。（硝沟村原支书 MYR，男，回族，2011-7-17）

除此之外，还有一项针对居民点的牛棚补助项目，每个牛棚补贴 1500 元，但对于牛棚的建设要求比较高，比如牛棚要建设在向阳、干燥、冬暖夏凉的地方，每栋圈舍的建筑面积为 50 平方米，为半敞开式砖木结构等。这一项目目前存在的问题依然是资金不到位，村干部的解释是他们正在对牛棚进行检查编号，钱马上就会下发。

2. "少生快富"项目户养牛补助

针对"少生快富"项目户的养牛补助是原州区扶贫办的一项产业扶贫项目，处于试点阶段。硝沟村是"少生快富"示范村，便被选定为试点村，彭堡镇党委书记 AJH 介绍了这一项目的具体实施背景：

> 养牛这个项目只是在这个村，咱们固原市也没有政策给你，家里面原有的牛和你后来购买的牛，一头牛给补贴 1000 元，咱们也是搞

一个试验，对这个村上的牛实行补贴1000元钱，有时群众确实没钱，这个项目我们主要是针对少生快富的，少生一孩的。这个村子好多项目其中都是优先帮扶少生快富的，因为这个少生快富在牵头呢，以少生快富为核心。（彭堡镇党委书记AJH，男，2011-7-19）

那么，这一项目具体实施规则又如何呢？第一，只针对硝沟村的少生快富户；第二，补助对象包括原先已有的牛和新购入的牛，要求最少养4头牛以上，并且要求牛身高在1.5米以上，对牛的数量上不封顶，有多少补多少；第三，每头牛的补助标准为1000元。

这一项目根据登记的花名册发放补助款，共补助了150头，即15万元，并且资金到位很快。此项目存在的问题是当时下达通知的时候，没有说明检查时间，原先要求养够3头大牛1头小牛就可以，最后要求必须养4头牛，牛的身高标准也没有。原村支书MYR具体实施了这项工作：

> 当时上级文下来以后，我就问了我们这个党委书记了，这个扶持还有界限吗？养够多少头咱们补贴呢，还有大小呢？当时给我说的是养够三个半，最后有人问我说，我们想多养2头行吗？这个是多养行呢，你少不行，最后你看凡是多的全补了，你养20头补20头，养30头补30头。这个品种上没要求，大小上当时也没要求，最后政府大小上还是要求了，转起来说你这个牛小了，不给补，这个上面也有点问题，当时你给我们通知的时候没限制大小，下来验的时候才说一米五是个标准，现在有比一米七还大的也没补。（硝沟村原支书MYR，男，回族，2011-7-17）

这次项目补助最多的是村民MZJ，他养了20头牛，补助了2万元。整村推进项目由于资金不足，常常会存在项目建设不完整，形成新的"半拉子"工程，"如对牛产业的扶持，政府补助的资金只能够建棚或买牛，农民个人又买不起牛或建不起棚。同时，或因贫困户贷款难，或因农户对市场行情吃不准，无论政府给牛还是给棚，个人都不愿投入"[①]。由于原州区扶贫办为"少生快富"提供了养牛补助，使得村民能够同时得

[①] 徐进：《整村推进扶贫思路与方法研究》，中国财政经济出版社2008年版，第95页。

到牛棚补助和养牛补助，有效地解决了这一问题。但原州区扶贫办的ZZM介绍，这次针对硝沟村少生快富的养牛补助以后不会再有了。

3. 廉价薄膜

廉价薄膜是2008年原州区为了推广玉米连片种植的配套项目，即以低于市场价的价格向玉米种植户销售薄膜，市场价60元左右的玉米，按20元左右的价格向种植户销售。前任村支书MYR介绍了廉价薄膜在硝沟村的实行概况：

> 这个是（20）08年开始的。农牧局上的项目，我们争取下来的，因为咱们这都是旱地，旱地得保墒。当时咱们没有产业化，养殖上没草，薄膜玉米在这个银川、同心这块做了示范，我们就想着在这个种植上看看能不能发展一下。（20）08年开始的时候是10块钱一卷，（20）09年是个22，这些薄膜市场价卖60几呢。第一年下来我看得有100多户受益，第二年就不多了，他全铺完了，也就是个八九十户了，覆盖了90%。因为第一年铺了第二年他还可以用。（硝沟村原支书MYR，男，回族，2011-7-17）

为了推广玉米连片种植，所以在分发薄膜的时候优先向连片种植的农户销售。另外，在具体的操作过程中，长期在外打工不种地的农户也未享受该项目。

> 上面检查着说你必须要统一种呢，人家规定要连片，这样有的村民得不到了。好比说现在我们没有500亩，只有400亩，剩下的这100亩结合不上了，这100亩上面规定就得给这个大面积连片的人。（硝沟村原村主任MDC，男，回族，2011-7-17）

目前廉价薄膜存在的问题如下：

第一，薄膜数量不足，不能惠及所有的种植户。在下发到村里的薄膜数量不足的情况下，村民没有合理利用薄膜。薄膜实际上可以连续用两年，有些村民第一次开始用薄膜，由于收割玉米时不注意，用了一年就弄破了。当这些村民第二年再来买时，村干部考虑到应该优先第一年没有买到优惠薄膜的村民，结果导致第一年得到廉价薄膜的村民没有买到廉价薄膜，这也是村里关于薄膜玉米分配不公平，被村干部私吞卖掉的言论起因之一。

第二，薄膜质量问题。村民普遍反映2010年之前的廉价薄膜质量很好，可以连续铺两年，但2010年的廉价薄膜质量不行，跟之前的相比很薄，2010年的雨水又多，现在基本上已经烂掉了。

第三，关于村干部分配廉价薄膜不公，私自截留倒卖的问题。对于这个问题，我们并未证实双方说法的真伪，仅介绍村民的投诉和村干部的解释。

村民的投诉：

> 前年（2009年）秋覆膜下来七百多卷子，挑着给了，关系好的给了十卷子八卷子，关系不好的你连一卷子都要不来。700卷子薄膜要压700亩地呢，我们硝沟的地怕是1000亩地吧，前面还压了呢，压一次是种两年嘛，几乎这个秋覆膜就够呢，结果挑着一给，剩下的就卖了。（硝沟村村民MCL，男，回族，2011-7-15）

原村委主任MYR这样说：

> 当时老百姓都想不通，我们通过做工作，我们这里不是山吗，一到秋天雨水就多了，雨一下水就淌下来了，用这个薄膜可以保住水分，产业当时咱们没有。老百姓认识不到这个好处，都觉得麻烦得很，我们还有剩下的，给别的村子借给了。这是镇上统一做的，农牧局、镇上协商好的，我们用不完，就直接给人家退回去，政府还要给其他地方继续用呢，我们去别的村上、乡镇上借去也是这么个情况，只要你把这个手续做好。（硝沟村原支书MYR，男，回族，2011-7-17）

也就是说，由于2008年第一次硝沟村薄膜分不完，直接导致2009年分配给硝沟村的廉价薄膜数量变少了。但是这时村民已经看到薄膜对于增加玉米产量的作用，因此纷纷要求购买廉价薄膜，导致供求关系直接逆转。而且，有些村民购买廉价薄膜后，不种植薄膜玉米，将廉价薄膜倒卖挣取差价，导致其他没有购买到的村民不满，从而指责村干部分配不公。

2011年，硝沟村并没有分配到廉价薄膜，但是村民已认识到使用薄膜对增加玉米产量的重要性，皆以市场价60元购买薄膜。

后来，新任的村主任争取到一批薄膜，作为参加村里绿化植树的人的报酬，每人1卷。一个小小的薄膜竟然会引发村干部与村民之间如此多的纠纷与误解，凸显了建立健全村务公开的重要性以及急迫性。

（三）基础设施建设

基础设施建设是新农村建设和整村推进项目的重要内容，硝沟村最重要的基础设施建设是硬化道路与埋设水管。

在硝沟村项目总结中将硬化道路的长度描述为5公里，实际上只有1.1公里，从一队住的地方到居民点为止，再加上居民点的巷子，道路宽度是4米，没有边沟。硬化道路是上一届村干部争取到的原州区扶贫办的项目。在硬化道路之前，硝沟村的主干道是一条土路，下雨之后，泥泞不堪，刮风之时，尘土飞扬。20世纪70年代初，硝沟村的土路四米宽并且很畅通，路边有80厘米深的壕沟，冬天北风吹的时候，去上学的学生都会在壕沟里走。由于该土路属于公共财产，并未发生侵占现象。包产到户以后，凡是路两旁的人开始侵占路面。首先是逐渐把壕沟填平，接着有的打上高高的院墙。有的没打院墙，将果园的矮墙扩展到路面上。就这样你占一点我占一点，这个老路变窄了。原先4米宽的路变成了3米。2010年硬化道路的时候，村干部面临着如何清除违法占地这个难题。

首先是摸清村民违章建筑的情况。原先生产队的时候一家给了7分地，所以村干部和村民都清楚哪个地方路宽，哪个地方路窄。接着就是动员村民主动拆除违章建筑。受损路面的村民虽然知道自己被拆的是违章建筑，也支持村里的道路硬化，但毕竟是自己的财产受损，因此多少有一些抵触情绪。林业部门在道路两侧种植了500棵松树，挖坑、种树、浇水皆由其一手包办。硝沟村的这条1.1公里的道路，还有1公里未修，彭堡镇的解释是今年的资金有限，采取一步步延伸的做法。

与此同时，吃水问题一直是困扰硝沟村的大问题，硝沟村之所以叫硝沟村是因为肖家深沟有个泉，泉水里还有大量的矿物盐，这个水蒸发之后白白一片。长期吃这泉水对人身体十分有害，尤其是妇女，吃了这个水的妇女在生育之后，脊椎就开始变形，最后连腰都直不起来。1977年，村医XZH向卫生局反映了这个问题，并取了两瓶水拿去化验，结果硝沟的水在宁夏自治区含氟量高居第二位。因此通自来水一直是硝沟村村民目前最强烈的诉求。

硝沟村历史上共埋设了两次自来水管道，但到目前为止只吃了一年的自来水。那是在1990年，硝沟村第一次埋设了自来水管，村民终于吃上了自来水。但好景不长，由于天旱，水源地的村民破坏了硝沟村的自来水管。从此以后硝沟村村民需要从邻近的姚磨村买水吃，目前一囊水（一立方）的价格约为30元。硝沟村第二次铺设自来水管道是2010年水利局的扶贫项目，主管道已经完成了，但尚未通水。

（四）居住环境改善项目

居住环境改善项目主要包含危房改造、换砖换瓦及集雨场、水窖等项目。

危房改造是2008年开始的项目，补助对象必须是贫困户，补助款是3000元，低保户提高1倍是6000元，2010年统一提高到12000元。具体做法是由村干部鉴定村民的房屋是否符合条件，在居民改建房屋之后，由政府工作人员验收合格之后再将补助款拨付给村民。

2010年之前，危房改造有名额限制。优先的考虑对象首先是贫困户，接着是新分家的少生快富户。2010年之后，按照原州区委、区政府新农村建设和危房危窑改造的总体要求，彭堡镇党委、镇政府本着整合资源的目的，将硝沟村危房危窑改造与新农村中心示范村建设融合在一起，及时成立了新农村建设领导小组和危房危窑改造工作小组指导硝沟村的旧村改造和新建住房工作，危房改造开始没有名额限制。目前危房改造在硝沟村的实施问题主要集中在散建村民上。

第一，由于补助对象限定为贫困户，其本身的经济条件都很差，即使有政府的补贴，他们也无力盖新房。但贫困户也要分两种情况，一种是由于其个人主观上的原因，比如好逸恶劳、胡吃海喝这类，村里的做法依然将其考虑在内，但以其个人为主。另一种是由于客观原因无法盖房的，比如残疾人、丧失劳动能力的，村里向彭堡镇政府报告，由彭堡镇政府负责为其建造房屋。

第二，存在房屋验收不合格的现象。硝沟村有一例房屋验收不合格的例子，二队一个村民在改建房屋的时候依然占用了公用地，村干部在验收的时候认定为不合格。

换砖换瓦是改善村容村貌的重要举措。此项目从 2010 年 2 月在硝沟村正式施行。由于政府下发的砖数量有限,因此优先分配马路两边的村民,同时拆土墙砌砖墙对于住在路边的村民是强制性的。该项目的具体实施规则是,政府负责推墙,并对村民新建的砖墙进行统一设计,2 米高,每米用砖 210 块,政府给予一半的砖头补贴,最多补贴 70 米,即 16800 块砖。换瓦与换墙一样同样是补贴一半,给的是红瓦。补贴形式是发放砖票,村民自己负责去砖厂拉砖和砌墙。

对于换砖换瓦这一项目,最初进行并不顺利,换砖换瓦与道路硬化是同时建设,因此村干部在要求村民拆土墙的时候同时要求村民将过去侵占的路面恢复出来。反对最激烈的村民是那些长期在外地生活的村民,硝沟村对他们而言仅仅是户口所在地,他们在外地已经有了新房子,再为硝沟村的老房子进行投资对于他们而言非常不划算。例如:

> 你看那家院墙没砌,人家在红寺堡住着呢,户口在这呢,那是有钱的人,我这个墙我也不砌,政府的便宜我也不沾,白给我也不要,我也不住人,我在红寺堡做着呢,咱们通过多少次做工作做不通,人家还算这个账,16800 砖给了,人家雇人砌划不来,这种人的思想意识我也总结不来,人家就是地方有呢,就是不做。(硝沟村原支书 MYR,男,回族,2011-7-17)

还有一种属于消极抵抗类型的,这部分村民长期在外地打工,家中无人。对于这部分消极抵抗的村民,村里不仅补贴砖头,还得负责给他们砌墙,不过砌的范围仅仅是面向马路的一面,其他部分保留土墙。

对于那些不配合的村民,村里采取了强制执行的形式。村干部对于强制执行的这个行为的看法倒是十分辩证。他们认为强制执行这种行为在当时激化了干群矛盾,在当时看是错误,但从长远看老百姓最终能得到实惠,因此是正确的。换砖换瓦项目目前存在的问题:政府只补贴一半砖头和红瓦,且政府的强制换砖换瓦其实只涉及面向马路的那一面墙,因此有的村民整个围墙长 80 米,但政府只补贴 40 米,因此剩下的 40 米依然是土墙。只要走入巷子,将会看见一些令人哭笑不得的画面。

"点滴是生命"是香港华光功德会的扶贫项目,在硝沟村的实施主要包含集雨场和水窖两项内容。该项目 2009 年在原州区开始实施,2009 年实施了 1500 户，2010 年实施了 1500 户，2011 年实施了 1800 户。项目具体的实施方式由香港华光功德会和原州区政府向农户各出资 1000 元，为每户农户建 90 平方米的集雨场 1 处，配套打水窖 1 眼。水窖与集雨场修建完毕后，在水窖盖上印有捐助人的姓名和编号。硝沟村到 2010 年为止共实施了 2 批，第一批 120 个，第二批 30 个，其中居民点居民占用了 60 个，两座清真寺各给了 1 个，村卫生室实施了 1 个，剩下的优先少生快富的，再剩下的面向低保户、贫困户。2011 年共实施了 105 个，其中养鸡场占用了 30 个。集雨场实际上就是硬化院子，平时可以用来晒粮食，下雨后院子里的雨水不下渗，汇集流入水窖，可以用来饮牲口。目前存在的问题就是有些水窖施工质量有问题，水泥用量不足，蓄水时间一长就脱皮。

（五）瓦工培训

2010 年 2 月，就业办在硝沟村组织了一期瓦工培训班，为期一周，并为每位参加的学员发 30 元钱。这样的讲座在硝沟村还是第一次进行。硝沟村外出打工的村民大都从事建筑行业，在外省建筑工地当瓦工大都需要瓦工证，且有证和没证的工资待遇差别比较大，因此对于这次培训的热情很高。但是一些有瓦工经验的学员认为教学内容仅仅涉及理论知识，并没有实践操作训练，因此对这一培训的实际效果表示怀疑。MZQ 说：

> 培训对青年人出去有用得很，但是有用还得要实践，还要有你的强硬本事，没有强硬本事，光培训发上个证，出去厂子收着进去，提不出活儿，没有实践技术的话，还是把厂子害着了。我看个东西要实践技术，培训只是几天嘛，那个我看光走过程呢，不会做的他到哪里去都不会做，但是你学的知识咋们说呢，实践中呢，培训当中要实践呢，比如四公司的到庄里来，招 20 个 30 个呢，你到工地里给我做，给你连教带做，在实践中就学会了，打从学徒开始干，工地上才能学。现在这里都是白干，教了 7 天，坐了 7 天。（硝沟村村民 MZQ，男，回族，2011-7-15）

因此，政府在以后组织这类技能培训的时候应注重理论与实践相结合。

四 在质疑声中创立的养鸡创业园

养鸡创业园是硝沟村产业扶贫的重点项目,也是硝沟村受到质疑最多的项目。2011年村两委选举时,规模养牛还是规模养鸡是争论焦点之一。XMG当选村支书之后,开始实行养鸡创业园项目。创业园从其建立之初就遇到种种困难,一路走来实属不易。由于在产权设计方面的先天不足,创业园的管理经营上的矛盾、利益分配的矛盾可能会进一步激化。

2011年春,原州区劳动就业局结合硝沟村养鸡传统和大量劳动力富余的实际,鼓励青年村民发展养鸡业,从3月开始,帮助该村流转土地75亩,建立养鸡园区1个。截至目前,硝沟村养鸡创业园已基本形成。园区占地面积共38亩,建设鸡棚共30栋,其中养鸡棚28、饲料棚1栋、育雏棚1栋,每栋占地面积为0.4亩(长30米,宽9米),每栋鸡舍投入资金6.4万。另有集办公室、会议室、药具房和隔离室为一体的办公设施共300平方米,硬化院坪1600平方米,硬化巷道4条共1100米,围墙600米。园区共计投资420万元,群众自筹资金200多万元,其中扶贫办提供扶贫帮助资金160万元,就业局帮助群众贴息创业就业贷款80万。园区已进第一期鸡苗6万只,带动创业就业人员近100人。发展养殖蛋鸡,预计在8月份开始产生经济效益,根据正常市场推测,2011年年底每栋鸡舍将产生经济利润4万元。下面我们将走进质疑声中的创业园区。

(一) 养鸡创业园的建立过程

建立养鸡场的想法是现任村支书XMG和养鸡创业园会计MCL在2010年冬天固原碰面聊天时产生的。他们设想,如果只是个人小打小闹地养鸡没有影响力,更无法获得政府的扶持,而建立养鸡创业园,可以获得政府的扶持,减轻群众的负担。XMG和MCL都养过肉鸡,但觉得集体养殖肉鸡对于防疫的要求太高,风险太大,他们通过询问姚磨村的蛋鸡养殖户的养殖情况后决定养殖蛋鸡。

于是在2011年的村支书选举中,XMG参选并获选。XMG获选后,便马上着手养鸡创业园的建设工作。这项工作并没有获得硝沟村党支部多数党员的支持,他们认为风险太大,最后参加创业园的只有3名党员。村支书XMG力排众议坚持养鸡,他认为养牛利润低、风险低,养鸡风险高、利润大。他自己一直在养肉鸡，有养鸡的经验，他认为只要做好防疫工作就没多大问题，且创业园养的是蛋鸡，风险还要小一些。

2011年1月27日，宁夏自治区副主席YAX来硝沟村视察"少生快富"工作，在与村干部和村民代表开座谈会的时候，村支书XMG向他介绍了自己要建立养鸡创业园的想法时说："政府把我们地征完了，现在是没地种，再就是人口多，想弄一个养鸡场就是缺资金呢，再一个咱们自己办这么大一个摊子方方面面的手续办不全，希望政府能扶持一下。"这个想法获得了YAX的肯定后，养鸡创业园的工作开始正式启动。

第一步，召开村民会议。XMG召开村民会议向村民宣传建立创业园养鸡的想法时，村民热情很高。但在介绍建设养鸡场需要的资金和风险，政府虽然答应扶持，但扶持力度到底多大并不确定时，村民的热情便开始冷却。

之后利用彭堡镇党政领导到硝沟村视察工作的时候，在村小学又开了一次会，会上彭堡镇党委书记AJH向村民表达了政府支持硝沟村养牛养鸡，少生快富养牛每头补贴1000元；建设养鸡场政府也支持，但具体的扶持政策要等园区建设完成之后才能确定和兑现。会议结束之后，XMG给了村民3天报名时间。

XMG当时的想法是报名多少人就建设多大的园区，如果报40户就建40户的园区，如果报100户就建100户的园区。但最后只报了28户，很多村民都不愿意参加，他们担心风险太大，害怕有限的钱投进去收不回来。

第二步，收钱征地。XMG向每个报名的村民收取了5000元钱作为启动资金，选定园区地点之后，开始向村民征地。这里有两个问题需要说明。

第一，关于园区的地点的选择问题。现在的园区直接在马路边上，但XMG原先的选择的地点并不在这里，要更靠后一些。因为马路上经常有汽车经过，有时还伴随着鸣笛声，容易影响蛋鸡产蛋，按当地话说就是容易下软蛋。但彭堡镇政府出于宣传目的，要求将园区直接建在马路边上。因为这样的话，每个经过这条马路的人都能看到养鸡园区。

第二，关于土地补偿标准问题。园区征地补偿标准参照飞机杨6000元/亩，因为这是私对私，无法像盐化工那样有很多配套措施，6000元是买断价，价格太低了村民不愿意卖地。征地共涉及五户村民，其中包括养鸡创业园会计 MCL 和他的兄弟，但只有他一个人投资了鸡棚。

第三步，建造鸡棚。在土地平整完毕之后，园区筹备组在土地上撒上白灰，标示出各个棚的位置并且编号，然后再由养鸡户抽签决定自己鸡棚的位置。接着便进入鸡棚的建造施工阶段。农户必须按照设计好的图纸建造鸡棚，一个鸡棚的建造费用在 6 万—7 万元。

第四步，配套设施的建设。养鸡创业园的配套设施基本上是由原州区扶贫办的扶贫资金完成，包括路面硬化和围墙共投资了 160 万元。

园区从决策到建设完毕共经历了 3 个月时间。

(二) 养鸡创业园所享受的扶贫项目

养鸡创业园所享受的扶贫项目包括以下几点。

第一，基础设施的建设，包含路面硬化、围墙、大门、集雨场等。这类园区配套设施是原州区扶贫办的扶贫项目。原州区扶贫办将历年结余下的扶贫资金都投入到了这次园区建设。资金并没有直接打入硝沟村村民账户，而是委托他人建设。另外，村支书 XMG 将集雨场的一部分配额使用在了园区，作为硬化路面。为了缓解养鸡户的资金压力，XMG 为园区 14 户养鸡户办理 3000 元的村民互助资金贷款。

第二，养鸡相关扶持，主要指鸡苗、鸡笼的配发和鸡棚补贴。原州区扶贫办为每户鸡棚补贴 10000 元，还为每个养鸡户赠送了 2000 只鸡苗和配套的鸡笼，每只鸡苗价值 3.8 元。该项目承包给了新月公司，由于鸡苗数量不足，分三批给付，第一批是 7 户，第二批是 11 户，第三批是 10 户。鸡苗与鸡笼的价值在 1600 元左右。

第三，资金补贴与优惠政策。养鸡创业园内有 14 户"少生快富"户，因此一直使用"少生快富创业园"这个招牌来争取扶贫项目。原州区计生局为 14 户少生快富提供每户 5000 元的创业补助。该补助最初是以贷款的形式发放的，但贷款很简单。最后计生局的局长说："这五千块钱你拿上是便宜了，没拿上的就吃点亏，还了也成，不还也能成。"实际上相当于创业补贴。为了鼓励农户自主创业，原州区劳动就业局还出台了贴息贷款的扶贫政策。每户贷款额为 5 万元，由政府贴息，但必须找两个正式职工做担保。该项目由彭堡镇党委书记为产业园联系取得，创业园共有 14 户农户办理了贴息贷款。

(三) 养鸡户群体分析

上文已经提到养鸡户共28户，其中一队14户，占了一半，二队10户，三队才4户，而这28户其中又有14户是少生快富户。这部分群体有什么特点，又是什么促使他们选择养鸡呢？通过对养鸡户的分析，我们发现养鸡户实际上分为四部分群体。

第一，规模扩大型。这部分群体原先就在养鸡，有养鸡的经验技术，投资创业园主要是为了扩大养鸡规模，获取更多的利润。这部分群体是最坚定的养鸡户并有一定的资金实力。

第二，转行型。这部分原先并未养过鸡，主要从事一些小生意，但发现养鸡的利润更高，在利润的诱惑下投资养鸡，这部分养鸡户也有一定的资金实力。

第三，穷则思变型。这部分群体以前的收入来源主要是务农和打工，经济条件一般都不好，有强烈改变自身经济状况的欲望，因此投资养鸡，资金来源主要是借贷。这部分群体是养鸡户的主要群体。

第四，观望投机型。这一部分群体不仅有通过养鸡获利的动机，也有通过扶贫项目获利的动机，即想通过产业园这个扶贫项目空手套白狼，在享受政府的扶贫项目之后不养鸡而将鸡棚转让给别人，但最后发现村里无人接手只能硬着头皮上。

(四) 养鸡创业园存在的问题

养鸡创业园所存在的问题分为短期问题和中长期问题。短期问题主要是资金问题、园区管理问题以及鸡蛋销路问题，中长期问题关于园区的经营方式问题。

1. 资金问题

资金问题是目前困扰养鸡户最主要也是最严重的问题，有的养鸡户甚至已经出现无料可喂的情况。造成资金问题的原因如下。

第一，园区入户门槛低，村支书XMG最初要求养鸡户有5万元自有资金，但由于当时申请养鸡的群众其实并不多，因此这个资金要求最后名存实亡，村支书XMG出于增加入园农户和帮助老朋友致富的动机，劝说一些无任何资金实力的村民申请养鸡。

> YGL 进园区的时间几乎没有钱，只是拿了 30000 砖的成本就进了园区了，他是和我一块耍大的，我们从小关系就特别好。他身上 3000 块钱就困难，只是有那几万砖，我让他进来了，我不帮你咋办，你们一家咋生活呢，娃娃还在上学，现在他的棚我给垫上，他的料我再给垫上，他的工钱现在都还在赊着。（硝沟村村支书 XMG，男，回族，2011-7-4）

第二，有些农户对于养鸡需要 12 万元以上资金既不清楚也无准备，抱着"车到山头必有路"的心态申请养鸡。例如：

> 当时那没讲过，只说过这一个棚就要三四万，然后可能共产党扶持一点，具体扶持不扶持还不知道，你自己掂量去，当时预算的少，比方说这个砖两毛多钱，到建棚的时候没砖了，成了三毛多钱，什么价格都高了，像这个窗户，以前说是什么的都行，现在统一规划什么都是铝合金的。（硝沟村村民 XZC，男，回族，2011-7-17）

第三，融资渠道不畅。无论劳动就业局的 5 万元贴息贷款，还是邮政银行的 2 万元小额贷款都有严格的条件性质。其中贴息贷款是要求两名正式职工做担保，但这对于一般的农户来说是很困难的。因为当地的正式职工本身就少，就算有亲戚朋友是正式职工，别人也未必愿意做担保人，毕竟 5 万元不是小数目。而要向信用社贷款的话，不仅要求有良好的信用记录还得有关系。这导致一部分养鸡户在迫不得已的情况下选择高利贷作为投资资金。

2. 园区管理问题

园区的管理问题分为日常管理和防疫管理。在日常管理上，目前园区的管理问题可以总结为管理人员经验不足，制度建设落后两点。园区目前的管理人员为 1 名厂长，1 名会计和 1 名看门人组成，这三个职位都是养鸡户兼任，因为养鸡户现在根本无钱聘请专职人员进行管理。园区厂长是 MZQ，在养鸡之前是跑车的，无任何养鸡和管理经验；看门人 MZY，以前也是跑车的，有过养鸡经验，他同时负责入园人员的消毒工作。村支书 XMG 在养鸡场扮演的角色很特别，他是园区的创办人也是养鸡户之一，并不在园区担任职务，但实际上园区大小事情的决策实施都需要通过他，同时他也是园区对外交往的执行人。

卫生防疫问题也是园区管理问题的重中之重。园区目前的卫生防疫由两部分构成：一是园区的公共区域由 MZY 负责；二是各个棚的消毒工作由农户自己负责。目前的问题主要发生在鸡棚消毒上。一是串棚现象时有发生，二是有些养鸡户在鸡棚内做饭。

养鸡户已经接受过 4 次培训，包括扶贫办举办了 2 次，文化厅邀请了银川的专家举办了 1 次，新希望饲料公司做了 1 次培训。主要围绕养鸡流程以及一些常见病的辨识和解决办法。但这些培训的作用不大，一是时间短；二是养鸡户文化水平低，接受能力差。村支书 XMG 的解决办法是当园区的经济效益好的时候，聘请专业的技术人员负责防疫工作。

3. 鸡蛋销售问题

园区的销售问题包括鸡蛋销售和淘汰鸡的销售。目前每个鸡棚养鸡 2000 只，进入产蛋期之后每个棚一天的产蛋量在 1900 个左右，产蛋期从 5 个月到 7 个月不等。不同农户面对的问题又各不相同，可以分为以下两类。

第一类，与新月公司签约的养鸡户。园区内有 6 户养鸡户跟新月公司签了合同，由新月公司作为这些养鸡户 5 万元贴息贷款的担保人，但条件是这些农户必须使用他们公司的饲料（信誉好的农户还可以从新月公司赊账获得饲料），农户的鸡蛋和淘汰鸡也由新月公司统一收购。但收购价格与细则尚未确定。

第二类，自产自销的养鸡户。其他 22 个养鸡户使用的国雄饲料，该饲料是村支书联系的，价格比新月公司的资料便宜。但国雄公司只提供饲料，不负责销售，且购买饲料必须付现金，不能赊账。目前村支书 XMG 对于这部分养鸡户（包括他自己）的销售构想有两个。一是联系原州区教育局。现在学校每天为每个学生提供一个免费鸡蛋，假如原州区教育局能够使用园区的鸡蛋，那园区鸡蛋的销售根本不成问题。二是派几名销售人员去各大超市推销。

4. 经营方式问题

养鸡创业园现在的所有权归属情况如下：各个鸡棚归养鸡户所有，但鸡棚之外的园区的公共部分归养鸡户共同所有。因此从产权上分析园区仅仅是养鸡户的地理上的简单集合，因为最核心的鸡棚归个人所有。

当初未采取合作社或者公司的原因：一是这些组织形式对于村民来说

是个新鲜事物，未必能被村民接受；二是硝沟村缺乏具有相关经验的人才；三是考虑到假如是自己的棚的话，村民养鸡更加认真。

在这种情况下，各个棚的蛋鸡喂养、卫生防疫由养鸡户自己负责，风险也由其独立承担。而所谓的园区厂长、会计等管理人员的位置十分尴尬，他们本身是养鸡户，其他养殖户并未将管理鸡棚的权利让渡给他们，所以他们无法强制要求村民采取何种措施，只能依靠原先的权威资源，如他们是园区的组织者，XMG是村支书等。而在权利与义务不明确情况下的干预会为未来的纠纷埋下隐患。

目前园区已经开始准备申请成立专业养殖合作社，申请成立合作社。但部分养殖户对此评价负面。他们认为现在成立合作社已经为时已晚，因为村民已经认定现在的棚属于自己，即使成立合作社也仅仅是个名义上的合作社，是个空壳子，而成立合作社之后获得利益如何分配将引发其他矛盾。

五　项目实施过程的问题：平等与效率、保守与激进

硝沟村扶贫项目实施过程中所表现的关于平等与效率、保守与激进等问题的争论，从表面上看是因为各方对问题的看法不同所导致的，但实际上是各方在利益分配上的矛盾所激化的表现。村干部之间、村干部与村民之间以及村民之间都因为扶贫项目的实施而产生各种各样的矛盾。虽然这些矛盾导致了村民的分化，形成了各自的利益团体，但从长远上看，形成团体的村民也许更能保护自己的利益。当然这一切都应是在乡村基层民主的框架下展开，而硝沟村目前的状况却让人感到一丝担忧，在2011年两委选举中，贿选的传言不断，这次选举的公平性与合法性受到了广泛质疑。

（一）村干部与村民对于扶贫项目分配原则的争论

公平与效率作为人类社会进步所追求的两个基本目标，两者的根本差别就像如何合理分配蛋糕和如何把蛋糕做得更大一样。从定性看，扶贫公平与效率之间是存在着相互促进关系的：公平需以效率作为基础，效率的提高将有助于增进社会公平，这是因为效率提高就会使社会财富这块蛋糕做得更大，从而每个人分到更多份量的蛋糕，贫困地区才有可能得到社会

更多的援助。硝沟村村干部清楚地知道只有做好当前的扶贫项目才能获得更多的扶贫项目，用项目来套项目，最终让更多的村民受益。因此历届村干部都认为在分配扶贫项目的时候（起码是在扶贫工作的早期），应该效率第一，为保证这一目标的实现，村干部便想方设法地集中权力。

但"扶贫工作效率需公平作为促障，社会公平状况的改善将有助于促进效率的进一步提高，这是因为公平状况的改善将激发人们生产活动的积极性和创造性，促进贫困地区大量闲置资源的开发与充分利用，从而能提高所有资源的生产效率"[①]。而村民基于各种原因对于村干部并无信任感，因此他们要求分配扶贫项目时公平第一，即见者有份。

1. 村干部的观点：效率第一

村干部认为应该效率第一，让一部分人先富裕起来的原因如下。

第一，扶贫项目有限。这其实是导致村干部和村民观点不同的最根本原因，即只有在项目不足的情况下才导致分配问题。硝沟村有些项目是面对大家的，村民自愿申报，条件符合一个算一个，比如少生快富、危房改造等，但即使是这些项目，由于都属于分批实施，一次申请的数量有限，谁先谁后就成了问题的焦点；而有些项目是补助类性质，无法全面覆盖全体村民，这部分补助类项目的分配是村民和历届村干部的矛盾焦点，例如廉价薄膜、换砖换瓦、牛棚补助等，这些项目不仅涉及分配给谁，同时还涉及分配多少的问题。

第二，村干部认为撒胡椒面式的扶贫顶多是救济，无法达到扶贫的效果，只有集中力量才能办大事，例如，给村里的经济能人办工厂提供资金支持，才能带动群众致富。新支书 XMG 在与我们的交流中多次提到这个想法，当时他正被养鸡场的资金弄得焦头烂额，几乎是把村里所有能够想到的扶贫资金都往养鸡场倾斜，例如，他截留了一部分养鸡户的村民互助贷款用来修建办公室等。

第三，并不是所有村民都符合条件。人上一百，形形色色，农村中并不是所有人都是老实巴交的村民，耍赖的、偷鸡摸狗的、好逸恶劳的人同样会有，硝沟村也是如此。

第四，村干部已经深刻体会到完成好扶贫项目并做出亮点，才能项目套项目，从而获得更多更好的项目。硝沟村的村干部也已经知道，当你被

[①] 农贵新、汤建智：《论扶贫的公平与效率》，《农业经济问题》1997 年第 9 期。

上级政府定位为它的出色政绩的时候，硝沟村才有机会集中更多的资源，把项目分给不符合条件的村民，最终吃亏的还是全体村民。

2. 村民的观点：平等第一

村民要求平摊的想法其实很简单，因为他们绝大多数都不属于决策层，无法通过正常渠道争取自己的利益，只能被动等待。因此他们宁可吃大锅饭，只要是政府给的，都要分一份，而客观存在的不公平现象强化了他们这种观点。具体原因可以总结为以下两点。

第一，一般村民并不了解扶贫项目的具体情况。

> 那就些当官的，政府把项目给下来也就知道了嘛，我们这个老百姓还是不知道，咋么有项目就能过好，过不好老百姓还是个不明确嘛。（硝沟村村民YZC，男，回族，2011-7-7）

第二，普通村民无法参与决策。在我们的调查中发现，无论是上一任村干部还是现任村干部都排斥村民大会、村民代表大会甚至党支部会议这种民主决策方式。因为他们认为这种方式只能争吵不休，而无法解决问题。

事实上，支持以效率优先的并非仅仅只有村干部，村里的经济能人，经济条件略好的村民也支持以效率优先，村干部与他们一起组成了村内的少数派，而其他大多数普通村民则支持公平优先。乡村存在的基层民主组织原本可以成为他们之间的协调机构，也是双方之间防火墙，但硝沟村的情况是村干部不愿意召开村民代表大会和村民大会，因为他们认为众人的意见在这些会议上根本无法得到统一，谁也无法说服谁。党支部会议也处于半瘫痪状态，部分党员抵制会议，常常无法达到开会最低人数。而历任村干部都属于硝沟村的精英群体，"村子的领导干部是社区体制内精英，他们是在村中掌握优势资源的那些人，因为掌握优势资源，而在村务决定和村庄生活中，具有较一般村民大的影响"[1]。这种影响力在乡村基层民主组织的运行失效的情况下被放大。于是村干部既直接又最终面对与村民之间的矛盾，村民将一切的不满的情绪都发泄在村干部身上。

---

[1] 贺雪峰：《新乡土中国》，广西范大学出版社2003年版，第159—160页。

（二）硝沟村未来产业发展的争论

硝沟村不仅是"少生快富"整村推进试点村，同时是原州区扶贫办创先争优和城乡联动的一个试点，因此原州区扶贫办有意在扶持该村发展养殖业。但在养牛还是养鸡以及如何养鸡的问题上，上一任村干部和新任村干部双方观点直接对立，上一任村干部是养牛派，新任村干部是养鸡派。201年初硝沟村进行两委选举，上一任村干部除前支书MYR留任作为会计外，其他干部全部下台。赢得村支书选举的XMG于是便开始筹建养鸡创业园。双方观点的分歧主要集中于对于养鸡风险的判断上。

上一任村主任MDC也是养鸡户，他在自家院子里养有肉鸡。他认为就算养鸡也只能散养，而不是目前这种集中化养殖。第一，散养不用征地。除了居民点的住户因为院子比较小，只能养个500只左右外，其他村民既有院子也有自留地，他们散养鸡不存在征地问题。第二，集中养殖风险大。如此多的鸡集中在一块，增加了发病的概率，且养鸡场的鸡棚是归个人所有，卫生预防工作不易管理。第三，散养鸡同样可以获得国家的优惠政策。因为扶持硝沟村的养殖业是扶贫办的既定政策。

MDC认为应该先建养牛产业园的理由如下。第一，村民的居民养牛热情高。大部分村民都认为养牛比较好，目前居民点养牛最多的一户有20头牛，说明居民点的居民对养牛有热情。但他们对养鸡的热情却不高，现在参加养鸡创业园的居民点村民才4户，因为他们同样意识到集中养鸡有很大风险，同时，居民点有征地补偿款，因此，自筹资金不成问题。第二，村民普遍有养牛经验，养牛对于管理和卫生防疫要求不像养鸡那么高，风险小。第三，扶贫办针对少生快富养牛有专门的扶贫项目。第四，销路不成问题。最近牛肉价格一直在上涨，硝沟村周边有专门的牲口屠宰销售市场。

而新支书XMG却不这样认为，他认为规模化养牛现在对于村民来说根本不现实，应该先养鸡再养牛，因为依靠养牛要维持生活的话起码要养20头以上，光买20头小牛需要7万元，加上后期的材料费用总共要10万元，如果要达到现在养鸡棚的2000只蛋鸡的收入水平的话，起码要养40头牛，也就是要20万元，大部分村民根本没有规模化养牛的资金实力。

可以说2011年这场两委选举直接改变了硝沟村的发展方向，这场选举又夹杂着落选干部对新当选干部贿选的指责声，进一步复杂了村内的人际关系。

六　结语：形成中的"硝沟模式"

前文我们已经论述了硝沟模式的具体内涵并且指出从 2011 年开始，固原市委、政府将硝沟村经验命名为"硝沟模式"，并在全市予以推广。一个已经在全市推广的模式怎么会是一个没有实践基础的模式呢？从之前的论述中，我们其实已经可以得出这样的结论：硝沟村的扶贫项目的实施及其所获得的经验实际上并不足以支持"硝沟模式"的建立。在各种偶然因素作用下，硝沟村的表象恰好符合"硝沟模式"所追求的效果，至于硝沟村实际上是如何达到这种效果的真正原因在被忽略的同时被置换为我们在第一部分关于"硝沟模式"概念论述中所提到的种种措施。

（一）没有实践基础的"硝沟模式"

"硝沟模式"的核心可以总结为把以户为单位的"少生快富"项目实施变为整村推进实施，将"少生快富"整村推进与新农村建设相结合、与扶贫开发相结合，争取达到全村少生快富项目户覆盖率达到 100%、项目捆绑落实率达到 100%，以实现"以少生促快富，以快富促少生"的总体目标。对"硝沟模式"定义进行分析，我们可以想象"硝沟模式"应该是"少生快富"的整村推进和新农村建设、扶贫项目的实施在时间上同时展开，在作用上是互相促进。但硝沟村的实际情况并不是如此，硝沟村的"少生快富"的整村推进和新农村建设、扶贫项目的实施在时间上是错开的，在作用上也未达到互相促进的效果。

早在 2009 年，硝沟村的"少生快富"项目的实施成绩便已经得到了宁夏自治区的肯定，被授予为"少生快富示范村"的荣誉称号。硝沟村在此之前未实施"少生快富"整村推进，但由于各种因素的作用，实际上已经接近"少生快富"项目的整体覆盖。之后的几年里，硝沟村"少生快富"项目户呈个位数增长，属于自然增长。2010 年，原州区才把硝沟村列入 2010 年度新农村建设示范村，将少生快富示范村创建与新农村建设、扶贫开发相结合。

因此，从时间上分析，我们可以得出硝沟村 2010 年之后实施的新农村建设、整村推进项目对"少生快富"在该村的整村推进是没有多大作用的。从2010年开始在硝沟村开始实施的新农村建设与扶贫开发项目的内容分析，同样可以得出类似的结论。

"少生快富"整村推进是原州区深化"少生快富"工程的最新成果，虽然硝沟村的扶贫工作能够有今天的成绩，并不是按照"硝沟模式"的工作思路所取得的成果，但硝沟村目前的外在表象符合"硝沟模式"的要求："少生快富"项目覆盖率高，扶贫工作成果显著。实际上硝沟村的实际作用也仅限于此，它的成功给其他村子传递了这样的一个信息：只要做好"少生快富"，你们村子也能跟我们一样。至于两者之间是否真有关系则无关紧要。

（二）硝沟村扶贫工作的经验教训

尽管硝沟村的扶贫工作并不是按照"硝沟模式"展开的，但不妨碍我们从中总结经验教训，以促进"硝沟模式"的顺利推广。

硝沟村扶贫工作所取得的成绩是在2011年之前完成的，即在上一任村干部任期内完成，无论是村民还是像我们这样的外来观察者，都认为硝沟村所取得的进步不可谓不大。按照常理分析，村民应该对上一届村干部的工作感到满意，上一任村干部应该连任才对。但实际情况却恰恰相反，在2011年初的村两委选举中，村民们用选票将上一任村干部集体赶下台，只是在彭堡镇领导的干预下，前支书MYR才担任了新一届领导班子中的副支书和会计。

抛开各种扶贫项目分配上的不均衡所导致的村干部和村民之间的矛盾，本文认为无论是现任村干部还是前任村干部都存在着工作方法上的问题，这也是造成干群矛盾的重要原因，具体可以总结为以下三点。

第一，村干部在决策时忽略村民的意见。

上一任村干部的决策团体是三个人，包括村支书、村主任和会计。现任村干部的决策团体很特殊，村支书比村主任强势很多，副支书兼会计MYR是上一任村支书，地位很是尴尬。几次在村支书XMG家举行的会议，MYR也未参加，村支书XMG在决策时掌握了更多的话语权。

决策过程的不透明和决策权的进一步集中是村民对村干部不信任的重要原因，也是各种谣言得以滋长的土壤。即使村干部没有私心，村民也不会相信，例如，没有得到项目的村民都有一个理由，即村干部把项目都给关系户了。

硝沟村村民以前对村内的管理事务漠不关心是因为这些事务与他们没有多少利益关系。随着近几年扶贫项目的增加，硝沟村的村民参与村务管理的积极性明显提高了，村民都希望通过自己的参与从而维护自己的利益。对于村民们的这种要求应该疏导而不是压制。老支书MZL是村里的小户，他认为自己能够担任多年的村支书的原因就是只要做事公平，就能获得大多数村民的拥护，不要害怕个别人的议论和捣乱。

但凡事都要开村民大会也不现实，且由于硝沟村目前大量青壮年外出打工，召开村民大会并不容易。因此应该注意发挥村民代表会议的重要性。"虽然在村民自治的实践过程中，人民创造村民代表会议，以代替村民会议，由于种种原因，村民代表缺乏热情，有些村民代表是村干部，代表少数人的利益，从而使村民代表会议成为一种形式，一种摆设，长期开不起会。"①为避免村民代表大会成为摆设，在推选村民代表的时候应该主要集中于德高望重的老人。

第二，村务公开工作长期被忽略。

村务公开可分为三个方面：一是财务，二是自治事务，三是政务。村务公开能够最大限度地保障农民群众的合法利益不受侵害，也能通过公开约束农村干部手中的公权使得他们不受腐败思想的腐蚀，在一定程度上树立了"立党为公、执政为民"的正确观念，树立了"廉洁奉公、为民服务"的形象。

硝沟村的村务公开工作在包产到户之后便停止，村民对村委会如何运作、如何决策及其结果都不甚了解，同时，由于存在村务管理的不规范操作，村民们便开始对村干部的廉洁产生了质疑，关于村干部贪污的传闻在村内流传地十分广泛，极大地损坏了村干部的威信，增加了村干部工作的阻力。

造成村务公开工作滞后既有"少数干部怕公开、担心公开、不愿公开、不敢公开、不重视公开和不懂公开的问题，又有村民不关心公开、不参与公开，不会监督公开、不敢监督公开的问题"②。硝沟村应该借宣传

---

① 裴严萍、权丽华：《论农村人口流动对村民自治的冲击及其思考》，《甘肃农业》2012年第7期。

② 蒋先平：《政务村务公开、民主管理当务之急：解决好三个问题》，《中国民政》2011年第12期。

扶贫项目的机会完善村务公开工作，维护村民的民主参与权、知情权，在此过程中应要解决好以下三个问题。一是深化宣传教育，切实解决认识不到位的问题；二是完善规章制度。切实解决行为不规范的问题；三是严格考核奖惩，切实解决责任不落实的问题。

第三，村干部对于扶贫项目的宣传不到位。

硝沟村村干部对扶贫宣传不到位的是其长期忽视村务公开工作的必然结果。目前硝沟村村干部对于扶贫项目的宣传手段还停留于向个别村民口头宣传上。这种宣传方式效率低，且容易产生盲点和错误。有些村民反映他们事先根本不知道有这个项目，认为村干部就是利用这种信息不对称来谋取私利。而有些村民实际上是不符合扶贫项目规定的条件的，但由于他不知道具体条件，看到别的村民得到了，自己没得到产生不满情绪。

硝沟村用设立宣传栏的办法来解决这一问题。宣传栏的设立应该尽量接近居民区，但硝沟村的村委会办公室离居民区有一段距离。因此可以在居民区中的两个小卖铺或者两座清真寺附近各设立一座宣传栏，张贴扶贫项目的政府公文、村委会的决议和依据等有关文件，从而保障村民的知情权。

以上工作的展开都需要资金的支持，但"实行税费改革以后，村集体失去了经济来源，而大多数乡镇政府财政困难，没有办法向农村提供应有的公共产品服务，村委会办理公共事务和公益事业，只能完全依靠村民出资出力，从而导致一些农村公共事务出现瘫痪停滞的状况"[1]。硝沟村分地的时候把所有的地都分光了，村集体除办公地点外无其他公共财产，硝沟村村民长期贫困，向其收取资金十分困难。村集体财产的贫乏以及微薄的工资降低了村干部开展村务工作的积极性，并且增加了村干部贪污腐败的可能性。试想在村干部需要垫钱开展村务工作时，其工作积极性可想而知。

资金的缺乏同样使村庄自治组织的发展运作缺少经济支持，村民会议和村民代表会议等议事活动不得不减少，村民的政治参与也越来越缺乏动力。

（三）如何推广"硝沟模式"

"硝沟模式"是"少生快富"工程的深化，其核心是"少生快富"

---

[1] 范立华：《甘肃省村民自治的困境分析》，《法制与社会》2012年第34期。

的整村推进与扶贫开发相结合。"少生快富"整村推进不能理解为上级政府要求整个村子的农户都必须放弃额外的生育指标参加"少生快富","少生快富"的整村推进仅仅是个工作目标。由于"少生快富"工程是村民自愿参加的,不具有强制性,正如上文所述,硝沟村的"少生快富"项目的成功有很大的偶然性,不能将其他地区"少生快富"工程的顺利推进寄托于也有如此的好运气,还需从转变利益导向上入手。

硝沟村作为"少生快富示范村",是其获得更多的扶贫项目的重要原因。但不能以村级层面的收益来引导村民参加"少生快富"工程。因此转变利益导向应从农户层面入手,最多扩展到"少生快富"整个群体。原先的"少生快富"工程采取一次性补偿款和扶贫项目优先受益要吸引群众参加少生快富。由于各种原因,这些优惠对于群众的吸引力越来越小,所以才会有"硝沟模式"的提出。本文认为"硝沟模式"的顺利推广必须做到"少生快富"和"产业扶贫"的直接捆绑。具体措施如下。

第一,"产业扶贫"与"少生快富"同步展开,增加项目户的参与性。硝沟村的"少生快富养鸡产业园"实际上是名不副实的,既不是针对"少生快富"项目户,"少生快富"户数量也不多。为改变这种情况,可以采取以下措施:将全村的"少生快富"项目户和目标户集中起来对产业扶贫进行讨论,咨询大家都想发展什么产业,比如种植业、养鸡、养牛甚至是办小工厂。政府在收集这些意见之后,通过科学论证选取其中的一个或两个方案并制定相应的扶持政策供村民选择。选择参与"少生快富"工程的村民将同步获得政府的产业扶持优惠政策。

第二,加大对"少生快富"户的资金扶持。产业扶贫需要政府投入大量的配套资金,在整村推进的背景下,该问题将更加突出。实际上,几乎所有的整村推进项目都将会遇到"整村推进的目标要求与资金投入保障的矛盾突出、资金和项目规模小和无力解决区域性贫困等问题"[1]。硝沟村的村民在发展养殖业的过程中最主要的困难便是资金问题。政府的财政能力有限与村民的融资能力低、还贷风险高直接矛盾,希望商业银行和信用社不计风险地向村民贷款是不现实的要求。所以还是应该从现有的扶贫政策上入手解决这个问题,对发展产业的项目户给予更多的支持,可通过提高参与产业扶贫的"少生快富"项目户一次性奖励资金的数额和提

---

[1] 姚卫:《西部扶贫模式研究的文献综述》,《中国民航飞行学院学报》2011年第23期。

高"村级互助资金"对"少生快富"项目户的支持两个方面实现。

笔者与调研组的成员都真诚地希望"硝沟模式"所设想的扶贫开发模式在固原市能够顺利实施,因为该模式从理论层面上推演并无严重问题。笔者也认同其预想的操作模式,虽然该扶贫模式缺乏强有力的实践论证。正如我们所论述的,该模式的起源地硝沟村的实际扶贫经验并不足以支撑起"硝沟模式"。因此该模式推广过程的工作重点是如何做到"少生快富"工程与产业扶贫的结合,其难点是该模式的推广需要大量的资金配套。

第十二章　民众参与视角下的
国家项目实施

——边境民族社区新疆哈萨克拜村调查

边疆、西部、民族地区和少数民族一直是民族学学科的研究领域，边疆地区是我国"最西部"的少数民族聚居区，我国长达2.2万公里的边境线上有107个民族自治地方，居住着30多个少数民族，占全国少数民族总数的3/5左右。由边疆县市构成的边疆地区是我国"西部"特征最为典型的民族地区，在维护地区稳定和国家安全上贡献了重要的力量。然而，作为多元文化的聚居地，由于历史、地理位置的原因，受到资源环境、物资投入、国家政策、人力资本、发展机遇等因素的制约，边疆地区的发展一直陷入"低收入→低积累→低产出→低收入"的恶性循环，体现出"迟发展"的特点，与我国东部地区的经济发展相比，经济社会发展明显落后。近些年，边疆地区及其区域的少数民族得到了越来越多的关注，国家从边疆地区的客观实际出发，在政策、资金、人力、物力上给予了大力支持，尤其是通过一系列专项行动，例如兴边富民、扶持人口较少民族发展、对口援疆等给边疆地区的发展带来了新的机遇。

对边境少数民族社区发展情况的关注来自于我们对新疆额敏县阔什别克良种场下辖的哈萨克拜村的田野调查。这是一个多民族杂居的边疆民族社区，自2006年开始，这个民族社区发展注入国家力量，哈萨克拜村成为一个国家各类项目的"汇聚点"，已经实施的项目类型包括基础设施建设、农业发展、文化建设、技能培训等方面。然而，这些计划支援少数民族发展的项目在社区开展过程中存在不同程度的问题，其实际产生的效能被打折扣：作为社区主体的少数民族并没有参与到项目中，社区内实施的项目并没有在最大程度上满足少数民族发展的内在需求，少数民族没有真正地享受到国家项目带来的预期效益，到底是什么原因导致这些试图支援少数民族发展的国家项目与其预期产生落差呢？

对于上述相关问题的思考，使我们开始关注社区发展中的参与式发展研究，项目的实施过程究竟是否需要民众参与呢？民众参与对项目的实施会产生怎么样的影响呢？在国家发展项目中如何让民众参与，民众需要具备怎样的参与能力？本文试图通过对国家发展项目实施中参与问题的讨论，思考在边境民族社区实施的国家项目究竟如何实施才能真正促进少数民族的发展。

参与式发展理论是20世纪80年代末随着国外发展援助机构项目的实施而进入到我国，作为一种微观发展理论，是对传统发展模式的反思，吸引着越来越多的学者投入到参与发展研究的潮流中。在吸收和借鉴的基础上，开始将参与式发展理论应用于对国内项目实施的指导中去，例如扶贫项目、社区管理和发展、资源管理、发展规划、农村发展研究等各个领域，对项目产生不同程度的影响。目前，在我国边境地区开展的国家项目，仍主要是以政府为主导、自上而下的发展模式，项目由各级政府部门负责组织实施，在实施过程中具有特征明显的行政化色彩，项目实施缺乏参与式理论的指导和参与式方法、工具的应用，造成了民众在项目中参与的缺失，主体地位得不到体现。本文以参与式发展为视角，对边境少数民族社区的国家发展项目进行分析，以期待拓展参与式研究理论在我国的应用范围，进而探讨边界民族社区的发展。

众所周知，边境地区有其独特的民族性、地域性，边境地区发展过程中最突出的特点就是要强调少数民族的发展，建立具有民族特性、满足民族内在需求的发展模式，这必然要求少数民族作为主体切实参与到社区发展中来。所以，国家在少数民族地区实施的发展计划、落实的发展项目，就必须建立在保证少数民族参与的前提下。本文通过对民族社区已经开展国家项目进行调查的基础上，介绍国家项目实施具体情况，并对影响政府主导型项目中存在的利弊因素进行相关分析，总结国家项目实际效益发挥不佳的原因。重点解读少数民族民众在项目中的参与情况，分析少数民族自身发展与参与的内在联系及对社区发展的影响。试图探讨如何实现国家发展项目在边境民族社区的良好实施，希望通过本文的分析，能够对正在实施和即将实施的国家发展项目给予经验的借鉴和方法的学习，实现民族地区及少数民族的可持续发展。

一 相关概念界定

(一) 民族社区

民族学在进行相关民族研究的过程中,通常以一个社区或多个社区作为观察研究的视角,社区的概念最早由德国社会学家滕尼斯在其著作《社区与社会》(或《共同体与社会》)中提出,并在研究中不断被定义、内容不断地被丰富。高永久教授认为民族社区是以少数民族社会成员为构成主体,以民族社会成员的共同地缘和紧密的日常生活为基础的民族区域性社会,是一个兼具社会性和民族性的社会共同体。[①] 由此可说,民族社区是单一的或多个少数民族群体在一定的时空地域内,在社会活动的过程中相互交往产生一定的社会关系,形成共同的并被所有成员所认同和接受的价值观、行为标准、思维模式,成为维系社区存在的纽带,社区的构成要素应该包括地域空间、人口、制度、文化、情感、环境等。民族社区是民族学研究的重要领域,本文的研究对象是一个由多个少数民族共同组成的民族社区,这既是一个行政区划的地域单位,同时又具有社区成员间的情感归属与价值认同的场域。

(二) 参与(式)

什么是参与?"参与"已逐渐成为我国发展领域常用的概念和基本原则。"参与"一词的英文表达是"participation",从字面上往往被理解成是简单"介入"或是"群众参加"的过程。到目前为止,参与的概念在不同的文献资料和学术研究中被不同地解读着,杨小柳[②]介绍了世界银行关于参与的定义,"参与"是这样一个过程,项目利益相关群体能够通过它影响、共同控制涉及他们的发展介入、发展决策和相关资源。王伊欢

[①] 高永久、朱军:《试析民族社区的内涵》,《北方民族大学学报》(哲学社会科学版) 2010年第1期。

[②] 杨小柳:《西方参与发展的理念和实践》,《广西民族学院学报》(哲学社会科学版) 2006年第3期。

等[1]认为参与式发展是一种新的发展思维,将发展看作是一个过程,在这个过程中使受益人始终真正地参与到发展项目的决策、评估、选择、实施、管理等每一环节中,征求他们的意见、建议,学习、利用他们的知识、经验,引导他们对社区发展活动做出自己的贡献与努力,培养他们对发展的责任感,并对发展的成功做出一定的承诺;在资源的利用和管理方面合理放权,使受益人享有一定的权力,并能够从项目中分享利益等,从而使他们充分认同并接受发展决策与选择,把发展当成是自己的发展承诺,并把所有外部的信息、技术及资金等方面的支持变成自己内源的发展动力,这样,所实施的发展项目才能最大程度地达到发展目标。以李小云为代表的参与式发展研究的学者,认为"参与"概念应具备以下几种特质。

- 参与主体:发展、项目过程中的受益人、目标群体、利益主要相关者。
- 参与全面性:在选择、决策、执行全过程中的"介入"。
- 参与目标:受益人的责任感、贡献、自我能力建设、享受利益、对资源的掌握与利用。
- 参与保证:民主与权力的再分配,长效参与机制的建立,重视本土知识。

综上所述,"参与式"概念在理论上包括三个层次的含义。第一,对弱势群体赋权,弱势群体在发展决策中的参与以及最终在变革社会结构的过程中发挥作用,这主要是政治学的视角;第二,社会学则强调社会变迁中各个角色的互动,以此引申出社会角色在发展进程中的平等参与;第三,经济学家以及发展援助的管理者则更多的是从干预的效率这个方面来认同"参与"的概念。[2] 此外,笔者认为,对于地方性知识的重视与应用是在民族社区进行参与实践不可缺少的视角。参与的概念是多层次的,从意识形态上讲参与是实现民主与平等;参与秉持"以人为本"的价值观;参与理念"赋权",即实现政府的善治与公民治理;参与的方法是自下而上、平等协商、实现合作;参与的应用工具有 PRA、RRA 等;参与实践

---

[1] 叶敬忠、王伊欢:《发展项目中"发展"与"参与"的概念》,见《参与式方法在发展项目中的应用研讨会论文集》,2年。

[2] 李小云:《参与式农村发展》,中国农业大学出版社 2001 年版,第 2 页。

被广泛应用于参与式社会评估、参与式发展规划、参与式监测评估、参与式性别分析等领域。

(三) 项目与国家发展项目

项目是一个笼统且外延广泛的概念，一般被定义为特定主体为实现某种特定的目标而开展的一系列相关的活动。项目类型划分详细、内容丰富，从不同的划分标准，项目可分为农业项目、畜牧业项目、建筑项目等；也可以指国外投资项目、国家投资项目、企业投资项目；项目还可以分为基础设施项目、经济项目、文化项目等。

本文的国家项目是指以我国政府组织实施的，以改变某一特定对象现有的生产、生活状况为目的，给予一定的资金、技术、人力支持的，在指定区域内进行的基础设施建设、能力建设、经济建设的重大举措。国家发展项目是一个动态循环的过程，包括项目前期评估、项目决策、项目设计、项目实施、项目管理与监测等过程。本文所指的国家发展项目，是指国家为了帮扶边境地区少数民族的发展，通过制定相关政府政策和区域性发展规划给予少数民族发展资金，并由当地政府依据民族地区的实际情况组织实施的基础设施建设、技能培训、经济发展、文化发展等一系列的项目。

二 走进哈萨克拜村

(一) 村落概况

额敏县位于新疆维吾尔自治区的塔额盆地东北部，地处东经83′24″—85′10″，北纬46′10″—47′03″，北接哈萨克斯坦，南临托里县，西接塔城市，东抵和布克赛尔蒙古自治县。中哈边境线长180公里，县境东西长123公里，南北宽87公里，总面积9531.9平方公里，约占全疆面积的0.6%。县境唐朝隶属北庭都护府，清朝为准噶尔部游牧地，民国7年（1918年）设县，1990年县辖10乡1镇、5个农牧场。居民以哈萨克族、汉族为主，另有蒙古族、维吾尔族、回族等21个民族构成，人口110905，少数民族72235人，占全县总人口的65.13%。[①]

[①] 额敏县志编委会：《新疆维吾尔自治区地方志丛书——额敏县志》，新疆人民出版社2000年版，第2页。

额敏县三面环山，塔尔巴哈台山横卧县境北部，吾尔哈夏尔山呈东北—西南走向，雄踞县境东南部，形成西部开口、中部低平的盆地。地势由东北向西南倾斜，气候属于典型的温带大陆性气候，春迟秋旱，夏季炎热、短促，冬季寒冷、漫长。全年盛行东北风，大风日数多，无霜期短。

额敏县农牧资源丰富，有辽阔的草原、优良的草场和肥沃的土地。历史上长期以粗放式的游牧为主，自民国时期起农业得到较大规模的开发。新中国成立后农业得到长足发展，尤其是在十一届三中全会后，实行家庭联产承包责任制，调动农民积极性，大搞农田基本建设，加大对农业投入。目前，作为全国最大的绿色农业示范区，塔城盆地的中心区域拥有300万亩可耕农田、1500万亩天然草场。因此，额敏被冠以"粮仓、肉库、油缸"之称，是"中国红花之乡""中国飞鹅之乡""中国野生黑加仑之乡""中国甜菜之乡""中国工业番茄之乡""中国油葵之乡""中国打瓜之乡""中国新疆褐牛之乡"①。

哈萨克拜村是额敏县阔什别克良种场的一个行政村，在行政编制上，被称作良种场二队，是一个由哈、汉、俄罗斯、维吾尔、回、蒙古等6个民族杂居的民族社区，哈萨克拜因村民中哈萨克族人数最多而得名。哈萨克拜村距离额敏县城8公里，额敏—乌什水公路横穿村庄。该村原本位于中哈边境的乌什水，后由于国家边境防卫的需要，在乌什水设置农九师168团，而将该村搬迁到现在的村址："我们1962年以前是住在168团那里的，像村里的汉族、俄罗斯族我们都是1962年的时候一起搬到这里的。"（MMT，村主任，男）目前，全村共有农牧民150户659人，其中哈族128户，482人；汉族19户，59人；俄罗斯族7户，28人；其他民族8户，24人。资源禀赋良好的哈萨克拜村拥有耕地面积9154亩，共划分为9个条田，主要种植小麦、玉米、打瓜、甜菜等作物。草场面积2500亩，主要饲养羊、牛等牲畜，该村每户拥有1—2头牛、5—6只羊不等，全部以支付薪酬的方式由两户村民承担集体放牧工作。

哈萨克拜村的村务管理由村长和书记主要负责，村委会设有会计、妇

---

① 参考额敏县政府宣传资料，http：//www.xjem.gov.cn/xjem/ShowArticle.asp?ArticleID=595。

女、治保员、远程教育设备管理员各1名，为了落实村务公开和民族议事管理，村民选举11名办事公正、有一定威望的村民组成村民代表议事会，决定村重大事务。哈萨克拜村有独立的集体收入，主要来源于土地出租、出售村集体资产如树木等，集体收入资金由乡政府管理，资金收入和支出明细公布于村文化室宣传栏，收入基本上用于村务日常开支、基础建设资金补贴及其他方面。[1]

（二）哈萨克拜村实施的国家项目背景

哈萨克拜村是典型的由多个少数民族杂居组成的民族社区。目前，社区实施的项目均来源于国家援助，主要有"兴边富民行动""扶持人口较少民族行动""对口援疆"等。国家通过在边境地区民族社区实施的各类项目，帮扶民族社区及少数民族的发展。民族地区的发展计划可以分为三步：第一步，通过对基础设施建设的完善，改变少数民族的生活环境，优化民族生存条件；第二步，在少数民族中开展培训工作，提高少数民族自身发展能力，适应社会发展需要，改善少数民族经济发展水平；第三步，是在经济发展的基础上，促进社教文卫等社会事业的可持续发展，最终实现民族地区及少数民族的整体发展。

兴边富民行动于1999年由国家民委倡导并在2000年正式提出，提出"富民、兴边、强国、睦邻"为总目标的边境开放工程，兴边富民行动范围涉及我国135个边境县（旗、市、市辖区）和新疆生产建设兵团的56个边境团场，兴边富民行动援助边境地区的发展，目的是使边境地区基础设施进一步完善、边民生活质量不断提高、科教文卫社会事业长远发展、创新边境特色产业带动经济的发展，从而缩小边境地区和内地尤其是沿海发达地区的差距。新疆额敏县自2006年开始被纳入到兴边富民的行动范围，随着各类项目开始在全县范围内开展实施，哈萨克拜村作为县项目典型示范村，参与到兴边富民行动中。

扶持人口较少民族行动始于2005年，根据1990年第四次全国人口普查，确定我国共有22个民族的人口在10万以下，将其称为"人口较少民族"，这些民族主要分布在西部边疆地区，发展总体水平落后，贫困问题突出，中央政府根据人口较少民族在经济和社会发展情况，通过政策倾斜

---

[1] 2011年7月在哈萨克拜村田野调查资料。

给予人口少、声音弱的民族特殊的帮扶，重点解决人口较少民族地区的基础设施不完善、社会事业发展滞后、民生问题突出、民族传统文化困境、自我发展能力不强等各方面的问题。哈萨克拜村凭借其村内的7户符合较少民族扶持范围的俄罗斯族，成功被纳入项目扶持范围。为了保护和发展俄罗斯族传统文化并丰富哈萨克拜村其他民族的生活，人口较少民族发展规划在哈萨克拜村实施村文化室建设项目，此项目在2012年通过复审后，将于2013年扩建成俄罗斯族文化广场，推动民族文化经济事业的全面发展。

此外，哈萨克拜村还是对口援疆项目的帮扶对象。1996年3月，中央政治局常委会召开专题研究新疆稳定工作的会议，下发了《中共中央关于新疆稳定工作的会议纪要》7号文件，由此"对口援疆"正式拉开序幕[①]。援疆形式主要包括干部援疆、资金援疆和项目援建，援疆对新疆民族地区经济社会发展的现代化进程有着重要的意义。随着援疆工作的深入，新一轮的"对口援疆"是中央政府借鉴"5·12"特大地震后的"灾区重建模式"对新疆进行扶持，行动于2010年开始，3月召开的全国对口援疆工作会议，通过推进新一轮对口援疆工作来加快新疆跨越式发展，确定北京、上海、广东、天津、辽宁等19个省市承担对口支援新疆的任务，将建立起资金、技术、人才、管理等全方位的援疆有效机制，重点并优先保障和改善新疆的民生建设，集中解决住房、就业、教育等基本民生问题，并大力支持新疆特色优势产业发展。新疆塔城地区额敏县对口援建省市是辽宁省，在辽宁省的帮扶下，额敏县的富民安居工程完成了灾后重建房、牧民定居点棚圈、道路、电力等基础设施配套建设。社会事业方面，购置医疗设备、新建额敏职工之家、老年人活动中心等，并有创业孵化基地、工业园区建设等项目。

（三）哈萨克拜村实施项目概况

在国家各类行动和政策的大背景下，从2006年开始哈萨克拜村被设立为"国家民委人口较少民族行动支持项目单位"、额敏县兴边富民行动项目重点帮扶村、辽宁省对口援疆项目扶持村。到2012年为止，投入哈

---

① 杨富强：《"对口援疆"政策回顾及反思——以1997年只2010年间政策实践为例》，《西北民族大学学报》2011年第5期。

萨克拜村并已经实施的项目涉及基础设施建设、民生建设项目、农业发展项目、文化建设等方面，具体分为安全饮水、危房改造、公路建设、高新节水等4大类、8个项目[①]。全部项目统计如表12-1所示。

表12-1　　　　　　　　　哈萨克拜村实施项目统计

时间	项目来源	项目名称	投入资金
2006年	人口较少民族发展	俄罗斯族文化室	40万元（总50万元）
2006年	人口较少民族发展	人畜饮水工程	30万元（总39.8万元）
2008年	人口较少民族发展	危房改造项目	30万元
2009年	兴边富民	高新节水工程	40万元（自筹76万元）
2010年	兴边富民	农村户用沼气池	39万元（总42万元）
2010年	对口援疆	灾后重建房	26万元
2011年	兴边富民	口粮田建设项目	77万元
2012年	兴边富民	口粮田建设项目	60万元

以上各类在哈萨克拜村投入的国家项目总体上以政府主导为主，项目参与主要包括三方主体：县政府工作部门、社会企业、乡政府。在各类行动项目到位后，由三方合作共同完成项目的选择、实施、监督和管理工作，具体的项目实施如下。

项目管理和监督由政府各部门协调合作完成，一般包括进度、技术、资金三个方面。首先，作为项目资金的渠道单位，负责项目的主持工作，把握项目的整体进度，上述项目主要负责单位有：民族宗教事务局（兴边富民和较少民族发展）、抗震办（危房改造项目）、安居富民办（对口援疆）。其次，技术的监管依据不同类型的项目的技术需求，由项目主持单位邀请对口单位共同管理，技术管理部门主要有：水利局、建设局、交通局、文化局等单位。最后，项目的资金管理工作由财政局和管理部门共同完成，管理部门根据项目进度审批资金，向财政局提交资金申请，财政局主要负责各类专项资金管理、拨款、记账及审查，配合项目资金管理工作。

项目的实施工作主要由乡政府、社会企业来完成，乡政府——阔什别克良种场主要负责项目的选择、项目实施情况汇报等工作，项目的施工单

---

① 哈萨克拜村村委会提供政府文件。

位是通过竞争性招标方式选拔的资质合格的建筑公司,同时,作为第三方的监理公司,在项目施工现场对施工单位进行技术和质量的监督管理。

在明确项目责任主体的前提下,国家项目的进入以及实施需要包括以下几个步骤:项目主持单位发布通知,乡政府依据各村的具体情况及全乡整体发展规划进行项目的选择和申报,或具体制定项目由乡镇府进行各村名额分配。项目申报后,由县项目主持部门入村实地调研进行项目审核,审核标准主要是:项目可行性和项目规模(每年项目总资金需要分配到各乡,项目规模不宜太大,一般选择社会效益好,经济见效快的项目),初步审核通过后,由项目主持部门开展项目规划、建议书、可行性研究报告、实施方案等工作。接下来,项目主持部门向社会公开招标,采取竞争式招标方式选择项目施工方和项目监理公司。项目主持部门根据施工进度分四次拨款:30%(项目开始)、50%(项目中期)、10%(项目结算)、10%(项目保证金)。依据项目进度,由乡政府工作人员报告施工进度,监理公司提交监督报告,管理部门对工程质量和资金使用情况审核,存在问题可要求项目施工方返工。项目完成时,管理部门与技术部门、乡政府代表、村委会共同对项目进行验收,项目施工方可进行工程决算,由管理部门和审计局共同进行报价审核。每个项目会留下10%的质量保证金,在项目试用一年后审核项目使用情况,复验通过后可付保证金。项目结束后,交由村委会管理并正式投入使用。

从以上论述可以看出,在额敏县哈萨克拜村实施的国家项目从项目实施到项目管理上,与国外发展援助机构管理的项目及我国扶贫体系下开展的项目有所不同,充满浓重的行政色彩:项目依赖行政体系逐级实施,从资金审批到项目管理、监督、验收,由各级政府部门——上至自治区下到乡政府负责实施,项目的使用者——村民在项目的全程中难见踪影。而这,亦在采访中得到印证:

村子里有项目,也没有和村里人商量,都是场部决定的,我们什么都不知道。我们在电视上看的项目给得多,到了村里就什么都没有了,我们也弄不清怎么回事。(WYD,村民,男)

我们这里都是乡政府管理,村里的资金、大事情、大合同都是乡政府管理,上面来的新农村建设的资金都是乡政府在管,我们都没有看见,应该我们自己管理的。(CDK,村民,男)

三 国家项目在民族社区实施情况

(一) 民生项目给村民带来的改善和困扰

1. 管理不当的自来水项目

哈萨克拜村安装的自来水是人口较少民族发展计划下实施的人畜饮水工程，项目建设前，该村无自来水供应，一直饮用地表浅层水，水质浑浊，严重影响村民的身体健康。据项目实施前统计，未解决饮水问题的人口数618人，全村2300头（只）牲畜饮水困难[①]。人畜饮水工程于2006年5月动工实施，当年10月完成，项目总投资39.8万元，其中较少民族专项资金30万元，投工投劳9.8万元，修建5公里饮水管道和1座水塔，为全村118户村民安装自来水，并解决了当地村民安全饮水问题。

基础设施建设项目顺利完成后，在该村投入使用，由哈萨克拜村村委会负责自来水事务管理。村委会设1名自来水管理员，管理员工资4000元/年，由村集体收入支出，负责居民自来水供水和农业用水管理等事务。乡政府根据该村实际情况，与村委会协商制定规则规范用水行为：自来水收费0.85元/方，所收水费用于缴纳抽水水泵的电费。自来水的使用是供水前3个月为村民免费试用期，夏季全天供水，冬季因气候寒冷易造成水管冻结，分时段供应4—5小时。在使用后期，因电费不足，为节约用电夏季也改成分时段供水。

自来水项目在一定的时期内取得了良好的社会效益，不仅免去了挑水的困扰，村民用水质量亦得到提高。但是，由于用水管理方面出现问题得不到解决，造成项目使用三年便被迫停止。笔者于2011年7月第一次入村调查时，自来水便已经停止使用，村民放弃使用自来水的主要原因基于以下两点。

第一，分时段供应用水给村民带来用水受到限制，造成了自来水使用率低，自来水使用的不便捷又导致村民不满从而拖欠水费，于是就不得不从集体收入中抽取资金垫付，加上管理员工资的支出，几年下来，村委会成员认为村集体收入难以承担此项目支出。

[①] 乡政府提供资料。

原来的水是按时间供水，一立方水8毛钱，我们去下地的时候来水了，我们就接不上水，菜地里的菜也没有办法浇（CDK，村民，男）；村里的自来水接到了房子里，但是每天只提供一个小时，有的时候喝的时候都没有水。（RYL，村民，男）

原来是三个泵中的两个泵轮流工作，收的钱刚好用电费，后面三个一起抽水，收来的水费就不够交电费了，又不能把水费涨价，这个不够的钱就是小队出了。我们的水费一开始是一个月收一次，去年开始就两个月收一次，一般一家两个月交40元左右的水费。（浇水管理员，男）

自来水费也不好收，自来水的用电和老百姓的水费抵不住（无法抵平），老百姓家里都有水表，按水表收费，水费一个月如果是300多元，电费就要1000多元，村队一直垫钱，一年就要垫1万多元，现在村队也没有钱了，用电多，控制不了。设备就放在那里，无法再用了。（MMT村主任，男）

第二，自来水设备无后期维修经费，自来水设备是全电脑自动操控，自动化程度高，需要专业技术人员维修，每次维修经费300—400元，维修经费也是来自村集体收入。2011年，设备的控制系统出现线路问题，造成维修上的技术难题，需要高额的维修费，无责任主体愿意承担维修费用成为设备闲置的直接原因。

自来水使用后，有的地方出了问题，要把管子挖出来看有什么毛病，都是我自己找人来干活。后来出了一次毛病，小队让我找修理工来，修好了之后，给了300元，小队没有钱就是我自己出的钱。我自己干了几年，有的小毛病我也会修，现在自来水彻底坏了，三个泵全部都坏了，没有人管，场部也不管、小队也不管，我都去找了，其实是小毛病就是没有人管，就彻底坏了不能用了，说是修好要几千块钱。去年的时候有的人家去村里机井那里接水用，今年大家就自己都打了井。（浇水管理员，男）

在这样的情况下，哈萨克拜村的村民便选择了自家打井取水，解决生活用水问题的策略。打一口井花费是4000元，对于哈萨克拜村以农业收入为主要来源的村民来说是一笔重大的开支，不少家庭打井的费用是2—3年才积攒下来，而没有打井能力的贫困村民，则向邻居借水或者使用农业机井抽水。人畜饮水工程的失效不但造成了项目资金投入的浪费，而且二次打井导致村民重返困难境遇，增加了其生活的成本，同时地表水质的隐在危害又加大了村民健康的风险。

  我家是从甘肃来的。这个房子是我买下来的，去年雪灾的时候房子倒了，就把房子重新翻盖了一下，我有病，也没有收拾，我有肠炎、腰也疼，还有贫血。房子里也没有自来水，没有水吃，现在在场部的机井上接水用的，用拖拉机的大水罐子接水，现在机井也坏了，我们就在邻居家接水喝的。（BCX 村民，女）

  自来水停了，我们没有打井，一个井要 4000 元，我们没有钱，去邻居那里挑水。（YJH 村民，男）

  村里的自来水接到了房子里，现在坏了，这个项目就没有达到很好的效果。没有打井的人都是去邻居家打水喝。（NMT 村民，男）

  现在得省着用水，邻居家的井水也是电打的，是用电的。老去打水也不好意思，有的人家现在去打水也要钱了，一桶五毛钱。（EDB 村民，男）

当用水管理问题出现，寻找问题解决的路径时，曾经作为项目管理方的各政府管理部门则急于撇清对此的责任。作为主持该项目的负责单位民宗局，认为他们对该项目"尽职"的履行了所有职责，在项目的第一年使用结束时，组织技术管理部门、乡政府、村委会对项目进行复查验收。若项目出现问题，民宗局对施工企业进行问责，针对具体问题制定解决的措施，监督问题解决；若项目使用正常，则将项目的使用权和管理权全部交给哈萨克拜村，就不再参与项目的管理和监督工作。而事实是，项目管理周期长短对项目使用的持续性有很大的影响，人畜饮水工程使用的材料和设备都具有最佳使用时间，一般在 3 年内不会出现太大的问题，这样即使是复验也不会发现项目质量和使用中的问题。但是项目投入使用受到环境的影响很大，"夏天是 24 个小时供水，冬天是每天有固定的供水时间，大概有 4—5 个小时，白天用晚上不用的话地面的水不放完就会冻掉了，所以要供上 4—5 小时水后把水抽干净，要不然晚上就冻掉了"（MMT，村主任，男）。在一定的使用期限后，当项目的问题出现时，因管理周期短就造成了项目无人管理的情况："现在自来水彻底坏了，三个泵全部都坏了，没有人管，场部也不管、小队也不管，我都去找了。""合同说自来水坏了之后，50%队里出，50%管理的人出，可是现在没有人。"（浇水管理员，男）。因此，作为项目的主持单位，在项目管理中缺乏对项目参与式监测与评估的长效机制的建设，没有完善项目后期维修机制等成为项目设计的缺陷，造成项目实施受益年限受限。

其次，作为哈萨克拜村的上一级直接管理单位阔什别克良种场在项目后续管理是"无为而治"的管理状态。阔什别克良种场一直掌握着影响对哈萨克拜村的重大事务决策的权力，主要体现在村干部任选、全村的发展规划，尤其是在项目选择上的决定权：

> 队长都是每年换一次，今年选的还可以，是大学毕业，汉话说得也不错，这个是场部推荐的。有的时候我们自己投票选举出来，报到场部去，场部就不同意。（WJY，村民，男）
>
> 村里的人对队长意见很大，我们老百姓信任上了年纪有威信的，但是场部不同意，说是文化程度不高、不会电脑，我觉得种地需要的经验不是电脑，种地不需要电脑。他们选举的时候我就发言了，我们也去县里找了，我们这里只有选举权，没有任命权，村里的领导都是场部决定的。（YJH，村民，男）
>
> 场部干部根据村队经济发展的现实情况，哪一方面是发展最急切需要的，征求村民的同意，以5年为一个单位的发展计划，上报到政府，在全部的5年规划中，政府预测哪些项目实施对发展比较有利，然后选择实施。（WJB，场长，男）

可以说，阔什别克良种场是哈萨克村与各项目主持部门之间的桥梁，影响着上、下二级单位在项目管理上的工作。作为哈萨克拜村的上级行政部门，以工作绩效考核作为工作引领的行政性质决定了其工作的重心放在国家项目的申请以及实施上，从而忽略项目的实际运行以及管理维修阔。因此，当项目的技术问题超出村委会的解决能力范围时，阔什别克良种场并没有及时予以解决或指导。此外，在自来水使用制度的制定和实施中亦充满了行政指导色彩，缺乏村民的有效参与，"村里的项目这些都是场部定的，我们都不知道，村里有事情就用喇叭通知，听见的就去，没有听见的就没有人管了"（TSJ，村民，男）。因此当问题出现时，造成了村民对供水规定不满，并迁怒于浇水管理员，从而引起的放弃使用自来水的行为："这个看水的人也是场部推荐的人，走了后门的人。这个人其实是把水承包下来的，把钱给他，让他每天按时放水，他就每次家里没有人的时候供水，我们都用不上的。"（YJH，村民，男）。

所以，对于项目投入使用后的运营及管理，是国家项目设计时不应忽略的内容。哈萨克拜村的畜饮水项目由行政力量最小的村委会管理，在管理方法和突发事件解决上能力有限，尤其是在出现技术问题以及需要大额资金来进行维修时往往造成问题的搁置。在项目使用后如何建立有效的分级管理体制，分摊项目风险，明晰责任界限，从而保证项目效用的可持续性，是国家项目设计以及社区发展规划中必须考虑的问题。

2. 房屋建设工程的不同"效益"

2008 年哈萨克拜村实施危房改造，由抗震安居项目补助资金，在该村组织建设抗震安居房，全村共有 40 户农牧民"享受"到这个项目，项目采用政府补贴与村民自筹经费相结合的形式，村民自筹 1.2 万元，在工程验收合格后交齐，国家补贴 1 万元，每户农牧民建造一间 45 平米砖木结构的房屋，墙体统一为红色。工程实施由抗震办统一招标施工队，监督工程的实施，工程完成并验收合格后，农牧民直接入住。笔者在调查时看到，红色墙体的抗震安居房大部分处于闲置状态，房屋出现了墙体裂缝、房顶漏水等问题，存在坍塌的风险，无法居住。村民们介绍说：

> 这个房子验收没有合格，我们也没有交钱，这个房子根本住不成，盖房子用的砖块含碱太重，房顶、墙壁一直掉东西，有 1—2 户人家用来当仓库放东西，大部分都空着放在那里。（ABL，村民，男）
> 我们这里的抗震安居房不行，项目来了之后说是村民要出 1 万 2 千，补贴 2 万，后面验收项目没有合格，砖不行里面的碱太大，根本就住不成。（CDG，村民，男）

显而易见，这个由上级部门统一招标承建的工程却在施工过程中因监管力度不够和质量管理不严格出现建筑材料不达标、资金链断裂老板跑路的情况，最终项目验收不合格的房屋遭到废弃，既没有改善居民的居住质量又造成资金的浪费。到 2013 年笔者再次到田野点调查的时候，抗震房依旧墙体斑驳破裂，屋顶杂草丛生，项目相关责任房并没有对不能使用的房屋进行任何处理。

2010 年，哈萨克拜村在对口援疆建设中，得到了辽宁省对口支援的灾后重建房，全村共 10 户农牧民受益，项目采取政府补贴+农户自建的形式，由村民参与修建房屋，并监督实施，修建完成后村民直接搬进新家居住，一直正常使用。在项目实施过程中村民的参与，规定每户建造一间统一规格为 70 平米的房屋，这次项目采用由村户自己组织建房，参与项目的 10 户村民联合起来，委托村委会招标信用度高、口碑好的施工队，所有的建房原材料由村民派代表到市场比对、挑选，对材料质量进行严格的把关，并有场部质量监督人员进行技术指导和监督，工程完成后由额敏县安居富民办验收房屋，验收合格后村民可领取发放补贴资金 2.6 万元。灾后重建房得到了村户的肯定，在向我们介绍项目中说道：

> 还是灾后重建的好，老百姓自己盖的，材料是自己买的、盖房子的时候村民可以自己管着，质量自己就可以看着了。（YSJ，村民，男）

同样的建房工程在一个民族社区内实施，一个没有完成并被废弃，另一个建成后立刻投入使用，并得到了村民的认可，最重要的是让村民参与到社区建设的过程中，并成为影响项目成败的关键因素，不同的实施方式产生了截然不同的项目实效。

比较这两个案例，我们可以看出，由抗震安居办组织实施的危房改造项目中村民处于被动的状态。在项目实施过程中，项目由建筑公司操作，场部对项目进行监督，在这个过程中没有建立村民参与渠道，村民对项目的质量和进度没有话语权，即使发现问题也没有反映的渠道。而辽宁援建的灾后重建房，项目主持单位"邀请"村民参与到项目的实施、监督和管理过程中来。让村民们自己来组织建房，村民从自身的利益出发，对项目的责任心更强，增加了村民的参与意识。在项目实施过程中让村民们投工投资，建房的效率高且保证了房屋的质量。

项目的管理和监督是保证社区项目实施能够顺利达到目标的重要保证。哈萨克拜村实施的政府项目的监督和管理是由政府技术部门和基层领导负责，技术部门从专业技能的角度监督项目的质量，基层单位关注项目工程的进度监督。项目实施过程有力的项目执行是保证项目成功的重要原因。显然，在全县范围内大面积工程施工的情况下某个技术部门难以做到面面俱到的质量监管，看似完善的监管设计明显存在缺陷。这也就出现了工程质量不达标而没有及时发现和改正的情况，直到工程后期的项目验收时才发现问题已无力弥补。此外，问责机制的不健全，使项目各方在项目实施过程中疏于职守，在项目出现问题后相互推脱责任，致使改善民众生活条件的基础设施项目付诸东流。

图 12-1　无法居住的抗震安居房

图 12-2　辽宁对口援疆房（2011 年 7 月田野资料）

3. 新农村建设成的"马拉松式"围墙

哈萨克拜村自 2006 年来开始进行新农村建设，村容村貌整治工程共投入167.6万元、村民自筹4.8万元，彻底改变了哈村的状况。修建了4.5公里的砂砾路，并重点加修了1.8公里的人行路，整改了道路两旁的防渗排水渠，种植树木6900株；拆除了原来的破旧的土墙，新建了4公里的砖围墙和统一进行粉刷墙体、房屋，并给40户人家安装崭新的大门，全村的村容村貌得到了很大的改善，村民生活的环境优化。

新农村建设给这个边境上的民族社区带来了崭新的容貌，本文所说的"马拉松"式的围墙并不是说村里围墙的长度，而是指一个小型的旧墙翻新项目历经两年的波折后才最终完成。该项目是国家新农村建设拨款支持，同时乡政府组织村民自筹经费，具体实施方案如下：围墙190元/米，村民自筹60元，其余国家补贴，新围墙在旧围墙的基础上建造，旧围墙全部拆除。项目从临近公路的村口开始实施，新建村主干道旁各家村民的围墙，总计划修建4公里长的围墙，在笔者入村调查时，虽然已经是上一年度（2010年）的项目，却尚未完成。

> 院墙我们出了一半的钱，一米60元，一共花了2800元。去年村干部说把院墙、羊圈这些都推倒盖新的，结果没有盖，很多人家的牛羊都丢了。院墙是学校下面都给盖了，我们住在学校上面都没有，现在修院墙要一米90元，比原来还贵。（RZF，村民，男）

村户家的旧围墙拆了，新围墙却没有在当年完成修建，这样给村民的生活造成很大不方便，村里频繁发生偷盗现象，村民外出时家中必留一个人看家。对于被搁置的围墙不能按进度完成项目，村民对乡政府的管理存在不满，认为是乡政府没有和施工队沟通好，逐渐丧失了对乡政府的信任。

> 我们队上的人全部都参加了围墙的项目，第一次来钱的时候给了二十几家，说是钱不够，明年再给盖，第二次给了几家，去年再来的时候说是让我们掏钱可以给我们盖，我们每家交了1000元，到现在还是没有弄，我们就到场部里去找，让把钱退给我们，我们自己把土墙盖起来，家里有羊、鸡没有墙会被偷的，他们让我们加钱，去年是一米60（元）现在是一米80—100（元），我们哪里有钱呢嘛，已经三年了嘛。让他们退钱他们还不愿意，还说我家院子大，让出2000元，就给盖了。（YDZ，村民，男）

去年修围墙的时候，我们本来有院墙，为了盖新的就把我们原来的院墙推掉了，可是从学校开始后面的院墙都没有，修的都是前面的，然后修墙的人跑掉了。我家押金1000块钱都交了，家里还有牛羊，没有院墙就没有办法圈养，也害怕别人给偷了。我们到场部去反映，他们也没有管，说是今年要修了，谁知道什么时候。（ABDL，村民，男）

有的人家土墙被推了，就用木棒这些拦着，家里院子大，有养牛羊的就担心冬天的时候东西被偷了。现在说是学校后面盖围墙的就涨价了，原来是出60（元），变成出80（元），搞了一半没有搞起来。村里种树的项目也没有完成。搞开了还是挺好的，大家都很高兴，问题就是没有实施好。（RLT，村民，男）

在修围墙问题上，乡政府项目管理干部表示束手无策，围墙问题造成了村民与乡干部的冲突，项目管理人员给我们讲述了他们的看法：

国家补贴的钱场部已经付给了施工队，作为材料费，施工队盖好了围墙后，老百姓集资的钱又不出了，都去打官司，都起诉到法院了。这个围墙是2008—2009年就开始弄了，起诉是2010（年）或2011年的事情，老百姓不出钱直接把人家老板拖垮了，场部给的钱只能买材料，人工工资根本就没有，施工老板付不起人工钱，干不下去了，后面再没有人愿意，老百姓不讲信用。因为资金有限，就把钱用到明处，提出修围墙老百姓积极性都非常高，都是同意实施，不是我们强迫的。（WJB，场长，男）

笔者在2012年再次进入田野点时，哈村正在进行后半部分的围墙修建工程，这一次国家没有了补贴，在上报场部知情后，由村委会负责管理，村集体资金中拨出一部分钱，围墙170元/米，村户出80元，补贴90元，村民自筹后完成围墙修建，最终解决了围墙纠纷。

一个小型的民建项目的实施花费了两年多的时间，确实让人诧异，笔者不禁要问实施为何耗时如此之久，是什么因素阻碍了项目的进程，这样的结果对社区、对社区内的其他项目造成何等的影响。在社区今后实施项目的过程中，这样的现象又能否避免呢？

从哈萨克拜村的旧墙改造项目中,我们可以看到,旧墙改造作为改善社区整体面貌和社区内少数民族基础设施的一举两得的项目,在项目选择和计划阶段得到了村民的认可广受欢迎。但是在项目实施的过程中,村民配套资金的不到位是造成整个项目中止的突发状况出现的原因。突发状况出现后,作为项目管理部门的乡政府的项目人员没有及时了解社区内少数民族参与项目家庭资金不能正常到位的原因,也没有根据突发状况提出解决的方案。同时,未能代表村民在资金周转问题上与项目施工单位进行沟通,共同商议如何在保证各方利益的前提下,保证项目的持续进行。所以,这一国家项目的实施突显了项目基层管理方服务意识不足、管理能力有限的缺陷。

图 12-3　围墙（2011 年 7 月田野资料）

4. 不被认可的沼气池项目

沼气池建设作为一种改善农村居民环境、新型能源开发利用项目,在农村推广中普遍受到欢迎。2010 年开始阔什别克良种场各村队逐渐推广实施沼气池项目,哈萨克拜村的沼气池项目由兴边富民行动项目专项,资金投入 39 万元,计划完成 100 户安装,安装一个沼气池是 5000 元,项目户每家出 800 元,国家资金补贴 4200 元。

沼气池项目在哈萨克拜村并没有得到村民的认同,在我们第一次田野调查的时候,全村仅有 4—5 户同意接受滴灌安装,即使国家有大额补贴,也不愿意安装,村民们认为该项目并不符合本土需求:

我们这里是不适合沼气池的,冬天的时候,天气太冷,在我们前

面实施的五队，沼气池和管子都冻住了，已经不能用了。（MMT，村支书，男）

沼气池在使用的过程中要掌握一定的使用技能，在开展项目前，缺乏对地方性知识的充足认识，没有制定相应的策略应对问题的出现——沼气池在冬季使用时可以采取一定的技术措施避免问题的出现，但是在哈萨克拜村推广沼气项目的过程中，政府部门没有组织相关的技能培训，造成村民无法掌握相关的使用技术，从而形成村民对该项目的误解：

> 修一个大坑，然后把自家的牛羊的粪便、包米杆子放进去，然后接上管子，通到做饭的燃气那里，就可以做饭用了。（RLT，村民，男）

村民们考虑到气候因素的影响，沼气池项目并不适合实施。但之所以坚持项目的实施，作为项目申请方的阔什别克良种场，是站在配套资金吸引的角度来衡量和考虑的：

> 我们这里的气候对沼气池有影响，实施的效果不是都好，所以我们在做宣传的时候老百姓是不愿意实施，我们好不容易做通了工作，也实施了下去。沼气池不是我们选择的项目，这个是2009年开始自治区往下推广的一个工程，沼气池项目它是有配套资金下来的，老百姓掏的钱非常的少，从这方面考虑才推广这个的。如果不实施的话，这个已经配套下来的资金也就没有了。（WJB，场长，男）

在沼气池的项目中，针对边境地区发展的兴边富民行动资金用于政府指定的推广项目，项目选择没有针对性，在对其他地区模式借用的过程，没有考虑到当地的地方性知识，缺乏地方性实践。在这种情况下实施的国家项目，存在着很大的项目失败的风险。如何规避风险，又能实施利民的好项目，项目的选择与设计离不开对项目使用方的深入调查。

（二）农业发展项目的"进退"选择

1. 哈萨克族人在转变中的适应和坚守

哈萨克族是一个典型的跨国而居的民族，在全世界主要分布在中国、哈萨克斯坦、俄罗斯、乌兹别克斯坦等国家，全世界的哈萨克族人口有1000万人左右。我国的哈萨克族主要分布在新疆北部地区的伊犁、塔城、阿勒泰等地，分别以天山东部及北部、塔尔巴哈台山、阿尔泰山为主要活动范围。哈萨克族是一个古老的游牧民族，经济生产上主要从事着畜牧业生产，生产的主要目的是满足个人的生活需要，经济生产方式属于自给自足的自然经济。从民主改革到社会主义改造再到经济体制改革，哈萨克族的经济生产方式结构开始转变，哈萨克族走上农业生产的道路。

额敏县哈萨克拜村的哈萨克族属于乃蛮部落下的居木柯部落，因新疆生产建设兵团建设选址的需要，20世纪60年代，这一支哈萨克族部落从现在农九师168团所在地——乌什水搬迁至现居住地，一起搬迁的还有少量的汉族、俄罗斯等其他民族。搬迁之前，他们主要活动在塔尔巴哈台山以南地区，主要从事着畜牧业生产，饲养马牛羊，手工业作为家庭副业而存在，几乎没有农业生产。"我们搬之前是住的毡房的，来了之后是夏天放牧住毡房，冬天的时候住土房子，住着也暖和，很方便。"（WSJ，村民，男）搬迁后到1986年以前的一段时间内，以畜牧业为主，并开始从事接触农业生产。放牧有固定的冬夏牧场，额敏县的南部加伊依尔、玛依勒为冬牧场，塔尔巴哈台山南坡及吾尔额夏尔为夏牧场。学习农业种植最初的时候，每户基本上有3—4亩土地作为口粮地，哈萨克族人因缺乏农业生产经验和耕作管理技术，大部分土地无人耕种，关于那时候的农业生产状况，村里的老人回忆说：

> 1986年以前主要是放牧为主，一家就种10亩，有1000—2000亩白地。那个时候白地全都放在那里，少数民族想种地的人也不多，也没有那个能力。（KL，退休老书记，男）

1986年哈萨克拜村开始实施家庭联产承包责任制后，哈萨克族的生计方式开始发生着转变，形成了农牧结合为主，多种经营为辅的生产方式。哈萨克族最初学习农业生产知识主要是向本村的汉族学习，已经基本掌握了耕种、施肥、浇灌、收割等基本的生产程序，在农业信息和农业生产技术上比较欠缺，哈村的汉族居民说道：

> 1996年开始就在棚子里圈养牛羊了，因为1991年开始种苜蓿，就可

以养牲畜了，那时候一个人白给2亩地，种子可以给补助，一共种了10年，后来就自己开始买种子种植了。（KL，退休老书记，男）

村里的哈族会说汉话的种地就好，不会说汉话的就不行，哈族就跟着汉族人学，汉族人怎么弄，他们也怎么弄，有的种得比汉族人还好。（ABDL，村民，男）

哈萨克拜村的村民们在农业生产过程中出现了各类状况，影响着全村整体的发展。首先是一部分农业生产技术的少数民族，适应了农业生产的经济生活方式，并在不断地扩大农业规模，购买农业设备在提高生产效率的同时，机器的租赁所取得的额外收入也成为家庭收入的重要组成部分，这一部分属于农业生产搞得好的村民。另外一部分村民是放弃农业生产的，造成这种现象的原因包括：没有掌握良好的农业技能，生产效益不好；经济条件差，没有农业生产的资金；灾害、疾病急需用钱就把土地出租了。在忽略技术因素的情况下，制约哈萨克拜村农业生产的主要原因就是资金方面的限制。

哈萨克族传统价值观影响下的生产和消费方式是影响农业生产的主要原因，哈萨克族在传统的游牧生活中形成了"生产—消费—生产"的经济模式，缺乏足够的资金积累，制约了投入再生产的能力，而农业生产属于资金积累—扩大生产的循环过程，因此，哈萨克族一直无法突破发展的瓶颈。大部分哈萨克族家庭发展农业的资金是通过小额贷款来解决。而目前额敏地区针对农户的贷款形式是"五家联保"，一家不按时还款，其他四家失去贷款资格，小额贷款在每年3—4月给予及11—12月偿还。在这种小额贷款的模式下，哈萨克族家庭每年的年收入在偿还贷款后，也只能基本满足基本生活需求，在第二年的农业生产活动开始时继续重复贷款—生产—还款的经济运用模式。

虽然在政府发展政策的推动下，哈萨克族的农业发展已成为经济生活的重要支柱，但哈萨克拜村的哈萨克族仍然重视畜牧业，对曾经的游牧传统有着一种"眷恋"之情。哈萨克拜村仍有单纯从事畜牧业的家庭，即使是从事农业生产的家庭亦会养殖1—2头牛、5—6只羊，畜牧业经营上采取放养与圈养结合的方式，一般在夏秋季节找人代放。

现在都是夏天找人帮忙放牧，冬天的时候拿到家里来。一般是有一两户放羊，然后和别的人家写个合同，放一个夏天9月份的时候就送回来，多少个羊羔、羊，如果有病死的就打个电话通知一声，要是被狼吃了也就没有办法了。放牧的数量一般是看放牧的地有多大，多的有400—500（头只），少的就是200—300（头只）。放牧的地方是村里的地，我们是写了50年的合同，每个公社都有这样的边界，我们村里有500亩地，我们2队有10户是放羊的，他们在村里没有耕地。夏季在夏季牧场放牧，冬天的时候去冬窝子。一般家里是老人和小孩在家里，家里的年轻人2—3个去放羊。（KL，退休老书记，男）

哈萨克拜村依路而建，来回额敏县城交通方便，信息流动性强，因此，村中不少村民定期到县城贩卖牛奶、牛羊肉，增加家庭经济收入。对于未来家庭发展规划，村民们有着自己的打算：

我想着我们这里可以来一些牧业项目，我们这里有苞米杆子、麦草、苜蓿这些都有，养牛羊都很方便，每个家给些资金补助，利息低一点，家里养个100只羊，夏天放牧冬天拿回家里来，过年的时候就可以卖了，一年可以卖3—4次，自己就可以赚钱了，我们这里适合搞牧业。（YM，村民，男）

市场经济的作用是达到资源的优化配置，以此来促进经济的快速发展。市场经济的导向作用也是哈萨克族期望扩大畜牧业的重要原因。近年来，在整个塔城地区牛羊肉市场上，牛羊肉价格持续呈现上升的趋势，牛羊肉价格平均在45—55元/公斤，经济利润相当可观。

哈萨克族传统饮食极具特色，熏马肠、熏马肉等不断被越来越多的人接受。每年冬季在额敏县农贸市场，哈萨克拜村哈萨克族出售自家生产的肉制品，价格可高达50—60元/公斤，成为经济收入来源之一。目前，肉制品加工处于低级阶段，仅限于家庭手工生产，规模小、技术低，不利于市场的拓展。

看到发展机遇的哈萨克拜村村民期待着国家发展项目能够在畜牧业上给予他们帮助，毕竟与农业相比，少数民族更擅长其本民族原本的经济生产方式，在发展的过程才能够增加少数民族发展的信心，更好地促进本民族的发展。

2. 农业项目：高新节水工程带来的困扰

土地是农业的根本，水资源是农业的命脉。农业用水问题一直是制约农业发展的重要因素，在经济方式发生转变后的哈萨克族人在从事农业生产的过程也开始面临同样的用水问题。哈萨克拜村农业生产用水因水资源有限而造成价格贵、用水难问题，增加村民农业生产的成本，成为农民经济负担之一。

哈萨克拜村农业用水主要来源于额敏县水库储水和机井抽水，分季节供水，用水管理员介绍说：

> 水库来水是4—7月份，这个水是1个小时35元，一个小队分2—3渠的水，我就把水拿过来，然后分给村里的百姓，再把钱收过来交到水库去。等到7月份以后我们就用机井的水，1个小时是40元。（浇水管理员，男）

为解决哈萨克拜村农业用水问题，在2009年兴边富民行动专项资金下来后，阔什别克良种场向县民宗局提交申请实施高新节水项目，项目计划在全村范围内，打井3眼（配套设备有20.8公里的线路和三个变压器）及2000亩土地的滴灌安装，保障充足水源的同时节约农业用水。喷灌，是一种灌溉方式，作为新兴农业现代化技术改变传统人工作业，实现农业技术的机械化、自动化，滴灌应用于大型作物灌溉，可节约用水30%—50%，农业生产增产10%—30%。

高新节水项目资金是40万元，完成整个项目规划需要村民自筹76万元的资金，即滴灌安装费是380元/亩，项目资金给每户补贴100元，每户出280元。因为要动员每户出资，由乡政府和村委会开展对滴灌项目的宣传工作。但是，村民一方面对滴灌项目及效益的不了解，表现出对滴灌项目参与的积极性不高；另一方面，高额的配套资金限制了大多数村民加入该项目的可能性。"我们这里的哈族人，他们不太会种地，每年的收成不好，贷款就还不起了，地里收的刚够吃喝，没有存下来的钱，没有汉族人会打算、会种地。一说安滴灌都不安，没有钱没有办法安装，要是没有发贷款，连喝茶的钱都没有。"（ZC，村民，男）

什么是滴灌，安装后效益如何，不仅村民搞不清，包括负责宣传的乡干部也是一知半解，他说：

> 额敏县也没有开始普遍实施，我们是全县第一年就弄得，老百姓看不到好处，第二个就是投入大，一亩地投入下来要300多元钱的，老百姓就不认可这个东西。因为是第一年实施，我们都不了解情况，说句不好听，我们也不敢给他担保，我们也没有看到效果。（WJB，场长，男）

村民们不参与滴灌安装，但项目又必须实施，在这样的情况下通过召开村民代表和项目施工单位协调会，最终决定2000亩滴灌土地及3口机井向外承包给项目施工单位，承包方与村民签订合约规定：滴灌安装费由承包方承担，承包方拥有5年的土地和机井的使用权（2009—2014年），5年后滴灌设备归农户所有，土地承包费用是350元。哈萨克拜村的9154亩农业耕地被划分为9个条田，每户的土地不是同一集中在一次，所以在这次土地外包中一共有20户的耕地被承包出去。

在实施高新节水工程前，哈萨克拜村小麦的亩产量为200公斤，经济作物收入为每亩300—400元，项目实施后，小麦亩产达到400公斤，种植经济作物每亩收入在800元左右。在第一次的滴灌项目中，全村有4户经济条件稍好的家庭，参与了滴灌安装，在收到良好效益的同时也在全村范围内起到了示范的作用，获得效益的村民说：

> 我家有35亩滴灌地，今年是第二年用了。我们家有条件付安装滴灌的钱，我们就自己种了。我家用2头牛和十几只羊都卖掉的钱安了滴灌，村里只有4家安了滴灌，其他的人家都承包出去了5年用了滴灌地后水费要少一些，我家地里种的是苞米、葵花、麦子这些的，用了滴灌之后产量明显提高了，地里浇水的时候不会跑水，就省了很多，花的钱也就少了，没有安滴灌的地方水费还是挺多的，现在的水费是40元1小时。（AYBK，村民，男）

> 我觉得滴灌比较好，可以节约水，产量也上去了，带来效益，劳动强度也小了，滴灌今年是第二年，全村都普及了之后就很好了。现在用水都贵了，村里的河流水越来越少了，打井现在也不让打了。（ABDL，村民，男）

良好的项目效益使得一些村民动用家庭资源来置换曾经出租的土地：

家里的口粮地外在滴灌地那里有 24 亩地，安装滴灌一亩地 280 元，我家用两头牛和十几只羊都卖掉的钱安了滴灌，村里只有 4 家人安了滴灌，其他的人家都承包出去了 5 年。我们这个也是去年才拿回来的，原来都是统一租出去的。(WYD，村民，男)

而显然，大部分出租滴灌地的村民仍然没有能力换回滴灌地，只能等出租年限的到来：

我家的地已经安装了滴灌，我们这个是必须要装的，全村都是统一的，装不起的就承包出去，包给了一个老板，这个滴灌还是好的、节省水，就是我们没有钱装不起。(BEJ，村民，男)

高新节水项目带来的经济效益得到了哈村村民的肯定，此后，2011—2012 年兴边富民行动项目资金落实到哈萨克拜村后，该村相继实施了口粮田建设项目，项目资金分别投入 77 万元和 60 万元，后两次项目的政策更加优惠，补贴力度更大，400 元的安装费由国家补贴 300 元，村民出 100 元，两次共完成 1200 亩土地的加压滴灌安装工程，配套设施包括机井 1 眼、机耕路 1.8 公里、防渗渠 1.5 公里、防护林 30 亩。哈萨克拜村计划在 5 年完成全部农业用地的口粮田建设。

从哈萨克拜村实施的三次农田改造项目上来看，滴灌项目给农业生产带来了良好的经济效益，但是在项目成功实施的背后，留给村民尤其是贫困户的是在土地被承包后的再生产困境问题。"村里现在 130 户，有 80 户都把土地承包出去。这里的土地有 1 年、3 年、5 年、10 年的承包方法，给你包 10 年你安滴灌他们也就不管，村里的哈族就是把地包出去，然后冬天养个牛羊，夏天出去打工，租金都吃掉了，就这样循环。"(TSJ，村民，男) 同时，抽水机井被承包后，使用权归承包方所有，村民在使用时仍需要支付高额的费用，"现在滴灌浇水 1 个小时 26 元，去年开始用的时候，没有水，地里就没有浇水，因为队上把我们打的井包给私人，我们就没有浇上水，打井的时候说的是把村里的 150 亩地的树卖了钱打井用，但是树卖了之后我们也没见到钱，打井的钱还是村里的人自己出的，井包给外面来的老板，我们也没有享用上。今年好了一些，水不是那么紧张了，但是要花钱买，1 小时 40 元"。作为帮扶对象的少数民族在享受项目所带来的效益同时是受到限制的,这样的项目即使实施了,又该如何评判项目的价值?

(三) 文化建设项目对民族文化的影响

1. 俄罗斯族老人"要"来的文化室

在哈萨克拜村这个多民族聚居的社区中,俄罗斯族是其中一个组成部分,新疆塔城地区是俄罗斯族主要聚居区之一。俄罗斯族是我国少数民族中人口较少民族,有丰富的民族文化,待人热情且非常讲究礼节;民族服饰色彩鲜艳,对季节变化而不同;民族手工艺有广受欢迎的俄罗斯套娃及各类皮制品。哈萨克拜村的俄罗斯族共有28人,是一个由7个小家庭组成的大家族。之所以说文化室是俄罗斯族老人要来的,是因为当年上级领导问俄罗斯族老人的需求时,老人说希望有一个文化活动的地方,老人的贡献至今都被大家庭的成员引以为豪。哈萨克拜村新建的文化室正是以俄罗斯族作为人口较少民族而申请得来的。

在哈萨克拜村最"显眼"的建筑物就是坐落于村口的新文化室,文化室是国家扶持人口较少民族发展项目工程。投资36万元建造250平方米的主体房屋及院落并配备了30套桌椅设备,2006年开始实施,2007年投入使用。文化室内配备了各类图书及远程教育计算机设备,图书种类包括农业、畜牧业、家庭技能等各方面共100多本,远程计算机的操作由政府制定的计算及人员(大学生村官)负责管理。文化室北侧设有医务室,县医院分配1名医生,解决村民就医问题。

该项目取得一定的社会效益,但尚未高效使用。文化室作为村委会办公所在地,改善了村干部的办公环境,同时文化室成为哈村开展各项活动的地方,主要包括村民大会、培训活动、节日庆祝活动。文化室建成前的村民大会都是在老学校的一间小房子举行,规模不大、设备破旧、环境较差。文化室内设有的新疆农村书屋,包括汉文和哈文两大类,可以解决村民在农业生产和畜牧业上的技术问题,但文化室一般在夏季农忙时开放时间少,以冬季开放为主,在时间上的限制影响项目效益。

据了解,额敏县2012年扶持人口较少民族项目又批准了哈萨克拜村俄罗斯风情文化广场建设项目,项目总投资180万元,以现有的文化室为中心,扩建规模达5300平米的集休闲、娱乐、健身、餐饮一体的文化广场,建设项目内容包括:900平方米硬化地坪、凉亭2座、100米文化长廊、篮球场、健身器材15套、喷灌草坪3800平方米、植风景树420株、200平方米的俄罗斯风情餐厅，该项目于2013年动工。俄罗斯族文化风情广场将全面推动哈萨克拜村经济的发展与生活水平的提高。

图12-4 文化室（2011年7月田野资料）

哈萨克拜村的文化室本应该为该社区内的居民提供一个良好的文化环境，解决民众在种植、养殖及生产生活中知识的不足，但文化室的大门经常是关闭的状态，一般在办理村务或者接待时开放。我们在调查中，与村支书的访谈在文化室进行，在这段时间内就有村民来到文化室阅读书籍，这些村民告诉我们：

> 文化室建设了，但是平时用得不多，文化室应该给村里年纪大的老人可以去那里进行娱乐活动，村里的文化室只是领导来了开会的时候用，开会完了就关了，平时根本就进不去。这些是建设好的项目但是没有利用起来。（WJY，村民，男）

> 我路过这里，今天地里没有活闲着呢，看到开门，就来了。这里有哈文的书，我们哈萨克族就可以看。（TSJ，村民，男）

2. 文化室引发对妇女手工艺发展的思考

为了帮助提高少数民族发展能力，乡政府在哈萨克拜村开展技能培训活动，一般每年举办一次，在冬季农闲时期，为期15天，培训项目主要包括维修、烹饪等方面。培训结束后会进行技能考核，考核合格的成员颁发培训证书。技能培训给外出务工的村民以帮助。调查了解到，由于民族社区的特殊性，现有的培训或因形式僵化，与现实需求契合度较低，村民参与度有限："我们这里开春的时候组织技术培训，讲洋芋、麦子怎么种，牲畜怎么养、牛羊的口蹄疫，我们村就只去了5个人，叫他们去，他们不去，除了队长和书记是哈族，剩下的3个都是汉族。"（LDZ，村民，男），或因语言差异不懂汉语的村民听不懂培训内容而使培训效果甚微："今年组织了一次妇女烹饪培训，教我们做家常菜，请来E县的大师傅，带上东西来，自己实际操作给我们讲，讲得很可以。不过就是大师傅是汉族，很多哈族妇女听不懂。"（AYN，村民，女）

对于这样的现象，场部干部认为：

> 培训是由场里的社会劳动保障所，有烹饪、修理、电焊，各个方面都有，这个也是根据村里的具体情况，老百姓需要哪个方面就开展的，是否参与也是老百姓自愿式的。不管是培训的哪一个科目适合的人群毕竟是占少数的，比如说烹饪班，相对于民族村队，汉族村队参加的人就很多，积极性也高很多，但是在哈萨克拜村就组织不起来。不是说我们不愿意组织，这个培训的东西并不是所有人都合适。（LWJ，书记，男）

民族地区的发展必须有针对性，少数民族有自己的传统文化，从发展角度考虑，少数民族优先是从本民族的优势资源出发。哈萨克族的手工刺绣是一门古老的民族技艺，这门传统手工业的传承者正是哈萨克族妇女。哈萨克族女性从小学习刺绣工艺，一般使用绒料、绸缎刺绣成地毯、座毯、挂毯等。刺绣成品一般用于家庭使用，或者亲戚邻里之间在婚丧嫁娶的时候作为礼物相互赠送，刺绣制品深受哈萨克族人的喜爱。在哈萨克拜村，刺绣制品是家中必备的装饰，更是不乏刺绣的能手，在访谈中一位哈萨克族妇女这样讲道：

> 我一直想开个手工刺绣店，这个也是我的梦想嘛。我现在没有工作，我自己会手工但是资金不够，就没有办法开店。我现在自己在家做着手工刺绣呢，拿出去卖呢，装饰品有大的也有小的，一般这些东西都是用在结婚，或者有人搬家的时候买来送人的。我看电视上说，别的地方的妇女都开店、做手工，都可以给她们贷款，我们这里只有种地有贷款的。我是打算收几个徒弟，然后我教给他们，我有很多想

法都没有办法做到嘛！（AYN，村民，女）

关于开展民族特色产业的问题上，基层政府部门的管理者的意见是：

像少数民族刺绣的，说句不好听的，市场不大，这个刺绣在家庭中都是自给自足的形式，我们前期也有这个想法，这个推广出去是一个民族特色的东西，也确实是个很好的事情。这些东西老百姓说的时候都是找足了理由来贷款，实际上根本就是为了贷款而去的，不是说为了这个项目发展而去做的。（WJB，场长，男）

民族传统手工艺是民族地区少数民族发展的优势之所在，如何对其组织、管理与推动发展，是一种政府行为，更是一种行为态度。根据官方资料显示，与额敏县相距65公里的托里县通过开展民族刺绣培训班50余期，培训了当地2000多名哈萨克族妇女，在培训的基础上给予妇女小额贷款帮助妇女创业，并在全县范围内建立刺绣生产点。同时，托里县通过专题招商及经贸洽谈的方式推广民族刺绣业的发展，目前，已有3000多名妇女从事刺绣业生产，刺绣品种百余类，每年给当地农牧民增收可达1000多万元。

从上述可以看出，民族的传统技艺作为民族文化一部分，是一种隐性的文化资源，通过寻求附着在文化资源上的"物质生产能力"，建构以民族文化为特色的发展渠道成为民族发展的优势所在。而现实面临的却是，民众期望与政府工作存在的现实矛盾，民族文化作为发展的文化资本没有得到有效重视与挖掘，在开发过程中，对于开发什么，政府起着决定性的作用，如何进行民族文化资源的开发、如何保证民族文化成为有力优势是将来进行民族社区发展的思考点，也可以成为将来开展民族社区发展项目的选择方向。

四 民众参与国家项目存在问题分析

"参与"的概念最早出现在20世纪40年代末，并在20世纪50—60年代逐渐发展成为具有实践意义的参与式方式，参与最早的应用就是在"社区发展"过程中，并成为当时时代主流发展思想，主要是在城乡社区基础设施建设中参与式鼓励和动员地方群众参与建设并管理设施,并致力于开发当地群众的能力,鼓励他们在社区发展中发挥作用。随后,参与式理念伴随着国际发展援助项目进入中国,参与式思想开始指导中国项目实施的实践,参与式从全过程对项目进行规划和管理,过程主要包括:参与式设计、参与式评估、参与式监督与管理等,在项目的不同环节体现了参与式的理念,并有一系列的参与式工具来实现参与式工作。组织参与式培训、性别分析,提高民众参与能力的同时,保证妇女参与。尤其是在扶贫工作领域,为我国扶贫工作提供新的方式。参与式发展理念指导着中国各类项目的实施,改变了传统发展模式与思维,为发展过程提供了一种新型模式,但其指导范围还有待于拓展,边境地区还未运用参与式发展理念指导国家项目的实施。

本文调查点哈萨克拜村在县、乡两级政府的管理下,国家项目进入少数民族社区,主要采用传统的项目实施模式——政府主导型。政府主导型项目的特点主要是从项目的决策、项目的选择、项目的实施及项目的监督和管理等环节上,各级政府均在项目的全过程起主导作用。同时,国家项目在实施过程中受到多种因素的制约,并直接或间接地影响着民众在国家项目中的参与。最终导致国家项目在民族地区的民众参与程度低、认可度不高,没有从根本上解决民众发展过程中亟须解决的问题,最终使得项目的整体效益无法达到最大程度的发挥。

地处边境地区的哈萨克拜村实施的国家项目中民众参与存在的问题特点突出,具有一定的代表性,可以被认定为影响当地社区发展的因素之一。面对这一现状,应认真思考发展过程中尤其是国家项目帮扶的过程中民众参与及民众如何参与的问题,为今后国家项目在边境民族社区开展积累一定的经验。

(一) 项目决策过程中,民众参与缺位

对国家项目进行决策是项目形成的核心,涉及项目是什么、怎么干以及由谁来干等问题,项目决策的确定是项目实施方向的第一步,决定着项目是否符合民众的内在需求,是否能解决民众最急需的发展。从前文中我们可以看出,额敏县哈萨克村开展的国家项目,国家项目决策工作主要由乡政府、县政府项目办共同完成。作为项目的主体,民众的主体性并没有有效体现,民众在项目决策中没有发言权,或者只是政府工作人员简单

化、形式化的村情询问，没有真正从哈萨克拜村资源整合及民众发展项目考虑。目前，项目的选择和申报是由乡政府向县政府汇报的过程，民族社区选择什么样的项目一般由乡政府决定，乡政府在行政管理上设置村务干部，这样就将项目选择的权力高度集中化，民众在项目中失去了话语权。同时，乡政府工作人员缺乏对项目实施前的社区资源和环境的评估。乡政府针哈萨克拜村设有专门的村务管理人员，在项目选择时一般依据行政工作过程中积累的经验，未能依据特定的项目进行相关情况的了解，更不用说开展相关的座谈会及项目受益群体的资料统计工作。所以，对少数民族社区项目的选择缺乏针对性，对少数民族社区资源分析不全面，对少数民族发展意愿不了解，不能根据少数民族自身优势资源建立民族特色的发展项目，制约民族社区发展。从参与式理论出发，参与式社会评估是从项目对社会发展目标的贡献和影响等方面分析其利弊得失，使项目得以整体优化，保证其顺利实施，并实现项目经济和社会效益的最优化。[①] 评估即对项目实施社区的整体发展情况进行分析，尤其是对当地社会和文化的了解，确定项目的受益群体并能够获取受益群体的真实需求与建议。

以参与式发展理论在项目中的应用视角分析哈萨克拜村项目的实施，我们可以看出哈萨克拜村实施的政府主导型项目中存在的问题主要有以下三个方面。

一是对社区情况了解不够全面，内容、过程简单化。任何社区项目开始的第一步都是对项目背景进行分析，项目背景分析应该包括：社区发展现状、历史、经济结构、自然资源、社会资源等，项目背景分析是了解目标群体需求的第一步，是进行项目决策与选择的必要的准备。其次，社区项目的设计要实现具体化的过程：社区需求评估—田野调查—具体问题分析等环节的操作，一个能够被社区民众接受的发展项目，需要从以下几个方面考虑。(1) 针对不同的社区，项目能否符合社区发展的真实需要。(2) 项目的可行性分析，社区内的民众是否有能力参与到项目中来，项目是否会造成目标群体被边缘化。哈萨克拜村国家项目中，农业项目发展项目——高新节水工程在项目实施前，没有对村民的经济能力做充分的评估，导致项目开展实施后，少数民族村民因为无法承担高额的安装费而导致失去参与到项目的权力，更严重的结果是村民因项目的实施而失去土地

---

① 周大鸣、秦红增：《参与式社会评估：在倾听中寻求政策》，中山大学出版社2005年版。

经营权，在一定时期内丧失了扩大再生产的机会，经济收入受到严重影响。（3）项目效益的持续性，项目在社区内的有效使用期限是多长时间，项目能否成为社区可持续性发展的基石，直接成为评价项目成败的关键。项目的设计如果不是社区内目标群体的所关注的领域范围，亦或是目标群体不能达到参与项目所要求的能力，那么就会造成项目不具备实用性，不能满足社区群众所需要的战略需求，就会出现目标群众能不能参与和愿意不愿意参与的问题。尤其是针对一些由上级政府指派的项目，项目实施的目的是为了完成行政任务，对项目在社区实施的可行性不进行任何的评估与分析，盲目开展的效果最终是项目的失败或民众的不认可。政府部门在哈萨克拜村正在实施的沼气池项目，完全属于没有对项目进行可行性分析，没有从新疆气候环境角度考虑沼气池的在地应用，项目从一开始就没有得到社区民众的认可。关于项目使用也没有针对社区民众的疑惑进行技术层面的解决，更没有听取民众对沼气池项目的意见，项目最终的结果令人堪忧。

二是项目设计、决策过程缺乏专业性的指导。在参与式发展概念中，社区发展项目的实施应该由不同主体包括项目指导专家、政府官员、乡村干部和民众合力参与项目的全部过程，不同群体在项目实施中扮演着不同的角色，对项目实施起着不可或缺的重要作用。其中，项目中专业的专家起到重要作用，因项目主持单位的不同，在政府项目中，针对的项目类型有所不同，都有项目评估专家对项目实施工作进行指导，工作范围涉及对政府官员、乡村干部、民众等进行参与式培训，参与项目评估和设计、参与项目的监督和管理，对项目实施绩效分析，以专业的水平参与到项目中，并最大程度保证民众在项目中的参与。在政府主导型的国家项目中，项目的主要参与者是政府官员、乡村干部和民众，这样就造成国家项目评估过程中缺乏相关专家学者进行专业性的技术指导，没有形成参与式发展理念，没有相关参与式培训工作的开展，无法建立民众与项目管理人员之间沟通的平台，少数民族对发展、对项目的需求和发展意愿无处表达。由基层政府工作人员开展的项目评估，首先受到自身文化水平和工作能力的影响，在项目工作不具备参与的理念，认为社区民众不具备参与项目的能力，也不需要增强民众参与的能力，他们不会像专家学者那样专门对民众进行项目的培训，在一定程度上，他们也不具备对民众培训的能力。对少数民族社区评估与社会现状不符，错估了社区少数民族的参与能力，实施的项目不能保证受益群体分享项目。

三是项目需求评估缺乏针对性,社区结构的形成都有自己历史演进的过程,是一个在长期发展过程中的积淀,尤其是我国由单一少数民族或多个少数民族聚居而组成的民族社区,在社会、经济及文化等各方面的特性,针对不同的社区要考虑社区的异质性。尤其是少数民族受传统经济文化、价值观、习俗的影响,对发展项目的需求不同,对项目理解和接受程度不一样。项目设计应针对少数民族需求考虑,从民族地区的实际情况出发,结合民族自身的特点来设计发展项目,通过建立一系列参与的渠道保证民众参与到项目中。其实,在评估过程中,通过对少数民族社区情况了解过程,也充分调动少数民族对项目的热情,增加其对项目的兴趣和想法,并及时表达出他们的观点和意见,反映社区发展的需求,同时实现少数民族对自身发展能力的自我分析。参与式发展理论提出对项目参与者的分析,即通过确定一个系统中的主要角色或相关方,评价他们在该系统中的相应的经济利益或兴趣,已获得对系统了解的一种方法和过程。[①] 在哈萨克拜村的发展项目选择中就可以看得出农业项目与畜牧业项目选择中存在的矛盾,政府从整体规划出发,帮助社区改善农业基础设施,从而提高民众的经济收入,而民众从自身现实角度考虑,期待政府能够开展畜牧业项目帮助他们改善生活。村民现实与政府整体规划中的矛盾是开展国家项目实施的重要影响因素,在民族社区实施国家项目就必须考虑少数民族的实际情况与发展需要,只有让少数民族成为国家项目的主体,才能实现少数民族的发展和发挥国家项目的效益。

(二) 项目运行中,民众参与渠道不畅

任何项目的实施过程是复杂的程序,社区内项目的实施是一个动态的过程。社区项目都是在一个限定的空间内实施,在项目实施的同时社区内的各项活动都在进行当中,社区内的活动是变化多样的,无论怎样周密的项目设计也不可能精确到不会发生任何变动,每一个社区内实施的发展项目都是处于动态变化的过程之中的,项目本身实施的不确定性决定了项目实施过程中的不确定。此外,项目实施空间内的各因素对项目产生各种影响,甚至制约着项目的发展趋势。作为项目相关利益群体之间的人际互

---

① 李小云:《参与式发展概论》,中国农业大学出版社2001年版,第135页。

动、项目相关因素的变动、社会环境的制约等条件，都影响着社区项目的发展动态和方向。

哈萨克拜村实施的各类项目，涉及经济、文化、基础设施各个方面，参与的主体复杂多样，从村干部、普通民众再到贫困家庭、少数民族、妇女等各类社会人。项目实施过程与民众日常生活紧密相连，哈萨克拜村实施的自来水、围墙修建等项目更是直接影响到民众生活各个微小的细节。在这样复杂的项目实施过程中，项目的进行过程随时都会并一直都受到各类因素的客观影响，由此就需要对项目的实施建立有效的管理和监测。从参与式发展的角度，监测是指系统地、定期地收集和及时地分析信息资料以识别和可能地测定一段时间内的变化。[①] 参与式监测则是指项目的使用者（或受益者或目标群体）参与测量、记录、收集、加工和交流信息以帮助项目管理人员或机构作出决策。[②] 在社区内实施的项目中，参与式监测可以是社区内成员在外来者的帮助下，有选择的收集和记录信息。对项目现场的信息收集、分析、处理过程中，民众自然而然的参与到项目的管理过程中，充分了解项目实施过程，并保证减少意外状况的发生或提高解决问题的效率，避免出现项目原计划的时间、内容和效益在项目实施过程中的偏离。同时要注意的是，有效的监测和管理最好实现参与主体参与到项目活动的决策和规划、项目的实施过程，加深民众对项目背景、内容的了解，又提高参与的动力。对项目实现有效的监测是项目成功的重要保证。在哈萨克拜村实施的国家项目中，政府主导项目从而在管理和监督上存在一定的问题，影响到项目效益，主要表现在以下几方面。

一是政府项目人员管理水平低，监管滞后性。在哈萨克拜村实施的高新节水项目之初，并没有对项目进入的环境背景进行全面的了解，在民众对项目产生质疑的过程中，缺乏专业人员的情况下乡政府工作人员也无法解答民众的疑惑，从而导致民众缺乏参与热情，甚至抵制参与的可能。由此可见，在边境地区，项目管理人员缺乏专业的项目管理培训经验，对项目知晓率程度受到自身水平、项目类型等多方因素的影响而参差不齐，造成在对项目宣传工作中对项目宣传的力度不够，导致民众对项目的认知缺失。在我们进行田野调查收集资料的过程中，就遇到因项目管理人员工作

---

① ［加］罗尼·魏努力：《变革之声——参与式监测与评估在中国的实践》，孙秋译，云南科技出版社，第30页。

② 李小云：《参与式发展概论》，中国农业大学出版社2001年版，第115页。

调动而无法给我们提供相关项目实施和管理资料的情况，基层项目管理人员频繁调动，在一定程度上导致项目全过程监督和管理的断裂。其次，项目管理人员责任心不强、监管滞后，对项目实施中的意外状况不能及时的解决，后果轻微会影响项目的进度，后果严重会造成项目失败。在哈萨克拜村围墙修建过程中出现民众与施工单位之间的资金支付时，上级管理部门没有及时洞察，没有对项目出现的问题进行调查分析，导致施工方撤资停工，项目参与者遭受经济和生活的双重损失，严重影响项目实施进度和民众的生活。

二是民众处于参与的被动状态，民众无法参与到项目的管理和监督中去，项目的管理和监督工作实行的是由基层政府工作人员负责制。而作为利益无关方，显然工作人员的工作热情和动力是不足的，甚至出现懈怠、不作为的情况。在哈萨克拜村实施的项目出现种种问题，很大程度上就是作为项目利益相关方的村民与工作人员没有建立起有效的沟通渠道，即使其发现施工问题，却无法表达意见和建议。在抗震安居房项目中，项目实施过程中村民了解到施工单位所使用的建筑材料存在严重的质量的问题，但因为没有管理权力，无法制止项目实施。同时，向项目工作人员表达意见亦很少得到回应，由于项目多方监管，沟通渠道不畅，受制于某一管理方的权限，互相推诿的现象屡见不鲜。当然，在这个过程中隐形的社会资本所发挥的负向作用不在笔者研究范围之内。其实，在国家项目实施过程中，民众作为项目的使用者和管理者，是项目的最直接的受益方，对项目的责任心最强，对项目最为关注。让村民参与到项目的决策和规划中，让村民提出自己的需求，并尊重他们的意愿，让民众自愿的在经济和技能上投入，与民众商议项目实施的进程使民众具备责任感和主动性，增加民众对项目了解的基础上自愿投入经济与人力成本。在这样的过程上，村民会对项目产生起"主人翁"式的归属感。而目前在哈萨克拜村的国家项目，民众参与属于最初级阶段，属于被动接受政府参与的邀请。在政府未建立民众参与渠道的情况下，民众一般是放弃参与权利的，受政策、环境以及自身能力等因素的制约，民众目前还没有能力争取到参与项目过程的权利。

三是项目后续使用管理缺失，导致项目减少受益年限。哈萨克拜村的人畜饮水工程，在顺利完成后，投入使用几年就被迫放弃使用，最根本的原因就是在项目在后续管理中的不足，没有建立可持续的民众管理方式，使民众仅仅成为项目的"被动"使用，而不是项目真正的主人，对项目使用持"事不关己"的观望态度，而非积极的寻求解决对策。同时，政府部门对项目的监管工作仅体现在项目的实施过程中，在项目投入使用后，不再进行后期的评估和监管，造成后期管理职能的缺失。管理部门没有有效组织民众建立项目使用规范，而是简单行使行政权力制定规则。一方面，所制定的规则考虑不够周到，没有涉及维修责任等细节，造成出现问题时找不到责任主体；另一方面，没有得到民众的普遍认同，在规则执行时便有村民不予配合、执行，在出现问题后将责任直接归于到村委会。国家选择以改善社区居民生活条件的基础设施建设项目作为投入的首选，就是要在解决基础问题后再进一步制订更深一级的发展计划，这是一个循序渐进的过程，前期项目的失败对今后项目投入造成消极影响。

（三）民众自身参与程度低，参与意识与能力有限

参与式发展理论中有关能力建设的指导是指在项目实施地区进行参与主体的参与式培训（或参与式行动培训），将培训与项目相结合，直接促进民众能力建设的培训和行动过程，在能力建设的同时将不断提高的民众参与式发展能力应用于项目中，保证民众作为利益相关体参与到项目中，实现民众参与权力的同时，对作为弱势群体的各参与主体也有一定程度的要求。在参与项目的过程中，受益者要做出一定的贡献，给予项目资金或者人力上的支持，要对项目做出承诺和责任，积极、主动参与到项目中，锻炼参与项目的能力，在各个环节保证项目的顺利实施。

在政府主导型的项目实施过程中，社区发展项目的选择由政府决定，民众一般被动接受政府的安排，对于社区的发展没有话语权，主体地位得不到体现，民众参与的热情逐渐演变为对社区发展的冷漠，认为社区的发展只是由政府负责的，对社区项目失去兴趣和关注。结果是项目的实施不能为社区主体服务，社区主体没有享受到项目带来的经济和社会效益。

在民族社区中，民族要素没有被纳入项目考量范围，因此没有为少数民族群众的参与建立相关渠道，是少数民族民众参与不足的重要原因。在农村社区中，村委会不但是基层政府信息传达的主要载体，同时也是民众权利的代表机构。主要承担乡政府与村民之间的沟通、联络工作，社区开展的项目的宣传、组织、协调工作也是由村委会完成的。哈萨克拜村的村委会自主发展权力受限，其发展权掌握在上一级乡政府机构中，社区重大

事务如村委会选举、项目选择和实施等工作,乡政府起主导作用,制约了哈萨克拜村村委会对社区发展权力的应用,因此在该村实施国家项目时,无法从全村的情况出发考核项目的可行性,没有选择项目的权力,对不适合本村发展的项目也不能拒绝。由于我国行政体系的科层制特点,村委会没有向上一级政府提出项目的措施及意见的机会和权利。在这样的情况下,最直接的影响就是村委会在项目中缺位,不能代表民众发表任何意见,从而导致村委会在民众心中威信的下降,信任的缺失。

在民族社区开展项目的过程中,民众由于受到自身文化水平和经济水平的限制,最可能也最关心的就是项目的经济效益问题,从而导致项目选择的局限性。民众一般从自身角度需要考虑,满足自己需要的项目就参加,不符合自己需要的就不参加。同时,在期望参加的项目中,能否参与到项目过程中受到各种条件的限制。民众参与主要体现以下的特点。一是参与意识有限,对需要村民支付配套资金的项目,村民对其是否加入的考量受经济理性的支配,主要来自于对项目收益的期待,并且从自身利益出发,希望以最少的投入获得最多的收益。因此,他们对项目的投入有限,对国家给予的资金投入期望值较高。二是由于多数村民教育程度有限,无法准确评估参与培训的回报率。因此,在其他经济活动、家务劳动的挤压下,语言因素的限制下,不愿意花费时间去参加所谓的技能培训,导致参与技能培训类项目的积极性不高。三是参与能力有限,由于自身文化素质的限制,对项目认知程度低、接受能力差,对于项目的接受需要过程。而需要个体提供配套资金的项目,在没有渠道解决参与资金的情况下,特别容易使经济条件困难的家庭失去参与项目的机会。

五　完善民众参与国家项目的思考

(一) 简政放权,民众参与的保障

参与式发展理论的核心是"赋权",赋权即赋予、充实权力,所以参与的本质就是对权力的再分配。从参与主体上看,"参与"反映的是一种基层群众被赋权的过程,要求权力所有者向权力约束方的转移,对发展者与发展对象之间不平等关系的修正,建立民众平等地位,在发展过程中或发展计划项目的决策过程中让发展主体全面介入。参与式发展是对传统发展模式的挑战,这必然形成对传统发展模式中集权的分解要求。在政府主

导发展的干预过程中,对项目资源的分配过程即对权力的分配过程。由此,在我国民族地区实施国家项目"赋权"的实现是表现在各级管理部门行政权力的逐步弱化,能够将发展话语权赋予民众,使其真正享有主体地位。

参与式发展中指导实践的参与理念和根据各种情况设计的参与实践均充分体现了西方政治学基于现代西方社会的有关权力和民主的理解。参与式发展理论与实践诞生于西方民主政治的土壤之中,与我国对权力和民主的解释不同。在现代西方社会中,权力被视为如个人能力和财产一样,具有生产能力,经过努力经营,可以实现增长,而且权力还可以出让,可以通过有权者出让权力,改变无权者的弱势地位。[①] 所以,西方社会中的参与或赋权就是在不同的社会关系中,使无权力者获得、争取权力,有权者转让或者放弃权力,这种权力在参与式发展中的运用在社区层面上的解读是,发展项目在了解社区权力结构和社区决策机制的基础上,直接将项目资源从有权者的手中转向无权者的手中,扩大弱势群体参与和管理项目的机会,这也正是参与式发展关注的是穷人、妇女、少数民族等弱势群体对资源的占有及支配的权力的原因所在。在我国,不同的权力结构和政治环境中,参与式发展所要求的完全赋权在一定程度上很难实现,即使是社区所拥有的资源,在管理权力的划分上也并非能够将权力保留在社区内。在这样的情境下,难以实现社区层面的完全赋权。

但是,随着我国政治经济改革的深入进行,在政府层面,政府逐步简政放权,从统治到治理转向服务,逐步建立服务型的政府的理念转向就为社区参与式发展创造了条件。发展离不开政府,没有政府的全力支持和财政投入,就不可能有国家项目的进入,没有国家项目的外力推动,难以实现社区的内源发展,民众参与便没有实现的空间。因此,契合于当地社区发展需要的简政放权,是民众参与的前提与保障。

简政放权在项目中的微观体现,表现为项目各级执行机构的项目管理理念的转换及执行机构工作人员的能力建设。国家发展项目在民族社区的执行过程中,项目的各级执行机构如何操作项目是关键。这些项目执行机构同时又是国家各级政府机关,在项目管理上按照行政工作的办事方式执

[①] 杨小柳:《参与式行动——来自凉山彝族地区的发展研究》,民族出版社2008年版,第83页。

行项目，这样就难免造成项目管理的行政化特色，使项目的执行成为由上级向下级逐步下达的命令。其中，项目的执行机构的工作人员，即各级政府机关的工作人员在项目实施工程中发挥着重要作用，如何建立高效的项目执行，就需要对工作人员的参与意识和参与式能力的挖掘。

参与意识的转变首先要从项目执行机构管理领导开始。扭转民族社区发展由领导决定的状态，尤其是在推广普及项目上，领导要以调查为基础来决定项目是否符合民族地区的发展需要，不能代替少数民族做决定。让少数民族自己选择项目，也是对项目有效率和效益的一种保证。

转变项目执行机构工作人员的思想意识和工作态度，以认真、负责的态度对待民族社区的国家发展项目，尤其是在与少数民族交流中，要以平等、理解、尊重的姿态对待。由项目人员和社区少数民族共同规划实施项目，客观汲取民众的观点和认识，共同决策社区的各类项目。在决策的过程中，项目人员要扮演好协助者、催化剂和服务者的角色。帮助民族社区对社区发展资源进行资产绘图；出现意见分歧时，沟通解决矛盾；将社区中涉及少数民族事务的意见向上级反馈，并将社区外的信息及时反馈到社区。明确民族社区居民的主体地位，避免因为身份、权力、知识等因素的作用而影响民族社区及少数民族的发展选择，最大程度保障少数民族群众发展的话语权，并全力协助民族社区工作的开展。这个过程是对项目工作人员包括职业道德、责任心、工作能力、人际沟通能力、应对突发事情及负责情况的协调解决能力等素质的综合考验。

此外，重视对项目人员能力培训。能力建设的一个任务就是对项目人员对参与的理解上，及在项目中如何与目标群体合作，这样更有利于项目效果的发挥。国家发展项目由项目人员推广，在进行宣传、动员工作中，要保证项目人员对项目全部状况的熟知。一般在民族地区开展项目，少数民族受到语言能力、文化知识、教育程度等各方面的影响，对项目内容、技术操作不易快速理解并掌握，从而影响到参与的积极性和项目效益，项目人员要耐心地解疑答惑。在项目执行的过程中，培养项目人员的参与意识，在项目中积累参与经验，而不是简单粗犷地对其进行概念上的浅显了解与宣传。在实践中影响项目人员的态度和行为，这样的培训应该是一个长期、持续的过程，才能发挥作用。

在民族地区实施的国家发展项目与国外机构援助项目不同，主要由各管理部门工作人员参与的国家项目，在项目实施的过程中，没有第三方机构对项目工作人员进行相关的培训，在项目实施过程中也没有应用参与式方法对项目进行科学的监测与评估。所以，如何在政府机构开展的国家发展项目中，切实有效的运用参与式方法来监测、评估项目过程，又能够避免因参与式方法的加入而带来工作量大、程序复杂化、投入成本较高的困境，这对参与式方法在国家项目中的应用而言是一种挑战。

（二）加强能力建设，民众参与是关键

国家发展项目实施的最终目的是促进民族地区及少数民族群众的发展，少数民族群众是国家发展项目的目标群体，同时也是民族社区的主体，所以，只有少数民族群众平等、积极地参与到项目中，项目的真正意义才能够实现。此外，参与的一个重要指标就是目标群体在发展过程中或项目实施过程中的贡献，包括贡献少数民族群众的知识和能力。实现少数民族群体贡献的目标，就需要在国家发展项目实施前期评估中，以及在项目实施过程中，对项目的目标群体进行参与意识的培养与参与能力的建设，提高目标群体对项目的理解、分析能力，高涨参与热情，帮助目标群体有效参与到项目中。

通过开展项目实施前的参与式培训，改变传统项目模式中民众仅在项目实施过程中关注工程施工而较少参与项目的状况，项目实施前的参与式培训能够使目标群体参与更全面。首先，参与式培训的主要目的是向目标群体推广参与的意识、参与式方法和工具，让目标群体真正懂得什么是参与，为什么要参与，帮助他们意识到参与的重要性。同时，传授参与式方法的运用工具，在项目中和社区建设中可以使用，通过一系列的参与式培训帮助少数民族实现在项目中的监测和管理。其次，培训的内容就是对实用技能和知识的培训。以哈萨克拜村的滴灌项目为例，应培训民众关于滴灌的原理、滴灌效率、滴灌如何使用，在培训的同时增加民众参与的积极性，更有利于项目的实施。培训的方式除了进行理论介绍外，还可以通过多媒体设备播放项目相关的资料，让民众了解项目的实际应用，通过图像的形式增加民众对项目的了解。在经济条件允许的情况下，可以采用实地参观的方式，对已经实施项目地区或示范点进行考察，快速提高民众对项目的认识及信心。

在培训的过程中，尤其是在少数民族社区，不仅要保障对少数民族群体的沟通与交流，更要关注对妇女的培训。少数民族群体已经被列为参与式发展中的弱势群体,那么少数民族妇女更是弱势群体里中最弱势的人群。受到民族、性别等因素的影响,使少数民族妇女在发展机会、教育程度上受到局限。因此,针对少数民族妇女的培训,要在提高意识和能力的基础上,增加妇女自我发展等内容,在实现社区发展的同时实现少数民族妇女的发展。

少数民族个体的力量是弱小的,在民族社区发展的探讨中,少数民族的声音更是微弱的,要实现民众参与到国家发展项目中,在民族社区内建立民众参与的组织是十分必要的举措。针对民族社区实施不同项目,实现多种形式的民众组织的建设,建立村民管理小组或村民协会,让社区民众实现自己管理项目,不但在项目的实施过程中进行管理和监督,更应该在项目投入使用后进行使用管理,让民众对项目有一种归属感,对项目更有责任心。同时在管理实践中,丰富民众对项目管理的经验,更有利于后续项目的开展。此外,村民管理小组应该参与到项目的选择、管理和监督过程中,协助政府部门及村委会在项目宣传、对民众培训、项目户的选择等方面进行相关工作,能够有效实现国家项目在民族社区的顺利开展。村委会作为民族社区内的自治机构,是社区民众的直接代表,在民族社区内加强村委会管理建设,将项目的决策、实施和监督管理向最基层的组织转移,保证村委会在国家发展项目上的决策所有权。同时,不断提高村委会基层干部的管理能力,从干部选拔、培养、工作能力考核等方面进行全方位把关。

(三)建立内源性发展项目,民众参与的目标

少数民族的传统文化是民族历史的积淀。文化是民族的,民族亦是文化的,民族与文化密不可分。民族文化,尤其是民族传统文化,已深深扎根于民族心理之中,形成了不同民族特有的思维方式、价值观念和审美取向,形成了民族特有的个性。[1] 文化是一个民族存在的基础,文化是民族的向心力、凝聚力,民族文化得到整个民族的认同,并在认同中不断的传承和发展,一个没有文化的民族必将走向消亡。文化在现代化的进程中也面临着发展的问题。文化是逐渐走向消亡还是整合后繁荣发展,如何在发

---

[1] 赵利生:《少数民族传统文化的现代重构》,《固原师专学报》(社会科学版)2004年1月。

展中传承和保护民族文化，如何将民族传统文化与发展相结合一直是备受关注的话题。

20世纪70年代以来，世界银行和联合国教科文等组织不仅适时提出建构"发展即文化、文化即发展"的新观念，而且在全球范围内有计划地实施了一系列内源或内生性发展项目。① 在此基础上，我国学者在民族发展与文化问题的探讨上，提出"文化引导发展"的内源性或内生性发展的观点，就是说，文化是以人为中心的发展，发展的目的是为人服务的。在民族资源的开发问题上，学者们将民族文化视作一种发展的资本，在发展过程中主张对少数民族文化以文化产品的形式开发和利用，利用文化转变创造经济价值。这也就表明，借助民族文化资本化运营，能够将发展与文化相协调。② 尊重民族文化的个性，承认各民族发展的平等权利，用优势视角将民族文化视作少数民族在发展过程中所拥有的优势资源，对民族传统文化资源进行合理、科学、适度的开发及利用，国家发展项目尽可能的与民族需求和文化联系起来，充分相信少数民族群众的地方性知识与能力，引导少数民族群众发挥其本土知识，激发民众对本民族资源开发的信心，参与到其熟知的民族文化开发与利用中来。参与式理论的一个重要方面就是当地民众在他们熟悉的环境中充分地把他们自己的知识及技能用到发展活动中去。没有任何一个外来人能够比社区民众更了解他们的发展情况、发展限制、发展潜力及发展机会，国家项目应该对民族社区发展起到协助作用，增加民众的基本技能，充分利用并根据他们自己的地方性知识去理解他们面临的新问题、新情况，同时充分利用他们的创新潜力和能力去发展自己的社区。

此外，以文化引导发展，建设内源性发展。从发展动力源的角度看，即符合刘敏先生所提出的二元动力聚合转换的聚合转换理论，这一动力转换过程分为三个阶段：外源动力输入阶段、内外源动力聚合阶段、内源动力扩张阶段。对于边境民族社区来说，外源动力输入是前提，没有强劲的外源动力输入，推动发展是不可能的。行政力量主导下实施的国家项目正是以一种外源动力的形式进入民族社区，如何将外源动力有效转换为内源动力，这是发展过程面临的最大困难。从参与式的角度来看，以民族文化

---

① 周大鸣、秦红增：《文化引导发展：以中国西部内源发展项目为例》，《广西民族大学学报》（哲学社会科学版）2006年第5期。

② 同上。

为核心的发展，或许可以在一定程度上实现将外源动力转换为内源动力的要求，建立符合民族社区真正需要的发展项目，在项目过程中实现民众的有效参与，不仅民族社区在项目的建设下实现物质资源的积累，而且民众在参与的过程中实现自我能力、素质、技能等各方面的不断提高，从而实现少数民族自觉、自愿的发展，成为真正的内源发展，在发展的过程中解决参与和动力转换的问题。

近些年来，从文化与发展的角度，将民族文化与经济发展相适应，利用不同民族文化优势转换成民族特有的发展优势和经济优势，创造具备民族特色的文化产业发展，民族文化产业化已成为文化与发展最佳结合的方式。我国少数民族的传统文化十分丰富，涉及物质和精神的各个层面，在对文化开发的过程中，同时将民族文化以一种新的形式保存下来，在尊重当地文化的基础上，将发展与文化最佳结合，建立起具有特色的社区发展。在民族社区，国家项目的设计与实施，希望能够以民族特有的优势资源出发，设计符合民族社区需要的内源性项目，在保证实现项目效果的同时尊重民族社区文化，建立多样化发展模式。

（四）关注女性发展，全面实现民众参与

从参与式理论的平等参与角度出发，在参与的利益群体中，女性、儿童、少数民族、穷人都被界定为弱势群体。参与式发展与以往发展理论最大的不同之处在于关注弱势群体的发展，关注作为社区主体却又被边缘化的弱势群体在发展中的状况，从而更好地推动整个社会全面的发展。

在关注民族社区发展的过程中，一个重要的领域就是女性的发展，对女性发展问题研究已经深化成为性别与发展研究。性别与发展理论进一步阐述了社会性别关系及其在发展中的含义，从权力结构和体制的深层次来探讨性别与发展问题，其被接受的程度和应用性更为广泛。男性和女性在社会、政治、经济、文化等不同领域有着不同活动，产生不同作用。从女性发展的现状看，女性发展的意识正在逐步提高，渴望创造经济价值及丰富自身文化生活，女性的需求不断提高。同时，从整体发展的角度看，作为社区中的一员，女性的发展对民族社区的综合、可持续的发展有非常重要的影响。女性作为社会弱势群体之一，在社会地位、受教育程度、发展机会上，一直受到不平等的对待，这些因素都阻碍着女性的发展，实现女性的发展必须从多方面努力，才能逐步改善这一现状。

首先，女性赋权，行使说话的权力。赋权话题在民族社区的讨论过程中，一个重要的领域就是女性的话语权。在传统的两性社会中，女性多数处于弱势地位，最根本的原因是女性权力缺失，尤其是在少数民族社会中。以哈萨克族为例，在解放前的哈萨克族社会中，女性是家庭的附属品，传统观念认为，"女人的一条腿如果属于她的丈夫的话，那么另一条腿则属于她丈夫的氏族"[①]。男性是家庭重大事务的决策者，女性只能在家庭事务和子女教育上发表意见。随着时代的变迁，虽然这样的传统理念逐步在现代化的冲击下被社会所遗弃，在家庭中女性地位得到了提高，女性不再是从属地位，但这些改变仍只表现在一定的领域内。在民族地区的农村，大多数女性的活动范围仍局限于家庭之内，妇女在社会上所获得的发展机会仍然有限。女性地位的改善要让女性改变对权力的认识，对不平等的地位要有反抗，改变自己在社会领域的从属地位。让女性参与到社区公共活动中，不仅鼓励其热心参与村里所举办的各类培训、文体活动中来，而且鼓励女性积极参与村委会选举或村民事务管理等政治活动，只有争取到权利才能拥有发展的机会。此外，在女性的个体发展上，满足女性的需求，提高女性的发展能力，给女性发展创造机会，实现女性自身以及家庭的发展。

其次，国外发展研究机构及国内发展项目在目标群众选择的过程中，已经将更多地目光投入到对女性发展的关注上。通过小额贷款、技能培训等各类项目给女性发展提供经济、知识、技术上的支援，让女性独立的参与到项目中，成为项目的主导者。通过改善女性的经济能力，从而改变女性物质生活状况和家中的经济地位。同时，提高女性的文化素养、技能水平，满足参与项目的要求，不断实现女性的自我发展。

六 结 语

参与式作为发展过程中的指导理论，在我国社区中的运用已有一段时间，改变传统关注技术和经济为中心的发展模式，其最大的贡献是引导关注社会文化和弱势群体，以文化内源发展引导实现真正的社区发展。但在

---

① 方怡、薛洁：《哈萨克族妇女在婚姻家庭中的地位和作用》，《神州民俗》2007年第11—12期。

参与式发展应用过程中，所出现的参与式模式建构问题以及在我国现实情境下实施的困难，都影响着参与式的实际效果。如何真正实现社区参与式发展是我国学者亟须讨论并不断地深化的一大课题，参与式发展在我国社区发展领域有着极为广阔的应用前景，需要在现实情境下不断探索和创新参与的内容，并期待建立本土化的社区参与式发展模式。

在充分认识参与式贡献和存在问题的基础上，更值得我们清楚的是，我国的民族社区及整体发展过程中，必须将参与式发展理念、工具和方法通过有效的国家项目参与方式推广至我国各民族社区的发展过程中，从根本上保证我国各族人民作为中国的发展主体，享有发展的权力、履行发展的义务和分享发展的成果。在这个过程中，尤其是要继续不断地重点关注少数民族的发展，特别是少数民族中发展落后的民族，充分尊重少数民族的传统文化，改变他们"被发展"的状态，以民族文化的发展为视角，实现少数民族自身发展，建立民族社区的内源发展动力机制。

本文研究的对象是边境地区少数民族的发展，对边境地区民族社区的支持是一个长期、艰巨的发展事业。在给予边境地区资金、物质支持的基础上，动员和保证当地民众参与到边境地区的发展过程中，更应该提高边境地区少数民族参与发展的能力和参与发展的意识，让他们成为边境地区发展真正的主人。

希望通过本文对边境地区和边境地区少数民族发展情况的介绍和思考，能够引起更广泛的社会力量对边境地区的关注，使边境地区在发挥重要政治功能的同时，也能够实现社区的不断发展。

第四编

民族文化与民族社区发展

"如果在现代化发展进程中，只是一味地单纯注重经济发展，注重自然环境保护，而忽视对民族文化生态的保护，我们丧失的不仅仅是中华民族的宝贵文化遗产，而且还将丧失中国最具竞争能力的发展空间和发展领域，更为严重的是发展的最终结果将导致民族文化多样性的退化丧失。"[1]以少数民族成员为主体的民族社区其优势之一便是能够以社区为边界传承和保留传统民族文化以及具有地方性特征的地方性知识，这些知识与文化的生产与再生产成为民族社区发展的精神内核和智力支持，也是民族文化多样性传承的主体所在。但是在现代化的发展语境下，遭遇发展的同质化过程成为具有多样性特征的民族文化所面临的困境和阻力，民族文化的变迁、同化与重构成为目前民族文化研究的主要议题。

本课题组立足于社区发展的研究视阈，通过对青海吾屯藏族唐卡文化产业的观察、新疆哈密维吾尔族阔克麦西莱甫的调查、青海互助土族民族旅游的考察，来思考西北民族地区各民族的传统文化在现代化进程中如何进行文化的生产与再生产，是与发展对抗造成文化滞后，还是顺应发展潮流实现文化保留、文化调适抑或文化变迁？是在"小传统"与"大传统"的互动中形成大小传统的对立还是实现"小传统"的自我生产？怎么能够做到费孝通先生所说的"文化自觉"从而实现民族文化的主体性？在本编的具体案例分析中将呈现我们的分析与思考。

---

[1] 胡鞍钢：《地区与发展：西部开发新战略》，中国计划出版社2001年版，第307页。

第十三章 发展与重构

——阔克麦西莱甫调查

一 研究缘起

在全球化和现代化的冲击下，西北少数民族乡村社区的发展面临着巨大的机遇和挑战。尽管现代化进程在很大程度上提高了当地少数民族的生活水平，然而传统民族文化及价值观念也相应地受到了侵蚀。少数民族乡村社区中的传统民族文化既是少数民族社区精神文化的载体，也是少数民族社区经济、社会发展的智力支撑，对于加强民族社区成员社区认同的凝聚力，实现社区发展具有重大作用。因而，促进少数民族乡村社区文化繁荣，对于少数民族乡村社区社会发展、经济发展和社会进步，对于实现少数民族社区的科学、协调、可持续发展都具有重大意义。

目前，西北少数民族乡村社区正面临着由传统社会向现代社会转型的历史阶段，民族乡村社区文化也正经历着前所未有的文化变迁。西北少数民族乡村社区文化的发展以及生存其中的传统民族文化的传承、保护和发展，是探讨西北少数民族乡村社区发展的主要内容。如何认识正在进行中的少数民族文化变迁，以及如何发展西北少数民族乡村社区文化，无疑成为研究民族乡村社区科学发展的应有之义。

本章选取的田野点——马村是一个以维吾尔族群众为主的民族乡村社区，社区中一直传承着哈密地区维吾尔族群众特有的传统文化——阔克麦西莱甫，并且其仪式过程较为完整，有数位阔克麦西莱甫的文化传承人生活在这个社区。从民族学意义上，该田野点在西北少数民族乡村社区具有一定的代表性。同时，在维吾尔族传统文化——阔克麦西莱甫的传承和发展方面，该社区具有一定的典型性特征，可以放入西北少数民族乡村社区文化发展的视野中进行考量。

因此，本研究意在考察西北少数民族乡村社区发展过程中传统民族文化的变迁与传承以及民族社区文化的发展问题，借助调查资料将哈密维族乡村社区的传统民族文化——阔克麦西莱甫的变迁和传承作为地方性知识纳入民族乡村社区发展中去分析，运用民族学和社会学的相关理论，在田野的语境中，去展示阔克麦西莱甫变迁和传承的全貌，在本土视角中阐释"文化变迁"、"文化传承"和"民族社区文化发展"的关系结构。

（一）要当学者进学堂，要学做人去麦西莱甫

一位学者这样描述新疆维吾尔族的麦西莱甫：

> 走进新疆，没有一个维吾尔人不知道麦西莱甫，没有一个维吾尔人一生中没参加过麦西莱甫。这种融歌、舞、乐等于一体的群众性传统的文化活动，对于维吾尔人来说就像空气、水和盐一样，成为他们生活中的一部分。[①]

在新疆，麦西莱甫是一种在维吾尔族人中独有的文化传统，是维吾尔人生存历史、生活方式、生命情感、文化模式、民族精神等方面集体记忆的片断式鲜活展现，也是维吾尔文化中动态的、现实的、群体共享的民族传统文化形式。麦西莱甫因囊括了普遍的文化因素而成为维吾尔族人名副其实的文化生活空间，构成了麦西莱甫丰厚的民间文化层面。在过去的年代里，新疆维吾尔族人的麦西莱甫无处不在，无时不有，麦西莱甫涉及社会生活的方方面面，在维吾尔族人的心目中，麦西莱甫就是他们的精神寄托。正如年迈的麦西莱甫艺人所说："麦西莱甫就像我们生活、生命中的盐。我们在摇篮时就会随着麦西莱甫音乐跳舞了，小时候跳、年轻时跳，悲伤时跳、劳动累时跳，我们觉得生命的活力在麦西莱甫文化里。"可见，在维吾尔族悠久的传统文化之中，这种风格独特的麦西莱甫已深深地渗入了人们的生活。

"要当学者进学堂，要学做人去麦西莱甫。"这句维吾尔族谚语形象地表达了麦西莱甫传承在维吾尔人文化塑造中的重要性。从遥远的古代传承、发展、演变到当代，这种建立在绿洲文化基础上的维吾尔族传统文

[①] 艾娣雅·买买提：《一位人类学者视野中的麦西莱甫》，民族出版社2006年版，第3页。

化，在祖国西北地区恶劣的自然环境中生长出人与绿洲共生共荣耦合关系的民俗文化模式，一代一代的维吾尔族人在这种文化模式中所受到了尊重、热爱、珍惜生命、与自然和睦共处的文化传统熏陶，进一步强化了对绿洲传统生存方式的认同与继承。

在新疆各地都流传着麦西莱甫，但是每个地方的麦西莱甫都具有自己的地方特色。阔克麦西莱甫是新疆唯一一种只在哈密地区广为流传的麦西莱甫形式，体现着当地的生活习俗及风土人情，散发着浓郁的东疆维吾尔族乡土气息。

初次踏上新疆，笔者就被这种独具地方特色的、古老的民族传统文化形式所吸引。随着全球化、现代化的发展，这种历经数百年在维吾尔人中广为流传的传统民族文化，自诞生以来，经历了广泛流传—逐渐衰落—全面发展的不同阶段，如今依然能够显示出其强大的生命力。

这种现象引起了笔者极大的兴趣和思考，在探讨民族乡村社区的经济发展、社会发展的同时，我们更应着眼于根植于民族社区传统文化的发展，这是因为民族社区文化的发展必将为其他领域的发展提供载体和支撑。

作为维族乡村社区文化重要内容的阔克麦西莱甫的魅力何在？具有什么样的历史渊源能够使其成为涉及社会生活方方面面，并且无处不在、无时不有的文化传统？在现代化进程中，它发生了怎样的变迁，又是如何在变迁中传承的？如何以本土的视角，站在发展的人类学的立场上分析维族乡村社区中民族文化的传承、保护和发展，从而实现中华文化的多样化？

于是，笔者在查阅了中外相关文献，对前人研究做了归纳整理，多次深入田野点进行调查，并亲身参与阔克麦西莱甫的整个过程，试图找到问题的答案。

（二）相关研究综述

在全球化和现代化的背景下，少数民族传统文化发生了巨大的变迁，孕育其传承、变迁和发展的民族社区也在经历从传统到现代的变迁，从民族学、社会学角度展开探讨和深入研究少数民族社区发展中民族传统文化的变迁及社区文化的发展问题，自有其必要性和紧迫性。通过对相关文献的梳理，笔者发现，学者们对于少数民族传统文化的变迁及其社区文化发展的研究主要是围绕以下五个方面展开。

1. 少数民族传统文化变迁的探究

对少数民族传统文化变迁的研究，学者们不约而同地采用了自孔德、斯宾塞以来被社会学家和民族学家所广泛采用的结构—过程的视角作为分析的基本视角。研究主要以实证研究为主，通过对某一具体地域少数民族传统文化中某一侧面的考察，提出其发展的一般趋势。在对变迁过程的追溯和变迁原因的探究中，或偏重于过程分析，或偏重于结构分析，尚未能在把握好二者内在关系基础上展开研究，多采用费孝通先生的"中华民族多元一体格局"理论来阐释民族文化的变迁与融合问题。从现有研究的内容上来看，范围比较狭窄，多集中于对某一少数民族传统文化变迁历程的重现和原因的分析，推出一般变迁趋势。研究方法上则大体沿用传统的民族志和现象描述、阶级分析等方法，对现代的调查技术和分析方法吸收不够，但也呈现出多种研究方法综合化（如从定性到定量的综合集成方法）演进的趋势。

蔡红燕等基于多学科视角，通过综合分析所收集到的研究资料与数据来揭示少数民族传统文化变化特征，并据此得出少数民族传统文化总体呈现弱化和异质化的结论。[①] 李元元通过对一个典型少数民族定居点的田野调查，对少数民族传统文化变迁过程进行投射性分析，认为如其案例中所描述的文化传统从受到冲击、"碎片化"到重构的过程也应该是一般民族社区在发展过程中文化变迁的缩影和常态。[②] 多数研究者倾向于认为传统文化的变迁是现代化进程中的必然，是多种因素共同作用的结果，更多是一种潜移默化式的渐变而非突变。少数民族走出封闭状态，与外部世界的接触过程是现代性的习得过程，更是文化变迁的过程。文化变迁引致一系列生产生活方式的变迁，而生产生活方式的变迁又孕育着新一轮的文化变迁。[③] 变迁是人类社会发展的根本要求，变迁的方向是既要保留本民族的优秀文化，又要创造性地吸收他族优秀文化为己所用，以提高本民族素质。[④] 王平从多因素综合作用的角度分析了少数民族传统文化的变迁原

[①] 蔡红燕等：《民族地区少数民族传统文化变迁及其地理驱动力分析——基于施甸县两个典型布朗族村落的调查与思考》，《保山学院学报》2011年第1期。

[②] 李元元：《少数民族传统文化变迁过程分析——以甘肃省肃北蒙古族自治县蒙古族牧民定居点为例》，《内蒙古社会科学》（汉文版）2011年第3期。

[③] 郭育晗：《现代化进程中的壮族社会文化变迁》，硕士学位论文，广西民族大学，2007年。

[④] 龚佩华：《人类学文化变迁理论与黔东南民族文化变迁研究》，《中山大学学报》（社会科学版）1993年第1期。

因，其分析结果表明，在文化传播、文化涵化、发明创新、社会变革等因素综合作用下，传统文化不断推陈出新，从而发生深刻历史变迁。① 亦有研究者从更宏观的层面将原因归结为内因与外因，从而相应地将变迁模式分为内因性变迁、外因性变迁及相互涵化式变迁。②

2. 现代化进程对民族传统文化的影响及对其发展态势和生存前景的探讨

目前，现代化进程对民族传统文化的影响研究主要存在两种观点，一种观点认为具有两面性，即有利和不利于少数民族传统文化保护与发展的方面共存；另一种观点认为现代化的推进过程中少数民族传统文化受到巨大的冲击，面临消亡的危机。

就其发展态势和生存前景，主要提出了几条路径：何颖认为政府引导和市场驱动下发展的多元化与自觉性是西南民族地区社会文化现代变迁的主要模式，西南民族地区社会文化变迁的主导方向是文化、经济与环境协调发展。③ 王希恩提出当前少数民族传统文化呈现出复兴、衰退和变异并存的状况，而随着现代化进程的推进，这种状况将持续存在并加剧或扩展。④ 关凯认为少数民族文化变迁的前景存在两种可能：一是逐步完成向"现代化"的转型；二是由于社会变迁与本民族文化冲突而导致少数民族向"民族中心主义"文化靠近。⑤ 杨志明从生存论和意义论两个层次作了探讨，认为从生存论层次的现代化而言，在全球化、现代化背景下，少数民族传统文化要继续生存，就只能作总体的、根本的适应性转型，走一体化的道路，并以依附性的边缘文化形态存在；从意义论层次的现代化来看，少数民族传统文化则可以在有可能做个性化选择的精神信仰和生活境界的范围内，以多元化的民间风俗习惯和个性生活情趣形态长期存在，并

---

① 王平：《鄂西苗族传统文化变迁的历史原因及表现》，《中南民族学院学报》（人文社会科学版）2002 年第 5 期。

② 解丽霞：《中国文化·民族精神·文化变迁——中华民族凝聚力的文化学寻源》，《广西民族研究》2007 年第 2 期。

③ 何颖：《从传统到现代：西南民族地区社会文化变迁的规律》，《学术论坛》2006 年第 10 期。

④ 王希恩：《论中国少数民族传统文化现状及其走向》，《民族研究》2000 年第 6 期。

⑤ 关凯：《现代化与少数民族的文化变迁》，《中南民族大学学报》（人文社会科学版）2002 年第 6 期。

对现代社会、现代人的生活产生参考性影响。[①]

3. 现代化进程中少数民族传统文化的重构问题研究

正如杨慎明先生所言："文化的目的是满足一个民族、一个社区对自然条件及社会条件的适应。自然在变，社会在变，文化必然要变。正常的变迁，这个民族就能正常生存。"在承认现代化进程中民族传统文化变迁及重构是必然趋势的基础上，不同的学者有不同的看法。王铭铭在田野调查中发现，现代化的推进并未带来传统文化的消失，相反，民族村寨传统文化也正在经历着新的复兴历程。[②] 肖青以云南石林月湖村撒尼文化变迁为例探讨了民族村寨文化的复兴历程，并认为民族文化的形成与发展本身就是一个不断建构的过程，而每一次的建构都会对本民族传统文化有所选择、传承和重组。只要这些传统还能继续在现代社会中发挥某种结构性功能、能直接或间接地满足民族文化主体实现自我认同的精神需要，该文化事象就能不断延续，并进入新一轮的民族村寨文化建构。[③] 李宗桂先生强调少数民族传统文化的现状就是一种急剧的文化重构过程，而不是所谓的复兴、萎缩和变异时期，更何况民族文化是不可能存在萎缩现象的，只能是具体文化特质在文化重构中出现萎缩现象。[④] 周传慧、李自然在分析少数民族文化重构的必然性、多元性、个体自愿性、长期性等特点的基础上指出，少数民族传统文化的变迁、重构是必然趋势，并且是长期的发展过程，最终达到"中和位育"的结果。[⑤]

4. 少数民族传统文化的传承、保护及现代转型的路径和对策分析

在看到少数民族传统文化变迁的同时，学者们从民族传统文化自身、政府以及民族地区和文化持有者三个维度提出了不同的对少数民族传统文化传承、保护及现代转型的路径和对策思考。

首先是从民族传统文化自身的维度分析。林庆、李旭认为应从生存论

[①] 杨志明：《全球化、现代化与少数民族传统文化的生存前景》，《思想战线》2009年第6期。

[②] 王铭铭：《村落视野中的文化与权力——闽台三村五论》，生活·读书·新知三联书店1997年版，第76页。

[③] 肖青：《民族村寨文化的复兴历程——以云南石林月湖村撒尼文化变迁为例》，《思想战线》2006年第6期。

[④] 李宗桂：《经济全球化与民族文化建设》，《哲学研究》2001年第1期。

[⑤] 周传慧、李自然：《试论西部大开发中少数民族传统文化重构的特点》，《黑龙江民族丛刊》2003年第5期。

和意义论互补的角度去保护和传承少数民族传统文化。① 李绍明在对台湾泰雅人分析后强调，传统文化传承和保护的关键还在于在各民族中找出发扬传统文化的楔合点与新的生长机制，方能使民族传统文化得到持续发展。② 来仪认为通过对少数民族丰富的文化遗产和民俗活动进行挖掘、整理、筛选、重构和重组的创新开发的实践，民族传统文化的多种内容被赋予了现代形式，其结果是既保护、继承了优秀民族文化传统，又能够满足现代各个民族的消费者的需要和得到认可，充分发挥其参与性、观赏性、教育性等多种功能，从而实现了传统与现代的有机结合。③ 祁庆富提出，在文化变迁过程中，只有通过转型、创新，才会重构出继承优秀传统的新文化。只有这样，才会真正不丧失传统，才会使传统新生。④ 赵德光通过对石林文化变迁的历史和现实论证后认为，在现代化进程中，少数民族文化生存、发展之路就是文化转型的"重构"，并提出了本土文化、汉文化、西方文化融合、转型的"三重变奏论"。⑤

其次，从政府的维度分析，包括制定民族传统文化保护和发展的相关政策法规、给予经济扶持等方面入手，在"中国西部大开发中少数民族传统文化的保存和发展"座谈会上有学者提出政府行为、政府扶持，民间操作等少数民族传统文化的保护和发展模式。高新才、马文龙提出，政府要重视民族经济发展与民族文化相结合的发展道路，不能以牺牲民族优秀文化作为代价，要制定长远的发展思路，以民族特色作为经济开发的起点，从而使文化力与经济发展有机结合，互相促动。⑥ 牛文军认为应进一步加强抢救保护少数民族风俗习惯的立法执法工作，注重法律实施，创新

---

① 林庆、李旭：《城市化进程与中国少数民族传统文化的生存前景》，《云南民族大学学报》（哲学社会科学版）2009 年第 4 期。

② 李绍明：《传统社会变迁与民族文化传承——以台湾泰雅人为例》，《思想战线》2003 年第 6 期。

③ 来仪：《关于保护性开发西部少数民族传统文化的思考》，《贵州民族研究》2005 年第 6 期。

④ 祁庆富：《少数民族传统文化转型与文化遗产保护的思考》，《云南民族大学学报》（哲学社会科学版）2004 年第 6 期。

⑤ 赵德光：《现代化进程中云南石林阿诗玛文化的转型与重构研究》，博士学位论文，中央民族大学，2004 年。

⑥ 高新才、马文龙：《西北少数民族传统文化的现代化思考》，《兰州大学学报》（社会科学版）1999 年第 4 期。

保护机制。①

最后，从民族地区和民族文化的持有者的维度分析，温和琼认为，针对少数民族传统文化传承与发展所面临的问题，民族地区要担负起四大使命：培养少数民族传统文化传承的专门性人才的使命、少数民族传统文化现实的发展和创新的历史使命、少数民族传统文化积极传播的历史使命以及少数民族传统文化历史的传承和批判的历史使命。② 同时，有学者强调，民族传统文化的保护和发展，必须以本民族的意愿为唯一标准。因为只有他们才是本民族传统文化的创造者、享有者，是本民族传统文化的主体，他们最有权利对自己传统文化的保护和发展做出抉择。并且民族传统文化保存与发展的最重要的条件，就是靠各级干部、群众的文化自觉，保护好民族传统文化赖以存活的文化生态系统。③ 张利洁认为少数民族在进行自我调适时，一要以平和心态对待现代文化；二要努力做到"文化自觉"；三要积极主动地参与到对本民族文化旅游的开发之中去。④

5. 麦西莱甫和阔克麦西莱甫的研究

关于麦西莱甫和阔克麦西莱甫的研究，从民族学和社会学角度进行研究的课题较少，相关专著、论文不多，主要分为两大类。

一是从宏观的角度，综合地、全面地对麦西莱甫的历史渊源、内容形式、社会文化功能等方面进行研究，艾娣雅·买买提博士在《一位人类学者视野中的麦西莱甫》中，运用民族学人类学等多学科视角从理论和实践层面对新疆麦西莱甫系统地进行了解剖和解读。⑤ 阿布力米提·买买提、欧阳伟认为，麦西莱甫是维吾尔族集歌舞音乐和各种民间游戏、民间世俗于一身的，具有曲艺杂剧特点的艺术形式。它起源于维吾尔族古代先民的晚会或冬天轮值宴会习俗。麦西莱甫由歌舞艺术和一系列的游戏组成，潜藏于游戏背后的，是维吾尔人的信义、廉耻、忠诚、人际关系、道

---

① 牛文军:《少数民族传统文化立法:问题、成因与对策》,《内蒙古大学学报》(人文社会科学版) 2007 年第 5 期。

② 温和琼:《民族地区在少数民族传统文化传承和发展中的历史使命》,《前沿》2011 年第 6 期。

③ 《"中国西部大开发中少数民族传统文化的保存和发展"座谈会纪要》,《思想战线》2001 年第 4 期。

④ 张利洁:《现代化进程中西部少数民族传统文化保护与调适》,《兰州大学学报》(社会科学版) 2004 年第 5 期。

⑤ 艾娣雅·买买提:《一位人类学者视野中的麦西莱甫》,民族出版社 2006 年版,第 5 页。

德质量等社会价值观念，因而具有广泛、深刻的文化功能和社会功能。作为维吾尔族具有悠久历史的民俗活动，麦西莱甫已经成为一个影响广泛的民俗学校，在保存和延续维吾尔族文化传统方面起着非常重要的作用。①华锦木、梁云通过对维吾尔族麦西莱甫的分析指出在麦西莱甫中体现了维吾尔族个性发挥、崇力尚争和开放的文化精神。②

骆惠珍从传统叙事文本和麦西莱甫的现代表述分析认为，广泛流传于天山南北的维吾尔族民间的麦西莱甫，是维吾尔族生活中不可或缺的传统民俗娱乐活动。在时空流转中发生变化的同时，麦西莱甫的社会功能也在演变之中。③ 阿布力米提·买买提从麦西莱甫的起源与发展历程和种类入手，深入分析了麦西莱甫的歌舞艺术、游戏以及惩罚形式。④

二是从具体的某一种麦西莱甫出发，探讨其社会特征和社会文化功能。艾克拜尔·卡德尔在分析麦西莱甫的起源与发展历程和种类的基础上，认为伊犁麦西莱甫是其中独具特色的一类，其活动内容、组织班子的结构与分工等都与其他地区的麦西莱甫不同。伊犁麦西莱甫还有非常显著的社会功能，也可以看作伊犁维吾尔族文学艺术的摇篮。⑤ 朱大伟通过对哈密"阔克麦西莱甫"的渊源、基本内容、活动程序、相关器具、基本特征等方面的描述，剖析"阔克麦西莱甫"的重要历史意义和社会作用，指出其面临的困境，以引起社会各界的普遍关注。⑥ 热依拉·阿依古丽、买买提·达吾提通过对维吾尔族民间麦西莱甫与民间生活的关系分析，探讨麦西莱甫在民间生活中的多种社会功能。⑦ 古丽加米拉·卡德尔主要阐述了刀郎麦西热甫—木卡姆及其民族特点，地方麦西热甫—木卡姆，赛乃姆及其人文组合，刀郎麦西热甫—木卡姆的普及，同时分析了刀郎麦西热

---

① 阿布力米提·买买提、欧阳伟：《维吾尔族麦西莱甫研究》，《中央民族大学学报》（哲学社会科学版）2010年第3期。

② 华锦木、梁云：《维吾尔族麦西莱甫娱乐活动折射出的民族文化精神》，《西域研究》2007年第4期。

③ 骆惠珍：《维吾尔族麦西来甫的形成、发展及功能演变》，《昌吉学院学报》2009年第4期。

④ 阿布力米提·买买提：《麦西莱甫浅探》，《民俗研究》2002年第3期。

⑤ 艾克拜尔·卡德尔：《浅谈伊犁麦西莱甫》，《伊犁师范学院学报》（社会科学版）2007年第3期。

⑥ 朱大伟：《哈密"阔克麦西来甫"调查报告》，《新疆艺术学院学报》2007年第6期。

⑦ 热依拉·阿依古丽、买买提·达吾提：《维吾尔族民间麦西来甫的社会功能》，《新疆艺术学院学报》2003年第3期。

甫—木卡姆的自身规律及处罚游戏；刀郎麦西热甫木卡姆的音乐特色；刀郎麦西热甫木卡姆的舞台艺术地位及作用等。①

概言之，关于麦西莱甫和阔克麦西莱甫的研究主要集中于其民俗艺术形式和社会文化功能方面，而较少涉及其变迁和生存空间——民族社区的发展的探讨和分析。

(三) 研究目的和意义

1. 研究目的

在全球化和现代化背景下，西北少数民族乡村社区文化也正经历着前所未有的文化变迁。本研究旨在通过对新疆哈密维族村庄中民族传统文化——阔克麦西莱甫变迁与传承的田野调查，在地方性知识的视域中，运用文化阐释理论阐释民族乡村社区文化，为西北少数民族乡村社区文化发展提供参考和依据。

2. 研究意义

理论意义：本研究对维族村庄的民族传统文化的田野调查和阔克麦西莱甫变迁与传承的"地方性知识"视野的分析和探讨，希望能对少数民族乡村社区文化变迁和发展研究提供借鉴，对少数民族传统文化的保护和发展理论做有益的补充，以及文化阐释理论的本土化解释提供一定的尝试。

现实意义：本研究在完整展阔克麦西莱甫变迁与传承过程中，通过对传统模式与国家模式的比较分析，以及西北少数民族乡村社区文化发展的思考，不但有益于少数民族乡村社区文化的健康有序发展，而且希望能够对当地政府文化发展的决策提供一定参考。

二 研究设计

(一) 田野点介绍

1. 个案的选择

由于阔克麦西莱甫曾在哈密地区维吾尔族聚居的平原和山区都广为流

---

① 古丽加米拉·卡德尔：《刀郎麦西热甫木卡姆的民族传统》，《新疆艺术学院学报》2005年第4期。

传，在选取个案作为本研究的田野调查点时，笔者从三点考虑：首先，在该村近年来至今仍在举办阔克麦西莱甫，并有一定的规模，仪式过程较为完整；其次，该村属于自然的民族村落，维族人口占80%以上；再次，该村还生活着几位阔克麦西莱甫的文化传承人。基于以上考虑，笔者通过电话咨询哈密市文体局工作人员，以及现场咨询和访谈哈密市非物质文化遗产中心的工作人员，得知在哈密市东南部的陶镇具有满足笔者要求的民族村落。

2010年3月12日，笔者首先来到陶镇政府，向镇领导说明来意之后，在镇文化站两名工作人员的陪同下，先后进入不同的民族村落进行初次摸底调查，最后，回到镇文化站之后，在文化站站长PLT的建议下，笔者选取了马村作为研究个案。

陶镇马村，坐落于哈密市东南部，距市12公里，全村总人口1275人，少数民族占总人口的88%。马村是一个自然村，全村耕地面积3121亩，由3个行政村组成。该村是一个以园艺业为主，棉花、蔬菜为副的园艺大村。① 在马村，维族的传统文化发展较好，2010年举办阔克麦西莱甫十余次，每次参与人数和观众众多，民族社区文化在该村得到很好的发展，这是笔者选取该村的重要原因之一。

此外，马村生活着多位国家级、自治区级的十二木卡姆传承人和阔克麦西莱甫的传承人，他们中的有些人既是十二木卡姆传承人也是阔克麦西莱甫传承人。也许因为有了这些传承人的存在，马村的民族传统文化——阔克麦西莱甫仪式和程序保存的较为完好，也有众多的参与者和观众，这是笔者选取该村作为调查个案的另一个原因。

2010年3月17日，笔者再次在陶镇文化站工作人员的陪同下，进入马村进行访谈调查，并成功地访谈并结识了哈密地区第八代十二木卡姆传承人和阔克麦西莱甫传承人——ABDL老人。在此后的进村调查中，笔者一直在ABDL老人的帮助下对村里其他居民和其师傅——AST、同辈艺人等进行访谈，老人们很热心，能够讲流利的汉语，至今仍多次打电话邀请笔者再次参与该村的阔克麦西莱甫。

2010年3月21日，笔者有幸参加了马村举办的最后一场阔克麦西莱甫活动，不但增强了笔者对阔克麦西莱甫的兴趣，也让笔者更为

---

① 《2010年陶镇年度工作总结》，陶镇政府文件。

深入地体验到马村传统民族文化的魅力。同时，笔者希望能够把该村阔克麦西莱甫的变迁，以及该村社区文化的发展的相关问题很好地反映出来。

此后，笔者还多次去市非遗中心和陶镇文化站进行访谈，所访谈人员包括：普通工作人员，以及站长、主任等，他们都对阔克麦西莱甫具有极大的热情，使得访谈工作比较顺利。

2. 调查点介绍

哈密地区位于新疆东部，是新疆维吾尔自治区通往内地的门户，素有"西域襟喉""中华拱卫""新疆门户"之称。东部与甘肃省酒泉市相邻，西部与昌吉回族自治州的木垒县和吐鲁番地区鄯善县毗邻，南部与巴音郭楞蒙古自治州的若羌县接壤，北部、东北部与蒙古国接壤。区域内种植的农作物主要有小麦、玉米、高粱、棉花、胡麻和瓜果。

哈密自古就是"丝绸之路"重镇，地处东西方文化、西域与中原文化交汇之地，既有鲜明的中原文化脉络，又有少数民族古老传统的风情，在长期的历史发展进程中，形成了独具特色的哈密东天山历史文化。各民族在千百年长期共存的环境中，和睦相邻，礼尚往来，文化的融合与交流，生活习惯的影响与学习，奠定了哈密"民淳俗深"和古伊州文化的底蕴。由于距内地最近，内地汉文化对哈密的辐射力度自然大于新疆其他地区。15世纪末16世纪初伊斯兰教才传入哈密维吾尔族民众，较喀什的维吾尔人要晚5—6个世纪，与新疆其他地区维吾尔族相比，哈密维吾尔族受阿拉伯伊斯兰影响相对较少，且保存古代维吾尔（回鹘）文化的传统，与疆内其他地区维吾尔族相比，哈密维吾尔族民俗文化具有浓厚的地方特色。

哈密民间麦西莱甫历史悠久，种类繁多，在新疆维吾尔麦西莱甫中以其浓郁的地方特色而独树一帜。可以说，在哈密民间麦西莱甫中，历史最悠久、地方特色最浓、流传最广泛的，当属"阔克麦西莱甫"。

陶镇①位于哈密市东郊，地处平原，距市区8公里左右。地势平坦，土地肥沃，地下水资源较为丰富，是哈密市粮食、蔬菜、瓜果的主要产区。全镇辖10个行政村，36个村民小组，全镇耕地面积45613亩，人均

---

① 2011年6月，陶乡撤乡换镇。

占有耕地 2.6 亩。① 2008 年陶镇被授予自治区"民间文化艺术之乡",民族文化的底蕴非常雄厚。

(二) 研究方法

本研究主要使用质性研究方法。质性研究要求研究者深入到所研究对象的自然生活情境中,采用多种资料收集方法对研究对象进行整体性研究,使用归纳法分析资料和形成理论,通过与研究对象互动对其行为和意义建构获得解释性理解的一种活动。同时,质性研究方法强调对一个事件进行考察时,不仅要了解事件本身,而且要了解事件发生和变化时的文化背景及该事件与其他事件之间存在的关系。② 因此,在具体研究过程中,本研究采用了文献法、深度访谈法、参与观察法等多种资料收集途径,在与研究对象的互动中,去感受其行为方式及其背后所蕴含的文化内容,以逐步获得对研究对象及其社会生活的解释性理解。

1. 资料收集方法

在对本研究进行资料收集时,主要采用文献法与田野调查相结合的方法,并综合性地使用以下具体研究方法,以获得更为全面、准确和深刻的认识。

(1) 文献法

在文献资料的获取上,主要收集当地政府的政府政策、工作总结、统计数据等资料以服务于本研究。另外,笔者通过查阅相关的研究,为自己的研究提供有力的理论支撑和借鉴。"如同历史学家通过研究各种文字记录来了解过去的社会结构和历史事件一样,社会研究者也充分地利用各种形式的文献资料,来探讨和分析各种社会的结构、关系、群体、组织、文化、价值及其变迁。"③

本研究通过收集马村 2007—2011 年工作情况汇报、陶镇 2007—2011 年人口变动及工作情况总结、文化站 2009—2011 年工作总结、哈密市非物质文化遗产申报材料、哈密地区志和阔克麦西莱甫历史渊源等方面文献资料和电子资料,包括相关政府文件、上报经验材料、文化站工作总结等

---

① 《陶镇土地利用总体规划概况》,哈密市陶镇人民政府,2011 年。
② 陈向明:《质的研究方法与社会科学研究》,教育科学出版社 2000 年版,第 7—12 页。
③ 风笑天:《社会学研究方法》,中国人民大学出版社 2000 年版,第 224—225 页。

资料，获得必要的背景性材料。

（2）田野调查法

对于民族学学者来说，理论建构的主要来源是田野工作和文化比较，田野工作是民族学研究的具体实践，通过这一实践民族学学家了解某一文化，建构对人、社会、文化的理论。[①] 笔者正是在田野调查中通过积极参与马村举办的阔克麦西莱甫来获取第一手资料。

深度访谈法。在确定调查点之后，笔者首先对需要访谈的相关人员进行确定，主要包括：市文体局工作人员、乡文化站工作人员、阔克麦西莱甫传承人、普通社区居民等。第一个选择的是哈密市文体局非遗中心 YNS 主任，在预约访谈过程中，YNS 主任在了解笔者意图之后，推荐陶镇进行本研究的实地调查。

然后，笔者开始多次深入陶镇，在文化站站长 PLT 的帮助下，调查工作进行的很顺利，并与 PLT 站长两次深入、全面的访谈之后，基本全面掌握该镇阔克麦西莱甫的发展与变迁情况。另外在笔者的提议下，PLT 站长推荐了具体的民族村落——马村和阔克麦西莱甫的传承人进行访谈。

在进入马村时，由于有文化站工作人员的陪同和电话提前预约，较为顺利地进入该村。第一次主要在村委会和马村二组 AST 家访谈。在接下来的数次进入马村访谈时，得到一定信任和热情的款待，先后对普通村民和其他艺人进行访谈，倾听他们的真实想法和感受。在此过程中，笔者采取录音的方式以便分析和归纳。

参与观察法。参与观察是民族学研究中最常用的调查法，是收集第一手资料的基本方法。观察法为了解人们的行为和行为发生的背景提供了一种直接、有效的方法[②]，它不但强调观察的细致入微，而且要求参与到当地人的生活中。在对马村阔克麦西莱甫进行研究时，在文化传承人和镇工作人员的邀请下，笔者亲身参与了阔克麦西莱甫举办的整个过程，切身感受和体验了阔克麦西莱甫活动，并拍摄图片资料，为后续研究做充分准备。

2. 资料分析方法

在所需资料收集完后进行资料分析，主要包括以下程序：对个案访谈

[①] 夏建中：《文化人类学理论流派》，中国人民大学出版社1997年版，第329页。

[②] ［美］约瑟夫·A. 马克斯维尔：《质的研究设计——一种互动的取向》，朱光明译，重庆大学出版社2007年版，第72页。

进行录音后，根据录音生成的 WAV 文件整理成 WORD 文件，形成原始访谈资料，反复阅读文本资料，结合自己每次访谈后所记的笔记，对于调查的问题大致形成一个整体影响。

对于运用质性研究方法收集到的资料，分析的过程也是"对资料进行分类、描述、综合、归纳的过程"[1]。具体而言，在分析资料的时候，本研究首先采用举例说明法，辅之以比较分析法。举例说明法就是用经验证据来说明某种理论，研究者把理论应用于某种事件或背景中，根据该理论来组织材料。[2] 本研究在对阔克麦西莱甫文化变迁过程进行分析时采用了举例说明法。此外，在文化传承人作用发挥上，也采用举例说明法进行了论证。

比较分析法是将注意力集中在已有的少数规律上，用其他替换的解释与之进行比较。在此基础上，研究者进一步考察那些不限于某一特定背景的规律性[3]。本研究在对传统模式与国家模式进行分析时采用的是比较分析法。

（三）相关概念的界定

1. 麦西莱甫与阔克麦西莱甫

麦西莱甫是新疆维吾尔族民间特有的集歌唱、音乐、舞蹈、游戏于一体的传统民俗艺术活动，广泛流传于天山南北的维吾尔族民间，已成为维吾尔族生活中不可或缺的重要习俗。麦西莱甫是维吾尔族人独有的文化传统，这一文化传统囊括并展现维吾尔民间文化与民间艺术的所有种类与精髓[4]。从民族学的视角分析，麦西莱甫所具有的全民性、综合性、草根性、艺术性、文学性与生活性等特性成为维吾尔族人特有的民族传统文化。从文化传承的视角分析，麦西莱甫还是包容、展现维吾尔民间文化所有种类与精髓的文化场。

阔克麦西莱甫是麦西莱甫文化传统中的一种，是哈密维吾尔族村落的一种特殊的民间娱乐形式及古老的民俗文化活动。又称"青苗麦西莱甫"

---

[1] 风笑天:《社会学研究方法》，中国人民大学出版社 2001 年版，第 309 页。
[2] 同上书，第 312 页。
[3] 同上。
[4] 艾娣雅·买买提:《一位人类学者视野中的麦西莱甫》，民族出版社 2006 年版，第 189 页。

"柯克麦西莱甫""玛依萨麦西莱甫",一般在每年的冬春季节,也就是农历的腊月至正月期间举行。主题是庆贺丰收,培育青苗。同时也是为了祝福来年庄稼苗齐苗壮,获得更大的丰收。①

2. 传统文化与民族社区文化

传统文化是民族文化从来源上划分的一种区别于当代文化或非传统文化的文化形式,是指一个民族在其历史发展中形成的本民族的原本文化,它与各民族的族体密切结合,历经千百年的沉积,虽经社会变迁,各种文化的冲击,仍能保留其基本内容和形态,至今仍在各民族的群体生活中,起着有形或无形的重大影响和作用,甚至可以说,在当代区分不同民族的最基本、最重要的标志,就是其独特的传统文化因素。② 任何民族的传统文化都是在历史进程中形成和发展起来的,是一个民族的历史遗产在现实生活中的展现。③ 传统文化主要包括有形的物质文化和无形的精神文化方面,其中精神文化表现在价值观念,生活方式、风俗习惯、心理特征、审美情趣等方面。

民族社区文化是一定区域内,某个少数民族的生存载体,是区别于其他民族社区的标志,是不同民族社区得以传承的文化密码,包括历史传统、风俗习惯、交际语言、生活方式等。④ 有学者从民族学的层面对民族社区文化进行界定,认为民族社区文化是在特定的民族社区内长期形成的、在某种意义上也是可以表征该社区成员特有的行为特征和倾向性的相对稳定的社区文化,因此,民族社区文化更应突出其地域性,它是一定民族社区内的一种具有高度认同和一致的社区文化,是有别于其他文化的独特的行为系统,有着明显的居住形式、特殊的语言、特定的经济体系和社会组织及某种信仰和价值观念,特定的民族社区文化是本社区居民共同创造、共同享有的,同时也强有力地约束着民族社区居民的思维和行为方式。⑤

---

① 《哈密地区志》,http://www.hami.gov.cn/10037/10037/00016/00013/10000/2010/8101.htm。

② 杨建新:《中国少数民族通论》,民族出版社2009年版,第68页。

③ 宋蜀华、陈克进:《中国民族概论》,中央民族大学出版社2001年版,第145页。

④ 郑杭生:《民族社会学概论》,中国人民大学出版社2005年版,第65页。

⑤ 岳天明、高永久:《民族社区文化冲突及其积极意义》,《西北民族研究》2008年第2期。

本研究所探究的少数民族传统文化就是在民族社区内具有高度认同性和一致性的社区文化，在特定的民族区域内——维族村落社区，传统文化和社区文化是统一的。本文所研究的阔克麦西莱甫既是维族乡村的传统文化，也是该维族乡村社区文化的重要组成部分。

三　溯源与正流：马村阔克麦西莱甫的田野调查

格尔茨（Clifford Geertz）在阐释文化时提出的"深描"的显微研究法是对文化事项进行"审辩意指结构"（sorting out the structures of signification）的努力，就如同赖尔把张合眼睑的行为在文化上区分为眨眼、挤眼、假挤眼、模仿之练习的意义结构分层一样，文化分析就是要对大量相互层叠、交织、无规则、陌生、含糊不清的复杂概念结构进行分层解析。[1] 这种以"文化持有者的内部眼界"（from the native's point of view）"就什么说点什么"（say something of something）的"深描"使得被研究者的观念世界、研究者自身的观念世界、阅读者的观念世界在此间达成一种"视界融合"，生成一种"不同理解"（Andersverstehen）[2]，创造性地抵达被解释事物的本质深处[3]，从而看到并理解文化背后隐藏的真正意义，揭示出其本来面貌。本研究尝试运用这一研究方法来对马村的的阔克麦西莱甫传统文化进行分析研究。

（一）阔克麦西莱甫的溯源

对阔克麦西莱甫历史渊源的探讨，要从麦西莱甫的起源开始。麦西莱甫是阿拉伯语，译为"聚会、集会、场所"，维吾尔语中理解为"大家聚在一起欢乐"，是维吾尔族群众独有的一种民族传统文化（英语翻译为Meshrep 或 Mexrep[4]）。虽然有关麦西莱甫起源与发展的史料较少，但在维吾尔族古代史诗《乌古斯可汗的传说》中看到："乌古斯可汗大摆筵席，

---

[1] Geertz, Clifford, "Thick Description: Toward an Interpretive Theory of Culture", *The Interpretation of Culture*, New York: Basic Books, 1973, pp. 6—10.

[2] 洪汉鼎：《理解与解释——诠释学经典文选》，东方出版社2001年版，第18—19页。

[3] Geertz, Clifford, "Thick Description: Toward an Interpretive Theory of Culture", *The Interpretation of Culture*, New York: Basic Books, 1973, p. 18.

[4] 艾娣雅·买买提：《一位人类学者视野中的麦西莱甫》，民族出版社2006年版，第7页。

邀请四方百姓。并让人打制了四张桌子和四十条凳子，大家吃了各种美食，饮了各种美酒。"这也许是麦西莱甫最初的起源。在公元 5—6 世纪的《魏书·高车传》中记载的"高宗时，五部高车合聚祭天，众至数万。大会，走马杀牲，游绕歌吟忻忻，其俗称自前世以来无盛于此"①，这是有关麦西莱甫最早的、可信的史料。② 在《突厥语大辞典》中记录了公元 10 世纪的 Syrtʃyk、suðditʃ 即麦西莱甫。穆罕穆德·喀什葛里说：以 Syrtʃyk、suðditʃ 为名举行的冬天轮流宴会和夜间欢宴已经是突厥民族的重要风俗活动。③ 他还记录了一首麦西莱甫的歌谣，从歌谣可以看出，当时的麦西莱甫是男男女女一起纵情欢乐、弹琴歌舞，热闹非凡，其仪式的内容与形式已经达到了比较完善的程度。有学者认为，现在的维吾尔族麦西莱甫，在公元 11 世纪维吾尔人接受伊斯兰教以前，就已成为一个传统的习惯。④

在悠久的历史进程中，麦西莱甫被一代代维吾尔人传承下来，并不断地变化、发展、丰富，成为维吾尔族群众特有的文化传统。由于维吾尔族在新疆分布较广，麦西莱甫在发展过程中融入了各地的生产生活习惯，形成了各地独具地方特色的麦西莱甫形式。

哈密"阔克麦西莱甫"的起源、发展和传承过程同样包含着非常悠久的历史渊源及独特的古老文化内涵。首先反映了哈密维吾尔族先民的原始宗教信仰和自然崇拜现象。在历史上，我国西北民族萨满教信仰中，人们对天神"腾格里"的崇拜处于至高无上的位置。实际上，"阔克麦西莱甫"这一古老民间艺术活动的发生，在一定程度上与哈密维吾尔族先民的"腾格里"崇拜有直接的联系。"腾格里"崇拜在古代突厥语民族先民中的存在由来已久。在公元 8 世纪的突厥回纥文碑铭中，早已出现了与"腾格里"崇拜有关的词句。11 世纪我国维吾尔族学者麻赫默德·喀什噶里在《突厥语大词典》中写到："异教徒（这里指的是信仰佛教的回鹘），把苍天称作腾格里，他们对于腾格里顶立膜拜。"除此之外，"kuk henim"

---

① 魏收：《魏书·高车传》，吉林人民出版社 2006 年版，第 1409—1412 页。

② 阿布力米提·买买提、欧阳伟：《维吾尔族麦西莱甫研究》，《中央民族大学学报》（哲学社会科学版）2010 年第 3 期。

③ 阿布力米提·买买提：《麦西莱甫浅探》，《民俗研究》2002 年第 3 期。

④ 阿不都秀库尔·吐尔地：《论维吾尔民间艺术麦西热甫》，《新疆社会科学》1983 年第 1 期。

表意为"阔克少女","dusap"（特制为麦西莱甫执行官权力的象征物）等象征物都表现了古代维吾尔居民对于太阳、月亮、星星等自然物的崇拜和原始宗教文化。天山东部发现的岩画上所描绘的古代人类自然崇拜内容，也证明了这一点。

其次，阔克麦西莱甫直接反映了古代维吾尔居民对于绿洲农耕文化的民间知识和信仰。"阔克麦西莱甫"一般在秋收之后的初冬瑞雪之际开始，等到来年新春诺肉孜节来临之时结束。这明确表明农民对丰收的喜悦，有意义地度过冬天，庆贺新年，来年为获得更大的丰收而互表美好愿望。

总之，"阔克麦西莱甫"这一古老而特殊的民间艺术具有漫长的历史渊源和多元文化背景。在整个维吾尔民间麦西莱甫体系中，尤其是在哈密地方麦西莱甫中，"阔克麦西莱甫"是延续至今的最古老最完善的活形态文化现象。它的产生、发展和演变过程始终体现了哈密维吾尔族人独特的地方文化形态和特有的艺术创作精神，与此同时，它又展现了维吾尔民众的自然观和浓厚的文化人文精神。

（二）马村阔克麦西莱甫的仪式过程

一个民族传统文化的长期保留，不但需要文化生存的社区空间，同样需要一定的文化载体得以实现。阔克麦西莱甫的基本仪式过程不但充当了文化载体，而且也是民族文化的最真实的、可见的表现形式。在马村，阔克麦西莱甫是一种具有完整体系和严格程序的综合性艺术活动。"仪式通常被界定为象征性的、表演性的、由文化传统所规定的一整套行为方式。它可以是神圣的，也可以是凡俗的活动，这类活动经常被功能性地解释为在特定群体或文化中沟通（人与人之间、人与神之间）、过渡（社会类别的、地域的、生命周期的、强化秩序及整合社会的）方式。"[1] 因此，从本质上说，马村的阔克麦西莱甫具有一种标志农事周期开始的祈福功能。

2011年，马村第一场阔克麦西莱甫是1月21日在ABD家举办的。这次的阔克麦西莱甫是在镇文化站倡导下，由ABD第一个举办，因为村里熟悉阔克麦西莱甫基本仪式的老人本不多，ABD本人爱好参加这些活动，而且是哈密十二木卡姆的第八代传承人。

---

[1] 郭于华：《仪式与社会变迁》，社会科学文献出版社2000年版，第1页。

阔克麦西莱甫一般开始于秋收之后的第一场雪，以投雪信游戏为正式开始。投雪信游戏，维吾尔语称"喀尔勒克"，是几个朋友经过商量，联名写封雪礼信，信中首先要以白雪的降临祝贺收信人全家平安，然后要求收信者举办阔克麦西莱甫，并提出具体的内容要求。通常雪礼信中写有这样的字句："如果你富裕，可以用丰盛的宴席请我们；如果你不富裕，也可用一头洋葱表表你的心意。"然后请其中一人直接送至收信人家中。送信人要悄悄把信放在主人不易发现的地方。在送信人离开之前，如主人没有发现，就要按信上的要求举行阔克麦西莱甫。如果送信人被当场抓住，则由送信人举办。举办第一场阔克麦西莱甫的房主要向邻里乡亲宣布自己要举办第一场阔克麦西莱甫，并邀请大家都来参加。承办第一场麦西莱甫的家庭会全力着手准备麦西莱甫所需用品。邻里朋友也会自发行动起来，前来帮忙。

1. 阔克麦西莱甫的筹备阶段

准备"阔克小姐"是阔克麦西莱甫准备的第一步。2011 年 1 月 5 日大清早，马村村民 ABD 家。一早起来，ABD 就让自己的大儿子去请村里的朋友和妇女们来家里帮忙。村里空闲的妇女都来到了 ABD 家，他们在女主人的招呼下，开始从小麦中挑选颗粒饱满的种子。男人们把准备好的当年摘下的大葫芦，找来锯子从葫芦的底部切下，切成托盘大小的圆盘，然后交给女主人。妇女们将湿棉花均匀地铺在里面，在将麦种种下之前，进行一番祈祷，祈福来年有一个好的收成，寄托希望"阔克小姐"[①] 长得更好。

然后将"阔克小姐"放在温暖的屋子，等待托盘里的小麦发芽。1 月 21 日早晨，ABD 老人开始装扮新一年的"阔克小姐"，（在葫芦里的小麦发出嫩芽，大约长出 20 厘米的青苗之后）[②]，他先将爆米花用火柴棍扎上，整齐地摆在麦苗周围，以象征冬日里的雪花，希望来年雨水充沛，有好收成。

女主人拿来准备好的花朵将"阔克"（青苗）环绕起来，就像打扮美丽的少女。"阔克小姐"的上方安上对视的公鸡和母鸡的小模型，这个模型是由 ABDL 根据公鸡和母鸡的形状用玉米秸秆等雕刻而成的，周围还要

---

① "阔克小姐"指的是妇女们种下的小麦种子。
② 从播种小麦种子到长出 20 厘米左右的青苗，这段时间大约需要 15—20 天左右。

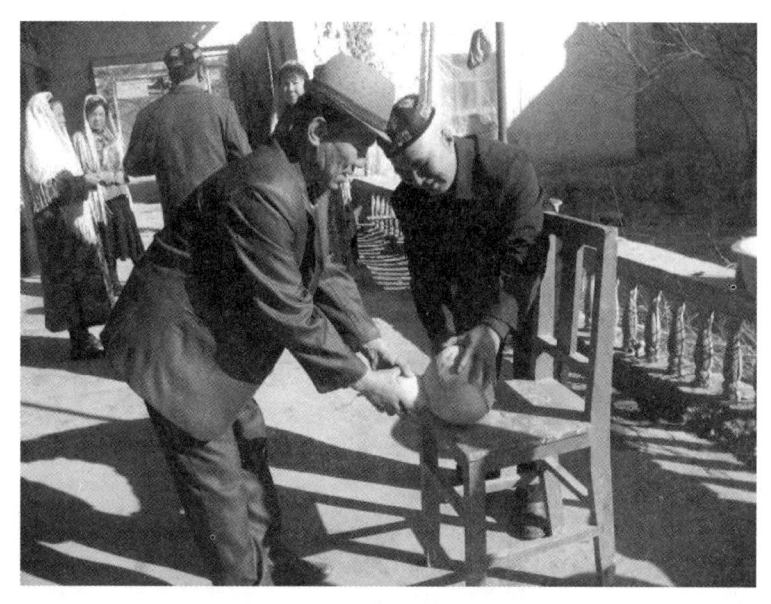

图 13-1 用葫芦制作托盘的过程

图 13-2 在托盘里种麦种

插几朵花。然后,要在青苗腰间系上花腰带,蒙上红头巾。这样,待嫁的"阔克小姐"就制作成功。

图 13-3　制作完成的"阔克小姐"

ABD 请来朋友们开始制作作为麦西莱甫执行官权力象征的"杜夏布"。"杜夏布"一般又称"昆且齐克",在阔克麦西莱甫中是具有浓厚象征色彩的饰物,需精工细做,其外形很像是三个灿烂的太阳,把柄是用胡萝卜精心制作。在朋友们的帮助下,他们将土豆削圆,做成太阳的形状,将其固定在胡萝卜和木制的把柄上,让三个太阳形状的土豆置于不同的三个点,然后再将火柴整齐插地在土豆边上,形成圆圈,最后再在上面附上葡萄干或西瓜籽,两个光灿灿的"杜夏布"就做成了。

"阔克麦西莱甫"中象征着权力的"杜夏布"蕴涵着丰富的内涵。固定在把手上的三个椭圆形状的土豆片,一个象征着太阳,一个象征着月亮,另一个则象征着大地,寓意今年风和日丽,是个大丰年;另外,"杜夏布"用胡萝卜做成的手柄象征着绿色;圆形土豆象征着粮食;土豆上用火柴棍插成圆圈,火柴棍头上扎着的干果象征着果木园林的收获。

到此时,阔克姑娘就制作好了,阔克麦西莱甫可以正式开始了。整个制作过程花了大约 2 个小时,已经快到中午了,村民在吃完午饭后也陆续都到了 ABD 家,每位村民都穿着颜色鲜艳的维吾尔族服装,见面握手、行礼,然后就坐下来聊天,等待阔克麦西莱甫的开始。在开始之前,还要从麦西莱甫参与者中选出一位最有声望的人执掌麦西莱甫的大权,此人手

图 13-4 制作"杜夏布"

持"杜夏布"并行使自己的权力。这次执掌"杜夏布"的是 ABDL 的师傅，也是村里很有名望的老人。

图 13-5 手持"杜夏布"的执行官在主持阔克麦西莱甫

2. 阔克麦西莱甫的主体阶段

由于是一年中的第一场阔克麦西莱甫，也就显得格外隆重。ABD 不但邀请了左邻右舍、附近的村民，而且把与自己平时一起参加表演的民间艺人也请来助阵。艺人们拿着艾捷克、热瓦甫、扬琴、达甫鼓等乐器开始了弹奏，曲调缓慢而悠扬。乐手们自弹自唱，所有乐器全部加入，节奏也逐渐欢快起来。舞会开始前，ABD ——向客人致萨拉姆（祝平安）。这时，随着悠扬的木卡姆乐曲声，ABD 手托盛着青苗和干果的托盘向大家宣布："我养大了一个女儿，现在要为她举行婚礼！"（青苗象征女儿）阔克麦西莱甫正式开始了。

乐手们自弹自唱，一曲接一曲地奏下去。善舞者一人进入场内独舞，然后邀请舞伴，逐渐扩大，使麦西莱甫进入高潮。音乐歌曲的节奏加快，舞蹈者也随之改变舞姿，跳起骆驼舞、纳孜尔库姆舞、鸡舞、撒旦舞、油灯舞等具有地方特色的舞蹈。舞间，有村民诵读民谣，众人起声附合，欢乐的大潮回荡天空。持"杜夏布"的长者按自己的特权主持娱乐游戏的秩序。众人无条件服从，游戏活动中有各种幽默小段和舞蹈联跳。

其中有这样的游戏：当爱情的新鲜感不再生机焕发的时候，阿依古丽的男人多看了别的女人几眼，便引来了众人的指责和忠告，回心转意的男人要附和着那一颗拯救爱情的心，去做一个叫做"闻香知女人"的游戏。通过顶在鼻子尖上的一根长棍去闻一排蒙面女人，哪个是自己的女人，那时只需要心灵上的沟通。心灵的距离远了，就会成为游戏的失败者，带来的"惩罚"就是用表演节目来净化自己的心灵，愉悦他人的身心。在这期间，ABD 的儿子和女儿都在不断的向客人敬茶、敬各种干果和主食。

3. 阔克麦西莱甫的结尾阶段

麦西莱甫结束前，ABD 再次托出"阔克小姐"，并唱道：

隆冬时我播下一粒麦种，
愿大家用甘露把它滋润。
我把青苗送给尊贵的客人，
这礼物比世上的一切都贵重。
把寺里的唱诗者请来做歌手，
把美丽的姑娘请来做舞星。
请准备好九只肥羊、三十只鹅，

再备好待客的美酒与果品，

下次的麦西莱甫就在你家举行。

在座的众人会争相要求举办下一次阔克麦西莱甫，有的村民说："我要三个泡。"有的说："我要五个泡，"（"泡"在这里主要指的是"天"，整句话的意思是我要三天后举办）最后，ABD将青苗托盘交与下次阔克麦西莱甫的举办者。接盘者躬身行礼，大家高喊"巴力卡拉"表示谢谢，然后ABD和接盘者再次向大家抚胸施礼，邀请大家跳舞；圆圈里同时出现四位（或两位）舞者，各自手持手绢花点请被邀请的人（一般是男请女，或女请男），当被邀请者起身跳起来后，鼓声、乐声便格外响亮，助兴者不时高呼"卡依纳"。（加油的意思）

最后，ABD将事先准备好的9扎长的肉（母羊或种羊）和9个托盘里的盛有9种水果呈给"阔克小姐"的接受者（维吾尔族人认为单数是象征吉利的数字，其中"9"是最为吉祥的数字）。接受者满怀喜悦地双手接过"阔克小姐"，在大伙簇拥下，一起将"阔克小姐"接回家。送"阔克"活动场面不亚于麦西莱甫场面，门前铺着长毯子，就像接新娘似的，人们歌舞欢笑，热热闹闹地将"阔克小姐"送往新房，到了新房后，要有人把门，交换双方要现场作诗相对。之后，新主人邀请大家进屋，在众人祷告中，将"阔克小姐"正式交给新主人。新主人接过"阔克小姐"后，向应邀来宾宣布下一轮麦西莱甫的正式开场时间。

就这样，一家接一家，整个冬天大家都沉醉在欢快地麦西莱甫中，等到诺肉孜节来临之时，一场规格更为隆重、盛大的新春麦西莱甫将阔克麦西莱甫活动推向高潮，并通过诺肉孜庆典以示新年的开始。

在马村，做诺肉孜年饭也具有十分重要的意义，这种饭因为是在新年的第一天，用新年的初芽做的第一顿饭，因此，维吾尔族人称之为诺肉孜年饭。待参加新春麦西莱甫的人聚齐后，在人们的呵护下长成的"阔克小姐"被接到现场，场内的长者当众剪去青苗，并将培育的"阔克小姐"放入流水中，任它随波而去，希望当年有个好收成。第二天村民开始耕地，按照年历，春耕这天将是他们新年的开始。

四 "地方性知识"视野中的阔克麦西莱甫变迁与传承

正如格尔茨所强调的，人类是悬挂于自己所编织的"意义之网"上的动物，而文化就是人类自己所编织的这些"意义之网"。① 对于格尔茨来说，在特定区域中的人们编织并定义的"知识"构成了自成一体的语境，在此语境中的知识体系并不具有普遍性和一般适用性。各个民族和地区不但都具有专属于自己的地方性知识，而且还体现出其文化的更新、传承与积累。盛晓明先生认为，"地方性不仅是在特定的地域意义上说的，它还涉及在知识的生成与辩护中所形成的特定的情境，包括由特定的历史条件所形成的文化与亚文化群体的价值观，由特定的利益关系所决定的立场、视域等。它要求我们对知识的考察与其关注普遍的准则，不如着眼于如何形成知识的具体情境条件"②。

一个民族的生存和发展正是通过传承其民族文化而实现民族要素的积累和社会的整合，并最终成为稳定的人类共同体。传统文化因具有独特的民族文化因素，而成为区别于他民族的重要标志，是其再生产的基础。"文化传承是指文化在民族共同体内的社会成员中作接力棒似的纵向交接的过程。这个过程因受生存环境和文化背景的制约而具有强制性和模式化要求，最终形成文化的传承机制，使民族文化在历史发展中具有稳定性、完整性、延续性等特征。也就是说，文化传承是文化具有民族性的基本机制，也是文化维系民族共同体的内在动因。"③

因此，一个民族的文化传承，对于该民族的存在和发展具有重要的作用。然而，每个民族在传承本民族的文化过程中都有自己的方式。本研究从"地方性知识"的视角出发，考察了新疆哈密维族乡村社区的特定地域中，阔克麦西莱甫变迁的过程，以及对其文化传承中出现的传统模式和国家模式进行了比较分析，并探讨了民族传统文化的运行逻辑。

---

① [美]克利福德·格尔茨：《地方性知识》，王海龙、张家瑄译，中央编译出版社2000年版，第15页。
② 盛晓明：《地方性知识的构造》，《哲学研究》2002年第2期。
③ 赵世林：《云南少数民族文化传承论纲》，云南民族出版社2002年版，第17页。

（一）阔克麦西莱甫文化变迁的过程分析

"每一种文化，都处于一种恒常的变迁之中。"① 任何能够传承延续的民族传统文化，都在随社会的发展变化而始终处于持续的发展和变迁之中。文化变迁的方式又可称为"文化过程"，于是，有的学者认为文化过程就是文化变迁。② 美国文化人类学家克莱德·伍兹在《文化变迁》一书中提出，"我们首先必须通过较为系统地、多学科地、理论上相关地研究各种不同的环境，来进一步加深我们自己对变迁的实际过程的理解。只有这样，有用的预见性的理论才能逐渐形成，才能指导易于向新的技术、生活方式和观念形态转变的变迁项目"③。

阔克麦西莱甫延续至今，无论从内容还是形式都发生了巨大的变迁。本文依据阔克麦西莱甫举办频率、仪式内容、参与人数等因素将马村阔克麦西莱甫的变迁过程划分为自发繁荣、消解压制、缓慢演进和全面发展四个时期进行分析。

1. 自发繁荣时期

这一时期主要指从阔克麦西莱甫传统文化的形成到"文化大革命"之前。④ 在马村，阔克麦西莱甫开始举办的具体时间，已经没有村民记得清楚了，就连传承人自己也不能说清楚，他们都在说："这个阔克麦西莱甫我们都举办了几百年了吧，我也不清楚，在我们尕尕的时候，阔克麦西莱甫就是村里最热闹的活动，每家每户都要参加，人人都想在阔克麦西莱甫上展示自己的才艺，而且在冬天，每隔几天村里就有一场阔克麦西莱甫。"（马村村民，2011-2-24）

从村民的叙述中我们可以看到，在这一时期，马村的阔克麦西莱甫通常是村里最重要的活动，木卡姆的传承人，以及村里的老人和第一个举办阔克麦西莱甫的人对此都很重视，严格按照阔克麦西莱甫的要求，切割葫芦，筛选麦种，制作"杜夏布"。从持续的时间来看，整个冬天，每隔几天就有一场，一家一户的在村里传递着"阔克姑娘"，一场阔克麦西莱甫有时要持续几天的时间，村里的人们会聚在主人家里，欢快地唱歌、跳

---

① ［美］克莱德·伍兹：《文化变迁》，何瑞福译，河北人民出版社1989年版，第3页。
② 宋蜀华、陈克进：《中国民族概论》，中央民族大学出版社2001年版，第209页。
③ ［美］克莱德·伍兹：《文化变迁》，何瑞福译，河北人民出版社1989年版，第1页。
④ 也有村民和被调查者称之为"破四旧"时期。

舞、游戏等，这个时期的参与者就是全村的男女老少，人们热衷于这种活动，白天去地里干活，晚上就去参加阔克麦西莱甫，村民的热情也很高。

> 我小的时候经常参加阔克麦西莱甫，到了冬天，举办阔克麦西莱甫的时候，我们村里可热闹了。每隔几天就会举办一次，全村人都参加，一直玩到深夜，第二天早晨大伙儿照常干活。如果没有手鼓的话，就用盛抓饭的盘子当手鼓，大家唱啊、跳啊、热闹极了。那时候，没有电影、电视，麦西莱甫聚会是我们生活中最重要的部分。（马村，YBLY，男，维吾尔族，65岁，2011-2-24）

> 在我年轻的时候，村里每隔几天晚上都举办阔克麦西莱甫，而我是阔克麦西莱甫活动的主角，跳舞、唱歌、对视、玩游戏，样样都会。那时候要参加麦西莱甫，二百多首诗的储备是最基本的，不然，在对诗活动中会被人取笑，会很丢脸，在很长时间内会成为众人的笑柄。（马村，YBDT，女，维吾尔族，72岁，2011-2-24）

> 我是在麦西莱甫手鼓声中长大的，而且这辈子都是在麦西莱甫的伴随中度过的。我生活中的欢喜、悲伤、希望等一切心声都在麦西莱甫活动中表现出来。自始至终，麦西莱甫都是我们生活中不能缺少的、最快活的部分。（马村，AST，男，维吾尔族，67岁，2011-2-24）

> 整个村庄都会被这一活动卷进去，在阔克麦西莱甫活动上发生的花絮会成为事后大家热衷谈论的话题，尤其是那些可笑的事儿和出洋相的人。阔克麦西莱甫活动也是女人展示自己才艺的聚会，所以要精心准备，要展示精湛的厨艺、整齐有序的家居布置、漂亮的服饰、礼貌教养等。（马村，AMT，男，维吾尔族，66岁，2011-2-24）

从村民对这一时期阔克麦西莱甫的介绍，我们可以看出，这一时期的阔克麦西莱甫在马村呈现出一派繁荣的景象，不但规模大、持续时间长，村民的参与热情高，而且从其内容上来看，也是十分丰富的，除了有村民自发地参与到欢快地舞蹈中之外，还有木卡姆演唱、游戏、惩罚等其他活动。

2. 消解萎缩时期

阔克麦西莱甫消解萎缩时期的跨度自"文化大革命"起至20世纪80

年代初。这一时期,我国经历了前所未有的社会变革,在马村,民族传统文化同样经历了消解和萎缩。"文化变迁和社会变迁是同一发展过程的重要部分"[①],当社会发生变革时,相应的传统文化也会遭遇变迁。这一时期的马村已基本看不到举办阔克麦西莱甫的场面。然而,马村的村民并未从内心抛弃这种能够慰藉、愉悦他们心灵或给他们带来丰收、希望的民间信仰及传统文化形式。

> 我们村里人从来就离不开麦西莱甫,破"四旧"和"文革"时不让搞麦西莱甫聚会,我们就在家里拉上窗帘悄悄搞,平时开会唱革命歌曲时,我们也捎上麦西莱甫曲调和歌谣,唱麦西来甫歌曲。搞麦西莱甫聚会,我们心里就踏实。(马村,ABDL,男,维吾尔族,61岁,第八代十二木卡姆传承人,2011-2-24)

在这一时期,不但马村传统文化的形式被破坏,更重要的是村民千百年来遵循的文化规范和民间信仰也被破坏或停滞。同时,村民这种地下传承的形式,使得传统民间文化在消解和压制下顽强地生存,并悄然延续着。这一时期的阔克麦西莱甫参与的人数、举办的次数都明显减少了,而且在内容上也被简化,多数情况下已没有了木卡姆的演奏,游戏和惩罚活动也都被取消了,参与的人数仅限于自己的亲戚和关系较好的朋友。

> 政府不让搞,我们就不敢搞了,搞了要戴帽子、要批斗的。但是,我们有的时候在半夜把窗子用布蒙起来,偷偷地搞,我们也就不能再按程序要求去做,只要自己心里舒服,祈求我们的庄稼能够丰收。(马村,SMY,男,维吾尔族,58岁,2011-2-24)

3. 缓慢演进时期

改革开放后,国家对传统文化的政策逐渐放松,虽然马村的社会结构已发生了较大变化,但村民仍愿意回归到传统的民间文化中去,因此他们试图恢复中断的阔克麦西莱甫传统文化。然而,由于国家对于"封建迷信"并未有新的界定,村民在延续传统文化时仍然小心翼翼,害怕承担

---

① [美]克莱德·伍兹:《文化变迁》,何瑞福译,河北人民出版社1989年版,第6页。

政治风险。

这一时期，马村的阔克麦西莱甫举办次数也屈指可数，参与人数虽比前一时期有所增加，但多数村民仍处于观望状态。就其内容形式而言，虽然有所增加，但已不按原有的形式进行，各种类型的器具、活动的程序、阔克的制作等都不能统一。究其原因，一是因为客观条件的限制，村民准备不齐所需的物品；二是思想上的压力和举办者的个人重视度发生变化。

> 这个时候，我们年轻人看到的，参与到的阔克麦西莱甫也少多了，村里的年轻人都外出打工挣钱去了，这样的活动还主要是老年人在搞。村里基本上看不到，只有乡里、市里有，我们有的时候也想参加，老人还不让。(镇文化站，ALMJ，男，维吾尔族，32岁，2011-3-10)

> 80年代，政府还没有明确放开举办权，只让乡里搞，村里和个人家里都不让搞。交通也不方便，我们的生活条件有限，阔克麦西莱甫活动也搞得少了。(镇文化站，ABB，女，维吾尔族，29岁，2011-3-10)

4. 全面发展时期

随着国家对民族文化的重视，各级政府积极响应，号召民族村落复兴传统文化。马村所在陶镇利用本镇民族村落阔克麦西莱甫流传已久的底蕴和生活着多位十二木卡姆传承人的优势积极参与"民俗文化之乡"的评选活动，并于2008年获此殊荣。马村和陶镇的传统文化由此开始进入了全面发展时期。市文体局和乡文化站积极号召木卡姆传承人及阔克麦西莱甫传承人在村里举办阔克麦西莱甫并组织承办木卡姆培训班。

> 2008年之后，政府开始重视了，我们也想把这个传统重新规范化，给年轻人也看看，不要把这个（文化传统）丢了。

> 去年开始，我们想把阔克麦西莱甫的整个过程都统一规范了，以后大家就按这种要求去做，我们办得很成功，完全按照老人流传下来的要求和程序进行的。我们也给他们一些支持，给他们送一桶油、一袋米，老人也喜欢，给我说，明年他还要第一个办。我们想政府能给这样的人更多的补助，让我们的这种传统一代一代传下去。(镇文化

站，PLT，男，维吾尔族，37岁，2011-3-10）

阔克麦西莱甫已经申报成功，列入自治区级非物质文化遗产保护的范围，我们今后会要求每个民族村落至少搞一次，这样才能传承下去。我们也希望更多的人关注我们的民族传统文化，推动它的发展。（哈密市非物质遗产保护中心，YNS，男，维吾尔族，37岁，2010-5-17）

综上所述，马村的阔克麦西莱甫在社会变迁的背景下，经历了自发繁荣、消解压制、缓慢演进和全面发展四个时期，它既与其他地区的民族传统文化有相同性，自身的变迁也有差异性。因此，通过了解、掌握阔克麦西莱甫变迁的过程，有利于我们进一步分析其传承模式的变化和转型，以及对少数民族传统文化在民族乡村社区领域内的保护和发展更好地做出理论和实践层面的回应。

（二）传统模式与国家模式的比较

拥有广泛的实践空间的阔克麦西莱甫，历经数百年，依然能在马村看到保存较好的传统文化形态，从传承模式的角度来看，笔者将其划分为自在发展阶段的传统模式和政府参与和引导下的国家模式。传统模式，主要是指从阔克麦西莱甫诞生历经自发繁荣、消解压制、缓慢演进的三个时期，在这段时间，无论从举办频率和次数、参与人员、阔克麦西莱甫的传承方式等方面都是在村民中自发地进行，政府并未过多的参与和引导其发展。国家模式，主要指的是阔克麦西莱甫的发展进入了全面发展时期，受到政府的重视，在申报非物质文化遗产过程的推动下，阔克麦西莱甫文化获得新生。为进一步比较两种模式的不同，笔者从举办频率和次数、参与人员、仪式内容的传承方式、以及十二木卡姆音乐的传承方式四个维度进行了分析。

1. 传统模式的衰落

（1）举办频率和次数

在自发繁荣时期，马村每隔几天就会举办一场阔克麦西莱甫。村里的80多岁老人回忆说："从什么时候开始的，我不记得了，可我小的时候，村里举办的阔克麦西莱甫最多，最热闹。那个时候，没有别的娱乐活动，大伙儿都喜欢参加，小孩子在那时也是最高兴的，村里的年轻小伙子和姑

娘们都会参加。"（马村，SYY，男，维吾尔族，81岁，2011-2-24）

再到后来，进入消解压制时期，政府禁止举办各类封建迷信活动，阔克麦西莱甫也在禁止之列。由此，在很长一段时间，村里基本没有举办过阔克麦西莱甫。但村民依然对此身怀感情。"有时，我们知道政府不让办，但我们还是想搞一下，不能让孩子们把我们民族的传统忘了。"（马村，SYY，男，维吾尔族，63岁，2011-3-10）

随着国家对此类民俗文化活动政策的逐渐宽松，有的村民开始在村里举办阔克麦西莱甫，但是大家对此已没有太大的兴趣。"有的家里的孩子不但自己不去参加，也不让自己的父母去参加。有的青年怕耽误打工挣钱和地里的农活也不去参加。多数还是村里的中老年人在参加。"（马村，AHT，男，维吾尔族，71岁，2011-2-24）

总而言之，在传统模式运行过程中，村里举办阔克麦西莱甫的频率和次数从自发繁荣时期到缓慢演进时期，都发生了明显的减少，甚至在一段时间内（"文革"破"四旧"时），基本没有举办过。

（2）参与人员

在马村，一场完备的阔克麦西莱甫，主要有三部分参与人员组成，首先是主人邀请的客人，也就是本村的亲戚、朋友等，其次是民间艺人——木卡姆音乐的演奏者，还有必不可少的观众——都是左邻右舍村民。

对于主办者来说，在阔克麦西莱甫上提供的食物主要由村民自发捐赠和主人自家筹集。"（主办者家庭）条件好的就准备得好些，条件不行的就准备得差些，而且客人来的时候，也会自己带一些馕呀、羊肉、牛肉等过来。"（马村，ABDL，男，维吾尔族，61岁，第八代十二木卡姆传承人，2011-2-24）

冬天天冷，受到条件的限制，即便如此，观众都会把主人的屋子、院子围得满满的，在进行到高潮时，观众会踊跃地参与其中，喝彩助兴、咏诗对歌、献技献艺、现场智力测试等，这些都会在阔克麦西莱甫司仪的主持和引导下有秩序地进行。

民间艺人都是本村的居民，一般不会向主人收受演奏费用，只是为了融入村里的热闹氛围。有的艺人会带领自己的徒弟一起演奏，感兴趣的村民也会一边学习木卡姆音乐，一边参与到阔克麦西莱甫活动中。一位老艺人这样说："我的木卡姆（音乐），就是在一场场的阔克麦西莱甫中跟着师傅学的。那时候没有现代的设备，自己学要好的记性，记下后，回去还

要常练习才能演奏。"(马村，SDE，男，维吾尔族，73岁，2011-3-10)

(3) 仪式内容的传承方式

在仪式内容的传承上，阔克麦西莱甫经历了"自发繁荣—消解压制—缓慢演进"时期之后，尤其是"文革"时期的消解压制，许多村民已不能完整地说出阔克麦西莱甫的基本仪式。而在"文革"之前，几乎每位村民都能说出阔克麦西莱甫的基本仪式。在自然演进的漫长历史中，阔克麦西莱甫传承方式主要有两种。

一是通过家庭传授的方式。在马村，只要是熟悉阔克麦西莱甫仪式的村民，在他们的家里以前就曾经举办过若干次阔克麦西莱甫活动，父母在举办的过程中会要求孩子参与。同时，能演奏木卡姆乐器的村民也都举办过阔克麦西莱甫。

在和村民访谈时，有的村民讲到："我尕尕的时候，家里经常举办这种活动，我也喜欢参加，不用父亲要求，而且有时父亲会让我跟着学习木卡姆的演奏，让我喜欢上了这种音乐。现在我也会演奏了，那时我不但在家里学习，还要参加其他家里的麦西莱甫活动，不断学习新的乐曲。"(马村，AS，男，维吾尔族，57岁，2011-2-24)

二是通过自己亲身经历，虚心学习而掌握阔克麦西莱甫的基本仪式。这种参与的行为过程具有示范传承的作用，仪式的主持者、参与者与观众之间能够进行双向交流。参与者以展示自己的表演来吸引其他参与者和观众。观众对于表演者娴熟的表演技艺和默契的配合，时常报以热烈地喝彩之声，以示仰慕与鼓励。在整个仪式过程中，仪式的主持者、表演者以及参与者的行为和默契配合，都会通过行为示范的方式传达给场内外的观众，使参加阔克麦西莱甫的人们在耳濡目染的环境中，自然而然地接受阔克麦西莱甫文化的传承和习得。在马村调查时发现，凡是参加过阔克麦西莱甫的居民都能够说上一些基本的程序，有的还能唱和会跳。这种传承模式成为马村居民掌握阔克麦西莱甫仪式过程的主要方式。

有村民说："阔克麦西莱甫的仪式程序就不用学，只要你多参加几次就会了，而且会喜欢上它，就想自己也办一次，请几个鼓手、乐手就能举办一场阔克麦西莱甫。"(马村，SYY，男，维吾尔族，64岁，2011-3-10)

然而，从变迁过程来看，这种传承模式一定程度上导致了阔克麦西莱甫仪式的混乱和不统一，以致其发展和延续受到影响。

(4) 十二木卡姆音乐的传承方式

在马村,阔克麦西莱甫的传承不仅包括其仪式的传承,而且包括木卡姆音乐的传承都有自己独特的方式。十二木卡姆是在举办阔克麦西莱甫时的演奏音乐。作为哈密维吾尔族音乐精华的十二木卡姆音乐形式能够流传至今,其中一个重要的因素在于有阔克麦西莱甫这样民间民俗活动的文化实践空间。木卡姆音乐的传承方式主要采用两种传承方式:一是血缘传承方式,即父传子的家传方式。马村这种传承模式在"文革"之前较为普遍,父辈会作为一门手艺,要求自己的孩子学习,不仅可以在阔克麦西莱甫上展示才艺,而且一定程度上也能提高自己的社会地位。有村民说:"在我们村,会弹奏木卡姆的就是我们村的文化人,是很受到尊敬的,谁家举办阔克麦西莱甫都会请他们参加,为大家带来欢乐。"(马村,ABDJLL,男,维吾尔族,37岁,2011-2-24)

二是一对多或多对一的师徒传承方式,这种传承方式没有系统的文字教学方案和计划,传承方法主要的是口传心授。口传心授就是在空间环境或时间延续中,人们通过口头语言表达过程,来完成社会成员文化习得的传承方式。在马村,木卡姆演奏音乐的学习主要是跟随师父,在参加各家各户举办的阔克麦西莱甫,不断地学习记忆不同的演奏乐曲。有时,徒弟们也聚在一起相互学习、交流。ABDL老人介绍自己学习木卡姆时这样说:"现在条件好了,有录音机、VCD、光盘,一下子都能听到要学的12种音乐,我们那时的学习主要靠脑子记,每一场学习一两支曲子,回来再自己练习,是比较辛苦的。"(马村,ABDL,男,维吾尔族,61岁,第八代十二木卡姆传承人,2011-3-10)有的艺人既是血缘传承,也有师徒传承混合的形式。

从传承系谱来看,传统的木卡姆音乐传承模式主要以师传和父传的形式进行。由于木卡姆音乐体系庞大,词意深奥,曲牌绵长等原因,完整背下来比较困难,并且随着木卡姆艺人日益减少,大多已进入高龄,继承人的数量也开始减少,使得木卡姆的传承方式逐渐衰落,濒临灭绝。

> 我的第一个师傅是艾买提·司马义,他是自治区级的传承人,现在已经不在了,他原来也住在我们村,我的木卡姆演奏都是跟他学的,后来他搬走了,我又跟着现在的师傅艾赛提·莫合塔尔学习,他今年也73岁了。现在能够完整地演奏十二种木卡姆的音乐人,把我

算在内也就四五个了。（马村，ABDL，男，维吾尔族，61岁，第八代十二木卡姆传承人，2011-3-10）

表 13-1　　　　　　　　哈密市十二木卡姆传承谱系

	代别	姓名	性别	出生年月	文化程度	传承方式	学艺时间	居住地址
传承谱系	第一代	买买提·尼牙孜多尔合	男	1857年		师传	不详	陶乡
	第二代	吐尔逊·多尔合	男	1880年		师传	不详	陶乡
	第三代	阿宏白克	男	1901年		师传	不详	回乡
	第四代	塞都拉·阿不都拉	男	1911年		师传	不详	陶乡镇
	第五代	阿克苏帕·苏伟尔	男	1917年		父传	不祥	陶乡
	第六代	古丽扎曼·吐尔逊	男	1933年		父传	1950年	陶乡
	第七代	艾塞提·莫合塔尔	男	1938年	中专	父和师传	1956年	陶乡
	第八代	阿布都·热合曼	男	1950年	初中	师传	1972年	陶乡
	第九代	斯马义·艾买提	男	1950年	中专	师传	1974年	陶乡

资料来源：哈密市非物质遗产中心。

目前，无论是阔克麦西莱甫仪式过程的传承，还是木卡姆音乐的传承模式逐渐式微，走向衰落。在马村，如今能够说清楚阔克麦西莱甫基本仪式程序的村民已不多，就连村长，也不清楚。

当笔者走进村委会，和村长交谈：

问：我想了解一下，村里阔克麦西莱甫的举办情况，你能给我们介绍一下吗？

答：这个我不知道，我说不清楚，你们去问问 AST①，他清楚得很。

2. 国家模式的兴起

在阔克麦西莱甫传统模式逐渐衰落的同时，国家模式开始运行，有效地保护、弘扬和发展了维族乡村社区民族文化。所谓国家模式主要是指国家开始参与和主导阔克麦西莱甫的传承模式的建构，以帮助其走出因自身

---

① AST，1938 年生，马村村民，是十二木卡姆第七代国家级传承人。

传承不足，出现代际断裂甚至濒临消亡的困境。高丙中在《民间的仪式与国家的在场》一文中指出："只有在国家力量在当地留下的余地或漏洞里，地方特色的文化才能够复兴，并且是有所改造的复兴。在相当大的程度上，人们主要是把传统文化作为素材，在国家容忍的框架里重新塑造出来，进行自己的文化生产。"① 换言之，民族传统文化的传承和复兴与国家倡导和支持是分不开的。从阔克麦西莱甫变迁的过程我们可以看出，政府在其中起着重要的作用。

在我国政府高度重视非物质文化遗产保护的大背景下，当地政府也积极展开了对阔克麦西莱甫传统文化的"申遗"工作，对阔克麦西莱甫文化加以确认、保护和传承。当地成立了以哈密十二木卡姆和阔克麦西莱甫等一系列民族文化为保护内容的非物质文化遗产保护中心。2005 年 11 月，《中国新疆维吾尔木卡姆艺术》被联合国教科文组织公布列入第三批"人类口头和非物质遗产代表作名录"，哈密木卡姆作为新疆维吾尔木卡姆艺术重要组成部分，已于 2006 年 6 月 13 日入选首批国家级非物质文化遗产保护项目名录。② 2008 年，阔克麦西莱甫列入哈密地区第一批地区级非物质文化遗产代表作名录③，2010 年 11 月 15 日，新疆维吾尔麦西莱甫列入世界非物质遗产名录，哈密阔克麦西莱甫也位列其中。作为一种地方传统文化，阔克麦西莱甫是东疆哈密地区维吾尔社区民族文化的象征、标志和符号。

在国家模式运行之前，阔克麦西莱甫属于自在传承发展。而现在，它被寄予了展现地方文化特色、承载文化价值的任务，其文化资源的特性及价值越来真切 被当地政府所重视，马村的阔克麦西莱甫传承模式也有明显的变化。

（1）举办频率和次数

2008 年，陶镇获得"民俗文化之乡"的称号，在马村，各类文化活动也开始活跃起来。从 2008 年年底开始，最先在镇政府举办，有文化站组织，邀请镇里的木卡姆艺人、懂阔克麦西莱甫仪式过程的老人（阔克麦西莱甫传承人）和维族群众共同参加。2009 年，镇政府要求有条件的

---

① 郭于华：《仪式与社会变迁》，社会科学文献出版社 2000 年版，第 324 页。
② 王鸿：《哈密木卡姆传承中心现状及发展研究》，《大舞台》2011 年第 4 期。
③ 参阅哈密地区行政公署办公室文件，http://www.hami.gov.cn/10037/10037/10020/10000/2008/51804.htm。

民族村可以举办阔克麦西莱甫，全镇各个民族村都举办了1—2次。2010年开始，市文体局、非物质文化遗产中心等要求全市每个民族村至少举办1次阔克麦西莱甫，马村积极响应政策号召，共举办十余次。2011年，在镇政府规定了统一的仪式过程和相关要求之后，马村举办阔克麦西莱甫的频率和次数比去年有了更多的增加，村里共举办十余次阔克麦西莱甫，文化站主导和参与的有4次。

表13-2　　　　　2011年陶镇冬季文化活动举办情况汇总

序号	活动时间	场地名称	活动主题	参与人数（人）	观众人数（人）
1	2011.1.20	各村	"四下乡"	200	1000
2	2011.1.21	马村	阔克麦西莱甫	20	1000
3	2011.1.28	荞村	阔克麦西莱甫	60	500
4	2011.2.4	马村	阔克麦西莱甫	300	5000
5	2011.2.7	市区	社火	20	500
6	2011.2.9	马村	阔克麦西莱甫	30	500
7	2011.2.14	地校	木卡姆培训	30	400
8	2011.2.17	三岔路口	社火	100	20000
9	2011.2.25	马村	阔克麦西莱甫	40	300
10	2011.2.25	镇政府	"三八"活动	30	200

资料来源：陶镇文化站提供的数据资料。

（2）参与人员

国家模式下的阔克麦西莱甫，在参与人员的构成上，也是由客人、民间艺人和观众组成。但是彼此之间可能不是邻里关系，有的是组织者从别的村或乡请来的，甚至有的时候，民间艺人与客人、观众相互都不认识，来参加的观众，除了本村的村民，有时会有其他乡、村里的村民以及镇上、市上相关部门的工作人员，不能构成完整的拼盘。整个过程都按照固定的程序进行，三方参与人员只有简单的互动。

阔克麦西莱甫上提供的食物一是主人自己准备，二是政府提供资助。镇文化站的工作人员说："我们去（阔克麦西莱甫）的时候，会带上一桶油、一袋面粉或者给举办的主人给上几百块钱，感谢他们的举办。他们也会很高兴。希望明年还能举办。"

同时，政府开始关心阔克麦西莱甫的司仪和木卡姆艺人的生活，除每月给予一定的生活补贴外，还不定期地邀请他们参加表演、培训新的艺人等活动，支付给他们相应的报酬，使他们的内在价值能够得到外在体现，同时也可增加收入，改善生活，以鼓励他们继续传承与发扬阔克麦西莱甫的积极性。

马村 ABDL 是自治区级的传承人，2010 年他拿到国家补贴 960 元，培训两期木卡姆学习班，每班培训费 1200 元，此外还有市文体局和镇文化站等邀请演出酬金每次 300—500 元不等。他说："去年市文体局让我每天去那里演出，上八小时的班，给 800 元，我没有去，地里的农活太多，我抽不开身。"（马村，ABDL，男，维吾尔族，61 岁，第八代十二木卡姆传承人，2011 年 3 月 10 日）这一系列的政策在一定程度上激励了传承人对阔克麦西莱甫文化的传承热情。

（3）仪式内容的传承方式

自 2008 年阔克麦西莱甫列入非物质文化遗产代表作名录后，马村所在陶镇开始在镇政府文化馆举办阔克麦西莱甫，邀请各个村主持阔克麦西莱甫的司仪和木卡姆音乐的艺人共同参加，并在一起确定了规范统一的仪式程序。从器皿的选择、物品种类以及具体的表演项目都作了明确的要求。镇文化站站长 PLT 说："我们把老人家（阔克麦西莱甫的司仪和木卡姆音乐的艺人）请来，坐在一起商量，这个阔克麦西莱甫该怎样办？从装阔克姑娘的葫芦，麦苗的选择、杜夏布制作的物品以及整个仪式的程序都形成了统一意见，然后作为标准化、规范化的程序，让以后的人都按照这个标准来举办，这样阔克麦西莱甫就能保持它原来的面目，不至于搞乱了。"（镇文化站，PLT，男，维吾尔族，37 岁，2011 年 4 月 15 日）

2010 年冬天，在马村第一个举办阔克麦西莱甫的是 ABDL 家，他开始完全按统一的仪式程序举办，除了邀请本村的村民外，他还邀请镇文化站、市文体局的工作人员参加，活动举办的很成功。他说："大清早，我就开始准备，还没到中午就来了很多人。大家坐在一起，弹着木卡姆音乐，高兴地唱着，跳着，屋子里都坐不下了。"（马村，ABDL，男，维吾尔族，61 岁，第八代十二木卡姆传承人，2011 年 3 月 10 日）

（4）十二木卡姆音乐的传承方式

自 2006 年哈密木卡姆成为国家级非物质文化遗产以来，当地政府开始重视木卡姆艺人的培养。改变了以往自由拜师学艺的传承模式，政府定期在学校和文化站所举办木卡姆培训班，要求感兴趣、有天赋的村民参加。正如有学者所言,"当传统的传承方式在市场经济条件下遭遇到价值取向的冲击时,学校教育就成了传承和弘扬民族民间文化艺术最为有效的方式"[1]。截至2011年12月陶镇已开办4期木卡姆培训班,共培养木卡姆音乐人300余人。现在,马村已有50余人在学习。这种模式有效的改变了木卡姆传承代际断裂的现象,使得哈密木卡姆音乐进入全面发展期。

综上所述,在阔克麦西莱甫传统模式走向衰落,逐渐式微的情况下,国家模式的介入,不但补充不足,而且有效地促进了民族乡村社区文化的发展。

3. 传统模式与国家模式的比较

传统与现代,一直是文化研究主题,讨论"传统",就离不开"现代"。正如有学者指出:"我们现在要实现现代化,在中国这样一个几千年文明古国中要实现一个崭新的现代化社会主义国家,如何摆好传统与现代的关系,是一个非常现实的问题。"[2] 本文通过对阔克麦西莱甫在传统模式和国家模式的比较发现:

首先,从举办频率和次数来看,马村阔克麦西莱甫在传统模式下由一度空前的自发繁荣,到缓慢演进时期的偶尔举办,其举办频率明显降低,次数逐渐减少。在国家模式有效运行下,马村阔克麦西莱甫获得复兴,开始了全面的发展。由政府和村民共同商议决定举办的频率和次数,从时间和频率安排上更具合理性。目前,马村阔克麦西莱甫一般会选择天气晴朗、温度适宜,村民也有空闲的时间举办。

其次,从参与人员来看,无论是传统模式还是国家模式,马村阔克麦西莱甫的主要三方构成人员未发生变化,即客人、民间艺人和村民观众。但从具体来源看,传统模式下的所有参与人员都来自本村,很少有其他村镇的村民参加;国家模式下的参与人员,不仅限于此,还有政府相关部门的工作人员、被邀请的其他村镇的民间艺人以及其他村镇的村民。除此之外,两种模式比较之下,最鲜明的特征是,政府对举办者的资助和捐赠,一定程度上激发了村民举办阔克麦西莱甫的热情,同时,政府也开始关注民间艺人的生活,并给予一定的物质补贴,鼓励他们积极培养新一代的民

---

[1] 王文章:《非物质文化遗产概论》,文化艺术出版社2006年版,第373页。
[2] 庞朴:《论传统》,中国和平出版社1988年版,第108页。

间艺人。

再次，从仪式内容来看，阔克麦西莱甫传承方式发生了很大变化。国家模式改变了传统模式运行下的家庭传承和自学的模式，转变为由政府阔克麦西莱甫司仪和民间艺人共同规定统一的程序，规范传承方式。这种形式避免了阔克麦西莱甫在传承过程中出现程序和方式紊乱的现象，对有效传承民族文化具有一定的借鉴意义。

最后，从十二木卡姆音乐的传承方式来看，在传统模式中的血缘传承和师徒传承方式发生衰落的情况下，政府开始定期组织和举办十二木卡姆音乐培训班，弥补传统模式的不足，大力培养民间艺人。同时，政府积极组织申报十二木卡姆和阔克麦西莱甫非物质文化遗产工作，建立专门的场所和部门，组织管理十二木卡姆音乐的有效传承。

总而言之，"文化发展的一个基本的规律是文化的积累性和变革性。每一代人都会在继承前人文化知识的基础上，增加新的知识内容，这是文化的积累性；同时，文化又会随着社会经济、政治的变革发生变化和更新，这是它的变革性"①。那么，少数民族传统文化作为一种民族文化在特定民族区域内，形成的历史悠久、世代相传的部分，如何才能更好的适应全球化和现代化的发展？从阔克麦西莱甫的变迁与传承来看，这种民族传统文化之所以能够在现代化进程中不断发展，展现其魅力，必不可少的是传统模式与国家模式的有效整合，从而实现民族传统文化的更好发展。

（三）形存神离的变异：阔克麦西莱甫运行逻辑的反思

从阔克麦西莱甫的自在模式的传承到国家模式的介入，如何在少数民族乡村社区中重构民族文化的传承模式和运行逻辑是值得我们深思的。自上而下的由政府组织的运行模式与自下而上的民间自发的、传统的运行模式是一致的吗？换言之，国家模式下的传承阔克麦西莱甫是否具有民间阔克麦西莱甫的社会文化功能。政府组织的阔克麦西莱甫一般都是临时搭的艺人班子与上场表演的演员们将传统节目大体上串演下来，而围观的观众也只是观看演出。艺人、上场的表演者与围观的群众是三块拼成的拼盘而不具有整体性，不能很好地进行互动。此类阔克麦西莱甫最明显的特征是舞台化、程序化，失去了传统模式运行下的阔克麦西莱甫所特有的活力、

---

① 张岱年、姜广辉：《中国文化传统简论》，浙江人民出版社1989年版，第3页。

生命力与神韵。传统模式运行下的阔克麦西莱甫是个具有广泛性与共享性的整体。无论是艺人还是阔克麦西莱甫受众,每个人都是其中自娱自乐的一分子,都将自己的所爱、所能在这个文化场中淋漓尽致地发挥出来与大家共享。

由此我们发现,国家模式运行下有可能出现阔克麦西莱甫的"形存神离"的现象,尽管政府通过各种手段和方式,像申报非物质文化遗产等活动,将其保护起来,但是如此仅仅保护了民族传统文化的形式,而其本身真正拥有的神韵和灵魂却失去了。

同时,从文化遗产的角度去认识阔克麦西莱甫无疑是其发展的难得的机遇,客观上促进了"保护、传承"的工作。然而,如果当地政府对阔克麦西莱甫获得"非物质文化遗产"称号的兴趣远远高于对其文化、艺术价值和社会功能的兴趣,势必影响阔克麦西莱甫以及民族社区文化的进一步发展。

在国家模式参与和主导下,如何将社区和民众纳入民族文化运行机制的框架?国家模式不应当仅仅局限于政府系统的工作,还应当将社区与民众纳入保护机制的框架,只有以少数乡村社区的阔克麦西莱甫群众的积极参与为基础的民族文化运行机制才是有效的、持久的。维族村落的阔克麦西莱甫之所以如此富于生命力,正是由于其存活于这种流动的、动态的、群体的文化空间之中。

因此,我们必须看到少数乡村社区居民参与的阔克麦西莱甫活动才是具有文化灵魂的、散发着绿洲泥土芬芳的麦西莱甫。如若将阔克麦西莱甫从社区居民中,从它存活的民族乡村社区、村庄里割裂出来保护是不能持久的民族文化运行逻辑。质言之,保护和发展民族乡村社区的民族文化,就要尊重其内在生命与生活基础。离开了以少数民族乡村社区为基础的阔克麦西莱甫群众的支撑,离开了民族社区及村庄生机勃勃的生活之流的滋润,阔克麦西莱甫这一活的民族传统文化也会失去生命力与灵魂。

(四) 西北少数民族乡村社区文化发展的路径分析

少数民族乡村社区发展的目的在于彻底改变西北民族地区落后的局面,促进少数民族乡村社区的全面、可持续发展,即经济、社会、文化、政治、立法、人力、知识、资源、环境等各领域的全面进步和协调发展,它不但包括经济增长和经济发展,而且还包括社会稳定、民族团结、民主参与、社会平等、文化的发展、能力建设、乡土知识及生态环境的改善等方面。因此,少数民族乡村社区文化的发展应是社区发展的重要部分。正如有学者指出:"如果在现代化发展进程中,只是一味地单纯注重经济发展,注重自然环境保护,而忽视对民族文化生态的保护,我们丧失的不仅仅是中华民族的宝贵文化遗产,而且还将丧失中国最具竞争能力的发展空间和发展领域,更为严重的是发展的最终结果将导致民族文化多样性的退化丧失。"①

西北少数民族乡村社区文化的发展应包含两个层面的发展,首先应该是保护层面的少数民族传统文化的传承和保护,即对在社区中区别于其他民族的传统文化进行传承和保护;其次是更高层面的发展,在现代化和全球化的背景下,少数民族乡村社区文化通过调适、整合等现代转型的方式以适应社区的发展而实现自我的改造、重构和发展。

1. 保护与发展并重的少数民族乡村社区文化

少数民族乡村社区文化是在特定的民族社区内长期劳动实践经验的总结和对周围环境的适应所做出的反应,是该社区民族精神文化的载体,也是社区内经济、社会发展的表征。保护和发展少数民族乡村社区文化,对于增强少数民族经济社会发展后劲,加快民族地区全面建设小康社会,促进民族团结和社会稳定,具有重大而深远的意义。

(1) 保护层面:少数民族传统文化的传承和保护

从文化自身的发展规律来看,任何一种民族文化都必须建立在过去已有文化的基础上,是传统文化在漫长的历史演进中积累沉淀的结果。人类文化传承的过程是旧文化的保存和新文化增加的过程。有学者认为,少数民族传统文化是文化精华与糟粕的混合体,要保护就必须对少数民族传统文化进行科学的价值判断,认真区分少数民族传统文化的精华与糟粕,而区分的标准就是是否是人民的、大众的、社会主义的,是否有利于民族生存发展,是否有利于各民族共同发展繁荣②。笔者认为,少数民族乡村社区文化发展中需要传承和保护的是,在一个民族积淀几百甚或上千年,承载了其群体记忆和集体认同感,有别于其他民族的特有的文化因素。它既是一个民族在生存、发展中创造出来的伟大精神财富,又是这个民族所创

---

① 胡鞍钢:《地区与发展:西部开发新战略》,中国计划出版社 2001 年版,第 307 页。
② 汤其燕、余梓东:《论少数民族传统文化的继承、保护与弘扬》,《满族研究》2004 年第 3 期。

造的物质文化和精神文化的结晶，并且是一种促进民族社区稳定和谐、经济发展、提高人民生活水平的动力。

从微观的角度分析，在马村这样的维吾尔族乡村社区，需要传承和保护的正是这种体现社区居民生存方式、生命情感、文化模式、民族精神等方面的阔克麦西莱甫传统文化形式。从宏观的角度分析，少数民族传统文化多种多样，我们需要保护的不仅仅是一种仪式过程、一个物质形态、一种精神信仰，而应结合少数民族社区文化自身的特征和社区居民精神文化的需求来确定保护的内容。

在讨论谁有权决定少数民族传统文化传承和保护的内容的问题时，我们需要弄清楚少数民族乡村社区文化发展的受益人是谁。毋庸置疑，少数民族乡村社区文化的受益者是其社区内民族文化的持有者。然而，以往少数民族文化的发展目标、道路和模式的选择以及发展的结果，往往并不是由少数民族社区的文化持有者自主选择和担当的。虽然他们参与了发展的过程，但他们充当的仅仅是"文化提供者"的角色，而对于发展什么，怎样发展等，根本没有真正的自主权，甚至没有发言权，自然也不可能成为发展的主体和真正受益人，甚至有可能成为发展进程中的受害者。

因此，在谋求少数民族传统文化传承和保护的过程中，作为社区文化创造主体的少数民族社区群众才有权决定社区文化中传承和保护的内容，尤其是少数民族传统文化的持有者——传承人、艺人等，他们才是传承和保护内容的裁判员。在人类学的视野中，我们不难找出一些不适合当地人发展需求的发展项目，最终不但没有实现应有的目标和结果，而且造成了当地人的不配合，甚至于对抗局面的例子。回到马村，我们看到村民们对阔克麦西莱甫需要传承和保护的内容是清晰的，在笔者访谈的村民中，都有一个共同的特点，那就是多数村民希望这种民族文化能够继续很好地传承下去，让自己下一代也能了解、掌握本民族的文化。

总之，少数民族传统文化的传承和保护是其发展前提，只有做好优秀的少数民族传统文化的传承和保护，才能促进少数民族乡村社区文化的发展。同时，我们需要不断调整少数民族文化对现代化的适应能力，使少数民族文化在接受现代化的过程中，既不失去本民族固有的文化要素，又不断获得新的发展，实现少数民族乡村社区经济、社会、文化的全面发展。

(2) 发展层面：少数民族乡村社区文化的调适和现代转型

在现代化和全球化急速推进的趋势下，少数民族乡村社区文化的发展必须以其民族传统文化为根基进行调适以适应现代社会的发展而实现自我的改造、重构和发展。"文化作为有机体，不仅表现于他自己内部各因素之间是和谐的、整合的；而且要求外来因素融进这个机体，从属于自己的主导观念，或者说，它正是依据自己主导观念去选择外来文化因素，吸收某一些，排斥另一些，改造其他一些，以期维系自己的生存。但就在这种接触和选择中，正如它常有自身不断演进而经历的那样，一个文化，便或快或慢地变化了，发展了。"①

从深层意义上看，少数民族乡村社区文化的发展是一种文化选择，是在文化环境改变的条件下，通过对多种文化模式进行选择，进而形成新的文化实体。由此可见，文化选择的过程也是文化重构过程。文化重构指的是"将其中有用的内容有机的置入固有文化之中，导致了该种文化的结构重组和运作功能的革新"②。在少数民族乡村社区中存在多种文化的竞争，符合时代要求、适应现代社会发展的文化得以生存和发展，而不符合时代要求、不能适应现代社会发展的文化必然被淘汰。赵利生先生认为"应当向关注经济贫困一样，关注文化的贫困，在改革开放中重构民族文化，使民族社会真正在现代观念与制度基础上运行，以实现整个社会的良性运行与协调发展"，③并指出少数民族传统文化现代重构的四个取向：科学化、理性化、世俗化以及普同化与多样化④。

那么，如何进行少数民族传统文化的文化重构和现代转型？明跃玲在以湘西民族旅游文化为例探讨文化重构与民族传统文化的保护时提出，文化重构的三个原则：要有选择性、突出标志性文化、符合民族成员的主观愿望。⑤ 从马村阔克麦西莱甫的发展变迁来看，在这一西北普通的维吾尔族村庄，社区文化能够获得很好的发展，其中，必有借鉴之处。

笔者结合对马村的田野调查认为，少数民族乡村社区文化的调适、重

---

① 庞朴：《文化结构与近代中国》，《中国社会科学》1986年第5期。
② 罗康隆：《族际关系论》，贵州民族出版社1998年版，第354页。
③ 赵利生：《民族社会学》，民族出版社2009年版，第94页。
④ 同上书，第96—99页。
⑤ 明跃玲：《文化重构与民族传统文化的保护——以湘西民族旅游文化为例》，《中央民族大学学报》（哲学社会科学版）2007年第1期。

构和现代转型，应该坚持以下几点思路：一是对民族传统文化进行改造和调适，使其适应少数民族乡村社区文化发展的需要，传承并弘扬优秀的民族传统文化，抛弃那些不合时代发展要求的观念、习俗和制度等；二是坚持以人为本，充分考虑社区居民文化发展的要求，尤其应当把尊重民族传统文化持有者的意见和建议作为发展的重要方面。同时，也应把社区居民自身素质的提升与社区文化发展相结合；三是强调少数民族社区文化的独特性和多样化，少数民族乡村社区文化的生命力和魅力就在于其独特的文化底蕴和表现形式，少数民族乡村社区文化的发展也就需要肯定其独特性和多样化的民族特性。

2. 社区参与视域中的多元主体分析

人类学家和社会学家始终认为，如果不加强地方社区、不鼓励人们在规划与维持其基础设施过程中积极参与，发展注定是乏力的，战略注定要失败。[1] 从社区发展的维度来看，动员居民的直接参与和主动精神既是解决一个社区的发展问题，也是实现更高更广层次社会进步的必由之路[2]。"参与"的基本含义在于人们对某一领域发展计划的制定与实施所施加的影响或直接参加了这一领域的整个发展过程，以及对发展成果的分享。世界银行定义"参与是一个过程，通过这一过程，相关者（stakeholders）共同影响和控制发展的导向、决策权和影响到他们的资源"[3]。所谓社区参与，是参与的概念在社区中的应用，专指对社区范围内公共事务或过程的参与，即社区居民和组织以各种方式或手段直接或间接介入社区治理或社区发展的行为和过程。[4] 从民族社区发展的主体来看，主要有各级政府、文化传承人、社区居民、各种其他组织等组成，结合马村阔克麦西莱甫变迁和发展的实际，本文试图在社区参与视域中对政府、传承人以及社区居民三个参与主体进行分析，探讨少数民族乡村社区文化的发展相关因素。

（1）政府职能的正确归位

近年来，各级政府逐渐认识到少数民族乡村社区文化的重要性，在民

---

[1] 岳天明、魏冰：《国家与社会关系视阈下的社区建设及政府角色定位》，《西北师大学报》（社会科学版）2009年第5期。

[2] 陈涛：《社会发展与社区发展》，《社会学研究》1997年第2期。

[3] World Bank, *World Bank Participation Sourcebook*, *Environment Department Papers*, World Bank, June, 1995.

[4] 王时浩：《论社区参与》，《中国民政》2007年第1期。

族社区文化发展方面开展了一系列积极有效的工作，一定程度上推动了民族社区文化的发展。然而，在政府职能有效推动文化发展的同时，也存在越位、缺位、错位现象。

首先，政府职能的越位主要表现在政府的一些部门在行政过程中超越了其本来的职能和权限，是超职责、超权限的行政过程。例如各级政府在传承和保护少数民族传统文化时，直接采用行政指令和要求。在市文体局访谈时，有工作人员说："我们今年已经要求每个民族村至少举办一次阔克麦西莱甫，并且会做一些检查和督促的。"同时，在具体的文化传承过程中，政府有时也介入其中，规定统一的仪式过程，制定传承系谱。一定意义上，这些行为需要社区居民或文化持有者自身在文化自觉过程中去实现的却变成政府自上而下的命令形式，缺乏了民族文化自身所拥有的活力和激情。

其次，政府职能的缺位主要表现在政府的一些部门在民族社区文化发展实践中未能履行好自己应有的职责。其主要表现有：一是未能及时出台一系列少数民族传统文化的保护政策，使得一些少数民族文化出现消亡和传承断裂。二是对民族文化传承人的保护不到位。许多传承人都年老，还需担任传承民族文化的重任，而他们却未能得到政府应有的补助，如医疗、保险等。挫伤了他们传承文化的积极性。三是对新型的社区文化的培育不到位。有村民谈道，"冬天，除了打麻将、斗地主就没有别的事干，能参加一些麦西莱甫也是一件很高兴的事"。

最后，政府职能的错位是指政府的一些部门在具体的社区文化发展过程中混淆了工作的主次和轻重。尤其一些基层的文化站认为，社区文化就是把大家召集到一起，唱唱歌，跳跳舞，并未从民族社区自身挖掘出能体现本民族生存方式、精神信仰等内容的文化形式。

总之，各级政府在推动少数民族乡村社区文化发展过程中发挥主导作用是毋庸置疑的，且需要对其职能的正确归位，充分发挥政治优势，积极有效地推进民族社区文化发展。对于马村的阔克麦西莱甫文化，从地区到市乡镇都非常重视。在地区行署出台了非物质文化遗产代表作名录，提出了"保护为主、抢救第一、合理利用、传承发展"[①] 的工作方针。各民族

[①] 哈密地区行署办公室文件：《关于公布第一批地区级非物质文化遗产代表作名录的通知》。

乡镇也按照要求号召社区居民举办体现社区特色的民族文化活动，马村去年冬天共举办大型阔克麦西莱甫十余次。

（2）文化传承人的作用发挥

在少数民族乡村社区，非物质文化遗产传承人是社区生活不可或缺的部分，具有较高的社会地位，是各种社区文化活动的主导者和组织者。作为民族乡村社区文化的传承和再生产的重要的关联，在维护乡村秩序以及礼仪规范化方面发挥着举足轻重的作用。

少数民族乡村社区中民族文化的发展一定程度上源于文化传承人作用的发挥，主要有：一是发挥民族文化"传"与"承"过程中的指导和培育功能。少数民族文化能够传承几百甚至上千年就是依靠有这些口传心授的传承人。在马村，阔克麦西莱甫举办的次数和频率远远高出周围其他村子，其中一个重要原因就是在村子里活跃着这些艺人和传承人。有的传承人说："我们举办阔克麦西莱甫，其实就是想让下一代把我们民族的这个传统继续搞下去，让他们也知道，我们的前辈是怎样搞这些（活动——阔克麦西莱甫）的，自己以后怎样搞。"（马村，ABDL，男，维吾尔族，61岁，第八代十二木卡姆传承人，2011年2月24日）

二是组织举办文化活动，推动民族乡村社区文化的发展。当问到传承人为什么要举办阔克麦西莱甫时，"冬天我们闲着也是闲着，村里有的年轻人在村里也呆不住，就去打麻将、玩赌博，进城去网吧、歌厅，我想我们举办自己民族的这些东西，要比那些乱七八糟的东西好"。（马村，AST，男，维吾尔族，75岁，2011年2月24日）

三是宣传、激发社区居民参与社区文化的热情。通过举办阔克麦西莱甫，村民们聚在一起，谈论农事，如何挣钱、过好日子等，在传承人在主持和举办阔克麦西莱甫过程中不但宣传了本民族的文化，而且促进了马村的良好的社会氛围。

由此可见，文化传承人自觉的文化保护和传承意识，不但巩固了民族乡村社区文化传承的根基，而且保持了民族传统文化在传承中发展。

（3）社区居民的积极参与

从社区发展维度分析，社区成员的参与状况不仅决定着社区发展的效果，而且其参与的广度、深度与数量也反映着人的发展程度。少数民族乡村社区文化是由社区居民创造并传承，因此，社区文化的感召力、生命力最终取决于社区居民的参与度和认同感，需要充分调动和发挥社区居民的积极性创造性，在社区文化发展中发挥主体地位的作用。

首先，社区居民要有"文化自觉"的意识，形成对本民族文化的认同感，树立其自信心和使命感。费孝通先生提出"文化自觉"的一个重要的内涵应该是指拥有和传承着一种文化的民族、社区或者个人，一定要对自己的文化有一种自觉的意识，能冷静地看到自己文化的利弊，学习异文化的长处优点。在正确认识的基础上，懂得自己的文化，热爱自己的文化，认识到自己文化的真正价值，这样才会珍惜它、爱护它，并采取正确的方式方法来保护它、发展它。如果没有这种文化的自觉，文化毁灭在自己的手上了，可能还很难意识到。①

其次，在提升社区居民对本民族文化认识的基础上，号召其积极参与社区文化活动，承担起民族文化的传承与发展的历史责任。少数民族乡村社区文化的有序和可持续发展，单靠政府和文化传承人是不够的，只有社区居民的积极、广泛、真正的参与，少数民族文化才能获得更好地发展。

综上所述，少数民族乡村社区文化发展不仅需要政府的参与和主导，正确发挥其在文化发展中的职能，还需要少数民族乡村社区内文化传承人的积极发挥自身的作用，指导和培育新的文化传承人、组织和宣传社区文化等。除此之外，社区居民的积极参与也是社区文化发展必不可少的一部分。简言之，少数民族乡村社区文化的发展需要社区内多元主体的共同参与，发挥各自作用才能实现其健康有序。

五 阔克麦西莱甫引发的思考

（一）文化自觉与主体性的地方化探讨

文化自觉是费孝通先生多次强调的议题。他认为，"'文化自觉'是指生活在一定文化中的人对其文化有'自知之明'，明白它的来历、形成过程、所具有的特色和它的发展趋向"②，即清楚"我们各民族的文化是哪里来的？怎样形成的？它的实质是什么？它将把人类带到哪里去"③。因此，文化自觉主要内涵是指生活在不同文化环境中的人们，面对剧变的

---

① 杨福泉：《少数民族文化保护与传承新论》，《云南社会科学》2007年第6期。
② 费孝通：《论人类学与文化自觉》，华夏出版社2004年版，第190—197页。
③ 费孝通：《关于"文化自觉"的一些自白》，《学术研究》2003年第3期。

社会环境，对本民族文化的一种自我反思和自我调适。"文化自觉"的目的就是为了实现"文化主体性"。所谓文化的主体性是指各民族文化能够作出对现代化的"自主的适应"①。而这种适应，我们既可以理解为发掘本土文化中与现代化规律相契合的要素，依据本土文化来重建现代化道路，亦可以理解为在本土文化同现代化要求无法结合的情境下，主动参与、学习和适应现代化的基本规则和技术，在参与中重建自身文化个性。②

质言之，各民族文化在现代化进程中做到"文化自觉"，才能实现文化主体性，在此基础上为各民族共创中华作出应有的努力。那么，在西北少数民族乡村社区发展过程中，如何在保护本民族传统文化的基础上实现文化的转型、重构以及更深层次的发展？这种文化自觉又有谁来实现？在马村，笔者发现，文化自觉并不是通过村民在实现，而是在政府的主导和社区文化精英参与下进行，村里的政治精英和社区中生活的居民并未真正意识到文化自觉的重要性。因此，以本土视角探讨增强少数民族乡村社区居民的文化自觉意识，实现其文化主体性需要加以思考。

(二) 文化传承中大小传统的再思考

美国人类学家罗伯特·雷德菲尔德（Robert Redfield）在对墨西哥乡村文化进行研究时，开创性地提出大传统（great tradition）与小传统（little tradition）的概念，并在1956年出版的《农民社会与文化》一书中进行详细论述。他认为，"在一个文明中，存在着一个具有思考性的少数人的大传统和一般而言不属思考型的多数人的小传统。大传统存在于学校或教堂的有教养的人中，而小传统是处于其外的，存在于不用书写文字的乡村社区生活中。哲学家、神学家、文学家的传统是一个在意识上的培养的传统，并输送下去。而最大部分人民所属的小传统被认为是被赋予的，不用仔细推敲的或被认为要提炼和润色的文化"③。

雷德菲尔德认为，拥有社会精英及其所掌握的有文字记载的文化传统

---

① 费孝通：《对文化的历史性和社会性的思考》，《思想战线》2004年第2期。
② 李友梅：《文化主体性及其困境——费孝通文化观的社会学分析》，《社会学研究》2010年第4期。
③ Redfield. Robert, *Peasant Society and Culture*, Chicago: University of Chicago Press, 1956, p. 70.

的都市社区,与保持有大量口传的、非正式记载的文化内涵的乡村社区是具有明显差异性的、相互对立的两个文化层面。他提出,小传统的各种文化因素往往是由大传统进行解释的,大传统创造了文化,小传统只能简单地接受。

这一概念提出后,在学界引起了争论,同时也使其得到了进一步的发展。欧洲学者用精英文化与大众文化对雷氏的大传统与小传统进行了修正,从传播途径上阐明了小传统处于被动地位的原因,认为二者在传播上是非对称的[1]。马里奥特在研究印度村落的宗教仪式后认为,某些地方宗教仪式,经由小传统使之普遍化,再有大传统而纳入宗教经典,然后再传播至更大的范围的[2]。吉登斯在《民族——国家与暴力》一书中,把"大传统"视为建立在书面文本基础上的、合理化的传统,其形式有宗教、民族国家的规范及意识形态等;"小传统"是存在于地方社区中的、表现为形形色色的小型口承文化(oral culture),如魔术、巫术和当地的其他习惯、日常生活的惯例等。这些小传统与过滤下来的合理化的"伟大传统""不是相去甚远便是直接冲突"[3]。

中国学者也对大小传统概念进行探讨和发展,费孝通从汉字特性的角度论述了中国传统社会大小传统区分明显的原因,以及两者之间勾连的中介。他强调,由于中国文化是多层次性的,仅仅通过对农村社区的田野观察不足以把握高层次的文化问题,也难以"概括"中国或中国文化[4]。李亦园以大小传统理论为切入点,来分析中国文化,将大传统、小传统与中国的雅文化、俗文化相对应,通过抓住两个传统之间的共性或相通之处,来把握中国文化的特性[5]。庄孔韶在《银翅》中引入大小传统概念,并论述了高层和基层文化的关系,重点分析了大小传统的横向分层[6]。

本文通过对马村阔克麦西莱甫文化传承的探讨,我们可以看出,从传

---

[1] 郑萍:《村落视野中的大传统与小传统》,《读书》2005年第7期。
[2] 黄平:《社会学、人类学新词典》,吉林人民出版社2002年版,第17页。
[3] [英]安东尼·吉登斯:《民族—国家与暴力》,生活·读书·新知三联书店1998年版,第12—13页。
[4] 费孝通:《重读〈江村经济·序言〉》,《北京大学学报》(哲学社会科学版)1996年第4期。
[5] 李亦园:《人类的视野》,上海文艺出版社1996年版,第148页。
[6] 庄孔韶:《银翅》,生活·读书·新知三联书店2000年版,第103—170页。

统的自在模式到国家模式的介入,既是国家权力渗入村落的过程,也是大、小传统在民族社区中互动的过程。

笔者发现,在阔克麦西莱甫文化传承过程中,大小传统并非是相互对立的文化层面,也不存在"相去甚远便是直接冲突"的局面。相反,在阔克麦西莱甫传承过程中、大、小传统出现双向互动、互为补充的现象。

民族传统文化经历了消解萎缩时期之后,由于长时期没有正式举办,阔克麦西莱甫已不能完整地按照先前的仪式传承。虽然在马村仍然留存有参差不齐的阔克麦西莱甫仪式活动,但没有统一、规范的程序和仪式。当这种地方知识传送到文化站和文体局等文化主管部门时,文化负责人和文化精英在接受、分析和归纳了来自乡村社区的文化后,再邀请艺人和传承人共同商讨制定了统一的阔克麦西莱甫仪式程序,再向乡村社区传送下去。经过了"自下而上"和"自上而下"互动之后,阔克麦西莱甫开始了规范统一的文化传承。

由此可见,在民族传统文化传承过程中,我们应该重视如何实现大、小传统之间的有效互动,来推动民族社区文化的发展?大传统在阔克麦西莱甫传承中发挥着主要力量,具有指导传承的作用,并不断使其话语空间向基层的乡村社区延伸,但是,小传统也不是总处于被动的地位,并未在这个过程中被淹没或消失,而是以自身的力量与大传统进行交流互动,共同传承民族传统文化。除此之外,我们还应看到,小传统在文化传承中的作用。即使在破"四旧"时期,村里仍有人用布遮住窗子,在自己家里举办阔克麦西莱甫活动。因此,在大传统小传统进行互动时,小传统的社会力量是不可忽视的。

第十四章 "小地方"的力量：
市场化与社区建构

——青海黄南藏族自治州吾屯社区唐卡产业经济发展的个案研究

一 问题的提出：中国农村社区变迁的另一种可能

20世纪80年代以来的中国改革开放进程似乎正在验证社会学界关于中国农村社区变迁的一种假设：越来越强势的市场化与工业化力量从根本上动摇了中国农村社区的社会结构与文化基础，田园牧歌式的乡村生活正被一种新的生活哲学所替代，费孝通先生所言的"乡土社会"正在慢慢走向凋落甚至终结。

中国农村社区性格从乡土性转向现代性的理论假设，更多地源于美国学者施坚雅对中国农村社区的研究，施坚雅在《中国农村的市场与社会结构》中认为，作为中国农村社会结构基本原点的地方性市场将村落卷入大的甚至宏观一体化的市场贸易体系，可能使村落成为专为市场生产的单位，从而失去独立生存的可能。[1] 沿着这一论断，很多学者认为，中国改革开放进程中催生出的、更为强势的市场化与工业化力量将更进一步涤荡乡土社会的传统秩序和文化底座，自然村落的终结趋势将不可逆转。对于村落终结的过程，学界仍时有争论：一种认为"村落的终结与农民的终结是同一过程，就是非农化、工业化或户籍制度变更的过程"[2]；另一种观点则认为，村落的终结与农民的终结并非同一过程，非农化、工业化或户籍制度的变更过程并非天然地导致传统村落的终结，现实中"村落

---

[1] 参见［美］施坚雅《中国农村的市场与社会结构》，史建云、徐秀丽译，中国社会科学出版社1998年版。

[2] 李培林：《村落的终结——羊城村的故事》，商务印书馆2004年版，第2页。

作为一种生活制度和社会关系网络，其终结过程要比农民的职业身份转变更加延迟和艰难"[1]。在《村落的终结——羊城村的故事》一书中，李培林以羊城村为个案，提出了"工业化—农民的非农化—传统文化结构与关系网络的解体—村落的终结"这一中国农村社区城镇化的完整逻辑链。但我们注意到，争论没有从根本上触动"市场化与工业化导致村落终结"这一假设，相反无论是强调村落终结与农民身份终结的同步抑或坚持村落终结延迟于农民的终结，似乎都在潜逻辑上验证着上述假设。那么，现在的问题是，会不会存在另一种模式，即作为"小地方"的农村社区在"大社会"急剧转型的情境下仍能保持自身的传统结构与文化基础？

本文将以青海黄南一个藏族社区的社区经济发展实践为例，说明传统社区如何通过对内部"小传统"的变形与重构以应对大社会中出现的市场化力量，从而使其原有的乡土性与宗教性社区性格不至于在社区经济市场化的过程中逐渐凋落。本文在理论使用"社区建构"这一概念，意在说明"小地方"回应"大社会"力量时的主动性和能动性，强调社区主体为了保持自身的乡土性格而采取的主观选择。我们甚至可以进一步引申说，黄南藏族社区以传统文化产业化为基本类型的社区经济在运行过程中所体现出来的形态特征不是由大社会"结构"出来的，而是在社区发展过程中加入人的力量"建构"出来的。从这个层面上来说，目前黄南藏族社区经济所体现出的文化特征并不是自然性"文化传统的延续和回归"，而是人们针对"大社会"的变化而做出的一种能动回应：通过对社区"小传统"的改造实践，构建出当前极具特色的社区经济形态。

二　田野

我们所关注的吾屯位于青海省东南部的黄南藏族自治州。黄南州境内以同仁为中心的隆务河谷一带是著名的"热贡艺术之乡"，分布在隆务河两岸的藏族村落大都完整保存了藏族传统的绘画艺术——"唐卡"（拉丁文转写为Tang-Kha）的绘制技艺。吾屯便是隆务河谷地最具代表性的村落之一。吾屯藏语称之为"桑格雄"（拉丁文转写 seng ge gzhung），意思是狮小滩，分上、下两庄，地处隆务河东侧，距黄南州政府所在地隆务镇

---

[1] 李培林：《村落的终结——羊城村的故事》，商务印书馆2004年版，第105页。

6公里，据最新的"六普"数据显示，全庄人口共2143人，庄内男子大多以家族传承的方式成为工艺精湛的唐卡画师，藏语称之为"拉索"。近十几年来，在国家文化建设形态从文化事业向文化产业转变的制度背景下，逐渐繁荣起来的唐卡产业经济替代了村社区世代相传的生存性农业，成为最主要的社区经济类型。我们今天所观察到的吾屯，业已成为黄南州最大的唐卡生产基地和销售集散地，一个日益昌盛的唐卡地方性市场已经在吾屯形成：全庄拥有大型的唐卡文化企业8家，年均销售额都在千万元以上；全庄几乎"家家作画、人人从艺"，居民直接参与唐卡产业的比例达到98%；唐卡制作成为吾屯人主要的生计方式，同时也为他们带来丰厚的利益回报，每户的年均收入基本都在20万元以上。早在2006年，由于唐卡文化市场规模的不断壮大，吾屯被确定为青海省首批"国家级文化产业示范村"。

三 社区建构：社区经济发展的文化机制

从2010年9月份开始至今，我们一直在吾屯社区从事热贡唐卡艺术产业化与民族社区发展的课题研究。在3年多的研究过程中，我们发现这样一个田野事实：与社会学界关于中国农村社区变迁的假设不同，尽管唐卡的产业化使这个古老的藏族社区日益卷入更为宏大的市场贸易之中，但社区经济的市场化进程并没有从根本上削弱这里的传统社区生活，社区经济边界的开放不曾使这个村落走向终结，相反，宗教权威、传统仪式空间和以地缘、血缘为基础的关系网络以某种重构的方式嵌入到社区经济的建构与运行过程之中，使社区的乡土性格在"大社会"市场化的语境下得以延展，并在一定程度上成为影响社区经济形态的重要因素。我们将这一过程称为"社区经济发展的文化机制"。这里所言的文化机制，意指社区传统文化结构对社区经济形态的形塑过程：吾屯社区唐卡文化产业在运行过程中将大量带有乡土性质的社区传统纳入其中，才造就了吾屯社区经济鲜明的乡土品格——而这种社区经济的存在与壮大，是吾屯社区在大社会市场化力量面前得以保持自身独立性的关键因素。

我们将以人类学田野工作的方法展现吾屯社区唐卡产业经济具体的生产组织形式、销售组织形式与产权构造形式，从中具体分析宗教权威、家族生活传统、文化仪式与传统关系网络是如何"嵌入"社区经济的发展实践之中，从而形塑出吾屯唐卡产业经济鲜明的形态特征。

(一) 社区唐卡产业经济的生产组织形式

调查显示，目前吾屯唐卡的生产组织形式并非是完全市场意志的结果，相反，却是吾屯创造性地在社区传统的基础上"建构"出来的，一定程度上是社区内家族生活传统与市场生产规律相结合的产物。

目前，画师的家庭作坊与文化企业是吾屯唐卡文化产业中唐卡的主要生产单位。实际上，这两者的本质是相同的，都是以家族为中心的唐卡生产单位，一般而言，唐卡文化企业的本质不过是一种"扩大了的家庭作坊"，这一点笔者将在后文中详述。但是，从表征上看，二者还是有明显的区别，我们在分类时可以按以下两种原则将其区别开。首先，文化企业的市场行为受到政府权力的直接管辖。除去税务上的往来，政府在业务往来、占地面积等方面都对文化企业特别是大型的文化企业有一定的调控权。而画师作坊则最起码在表面上不受政府权力的直接调控，引用一位画师的话，就是"我们画唐卡、出唐卡与州上一点关系都没有，又不用交税，也没有什么限制"。其次，尽管文化企业的核心管理层都是由各家族内部成员组成，但从整体看，文化企业内部混杂了很多市场业缘关系：一般的文化企业有专门外聘的财务人员、市场业务人员等，并按市场原则给予工资结算，从表征上看具备了现代企业的一些特征。画师家庭作坊中体现的则是传统性的亲缘与地缘关系原则：家长掌握作坊内一切活动的管理权，包括财务及生产方面；作坊中的其他工作人员并不是企业的员工，大多是画师招来的徒弟，他们以"学手艺"的名义在画师家庭作坊工作，与画师之间是一种师徒关系。

1. 家庭作坊

以家庭为基本生产单元的家户生产模式曾是人类历史上重要的生产组织形式。例如萨林斯就认为直至原始公社时期，家户生产模式就已经成为当时社会中最为重要的生产组织形式。[1] 波兰尼也认为家户生产模式是"互惠"与"再分配"经济体制得以建构的微观基础。[2] 但值得注意的

---

[1] 参见 [美] 马歇尔·萨林斯《石器时代经济学》，张经纬等译，生活·读书·新知三联书店 2009 年版。

[2] 参见 [英] 卡尔·波兰尼《大转型：我们时代的政治经济起源》，刘钢译，浙江人民出版社 2007 年版。

是，他们所言的家户生产模式是一种"自给自足"的自然经济模式，家庭生产并不带来额外的经济利润。更进一步，很多关注西方劳工制度史的学者们认为，家户生产模式是西方传统手工业向现代工业转型的一个重要过渡——西方学者所言的家庭作坊经济意指在工业革命前期，由工匠或转型而来的农民在自己家里的小作坊中利用手工工具所进行的生产模式。但这一时期的家户生产模式已经完全不同于萨林斯与波兰尼所指的"家户生产"——家庭已经成为商品经济下的生产单位，家户所进行的是一种以获取利润为目标的商品生产。在很多西方学者看来，这种家户生产模式既能延续中世纪以来欧洲手工业生产模式的传统，又能催生出现代性工业生产的企业，因而能很好地弥合社会转型过程中传统与现代之间的文化鸿沟。后续的学者进一步发现了这种家户生产模式的"潜能"，认为这种家庭经济不仅存在于工业革命前期，也存在于现代企业制度日益发达的今天——无论是先进的工业国家还是广大的第三世界国家，家户生产模式都作为一种重要的生产组织形式顽强地存在着。而目前吾屯唐卡的主要生产模式，便是这样一种在现代工业生产制度成熟条件下依然存在的家户生产模式。

仔细探寻吾屯家庭作坊式生产为何能成为吾屯唐卡产业经济最为主要的生产组织形式，其原因应该不止西方学者所提到的"过渡性作用"，其中最主要的原因恐怕在于吾屯特殊的社区结构。在热贡藏区，村落被称为"迪哇"（拉丁转写 sde ba），在每个村落内部又存在着若干"措哇"（tsho ba），而藏语中的"措哇"实际上指的就是我们熟知的家族。有藏族学者这样解释过"迪哇"和"措哇"："在热贡藏区，'措哇'是最初级的社会认同单位，'措哇'意为'聚合群体'，实际上它指的是由父系血缘亲族组成的继嗣群，相当于汉族的家族……'措哇'之上的社会组织是'迪哇'，意为村落。从'措哇'到'迪哇'，人们的社会关系从血缘关系向地缘关系拓展。"[①] 这表明传统热贡藏区的社会结构，是以"措哇"也就是家族为基本单位而构建起来的。这一社会结构的存在形式，决定了家族文化在热贡藏区各个村落的普遍流行。家族生活传统在一定程度上决定了吾屯唐卡的家户生产模式。

[①] 索端智：《藏族信仰崇拜中的山神体系及其地域社会象征》，《思想战线》2006年第2期。

传统热贡唐卡的传承完全是私人领域的。我们在田野工作中发现，现在的吾屯，仍有部分家庭保有记录家族唐卡绘制历史的名册，名册上以工整的藏文依次记录着故去亲人的名字，演绎着唐卡的家族传承。

> 我们吾屯画唐卡的历史，从很早就开始了，画画的历史就是靠着每家每户这样单独传下来的。你看我们家的名册就是这样，上面记的都是我祖辈的名字。我们的名册和你们汉人的家谱还不一样，不论年龄，先学会画画的人记在前面，按这顺序写下来的。我们家最早的拉索叫GD，他是我们家最早绘画唐卡的，好像是在寺院里慢慢学到的，后来传给了DZ，再传给JC，那是我爷爷的弟弟，后来再传给我爷爷CR。原来庄子上每家出的唐卡都不一样，开眼、扯金线、上色这些技法都是不能跟外人说的，所以原来咱们吾屯的唐卡看上去都不一样，不像现在，庄子上出的唐卡都一模一样了。（同仁县吾屯上庄ZXJC，男，土族，34岁，2011-7-12）

对于唐卡为何要采取这种传承模式，下庄的一位画师这样说道：

> 唐卡画的是佛，佛的样子谁也没见过。所以我们画佛的样子完全是自己想出来的。画唐卡也讲究缘分，一些跟佛没缘分的人，即使学一辈子，也画不出来唐卡，我们画的都是自己心中的佛，自己心里想的佛当然不能跟别人讲怎么画，要是那些本来就跟佛没缘分的人学会了怎么开眼、怎么扯金线，把你心中的佛画出来了，不是对佛的冒犯吗？所以原来上、下两个庄子上的唐卡都是一家一家单独画、单独传下来的，不是自己心中的佛是不能画的。（同仁县吾屯下庄WD，男，土族，27岁，2011-7-16）

由此，家族生活传统在一定程度上决定了唐卡的家族传承模式。尽管当前唐卡的市场化与产业化在客观上要求他们扩大生产规模，但为了"规避"传统的家族传承模式，吾屯画师们一般采取"招进来"的方式，即将招收学徒进入家庭内部，而很少选择"走出去"进入文化企业"奉献"自己的祖传技艺。从这个意义上来说，家族生活传统在一定程度上塑造了当前吾屯唐卡生产的家户模式。

目前的吾屯，几乎每户家庭都是一个独立的唐卡生产作坊，其构成主要包括画师的家庭成员与招收的徒弟。对于一个业已分家的画师家庭来说，家庭作坊中的人数一般维持在5—7人不等，其中学徒大多有2—3人。而那些没有分家的画师家庭，作坊的规模更大。家庭作坊一般的生产程序是，画师在外接到订单，回到家庭中分配学徒们进行具体环节的生产：对于新来的学徒，指定其进行简单的上色工作，而那些工艺业已成熟的学徒则可以与画师一起进行底稿创作、扯金线等复杂环节。在生产活动之外，画师还需要对学徒进行唐卡绘制的培训。学徒们会根据画师的要求，一遍一遍地反复用铅笔在练习本上临摹《造像度量经》上各种佛的形象。因此对于学徒们来说，他们一般身兼"两职"：既是唐卡技艺的学习者，同时也是家庭作坊中的生产者。

> 徒弟刚进家，肯定不能画外地老板们定的画。啥都没知道，我也不放心给他们画啊。刚来几个月只能自己照着经书在纸上画，我画的时候他们只能在旁边看，等自己练得差不多了，才能学着在布上打底稿、上色。一般都是一年以后才让他们画外面订的画。（同仁县吾屯上庄ZL，男，土族，30岁，2012-4-9）

在吾屯的家庭作坊里，画师与学徒之间呈现出一种严格的师徒关系。尽管学徒在某种程度上承担着作坊中的"家户代工"角色，但很多时候这种市场关系被传统的师徒关系所掩盖。对于很多学徒来说，与师傅一起绘制外地老板订购的唐卡是天经地义的事情，因为在他们看来，这种唐卡的市场生产过程本身就是学习中既定的程序。

> 我从保安过来学画画，进了师父的家门就是一家人了。过来就是学画画的，自己在本子上画是学着画，跟师父一起画别人订的唐卡也是学着画，没有什么两样嘛。师父让我怎么画就怎么画，我们做徒弟是有卡玛的，哪能问师傅要钱呢？（同仁县吾屯下庄DWDZ，男，土族，18岁，2011-7-18）

"一家人"的自我认同深深地嵌入在学徒们脑海里，因此，学徒一般以自家人的身份出现在画师家庭中，画师不付给他们工资，却像家长一样供他们免费吃喝，偶尔还会给他们零用钱。而学徒们在学习唐卡技艺之外，帮忙画师家庭进行其他劳作也就成了极其平常之事。笔者在吾屯就经常看到，在某个画师家的建房工地上，或者在画师家秋收的麦田里，都少不了徒弟们上下忙碌的身影。因此，尽管家庭作坊进行的是一种市场性的商品生产，但其学徒与画师之间却不是由市场化所建构起来的业缘关系，师徒关系和拟制家庭关系的持续存在，表明吾屯的家户生产模式有可能并不一定如一些西方学者所预测的那样——以商品生产为目的的家庭作坊经济能够催生出现代的企业雏形。

吾屯家户生产模式的另一个重要特征就是父权的权威地位。我们甚至可以这样理解目前吾屯唐卡的家户生产：这是一种在父权制控制体系的家庭，运用传统文化资源招徒而进行唐卡市场性生产的组织形式。父亲在画师的家庭作坊中具有天然的权威，他一般主导着家庭作坊的财政大权，并时时支配或影响着家庭作坊的生产行为。我们所言的"支配"，是对于那些业已分家由画师独立支撑门户的家庭而言的，在这种家庭作坊中，画师基本上就是家中最为"位高权重"的父亲，他们对于家庭作坊的支配作用不言而喻；更值得注意的是另一种家庭组成结构：年老的父亲健在却不直接参与家庭作坊的唐卡生产。对于这种结构类型的家庭作坊，尽管父权并不会时时支配着具体的生产行为，但仍然影响着家庭作坊的运转——作为实际生产者的画师实际上并没有掌握财政的权力，他会将家庭作坊的生产收入全部交予父亲管理，而且对于涉及数额较大的订单，父亲有时会直接参与唐卡生产的管理。

> 安多藏区不像拉萨，妈妈的地位高得砝码。在我们家里，爸爸是最大的。唐卡生意赚了钱都得由爸爸管着。平时接外面的小生意，爸爸是不管的，只要我把赚到的钱留一部分给自己带着徒弟用，其余的交给他就行。要是外面有钱数目大的生意，都是爸爸去跟人家说，回来告诉我们怎么画，我画什么，徒弟画什么。（同仁县吾屯下庄GZCR，土族，27岁，2011-7-18）

正如田野报道人所说的那样："安多藏区和拉萨不一样，男人地位自古就高。"由此可见，家庭作坊中父权制的存在很显然受到安多藏族传统社会性别分工的作用和影响。从这个角度而言，作为一种具体的市场生产组织形式，吾屯唐卡的家户生产模式是嵌入于特定民族文化传统中的。吾屯画师选择烙有鲜明家族文化色彩的家户生产模式而放弃了市场意志所要求的规模化与标准化集体生产，在一定程度上表明了家族生活传统与父权制对社区经济生产组织形式的强力形塑。

2. 文化企业

如果你徜徉在如今吾屯村边的马路上，就会发现那些矗立在马路两侧大小不一的"画院"。这些画院都是庄内的画师所开办的，其中有的依旧是完全的家庭作坊性质——只不过在大门上挂上个某某"画院"的牌匾；而另外一些则是在州工商局注册备案，成为法律意义上的文化企业。开办文化企业的画师们用一种更加直接的方式将唐卡推向市场，在他们看来，窝在庄子里埋头画画很难真正的发达起来。

> 吾屯这么大，每家都会画唐卡，外面的人过来请唐卡的话到庄子里都会挑花了眼，谁能想到我们？但要挂个画院的牌子就不一样，别人一看就知道你家是画唐卡的，过来请的人肯定多一些嘛。而且现在政策也对开画院也有好处，在工商局注了册的画院还能向州上申请下钱呢。（同仁县吾屯上庄 CRDZ，男，土族，33 岁，2011-10-24）

近十几年来，黄南州政府为了刺激"热贡文化产业"的兴起，制定了一系列优惠性地方政策，在一定程度上为文化企业的出现奠定了制度基础。目前的吾屯有 8 家在工商局注册备案的文化企业，这些画院成为吾屯唐卡生产的另一个重要类型。笔者将以其中影响力较大的"热贡画院"为例，通过对其成长轨迹及内部组织结构的梳理，反映黄南州文化企业的唐卡生产典型模式。

热贡画院坐落于距离吾屯上庄 500 米的左侧公路边，占地面积 2000 多平方米，由吾屯上庄画师 NB 投资 400 多万元于 2007 年 8 月正式建成并开始营业。热贡画院成立 6 年来，发展态势极为迅速。从 2007 年至今，画院先后被国家有关部门及各级政府评为"青海省文化产业示范基地""农牧产业化重点龙头企业""国家文化产业示范基地"等称号。2011年，热贡画院资产总额达到 5333 万元，实现销售收入 3700 万元。

如今我们所观察到的热贡画院，在其内部的组织构架上已经完全具备现代性企业的特征，画院下设行政部、工会委员会、团支部、培训部、展示部、创作部和市场外联部等七个部门。其中的培训部与创作部为唐卡生产的主要部门，市场外联部负责唐卡的销售业务，展示部负责接待外来参观的游客、商人及一些政府部门的考察。但值得注意的是，画院的核心管理人员都来自创办者家族内部：NB 是画院的法人，而他的两个弟弟分别负责画院内部的日常运营及外部销售活动；画院正式外聘的职工只有 4 名，分别是从西宁聘请的 2 名讲解员以及 2 名负责管理财政的会计。这些细节颇具玩味，它或许能从一个侧面让我们了解一个真正的热贡画院——本质上，旁人眼里风光无限的热贡画院仍然可能只是一个"扩大"的家庭作坊。

热贡画院并没有真正的从事唐卡制作的职工。在画院成立初期，NB 和他的两个弟弟是唐卡生产的"主力军"，NB 在和我叙述自己的过往时，如是说道：

> 我从小家里穷的砝码，12 岁的时候开始学唐卡，跟的老师就是咱们上庄的 XWCR 大师，我的老师是吾屯第一个全国工艺美术大师，年轻的时候跟着张大千在敦煌画过壁画，在外名声大的砝码。27 岁那年我去了拉萨，在那里干了 8 年。最早是到寺院里画壁画，后来拉萨的唐卡生意好了，我就在拉萨画唐卡，攒了一些积蓄。那时候拉萨卖的唐卡好多是我们吾屯这边过去的，但别人不知道，我就想着回来自己办一个唐卡画院，把我们热贡唐卡的名声打出去。2007 年回来，从银行贷了款，加上自己的积蓄，办了画院。开始的时候，就我和两个弟弟画，2007 年我才 36 嘛，精力又好，画得快，我们三个人一年画上个一两百幅轻轻松松的。（同仁县吾屯上庄 NB，男，土族，44 岁，2011-7-20）

早期的热贡画院，虽然挂上了企业的名号，但其生产模式却仍然是一种家户生产。之后的情况发生了改变：随着热贡画院名声的打响，越来越多的人过来"请唐卡"使得兄弟三人的生产完全满足不了市场需求，于是"招徒弟"成了必须之举。2010 年，NB 又给热贡画院增添了另外一个响亮的名字——"青海省热贡艺术传习所"，开始扩大对外招徒的规模。黄南州的很多年轻人一批批地慕名而来，他们随之成为画院里绘制唐卡的主要力量。截至目前为止，热贡画院共培训学徒 180 多人——这些学徒分批而来，学成即走，但无论如何，他们都曾为画院的唐卡生产供献过自己的力量。目前热贡画院仍有学徒36名，其中还有2名非藏族徒弟，1名来自北京，另外1名来自山东——画院的名声鹊起使其招徒范围远比一般画师家庭拓展得更为宽广。

若是就上面的情况来看，热贡画院与一般的家户生产并无实质性的差别，只不过在表征上，画院中学徒更多、来源更广。但热贡画院还有另外一种完全不同于学徒绘制的唐卡生产机制，而正是这一生产模式的存在，使得画院与一般的家庭作坊式生产区别开。

> 画院生意好起来之后，光靠我们自己画唐卡就不够了，所以我就开始到处跑着收一些唐卡。开始也不固定从哪户人家去收，东收一些，西收一些，有时候我还跑到泽库、甘南、玉树那里去收一些老唐卡。后来发现这样还是不行，一是自己累，二是不稳定。有时候价格谈不下来，去了也收不上几幅好唐卡。后来我就开始固定收了，比如在上庄几户画的好的人家收，跟他签合同，每年出几幅唐卡给我，我拿好价格把它收了。这样对他们也好一点，我们这里很多人没读过多少书，自己卖肯定不如我们卖得好啊。（同仁县吾屯上庄NB，男，土族，44岁，2011-7-20）

从到处跑着收唐卡到与人签约固定收唐卡，热贡画院由此形成了一个"企业+农户"的唐卡生产机制，其大致的做法是画院与一些画师家庭作坊签订合同，所有唐卡绘制的原料由画院供给，按照合同规定，签约的画师每年固定转让若干唐卡给画院，画院根据唐卡质量的好坏付给画师一定的手工酬劳。"签约画师"的生产机制使得热贡画院的唐卡生产数量有了一个井喷式的增长：从初期的每年一两百幅发展至如今的每年近千幅。目前热贡画院在黄南签约的从事唐卡生产的画师家庭500多户，用NB的话说，他们为这些家庭每年带来了2万—7万块钱的收入增长。更为重要的是，热贡画院的这一经营模式被当地政府所采纳，在行政权力的推动下，黄南州的很多文化企业都采取了这样的签约画师制，"公司+农户"的唐卡生产成为热贡唐卡文化企业的主要生产模式。

由此可见，就热贡画院的生产模式来看，它是一般家户学徒生产与"签约画师"生产的混合——这一唐卡生产的混合模式在当前黄南的文化企业中相当常见。如果说前一种学徒制在本质上无异于一般的家户生产，那么后一种则更类似于现代企业制度下的"代工生产"。如同家户生产模式是家族生活传统直接形塑的结果一样，"签约画师"制的唐卡生产组织形式也将大量的带有乡土性质的社会关系纳入其中。正是这种因素的存在，使得签约画师生产模式与真正的"代工生产"仍有区别。首先，不同于"代工生产"模式，那些签约的家庭作坊并不是这些文化企业的生产单位。正像很多画师说的那样，"除了给画院的唐卡，我们自己也直接出唐卡给汉地的老板"，这表明文化企业与签约的家户之间并没有严格的隶属关系，签约制更像是一种独立生产单元之间的横向联合。这也导致了家庭作坊在交付唐卡时拥有更多的主动性——就像 NB 向我们抱怨的那样，"每次去他们那拿唐卡，嘴皮子都磨破了也收不到几幅真正的好唐卡"。其次，由于很多企业的老板与签约的画师都是自己的亲属或者过往相识的朋友，有的甚至同出一个"师门"，这使得很多时候所谓的"合同"只是一句口头上的承诺，并不具备真正的法律意义——有些画师可以根据自己的喜好随意终止这种承诺。也就是说，企业与画师家庭作坊之间并没形成真正的市场业缘关系，传统的地缘与亲缘关系仍然是其中关键的连接纽带。

（二）社区唐卡产业经济的销售组织形式

如果说吾屯唐卡文化产业的生产模式是吾屯人将社区传统与市场规律相结合而"建构"出来的产物，那么这种人工性的建构色彩在社区经济的销售组织形式上表现得更为明显。调查显示，目前吾屯唐卡走向市场大致有两种组织形式，分别为生产单位的直接销售形式及以寺院为中介的销售形式。这两种不同销售形式分别体现出了传统人际关系与宗教权威在其中的关键作用。这就使得吾屯唐卡文化产业在具体的销售组织形式上有别于一般的市场销售行为——在"村落终结"理论的预期中，烙有"竞争性"的市场销售活动会天然性地导致社区内稳固的传统人际关系向市场业缘关系转化，从而导致社区内传统社会关系网络的瓦解。从这个意义上来说，吾屯画师所选择的市场销售组织形式能够在一定程度上"规避"这种风险，从而使社区的独立性与自主性在市场化力量面前得以保存和延展。

1. 生产单位的直接销售形式

在上文的描述中，笔者已经阐明了家庭作坊与文化企业是黄南唐卡最基本的两个生产单位，而学徒生产与签约画师生产则是两种主要的唐卡生产组织形式。接下来笔者将阐释家庭作坊与文化企业的唐卡销售形式。需要说明的是，文化企业与家庭作坊的唐卡销售都以传统人际关系网络作为其重要支撑力量的，在本质上是一致的。因而笔者选择以家庭作坊的销售形式为主要阐释对象——正如涂尔干在研究宗教形态时执着地以原始宗教作为其探索对象一样：原始文化正是由于其简单而构成了最有特权的案例①。而在笔者看来，在组织架构上更为微观和简单的家庭作坊能够更为直接地呈现这种以关系运作为核心的销售形式。

这里所言"关系"，意指以亲缘与地缘关系所组成的、以信任结构为核心的人际关系网络。这种关系网络源于社区文化传统，却在唐卡现代性的市场销售过程中"居功至伟"。费孝通先生在《乡土中国》中曾这样描述传统农村社区的关系网络：传统自然村落的社会关系，单纯到了以"血"为单位，"血缘是稳定的力量。在稳定的社会中，地缘不过是血缘的投影，不分离的。地域上的靠近可以说是血缘上亲疏的一种反映，区位是社会化了的空间"②。村落中这种原始状态下的关系，是无需选择，甚至不可选择、先天而存在的一个生活环境。不过我们看到的吾屯，除了仍然保持这种先赋性的关系外，人际关系的层面和结构都已经大大地扩展了。在唐卡产业和市场的带动下，村落中传统关系网络突破了原有以相对封闭的层级格局，形成了以村落为中心的跨社区的网络结构；唐卡产业化的进一步延展，也使得村落通过市场"拉"出了广泛的业缘关系。正是依靠这些关系的线索，唐卡作为一种商品被拉进了更为宏大的市场体系之中。我们看到，就唐卡的销售渠道而言，吾屯人并没有采用一般的市场销售形式。特殊之处在于，吾屯的画师们选择了依托传统社会关系这样的路径：他们通过主动建构的方式将起伏不定的市场业缘关系"拟亲缘化"，使之转化为传统的亲缘关系，借此获得稳定的唐卡销售渠道。

有学者谈及乡土社会成员以何种方式融入"大社会"时曾使用过"拟家族"或"拟亲缘"这样的概念："拟家族"或"拟亲缘"的概念，用来表明在家族村落中取得唯一生活经验和习惯的人们，在组建家族以外的团体活动或组织活动时，自然而然地将家族中的结构形态、亲缘关系模

---

① 参见［法］E. 杜尔干《宗教生活的初级形式》，林宗锦等译，中央民族大学出版社1999年版。

② 费孝通：《乡土中国》，北京大学出版社2011年版，第103页。

式和处事方式推广、概化、带入那些非家族性的团体或组织的想象。① 我们在吾屯所观察到的种种村落之外的市场业缘，也是通过这种"拟家族"或"拟亲缘"的方式，将其纳入到社区传统社会关系的范畴之中。

吾屯下庄有几个年轻画师所生产的唐卡都是固定地通过一位马姓的北京文化商人流入市场。但他们与这位商人的关系却远比单纯的业缘关系复杂。在他们看来，马老板和他们是"一起发过誓"的兄弟。

> 马哥会讲我们吾屯的土话，去年还在庄子上住过两个月。他和我们几个是发过誓的兄弟，去年跳"六月会"的时候一起在山神面前砍的头，② 我们还让下寺的阿卡给他起了经名。我们都把他当成自己庄子上的人了，不是外人。他也把我们认下了，每次来热贡收唐卡都要到庄子上来，就住在我家里。我们出的唐卡都是马哥带走的，价格给得特别好，他也把我们当兄弟嘛，还介绍好多汉地的老板到我们这里请唐卡呢。（同仁县吾屯下庄 GZCR，男，土族，27 岁，2011-7-18）

举行于每年农历六月底的"六月会"是吾屯一种重要的文化仪式，具有明显的社区边界，一般外来者是不能参与的。而这些画师与商人在仪式上的"砍头"行为，不仅仅是一次简单的民俗体验，其更深的寓意是商人被作为社区成员的接受仪式。于是，通过这样的仪式操演，市场业缘关系被转化成相对稳定的传统亲缘关系。尽管在理论上这种完全信任于传统社会关系的策略是存在风险的，但事实却表明通过"拟制亲缘关系"的固化，市场业缘变得更为稳定——"马哥"对于这几个青年画师的青睐，表明在市场业缘关系的形成和维护方面，传统社会关系依然值得信任。

在社区内部，这种基于亲缘与地缘的传统人际关系在维护生产者之间的业缘关系方面也发挥着至关重要的作用。对吾屯而言，唐卡逐步由神圣走向市场，村落中先赋性的地缘关系也随之被市场化运作赋予了另一种性

---

① 杨国枢：《中国人的社会取向：社会互动的观点》，载杨国枢、余安邦主编《中国人的心理与行为——观念及方法篇》，台北桂冠图书公司 1993 年版，第 73 页。

② "砍头"指的是"六月会"仪式上的"血祭"：用刀将祭拜者的前额处头皮割破，流出鲜血表示对山神的崇拜和敬畏。

质：业缘关系。而这种初生的业缘关系对于很多画师的唐卡销售而言，是具有重大意义的，原因在于唐卡的销售很多时候依靠画师之间的"共同协作"。

一个人的能力就那么大嘛，你一个人能认识几个外面的老板？我们庄子上的人出唐卡都是要靠相互帮忙。比如别人认识了老板，就会介绍给我认识，那我也一样啊，都是要这样相互介绍，这样对大家都好，合在一起总比靠自己一个人好。（同仁县吾屯下庄 DJ，男，土族，27 岁，2011-8-6）

正如这位画师跟我们说的那样，对于唐卡销售而言，"合"总比"分"好，因此，社区内画师们之间业缘关系的强度直接影响到了唐卡的销售情况。这使得画师们开始对传统的地缘关系加以刻意的经营，期望以传统地缘关系网络为基础生成的信任结构能够巩固新生的业缘关系。这种对传统关系的"经营性"凸显在画师对社区内大型文化仪式的重视上。

每年吾屯大庄子上都要跳"六月会"，跳得时候一个庄子一个庄子的跳。跳"六月会"的时候，吾屯所有的男人都要停下手里的活，谁家不去大家在一块商量罚多少钱。我记得小时候"六月会"办得没现在这么大，也不是很热闹。这几年办得越来越好。今年我们大城庄子上一个活佛圆寂了，所以大家都不能放开玩，去年我们庄子跳得最热闹。明年我们吾屯还要把河边的场子扩大，把"六月会"办得更隆重一点。以前六月会随便跳跳就行，现在各个庄子上还有排练呢，阵势大的砝码。（同仁县吾屯下庄 GZCR，男，土族，27 岁，2011-7-23）

正如笔者在上文中提到的那样，六月会是黄南藏区一种著名的祭山神仪式。山神祭拜在藏区有着特殊的文化象征意义，因而每年的六月会也就成为吾屯社区的一件大事。在吾屯的"六月会"跳神仪式中，家族是最基本的组织单位，因此作为一种仪式空间，"六月会"一定程度上承载了凝聚家族向心力、培养地域认同感的功能。我们在对这个画师的访谈中注意到这样有趣的细节：唐卡市场化之后社区举办的"六月会"较之过去更为隆重，而且村落在今后将更为注重"六月会"的举办。这样的细节实际上透露出社区对地缘刻意经营的痕迹，因为吾屯的画师们很清楚，对传统人际关系和信任结构的培养，从另一个层面来说，也就是对庄内新生业缘关系和市场化运作的潜在投资。正是由于社区对这些传统关系网络的刻意经营，消除了地缘、亲缘关系与业缘关系的边界，以传统关系网络为基础的信任结构和社会资本对巩固业缘关系发生着重要的作用。

> 我们庄子上画唐卡的年轻人团结得很，谁要是认识了汉地来请唐卡的老板，都给大家介绍一起认识。平时要是有人去拉萨买个原料什么的，也都把大家的带上，省得一个个跑得费钱。画唐卡是凭手艺吃饭，没有人故意说别人的坏话。大家的关系都好得很，从小就认识，都是朋友，像我们庄子上的，大概一个月就到州上去聚一次呢。年年在一块跳六月会嘛，关系不好跳不了六月会，拉瓦①会用棍子打呢。（同仁县吾屯下庄DZAJ，男，土族，26岁，2011-7-20）

"地方性"在传统乡土社会中，是指人们的生活富有地方特色，活动的范围受到地域上的限制，其意义相对于现代生活的流动性和开放性，似乎有消极的倾向。但从理论层面上，"地方性"与市场贸易之间并没有真正的二元对立关系，正如布罗代尔所指出的那样，但布罗代尔却明确指出，"在没有其他有效的制度之前，家庭和血缘关系往往是最自然的纽带，促成商人之间的交易，因为所有的贸易协议，均需要忠诚、信任和依据规则（或权威）办事，而血缘关系和家族正好包括了这些因素"②。同时也有实证材料支持了这种观点，例如，折晓叶和陈婴婴对于"超级村庄"的研究就表明，在我国东部农村的市场化进程中，传统的亲缘与地缘关系是地方性市场建构和繁荣的重要支撑力量。③ 在吾屯画师家庭作坊的唐卡直接销售过程中，无论是社区外业缘关系的建构抑或社区内业缘关

---

① "拉瓦"是"六月会"中的通灵者。一般地位世袭，由村落成员共同推选。"六月会"举行过程中，"拉瓦"的地位至高无尚，因为他代表的是村民们所拜祭的山神。

② Fernand Braudel, *Civilization and Capitalism 15th—18th Century Vol. Ⅲ—The Wheels of Commerce*, New York: Harper & Row, 1986, p. 150.

③ 参见折晓叶、陈婴婴《社区的实践——"超级村庄"的发展历程》，浙江人民出版社2000版。

系的稳固，均离不开传统人际关系在其中的运作。从这个意义上来说，唐卡生产单位的直接销售过程实际上也是一种传统关系向市场的拓展过程。

2. 以寺院为中介的销售组织形式

目前的吾屯还存在一种较为常见的唐卡销售组织形式，那就是以寺院为中介的销售模式。这一销售模式主要以宗教权威作为唐卡销售中间渠道。格兰诺维特在《求职》一书中表达了这样一个重要的观点：社会网络是市场中信息传递的桥梁，对于特定的市场行动者而言，如果他拥有更为广泛的社会关系网络，那么各种不同的社会关系在他这里就能够形成"关系纽结"，这就意味着这个行动者比一般人拥有容量更大的市场信息，他自己也可能成为连接不同市场行动者的中介力量。① 如果以这种视角去关注吾屯唐卡产业经济中以寺院为中介的销售形式，就可以发现这样一种现象：寺院中的僧人比一般画师拥有更为广泛的人际关系网络，他们在一定程度上成为社会关系网中的"纽结"，这也决定了他们能够以中介的身份将庄内的唐卡推向市场。

寺院僧人市场中介地位的形成与两个因素密切相关：第一是唐卡本身所蕴含的宗教意蕴；第二是僧人在广大信众心中无上的权威地位。这两个因素导致了僧人能够串联起市场中的消费者和生产者，从而建构自身的中介身份。

正如笔者在前文中不断强调的那样，唐卡这一艺术形式最初源于宗教，因此在很多外地人"习以为常"的认知里，唐卡与藏传佛教是直接挂钩的。这在一定程度上决定了很多外地消费者更愿意去寺院请一幅"真正"的唐卡，因为在他们看来，唐卡本来就是寺院的"专属物"。一位从南京来的"驴友"这样说道：

> 要请唐卡的话，还应该到寺院里去请。唐卡本来就是佛的画像嘛，肯定是寺院里面的更真一点。我到吾屯来的时候就有很多朋友对我说，真正好的唐卡都是和尚们画出来的。这个道理很简单，就像你去北京吃烤鸭，肯定到全聚德，那里才是正宗的嘛。唐卡也是这样，本来就是和尚们最先开始画的，那肯定是寺院里的唐卡最正宗。（未

---

① 参见 Granovetter, M., *Getting A Job: A Study of Contacts and Careers*, Cambridge, Mass: Harvard University Press, 1974。

知姓名游客，女，汉族，年龄未知，2012-8-12）

而对于那些更"懂行"的消费者而言，寺院里的唐卡无疑是更"干净"的。

> 唐卡不像我们汉族的写意画，可以乱画。唐卡怎么画都是有讲究的，比如画唐卡的人心里要虔诚，不能抽烟喝酒，这样的唐卡才是真唐卡。我以前在拉萨八廓街请过一幅唐卡，回去懂行的朋友一听就说这种唐卡肯定不干净，像我们这样信佛的，请唐卡就是求个心安，请了个不干净的唐卡心里肯定不舒服。所以现在只要是朋友托我请唐卡，我都到寺院里去请，僧人们画出来的肯定比一般俗人好。先不说画工、用料什么的，他们心肯定比俗人们更诚一点，请唐卡不就是请个心诚吗？（未知姓名游客，女，汉族，年龄未知，2012-8-12）

近十几年来，官方话语的不断宣传使得"热贡唐卡"在外逐渐名声鹊起，外来的旅游者不断涌入热贡进行观光旅游，这其中不乏前来礼佛的信众。而正如上面两个外地游客在访谈中透露出来的细节一样，唐卡本身所具有的浓厚宗教色彩使得他们往往将寺院作为求购唐卡的首选目的地。于是，对于寺院的僧人们来说，他们比纯粹的唐卡画师更有机会去接触到这些外地游客，因而也就拥有了更多的关系资源。调查显示，僧人往往会利用宗教、寺院所赋予的便利，将这些消费者与自己的市场贸易转化为施主对上师的供养，从而很好地维持并巩固了自己在市场中的"人脉"。

> 寺里每年出到汉地的唐卡比我们自己出得多，大多数都是和阿卡们关系好的老板们请过去的。都是在寺里认识的，老板们信佛嘛，走的时候都会请几幅唐卡带走，算是给寺里的供养。有些汉地来的老板是阿卡收的徒弟，关系特别砝码，许多到庄子上来请唐卡的人都是这些老板带过来的。（同仁县吾屯下庄WD，男，土族，27岁，2012-8-26）

另一方面，相对于一般的消费者和文化商人，僧人们所具有的权威地位使得他们在收购庄内画师的唐卡方面更具优势。

阿卡在我们这里地位高得砝码。庄子里的大小事都离不开阿卡的，现在还好一点，以前就是年轻人结婚，都得到寺院里请阿卡算一下，要是阿卡觉得不合适，哪怕两家人都说好了，还是不行。所以阿卡的权力大得很，他们来收唐卡的时候，我们一般都不讲价，阿卡们给多少我们就接多少，算是给寺院的供养。一般阿卡也不会让我们吃亏，都是一个庄子上的人嘛，阿卡也不会想着赚我们的钱。（同仁县吾屯下庄 SNJC，男，土族，41 岁，吾屯下庄，2012-8-8）

如是，寺院里的僧人在一定程度上就成为两种社会关系的"交点"和"纽结"：他们与外来消费者之间建构起一种市场业缘关系，同时又对社区内画师们保持着绝对的宗教权威。因此，集两种社会关系于一身的僧人们就自然建构起唐卡销售的中介身份：他们一般利用宗教权威地位在收购庄内画师们的唐卡，然后又转卖给"施主"或前来寺院礼佛、观光的消费者。僧人们市场中介身份的确立，表明寺院开始成为唐卡销售的一个重要中转站，以寺院为中介的唐卡销售模式也随之被建构出来。

正如我们分析所表明的那样，以寺院为中介的销售组织形式是寺院僧人群体利用自身的权威地位而建构出来的。对于吾屯社区而言，这一销售组织形式的意义不仅表现在它通过宗教权威结构中信徒与上师的供养关系"固化"充满风险的市场业缘关系，使唐卡获得稳定的销售渠道；其更重要的意义在于通过这一销售组织形式，代表着社区最为传统的宗教信仰在波涛汹涌的市场化大潮中得以延承和发展，由此保证了社区不会因为传统文化的底座被瓦解而导致"村落终结"的发生。

（三）社区唐卡产业经济中的产权构造形式

流行的观点认为，产权制度的明晰化是市场经济确立的标志。实际上，近 30 年来，中国农村社区的变迁在很大程度上都是围绕着产权制度的变革而进行的：从改革之初的土地使用权变更到东部乡镇企业的转制，产权变更过程伴随着中国市场经济深化的每一步。而对于大多数中国乡村社会而言，产权的市场化改革无疑会彻底动摇很多村落赖以生存的血缘和地缘关系网络，从而使很多传统乡村社区在一夜之间丧失自己的乡土本质，慢慢走上村落终结之路。诚如有学者言之："村落终结过程，不仅意味着搬迁和翻建,而且意味着产权如何重新界定和村落社会关系网络如何重组。"[①]

按照经济学产权理论的分析,唐卡的市场化运作必然要求画师们明确自身的市场主体身份,唯有此,围绕唐卡所进行的市场交换才能够顺利进行。但问题是在黄南这样一个宗教氛围浓厚的地区,唐卡画师们确立自身的产权主体身份却遭遇了极大的文化阻力:由于唐卡的绘制源于信众对佛之形象的共享,因而在吾屯人的集体记忆中,唐卡绘制总是以一种神圣的宗教仪式和修行过程而存在。在社区的文化传统中,无论唐卡出自哪位"拉索"之手,一旦被绘制出来就天然地归属于广大信众,拉索个人并不享有对唐卡的产权。唐卡神圣性的历史记忆始终延续在吾屯人的脑海中,"不盖章子"的匿名性流动抹去了拉索对唐卡产权的占有——于是,经济学对于产权制度"明晰化"的要求与"小传统"发生了正面的碰撞和冲突。但同时也正是在大小传统的弹性互动过程中,吾屯人找到了另外的产权所有制模式,而这种产权模式是一种社区性构造:它的性质介于"小传统"期望的"公有"与大社会所要求的"私有"之间,是处在"大社会"结构体系下的社区依据"大传统"对"小传统"加以重构的产物。

我们将当前吾屯唐卡产权的构造形式称为"模糊"产权制——之所以能够称其为"模糊",是因为在这种产权形式中,唐卡的生产支配权仍在画师手里,但唐卡绘制完成之后的产权归属及由唐卡带来的获利权却交予画师所信任的家族和寺院。因此在这样的构造形式中,产权主体总是呈现出一种"模糊"的状态。吊诡的是,这样一种在经济学上属于"残缺"的产权制度却在实际运行中很好地支撑了唐卡产业的整体性发展,并刺激了唐卡地方性市场的向外延展。而在笔者看来,这种"模糊产权"的出现,源于至今仍在热贡藏区社会中发挥重要作用的家族生活传统与宗教文化权威。换言之,在黄南,特殊的文化传统塑造了与经济学意义上不一致的产权构造形式。从这个意义上说,吾屯唐卡的产权模式是"嵌入"于当地特定的社会文化脉络中的。

1. 以家族为中心的"模糊"产权形式

按照家族区分,吾屯下庄分为大城、侯家、李家、铁家(吾屯土语音译)等不同的家族,每个家族都有之间相对独立的居住区域,从而在

[①] 李培林:《村落的终结——羊城村的故事》,商务印书馆2004年版,第105页。

下庄人自己的口中，整个吾屯下庄就是由这些由家族组成的"小庄子"组成。其中大城家族因位于下庄内的古城而得名，这是下庄最大的家族村，村内有青年画师21名。从血缘上来说，尽管数百年的代际传承使得这些画师们之间的亲缘关系逐渐淡化，但在画师们的自我认同中，他们仍然是有着亲密血缘关系的自家人。他们从小一起长大，相互熟识，并在唐卡产业化的过程中结成一种类似于合作社的组织。大城的一位画师向笔者这样解释他们的唐卡市场运作：

> 庄子上我和差不多大的有20多个人，现在都在画唐卡。我们现在出的唐卡都不盖自己的章子，唐卡上盖章子怕庄子上的老人骂呢。我们现在大家一起画，画好了把价格讲好都拿到东面的SJ家，来请唐卡的老板一般都去他那里请唐卡，钱给了就按事先说好的分。大家都是一个庄子上从小长大的，办事都是有卡玛的，谁也不会吃亏嘛。唐卡上盖的章子就盖大城的章子，盖上庄子上的章子老人们也舒服一点。要是外面的老板要求唐卡开光，我们就去请寺里面的活佛过来。(同仁县吾屯下庄GZCR，男，土族，27岁，2010-10-2)

这位画师所言的"盖大城的庄子"，实际上就是在唐卡用汉、藏两文签上"热贡吾屯大城家画师作"这几个字样。这种类似合作社的市场运作机制表达了一种以家族为中心的唐卡产权"模糊"所有制。在生产和销售环节，唐卡的产权主体发生了分离：在销售环节，画师将对唐卡的占有权转让给家族，唐卡带着家族所有的名义进入销售渠道，但是，这又不是一种纯粹的"公有"产权制，因为在唐卡的生产环节，画师仍然拥有对唐卡的全部支配权，制作唐卡所需的原料及制作工序由画师所在的家庭作坊独自完成。同时，尽管唐卡的定价需要画师们一起商定，而且商定的价格在实际交易中会有出入，但是画师们依据自身制作成本对唐卡的最初定价依然是最后成交的基础。另外，由于这种模糊的产权制度实际上就是社区自然社会结构的翻版，社区日常生活中以家族为中心的强大内聚力也保证了画师不会在交易中受损。

2. 以寺院为中心的"模糊"产权形式

在黄南，大小不一的藏传佛教寺院成为当地藏族村落文化结构的核心。正如笔者看到的那样，大多数分布在隆务河畔的藏族村落都建有自己的寺院,除了少量规模较大的寺院建有寺管会外,很多村落仍然保留着"以村养寺"的传统。吾屯下寺也是如此,尽管唐卡的产业化一定程度上已经能够保证下寺的"自力更生",从而能够摆脱对村落的物质依赖,但是从调查的情况来看,下寺仍然在村落中享有天然的权威。以寺院为中心的模糊产权制正是建立在这样的社区传统之上。与上一种产权构造形式所不同的是,画师们将唐卡的销售权交予寺院,很多时候并不是画师与寺院僧人协商的结果,更多的是僧人们利用自身的权威地位去画师家庭作坊中收购唐卡。下寺的阿卡们将唐卡转卖给市场消费者后,将唐卡所得利润的一部分转让给画师。

> 我们出的唐卡跟过去一样,不盖章子,给寺院阿卡的唐卡更不能盖章子,那是给佛爷的嘛。像你们汉地来的人到寺里请唐卡,请的就是寺里的佛,给多少钱我们不知道,阿卡们过来收我们唐卡的时候基本上都是他们定价,阿卡也是庄子上的人,不会让我们吃亏的。反正我们出的唐卡被寺里阿卡收了就是我们的功德。阿卡们出给外面老板的唐卡有些是盖章子的,盖的就是下寺的章子。(同仁县吾屯下庄 WD,男,土族,27岁,2012-8-26)

笔者在调查中注意到,僧人与画师之间的唐卡交换并非意味着唐卡产权在市场主体之间进行了"明晰化"的转让。首先,在这一过程中,画师对于唐卡所得收入的支配权是不完全的,因为僧人们权威地位的"在场"使得画师们完全丧失了讨价还价的权力。事实正如上面那位画师所言,"阿卡们过来收唐卡时完全由他们定价"。其次,僧人们对画师唐卡的收购很多时候是在"神圣"的名义下进行,即在画师的认知中,他们并不认为是将自己的唐卡转卖给僧人,而是把这种交换看作是对佛的"贡献"。因此,如果说在以家族为中心的产权构造形式中,画师们除了在生产环节能占有唐卡支配权外,同时还能不完全占有唐卡的销售权以及从中获利的权利,那么在寺院为中心的模糊产权下,画师对唐卡的销售及获利权则被完全排拒了。因为画师们完全不知道在僧人那里自己的唐卡能卖多少钱,尽管大多数情况下,"阿卡们是不会让我们吃亏的",但是由于寺院与画师们日常生活的分离性,画师们的获利权并不能得到制度上的保证。实际上,画师们获利与否完全取决于僧人在收购唐卡时的定价。从理论层面上说，下寺作为"村寺"具有社区公共品的公有性格，因此以寺院为中心的模糊产权制比上一种产权构造形式更接近传统意义上的产权公有制。

3. "嵌入性"视角下唐卡产权构造形式的成因

2005年，美国华裔社会学者周雪光在《社会学研究》发表论文《关系产权——产权制度的一个社会学解释》。在文中，周雪光借鉴社会网络分析的方法，从西方经济学理论中的"博弈论"出发，将产权看作是"一束关系"，从而提出了在社会学界影响颇大的"关系产权"理论。这一理论的核心观点是，"一个组织的产权结构和形式是该组织建立长期稳定关系、适应其所处环境的结果"[①]。

若按照"关系产权"的分析路径，这两种模糊产权制之所以在吾屯得以实现，其原因是画师认为将唐卡的销售权交予家族和寺院能够比自己独立出售带来更多的利益：这种利益不单单是可以看得见的经济利润，也涵盖了这一产权制度能够为他们带来更多的社会关系资本。于是，在"关系产权"的解释框架中，以家族及寺院为中心的唐卡产权制可以视为画师们为自身利益的实现而与周边组织（家族与寺院）制定的一种"社会合约"。但事实却并非如此，在访谈中，这些大城庄子的画师不止一次的向笔者提到，"在一起出唐卡是很自然的一件事"；更为重要的是，笔者在调查中发现，很多时候，唐卡在实际成交时的定价明显低于画师自己对唐卡的报价。也就是说，在这样的产权运作下，画师的实际收入利益有可能比自己预期的要低。因而，吾屯唐卡的模糊产权制度无法完全用"关系产权"理论加以解释。但是以人类学经典的"嵌入性"视角来看，我们却可以为这种模糊产权制的出现提供一个可能的解释框架：笔者将这种产权制度视为吾屯人在家族生活传统与宗教文化权威形塑下的自然选择，这种产权构造形式是社区地方性传统在唐卡市场化情境下的延续。而且，模糊产权制在日常生活中的运行，可能会进一步强化传统文化关系的再生产。

在吾屯，家族是社区社会结构最基层的单元，人们总是以家族为单位生活在一起，这一点首先表现在吾屯的住居格局上。

---

① 周雪光：《关系产权：产权制度的一个社会学解释》，《社会学研究》2005年第1期。

> 下庄是按一个一个小庄子来分的，每个小庄子在以前都是一家人，后来慢慢分家就成了现在这个样子了。我们大城的祖先最先到这里来，修了城墙，都住在城里面，所以叫大城嘛。其他庄子也是一样的，以前都是一家人。所以现在还住在一起，你看下庄就能看得出来，马路左边是我们大城，对面是李家，北面刚进下庄那一片就是侯家。(同仁县吾屯下庄GZCR，男，土族，27岁，2010-10-4)

更为重要的是，家族也是社区日常生活最基本的组织单位，家族的分野不仅体现在住居格局上，更表现在吾屯人日常的生活实践中。吾屯下庄的各个不同的家族，组成了带有明显边界的人际互动单元。

> 下庄干什么事都是一个庄子一个庄子的来，像跳六月会啊、端午节浪河滩啊、寺院里跳金刚法会什么的，都是一个庄子一个庄子在一起，不能乱。平常庄子里的其他人有什么事，帮忙是不用打招呼的。你比如谁家要收麦子了、盖房子了、念经了，全庄子上的人都必须要去帮忙。这些都是祖先传下来的卡玛，你要是不去，庄子里人都把你看不起。(同仁县吾屯下庄PH，男，土族，27岁，2012-8-11)

按照社会化理论的经典解释，吾屯人的社会化过程就是将社区传统文化"内化"的过程，而吾屯自从建构之初就形成的以家族为中心的社区生活传统必然在画师们的社会化过程中被整合进他们的心灵深处，作为一种"库存知识"对他们的日常践行发挥着重要作用。因此，作为一种融入思想秉性系统的"惯习"，家族的认同观念使得画师们认为"合在一起出唐卡"是一件很自然的事情。

> 我们下庄每个部落对画师的要求都不一样，像我们大城，唐卡就要在一起出。除了寺院的阿卡们收走，其余的都盖上大城的章子往汉地里走，赚的钱一起分。大城画唐卡的就那么些人，扳手指头就能数过来，都是从小在一起长大的，谁也不亏谁，有钱大家一起赚。我们出唐卡除了自己家能过好点，也要考虑到大城的面子，你比如说别的庄子都富了，就大城的唐卡卖不动，跳六月会、端午节浪河滩的时候都抬不起头来。(同仁县吾屯下庄DJ，男，土族，27岁，2011-8-10)

于是我们看到，正是在这样一种家族生活传统的规训下，以家族为中心的模糊产权制才能够真正地建构起来。从这个意义上来说，这种产权制度是吾屯人在唐卡产业化背景下遵从社区传统的必然结果。而且这种产权制度的运行，无疑会进一步强化家族生活的传统。

再来看以寺院为中心的产权构造形式为何在吾屯得以实现。从某种程度上来说，吾屯实际上就是一个宗教型社区。就像我在前文中阐述的那样，寺院是吾屯人的精神母体，村民们虔诚的信仰赋予了寺院绝对的文化权威地位。更重要的是，宗教信仰不仅仅存在于村民们的精神世界，同时也与他们的生活实践密切相关，因此寺院为代表的宗教权威时时形塑着村民们的日常行为选择。这就使得当阿卡来收唐卡时，吾屯画师往往心甘情愿地把唐卡交给阿卡来销售——在他们的潜意识中，把唐卡交予阿卡就等于给自己做了"功德"，这是一种无需选择甚至不能选择的习惯性记忆。

> 不是什么人都能当阿卡的。经书里说，人这一辈子有三种冲动：谢当（生气的冲动）、多契合（对女人的冲动）、得么合（睡觉的冲动），阿卡能把前面两种冲动戒掉，这不是一般人能做到的。宗喀巴大师也说过，一个人能一辈子都穿着袈裟是最不容易的事。所以能当阿卡的人都是有慧根的人，一般人根本当不了。我们这里是藏区嘛，大小事都离不开阿卡，像念个经啊、家里有什么事情啊都需要阿卡来主持。现在寺院阿卡来收唐卡还想着不能让我们吃亏，还给手工费什么的，以前下庄的唐卡都是免费给寺院里供着的。（同仁县吾屯下庄 WD，男，土族，27 岁，2012-8-18）

调查显示，吾屯人对于僧人的尊重和信任是一种根深蒂固的集体记忆，在画师们的眼中，"阿卡都是念经供佛的人，他们不会让自己吃亏"，而且"庄子上人做啥事都要阿卡们来做主"。因此，对于画师们而言，把唐卡交给阿卡们来出，就像平时他们请阿卡来念经祈福一样，是一件很自然的事情。在笔者看来，这种神圣性宗教权威的存在，正是以寺院为中心的唐卡产权构造形式得以形成的深层次原因。

四 结 语

本文用田野材料展示了一个少数民族社区经济的运行过程。从中我们可以看到村社区通过主动建构的方式将宗教权威、家族文化与传统人际关系纳入社区经济的生产、销售环节与产权构造之中，从而使自身的乡土性格与文化传统在"大社会"市场化的浪潮中得以保存和延展，甚至可以成为推动市场化进程的重要力量。这种社区变迁模式在一定程度上否定了"村落终结"理论的部分论断。"村落终结"的理论范式中实际上包含着这样一个逻辑预设：作为"小地方"的农村社区并不是不变的，"通过文化的传播，它随着以城市和市场为中心的社会结构的变化而变化"[1]。在这样的预设中，"小地方"以一种追随者和被动的姿态出现在"大社会"的对立面，"大社会"的种种结构性变化以一种外部强大力量的姿态注入"小地方"，从而主导着"小地方"的命运兴衰。这种论断很明显低估了"小地方"所具有的能动性与主动性，过于强调"小地方"的主导和强势姿态。雷德菲尔德在《乡民社会与文化》一书中提出过"小传统"与"大传统"的概念：大传统是指一个社会里上层的士绅、知识分子所代表的文化，这多半是经由思想家、宗教家反省深思所产生的精英文化；而小传统则是指一般社会大众，特别是乡民或俗民所代表的生活文化。雷德菲尔德认为，不论是大传统或小传统都对了解该文化有同等重要的意义，两者都是构成整个文明的重要部分，如果只注意到其中一部分，而忽略另一部分，总是偏颇而不能纵观全局的。台湾人类学家李亦园进一步强调小传统的重要性，指出小传统不仅在传统时代扮演一种提供大传统文化许多基本生活素材的角色，而且在当代社会中也逐渐被认定是影响经济发展以及产业现代化的重要因素。[2]

雷德菲尔德和李亦园的论述给我们提供了中国农村社区变迁的另一种可能性：作为"小地方"的农村村落，以自身"小传统"为基础对"大社会"中的"大传统"加以能动的解读和适当变形，使其符合"小地方"的传统社会结构和文化期望，从而能够在"大社会"和"大传统"风云变化的语境下，得以保留自身的乡土性格。青海吾屯社区经济的发展实践及结果充分说明了这一模式在日常情境中的可行性。吾屯社区在"大社会"市场化浪潮面前所展现的变迁模式充分说明了中国乡村社会在外部力量与内部动力之间始终存在一种"张力"：一方面村社区与外部大社会

---

[1] 李培林：《村落终结的社会逻辑》，《江苏社会科学》2004年第1期。

[2] 李亦园：《人类的视野》，上海人民出版社1996年版，第141页。

诸多体系之间的联系日益加强，比任何时候都越来越成为宏观社会体系的次级结构，另一方面却没有发生人们通常所说的那种"村落终结"的情况，社区内聚力与自主性并没有下降，相反，社区通过主动建构的方式不断寻找有适应力的途径与大社会结合在一起。

第十五章　民俗旅游与土族社会变迁

人类学者参与旅游研究，可追溯到 20 世纪 60 年代努涅兹（T. A. Nunez）关于一个墨西哥山村周末旅游的研究，继而许多人类学者开始关注旅游领域。文化接触和文化变迁是人类学家研究旅游的主要视角，尤其对第三世界东道主的关注，促使人们更加关注旅游发展的非经济效应。其后大量民族志的研究更是表明，全球化并没有造成世界文化的同质化（Hannerz, 1990；Sahlins, 1999；Watson, 1997；Yan Yunxiang, 1997；翁乃群，1999、2001），[1] 反而经历了一个民族文化传统复兴的过程。那么，有意义的问题就在于探寻伴随着他者的进入，何以解释在过去相当长的时间中被作为"落后、封建、迷信"的传统知识对当地社区的影响，这些传统在特定的时空关系中是怎样潜伏下来的？后来又是怎么被激发出来的？中间发生了怎样的变迁？如果说笼罩在中国现代化进程中特别是少数民族地区社区现代化进程中单向度线性进化的整体思维尚未得到完整的解决，使得整体性的现代化话语成为整个现代化进程中难以避免的魔咒，在旅游社区的人类学研究是当前旅游研究的重要内容和方法，同时，社区情结也是民族学研究的关怀所在，社区或许能在有关少数民族发展研究中避开这种魔咒的基本单元，因为，在社区的层面，地方性知识与实践不再受到简化的理论的影响，跃升为对实践与创生实践的人本身的关怀。

---

[1] Sahlins, M., "What is Anthropological Englishtenment? Some Lessons of the Twentieth Century", in Annual Review of Anthropology, 28: i-xxiii. *Watson*, J. ed., *Golden Arches East: McDonald's in East Asia*, Stanford: Stanford University Press, 1997.

Hannerz, U., "Cosmopolitans and Locals in World Culture, in Global Culture, ed, *Mike Featherstone*, London: Sage Publications, 1990, pp. 237-251.

翁乃群：《全球化背景下的文化研究及其思考》，《社会学研究》1999 年第 6 期。

而要完成叙述的社区正好是一个深受消费主义与旅游介入影响的少数民族社区，是受研究者观念先行的影响还是实践的变迁超越了社会学、民族学、人类学的影响，似乎在完成这一民族社区的调查后再交由读者来评判更为准确。

当前关于少数民族地区与旅游之间关系的研究，多关注整体性的外来旅游与本土少数民族地区社会文化社会变迁的整体变迁，但是，正如杜赞奇关于华北乡村社会变迁的研究中地方社会文化网络所揭示的整体性社会变迁神话的破解一样，有可能并不存在某种整体性的社会变迁，人类学家在社区和日常生活中所能观察的或许只是一些变迁的表象，但是表象却迫使人类学家做出合适的解释。电视、服饰、民俗、宗教仪式、家庭乃至消费都曾经是人类学家所关注的现象，但是他们往往又发现在日益复杂的社会系统中，关注某一现象的变化更难解释"人"的变迁问题，社区研究遂成为人类学家所青睐的一个研究单元，正如中国社区研究的代表人物费孝通所言："以全盘社会结构的格式，作为研究对象，这对象并不能是概然性的，必须是具体的社区。因为联系着各个社会制度的是人们的生活，人们的生活有时空的坐落，这就是社区。每一个社区有它自己一套社会结构，各制度配合的方式。因之，现代社会学的一个趋势就是社区研究，也称社区分析。"（费孝通，1985）

而考察民族变迁的政治、经济、文化、宗教诸种维度的比较，似乎在社区这一单元中也更为贴切。那么，人类学家是否要描绘一个静止的社会呢？答案当然是否定的。对比社会变迁之剧烈程度的一个好办法或许是选择一个极端型的个案（Robert Yin，2009）。本研究正是选取青海省互助土族自治县小庄村这样一个民俗旅游村为对象展开的考察，不过，我们深知社区变迁是由更大体系的社会结构所影响的，从社会的角度来看社区不过是"宏观的系统的结点"，分析当地系统的社区研究显然很难应对其逃避开研究所面临的社会问题和背景的批评，沃伦分析的基础是社区子系统的宏观系统控制，它导致了沃伦所称的"大变化"。那么，如何使社区的研究和社会系统的研究相结合起来，沃伦的答案是——水平与垂直模式的概念化——为社区系统理论提供了一个主要贡献。沃伦认为，社区的垂直模式是"不同的社会单位和子系统与社区外系统之间结构与功能的关系"大变化大大加强了垂直模式。水平模式是"社区不同的单位和子系统互相之间的结构与功能关系"。大变化之后，显著的社区系统的存在取决于其水平模式的力量。换言之，社区内的当地单位现在被如此紧密地连接（垂直地）到社区外系统，以至于社区是否保持显著的社会系统问题，主要依靠不同的当地单位之间连接（水平的）的程度。

因此，我们在对研究对象小庄进行数次长时间的田野调查工作之后，单纯的社区分析视角逐步让位于以市场、社区、国家的互动关系来研究旅游对当代西部少数民族社区变迁的影响，在更大的分析框架中，我们也更好的得以和中国社会转型的整体结构变迁有更为系统的对话，为民族学社区研究开拓更为广阔的理论对话空间。

一 问题的提出：旅游视域中的民族社区发展

（一）相关研究述评

史密斯曾给民族旅游下的定义是"把古雅的土著习俗以及土著居民包装成旅游商品以满足旅游者的消费需求"[1]。晚近以来，关注特色民族社区旅游成为旅游市场的新变化，也引起了学界的关注，早在20世纪70年代，国外就开始社区旅游的相关研究，主要从旅游影响力、旅游感知等方面着手进行。Peter E. Murphy 于1985年出版《旅游——社区方法》一书，并成为社区旅游前期的集大成者，为社区旅游成为旅游学研究一大领域奠定基础，而我国的社区旅游研究从90年代开始。民族学对于少数民族的研究多集中于对具体社区的考察，费孝通《江村经济》更是成为中国民族学发展历史中影响深远的"社区学派"，在消费主义与旅游的冲击下，当代民族学对民族社区旅游给予了多方面的考察，总体而言，可以从以下几个方面发现民族学研究民族旅游社区的脉络。

1. 从"他者"与东道主到本土知识与全球化

"他者"研究是人类学的核心内容，最早研究他民族的文化差异，指那些欧洲以外广大地区的民族、族群、社会、文化与文明，随着传统社会向现代社会转型，"他者"的内涵由歧视性意义逐渐向中性化过渡[2]。在旅游人类学的视野中，"他者"因与东道主的比较而显得更为突出。Mac

---

[1] Smith, D., "Relating to Wales", in T. Eagleton (ed), *Raymond Williams: Critical Perspectives*, Cambridg: Policy Press, 1989, pp. 34-53.

[2] 彭兆荣：《旅游人类学》，民族出版社2004年版，第21、321、191页。

Cannell 强调，旅游认知的"神秘"力量是在旅游市场营销代理人的帮助下构建起来的。旅游小册子帮助构建了符合西方文化象征特点的神话和幻想，包括男人和与其协作的女人，前者对后者的权力和所有权以及后者的被动性、可用性及归属性。在这些旅游小册子中，游客的权力得到了强调，而东道主表现出的是被动，强调他们愿意履行神话和幻想以满足游客的欲望。[1] 这样一种围绕游客建立起来的发现和开发民族运动，在全球化的时代被更大的扩展，并成为塑造后现代文化的一种标准，正如鲍曼在《后现代性及其缺憾》一书中提出后现代性的两种类型的人格特征：观光者与流浪者。[2] 在此，游客为代表的观光者是后现代性的英雄，因时间空间的束缚在观光者身上趋于虚空，到世界各地特别是异文化之中的旅游也就成为后现代社会中观光者的重要选择。

所谓本土知识（indigenous knowledge），其概念来源于西方学术界，范指与西方科学相对应的各民族知识体系。西方学者考克林（ConKlin, 1980）将本土知识界定为民族科学，即一个民族在自己生存、延续和发展过程中所形成的，相对于近代以来形成的西方科学或欧洲科学，具有自己独特内容与形式的知识体系。中国的学者根据本土知识的诸多定义，概括其主要特征如下：其一，本土知识是一种地方性知识；其二，本土知识是一种整体性知识；其三，本土知识是一种被压迫的知识；其四，本土知识是一种授权的知识。[3] 在这种视角下，民族社区旅游通常被视为消费经济下对本土知识的重塑或者改造，研究界关注于各种民族工艺品、民俗活动、旅游用品以及民族社区中居民的变迁（金少萍，2010）。在国际旅游已经成为一种全球性现象，一种无法逃避的"国际事实"的情况下，原有关注于"他者"与东道主关系的研究跃升到本土知识与全球化关系研究的层面，伯恩斯（P. M. Burns）指出一方面商业旅游的国际化、全球化给游客带来了便利，另一方面文化旅游却更加强调"地方化"的个性价值，体现了全球化理论的矛盾和悖论。[4] 伍德（R. E. Wood）研究了加勒

---

[1] MacCannel, D., *The Tourist: a New Theory of the Leisure Class*, New York: Schocken Books, 1976.

[2] 鲍曼：《后现代性及其缺憾》，学林出版社 2002 年版。

[3] 石中英：《本土知识与教育改革》，《教育研究》2001 年第 8 期。

[4] Burns, P. M., *An Int roduction to Tourism & Anthropology*, London: Routledge, 2002, p. 114.

比巡航旅游业全球化进程中的三个核心表现：一是面对全球竞争、资产流动、劳动力迁移，巡航旅游业的重构问题，二是民族再生产与分层的新模式，包括结成产品市场的模式，三是去疆域化、文化主题化和文化仿制的过程；也表明了"海上全球化"的矛盾、混沌、无序。① 戴莉斯（H. Dahles）通过阿姆斯特丹文化旅游表达了一个通则，即全球化中的旅游依赖于地方文化的再认同。② 麦克里尔德（D. L. MacLeod）认为全球化进程中，目的地居民不仅在发展旅游，也在从事着外贸、移民、工作、教育等活动，并向外界展示着文化的各种要素，在这样的展示中也保护了自身文化的良性发展。③

2. 外力影响的社区变迁

随着外来文化和商品经济意识的输入，民族社区传统的价值观受到冲击，居民的心态和行为慢慢发生变化，社区传统的团结合作格局开始瓦解，民族传统文化的保护和传承受到挑战，民族社区旅游的可持续发展面临困境，"文化侵入"、涵化、文化商品化、文化真实性等逐渐成为旅游人类学关注的主题。④ Mitchell（1998、2001）、Pinel（1998）等认为，许多影响社区的旅游发展计划都是通过政府制定的，社区与当地居民往往成了发展的客体而非主体，而在这种情形之下，社区"获益性"无法得到保障，甚至出现旅游发展带来的负面影响使得社区及其居民生活出现每况愈下的情况。由此，许多学者认为，通过公共参与的方式，使社区与旅游发展得到合理的整合，才能促进社区旅游的进一步发展。Paul Brunt（1999）指出，由于社会文化、政治倾向的不同，居民所受旅游影响也会不同，并且会在社区内产生对旅游发展持不同态度的亚群体，引发社区内部结构的变化。John Williams 等（2001）对新西兰居民的旅游态度进行分类研究得出，对旅游持支持态度的居民往往有着更重的生活负担，期望从

---

① Wood, R. E., "Caribbean Cruise Tourism: Globalization at Sea", *Annals of Tourism Research*, Vol. 27, No. 2, April 2000.

② Dahles, H., "Redefining Amsterdam As A Tourist Destination", *Annals of Tourism Research*, Vol. 25, No. 1, January 1998.

③ Maceod, D. L., *Tourism, Globalization, and Cultural Change: An Island Community Perspective*, Clevedon: Channel View Publications, 2004, p. 217.

④ 刘旺：《民族社区旅游发展的困境：理论阐释与实证分析——以丹巴县甲居藏寨为例》，《云南师范大学学报》（哲学社会科学版）2010年第1期。

旅游发展中能够获得更多利益；而对旅游持反对态度的人往往关注社区的自然环境、社区稳定、生活成本等问题。保继刚、孙九霞（2003、2004、2005）以阳朔遇龙河景区、西双版纳傣族园等为案例，通过旅游人类学的方法实地调查当地社区居民参与旅游发展的过程及境况，探讨社区参与中主体间的复杂关系，进一步提出了旅游规划过程中的社区参与性问题。杨桂华（2003）以香格里拉霞给村为对象，从旅游者、居民、社区的角度进行价值分析，并针对三者价值的统一发展，提出了社区资源与文化的保护动力机制。研究者同时也注意到其后整个社会转型与变迁过程中人口流动因素对少数民族地区社会变迁的影响。[①]

纳什把游客视为文化接触的媒介和文化变迁的直接或间接原因，是一种帝国主义形式；格林伍德通过对西班牙 Fuenterrabia 地区的"阿拉德"（Alarde）仪式的研究发现，旅游的发展使这一带有宗教信仰色彩的大众仪式成为一种商业活动；阐述了文化商品化的过程及其影响，认为商品化改变了文化产品和活动的内涵。从而，更多的研究者参与到对文化真实性与商品化关系的讨论中，以麦克康耐尔（D. MacCannell）和科恩（E. Cohen）为代表。麦克康耐尔指出旅游商品（包括文化产品和文化活动）是从东道主文化产品和活动中分离出来的，缺乏真实性，只是"舞台真实"。[②] 赖安（C. Ryan）避开文化真实性问题，认为旅游文化既不同于游客的文化也不同于东道主的文化，而是二者互动的产物。[③]

3. 传统文化存留

外来文化和旅游的介入到底对于民族文化的存续有着何种影响，在民族学研究领域是一个长期争论的问题。

戴琦通过对美国西南印第安人的艺术和工艺品的研究表明，旅游发展使印第安人工艺品得到复兴，增强了印第安民族的认同感、激发了对民族文化遗产的自豪感。[④] 麦狄娜（L. K. Medina）考察了伯里兹城（Belize）附近典型的玛雅村庄 San Jose Succotz，发现游客对玛雅文化的需求和好

[①] 焦若水：《人口流动与少数民族地区社会变迁——对甘南合作、夏河、玛曲的调查》，《天水师范学院学报》2004 年第 4 期。

[②] Dean MacCannell, *The Tourist: A New Theory of the Leisure Class*, New York: Shocken, 1976.

[③] Chris Ryan, *Recreational Tourism: A Social Science Perspective*, London: Routledge, 1991.

[④] ［美］瓦林·L. 史密斯：《东道主与游客——旅游人类学研究》，张晓萍等译，云南大学出版社 2002 年版，第 42—260 页。

奇，促使当地村民通过一些新的渠道（主要是玛雅文化专家）恢复和发展玛雅祖先的文化传统，通过传统工艺品的方式复苏和保留了一些玛雅文化精髓。① 凯莉（M. Kelly）、凯诺等（L. M. Cano, et al.）分别考察了约旦（Jordan）旅游业和墨西哥死亡节这一文化旅游形式，分析了国家在旅游发展和文化认同中的作用。②

当然，负面的影响一直也在田野调查中得到验证。维尔森（D. Wilson）考察了印度果阿（Goa）的旅游业发展，从社区的角度指出了果阿旅游发展的管理混乱、社区基础设施差、市场无序等弊端，并从游客和东道主的二重视角分析了游客对果阿热情与不满并存、东道主对旅游欢迎与谴责并存的尴尬处境。麦克米恩和凯特（S. Mcminn & E. Cater）研究了不同类型的游客在该社区的经济、社会文化、社区环境等方面造成的积极和消极影响。③ 弥尔曼和皮扎姆（A. Milman & A. Pizam）也认为旅游会在价值体系、个人行为、家庭关系、集体生活方式、传统仪式、社区组织等方面给旅游社区带来诸多问题。④ 多克塞（G. V. Doxey）结合旅游地生命周期理论指出，旅游社区在由探索阶段过渡到充分发展阶段的过程中，东道主与游客的互动经历了由热情到对抗的过程。⑤ 鲁塞尔（R. V. Russell）通过两次不同的田野调查发现，游客和移民都会对东道国或地区带来十分相似的积极或消极社会文化影响，涉及经济发展、文化单一性以及自然资源的保护等。⑥

科恩则认为商品化有助于保护文化传统，东道主把旅游工艺品和活动看作自己文化真实的一些方面，文化是动态的且具有灵活性的，其真实性

---

① Medina, L. K., "Commoditizing Culture: Tourism and Maya Identity", *Annals of Tourism Research*, Vol. 30, No. 2, April 2003.

② MaJjorie KeUy, "Jordan's Potential Tourism Development", *Annals of Tourism Research*, Vol. 25, No. 4, April 1998; Canol, M. & Mysyk, A., "Culture Tourism, the State, and Day of the Dead", *Annals of Tourism Research*, Vol. 31, No. 4, April 2004.

③ Mcminn S. & Cater E., "Tourist Typology: Observations from Belize", *Annals of Tourism Research*, Vol. 25, No. 3, 1998.

④ Milman, A. & Pizam, A., "Social Impacts of Tourism on Central Florida", *Annals of Tourism Research*, Vol. 15, No. 2, 1988.

⑤ Doxey, G. V., "A Causation Theory of Visit - residents Irritants", *Sixth Annual Conference Proceedings of Travel and Tourism Research as Sociation*, Boulder Co.: Travel and Tourism Research Association, 1975, pp. 195-198.

⑥ Russell, R. V., "Tourists and Refugees: Coinciding Sociocultural Impacts", *Annals of Tourism Research*, Vol. 30, No. 4, 2003.

并非仅仅源自"纯粹的"传统。从这样一种视角来看,旅游从外部直接向民族社区"真实的"日常生活渗透,出现一种与社区中人们日常生活相分离的"旅游圈",当代旅游社区中的本土居民把自身的"真实生活"搬上舞台,通过设计建造越来越多远离民族社区及其传统栖息地的景点,如主题公园、民族展览及民俗生活博物馆等,一旦一个族群完全被旅游转变后,这种"旅游圈"和他们的日常生活相分离的现象会逐渐缓和并最终消失,逐渐被重新融入这一民族的文化和日常生活中,[1] 从而变成一个新的民族文化形态。这样一种研究视角的转变,在很大程度上避开了文化究竟是"为人"还是"人为"的本质性论争,通过结构功能主义的视角和进化论的视角展现了外来文化冲击与本民族适应之间的实然过程。

社区旅游还扩展了当代人类学家认识的新视野,民族社区被放置到一个更为广大的社会系统中得以讨论。马西森和沃尔(A. Mathieson & G. Wall)指出旅游社区的影响无论是经济影响、环境影响还是社会文化影响,都源自游客、东道主社区及目的地环境之间相互交换的复杂过程。[2] 与资源依赖型农村社区相比,旅游被认为是一种对环境几乎没有影响的"无烟"工业。[3] 史密斯和克兰尼齐(M. D. Smith & R. S. Krannich)检视了农村社区居民对旅游发展消极影响的感知,提出"旅游依赖"的假设,意指社区旅游发展水平越高则居民对旅游的消极态度就越强,并选取美国洛矶山西部四个农村社区为案例地论证了这一假设。[4] 从社区旅游规划的角度,特罗斯戴尔(W. J. Trousdale)认为基于系统评价的合理规划与从理论到应用的管理是密切联系的,应该明确地方与国家的历史、市场、文化、立法、政策等各方面的综合效应。[5] 约瑟夫和卡弗里(C. A. Joseph & A. P. Kavoori)研究了一个宗教旅游社区的旅游影响问题,

---

[1] Cohen, E., "Authenticity and Commoditization in Tourism", *Annals of Tourism Research*, Vol.15, No.3, 1988.

[2] Mathieson, A. & Wall, G., *Tourism: Economic, Physical and Social Impacts*, Harlow: Longman, 1982.

[3] Mccool, S. F., "Tourism in Northern Rockies: Preserving the Product, Protect the Future", *Western Wildlands*, Vol. 18, No. 3, 1992.

[4] Smith M. D. & Krannich R. S., "Tourism Dependence and Resident Attitudes", *Annals of Tourism Research*, Vol. 25, No. 4, 1998.

[5] Trousdale, W. J., "Governance in Context: Boracay Island, Philippines", *Annals of Tourism Research*, Vol. 26, No. 4, 1999.

认为也给当地的传统和宗教文化造成了威胁，打乱了当地人民的正常生活秩序。① 科恩（J. H. Cohen）研究了墨西哥 Oaxaca 州印第安萨巴特克人（Zapotec Indian）的踏板纺织业，讨论了纺织业和旅游对当地社区发展的作用，指出三种类型的纺织制造商（批发商、独立纺织户、合同纺织户）成为了社区整体经济发展的障碍，也加剧了经济社会的不平等。② 杰米森（D. Jamison）考察了肯尼亚 Malindi 海滨旅游地东道主社区内部的民族冲突，认为旅游促进了东道主对民族认同的再认识，暗示了社区内民族间关系在旅游发展中受到了削弱。③

4. 土族社区旅游研究的进展

马光星深入的研究了热贡土族"於菟"舞，认为其保留原始的古风异俗，它对于我们考察古代的祭祀习俗提供了鲜为人知的例证。④ 张成志的《土族轮子秋民俗价值刍议》（《青海民族研究》2003 年第 2 期），宗雪飞的《土族传统体育及其对土族传统文化的传承初探》（《北京体育大学学报》2004 年第 6 期），都提到了土族的传统体育项目轮子秋，并且就这一传统项目的起源、变迁及和群众的文化关系进行了探究，从而探讨其民俗价值。董思源的《盘绣》（《中国土族》2003 年秋季号）非常详细地介绍了土族妇女特有的技艺：盘绣的刺绣方法、所用布料以及各种图案所代表的含义。土族的盘绣主要运用在服饰上，所以人们通常都会在研究服饰民俗时提及刺绣，乔兰写的《土族刺绣服饰的美术表象及其民族特色》（《青海师专学报》2003 年第 4 期）一文中就写道："土族刺绣服饰作为民族文化的重要载体，在色彩、线条、图案、明暗等方面都有着不同于其他民族的美术表象，从而凸显了土族刺绣服饰独特的民族特色。"而李琪美的《浅述土族服饰文化》（《中国土族》2001 年秋季号）从土族传统头饰、刺绣服装、衣服的小配件到鞋和靴子都一一做了详细的介绍，全面阐述了土族的着装习俗和其所蕴含的文化意义。

---

① Joseph, C. A. & Kavoori, A. P., "Mediated Resistance: Tourism and the Host Community", *Annals of Tourism Research*, Vol. 28, No. 4, 2001.

② Cohen, J. H., "Textile, Tourism and Community Development", *Annals of Tourism Research*, Vol. 28, No. 2, 2001.

③ Jamison D., "Tourism and Ethnicity: the Broth erhood of Coconuts", *Annals of Tourism Research*, Vol. 26, No. 4, 1999.

④ 马光星：《古朴的热贡土族"於菟"舞》，《中国土族》2004 年春季号。

盛芳敏以民族村庄志的形式对民俗旅游和小庄村的变迁进行了研究，揭示了民俗旅游为村庄发展带来的机遇和挑战。① 董文寿和鄂崇荣则通过在互助土族自治县小庄村、大庄村的研究说明了旅游开发对土族非物质文化遗产保护的影响，多彩的非物质文化遗产为主要内容的民俗旅游，使当地迅速实现了脱贫致富。但不可否认的是，民俗旅游对当地的文化、社会生活环境等产生了一定的消极影响，甚至不利于当地非物质文化遗产的保护发展。② 费胜章从土族民俗文化与土乡经济发展互动机制的角度出发，提出建立和完善土族民俗文化与土乡经济发展互动机制引导其可持续发展不仅是新时期土乡建设小康社会，促进土乡文化繁荣的要求，也是土乡精神文明建设，传承人类文明，弘扬土族民俗文化，构建和谐土乡的期待。③ 祁桂芳分析了土族旅游中民俗旅游混乱，介绍土族民俗风情、旅游景点等不规范、不准确，民族服饰"上身土族打扮、下身藏族穿戴"，把七彩袖做到裤子上等根本性错误，乱唱土族歌曲和土族花儿，乱跳土族舞蹈，扭曲民族艺术等问题。④ 祁进玉从土族社会家与族属的观念及其结构变迁的个案视角出发，社会整合与社区政治经济发展、族际长期有效接触、族群融合以及文化涵化的影响对土族社会文化变迁往往起着至关重要的作用。⑤ 邢海燕研究了土族服饰中色彩语言的宗教、身份角色识别、审美、驱邪祈佑功能，从而对土族服饰所承担的深层的文化内涵作一探讨。⑥

（二）研究的主要问题与目的

在人类学和民族学关于少数民族的研究中，社区情结的存在是一个不争的事实，而且少数民族社区作为一个"他者"，更多的强调少数民族社区是作为"共同体"的存在，一致和共情往往取代差异成为民族社区的基本特征。实际上，既然社区是一个完整的社会事实和共同体，不同行动

---

① 盛芳敏：《民俗旅游与小庄村的社会变迁》，硕士学位论文，青海省委党校，2005年。
② 董文寿、鄂崇荣：《旅游开发对土族非物质文化遗产保护的影响——以互助土族自治县小庄村、大庄村为例》，《青海民族大学学报》（社会科学版）2010年第3期。
③ 费胜章：《土族民俗文化与土乡经济发展互动机制研究》，《青海民族研究》2009年第4期。
④ 祁桂芳：《青海土族民俗旅游的开发》，《新西部》2008年第22期。
⑤ 祁进玉：《家与族属的观念及其变迁——人类学视野下的土族社会文化变迁个案研究》，《青海民族学院学报》（社会科学版）2007年第3期。
⑥ 邢海燕：《青海土族服饰中色彩语言的民俗符号解读》，《西北民族研究》2004年第4期。

者的角色与行动都是在社区生活的互动中发生的，对于社区的研究注定就需要通过对社区内不同行动者完整的考察来实现，在这里，理想型构想的共同体社区便与我们的研究分道扬镳了。同时，作为社会基本细胞的社区中也不仅仅是个体行动者——居民的身影，社区中的组织及其关系，社区中个体、组织通过各种关系发展的与外部世界的关系，都将纳入考察的视野。正是在这种意义上，民族社区不再是人类学家在实验室中分析的"文化切片"，而是可以为外人所理解，真实存在于地区社会生活中的活的社会。

在前人研究的基础上，本研究主要从以下几个方面展开对民族社区发展的研究。

通过在国家—市场—社会的框架下讨论民族社区的发展，将民族地区社会变迁与中国社会转型乃至整个全球化的发展关联起来，试图从个人—家庭—社区—社会的完整逻辑中体察文化变迁与人的变迁的关系。通过对消费主义和旅游文化对小庄影响的个案研究，分析以农家乐为主体的农户民俗旅游与小庄周边以风情园为载体的企业经营进行了深入系统的比较，从市场认可、游客分化、经营结构、文化塑造等四个维度对两者进行比较，并探讨了不同经营主体对社区发展和文化存留的影响。研究还从社会性别的角度出发，对小庄旅游业发展中的女性角色进行了深入的分析，提出结构性角色与功能性角色转变的关系。

在将民族社区放置在整个民族地区社会变迁框架下分析，研究更进一步地对"差序格局"在民族社区发展上的解释应用做了讨论，对民族地区当前流行的文化产业与"发展"理念做出反思，对消费主义与全球化下的文化差异与文化类同做了探讨。

(三) 研究意义

田野工作和社区研究在某种程度上可以说是民族学的两大看家本领，由于在理论的诉求上更多的放置在文化上，民族学对于社区的研究更多的关注"共同体"意义上的社区，而对于社区所处的时间—空间关系关注较少，进而有可能使社区也从其所处的时空关系中抽离出来，造成一种盆景式社区研究的危机。正如马丁·阿尔布劳所言，"当代的危机不仅对过着平凡生活的人们来说是一种危机，对知识分子来说也同样是一种危机，因为我们的理论还没有照顾到新时代的种种现实需要。由此带来的不确定性已经产生出了一些理论反向,这些反向用虚无主义取代了对人们如何创造新的社会现实的仔细观察"(马丁·阿尔布劳,2001:257)。本研究所做的努力正是想将少数民族社区的研究回嵌到区域社会乃至更大的社会体系之中,发现影响民族社区变迁的内外部力量。

1. 把空间引入对民族旅游的研究之中

正如列斐伏尔所言,"日常生活及其话语倾向于被安置在一个空间中,这个空间拥有对时间性的优先权"(Lefebvre,2005)。以至于特定的社会时间只有在空间中并凭借空间才能够被生产和再生产,尽管这个时间具有无法被空间所还原的特征(Lefebvre,1991)。[①] 然而,在当今研究学科之间壁垒日益森严的状况下,不但空间很大程度上为民族学的研究所忽略,就是共同的研究议题"社区"也日益单面化,如何跳出对单纯社区的执迷,在更为广阔的社会空间中理解少数民族社区变迁的深层逻辑,将是本研究所力求实现的目标。

2. 对发展主义的反思

在长期的民族地区田野调查的经历中常常令人错愕的是,经济发展并没有带来人的幸福感的提升,许多人反而真切地怀念旧时的穷日子,觉得有乐趣、有意思,许多借着发展的旗号介入的政府、企业和从社区走出的精英人物常常面对类似"吃力不讨好"的局面也一筹莫展,"改变愚弱穷私"的口号一次次地被重提。然而,当这样一种状况成为常态之时,恐怕需要反思的恰恰不是那些当地社区中的居民,而是那些发展主义理念的推动者。小庄中农家乐的经营者、企业、政府的多元行动者恰恰为这样一种研究提供了丰富的题解。

二 研究设计

(一)研究对象介绍

1. 如何选取个案

XZ 村是青海省互助土族自治县威远镇古城村委会下属的四个自然村之一,距县城所在地威远镇仅有 1 公里的路,步行即可到达。2003 年全

[①] 转引自郑震《空间:一个社会学的概念》,《社会学研究》2010 年第 5 期。

村人口为 515 人，其中男性 251 人，女性 264 人。全村土地面积 3762 亩，人均耕地面积不到两亩。文化程度以小学以下为最多，共 451 人。XZ 村是一个土族社区，祁姓占多数。笔者最初因一个偶然的机会于 2005 年进入小庄，并在小庄居住一个月，白日里跟着户主接待一拨一拨的游客，夜晚和闲暇时则和旅游接待的户主一起制作旅游工艺品，和跳"安召舞"转"轮子秋"的阿姑们一起去县城逛街，聊她们的悲欢喜乐、人生憧憬。笔者所居住的 QSR 家里，是一个淳朴的土族人家，男主人先天性聋哑，在县医院工作。女主人能干勤劳，我们在一起茶余饭后与男主人的笔聊竟然成为一本厚厚的笔记，而女主人对社区中故事的讲述更是让人对平素所见的村庄常貌有了新的认识，就这样，笔者推开了当地社区中最早发起民族旅游的 QDZ、QYX 的家门，在难以计数的谈话中，无数游客如水般流过的这个土族社区逐渐变得丰满起来。

虽然离开了小庄，但是小庄这一类越来越受到旅游影响的少数民族社区却长期停留在笔者的心中，其间的几年，间或通过一张薄薄的明信片或者信件陆陆续续地知道小庄的民族旅游一直在发展，但是等到 2009 年重访小庄时，小庄在外部形象和社区内部结构上所发生的变化都大大超出了笔者的想象。就在笔者 2005 年 7 月离开后的 12 月，胡锦涛造访小庄并到 QYX 家做客，政府也出资对小庄的道路环境进行了整修，在诸多外力的推动下，小庄内部也发生了巨大的变迁，笔者原来经常造访的 LXY 家更是发生了巨大的变化，女主人 LXY 是第一批在社区旅游中著名的舞手，后来独当一面自己做旅游，很是精明能干，但是 2010 年再造访时，女主人已易人，LXY 已经和当地政府机关的一位年长的工作人员再婚，所有的传言都与旅游有关。村庄中人际关系也变得微妙，小庄发生的变化是一个个案还是少数民族地区发展旅游中普遍面临的问题？民族社区在旅游的冲击下面临着怎样的挑战？

2009 年到 2011 年，笔者又先后对小庄进行了田野调查，后续的调查中我们更多的考察了在小庄旁边发展起来的土族故土园、纳顿风情园、中华土族园等以公司形态经营的利益相关者，同时，原来调查中没有能访谈的一些关键人物也得以重访。文化馆、博物馆、旅游局以及当地文化精英人士也得以在新的调查中进行深入的访问。

今日的小庄和 6 年前的小庄，以及在长期访谈中建构起来的历史中的小庄，差异甚大，又令人深思，在阅读众多民族社区变迁的论著时，把小庄作为一个个案研究，并在民族学研究的理论脉络中进行梳理，成为本论文最终选择小庄作为研究对象的兴趣点所在。

2. 调查对象基本情况

土族世代繁衍生息在青藏高原东北部、祁连山东南麓及黄河、湟水、大通河和洮河流域。土族是我国人口较少的一个少数民族。据1980年统计，人口为13万多。1990年，全国土族共有192568人。土族主要聚居在青海省，为青海省5个世居少数民族之一。青海省共有土族163600人，占全国土族总人口的85.4%，占全省总人口的3.65%。土族主要分布在青海省互助土族自治县、大通回族土族自治县、民和回族土族自治县、黄南藏族自治州同仁县和乐都县，其余散居于全省。[①] 甘肃省也是土族的聚居地区之一，共有21239人，主要分布在天祝藏族自治县、肃南裕固族自治县、兰州市永登县、临夏回族自治州积石山保安族东乡族撒拉族自治县和甘南藏族自治州卓尼县，其中80%的土族生活在天祝、永登县境内的大通河和庄浪河之间。据2000年统计，土族人口已达241198人，而且在青海、甘肃之外的全国各省区都有分布和散居，共有23298人，约占土族总人口的9.7%。[②]

互助土族自治县为全国唯一的土族自治县，是青海省商品粮、肉、禽、蛋生产基地。位于青海省东部，与中国夏都西宁接壤，与佛教圣地塔尔寺相距不足60公里，是中国南丝绸之路和蒙藏两地藏传佛教文化交流的重要通道，互助现有人口38.74万人，有汉、土、藏、回、蒙古等12个民族，土族约有6.9万人，占全县总人口的17.8%。小庄村是互助县威远镇古城行政村的一个自然村，也是一个土族聚居的自然村，位于互助县城威远镇西南2公里处。全村有农户126户、人口550人，其中土族人口544人，占全村总人口的99%，人均耕地1.67亩，海拔2500米左右，属温带大陆性气候，年平均温度3—4摄氏度，年平均降水量550毫米左右，属浅山地区，地势平坦，自北向南低度倾斜，平均地面坡度为0.5%，境内土质主要为黑钙土、黄壤土、栗钙土，肥力较高，耕作性良好，宜于作物生长，主要种植小麦、豌豆、油菜、洋芋等。20世纪90年代以来，小庄村的土族群众在发展农业生产的同时，利用民族优势和地理优势开始发

[①] 《青海省1990年人口普查资料》（上册），中国统计出版社1992年版。

[②] 根据2000年人口普查数据整理。

展民俗旅游。目前全村搞旅游接待的农户发展到了40多户，村上95%的劳动力从事旅游接待及相关的服务，小庄民俗村游客量也逐年快速增加，2004年，被评为首批全国农业旅游示范点；2007年，县政府把小庄村从古城村单列出来，设为专门发展土族民俗旅游的行政村。2005年，我们争取项目资金190万元，进行了村道硬化；2006年，又争取扶持资金100万元，改善接待设施；2007年投入150万元对全村进行了整体包装，修建、安装了民俗村大门、文化墙、绣房、路灯等设施。同时鼓励村民种草种树，整治村庄环境，为打造土族民俗文化村奠定了基础。在2005年时，全村农村经济总收入149.61万元，其中农业总收入30.36万元，牧业收入26.62万元，旅游收入72.16万元；全村农民人均纯收入为2452元，其中旅游收入人均达到1312元，占人均收入的53.5%。小庄现有直接从事民俗旅游人员236人，间接从业人员210人，占全村总人口的80%以上。① 2007年，全村共接待来自日本、美国、韩国等外国游客和台湾、香港、广东、上海、浙江、江苏等地游客6万余人，旅游业总收入91万元，人均旅游业收入达到1605元，占农民人均纯收入2748元的58%，民俗旅游已成为小庄村的主导产业。②

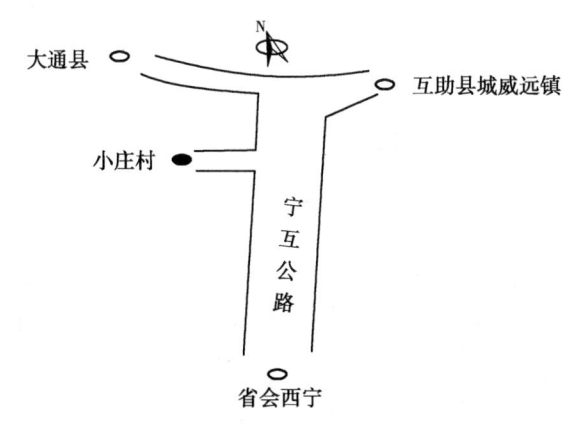

图 15-1 小庄村位置

---

① 参见《突出地域特色做强旅游品牌——在威远镇工作会议上的发言材料》（2006年2月28日）。

② 邢永贵、解生祥：《彩袖化彩虹幸福奔小康——土族阿姑席玉秀的创业之路》，《中国土族》2009春季号。

(二) 研究方法

1. 资料收集

（1）文献法。

为对土族民俗旅游发展情况有一个初步的了解，以便能够更有针对性地进入社区进行研究。首先要尽可能地搜集所有能查到的有关土族历史、民俗、社区变迁的核心文献及相关背景文献等资料。这些文献包括：散见于各种传统书籍中有关土族文化的论述以及各种期刊中从各个角度进行的论述及与其相关的文章。在全面搜集核心文献和相关文献的基础上，从"在文献中作田野"的角度出发，考察现存的文化与历史书写，探索其背后个人或群体间的利益与权力关系，社会认同与区分体系，并尝试了解相关"文化"与"历史"的建构过程。①

（2）参与观察法。

参与观察是实地调查的一种特殊形式，也就是研究者参与被研究的事件，成为行为者。本研究采用参与观察中的不完全参与、结构式、直接观察方法，深入到互助县 XZ 社区、ND 庄园、XB 土族风情园等地进行观察。在观察过程中尽量取得被观察者的信任，与其友善接触，建立友好关系，以期获得真实信息。

（3）深度访谈法。

深度访谈是在运用文献法和观察法基础上获得一些基本信息后对所要调查问题进行的"深描"。本研究中的访谈方式主要是在文献、观察基础上的访谈（如对 XZ 村农家乐老板 XYX、QDZ 的深度访谈，对旅游局负责人常局长、对 XB 风情园的谭经理和陈经理、对文化馆负责人陶主任、赵主任的访谈等）。深度访谈前研究人员尽量取得访谈者的信任，尽量在非正式场合进行。并且研究人员预先对访谈主题进行了筛选，确定了访谈的主题和主要问题。尽管访谈的结构由研究人员预先设计，但询问的问题都没有任何指向性，被访者可以自由交流，从她们的言语中可以进一步发现其态度、观点、信仰等深层次的信息（S. Oreszczyn, 2000）。② 在征得

---

① 王明珂：《羌在藏汉之间》，中华书局2008年版，第3页。

② S. Oreszczyn, A. lane, "The Meaning of hedgerows in the English Landscape: Different stakeholder perspectives and the implications for future hedge management ", *Journal of Environmental Management*, Vol. 60, 2000.

当事人允许后，所有的访谈记录都进行了全程录音作为资料留存。

2. 资料分析

质性分析。以参与式田野研究和深度访谈为主要方法的人类学研究是质性研究的重要实践，它被认为是以研究者本人作为研究工具，在自然情境下采用多种资料收集方法，对社会现象进行整体性探究，主要使用回归法分析资料和形成理论，通过与研究对象互动对其行为和意义建构获得解释性理解的一种活动。[1] 研究对所搜集到的各种文献资料、访谈记录进行分析，力图在呈现被访者本意的情况下，建立于其他文本、访谈资料的对应，以更好地理解土族民俗旅游社区的社会生态体系。

三 米德悖论：民俗旅游背后的地方性知识发现

（一）被发掘的民俗旅游

在解释外来者特别是外来研究者与当地被研究对象的关系上，格尔茨的"地方性知识"影响深入，并发展成为阐释人类学的一个核心命题，格尔茨认为，"地方性知识"的获得、深化和校验可以分别通过人类学家与"文化持有者"的对话、深入文化个案的实例研究和展开行业内部学术交流来完成。此后，人类学沿袭阐释人类学的路径，对地方性知识进行了系统的研究，但是，地方性知识也逐渐成为一个封闭的体系。地方性知识本身却难以得到深入的研究，本研究对小庄的研究显现出的，正是地方性知识特别是少数民族地方性知识塑造过程中，外来族群对于地方性知识的塑造起着关键性的影响。这就不能不提出另一位人类学大师米德在研究异文化时所面临的困境。美国人类学家米德在萨摩亚部落进行调查时曾经提到一个人类学家普遍遇到的问题，当米德问到萨摩亚人种种风俗时，一位受访者总是要返回到房间中去，过几分钟再回来告诉米德答案，好奇的米德忍不住问他是否回到房间中去问部落中的年长者？而答案则令米德啼笑皆非，那位受访者的答案是，回到房间时去看一位名叫米德的人类学家写的书，看书上是怎么写有关萨摩亚人的习俗的。其实，许多奔波在田野的民族学研究者不止一次遇到类似的情况，而所谓地方性知识发现的历

---

[1] 陈向明：《质性研究方法与社会科学研究》，教育科学出版社2000年版。

程，也似乎看不到终点。

当代民族"地方性知识"的形成，更是受到消费主义和旅游市场的空前影响，在被塑造的种种"他者"的想象中，旅游市场和游客猎奇的合谋将"原生态的土族文化传统"塑造成为一种异己的文化传统，但是，文化体系之间的沟通却不是主要外来者所能理解的，这就需要根据新的时尚标准来进行重新的塑造。

首先，这一被"发现"和再造的文化一定是传统的或者独特的，这就需要许多人学会"讲故事"乃至"编故事"，种种有关某种独特文化的历史的、民俗的、地理的要素被重新梳妆打扮，通过独特性吸引外来者的关注。如西双版纳傣族园是一个典型的民族旅游社区，傣族园将五个自然村寨的全部生活区和部分生产区划归景区，景区是以社区为背景建立起来的，景区和社区叠合在一起，是一体化的。社区生活是景区主要的构景要素，傣族的宗教、民族文化、生活习俗、干栏式建筑特征是景区景观的重要组成部分，村寨社区的生产、生活也成了旅游活动和展示的一部分。各村寨基本属于团状结构，内部布局比较紧凑，村民住房是典型的西双版纳型竹楼，以一个核心家庭为一个单元，在村落中作独立布置，每户用地以竹篱笆或矮石墙标志出明确的分界，形成一个个以竹楼为主体的宽敞的宅院。①

其次，它一定和其他的文化传统有细微却显著的区别。这就需要改变现有文化要素中呈现出来有可能与其他文化混同的因素，或者对类似的因素做出新的解释，在整个认同与文化变迁过程，借着邻近人群间的"模仿、攀附"与相对的"区别、夸耀"进行，②如小庄在各种舞蹈的设计中，尽最大努力撤掉有可能和藏族混同的仪式、服饰。

再次，最重要的一点，它具有相应的开发价值，这一价值的确定又是受到多重因素的影响。如笔者在甘肃肃南裕固族的田野调查中发现，裕固话在更为开放的市场体系中被重新发现，而且由一个"土气、过时"的语言变成一个被年轻人群体更为接受的语言，原因最为主要的一点就是旅游市场的影响，受访者坦言："我们这个地方，又没有受什么好的教育，又封闭，出去打工的时候往往也不行，这几年来旅游的人多了，他们就想

---

① 孙九霞等：《社区参与的旅游人类学研究——以西双版纳傣族园为例》，《广西民族学院学报》（哲学社会科学版）2004年第11期。

② 王明珂：《羌在藏汉之间》，中华书局2008年版，第314页。

看你会不会裕固话，你不会说，他就说你是假的，因此一定要会。"而青海其他地方的土族居住村落，尤其是当地人所说的较为正宗的土族村落，各种民俗节庆活动未必见得比 X 庄更为地道，而原因也主要是由于他们没有受到外在力量的左右。一位主管当地旅游的领导的话很明确的揭示出了问题的实质，"这个东西民和已经做了，我们再搞也没有什么意义了，你再做还是老二，只能打其他牌，其实他们做得不行，基础也不行，但是一旦做了，别人就不好再打这个牌了"。而土族社区中资深从业者也坦言："我们这里离县城近，汉化比较严重，纯正的土族离县城有十几公里呢。"但是，小庄的土族旅游依然发展起来了，原因主要还是由于较为成熟的开发条件。

（二）汉族推动的土族旅游

虽然在一般的意义上，民俗旅游有着很强的文化主体意识，但是，许多研究表明，民俗研究在现代社会的呈现很大程度上是被包装出来的，其中既有国家主导的文化塑造与"文化搭台、经济唱戏"，也有着市场商品化包装的利益追逐。X 庄的发展也有着类似明显的阶段性特征，在民俗的开发和节目的编排上，主要是由当地文化馆的汉族干部和专业工作人员来进行的，换言之，在现代民族区别观点下的民俗文化，是一种在当地时空关系中被共享、创造的"地方性知识"，超越了所谓民族特有、民俗的狭隘界限，将之划为汉族主导或者其他的类型都是一种外来的想象和割裂的知识体系中的认知，即使这一过程也深深的体现出知识权力、文化权力的建构过程，却也并不影响满足外来游客对土族文化的理解，甚至不会影响小庄中土族精英的认同，"我们这些歌舞虽然都是祖上流传下来的，但是怎么表演还真不知道嘛，平常就跳着呢，究竟是啥意思也不知道着，文化馆的人来指教一下，看着就是好看多了"。

> 他们唱的安召舞，是最土的，我们艺术化了，有些是加进一些创作的，不过尽量还是保持原有的。(LXY)
>
> 现在唱的很多都是迎合观众的，改了一些，但曲调都还是原汁原味的安召。(LXY)

最早在小庄里面成功的结合农家乐和风情园经营的也并不是小庄里面

的村民,而是县文化馆的工作人员,"原来的时候,互助还是很闭塞的,外面的人来的少,当地人的眼界和经济能力都不是很好,当时,有一些农户开始做旅游接待,但是层次什么的都不是很好,我经常做接待嘛,就想干脆自己做一个算了"。专业人员的介入,可以看作是小庄民族旅游的一个转折点,即将现代管理的理念与方法引入进来,而且更加注重对文化民俗的展示,但是在小庄村子里面开设的小型风情园很快易人,因为社区内中间有着种种潜在的冲突与矛盾,后续几个较大规模风情园的开业,都是在小庄马路对面,脱离了小庄村庄的局限,形成了颇为有趣的民族旅游社区的空间格局,马路西是小庄的农家乐,马路东则是外来的风情园。而颇为有趣的是,风情园的经营者没有一个是土族,"我们当然是很看好土族文化才来投资开发的,(我们的)经营和小庄的农家乐不一样,因为游客的需求不一样,再说很多东西需要做一些艺术的再加工,就像是土族的盘绣,丝线是素材,重要的还是人的加工嘛"!而 2010 年新近由青海青稞酒集团投资兴建的"中华土族园"更是现代企业介入民族旅游开发的重要形式,由于调查进行期间土族园尚未正式开放,其对于土族旅游格局的影响尚不充分,但是毫无疑问,在市场经济的环境下,民族文化更像是格尔茨所说的人类学家开放的"工具箱",被各种力量根据不同的场景所塑造。

这也说明,在解读所谓的"越是民族的,越是世界的"独特民族文化时,"由人类资源共享与竞争关系及其在社会、文化与历史记忆上的表征,来说明人类一般性的族群认同与区分"[①] 的分析路径是可行而必须的,由此可以发现,不但民族认同的形成体现着历史人类学"过去如何造成现在"以及"过去之建构如何被用以诠释现在",[②] 而且在有关民族的地方性知识的形成过程中,从来都不是一个封闭的体系,而是在一定的时空关系下多主体的参与和互动所构建的,地方性知识不仅仅是人类学家俯视的发现,而且人类学家本身就可能参与到这一知识体系的建构当中,避开对社区的执着,将视角投射于更大的时空关系之中,或许是民族学研究更深体察研究对象的必然路向。

[①] 王明珂:《羌在藏汉之间》,中华书局 2008 年版,第 1 页。

[②] Silverman, Marilyn & P. H. Gulliver, *Approaching the Past: Historical Anthropology Through Irish Case Studies*, New York: Columbia University Press, 1992, 转引自王明珂《羌在藏汉之间》,中华书局 2008 年版,第 307 页。

四 农家乐与风情园：国家引导下的比较

正如格尔茨所说："人类学的方法强调仔细的第一手材料的分析，以及对大型社会中小型社区的重点分析。这种方法对于研究经济发展有重大的贡献。它能够使我们用对村落、小镇及社会阶级的分析，来体现对一般社会过程的认识。"① 然而地方本身也是分化的，当代人类学对地方的关注，已经不是传统的生态学和想象的他者的朦胧概念，而是地志学中对实际空间和形而上学空间建构的批判性区分，由此方式反思"地方"的不同维度和"社区"的概念。由此来观察旅游对于当地社区的影响，我们还需要进一步区分地方的不同层面和多维度的社区，以及在旅游互动中游客与居民之间形成多样的斑驳的文化想象与呈现的图景。土族村庄中发展起来的民族旅游，在最初就打上了政府接待参观的烙印，1979年成立的互助县文化体育局于80年代起就从民间组织土族歌舞队，到内蒙古、云南、北京、银川等地参加全国民间民族传统艺术节、少数民族运动会等演出，② 许多现今从事民俗旅游的骨干，都是早期歌舞队的成员。后来更是成为政府对外形象塑造的一张名片和地方经济发展的重要板块。正如在互助县政府网页上所介绍，"土族民俗属大型人文风景旅游资源，具有广阔的开发价值，已成为最有吸引力的民族风情旅游项目。2008年时互助县的观光旅游总人数达70万人次，比上年增长20.69%，旅游业总收入达5600万元，增长64.71%"③。作为土族民俗村的小庄村，就接待了这些游客的70%。在现有的制度格局下，政府主导的市场改革和发展战略对于地区社会经济的发展具有相当的影响，特别是在欠发达地区，这种结构性的影响表现的更为明显，在对参与到土族民族旅游中的各种行动者，我们在这一框架下进行了更为系统的比较。

（一）旅游市场中的社区变迁

旅游未介入以前，小庄是众多平静从外面来看甚至是静止的村庄中的

---

① Clifford Geertz, *Peddlers and Princes*, Chicago: The University of Chicago Press, 1963, pp. 3-4.
② 盛芳敏：《民俗旅游与小庄村的社会变迁》，硕士学位论文，青海省委党校，2005年。
③ http://www.huzhu.gov.cn/html/1587/74635.html.

一个，因此考察社区变迁最好以旅游的发展为主线来进行，小庄最初的旅游离不开两个村庄中传奇人物——QDZ 和 QYX，QDZ 虽然几乎是文盲，但是在歌舞艺术上面却独具天赋，很早就在县里的文工团里面跳舞，凭借着对土族文化的热爱和长期外出演出的熏陶，他敏锐地觉察到了土族民俗文化所具有的价值。

最早为什么搞民俗旅游：我家里特别穷，我特别爱文艺，（19）85年县上的人去北京演出，演完之后就拉到中华民族园看了一下，我就心里有数了，我那时在酒厂打工，后来和席玉秀聊天就说要弄。后来，一名日本学者因为听了我演唱的"花儿"到小庄村做客，让我明白：风格独特的一首"花儿"、质朴优美的一段土族舞蹈，也能挣来钱！日本人不知道怎么做的，他回去后的第二年许多日本人就一拨拨地来了，刚开始还到西宁要我去接，后来就直接到家里面了。（QD2）

最早我家特别穷，家里连锅盖都揭不起来，我接待不了，去别人家去接待。最早是日本游客，他来过三次。（QYX）

但是在 20 世纪 80 年代，发展旅游的大门对于这个封闭的村庄还是紧闭着的，QDZ 多次带着土族刺绣的鞋垫、鞋、服饰等，到西安、兰州等地做宣传，然而，由于当时政策并不明朗，QDZ 常常被视为不安分有可能给政府惹祸的危险人物，最为惊险的一次是他外出推广土族旅游的时候，当地政府试图阻止，QDZ 只好藏在油菜花地当中，趁着夜色搭上去往北京的列车，坐车几十个小时在到达北京后，下车直奔天安门广场，到广场后刚一展示带来的各种刺绣品就被安保人员带走询问，因为苦苦哀求才免于处罚。村民的评价认为，"QYX 与 QDZ 是小庄民俗旅游的首创者。在兰州，跑破了 4 双皮鞋遍布 150 家旅行社，在互助是没有的。当时他们到上海、到北京去卖鞋垫，去推销土族文化，这个在当时是具有极强的超前意识的。"从北京回来以后，他便开始联系更多的人参与土族旅游的开发，QYX 的加入毫无疑问成为一个重要的转折点，有了分工以后，他们把重点放到了旅行社、旅游市场推介会上，很快，小庄就拥有了较为稳定的客源，而最早引来旅游市场的 QDZ 和 QYX 家里的各种设施还不足以接待，因此，吸引村庄中住房条件好的其他农户参与就成了必然的选择，"我把游客联系过来，然后谁家条件好，就把人家安排好，提前和他们家都说好了，明天哪些游客要来，到你们家坐一坐，吃个饭，跳个舞，安召舞、婚礼，那时的婚礼特别隆重，你们家弄脏了呗，你们家给上50块钱，在就狗浇尿、面条吃了多少钱，我给。后来把房子盖起来了，准备接待了，所有的游客都是我联系的嘛，以后就慢慢好起来了，钱也挣了，房子也盖起来了"。其他农户也逐渐开始介入到旅游的开发当中，社区中农家乐逐渐形成气候，威远镇吉家湾村、四壕子村、东沟乡大庄村、姚马村、塘拉村、双树乡周家村等土族聚居的村庄也逐渐成为土族民俗旅游圈的有机组成部分，并吸引了外来的开发者。

图4-1　小庄外貌

2002年外地投资者兴建了西部土族民俗文化园，并于2006年兴建了土族故土园和土司府署，成为当地开放最早、特色鲜明、规模最大的民族风情园。2009年接待游客大约有20万人，2010年受到玉树地震、上海世博会影响，但是仍然有8万—9万游客的规模，其中65%为各大旅行社，25%为接待省、州、县会议团，另外10%为散客。比邻的还有纳顿风情园、中华土族园等大型的民族风情园，共同成为互助县土族风情游的主要接待点。

风情园营业的初期，许多小庄内从事农家乐的农户还曾经担忧会拉走游客，然而，市场的扩大和宣传效应带来了更多的游客，特别是小庄中中老年女性出售荷包、刺绣等工艺品和土特产品的收入有了明显的提高，农家乐与风情园在相当长的一段时间在不断扩大的市场互利双赢，当然，从营业的规模和接待游客的数量来看，单个的农家乐远远赶不上大型的风情园。但是，小庄的土族民族旅游也没有像想象的那样风情园逐渐吃掉单个的农家乐，游客市场在发生着分化。在风情园的经营者看来，"散客追求绿色的菜肴比较多，我们（风情园）这里没有那么多的条件，小庄里面农户经营的规模也和风情园有着根本的区别，团客游客是比较客观的，他们最多留2个小时，一波走一波进，这样翻团率比较高，散客虽然开销大，花费多，但占用时间长。可能一天，员工消耗大，最开始我们是谁付钱我们给谁演，后来我们就学习云南，就赶点演出，早上一场，下午一场。但旅行社不能这么搞，互助旅游没有形成气候，所以这样很难办。小庄就不一样了，他们每家的人都在搞，只要你来了，我就给你演出，我家来人了我就去叫人"。

小庄中的经营者也认为，"西部和纳顿建起来，对我没什么影响，他有他的客户，我有我的，很多游客喜欢原汁原味的我就领来，有些游客档次高些嘛，就去他们那边了"。实际上，不但外来的游客是重要的消费者，临近县城与西宁的区位优势也吸引了大量当地人的消费，"西部的生意不太好，小庄本地方的人多一点，结婚、办喜事、老人过寿、朋友聚会订桌的，西部那边收费高，好看得很，我们农家的就是实惠，他们那边大调料多，不好吃，我们都是自己的面片就是自己的面"。

农家乐与风情园在地方社会逻辑的影响下，各自在旅游市场中找到了位置，两者共处于一个时空之中，又呈现出了一幅独特的民族旅游社区生态，我们以时间为线索，对两者的经营进行了更为系统的比较。

（二）经营结构：农家乐与风情园的比较

为了更好的揭示在小庄这个社区地理空间中民族与旅游的复杂关系，需要对农家乐与风情园这两类差异很大的主体进行更为系统的比较。

1. 村庄里的农家乐

小庄并非最早开展民族旅游的社区，因为接待的需要，最早的时候县里来有参观和检查工作的外地人来的时候，县里会组织到县城附近的大庄进行，1992年首批来访的日本客人被介绍的小庄的QDZ家中，此后，小庄的民俗旅游逐渐发展，逐渐由观赏性、礼仪性接待为主转向体验性、经济性旅游为主，加上其较为便利的地理优势，逐渐发展成为互助土族民俗旅游的龙头。

2. 经营的模式

小庄里面的农家乐接待几乎都是以家庭为单位来组织进行，主要是家户经济的形式，遇到客流高峰时，邻居之间会相互帮忙，特别是舞蹈表演、轮子秋表演需要多人参与时，如果两个或多个家庭的接待正好在同一时段，则会共享表演，以节省人力，村子里面的人称之为"一家来客，几家出动"。由于参加表演的阿姑（土族对青年女子的称呼）多兼以出售荷包，因此农户经营者只会给予较少的表演费。每个经营旅游的农户通常会吸收一些村庄内部的熟人和亲戚帮工。

3. 接待的流程

在旅游逐渐成熟的过程中,游客的接待形成了一本基本的规范流程,客人在进门之前,会接受身着民族服饰的阿姑的敬酒,阿姑们拿着酒壶、酒杯在大门口等待,待客人下车先敬"下马三杯酒",客人进门时又敬"进门三杯酒",待客人脱鞋上炕、盘腿坐下时再敬"吉祥如意三杯酒",当客人离去时还要喝"出门三杯酒"和"上马三杯酒"。然后就是土族特色餐饮,前几年的时候总是突出土族特色,近几年则突出绿色食品概念。用餐之后是土族"安召"舞蹈表演和"轮子秋"表演,其间会邀请游客参与其中,表演后则是整个旅游中游客参与较为深入的土族婚礼,游客扮成新郎或新娘,较为完整的体验土族婚礼的整个过程。

如果在社区旅游产品中加入参与性要素,那么旅游者能够在旅游产品的消费的过程中,产生主客互动,延长交往的时间,扩大交往的空间,而旅游者能够获得更深的旅游体验。[①] 农家乐的接待流程,更期待发展类似 Chris Ryan 所说的"旅游者—朋友"模型,建立一种更为深层的文化体验与旅游交往活动。

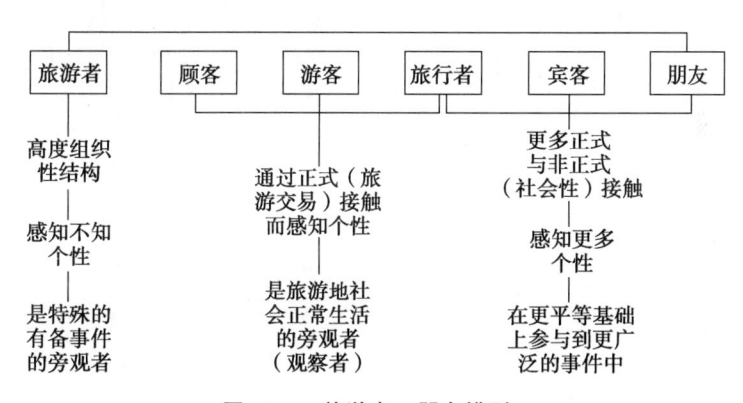

图 15-2 旅游者—朋友模型

4. 民俗表演

民俗表演是土族民俗旅游的最为重要的组成部分,在民俗展演的过程

[①] 石焕畲:《基于社会交往理论的社区旅游发展研究》,硕士学位论文,华东师范大学,2006年。

中,讲解员一边讲解土族民俗所具有的宗教、文化历史背景,游客一边参与到各种民俗表演之中,参与式的旅游体验和对土族民俗文化的认知往往通过这一环节融合起来。小庄土族民俗旅游中的表演一般包括敬酒、轮子秋、安召舞、土族婚礼等几个部分。

图 15-3　轮子秋表演

图 15-4　土族婚礼

图 15-5　土族敬酒歌

图 15-6　轮子秋表演

轮子秋是土族独特的一种民间体育项目,据传说,土族从游牧民族转向农耕民族后,有了木轮车,有了碾场的碌碡。在麦场上,几个玩童无意掀翻了大板车,爬上车轮随意旋转,这就成为了最原始的轮子秋。每年秋收季节,碾完场后,人们在平整宽阔的麦场或者宽敞的地场上,把卸掉车棚的大板车(木轮大车)车轴连同车轮竖起来,底下车轮压上碌碡,上面车轮绑上一根长木横杆,横杆两头拴上绳子做成的秋千,打秋人坐在秋千上,其他人推动横杆,转动车轮。或平绑一架长木梯,梯子两端牢固地系上皮绳或麻绳挽成的绳圈或捆绑一能站人的架子。两人相向推动木梯,使之旋转,形成转动的秋千,然后乘着惯性分别坐或站在绳圈内,快地转动起来,并在梯子或架子上做出各种惊险动作。观看的人还不时地帮推木梯，使之加速旋转。20世纪80年代后，原来的车轱辘改用钢制轮盘，套以滚珠轴承，使之更为结实和美观，再饰以各色彩旗。现在轮子秋运动是在场地正中竖立着一根四米高的钢管，安装在钢管正中为一直径约1.2米的钢（或铁）制圆盘，将钢管分两部分，下接底座，顶端置火炬。数名身着民族盛装的土族姑娘和小伙子们足踩悬吊在铁盘边缘的踏板，随着大圆盘飞快地旋转，并不时做出"寒鹊探梅""雄鹰展翅""猛虎下山""孔雀三点头""金钟倒挂""春燕串柳""蛟龙出海"等各种高难度空中动作。在表演的过程中，往往会根据游客的和表演者的多少在节目上有所增减，但是基本的动作流程都有所展现，由于近几年游客增多，外出上学等人口流动的影响，轮子秋表演的演员受到一定的影响。

安召舞是土族地区广泛流传的舞蹈。土族"安召"意为"圆圈舞"，是土族人民歌颂人畜两旺，五谷丰登，祝愿吉祥如意的无伴奏圆圈歌舞，也是集诗、歌、舞为一体的娱乐形式。土族"安召"舞蹈歌词主要内容多半和周边藏族的安召舞较为相像，而且有许多的藏语演唱成分，大都是赞颂、祝福、祈求吉祥、人口平安、六畜兴旺、五谷丰登。由于安召舞动作相对简单，节奏明快，游客很容易加入其中。

互助土族婚礼具有土、藏、汉文化兼容的特点。土族婚礼歌内容曲调优美，蕴涵丰富，包括天文、地理、历史、宗教、神话、人生礼俗等内容，带有浓厚的文化色彩，是土族传统文化最突出的表现形式，2006年土族婚礼经国务院批准列入第一批国家级非物质文化遗产名录。在旅游中的土族婚礼简化了程序，主要保留了迎亲当天的内容，往往吸引游客扮作新郎、"纳什金"（即娶亲者）参与的婚礼之中，在迎娶过程中，女方一般要和"纳什金"进行对歌，能歌善舞的土族阿姑和游客的对歌、仪式化的婚礼加上与游客之间的深层次的参与互动，往往使这一环节成为整个旅游体验中的高潮部分。

5. 民俗餐饮

早期小庄的民俗接待由于条件的限制，基本上以农家饭为主，乡土特色和家常风味是其主要特色。民俗旅游的季节本身也是青稞、土豆等收获的季节，配合一些土鸡、羊肉等荤菜和土族的楞锅馍等主食，面食类有"狗浇尿"、葱油饼、炸馓子、"背口袋"、尕面片、搓鱼儿、搅团、饭块，等，颇符合当时游客的需求。随着小庄农家乐接待规模的日益扩大，单单依靠自家生产已经远远不能满足游客的需要，采购蔬菜和其他食品，引进大众化的菜品成为必然的要求，但是特色的栓锅馍、食用油等基本都坚持使用自产，青稞索索、煮土豆等一些农家饭也基本保留下来，QDZ认为，"游客来玩的什么好东西没吃过，我们也做不出来，就给他们绿色食品、农家家常饭，这才是最为稀罕的。所有来过的人也放心。"由于游客增多，南方和国外游客在餐饮上的不习惯，农家乐也在及时地调整，旅行社或者散客提出要求后，就调整菜品，村里规模较大的几个农家乐接待点基本上都雇用了专职厨师。

6. 员工管理

小庄农家乐的参与者基本以本村的村民为主，主要包括跳舞、转轮子秋的阿姑和年轻人，早期经营者较少的时候，年轻人还能保持一定的比例，但是由于旅游规模的扩大，人力不足的问题逐步显现，单单依靠亲属关系的合作也难以维系，从业人员开始逐步向正规化和专职化转化，比如QDZ常年在册的员工保持在25人，其中舞蹈队成员占绝大多数，"舞蹈和轮子秋表演是最重要的，我们还有排练和新节目的开发，这样我们的民俗才不是死的"。其他的农家乐在固定的人员上虽有差异，但是相较于旅游发展初期高度的流动性和共用特征已经有很大的变化。"跳舞的男的少，都是固定的在我家，我们没有签合同的，有些也有邻居帮忙，我接了客人，你们跳了舞，买了你们的东西，我只挣餐饮费，他们没有小费，我就给半个小时20分钟啊不等，有时候他们比我们挣得多。来的有些大老板，很有钱，给小费，买礼物啊。"

图 15-7　接待间歇　　　　　　　　图 15-8　迎接客人

图 15-9　土族阿姑　　　　　图 15-10　土族婚礼

小庄农家乐的结构本身也发生着变化，一方面许多农户迁出村庄，将原有的院落承包给外来的经营者，村庄内部不再是一个"熟人社会"，另一方面农家乐不再是完全的民俗旅游，许多农家乐转向纯粹的餐饮与休闲接待，而不再有任何民俗的内容。对于村庄前景的判断也发生着分歧，"别人来小庄是干什么的，就是因为这个地方有土族的民俗嘛，如果没有这个，只是吃个农家饭，打几把麻将，唱歌歌，人家来你这里有必要吗？长期以往，小庄如果不坚持民俗旅游，迟早就会垮掉"。而支持者认为小庄季节性的旅游并不能维系长期发展，本地居民接待也是一个重要的组成部分，坚守唯一的民俗是自己让渡市场。

7. 对社区变迁的影响

小庄的民族旅游对于社区变迁的影响是深入而巨大的，社区的形貌因旅游而改变，村庄更是被当地政府专门辟为旅游定点接待村，从而由一个自然村变为行政村，整个村庄的经济结构都因此而被转变。2005 年，全村经济总收入 149.61 万元，其中农业收入 30.36 万元，牧业收入 26.62 万元，旅游业收入 72.16 万元；全村人均纯收入为 2452 元，其中旅游收入人均达到 1312 元，占人均收入的 53.5%。2006 年，全村人均纯收入 2748 元，其中旅游业收入 1605 元，占到人均纯收入的 58%。2007 年，小庄村旅游接待户发展到 92 户，村上 95% 的劳动力从事旅游接待及相关服务，全村共接待游客 23 万人次，比上年增加 2.4 万人次，增长 10%，旅游收入达到 230 万元。[①]

---

① http://www.haidong.gov.cn/html/1992/5316.html.

表 15-1　　　　　　　　2000 年以来小庄村收入统计

年度	全村接待游客 万人	全村旅游总收入 万元	全村人均收入 元	全村旅游人均收入 元	旅游收入比值 %
2000	3	90	960	410	48%
2001	6	181.5	1280	830	64.8%
2002	7	203	1430	920	64.3%
2003	10.1	324	2300	1500	65.2%
2004	11.12	356.7	3000	2100	70%

资料来源：盛芳敏：《民俗旅游与小庄村的社会变迁》，硕士学位论文，青海省委党校，2005 年。

更为重要的是村庄内部所发生的深层变化，村民收入提高是显而易见的，"我们这里有 150 户人家，我们这里收入 8 万元的可能就有 10 家，超不过十家，有的人收入 1 万元的也有，七八千元的也有，有些人家懒得不愿意干，稍微勤奋一点的，一年收入两三万元的比较多"。但是相较于滕尼斯语境中具有归属感、认同的那个社区也逐渐离小庄而去，"比如说，以前看见老人、小孩啊，以前都打个招呼啊，现在不行了，见了谁不理谁，我们现在民俗的东西不好了。治安现在也不行了，再一个麻将，打麻将不是个好现象，现在开茶园的，都是自动麻将，民俗村现在变成了赌博村了，城里查得紧了，他们就过来，现在县上领导啊，请客啊，都要打麻将，就过来了，我们现在庄子上的小伙子也一天没事干的，打麻将，这样不好。冬天没有客人的，小伙子、女人都打麻将。现在我们这个庄子上给外面租的人很多，这些人给西宁的啊什么人的，他们里面干什么的都有"。

变迁了的土族社区对于我们提出的问题，似乎和涂尔干在 20 世纪提出的问题极为相似，宗教撤退给人们的生活留下了真空，但是却没有新的东西填补这一空白。在民族社区经济增长的过程中，社会退化、文化死亡，这是给民族学家提出的新的课题。

8. 马路边的风情园

在公路的另一侧，则依次是土族风情园、纳顿风情园以及由青稞酒集团 2010 年投资兴建的中华土族园，全然是一副现代民俗旅游开发的新景象。

9. 经营的模式

几家风情园由于规模和经营特色的差异，在经营上具有较大的差异，西部土族风情园的园区包括博物馆和表演区两个部分，博物馆普通参观游客在风情园参观费用为 42 元（费用由互助县物价局规定），政府接待团费用为半价 20 元，与各大旅行社协议规定参观门票免除，导游讲解费另付，每位导游讲解为 30 元，规定的团餐为 350 元 1 桌，平均 30 元/位，自点菜规格不相同，一般自点菜会超过 1000 元。表演区的安召舞、轮子秋等表演活动定点演出，不向游客收费，参加演出的演员会通过出售香包、刺绣等获得一部分收入。

纳顿风情园则采取与小庄农家乐相似的接待流程，但是由于规模更大，多接待团体游客为主，因此演出也更为流程化。相似的接待方式或许也是造成纳顿与小庄农家乐之间冲突的经济层面原因。

相较于小庄农家乐散客和团队结合的接待方式，风情园更注重与旅行社的关系，"要和导游关系搞好，给导游好处，例如餐费上的提成，礼品，在团餐外给导游更好的餐标，和导游说希望多领客人到西部"。长期的合作过程中，风情园与旅游社建立起了较为稳固的合作关系，"我们去签协议，每年 4 月去各大旅行社签协议。有这样的团给我推，我们加了什么景点，有哪些优惠，把报价也给他们，当然我们也有些促销的手段，我们会把他们的老总、计调、导游请过来，让他们感受一下，他们感受了就比较好。这样他们就知道哪里好了。文字性的东西只能看见，亲身感受不到。当然关系稳定的旅行社就不用了，他们都知道，什么时候有什么，怎么样。熟悉的旅行社，他们老总和计调每年都来踩线"。同时，土族风情园的优势还与青海省旅游生态中的独特位置有着紧密的关系，"比如说来青海砸团了，这里是最好的也是最后补救的景点。去塔尔寺他们做法事，佛教圣地嘛，私家车多，车堵了，你们一点办法也没有，我们这里可以人为地控制嘛，除非特殊情况，有国家领导人了和环湖赛了，不过很少，青海湖的自然景观天气因素很多，到我们这里可以吃可以玩儿，比如说哪个游客不高兴，就加一站到这里，我们这里的气氛可以调节"。

10. *接待的流程*

表面相似的民俗接待，其接待的流程与安排实际上受到各种因素的影响，风情园在游客的接待特别是最为核心的土族民俗表演的安排上，旅游市场与自身因素的影响体现的尤为突出，与小庄农家乐游客来就开始表演不一样，风情园采取的是定点演出的方法，"他们每家的人都在搞，只要你来了，我就给你演出，我家来人了我就去叫人"。同时，与小庄农家乐努力构建"游客—居民"朋友关系相比，风情园更加注重经济的因素，团队游客而不是散客更受到风情园的欢迎，"团客游客是比较客观的，他们最多留两个小时，一波走一波进，这样翻团率比较高，散客虽然开销大，花费多，但占用时间长。可能一天，员工消耗大，最开始我们是谁付钱我们给谁演，后来我们就学习云南，就赶点演出，早上一场，下午一场。但旅行社不能这么搞，互助旅游没有形成气候，所以这样很难办"。

11. 民俗表演

外地游客相对来说在风情园的时间受到整个旅游行程的限制，停留时间较短，"他们就是看个节目啊，吃个我们这里的小吃啊，就走了，两三个小时吧。但是那个旅游旺季的时候哪些旅游的姑娘才10个人？每天演出就要10场，每一场就要40多分钟，夏天的话，几个团队能凑一场。演出的演员报酬怎么算呢？按月结，固定工工资，生意最好的那个月就是发个奖金，上轮子秋的人每个人每个月高出30—40元。有没有发生过什么事故？大事故没有"。

在制度化了的风情园中，停留两三个小时的游客往往被假设对土族文化的兴趣也只是停留在表面层次，作为企业的员工自然也就不再参与到民俗纪念品的推介当中。"小庄每家每户都卖香包，跳舞的姑娘也卖，他们每月可以拿到2000多元，小庄大部分都是自己家的人，西部的香包是老板自己卖，我们员工不卖，西部的香包只在西部门口卖，不去马路对面卖，小庄的人有些会去西部门口卖，那是人家的地盘。"界限分明的市场划分似乎是一种经济利益的比较，但实际上更多透视的还是对文化体认的差异，西部土族民俗风情园开业以来，小庄的村民竟然绝少踏入其中，对嵌入小庄这一时空之中的风情园，小庄村民的认知似乎是模糊而矛盾的。

12. 民俗餐饮

由于土族特色餐饮数量较少，在接待的标准上，风情园又很难参照农家乐自然绿色的方式，同时，接待团队旅游的用餐标准又各有不同，因此风情园的民俗餐饮分成民俗特色和大众餐饮两个部分，在成本的控制和餐系配置上都有很大的不同，为了弥补季节性旅游对风情园经营的影响，西部土族民俗风情园从2011年起还开设了火锅，主要吸引当地县城的居民消费。传统的酿酒工艺也因旅游的开发得以重现，2004年"纳顿"庄园不但搜集齐全了整套的传统酩馏酒酿造工具，请游客参观，而且还聘请了熟悉酿造工艺的土族老人作为酿酒师，按照传统工艺酿出酩馏酒呈给游人品尝。

此外，一些大众旅游所呈现出来的矛盾在小庄的不同经营主体中被清晰地呈现出来，即一方面很愿意了解"奇风异俗"，另一方面则始终不愿意完全抛开原有的生活，表现在既想吃当地的食物，又要求干净卫生，既要蛮荒，又要舒服，使得现代旅游具有很强的化妆舞会的意味。[1] 这种在游客身上的矛盾心态，在风情园和农家乐的分化中表现得最为明显，"散客追求绿色的菜肴比较多，我们这里没有那么多的条件。小庄来客人就炒，味道比我们这里好，人家是自己家的菜籽油和自产自销的菜，肯定比我们的好，我们这里都是半酒店化"。而风情园的优势则在于正规化的管理和相对成熟的接待流程，"他们那边人多了，卫生跟不上，我们这里不一样了，像台湾的人对这个要求比较高"。

我们可以明显的发现，在同一个由土族民俗旅游所建构的空间中，实际上生发出两种不同的文化形态，并对社区的发展造成迥异的影响，在风情园与农家乐两种不同的经营形态的差异后面，则正是我们所欲探析的在市场、社会不同力量影响下，社区发展的结构将如何改变，而社区变迁对于文化、认同带来的冲击，又如何影响社区变迁的方向与强度。

13. 员工管理

西部建成初期有三位老板，后来因为不合两位退出，三位均是汉族，没有土族，其中有一位是兰州人，院内共有员工因季节不等，据总经理说夏季旺季可招募员工150余名。冬季为淡季，往年歇业，而今年又继续开放，（开放原因主要为留住人）员工有20余人，女性占70%，男性占30%。服务岗位有餐饮、接待、厨房、安保、大厅（接待、传菜员）等几类。一般大厅服务人员可以拿到800元/月，还有游客额外的消费，大体每月可有1100—1200元的收入，敬酒、娶亲等表演演员每月1200—1300元/月，主管经理每月4000元左右。西部员工全部是按月结账，普通员工要压20天的工资，防止跳槽。

为了有效吸引员工的加入，在过年的时候风情园的负责人会拿一些礼物到附近村庄去拜访，以确定来年的员工。"员工服装是老板给的，以前是收钱的，现在不收了，要压500元押金，从工资里扣。(20)03年那都压押金。全部是土族特色服饰，从其他地方进，员工大多不是土族，但对游客都说自己是土族。"风情园科层制的管理方式在一定程度上拒斥地方性网络的影响，"我们这里的员工怎么来的，新来的相互认识吗？一个村

---

[1] 马翀炜、陈庆德：《民族文化资本化》，人民出版社2004年版，第279页。

子的？我们这里要是一块的就考虑要不要，一块的就把他们分开，这样你一个人心情不好，可能其他人也走"。高度的人员流动性与季节性工作使员工也很难建立对企业的忠诚度和对企业文化的认同，民俗只是工作的一个部分。

由于互助的旅游具有极强的季节性，而且7—8月正好是旅游的旺季，所以参与到旅游中的员工基本是季节性用工，中考、高考完的学生、等待录取的学生、过完春节暂时不外出的农民工都恰好结合了零工的需求，为了保证用工的需求，风情园在此之前也会拿着砖茶去拜访家里，接受了礼物的家庭如果孩子不愿意也会退回风情园送去的礼物。因此，虽然整个旅游中的用工较多，但是并没有出现用工紧张问题较为突出的现象。

> 我们员工土族的有多少呢？能占多少？土族100个能占40个吧，跳舞的里面有汉族、有土族、有藏族，汉族的有一两个，他们大概都是2012，第一年的演员最好，那一年挑了8个，有2个土族。小伙子里面有1个土族，有3个小伙子。藏族的就如实地报自己是藏族的，汉族的就报土族，呵呵！（QD2）

14. 对社区变迁的影响

风情园以及新近开张的大型中华土族园，实际上与其所处的小庄社区日益脱域，小庄隐约成为旅游市场消费文化中的一个背影，在完全市场化的民俗风情呈现中，小庄的社区生态逐渐由外来者所主导，显然，风情园更为关注经济上的影响，"主要是我们现在都搞旅游，现在都把牌子打出去了，现在主要是我们解决我们县上的就业问题，外来的游客，他们有赚头，我们就可以在我们这里打工了，就不用到外地了，纳顿那边比较小。纳顿的老板使我们以前的经理。更多的人到我们这里工作，开阔了眼界，以后再也不会回到农村务农了"。而20年前外出推广土族民俗的精英们发现，他们的努力不期然地和他们的追求渐行渐远，他们所得到的经济收入反而使他们陷入了文化的焦虑之中："我们土族真的是完了，你从小庄就能看得到，原来还说外面怎么样怎么样，但是现在我们村还不如外面了，大家现在都是靠着土族挣钱，挣钱了做什么，大家都不知道！"实际上，小庄的实践告诉我们，民族旅游并没有沿袭简单的线性发展逻辑，将所有的农家乐变成风情园，而是在不同的逻辑主导下发生了进一步的分化。小庄的实践更是警醒我们，在"老少边穷"话语下推动的民族地区发展，并不是简单的经济逻辑，而是更具有复杂的文化、社会、历史的逻辑。

15. 冲突与比较

2006年5月纳顿风情园把民和土族、大通土族、黄南土族的民俗结合起来，特别是吸收了民和土族庆丰收打的纳顿鼓，却引发了村民的激烈反应，最后严重的冲突导致了村民砸掉纳顿风情庄园的部分设施，身份上的敏感使冲突双方都将矛盾集中到"这个小庄不是你挣钱的地方"。而村民则认为当地土族在平常不打鼓，不然就会惊动地下的神灵，来年将降祸于村庄。对于鼓的应用的变化，小庄村民的态度体现着对于外来文化冲击的影响，纳顿风情园在开业之初开展了蹦蹦鼓的民俗游戏，但是影响了小庄民俗社区中对鼓的民俗崇拜的关系，在土族社区中，鼓具有深刻的宗教含义，土族传统的民俗禁忌认为，在地的中央有神灵在镇守，如果打鼓惊醒了地下的神灵，就会影响当年社区的收成和平安，并影响整个社区的发展。

小庄的村民出来不会到风情园来演出，风情园的歌手也从来不会走进小庄去演出。最早的时候，小庄的一个庄廓租出去给外地人，外地人为了保持竞争优势，不让村庄中的其他人参与其中。因此在这一问题上形成了社区旅游发展的某种默契在其中，风情园开业6年以来，小庄的居民80%从未踏入其中一步，而风情园的员工亦从未踏入风情园一步，现在正在新建的中华土族园，在民俗旅游的高端层面，占据着较好的生态体系在里面。而现在这几家做民俗旅游的风情园都是在小庄的地界上，他们之间的博弈在租金上体现出来，最早的时候一亩地一年的租金是500元，后来涨到800元，再后来好像是1000元，刚开始的时候，老板想着是做得小一点，慢慢一点一点来，但是到后来的时候再租地的时候地价就开始涨起来了。租金的确定也并非是完全的经济理性，而是更多的一种地方性知识的逻辑，租金太高，将会使现有的经营者难以继续在小庄发展，不利于整个小庄土族旅游的发展，而租金太低又将降低小庄内农家乐的竞争能力。

风情园与小庄的互动，除了在租金上的经济往来，在社区仪式上也有着浅层的互动，如在土族节庆节日的时候，风情园的老总会派人到小庄参加节庆，但是并不了解其中的宗教与文化意义在其中，看似一条窄窄的马路，隔开的却是两种不同的文化。

(三) 民族文化的呈现与评价

在经典的"他者"视角中,外地游客进入到民族社区的旅游是对民族文化的猎奇,旅游被当做一种世俗的朝圣仪式活动[①],因此,他者——观光者也就构成了最为基本的框架。但是,田野工作的实践发现的却是反面的,旅游者与当地居民之间建立起来的关系是短期性的、肤浅的、功利性的,出钱休闲的人们和为了经济收入而"表演文化"的人们是难以做到真正的文化沟通的。特别是当地居民为了满足游客们"求真"的愿望不得不扮演"职业土著"的角色,[②]由此,当地的文化在这种近似合谋的情势下被改变了。

在小庄的田野中呈现出来的正是这样一幅斑驳的图景,更多的身影出现在表面所呈现出来的"土族"民俗之中,甚至在完成"想象中的他者"土族文化构建的过程中,汉族具有更为重要的作用。

> 小庄这个最早的只是一个简单的接待点,没有什么规模,甚至没有什么民俗旅游的概念,就是县上来人(参观)时,就叫上几个人,吃点农家饭,看看舞蹈啥的,(20)05年最大的是"武秀",是我们文化馆的人开的,是最早一批的,是租人家本地人的院子。后来因为工作原因不干了。(WXM)

不但最早以现代游客所想象的、也是所需要的土族文化呈现出来的,用现代方式经营的转变是由汉族来完成的,而且在目下所表演的节目、土族餐饮套系、宗教文化表现形式,汉族的身影也不能算是若隐若现。

> 我们文化馆搞的是旅游文化服务工程,我们这里就是给他们辅导特色舞蹈,每次下去就是一个多月,我们孙老师张老师都下去。(WXM)
>
> 他们唱的安召舞,是最土的,我们艺术化了,有些是加进一些创作的,不过尽量还是保持原有的。(LXY)

[①] 王筑生:《人类学与西南民族》,云南大学出版社1998年版,第227页。
[②] 马翀炜、陈庆德:《民族文化资本化》,人民出版社2004年版,第93页。

> 辅导除了土族外，加点藏族的舞蹈，主要是土族的特色的，安召舞、轮子秋、婚礼，这些都是非物质文化遗产，婚礼就是舞台剧嘛！现在唱的很多都是迎合观众的，改了一些，但曲调都还是原汁原味的安召。(LXY)

翁乃群对云南丽江东巴的研究，展现了当地居民通过引介北美印第安人图腾柱而使图腾柱广泛的在表现东巴文化运用的"全球地域化"（吴梓明）文化塑造实践。[1] Auliana Poon（1993）在其《旅游、技术与竞争战略》一书中认为，新的旅游者对环境变化更为敏感，他们希望与旅游目的地进行深入接触而欣赏他们与自身间的差异性。这说明旅游者越来越具有自我意识，他们越来越期望自己的旅游经历更为深刻，希望能与旅游地产生更多地接触与互动而不是停留在表面的观光与欣赏。引入外部力量的介入就在所难免了，"很多歌曲都是我们文化局的，我们也请名人阎维文啊，谭晶啊，出了两盘碟，都是我们原来文化局做的"。

不但如此，在文化的纯正性上，汉族的专业人士也发挥着纠偏的角色。

> 有一段时间小庄的人力啥的跟不上，好像觉得要迎合游客熟悉的需要，就放藏族的音乐来做伴奏，我们当下就给指出来，你土族是土族，藏族是藏族。传出去是闹笑话的！(WXM)

现在，对旅游接待点进行专业指导更是文化馆本身的一项日常工作，但是在旅游经济的影响下，当初民俗的开发者和村民的关系发生着微妙的变化。

伴随着小庄土族旅游的发展，更多的行动者介入到旅游社区空间的塑造当中，政府"旅游搭台，经济唱戏"战略的实行，对小庄进行整体的包装设计，打响旅游名片也提上政府的议事日程。政府对小庄整体的道路设计、路牌、厕所等，以及对进行旅游接待的家庭给予了资助和评级。

> 政府现在那些砖墙都是政府给免费修的，还有厕所，砖啊，还有

---

[1] 翁乃群：《全球化背景下的文化再生产——以纳西文化与旅游业发展之间关系为例》，载王铭铭等主编《人文世界：中国社会文化人类学年刊》，华夏出版社2001年版，第12—24页。

什么的刷的都是政府免费的，都是政府无偿给的。形象工程嘛。（MXY）

外在的变化总是容易测量的，十年前开阔的田地两旁被布满土族民俗装饰的喷绘所隔开，小庄也更像一个土族的村庄，但是没有人注意在小庄中正在消失的文化底色，小庄及其附近地区历史上流传的土族赞歌《兴阿浪列》《拉拉应格列》《因西格列》《拉也列那》《阿生照拉列》等，土族问答歌《唐德格玛》《幸木斯里》《恰热》《合尼》等，土族叙事诗《祁家延西》《太平哥》以及《拉仁布与吉门索》等，随着一些老歌手的过世逐渐趋于濒危。[1]

文化的呈现还与消费者紧密相关，美国人类学家史密斯认为，旅游者就是一名休闲者，他自愿到一个离开自己家的地方去旅游，目的是为经历一种变化。[2] 另一人类学家马康耐则认为，旅游是一种现代仪式，在这种仪式当中，人们从日常生活中摆脱出来，到一处非一般的地方经历某种变化，以便回来后更好地工作。他认为这样的旅游活动具有一种神圣的性质，它像一种宗教仪式一样，接受精神洗礼，具有一种"神圣"的意味。因为按人类学家的观点，这样的仪式不仅可赞美自己的社会，还可以加强团结，给人在精神上带来兴奋和愉悦。人类学家把这种活动称之为"人生礼仪"或"过渡仪式"。[3] 史密斯把旅游者分为五类：（1）民族旅游者（ethnic tourists）。他们到其他国家或地区去寻求奇异的异域风光或异质文化，即所谓"猎奇"。他们特意去参加一些特殊的地方活动，如参加村落歌舞、仪式以及购买当地土特产商品等。（2）文化旅游者（Cultural tourists）。他们寻求有"地方色彩"的文化现象，如当地人的生活方式，参观他们的住房、手工艺品、饮食、民俗、服饰、节庆等。（3）历史旅游者（historical tourists）。其中主要目标是参观历史文物名胜古迹，缅怀过去。这些游客往往是有较高文化水平的游客，如历史学家、人类学家、考

---

[1] 鄂崇荣、毕艳君：《土族民俗旅游开发与民族民间文化保护——以互助土族自治县小庄村、大庄村为例》，《中国少数民族文化发展报告（2008）》。

[2] Valene L Smith, *Hosts and Guests*: *The Anthropology of Tourism*, second edition, Pennsylvania University Press, 1989.

[3] Dean MacCannell, *The Tourist*: *A New Theory of the Leisure Class*, New York. Schnecken Books, 1989, p. 55.

古学家等。(4) 生态文化旅游者 (environmental tourists)。他们到遥远的地区去旅游,同时参加地方文化,品尝地方小吃,欣赏地方歌舞。(5) 娱乐型的旅游者 (recreahonal tou rists)。他们到沙滩、大海、去滑雪、登山、享受阳光和大自然的赐予。他们纯粹追求娱乐、享受,集吃、喝、玩、乐为一体。① 根据赵昌宏与马明呈对互助土族游客的调查,土族民俗旅游的客源尤以省外游客为主,45 岁以下的游客占客源市场的 84%,游客以中青年人为主,游客年龄结构与民族风情旅游目的地选择也有一定影响。旅游团队最多,占 41.3%;游客职业类型多样,无任何职业压倒性比重,游客的职业类型对该景区游客数量没有多大影响;游客收入在 1000—2500 元之间的游客数占 41.3%;观光旅游的游客最多,占 54.7%。游客会再来景区旅游的占 57.3%,会向他人介绍来景区旅游的占 71.3%;有 70.7%的游客感觉值得一游,有重游的可能性。②

在小庄的田野调查中,团体游客与散客的区分、公务消费与私人旅游的区分都富有意味地揭示出对于旅游目的地文化期望的差异,而不同经营者在文化呈现上更是显现出明显的差异,从风情园经营的角度来看,"你觉得游客到了这里最关注什么短短的三个小时?最关注土族的特色,比如说我们的演出啊,看看我们的民居,看看我们的民族的什么东西,吃吃我们这里的特色小吃。看看我们的服装,照照照片。他们对土族了解吗?他们说我们是土家族"。而从农家乐的角度来看,"我们小庄吧,许多人一辈子可能就只来一次,你得让人家真正了解土族,不能因为小庄而影响对土族的认识,不然我们的旅游就真正是起了反面作用。很多回头客来,说明还是我们土族文化对他们有吸引力嘛,更需要我们做好文化的展示,挣钱只是其中的一个而已"。

五 女性角色的比较

在广泛开展乡村旅游的西部民族地区,以歌舞表演、节庆活动及手工艺品制作、销售、餐饮和家庭旅馆所创造的就业机会中,当地女性则是旅

---

① Valence L. Smith, *Hosts and Guests*: *The Anthropology of Tourism*, second edition, Pennsylvania University Press, 1989, p. 86.
② 赵昌宏、马明呈:《青海互助土族民俗旅游的 SWOT 分析》,《青海师范大学学报》(哲学社会科学版) 2008 年第 4 期。

游经营活动的重要参与者。然而针对少数民族女性进行的研究显然普遍不足，缺乏社会性别的敏感意识。① 国际劳工组织（ILO）指出，旅游业中有近一半的女性就业者，在餐饮服务和旅馆住宿服务中甚至高达90%。美国女性人类学家斯韦（Swain）曾建设性地提出旅游中的社会性别问题有四个方面需要研究：(1) 性别游客（gendered tourists），包括游客的工作、休闲的情况，游客旅游的动机，社会性别之间的关系行为及社会性别之间的关系交易等；(2) 性别东道主（gendered hosts），指随着旅游发展，东道主社会形成的性别之间不同的权力关系等；(3) 性别化的旅游交易（gendered tourism marketing），在旅游活动与旅游行为中社会性别（gender）与性（sexuality）之间的关系与交易；(4) 性别化的旅游物（gendered tourismobjects），即在旅游活动和风景中带有性别表示或指喻的事物以及"标示物"等。②

中国多民族文化在旅游事业快速发展的过程中得到了充分的呈现，对不同性别角色的认同与冲突也得以充分的展开，在这一过程中，通过社会性别的视角对少数民族女性的角色变迁进行分析，将有助于更好地发展本土的社会性别理论。

表15-1 东道主女性旅游发展前后地位与角色的变迁

旅游发展阶段	收入构成	女性主要职责	女性地位和角色
旅游发展前	农业收入或男性打工收入为主	照顾家人、家务与农业劳动	男主外、女主内
旅游发展初期	男性打工和旅游收入为主，少量农业收入	照顾家人、家务劳动泛化（包括游客的饮食、起居）、农业劳动泛化（农业展景、民风民俗展示）	夫妻地位趋于平等，女性成为家庭收入的主要创造者
旅游发展繁荣期	以旅游收入为主，兼有男性打工收入，农业收入，投资收入	旅游服务与家庭经济分开，部分女性成为中小型旅游相关企业管理者	女性是收入主要创造者和投资者、决策者
旅游发展成熟期	以旅游收入为主，兼有投资收入、农业收入	参与、管理旅游事务，个人需求实现（人际交往、文化期望、休闲）	经济独立、思想与时俱进

资料来源：范向丽、郑向敏、丁秀荣《试析女性与旅游扶贫》，《中华女子学院学报》2007年第6期。

---

① 林清清、丁绍莲：《旅游发展与东道主女性——一个性别视角的研究综述》，《妇女研究论丛》2009年第3期。

② Swain, M., "Gender in Tourism", *Annals of Tourism Research*, Vol. 22, No. 1, June 1995.

（一）在民族社区中被呈现的民族妇女

Apostolopoulos 等从性别权力关系的角度考察了作为旅游业生产者的女性（旅游业中的就业者）、旅游业中的消费者（游客）以及旅游接待地没有直接参与到旅游业中的女性。旅游过程构建了"复杂多样的社会现实和社会关系，往往存在着等级差别和不平等现象。妇女和男性如何卷入旅游生产和消费有着明显的差异。现代化、全球资本主义融合了宗教、文化、历史和性别等因素影响了东道国社区的行动。[1] Pritchard 等人认为通过大规模的、各种类型的在旅游相关行业中就业，妇女能通过其对旅游业的参与发出声音，参与决策进程，并塑造了其在家庭、社区和地方的权力结构中的角色。旅游业从而潜在地在经济、社会、政治等方面为妇女提供了参与全球化变革的机会。[2]

（二）女孩子比男孩子能挣钱

景晓芬 2003 年在小庄的研究发现，在村庄的认知中，一开始搞旅游的这些女性是一些不安分的、不符合本民族"好"女人的标准的。家人、亲戚对她们会进行直接的反对、劝阻，而其他人则会说她们闲话，虽然这种议论和闲话并不是直接的干涉，但是舆论有时候比直接的干涉更有压力。旅游业的发展改变了小庄女性的生活方式，转变了她们的传统角色，无论是在经济上、家庭角色上还是社会关系网络上。[3]

小庄民俗旅游的发展不但基本上将村庄内部的女性吸收到民俗旅游职业中学，而且成为邻近村庄女性就业的重要场所，大多数来打工的女孩子都是附近村庄的，但是小庄本地女性到风情园的几乎没有，因为她们还有荷包和旅游纪念品的收入，远远高于风情园的收入，因此，长期以来，村庄与风情园几乎处于一个隔绝的状态。反之，由于村庄自身是一个自足的体系，对于外来的人员有着极大的排斥，几乎使得外来的女性凭借简单的

---

[1] Apostolopoulos Y. Snmez S. and Timothy, D., *Women as Producers and Consumers of Tourism in Developing Regions*, London: Preggers, 2001.

[2] Pritchard, A., Morgan, N., Ateljevic, I. and Harris, C. (eds.), *Tourism and Gender: Embodiment, Sensuality and Experience*, Wallingford: CAB International, 2007.

[3] 景晓芬：《土族女性非农就业与女性角色转换——以青海互助 XZ 村为例》，《西北人口》2007 年第 6 期。

技术进入村庄几乎成为不可能。这为村庄内部女性在旅游市场中的"社会化"提供了很好的机会,"LXY 以前在跳舞啊,看的人多了,她也有这样的想法,他们也知道一天能赚多少钱,多少人,他们也就自己做了"。这种社区中的学习通过亲属网络和熟人社会快速的复制,对村庄中传统的性别权力关系构成了一定的挑战,"原来搞旅游以为只是一种副业,因此经常说女人们挣的钱是玩的钱,但是现在旅游真的成为一种主业,谁也不敢说这个话了"。

由于发展旅游所带来的经济收益的刺激,有个别家庭鼓励家中女孩子放弃学业参与旅游接待、讲解等活动以增加家庭收入。旅游发展对社区女性对待儿童教育的态度带来了一定的消极影响。[1]"一年搞旅游把女孩子影响得特别厉害,现在我们这都是男孩子上大学,女孩没有。现在是九年义务教育,初中出来以后,她们都不上学了,都出来跳舞挣钱,挣着挣着,好多女孩就觉得钱挣着容易,就不上学了。许多游人过来也都说,你们都长得这么漂亮,怎么都是文盲呢,写个地址都不会写。"(LSL)村庄内虽然没有完整的统计数据表明旅游业对于女性受教育的影响,但是连年以来女性在高考升学上的状况却也能鲜明的揭示由此带来的影响,"小庄的女娃娃,一看旅游来钱这么快,学习肯定受影响,你看这几年大家经济状况好一点的都重视教育,考上大学的也不少,但这几年女娃娃一个也没有"。

(三) 结构性角色与功能性角色:民族社区中女性角色变迁的思考

Richter 指出,世界各地妇女填补了旅游就业等级的底层,工种多为洗衣工、服务员等,特点是工资低、低就业保障和无权力(powerlessness)。[2] 因此,Kinnaird and Hall 指出,任何从性别角度对旅游中的就业进行的分析需要解决如下问题:(1) 可提供的就业机会的质量和类型,(2) 妇女获得就业机会的差异性,(3) 就业的季节性波动,(4) 现有的

---

[1] 刘韫:《乡村旅游对民族社区女性的影响研究——四川甲居藏寨景区的调研》,《青海民族研究》2007 年第 4 期。

[2] Richter, L., "Exploring the Political Role of Gender in Ttourism Researc", in W. Theobold. (eds.), *Global Tourism: The Next Decade*, London: Butterworth Heinemann, 1994.

第十五章　民俗旅游与土族社会变迁

和新的性别角色的劳动分工。① 针对中国少数民族女性的许多研究发现，旅游在改变和提升女性角色地位上发挥了较为重要的作用。湘西土家族苗族自治州凤凰苗族自治县山江镇黄村女性在旅游业发展的影响下，不再单纯是普通的家庭妇女，而获得了更为复杂的社会身份。传统的苗族地区是以男子为中心的父系社会，但是，随着旅游所代表的现代力量的介入，这里的很多苗族女性的角色还是不由自主地发生着巨变。旅游经济的强势，影响了一部分苗族女人，为她们带来了新的社会身份，赋予了新的社会角色。② 而当旅游介入到摩梭人之中后。传统的母系大家庭形式更为稳定。女性承担家内事务同时，女性成员也要参与村中集体组织的旅游接待活动。女性劳动强度及范围扩大，摩梭人家庭中男性的劳动强度相对少。工作角色的变化，使男性在家庭中的地位受到一些影响。女性的意见在决策中起着较大的作用。③

虽然女性从事旅游业使她们的家庭地位和社会地位都有所提高，但当地女性并没有从她们的传统角色当中解放出来，这样一来，她们就需要扮演家庭和社会双重角色，承担家务劳动、农业劳动和旅游劳动。④

> （我们这男的）一天闲得没事干，地里的活不干，下地干活人家笑话，说他怕老婆，土族的传统一直就是这样的，我们（女的）早上6点就起床，一直把家里全部收拾好，然后下地干活，回来后换上（民族）衣服上班（接待游客），饭都吃不上。（LXY）

> 女的白天要招待游人，做饭、（民俗）表演、卖刺绣，到游客走了，马上换上衣服，随便吃点东西，还要下地，收割麦子啊、油菜，男人地里活还是轻些，比女人还是干得少。（LSL）

即使是在风情园相对现代的工作环境中，地方性时空关系中性别关系

---

① Kinnaird, V., and D. Hall, "Understanding Tourism Processes: a Gender-aware Framework", *Tourism Management*, Vol. 17, No. 2, 1996.

② 稂丽萍:《民族旅游时空中的少数民族社会角色的嬗变——以山江苗族为例》，《贵州民族学院学报》（哲学社会科学版）2008年第1期。

③ 陈斌:《旅游发展对摩梭人家庭性别角色的影响》，《民族艺术研究》2004年第1期。

④ 景晓芬:《土族女性非农就业与女性角色转换——以青海互助XZ村为例》，《西北人口》2007年第6期。

依然具有强大的影响力,"男女还是,像我们家就是这样,儿媳妇必须坐板凳,不能坐沙发。我结婚这么多年了,吃饭没做过沙发。我婆婆那一代,儿媳妇只能在厨房吃饭,现在我们就是在一个桌子上,我不坐沙发"。土族女性在旅游经济影响的社会角色变迁,从社会角色理论的解释上,我们尝试用结构性角色与功能性角色的概念来做一解释。在我们小庄的研究发现中,土族女性角色的变化很大程度上是一种功能性的变化而非结构性的转变,所谓功能性转变,是指在性别权力结构中,只是在表现形式、功能上女性角色得以改变,而不是真正因为女性在经济职业地位上的改变导致其在性别权力结构上的变化。

女性功能性角色的转变,并不是简单的对性别平等原则的挑战,也不是在西方语境中对少数民族女性性别平等的失落,而是有助于我们在地方性时空关系中发现性别关系相对弹性变迁的一种解读,而这种功能性转变,大大降低了在旅游业发展过程中对于家庭关系特别是夫妻关系的冲击,较为顺利地避免了对家庭关系的直接冲击。

六 结论与思考

社区史的叙述框架,尚需包容"倒逆时间"(reversed time)的观念,描写"从现代到过去","细胞化"以后的社区寻找它们原有的生存根源的"怀旧"(nostalgia)过程。[①] 反思发展这一词语在民族社区中运用的局限,充分重视社区自身历史性因素的效用,是民族发展研究中所必须重视的。

杜赞奇(Prasenjit Duara)和萧凤霞(Helen Siu)分别从社会史和社会人类学的角度证明,中国农村的社会变迁与"传统的蜕变"没有太大关系,而与不同权力网络和文化意识形态的交织不可分割。本研究对互助土族社区的研究,正是意欲将民族社区的变迁放置在更为广阔的社会转型关系当中来探讨,并对民族学解释民族社会变迁的理论做尝试性的发展与讨论。

[①] 王铭铭:《现代的自省——田野工作与理论对话》,载潘乃谷等主编《社区研究与社会发展》,天津人民出版社1996年版。

（一）民族社区结构与"差序格局"的再探讨

费孝通先生在分析中国社会结构时提出的"差序格局"理论在中国乡村社会的研究中得到广泛的应用与讨论，并被研究界拓展成为新的研究思路，杨善华、侯红蕊在考察现阶段农村社会中的血缘、姻缘、亲情和利益关系的基础上，将差序格局与当代新现象联系起来以解释当代社会结构特征，认为差序格局出现了理性化趋势。[①] 李沛良则尝试用实证统计的办法研究差序格局，在考察当代香港社会中熟人支持纷争、解决困难和经济资助等现象的基础上，他提出了工具性"差序格局"的概念。[②] 阎云翔更是一反学界关于"差序格局"主要指横向社会关系的观点，对"差序格局"进行了学理上的再解释，提出差序格局既包括横向关系上的、以自我为中心的、富有弹性的"差序格局"，也包括纵向关系上的、刚性等级化的"差序格局"。他进而指出，"差序格局"的维系有赖于尊卑上下的等级差异的不断再生产，而这种再生产是通过伦理规范、资源配置、奖惩机制以及社会流动等社会文化制度实现的。[③] 张继焦将"差序格局"予以扩大运用，提出农民工在城市就业并不完全遵循原有的"差序格局"顺序，进而将农民工按照城市异质关系网络建立的关系称之为城市版"差序格局"，以区别于原来的乡村版"差序格局"。[④] 麻国庆则通过《永远的家》提出从中心点到其他各圈层的路径是什么？作者给出的答案是，一条路径是分家与继替，一条路径是"类"与"推"。前者实现了社会的纵向结合，如以家为起点发展到分家，而分的同时又有继与合，故而形成了社会的延续，这样具体化的研究更为清楚的阐述"差序"所遵循的方向、路径，及其在各类场域当中的表现特征和限度。[⑤]

那么，"差序格局"这一概念仅仅是指汉民族乡村社区社会结构的一种学术提炼与表述，还是可以解释少数民族社区特别是少数民族社区在变迁过程中社会结构所发生的变迁？本研究通过对青海互助县 X 社区的研

[①] 杨善华、侯红蕊：《血缘、姻缘、亲情与利益》，《宁夏社会科学》1999 年第 6 期。
[②] 李沛良：《中国式社会学研究的关联概念与命题》，载北京大学社会学人类学研究所编《东亚社会研究》，北京大学出版社 1993 年版，第 71 页。
[③] 阎云翔：《差序格局与中国文化的等级观》，《社会学研究》2006 年第 4 期。
[④] 张继焦：《差序格局：从乡村版到城市版》，《民族研究》2004 年第 6 期。
[⑤] 麻国庆：《永远的家》，北京大学出版社 2009 年版。

究发现,"差序格局"在分析变迁中的少数民族社区时亦具有相当的解释力,特别是当外来的力量介入到民族社区的变迁当中时,原有社区中的"差序"结构发生了较为明显的改变。表现在×社区当中,公司、政府等新的行动者介入到社区当中,社区的"差"的类型更为丰富,带动了社区结构的变迁,其实早在费孝通《江村经济》中描述的由于机器进入乡村所导致的家户结构和社区的变迁就体现出类似的变迁,而在民族社区中,社区中"类"之间的差异更为明显,"差"的加剧大大影响了社区整合的难度。同时,由于旅游经济的影响,社区中企业、政府也大大的改变了社区中的"序",经济因素在少数民族乡村社区变迁中的影响大大增强,家户之间更深入的参与经济活动导致社区活动的外向化、理性化大大增加,社区更多的卷入到更大社会体系的变迁当中。从这一角度来看,德凯特(E. de Kadt)提出把企业家、政府官员、银行家、管理者等利益相关方纳入到对旅游的研究当中,特别是重视政府起到的关键性作用显得尤为重要。[1]

(二)民族社区变迁与"现代化"理论的再思考

长期以来,中国社会特别是西北少数民族社会的发展长期以来为"发展主义"或者进步的种种理念所影响,然而,与发展的预期相差甚远的不仅仅是西部地区长期停留在"富饶的贫困"中的历史现状,更为重要的是影响了人们对发展本身的理解,黄宗智在讨论中国研究范式时指出:"如果研究只是局限于宏观或量的分析,很难免套用既有理论和信念。然而,紧密的微观层面的信息,尤其是从人类学方法研究得来的第一手资料和感性认识,使我们有可能得出不同于既有规范认识的想法,使我们有可能把平日的认识方法——从既有概念到实证颠倒过来,认识到悖论的事实。"(Huang,1991)以往社会科学界以为"现代化"主要是一个社会—经济转型的过程,而通过经验的考察,我们发现它仅仅是一种政治和意识形态的理想模式。就这一点而论,在社区的时空坐落中考察民间文化和传统,一方面可以使我们了解文化和传统的固有特性,另一方面对于

---

[1] Will Iarmr, Easington, *Valenels Tourism Alternatives: Potentials and Problems in the Development of Tourism*, Philadelphia: University of Pennsylvania Press, 1992, pp.61-75.

我们思考现代化理论的局限性也将具有重要的贡献。[1] 校正研究的视野，使对于社区的研究回归到发展的本意当中来，考察社会—经济转型的过程，而不是不加批判的当作一种理论来接受，是我们研究所特别重视的。正如费孝通所言："我在提出文化自觉时，并非从东西文化的比较中，看到了中国文化有什么危机，而是在对少数民族地区的实地研究中首先接触到了这个问题。"[2] 民族地区的发展，不但受到各种现实条件的制约，而且有着深层的文化、宗教等历史根源的影响，现有的发展理论简化为"外源动力"和"内源动力"的二分法极大的影响了我们对民族社会发展的认知，发展出一种倾向于把民族社区与民族社会视为封闭体系的观点。而市场化或者以市场化为主要内容的现代化则更具有相当的局限性，我们在小庄的田野调查发现，市场化并没有为少数民族社区的变迁带来直接的正面影响，而是成为外在于社区的一种异己力量，日益脱离与当地社会的关系，并且成为削弱当地传统文化知识的一种显著负面力量。

（三）文化保护：非物质文化的物质化悖论

我国著名民族学家费孝通曾经就文化保护中人与文化的关系给予深入的研究，他的观点是，文化史是人为的，文化又是为人的，在文化留存的问题上，文化应该为人服务而不是因为文化的保护局限人自身的发展。在少数民族民俗旅游发展的过程中，这一问题被更为深刻地呈现出来，特别是当许多少数民族自治地方由于人口流动等因素的影响，其他民族人口已经超过该民族的社会变迁过程中，对民族文化的保护以及由此带来的文化与民族认同问题需要更进一步的思考，著名人类学家本尼迪克特在《文化模式》一书中指出，某种程度上，文化整合是为了实现某种文化目的，历史上独特的种种特质，可能结合在一起，而且"人们从周围地区可能的特质中选择出可利用的东西，放弃不可用的东西。人们还把其他特质加以重新塑造，使它们符合自己的需要"。[3]

为了更好地保护民俗文化所设立的非物质文化遗产项目，其本意在于

---

[1] 王铭铭：《现代的自省——田野工作与理论对话》，载潘乃谷等主编《社区研究与社会发展》，天津人民出版社1996年版。

[2] 费孝通：《费孝通文集》（第十六卷），群言出版社2004年版，第59页。

[3] [美]本尼迪克特：《文化模式》，何锡章、黄欢译，华夏出版社1989年版，第35—37页。

加强民族文化基因、精神特质等深层次的文化因子,在联合国的定义中,"非物质文化遗产"指被各群体、团体、有时为个人所视为其文化遗产的各种实践、表演、表现形式、知识体系和技能及其有关的工具、实物、工艺品和文化场所。各个群体和团体随着其所处环境、与自然界的相互关系和历史条件的不断变化,使这种代代相传的非物质文化遗产得到创新,同时,使他们自己具有一种认同感和历史感,从而促进文化多样性和激发人类的创造力。但是现实的状况却是在整个世界夷平化的过程中,小众的民俗文化难以逃脱消费主义和旅游文化的影响,反而使所要保存的非物质文化更加的"物质化"。在社会变迁特别是消费文化与旅游文化的影响下,探索文化存留的深层逻辑,依然为民族学研究留下了广阔的空间。

第五编

社会转型与民族社区发展

郑杭生、李强等社会学者认为，"社会转型"是一个有特定含义的社会学术语，意指社会从传统型向现代型的转变，或者说由传统型社会向现代型社会转型的过程。① 在这个意义上观察20世纪80年代以来中国社会的转型，体现在社会整体的结构转换、机制转轨、利益调整、观念转变等方面，引起了学者的广泛关注。孙立平将其概括为："政体连续性背景下的渐进式改革、权力连续性背景下的精英形成、主导意识形态连续性背景下的'非正式运作'。"② 在这样的社会背景下，民族社区所发生的一系列嬗变亦无法脱离这一社会环境来进行观察和理解。

在研究方法上，传统的社会学对"社会转型理论"的应用主要是从自上而下的视角关注于组织、制度等结构性特征，近些年来一些学者倡导将实践的社会现象作为社会学的研究对象，从而强调面对社会转型的具体实践过程，通过对过程、机制、技术、逻辑的关注来实现对社会转型新的理解。③ 契合于这种研究趋向，本课题组立足于民族社区的研究视阈，通过对甘肃临夏回族自治州白村的乡村精英研究，回应民族乡村社会的内部变迁；通过对甘肃兰州市一个多民族社区地质灾害的考察，探究社会转型时期多重文化建构下的社会行动；通过对新教一个维吾尔地区劳动力动员与输出事件的调查，思索国家与农民关系模式下的社会动员路径；通过对兰州市一个少数民族流动人口聚落的研究，呈现少数民族流动人口进入城市所面临的居住空间区隔、文化区隔与制度区隔，探索城市化背景下少数民族流动人口的城市融入议题；最后，以甘肃张家川回族自治县的一个民族村庄为案例考察社会转型背景下的回汉关系建构。

---

① 参见郑杭生、李强等《当代中国社会结构和社会关系研究》，首都师范大学出版社1997年版。
② 孙立平：《实践社会学与市场转型过程分析》，《中国社会科学》2002年第5期。
③ 同上。

第十六章 统一与分散：转型期对回族乡村精英的实地研究

——以白村为例

一 白村基本概况及研究设计

(一) 白村基本概况

白村隶属于甘肃省临夏回族自治州 GH 县，GH 县位于甘肃省中部，临夏回族自治州的东南部，东西长 45 公里，南北宽 13 公里，总面积 538 平方公里，全县辖 5 个镇、4 个乡、1 个民族乡，102 个行政村、1121 个社、3.65 万户、20.5 万人，其中回、东乡等少数民族人口 19.93 万人，占总人口的 97.9%，其中回族占总人口的 73.03%，在少数民族中除藏族以外其余的少数民族均信仰伊斯兰教。GH 县境内有着十分丰富的新石器时代文化遗存，驰名中外的马家窑文化、半山类型、齐家文化都首先发现于 GH 县。全县经济以农业为主，农业人口占全县总人口的 96.4%，耕地面积 20.60 万亩，人均耕地 1.1 亩。旱涝保收基本农田人均 0.5 亩，60%以上是旱地，农业基础薄弱，产量低而不稳，影响农业生产的主要灾害是旱灾，全县农民人均纯收入 1530 元左右。GH 县属温带半干旱气候区，春夏温和，秋季凉爽，冬季寒冷干燥，年平均气温 6.4C，最高气温 32.6℃，最低气温 -21.6℃。平均降水量 493.5 毫米，蒸发量 1257 毫米，全年无霜期 142 天左右，年平均日照 2560 小时。

白村位于 GH 县城向东 21.7 公里处，位于白村所属的 SJ 镇向西 3 公里处，村庄占地 7.2 平方公里，总人口数为 2435 多人，耕地总数约为 2330 亩，人均耕地数约为 0.96 亩，人均纯收入 1788 元，养殖业收入占人均纯收入的 30%；劳务输出 400 人。其中回族 80% 左右，其余为东乡族。共有 405 户住户，全村人均信仰伊斯兰教。白村由 ZHZ 村、BZT 村、

HP 村、BJP 村等四个自然村构成，其中 ZHZ 村、BZT 村分布在公路沿线的川区，而 HP 村和 BJP 村则在半山区，ZHZ 村与 HP 村人口相对来说较少，分别为 500 多人和 400 多人，而 BJP 村与 BZT 村的人口相对较多，分别为 800 多人和 700 多人，从经济状况来看，ZHZ 村与 HP 村的经济相对较弱，而 BJP 村与 BZT 村的经济相对较好，从四个村的经济类型来看，大致一样，都是以农业为主，兼做运输、餐饮、皮革等行业。"缺乏分层与缺乏记忆型村庄的权力结构"[1]是贺雪峰等提出的一个概念，"缺乏分层"主要针对一个村庄在现代的浪潮中是否被现代化所影响，村庄内部的贫富差距是否扩大，人们的职业类型是否出现较大的差异，以及人们在现代进程中是否出现了等级化现象。而"缺乏记忆"主要针对乡村社会在现代的过程中，是否远离了传统的习俗，在现代的过程中村庄中原有的传统的习俗以及人际关系是否出现了分离，等等，照此我们来分析白村，笔者认为白村由于身处在具有浓厚传统性的民族地区，从社会分层的角度来看，白村内部人们的分层现象有所出现，但并不是十分明显，至于村庄记忆，白村虽作为一个迁移村庄，但其对传统习俗以及传统文化的保存方面却十分有力，当然随着现代化进程的不断推进，白村的村庄记忆也在慢慢的流失，但其流失也同样不是十分明显。综上所述，我们如果从社会分层和村庄记忆的角度来划分白村的村庄类型的话，我们可以将白村称之为"半分层半记忆的村庄"。

至于在调查点的选择上，不同的学者对于调查点的选择有着不同看法，著名人类学学者王铭铭认为，"社会人类学者所研究的小型社区一方面是大社会的一个不可分割的部分，另一方面又不能完整地'代表'中国现实，最多它们只是一种关于中国的'地方性知识'"[2]。小型社区是地方性知识的来源，但同时地方性知识也存在着代表性的问题，而学者吴毅认为："学术资源本土化的前提是作为理论源泉的经验的本土化，本土化的经验只能来自于对本土场域的研究，因为只有以本土经验为前提的理论才可能真正做出对既有理论的反思。而恰恰这一点上，个案研究有着不

---

[1] 贺雪峰：《缺乏分层与缺失记忆型村庄的权力结构——关于村庄性质的一项内部考察》，《社会学研究》2001 年第 2 期。

[2] 王铭铭：《社会人类学与中国研究》，生活·读书·新知三联书店 1997 年版，第 40 页。

可取代的优势。"① 不同学者在调查点上的不同看法对于我们的调查产生了影响,对于中国社会的研究,我们究竟该如何进行,是进行系统的全方面的实地调查(这种调查一般采用问卷调查),还是对某一地点采取定点式的调查,(这种调查一般以田野访谈为主),在这一问题上笔者认为,从中国国情出发,中国南北、东西差异巨大,城乡差别更是突出,而所谓的全国性的整体调查也未必能真正反映出中国社会的实情,问卷调查存在着研究不够深入和真实性的问题,而对于定点调查的代表性问题,笔者认为,我们调查点的选择以及个案的选择对于反映真实的状况至关重要,在实地调查中这一点需要我们的注意。此外,哪种研究采用哪种方式也要根据我们研究的主题来确定,不同的研究主题要求我们采用不同的调查方法,从这一点来说,本研究适合定点式的调查,这也是笔者为什么在研究回族乡村精英时,选择一个村庄作为研究和调查的主要原因。

(二) 相关研究简述

国外精英理论最早的先驱是帕累托和莫斯卡,帕累托和莫斯卡分别提出了"精英循环理论"和"统治阶级论",之后又涌现了米尔斯、吉登斯、丹尼尔·贝尔、米歇尔斯等一大批社会学家,他们以各自不同的理论观点考察这一理论,推动了这一理论的发展。此外,美国社会学家布劳和邓肯对精英流动因素进行了量化描述,对古典社会地位获得模型进行了研究,而学者撒列尼和维克托·尼通过对社会主义国家包括中国的精英流动情况的考察研究,提出了精英转变命题论等。在国内,孙立平认为总体性资本的圈内转换是转型期精英形成的根本原因;何清涟将中国社会结构分成精英层、中下层、边缘化集团,并着重强调了权力资本化、商品化与市场化在精英形成中所起的作用;李路路通过对私营企业主的细致调查得出,中国精英流动是再生产与精英循环并存的状况;宋时歌针对中国社会在社会主义市场经济改革过程中表现出的独特之处提出了"干部权力转换延迟"理论。

具体到中国乡村精英的研究,早期的有费孝通的"双轨政治"、孔飞力的"士绅操纵"和杜赞奇"经纪体制"等理论。此后,王思斌提出了

---

① 吴毅:《村治变迁中的权威与秩序——20世纪川东双村的表达》,中国社会科学出版社2002年版,第29页。

"边缘人"的概念，宿胜军提出了"保护人、代理人、承包人"理论。这些研究主要是从乡村治理的角度对乡村精英的某些子群体进行了探索性的考察，这些研究向我们展示了如何通过一个农村社区精英的探讨来透视国家社会结构的变迁。学者陆学艺、贺雪峰、何清涟、郭正林等对乡村精英的界定、分类提出了自己的见解，而对于乡村精英的功能作用方面的研究主要有：中国人民大学李路路教授重点考察了私营企业家在体制内的人际关系（他称之为体制资本）对他们获取体制内的各种资源（如贷款、技术）的作用问题；中山大学周大鸣教授从文化社会学的角度分析了农民企业家，分析了农民企业家的特征，以及成为一名优秀的农民企业家需要具备的一些要素；浙江大学郎友兴教授重点考察了实行村民自治以来经济精英对村庄权力结构的影响等问题。此外，还有折晓叶、项辉、杨善华、王汉生、仝志辉等学者对乡村精英进行了考察分析，提出了自身不同的看法与见解。纵观国内外学者对中国乡村社会精英的研究，我们不难发现，学者们在乡村精英的界定、分类方面存在分歧，同时在用国外相关精英理论解释中国乡村精英研究的现象时也存在解释力有限的问题，此外，还存在历史性研究和共时性研究相互分离的问题，而对于少数民族乡村精英的研究方面来说，在学术界至今还没有看到著名的理论和有力的解释分析的出现，正是基于这样的出发点，笔者结合自身对回族乡村社会的调查与研究，对回族乡村社会精英进行探索性研究。

（三）本文的研究方法

本文在研究方法上以田野调查为基本研究方式，在此基础上，采取问卷法、观察法、文献法等资料收集方法，采取统计分析、比较分析、理论分析等资料分析方法，做到四个结合（实证分析与规范分析相结合、历史研究与逻辑研究相结合、微观的经验分析与宏观的理论分析相结合、理论研究与政策研究相结合）。在具体的研究中，笔记借用"过程—事件"[①]的研究方法，从回族乡村社会精英成长轨迹、社会资本的扩展，乡村精英的变迁以及税费改革和回族乡镇对回族乡村基层管理体制进行管理方式的

[①] 所谓"过程—事件"分析法就是在面对问题的时候，不从结构的角度去分析问题，而是将问题中的社会事实看作是一个过程，强调通过对实践形态中的事件性过程的分析和研究，来揭示社会事实背后的真实机制。参见周红云《社会资本与中国农村治理改革》，中央编译出版社2007年版，第15页。

变革下,回族乡村社会精英所采取的策略等方面,对回族乡村社会精英进行了描述与研究,对回族乡村社会精英的成长以及相关方面进行了较为深入的探讨。

(四) 概念界定

"精英"这个词在17世纪出现时是用来表示特别优秀的物品的,后来逐渐扩展到指称优秀的社会群体,直到19世纪末才在欧洲大陆被广泛用于社会和政治著作中。至于乡村精英,学者项辉等人将乡村精英定义为在某些方面拥有比一般成员更多的优势资源,并利用这些资源取得了成功,为社区做出了贡献,从而使他们具有了某种权威,能够对其他成员乃至社区结构产生影响。① 与此相类似,学者贺雪峰认为所谓村庄精英,就是村中掌握优势资源的那些人,因为掌握优势资源,而在村务决定和村庄生活中具有较一般村民大的影响。② 而学者杨善华将乡村精英定义为在农村社区生活中发挥着"领导、管理、决策、整合的功能"的人。③ 此外也有学者认为:"乡村精英是指乡村社区中,某些在经济、个人能力、社会资源等方面拥有优势,并利用这些资源取得了一定的成就,为社区做出了突出的贡献,同时被赋予了一定的权威,能够对社区本身乃至其成员产生影响的社区成员,相对于一般的社区成员而言,他们就是该社区的精英。"④

在乡村精英类别的划分方面,学者贺雪峰和仝志辉曾将村庄精英分为两类:一是体制内的村组干部,称为体制精英,即掌握着村庄正式权力资源的村庄精英;二是体制外的村庄精英,称为非体制精英,即不掌握村庄正式权力资源但在村庄有一定政治社会影响力的村庄精英。⑤ 项辉等则认为乡村精英可以分为政治精英、经济精英以及社会精英三类;学者陆学艺

---

① 项辉、周俊麟:《乡村精英格局的历史演变及现状闭》,《中共浙江省委党校学报》2001年第5期。
② 贺雪峰:《新乡土中国:转型期乡村社会调查笔记》,广西师范大学出版社2003年版,第159—160页。
③ 杨善华:《家族政治与农村基层政治精英的选拔、角色定位和精英更替———一个分析框架》,《社会学研究》2000年第3期。
④ 汪小红:《乡村精英格局演变的启示》,《中国社会导刊》2006年第6期。
⑤ 参见仝志辉、贺雪峰《村庄权力结构的三层分析》,《中国社会科学》2002年第1期。

则将乡村精英划分为政治精英、经济精英和社会精英。政治精英相当于体制精英,他们产生于村庄的政治生活领域,主要由村党支部和村委会两个正式组织的主要负责人组成;经济精英由两部分人组成:一部分是在社区内卓有成就的私营企业家,另一部分则是被公认为有能力、对集体经济的发展立下汗马功劳的集体企业创办者和管理者;社会精英主要是指那些在重大的民间活动中因对传统和习俗的熟稔,并具有较高的威望而充当组织指挥者的社区成员。① 此外,学者金太军、仝志辉、吴毅等提出的体制内与体制外精英或治理与非治理精英两分法。②

在本文中,笔者将回族乡村精英界定为回族乡村社会中,在经济、政治、社会等各个领域具有权威性的人物。在精英划分上,借鉴学者陆学艺先生对精英类型的划分,根据回族乡村社会的特殊性,将回族乡村社会的精英划分为:政治精英、经济精英和社会精英三类。经济精英主要包括私营企业主、富裕的个体劳动者等;社会精英主要包括家族头目、社会能人、有威望的回族乡村老年人,以及掌握较高宗教知识和非宗教知识的乡村个体等;政治精英主要由村党支部和村委会主要负责人,以及在村中掌握有政治资源,能对回族乡村社会造成影响的回族乡村社会权力掌控者组成。

此外,按照美国学者孔飞力的观点,中国传统乡村社会中的精英阶层是指:"那些在地方上富有影响力的人物,它既包括生活在乡村社会中的具有官僚身份的卸任、离任官员,也包括在外当官但仍对本籍乡村社会产生影响的在任官僚,还包括有功名而未仕的举、监、生、员等以及在地方有权有势的无功名者。"③ 在孔的研究中是将村外的精英看作乡村精英,还有学者肖唐镖在《宗族政治:村治权力网络的分析》中将那些村外的精英称为"在外精英"。④ 于是,一个问题出现在我们的面前,那就是对于外出精英或者生活于村外的精英是否可以看作本乡村的精英?或者他们是否是我们考察的对象?对此已有人对乡村外出精英的这一问题进行了讨

---

① 参见陆学艺主编《内发的村庄》,社会科学文献出版社2001年版,第271页。
② 参见金太军《村级治理中的精英分析》,《齐鲁学刊》2002年第5期;仝志辉《村庄权力结构的三层分析》,《中国社会科学》2002年第1期;吴毅《村治变迁中的权威与秩序》,中国社会科学出版社2002年版,第345—354页。
③ 傅衣凌:《中国传统社会:多元的结构》,《中国社会经济史研究》1988年第3期。
④ 肖唐镖:《宗族政治:村治权力网络的分析》,商务印书馆2010年版,第207页。

论。如学者崔山磊、李睿在《新农村建设背景下乡村外出精英的乡土回归——以河南省 C 县实施"回归工程"为例》一文中提到:"所谓乡村外出精英即在乡村外部（一般指城市）创业、经商、居住、发展的,但是出生成长于乡村并且一直与乡村有着千丝万缕联系,在政治、经济、文化等领域拥有资源和优势或者能够调动资源,并且有可能利用这些资源或优势帮助乡村发展,因而能够拥有乡村权威的个人或群体。"[1] 从这个意义上来说,那些虽然迁出乡村生活在外或长期在村外生活,但仍旧与乡村社会保持联系的精英,理应是我们考察一个乡村社会权力体系的构成部分。在现代化的浪潮中乡村社会中一部分精英和普通村民流向具有更好发展机会的地方,他们从自己原有生活的村庄迁出,生活在村庄外的社会,在这些人中,那些彻底与原有村庄脱离了联系的人,不是我们考察村庄精英范围之内的对象,而那些与村庄仍旧保持联系的人,并利用自身资源影响村庄运行的在外精英理应成为我们考察的对象之一。因此,在本章中依据研究的需要,笔者将乡村精英划分为政治精英、经济精英和社会精英三类,同时又将那些生活或居住在外,但与村庄保持密切联系,对村庄运行有影响的"在外精英"也视为考察研究的对象。

二 白村社会中的精英

在了解乡村精英时,他们身上的所特有的特征、他们的成长经历以及他们在乡村社会中的作用都是我们不可忽视的一个重要组成部分。此外,我们需要明白,虽然有关的学者对乡村精英进行了分类,但在考察乡村精英时,我们一定要清楚乡村精英他们自身的特征以及他们所生活的社会背景决定了乡村精英是一个复合体。例如,笔者调查的白村中,村支书 AKF 既是政治精英,也是社会精英。在笔者看来,我们对精英的划分本身是一种主观性的意愿,而从乡村精英自身的特征来看,乡村精英都有着非常明显的复合性,即经济精英有着社会精英的某些特征,而政治精英也具有经济精英和社会精英等方面的特征,社会精英具有经济精英的特征,只不过对于某个精英来说,在其身上某种特征更明显一些,因此,他就被

---

[1] 崔山磊、李睿:《新农村建设背景下乡村外出精英的乡土回归——以河南省 C 县实施"回归工程"为例》,《齐齐哈尔大学学报》(哲学社会科学版) 2007 年第 2 期。

归于这类精英之中罢了。下面笔者就白村乡村精英的形成和发展两个方面，来描述白村乡村精英的成长历程和发展模式。

（一）回族乡村精英形成的影响要素

精英是针对普通的人所提出来的，也就是说精英是相对普通人的一个群体，但另一方面，精英来自普通人群体，也就是说精英从普通人中产生，但同时是普通人中的佼佼者。因此我们在讨论精英时，最先需要讨论的就是精英是如何产生的，在一个封闭的状态中精英产生是困难的，精英的产生需要一个开放的场域，在这个场域中普通的个体可以通过与外界的接触来使自己变得出众，从而成为精英。那在一个场域中精英如何让自身变得出众？一个人从普通的村民发展到乡村精英，既有其自身要素的影响，也有外在要素的影响，在"内"和"外"两个方面的影响下，才最终从普通村民蜕变为乡村精英。从"内"和"外"两个方面来看，影响回族乡村精英的主要因素有内，外两个方面。

内在要素有以下几个方面。

1. 人格特征

所谓人格特征，是指个体与环境在交互作用的过程中所形成的一种独特的身心组织。在个体适应环境时，体现在需要、兴趣、态度、价值观念、气质、形象、外形及生理等诸方面，有不同于其他个体之处。一个人的人格是在遗传、教育、环境等因素的相互作用下形成的，具有很大的稳定性。① 对于乡村精英来说，精英是从普通人脱颖而出的人，那么从人格特征来说，精英有着相比较其他人而言的一些独特人格特征。从白村的乡村精英的形成来看，这些人格特征主要表现在以下几个方面。

（1）胆大、敢于冒险的精神。从白村的经济精英的形成来看，大部分的精英是在20世纪八九十年代借着改革的机会而发展起来的，那时由于信息的不通畅，使得一些回族商贩开始通过贩运商品而发财，在白村，就是做贩运皮毛生意的商人最先发展起来。到了当前，由于信息开始通常透明，所以很多的白村村民开始做起了运输、餐饮等行业，在这些行业中，一些村民开始发家致富。在白村当地有句俗话叫做"十个回回，九

---

① 董研：《村民行动与村庄秩序——河北乡村社区的实地研究》，中央民族大学出版社2011年版，第92页。

个买卖人",也就是说很多村里人,都做着大大小小、不同的生意。现在,很多人开始做起了了餐饮、运输等服务业,这也就是说,在回族乡村社会中,很多的人选择的是创业,这样的职业选择本身一方面蕴藏着产生经济精英的机会。当然,这样的职业选择模式也需要回族乡村村民具有胆大、敢于冒险、不怕失败的精神。

> 例如,一位在白村所属县份呆过的汉族工作人员说:"回族人的胆子很大,想做什么就直接去做了,不像我们,我们做什么老是想很多东西,前怕狼,后怕虎,做啥事情都怕赔钱,最终什么都不敢做,回族人就不一样,我碰到的几个有钱的回族,胆子都很大,人家想什么,就做什么。"(兰州市 ZTX,男,汉族,48 岁,2012-3-18)

(2) 吃苦耐劳、艰苦奋斗的精神。吃苦耐劳、艰苦奋斗几乎是每个成功人必备的要素,回族乡村精英也不例外。在白村的调查中,我们发现白村乡村精英与其他普通的村民相比,他们在吃苦耐劳和艰苦奋斗方面,具有较好的表现。这一点尤其在经济精英身上表现的尤为突出。

> HKM 是白村 ZHZ 小村的一名调料批发商,其批发的调料可以说占据了白村所在镇集市的一大半。当 HKM 说起自己的创业经历,可谓是字字入心。他说自己刚创业时,资金缺乏,他好不容易从亲戚那里借来初始资金,可谁知刚开始进入调料这一行时,由于自己的经验不足,导致第一次的调料生意失败。最糟糕的一次是,他在城里装好货物,准备运回自己的批发处,可谁知天气突然下起了雨,自己的一些货物被淋湿,他本来觉得可能东西都完蛋了,最后还是召集家人以及在亲戚朋友的帮助下,大家在一个较大的空地里将所有货物晾晒干,他说当时觉得做生意太苦,想放弃去南方打工,最后还是想想坚持下来,经过自己的不断努力,最终获得成功。(GH 县白村 HKM,男,回族,49 岁,2012-1-16)

(3) 良好的心理素质。在白村的调查中发现,白村乡村精英,不但具有胆大、勇于冒险、吃苦耐劳、艰苦奋斗的精神外,他们在心理素质表现方面也是特别出众的。对于经济精英来说,无论从事的是餐饮还是运输等行业，风险是时刻存在的，所以只有具有良好心理素质的人，才能从容面对职业上面的风险。而对于政治精英来说，一方面，他们面对上级相关领导的指令，另一方面，他们又要面对广大人民群众的层层质疑，如果没有良好的心理素质，很多事情恐怕都很难处理掉。对于社会精英来说，良好的心理素质主要表现在，在处理乡村人际矛盾、家族事端、宗教矛盾等方面要有一定的抗压能力和处事能力。

  MD 是白村 BJP 小村清真寺的一名管理人员，由于他在担任清真寺管理职务之前，深受 BJP 村村民的盛赞，认为他为人处事公正、公平，宗教积极性也很高，而且村民对其信任度也非常之高，可当他担任了清真寺管理人员之后，村里竟传出他在管理清真寺财务时，账务不透明，甚至有人说他拿清真寺的钱去做生意。这样的言语对 MD 来说无疑是最大的侮辱，但 MD 并没有因此而辞去清真寺管理职务，而是毅然坚守岗位，恪尽职守，通过改革清真寺财务公开制度、加强清真寺财务管理等措施，遏制了不实言传的发酵，从而在清真寺管理的岗位上证明了自己能力。（GH 县白村 BJP 小村 MN，男，回族，38 岁，2012-4-22）

从上述事例可以看出，回族人的胆大、不惧冒险的性格特征已经被很多人所认可，而胆大、敢于冒险的精神也是回族乡村精英，尤其是经济精英产生的重要影响因素之一，同时，回族乡村精英具有吃苦耐劳、艰苦奋斗的精神和良好的心理素质，这些性格特征都为他们成为村中的精英打下了坚实的基础。

2. 教育因素

在这里，教育不仅指学历和文化程度，同时也指宗教知识的掌握度。在白村的调查中我们发现，由于白村是一个民族村，全村人均信仰伊斯兰教，而且白村地处西部地区的偏远民族地区，所以白村人的文化教育水平普遍较低，例如，在白村的调查中发现，40 岁以上的妇女中，竟有 85% 左右的人是文盲，而 40 岁以上的男性中文盲的比例也在 64% 左右。在这样的现实情况下，说白村乡村精英的文化程度较高也是相对而言的。调查发现，白村乡村基层干部的文化程度普遍高于普通村民，此外，在对其他精英的考察中我们发现，社会精英在文化程度和宗教知识上面比普通的村民要高。在回族乡村中要成为社会精英,想要在回族乡村社会中具有一定的社会威望,那么宗教知识的掌握以及在宗教上的积极性是非常重要的。因为,在回族乡村社会中一般的社会精英大都在村中清真寺担任过管理工作,而一般选举担任清真寺管理工作的一个首要条件就是要有一定文化知识和宗教知识及宗教的积极性。但是,文化知识在经济精英中的表现并不突出,在白村乡村精英之间的比较中,经济精英的文化知识和宗教知识普遍比其他类型的精英低。

3. 行为方式

精英一方面是普通人中出类拔萃的人,无论是在经济方面、威望方面,还是在政治方面,他们都必须要有过人之处才可以被认定为有能力的人。所以,精英的形成一方面是他们自身的条件,另一方面是他人的认可,对于回族乡村社会中的精英来说更是如此,而要获得他人的认可,那么精英不光要自身具备一些过人的本事,同时要在日常的生活中以一定行为方式来证明自身的能力。在回族乡村社会的精英身上,这些行为方式主要包括经济精英的各种经济能力显示,例如有豪华的住房、汽车以及能帮助他人,能在清真寺的捐款中大额地出钱;社会精英的主要表现在有能力调节人际矛盾,主持一些大型的活动,在管理家族方面也有一定的能力,政治精英主要表现在能够为村里的人提供保护,而且能替村里办理一些事务。

在白村的 AKF 在其年轻时就经常与白村所在镇的镇政府、派出所以及白村所属县的公安局、交通局、县政府的一些人员保持联系,并且通过这些关系,AKF 又认识了临夏州、兰州市一些部门的相关人员,通过这些关系,AKF 经常帮助白村或者其他村庄的一些村民办理一些事情,如,谁家的孩子惹事被送进派出所、还有谁家的车辆由于违规导致驾照或车辆被扣等,AKF 由于在这些事情方面的一些办事能力得到了白村村民的认可,于是在白村甚至在白村外树立了较高的威望。后来在一次白村村党支部书记的选举中,AKF 被白村所在的镇政府任命为村支书,于是 AKF 的所能"办理"的事情进一步扩大,村里的一些矛盾纠纷、超生、五保等的事情都开始由 AKF 参与或者全权处理,凭借在这些事情中的表现,AKF 在白村的权威进一步扩大,同时其凭借村支书上面对镇、县甚至州领导,下面对村民的这样一个"关系桥"的支撑，其社会资本进一步得到了扩展。(GH 县白村 HRN，男，回族，44 岁，2012-5-11)

4. 个人能力方面

精英之所以成为精英，就是因为他们有着较其他人更加出众的个人能力，这些能力包括发现力、思考力、行动力等。精英不仅能发现问题，而且他们能很快想出应对问题的手段和方法。同样，相对较普通人，精英们更加能够发现机会和把握机会，从而在一些事件中树立起他们的出众形象，并且在发现机会和把握机会的过程中，他们获得了成功。

LML 是长期在沿海经商及常与中东尤其是与沙特那边的人员建立了比较密切的联系，后来由于 L 州每年给 GH 县到沙特朝觐的人数过少，很多人很难完成朝觐的愿望，于是一些人做起了代村民办理朝觐手续的中介工作，村民为此需要付出的代价是比其他人多付一些钱。LML 看到这些状况，也开始利用自身的人际关系做起了办理朝觐手续的事情。最终通过自身努力在经济上面获得巨大的成功。而 SHS 是白村 ZHZ 小村的一名村民，刚开始着手做羊皮生意发了一些财，后来由于羊皮行业在白村所在的乡镇整体下滑，导致了 SHS 生意的萎缩，后来 SHS 发现很多南方的鞋厂到白村所在的 GH 县来招工人，SHS 认为转型做皮鞋可能会赚钱，于是和其他一些村民合伙在村中办起了皮鞋加工厂，经过自身的努力，SHS 在事业的转型过程中赚取了不少财富。由于办厂需要大量的生产工人，于是村中很多妇女就开始被招到厂里打工，在这样的情景下，SHS 无疑成为了村民心目中的有钱人和有能力的人。(GH 县白村 HRN，男，回族，44 岁，2012-5-11)

外在要素有以下几个方面。

1. 社会分化

如果说在改革开放以来乡村社会发生了什么大的变化的话，那么社会分化一定是位列其中的，从"人民公社化"到"家庭联产承包责任制"的变化，可以说将农民从一种固定的模式中解放了出来，每个家庭单独成为一个分子而在自家的土地上耕耘。这样的变化，使得农民对土地的使用有了较为灵活的生产权。当然，也正是因为这个原因，一方面农村开始在土地之外寻求机会，他们逐渐将自身的核心生产力从土地剥离开来，在这个过程中，不同的农民走上了不同的社会阶层。社会分层是依据社会成员在社会中占据的不同的社会资源而划分社会成员的一种方法。正是因为很多的农民"走出"了他们赖以生存的土地，从而与那些坚守土地的农民之间产生了差异。换句话说，也就是导致农民收入差别的因素是在农业之外。如果村内大家都种粮食，农民之间也是会有差异存在，但这种差别不大，但如果农业之外从事职业，那么农民之间会呈现出很大的差别。而社会分化正是加剧显现了这种现象。

林南认为，所谓资源是指在一个社会或一个群体中，经过某些程序而被全体认为是有价值的物品和符号，这些物品和符号的被占用会增加占有者的生存机遇。[1] 在改革开放的大潮中，回族乡村的人们开始"走出"土地，走出村庄，到村庄外寻求发展，在这个过程中，他们有的人正是在不断努力的过程中，占据了某些物质资源，从而成为经济精英，当然也有些人是在土地之外获取了政治资源从而成为了政治精英。正如有学者所指出的那样："在市场经济大潮的冲击下，农村也日益进入市场化的过程，追求物质层面的东西被视为理所当然，甚至也成为新的精英评价标准。"[2]在白村的调查中，我们发现，在白村人对精英的评价标准中，对于物质的追求以及对于资源的占有无疑在精英的认定方面占有绝对的位置。

2. 社会资本

社会资本最初是由布尔迪厄应用到社会学中来分析个人成功的研究，后来这个概念通过科尔曼、普特南、林南、边燕杰等人的应用扩展到了组织、社区、教育、职场等很多的领域；在布尔迪厄看来，"社会资本是实际的或潜在的资源的集合体，那些资源是同对某种持久性的网络的占有密不可分的，这一网络是大家共同熟悉的、得到公认的，且是一种体制化关系的网络"。[3] 布尔迪厄通过关系网络、策略等阐述了社会资本这个概念。

---

[1] Lin Nan, John C. Vaughn, and Walter Ensel, "Socal Resources and Occupational Status Attainment", *Social Foreces*, 1981 (59): 1163–1181。转引自董研《村民行动与村庄秩序——河北乡村社区的实地研究》，中央民族大学出版社2011年版，第87页。

[2] 许敏敏：《走出私人领域——从农村妇女在家庭工厂中的作用看妇女地位》，《社会学研究》2002年第1期。

[3] [法] 布尔迪厄：《文化资本与社会炼金术——布尔迪厄访谈录》，包亚明译，上海人民出版社1997年版，第202页。

当然不同的学者对社会资本赋予了不同的含义,例如学者周红云认为:"所谓社会资源,就是那些嵌入个人社会网络中的资源,这种资源不为个人所直接占有,而是通过个人的直接或间接的社会关系而获取。"① 综观学者们对社会资本的定义,我们可以大致归结出,社会资本主要是指社会个体自身所负载的能够给社会个体带来某些有价值的资源关系网络。对于这种关系网络的表现类型,学者周红云指出:"社会资本在中国农村的表现形式主要有四种,即以血缘、婚缘、亲缘关系为基础的家族宗族网络所形成的社会资本、以功能性组织为基础的功能性网络所形成的社会资本、以习俗宗教信仰等为基础的象征活动网络所形成的社会资本、以地缘和业缘等同样经历为基础的一般人际关系所形成的社会资本。"②

当然,社会资本最简单的分类方法是根据社会资本的来源来分,社会资本可以分为先天性社会资本和后天性社会资本。一个人的资本可以从先天和后天两个方面去寻找,一些个体天生比较出众有着过人的能力,这种能力或来自其家庭或来自其个人,而有些个体需要通过后天自身的努力使自身变得出众,后天的努力就需要通过社会资本,在回族乡村社会中,乡村精英们正是在不同的场域内,通过获取不同的资源达到了自己与他人之间的差别,从而成长为精英。在这里面我们需要关注的精英的场域不同,他们所接触的资源也是不同的,正是由于这些不同,才导致精英与普通的民众之间的差别。当然,对于社会资本我们说过,从社会资本的产生来看,主要有两个方面,一是社会个体天生所带来的关系网络,另一种社会个体通过后天的努力而建立的各种关系网络;在精英的成长过程中,我们所要关注的也是这两种社会资本的获取对精英的成长所造成的影响。

(1) 先天性社会资本方面

先天性社会资本是个体从生来就带有的,其一般表现为血缘性。从白村的调查来看,白村精英的产生在先天性社会资本方面存在差异,即社会精英和政治精英的先天资本较为突出,而经济精英的先天资本并不明显,也就是说,政治精英和社会精英的形成对先天资本的依赖较大,而经济精英的形成对先天资本的依赖较小。例如 PKJ 是白村村委会的会计,其之所以能成为村干部主要是因为其已逝的父亲是一名老干部,在世时在白村

---

① 周红云:《社会资本与中国农村治理改革》,中央编译出版社 2007 年版,第 57 页。
② 同上书,第 232 页。

中享有极高的声望。而 BZ 是白村 ZHZ 小村的一位社会精英，其之所以能够成为社会精英，主要是因为其在 ZHZ 村中的辈分较大，而且其父亲和祖父曾经在白村中担任过相关的管理工作。

（2）后天性社会资本方面

后天性社会资本主要与个体的后天努力和能力有关，乡村社会中的个体通过自身的努力来为自己构建起能够获得资源的关系网络，在回族乡村社会中，这种方式也是一样。调查中我们发现，白村中的乡村精英的形成过程，他们对于后天社会资本的把握是比较突出的，换句话说，白村中很多个体正是通过对后天社会关系网络的构建，从而从村中脱颖而出成为出类拔萃的个体。如果用关系的强弱来解析社会资本的话，那么社会资本中的强关系代表着同质性，也就是说强关系主要是指先天性的资本，而弱关系代表着异质性和后天性资本。从前面对精英先天性资本的分析我们可以看出，回族乡村中精英的形成与先天性社会资本有着莫大的关系，但在实地调查中我们发现，白村精英的形成中，后天社会资本的建构，更是发挥了不可忽视的影响力，这时后天的社会资本虽然代表着弱关系，但由于其异质性强，使这种关系留给个体的资源和机会也大于先天性的社会资本。而在后天性社会资本方面，政治精英和经济精英尤为突出。

> 在白村 HP 小村的 GHM 与兰州市的一家大型国有企业 LS 厂的经理经人介绍认识，此后 GHM 就在 LS 厂干起了包工头的工作，由于此工作经常需要招募一些装卸以及各种打杂的工人，于是 GHM 就首先将白村里是自己家族里的人带到兰州 LS 厂打工，之后又陆续地带领白村其他的人员来 LS 厂打工。GHM 凭借自身的能力，很快在经济上赚取了大量的金钱，同时由于其带领很多同村的人来 LS 厂打工，同样在村里树立起了较高的威望。（GH 县白村 HRN，男，回族，44 岁，2012-5-11）

因为乡村社会中的人际关系资源具有普遍性、不被垄断性等特征，所以在这样的情形下，乡村个体通过后天社会资本的建构，从而占据了相关的资源，拥有了社会资源的他们，无疑很快成为与普通村民不一样的社会个体，成为了乡村社会某个方面的精英人物。

3. 家族

对于乡村社会中的家族，早已是学者们关注乡村社会的一个核心要素之一,学者王沪宁在《当代中国村落家族文化》中提到:"传统村落政治文化以家族为底色,村庄内几大姓氏的村民分别由各自的同姓祖先所传,因此,凡同姓人皆亲戚,并根据各自在亲缘网络中的位次决定等级秩序,这就构筑了村落家族文化的等级性特征。"[1] 从某种意义可以说,家族无论是在考察当前的乡村社会,还是考察中国乡村社会的历史,都是需要关注的,学者吴毅在考察乡村权威格局时曾提到:"土改前后广泛的社会动员使村民在政治身份的自我认定上完成了由家族化的农民向国家的社区政治人转化。"[2] 可见对于家族的关注历来都是学者们研究乡村社会时的焦点。

至于家族和乡村治理之间的关系,则主要集中在乡村社会文化与精英权力之间的互动之上。例如学者张静就指出:"精英地位的获得,需要一系列制度、文化传统的支持。"[3] 追踪家族与乡村士绅之间的关系,则主要集中在国家权力和地方规范之间的相互配合之上,从高层的国家权威到地方权威之间的相互有机的衔接,历来是地方管理者所寻求的乡村治理之道。例如吴毅指出:"族权的作用表现在它对村政的间接支撑上。从宏观的历史过程看,利用宗族维持地方法纪是明清以降皇权国家治理乡村的一种十分重要的手段,即所谓族权和保甲'一经一纬',互为配合,以弥补政府行政能力的不足。正因为如此,宗族权力才得以越过伦理权威的边界,进入到本应该由政权所独占的公共秩序领域,并且获得了部分本应由政治权力所独有的对地方社会的治理权。"[4] 对此后来的学者在研究乡村公共产品时,也同样得出"'国家''法理'权威在乡村的实现,需要建立在社区自发型权力尤其是家族与宗教权力基础上。这既是封建时期乡绅、族长等精英群体乡村治理格局的延续,更是血缘、地域、精神、熟人信任的村庄记忆的认同逻辑。即便是重大的历史变迁,包括建国后的社区

---

[1] 王沪宁:《当代中国村落家族文化》,上海人民出版社1991年版,第24页。

[2] 吴毅:《村治变迁中的权威与秩序——20世纪川东双村的表达》,中国社会科学出版社2002年版,第111页。

[3] 张静:《基层政权:乡村制度诸问题》,上海人民出版社2006年版,第21页。

[4] 吴毅:《村治变迁中的权威与秩序——20世纪川东双村的表达》,中国社会科学出版社2002年版,第74页。

'国家化'运动也不曾将其泯灭"① 的结论,这与学者吴毅的族权与保甲"一经一纬"的乡村治理模式理论有共同的契合点。

家族与回族乡村精英的形成之间有着什么样的关系呢?在白村的调查中我们发现,家族与精英的形成之间的关系主要表现在两个方面。

一方面,家族是乡村精英形成的有力推动者。乡村社会中社会精英的形成,其实主要是依靠了其家族在村庄内的势力而得以实现,家族是乡村个体谋求发展时第一想到依靠和借调的资源。正如有学者指出:"事实上,在日常生活中,农民从自家的生存和发展出发,一直用'人情'和交往精心编织一张有事时能用得上的关系网,家族中的其他成员无疑是这张关系网的优先入选者。"② 在白村的调查中,我们发现那些在村中实力强大的家族,更容易产生乡村社会精英,拥有实力雄厚的家族,无论是在经济的占有还是在村管理者的选举以及乡村社会事务的调节方面,都拥有一般普通村民所不具有的资源优势,而这些资源优势,恰恰为乡村精英的形成提供了良好的条件。

> 在白村 ZHZ 小村,MMD 家族人员庞大,他们兄弟 6 人,都住在相邻的地方,平常有事相互照应,MMD 的父亲曾经是 ZHZ 村清真寺的管理人员,后来由于 MMD 家族的实力强大,MMD 也被当选为清真寺的管理员。此外,MMD 和其他几个兄弟刚开始从事羊毛生意,后来由于生意不景气,所以 MMD 改行到北京开饭馆,由于生意不错,MMD 边叫其他的兄弟也去北京开饭馆,由于兄弟人数众多,加上大家相互之间帮助和支持,因此大家的饭馆开得都还不错,后来经过几年的发展,MMD 的一个弟弟在北京开的饭馆生意很不错,几年时间就在老家盖了楼房还买了轿车,成为了 ZHZ 村名副其实的有钱人。(GH 县白村 HRN,男,回族,44 岁,2012-5-11)

从上面这个案例我们可以看出,一个强大的家族是如何培养出一个社会精英和经济精英的。

---

① 郭佩霞、朱明熙:《村社组织、乡村精英:乡村社区公共产品供给的底层机——基于乡村内生秩序与制度变迁逻辑》,《开发研究》2010 年第 5 期。

② 杨善华主编:《城乡日常生活:一种社会学分析》,社会科学文献出版社 2008 年版,第 42 页。

另一方面，家族是精英的孵化器。有学者从正式制度和地方性规范方面论述了村民与乡村社会之间的关系时指出："正式制度赋予的村庄权是国家对于公民个人的人身控制与管理需求，是以权利为本的村庄成员。国家赋予村民以成员权资格，如户籍、土地承包权、选举权与被选举权等，换取村民对国家的义务和认同。而村庄地方性规范赋予的成员权是以义务本位的文化社会层面的成员权，义务为本，意味着村庄具有被动性和一定的强制性，村庄与村民间存有义务契约关系。"① 从这个层面上来看，国家正式制度要想与地方性规范有机的相结合的话，首先一点是必须要面对乡村文化的一个重要支撑力——家族文化。对于这一点学者赵旭东指出："以前的学术界总以为，中国农民是家族主义的，每个人生来就融入到一个家族组织中，现在看来这种家族主义，显然是一种由社会精英来操纵的意识形态建构，它不是建立在生物血缘的基础上而是建立在文化意识形态基础上。"② 从这个意义上来说，乡村精英是家族的操控者，也是正式制度与地方规范相结合时必须要考虑的要素，而在乡村精英成形之前，家族则为乡村社会精英的形成起到了孵化器的作用，这主要源于两个方面，一方面家族需要乡村精英来代表自己与国家正式制度对话，另一方面主要是因为家族需要相应的乡村社会精英来承担管理和约束地方规范的义务。

4. 正式制度

从乡村权威的分类来看，乡村权威大致可以分为三个类型，一是传统型权威，即乡村精英通过自身的各种条件如辈分、宗族头领、管理人员等获得的众人对其领导力的认可和尊重；二是魅力型权威，即乡村精英通过自身的能力或者各种资源等来获得众人的敬仰和在村庄中的声望；三是体制性权威，即乡村个体通过正式体制或者官方机构的任命而成为权威的拥有者。如乡村基层干部、乡村组织的管理者、乡村试点机构的负责人等，都属于这一类型。

通过对白村所在 GH 县的考察，我们发现整个 GH 县集体经济发展非常微弱，甚至可以说是缺失，白村作为 GH 县的一员，白村的集体经济也是缺失的，在白村内几乎找不到集体经济的影子，在这样的背景

---

① 方向新主编：《中国社会学会学术年会获奖论文集——〈和谐社会与社会建设〉》，社会科学文献出版社 2008 年版，第 342 页。

② 赵旭东：《否定的逻辑：反思中国乡村社会研究》，民族出版社 2008 年版，第 95 页。

下，没有集体经济支撑的白村基层领导群体也无法在村内有所作为，尤其在公共服务事业方面难以有更多的发挥，在这样的背景下，白村的基层领导者自然难以在公众心目中建立起自身的权威来。而在几乎任何公共产品都需要向上级有关部门申请的现实条件下，白村自治组织的功能就大大的萎缩，这样的局面也导致了白村所在 GH 县在其村庄的治理中，村党委的权力远远大于村民委，从而形成村支书一人专权的局面，因此，对 GH 县的村庄来说，村庄的政治权力是掌握在村支书的手里面。对于学者吴毅也曾指出："20 世纪 50 年代以后，中国国家权力在基层村庄的延伸，并不仅仅是一种行政权力下伸，党组织的设立以及由此形成的党的一元化权力结构才是导致村庄权力结构变化的真正原因。"[1] 从 GH 县乡村的整个村政来看，由于村支书的一人专权，因此村庄的两委之间并没有形成泾渭分明的局面，而是两委形成一个整体，在整个的村政的工作中共同发挥着自身的治理作用。白村村政的这些特征我们从白村村民对村两委的直呼为"村大队"的称呼上可以看出来，在白村村民将村两委称为"村大队"，而没有别的名称，可见在白村两者在某种意义上来说，已经是合为一体了。国家在基层政权的设置，在实际的运作过程中已经发生了彻彻底底的变化。

在这样的境况下，对于 GH 县的乡村社会的政治层面来说，官方的政策以及体制的影响可以说是非常之大的，而对于乡村精英的形成来说，也有着很大的影响力，这种影响力主要体现官方对于乡村某个个体的政策支持，或者通过其权力而授予乡村个体某种资源，让其成为乡村精英。

> 2007 年白村被村所属的 L 州选为模范示范村，由当时任副州长 MDH 亲自来抓白村的经济发展与社会建设。自从 MDH 来到白村之后，首先是修路，MDH 批准了白村内两条重要的道路硬化工程，此外还批准了白村所属农民土地灌溉渠全部使用水泥节水灌溉管道、另外重新修建了白村村小学。这样一系列的措施使得整个白村在各个方面悄然发生了变化。在这样的局面下白村的村支书 AKF 无疑获得了更多的政治资源的支持，并且由于其在各种资源的分配当中具有一定

---

[1] 吴毅：《村治变迁中的权威与秩序——20 世纪川东双村的表达》，中国社会科学出版社 2002 年版，第 87 页。

的决定权,故而其在白村村民心目中的权威一下子扩展开来。此外,(20)08年白村中的奶牛养殖户MD开办的养殖场,被GH县定为GH县奶牛养殖示范点,从而MD的名字一下子被GH县的人所熟知,由此,MD也成为了名副其实的白村经济精英。(GH县白村HRN,男,回族,44岁,2012-5-11)

对于这样通过"试点""示范点"而造成村庄权力变化的情形,学者吴毅曾指出:"我所要强调的是,对于被筛选出来作为试点村的这些村庄本身,'点'——无论其所使用的是一种经营动员策略还是一种权力式动员技术——都是一种极大的偶然性机遇,正是这种偶然性机遇使这些村庄偏离了固有的发展逻辑而获得了'新生'。"[1] 是的,在这样的偶然过程中,乡村社会由于官方政策而获得了"新生",同样乡村社会中的某些个体成员也通过这样偶然的政策变化而获得了"新生"。

(二) 乡村精英发展的影响要素

乡村个体成为精英,是获得了乡村中他人对其身份的认可,而在这种获得了这种身份认可之后,乡村精英需要通过两个方面来巩固和扩展其自身的影响力,此时乡村精英们需要通过各种活动或者事件来获得在乡村中进一步发展。在白村的调查中我们也发现这影响回族乡村精英发展的主要因素有以下方面。

1. 公共参与度

从乡村社会精英的形成可以发现,乡村精英通过乡村社会这个公共场域,构建着自身的社会资本与发展圈子,从这个意义上来说,乡村社会为乡村精英提供了一个权威构建的平台,但同时我们也需要看到,乡村社会给乡村精英提供平台的时候,也同样对乡村精英提出了相应的要求,这个要求主要体现在乡村精英对乡村社会的义务上面,而乡村精英要完成这些要求,就必须通过公共事件来发挥自身的公共作用力,同时体现自身的影响力。对于这一点,学者党晓虹等指出:"在对乡村基层社会的具体治理过程中,乡村精英阶层因为不具备官方授予的、正式的对基层社会的控制

---

[1] 吴毅:《村治变迁中的权威与秩序——20世纪川东双村的表达》,中国社会科学出版社2002年版,第256页。

和管理权力,因此,他们必须通过对传统的、符合乡民道德伦理并得到广泛认可的价值观和理念的强调和坚决执行,来不断强化其在处理乡村社会日常事务中的绝对权威,这样,作为传统文化意识形态载体的乡规民约就成为乡村精英阶层治理统治乡村社会的制胜法宝。"[1] 而学者吴毅则从村里公共空间的公共性精神方面论述了乡村精英参与公共事件的问题,吴毅指出:"村庄分化为原子化的状态,稀缺的行政性集会,又日益与村民的利益需求脱节的情况下,更是需要寻求一种表达的场所。红白喜事恰巧提供了这样一种机会,于是,红白喜事的社会功能便由单纯的庆贺和哀悼扩大为包括这两者在内的社区成员的非正式聚会,这种非正式聚会为村落成员的见面、沟通和交流提供了场合,它部分填补了村落公共空间的空缺,满足了村落公共性精神互动的需要。"[2] 由此可见,参与公共事务是乡村精英扩展其权威的主要渠道之一。那么在回族乡村社会中,乡村精英又是如何通过参与公共事务来扩展其权威的呢?

通过在白村的调查,我们发现在白村中精英们参与公共事件,并在公共事件中起核心领导作用,这些公共事件包括公共产品的供给如修路、打井等修建村庄基础设施、调节村庄人际矛盾、执行相关的国家政策、参与村庄中的红白喜事、参与村庄宗教事件等,在这些公共事件中精英们的参与度要远远胜于普通的村民。当然出现这样的原因也有一部分是因为精英掌握有更多的参与公共事件的资源与优势。此外,乡村精英参与乡村公共事件也说明,乡村精英在村外的事件中展现自身能力的限制。而他们生长并生活的村庄中,他们却很容易找到施展自己能力展示自己资源的机会和空间。例如一位白村ZHZ小村的村民在北京开饭馆赚了不少钱,有人问他为什么不在北京买房生活,他却说:"咱们的根子在这里(ZHZ村),永远都是这里的人。"这一方面说明一个农村人在城市融入的过程中的艰难性,一个农村人要变成一个城市人,面临着各种各样的困境,另一方面也说明,农村人对自身所生活成长的环境的依赖,以及适应性,表明在农村这样的环境里他们才能找到适合他们生活的土壤。正如学者贺雪峰所指出的那样:"村民也许在村庄以外获得经济收入,但他们一定要在村庄内

---

[1] 党晓虹、樊志民:《传统乡规民约的历史反思及其当代启示——乡村精英、国家政权和农民互动的视角》,《中国农史》2010年第4期。

[2] 吴毅:《记述村庄的政治》,湖北人民出版社2007年版,第15页。

获得人生价值。"① 此外，我们也要看到乡村社会特殊的文化规范，也需要乡村精英们来参与乡村公共事件，例如费孝通先生曾认为："中国的农民致力于追求'无讼'，因为传统的村里社会崇尚礼治秩序，作为'挑拨是非'的'讼师'角色在乡土社会是没有地位的。"② 因此，乡村社会中的一般矛盾冲突都是通过乡村精英们的调节来化解的，正是通过这些公共事件，乡村精英与乡村社会两者之间才形成了相互促进与发展的乡村秩序与格局。

此外，我们应该看到乡村精英与村庄之间的相互关系的交换性，学者贺雪峰指出："之所以还有人愿在无酬的情况下当村民小组长乃至村民代表，不是因为他们可以得到多少经济上的好处，而是他们在诸如主持红白喜事中与事主深厚的情感与人情的交换，这种交换带来了村民小组长的威信、尊严和体面，他们获得了文化上的优势。正是这些为乡镇甚至为村干部所忽视了的无痕的民间交换，构造了中国传统社会的基础，也构成了当前一些地区村庄秩序的基础。"③ 从这个意义上来说，乡村精英要想从乡村社会获取更多的权威资源，就必须要付出相应的个人资源，这种个人资源包括物资、能力、技术、事件等，如果乡村精英想从乡村社会得到相应的权威使自身的精英地位更加的巩固，但同时却不想付出相应的个人资源，将自己禁锢在个人圈子里，那么他也很难从乡村社会获得相应的权威资源。对此学者张静指出："有相当部分绅士，虽然具有学位和财富，但不能成为权威，因为他们的活动局限在私人领域，没有在地方体中获得公共身份（public status）。"④ 对此我们在白村的调查中一位 ZHZ 小村的村民谈道：

> HUR（ZHZ 的一位经济实力雄厚的村民）的钱很多，但那有什么用？他从来不关心村里的事情，修建清真寺时，也只捐了一点点钱，那样的人钱多也是枉然，活在村里还是被人骂，没人看得起。

---

① 贺雪峰：《新乡土中国：转型期乡村社会调查笔记》，广西师范大学出版社 2003 年版，第 8 页。
② 费孝通：《乡土社会》，生活·读书·新知三联书店 1985 年版，第 54 页。
③ 贺雪峰：《新乡土中国：转型期乡村社会调查笔记》，广西师范大学出版社 2003 年版，第 144 页。
④ 张静：《基层政权：乡村制度诸问题》，上海人民出版社 2006 年版，第 19 页。

(GH 县白村 ZHZ 小村 NM，男，回族，58 岁，2012-5-22)

由此，可以看出，在乡村社会特有的文化规范下，每个乡村个体都得遵从其相应的文化而生活，谁要违反就要付出相应的代价，当然，如果谁迎合了这种文化规范，并很好地利用了这些规范，谁就会从中获得相应的回报。

2. 扩展的外在社会资本

社会资本既是乡村产生和形成的主要因素，也是乡村精英发展扩展的主要因素之一，只不过在乡村精英的形成中，主要依赖先天性社会资本，而在乡村精英的发展过程中，则主要依赖于后天性的社会资本，可以说乡村精英的形成与发展的过程也是他们的社会资本从先天走向后天的一个过程。此时，乡村精英的社会资本的扩展，主要集中在差异性的、非亲属性的关系网络上面。当前乡村社会中人际关系变淡是一个趋势，但在现代化过程中，更需要建立人际关系，扩大人际关系，当然此时的扩大，是在范围上来说的，而不是仅限于亲情之间。例如学者张文宏指出，"家庭个体若要提高社会网络资本，必须与地位较高者的家庭的个人发展社会交往（提高网顶），同时必须发展非亲属关系，扩大家庭网络规模，并且与各种不同社会地位的家庭与个人交往（扩大网差）"[1]。此时的乡村精英们开始寻找更强有力的社会网络关系以巩固自己的乡村精英的地位。在白村的调查中我们发现，也恰恰验证了这一点。

> HRN 与 MN 都与村支书 AKF 是同属于自然村 ZHZ，而且从家族血缘方面来讲，MN 与 AKF 是同一家族的人，也因为是同一家族的人，所以自 AKF 当上村支书之后，就任命 MN 来管理白村的水利设施，掌管村中浇水地的浇水事务。但 AKF 后来却做出了更换人员的决定，将自己家族的 MN 撤换掉，让 HRN 来担任这一职务，从表面上看这个更换看似有些不寻常，实际更换这个人员的原因非常简单，就是 AKF 看到 HRN 的弟弟以前在中东国家沙特做外贸生意，挣了不少钱，后来又在浙江义乌做外贸生意，成为了白村中名副其实的有钱人，由于 HRN 的弟弟长期外出，但其与 HRN 的联系非常紧密，HRN

---

[1] 张文宏：《城市居民网络中的差序格局》，《中国研究》2007 年第 5—6 期。

修建住房，还有买客用汽车，甚至子女上学，都是由其弟弟来资助，而 AKF 通过让 HRN 来担任村中水利设施的管理员，就是想通过其进一步的建立起与其弟弟的关系网络。（GH 县白村 HBB，男，回族，43 岁，2012-5-19）

此外，我们需要注意的是，此时乡村精英社会资本的扩展，还体现在乡村精英在不同社会领域之间的关系网络的扩展。换句话说，也就是说，社会精英往政治领域或经济领域扩展，政治精英向社会和经济领域扩展，经济精英向政治领域或社会领域扩展他们的关系网络。这种扩展有几个方面的原因，一是村落文化网络的作用力，"村落的文化网络在促使精英参与村庄治理上也发挥着巨大的作用，这是因为文化网络具备一种象征性的价值，这种象征性价值赋予文化网络一种受人尊敬的权威，它反过来又激发人们的社会责任感、荣誉感——它与物质利益既相区别又相联系，从而促使人们在文化网络中追求领导地位"[1]。经济精英和社会精英需要获得他人的尊敬，就必须向乡村的政治领域发展，因为正如有学者所指出的"政府是社会资本的最大来源之一，政府的合法性和可信度对于社会资本的形成和增加至关重要"[2]。而政治精英和社会精英要想得到更多的物质回报，也必须向经济领域靠拢，同时经济精英和政治精英要想得到更多村民的支持，也必须要顾及与乡村社会精英的关系。对此种乡村精英的交叉关系网络，学者吴毅曾经通过对乡村"干亲"这种现象的调查发现"村干部和一些有名望者在村落中有着比一般人家更为宽泛的干亲关系"[3]。乡村精英除了通过干亲来达到构建社会资本网络的目的之外，还利用联姻等手段来扩展自身的社会网络。

白村 BZT 小村中，HY 是一名从事餐饮的商人，由于自己经营有

---

[1] 转引自曹理达《自村落社会的解体和能人治理的幻灭——以山西省 D 县 Z 村的村干部直接选举为例》，载杨善华主编《城乡日常生活：一种社会学分析》，社会科学文献出版社 2008 年版，第 239 页。

[2] 李珍刚：《论社会资本与行政改革》，《广西民族学院学报》（哲学社会科学版）2004 年第 2 期。

[3] 吴毅：《记述村庄的政治》，湖北人民出版社 2007 年版，第 12 页。

方赚取了不少财富,后来当其儿子结婚时,HY 只有一个要求,就是希望未来儿媳妇的父亲是个干部,最终 HY 的儿子和 GH 县 QJJ 乡政府工作的 GZ 的女儿联姻,从而 HY 完成了自己与政府机构工作人员建立关系的愿望。(GH 县白村 HBB,男,回族,43 岁,2012-5-19)

其实,每一个乡村精英都明白,单一的资源都是很难建立起坚强的社会地位基地。因此,乡村精英们通过与其他资源拥有者之间的资源交换,甚至直接通过经济资本转换策略(所谓经济资本转换策略就是以经济资本去换取社会资本的策略,一般是当没有任何社会关系或只有很少的社会关系可找的时候,乡村精英便干脆直接利用自身经济资本的优势去扩张自身的社会资本。其目的很明显,他们就想获得所需要的稀缺性资源以及政策法律的弹性空间等。)[1] 来获得更为广泛的网络关系也是在情理之中的事。同时乡村精英们这种资源交换而扩展自身关系网络的做法对于地方整合起到了潜在的作用力。如学者张静指出:"地方整合之所以能够达成,在于地方权威的权力来源与地方体的密切关联。地方权威非任何人可以承任,它的权力地位获得与三个因素直接有关:财富、学位及其在地方体中的公共身份。"[2] 回族乡村社会中,精英们同样没有摆脱乡村社会固有的运行逻辑,他们深知单一的资源和权力难以拥有较为巩固的地位,从而资源之间的相互利用和交换成为了他们扩展自身关系网络的一种选择,同时,恰恰由于他们的这种行为模式,使自身的作用力不在局限于某一单一的领域,从而从另外一个层面整合了整个乡村社会。

3. 精英的宗教投入

应该说精英的成长离不开社会资本的构建,政治精英的成长离不开对政治资源的获取,经济精英的成长离不开对物质资源的获取、社会精英的成长离不开人际资源的获取,但回族乡村精英除去普通精英成长所具有的特征外,由于其民族性的特殊性,他们在成长的过程中,也表现出了特殊性的一面。白村是一个全村村民均信仰伊斯兰教的教民组成的纯回族村落,并且位于宗教氛围浓郁的地区之内,在这样的环境之下,白村精英的成长过程中,宗教资源的获取也是他们不可或缺的一个重要部分,从宗教

---

[1] 黄波:《资源、策略与社会资本再生产——以湖南大新村经济精英研究为中心》,《福建论坛》2008 年第 12 期。

[2] 张静:《基层政权:乡村制度诸问题》,上海人民出版社 2006 年版,第 18 页。

方面来构建自己在村庄内的权威。通过对白村的调查,我们发现这种通过宗教来构建权威的方式,主要有以下几个方面。

(1) 积极的向村庄清真寺捐款

杜赞奇认为在中国传统社区中,富有的人有"面子",但获得"面子"必须有一个过程,即将自己的物质财富转化为人们所承认的精神财富,如威信、地位和信任,其中信任是"面子"的重要因素。[①] 在回族乡村社会中,清真寺是集政治、文化、经济于一身的一个组织机构,而清真寺通过宗教这一纽带紧紧的将村民吸纳在自己的周围。在这样的现实情况下,乡村精英通过清真寺这个舞台来展示自身的社会资源,树立自身在乡村社会中的权威,获取村民对其的信任,无疑是最理想的途径之一。同时清真寺作为一个组织机构,其运行无疑需要广大村民的支持与帮助,同样回族乡村中清真寺的运行主要是通过村民交纳天课以及村民额外的捐款来实现的,那么在这样的情况下,乡村精英对于清真寺的捐款数额成为了衡量乡村精英对于清真寺的支持力度,这样的情况下,回族乡村社会中经济精英之间竞相向清真寺捐款也就不足为奇了。

(2) 积极的参与各种宗教活动

对于参与公益活动与精英身份构建之间的关系,学者李友梅等认为:"参加慈善组织是精英们构造身份认同的又一重要组织路径。"[②] 而对于乡村活动与乡村精英权威之间的关系,学者张健通过实地调查指出:"乡村精英的权威基础源于其身份建构,这种身份主要源于乡村精英在村庄的日常活动和日常活动中对村民生活的影响及其对村庄的庇护能力。"[③] 在回族乡村社会中,对于一个人的评判标准中,宗教因素是一个不可忽视的方面,也就是说在回族乡村社会中,如果乡村社会成员在宗教方面达不到大家对精英的要求,一样不会被大家承认为某方面的精英。在回族乡村社会中,宗教活动与日常活动紧密的结合在一起,宗教即生活,生活即宗教,在这样的文化环境下,回族乡村精英就需要通过积极的参与各种宗教活动来体现自身精英性的一面。通过白村的调查我们发现,在宗教活动中,不

---

① [美]杜赞奇:《文化、权力与国家——1900—1942年的华北农村》,王福明译,江苏人民出版社1996年版,第169页。

② 李友梅等:《中国社会生活变迁》,中国大百科全书出版社2008年版,第309页。

③ 张健:《传统社会乡村精英身份建构与权威基础——以关中庙村为个案》,《安徽农业科学》2011年第11期。

同精英发挥自身不同的作用力,如我们前面提过的,经济精英可能主要体现对宗教活动的物质支持上面,而政治精英主要体现在各种政治资源的提供上面,社会精英主要体现在对宗教活动的组织管理以及动员等方面。只有在乡村宗教活动方面的积极性才能让村民更加信任回族乡村精英的能力,而回族乡村精英也是在这些宗教活动中的积极表现,一方面维持着回族乡村社会的运行,另一方面也在无形当中影响着其他村民树立着自身的乡村权威。

(3) 加强自身的宗教符号

回族乡村精英一方面要积极的参与到宗教事业中,另一方面,其自身也需要宗教的外衣来"武装",这种武装的形式多样,例如积极地完成礼拜、封斋、学习宗教知识等,此外,还有一项重要宗教形式来武装自身——朝觐。穆斯林的宗教功课由念、礼、斋、课、朝组成,其中朝也就是朝觐是比较特殊的一项功课,由于朝觐花费较大,一般的教民难以承受,因此,只有经济条件较好的教民才有这个义务和能力去完成这一功课。而在乡村社会中,经济精英们作为拥有经济能力的成员,一般都会通过朝觐来提高自身的宗教符号,加强自身在村庄中的权威感。此外,社会精英和政治精英一般也会通过担任回族乡村清真寺的管理人员而提高自身的宗教符号。

4. 其他要素

空间要素。乡村精英的网络关系的构建,其他方面主要体现在空间地域上面,而白村主要体现在基层市场体系中,关于基层市场体系对乡村精英构建社会资源的作用与影响力,早期美国学者施坚雅通过对中国早期市场体系的研究,构筑了集市对中国乡绅关系网络构建的重要性,白村所在的集市 SJJ 是甘肃省内规模较大的一座集市,集市是按农历的一、四、七、十一、十四这样的顺序来进行,在一、四、七这样的日子叫做逢集,每当逢集时,周围方圆十公里甚至更远的人们都来 SJJ 赶集,随着近年来的发展,SJJ 集市附近的汉族村民也到 SJJ 来赶集,而在很早以前,只能在 SJJ 的牛羊市场和蔬菜市场里见到他们的身影。通过对白村一些乡村精英的访谈中我们也看出,集市在白村乡村精英的发展中扮演着不可或缺的作用力。例如,白村的一位在 L 市做房地产生意精英 LF 谈道:

咱们的这里好东西少,没有啥,过来过去就是一些茶叶,一般城

里来个朋友时，都到集上吃个饭，称给二斤茶叶就打发了。（GH县白村LF，男，回族，51岁，2012-4-23）

此外，很多乡村精英与其他外村人的联系一般的约会见面地点也都在集市，因为每当逢集时，一般大家都会放下手中的活计来赶集，这样每个人都会有比较充裕的时间，此外逢集时，由于来赶集的人员众多，所以碰到自己外村的朋友以及有关系的人员的机会也很大。因此，从这个意义上来说，集市无疑是乡村精英们扩展自己人际关系，树立自己威望的不可或缺的重要渠道与舞台。精英通过市场或者集市来扩张自己的知名度，从而为自己的行动埋下更大的天地。对此学者王铭铭认为"地方基层市场体系具有社区互动、社会活动展示、地方性'社会戏剧'出演、国家与农民的地理中介以及地方控制的核心等多重功能"。① 对此，我们在白村的调查中也得到了验证。

白村ZHZ小村的村民黑人（村民绰号）的儿子HAY发生车祸，HAY开的农用三轮车与一辆摩托车相撞，车祸中摩托车上的两个小孩都丧生，此事后来被GH县交警认定HAY是无过失的，最终没有让HAY对这起交通事故负任何的责任。但车祸中去世的两个孩子的父母都认为是白村的村支书AKF从中作梗，才会让交警做出了如此的判决。因此对AKF怀恨在心，在一次白村所属的SJJ镇上，白村的村支书AKF被事故中去世的一个孩子的父母及其家族的人围堵打骂，最后，被白村的黑人以及其他人劝解而散。虽然AKF在这件事件中，由于为了保护同村的HAY，而被事故中去世的小孩的父母在集市上围堵打骂，此事一方面让AKF有些出丑，但另一方面，由于此事AKF通官府、能办事的能力被更大范围内的人所熟知，于是更多人来找AKF办事。（GH县白村YB，男，回族，54岁，2012-7-14）

综上所述，回族乡村个体在成长过程中，前期通过自身的能力以及家

---

① 王铭铭：《社会人类学与中国研究》，生活·读书·新知三联书店1997年版，第146—147页。

族等社会资本让自己蜕变为乡村精英，后期通过参与公共活动、扩展的社会资本、宗教等方面让自身的精英地位和权威更加的巩固。回族乡村精英们一方面通过适应回族乡村文化规范来达到自身的目的，另一方面，也通过自身各种社会资源和各种活动来整合整个回族乡村社会，回族乡村社会与回族乡村精英两者之间相互影响、互动，从而推动回族乡村社会的成长与发展。

三 白村乡村精英与有关部分的互动

正如学者俞可平所说，"治理不是一种正式的制度，而是持续的互动"[①]。因此，对于乡村社会精英来说，他们在乡村社会中，无疑或多或少的扮演着乡村治理的角色，那么在乡村社会治理中考察乡村精英之间、乡村精英与乡镇干部之间、乡村精英与乡村民众之间的互动无疑显得尤为重要和关键，本文也是基于这个理念，重点考察了乡村精英之间、乡村精英与乡村民众、乡村精英与乡镇干部之间的互动情况。乡村精英生长于乡村社会，并且他们的大部分活动也进行在乡村社会之中。因此在这样的过程中，乡村精英与乡村中的其他普通成员之间、乡村外的乡镇、或县市官员之间以及乡村精英内部之间都不可避免的发生这样或那样的互动。那么在白村这样一个回族乡村社会中，乡村精英的这些互动主要表现为哪些形式？同时这些互动又给回族乡村社会的社会结构与秩序带来了哪些影响？这些都是我们需要去考察的东西，通过在白村的实地调查，我们发现这些互动和其影响主要表现在以下几个方面。

（一）回族乡村精英与乡镇干部的互动

应该说，乡镇干部是与乡村社会接触最为频繁的基层干部，在税费改革之前，乡镇干部要负责收取农业税、教育费、税费、计划生育等方面工作，税费改革之后，主要表现在农村低保的发放、农村基础设施的管理、农村公共产品的分配等工作，而在这些工作中，乡镇干部与乡村社会中的乡村精英之间有着极为密切的互动关系。在这里，我们主要从乡村精英与乡镇干部之间的合作与冲突两个方面来论述。

[①] 俞可平主编：《引论：治理与善治》，社会科学文献出版社2000年版，第5页。

一方面，乡村精英与乡镇干部之间的合作互动主要表现如下：

乡镇干部想在乡村社会进行工作必须要与乡村社会成员打交道，那么在这个过程中，乡镇干部与精英尤其是乡村政治精英之间保持良好的互动关系显得尤为重要，对此学者吴毅曾指出："通过与村干部保持良好的个人关系，通过情感和面子的等非制度化资源去实现日渐失落的科层化权威所无法达成的行政目的，成了乡干部与村干部打交道时的一个重要手段，而与此相适应，乡干部对村干部的一些弱点和短处，也就只有听之任之，睁只眼闭只眼了，村政的懈怠便传染给了乡政。"① 乡镇干部想要在乡村社会展开工作需要与乡村精英保持良好的互动，而乡村精英也很希望与乡镇干部通过互动来建立关系，从而构建自己的社会资本网络。

> 白村 AKF 是白村的村支书，一般镇政府有人员来白村办事时，AKF 都会热情款待，因为这样的事情经常发生，以至于在白村人们只要发现 AKF 家里宰羊，人们就知道镇政府来人了。（GH 县白村 HRN，男，回族，44 岁，2012-5-11）

此外，我们需要明白，乡镇干部所代表的是正式制度体制，而他们所要工作的乡村社会是一个非正式制度，"非正式制度主要指对人们行为的不成文的限制，一般指人们在长期的社会生活中逐渐形成的习惯习俗、伦理道德、文化传统、价值观念等能对人们的心理和行为产生约束的规则"②。因此，乡镇干部在工作过程中必须要面对和处理这种非正式制度下形成的问题，而处理这些问题的过程中，乡镇干部是不得不借助来源于这种非正式制度的乡村精英。

> 在 2005 年白村所在的镇政府人员下乡催缴款项的过程中，白村 ZHZ 小村的村民 SS 由于不服镇政府摊派的费用，拒绝上交所缴款项，结果在与镇政府办事人员的交涉中发生冲突，由于镇政府办事人员人数占优，并且年轻力壮，导致在冲突的过程中，SS 面部受轻伤，

---

① 吴毅：《村治变迁中的权威与秩序——20 世纪川东双村的表达》，中国社会科学出版社 2002 年版，第 225 页。

② 董研：《村民行动与村庄秩序——河北乡村社区的实地研究》，中央民族大学出版社 2011 年版，第 69 页。

胳膊发生骨折，最终SS被送进医院。由于SS平常在村里是比较"嚣张"的村民，此次发生这样的事情，故更是要借题发挥，而镇政府办事人员深知自己作为公职人员，与人发生斗殴事件实为不妥，害怕此事影响自己的公职。于是参与斗殴的几位商量之后，便想通过白村的村委会来私下解决此事，将白村的当时的村支书MDH叫到镇政府来商量此事的解决事宜。当时作为白村村支书的MDH得知此事也甚是为难，他深知SS平常在村里比较霸道，知道仅凭自己一己之力难以摆平此事，于是在回村后，与村里的其他有威望的人员商议此事的解决办法。后来村支书找到SS的哥哥LZ，LZ是SS家族里最有权威的一位成员，其与村支书MDH的关系比较密切，最终，通过村里几位有威望的村民以及村支书MDH和SS哥哥LZ的联合劝说下，SS放弃了对镇政府办公人员的诉讼，接受了镇政府办公人员的经济赔偿，最终化解了此次冲突事件。（GH县白村YB，男，回族，54岁，2012-7-14）

对于地方官员和乡村精英之间的关系，学者肖唐镖从"社会距离"的概念进行了研究后指出："地方官员与宗族之间的社会距离和空间距离越远，就越可能从体制立场对待宗族；而空间距离越近，就越可能从现实情境出发对待宗族；社会距离越远，就越可能从亲情立场出发对待宗族。"[①] 从白村的实地调查研究中我们不难发现，地方官员在治理乡村社会的过程中，他们深知乡村社会的文化规范，乡镇干部通过与乡村政治、经济、社会精英的互动，不断地调整和适应着乡村社会的运行逻辑，从而达到其治理乡村社会的目的，而乡村精英也通过与乡镇干部的互动，扩展自身的网络关系，达到构建乡村社会权威关系的目的，也就说从某种意义上来说，乡村精英与乡镇干部之间的合作互动，实质上是在一种"双需"的过程中达到"双赢"结果的互动模式。

另一方面，乡村精英与乡镇干部之间的冲突互动主要表现如下：

前面我们说了乡村精英与乡镇干部由于相互需要的前提存在，因而乡村精英与乡镇干部之间互动主要表现为良性的合作互动，但这并不表示乡村精英与乡镇干部之间没有矛盾与冲突，通过GH县的调查，笔者发现回

[①] 肖唐镖：《宗族政治：村治权力网络的分析》，商务印书馆2010年版，第203页。

族乡村精英与乡镇干部之间的矛盾冲突主要表现在以下几个方面。

首先，乡镇干部与乡村精英之间出现利益冲突时，乡村精英与乡镇干部之间的恶性互动就有可能发生。从乡镇干部与乡村精英的相互工作关系来说，两者都有利益上的一致性，都是为了完成基层政府机构的相关工作，但从另外一个层面来说，乡村精英的身上又负载有乡村民众或者说整个乡村的利益，有时候他们在完成乡镇一些任务时，不得不考虑乡村社会的需要，有时他们必须要代表乡村社会的利益，与整个乡村民众站在一起，与乡镇干部形成对立面，从而来体现他们作为乡村社会一员的责任与义务。乡村精英是沟通乡村社会与乡镇干部之间的桥梁，但同时乡村精英又需要来平衡乡村干部的"需要"与广大民众的"需要"之间做出平衡和调整，加上乡村精英在乡村干部与乡村社会之间都存在着"需要"，在这样的前提下，如果三种"需要"能够达到一种平衡，乡村精英、村民、乡镇干部之间的关系就会处于一种良性的互动之中，否则，这三者之间必然发生矛盾与冲突。

其次，乡村干部对乡镇精英的期望或者乡村精英对乡镇干部的期望不能够实现时，乡村精英与乡镇干部之间的恶性互动就有可能发生。对于乡村精英来说，他们面对着乡村村民对于他们的期望，乡村村民期望乡村精英能够在乡村公共事务中发挥出应有的能量，一旦他们的期望落空，他们将会与乡村精英形成对立的局面，而对于乡镇干部来说也是如此，乡镇干部也希望乡村精英能够在一些事件中起到带头、核心的作用，而一旦乡村精英达不到他们的期望时，他们与乡村精英的互动就会出现问题，另外一个方面，乡村精英对乡村干部也寄予了某种期望，一旦他们发现自己的期望落空时，他们与乡镇干部的互动也会出现问题。

在紧邻白村的 SJ 村的 ZHJP 小村，因为 ZHJP 也在坪上，离公路较远，原先的一条通往外界的路是条土路，后来 GH 县出了一些惠民政策，其中有一项就是硬化村庄道路，ZHJP 通往外界的路也列在项目其中，政策中规定，硬化需要的水泥、沙子等由政府来补贴，而硬化需要的人工由需要硬化的村庄来出，此外每家每户按照一定的比例出一定的资金。由于 ZHJP 村的道路急需硬化，镇干部认为 ZHJP 村的村民的工作热情一定很高，谁知硬化通知下发了下去，而村里一直没有动静，镇干部很是吃惊，后来就去 ZHJP 村调查，发现原来村民如此消极的原因是，村里有一位在北京从事餐饮业的富翁HK，村民希望原由他们承担的资金由HK来承担，并希望HK也能出资雇人硬化道路，但HK觉得由自己一人来承担这些很是不公平，而且自己常年在外，不应承担这么多。了解到村里这样的情况，此外村干部知道ZHJP村整体经济状况较差，于是他们与HK取得联系，也希望HK能够多出资金来完成硬化工作，HK听到镇干部这样说更加生气，本来他还在犹豫出不出钱，看到镇干部这样的要求，他觉得有种强迫的味道，于是干脆拒绝了这项任务，对此乡镇干部对HK很是失望，虽然这条道路最后通过各方的协调最终得以硬化，但HK与镇干部之间却就此结下了矛盾。（GH县白村YB，男，回族，54岁，2012-7-14）

最后，新时期乡村精英角色的变化，容易引起他们与乡镇干部的矛盾冲突。在GH县的调查发现，随着现代化进程的不断推进，GH县的回族乡村社会也不断承受着现代化浪潮的冲击，乡村个体外出的情况越来越多，在这个过程中一些乡村社会中的经济精英，受到了新型经济精英们的挑战，一些旧经济精英需要通过调整自身的角色来适应这种变化。此外，GH县在2011年开始对乡村政治体制进行了大调整，就是撤换掉村庄内的所有村支书，新的村支书不再由村内产生，而是直接由镇政府指派，在这样的现实情况下，乡村政治精英也需要转变自身角色来适应这一变化。同时，由于回族乡村社会的变迁，原来的传统文化也受到了极大的挑战，在这样的情形下，回族乡村的社会精英也受到了新型社会精英的挑战。从这个情况来看，回族乡村社会中每种精英都需面对角色转换的问题。在这个过程中乡村精英们认为自己是整个社会变迁的"受害者"，而在他们眼里乡镇干部并未在这个改革和变化过程中受到丝毫的影响，这样的现实情况带给他们的就是极大心理落差，于是在这样的情形下，乡村精英们开始转变与乡镇干部的"合作"态度，而用冲突和"不合作"代之，在这样的情况下，乡村精英与乡镇干部之间的矛盾冲突往往带有"非现实性"，也就是说，他们不以冲突的结果为目的，而是以冲突本身作为目的，因此，这样的矛盾冲突其后果往往表现出激烈性与严重性。

（二）回族乡村精英之间的互动

从乡村精英之间的关系来看，乡村社会内各个乡村精英之间既相互独立又相互联系。乡村精英之间的相互独立主要体现在他们各自不同资源的占有上,如政治精英拥有政治上的权力、经济精英掌握有的经济资本、社会精英拥有的社会威望等;但同时,我们也必须要看到,乡村精英之间相互联系方面,乡村精英之间由于生活空间以及活动领域的交叉性,他们不得不发生互动,交流、合作。此外,我们虽然将乡村社会内的精英划分为经济、政治和文化三种类型,但其实在乡村社会内部,每一种精英都不是脱离其他社会资源而独立存在的,也就是说,在乡村社会内部,经济精英有着社会精英的成分,政治精英也有着经济精英的成份,只不过从某种意义上来说,某种类型的精英所体现出的某种特质比较明显而已,所以我们才会将某种精英划分在某个类型之中。

那么,在回族乡村社会中精英之间的互动又呈现出什么样情况?通过对白村的实地调查,我们仍从合作和冲突两个方面去论述回族乡村社会内部精英之间的互动关系。

一方面,回族乡村精英之间的合作互动主要表现如下:

乡村精英来自于乡村社会,他们在乡村社会中成长与发展,在这个过程中,乡村精英内部,需要通过相互的合作、支持才能达成彼此的目的。正如学者董研指出:"在中国乡土社会中,行动者以'己'为中心,通过他人与自己关系的远近亲疏来因人而异地确定自己的道德准则和行为方式,特殊主义成为社会行动的准则。中国人的'关系'也基本上成为一种'特殊注意的纽带'。在私的范围内,中国人是无私的,是'各尽所能,各取所需'的,而在超出私的公的范围内,中国人又是自私的,是只讲权利、不讲义务的。公私观念构成了中国人行动逻辑的深层基础。"[1]乡村精英要想扩展自身的权威体系,拥有更多的资源,必须要借助不同的资源和动力,那么在这个过程既可能需要"私"的个人力量,同时也可能需要借助"公"的制度力量,因此此时乡村精英的相互合作、相互支持形成的网络,是我们考察乡村精英必须要关注的一个焦点,而在白村的调查中,我们发现白村精英的行动逻辑也符合了我们上述的推断。

白村中一个小自然村 HP 村的 MM 想在白村的另一个自然村 ZHZ

---

[1] 董研:《村民行动与村庄秩序——河北乡村社区的实地研究》,中央民族大学出版社 2011 年版,第 19 页。

村建砖厂，虽然自己拥有建厂的资金，但建砖厂一方面需要有关部门的审批，加之 MM 是要利用 ZHZ 村耕地来建厂，原则属于违规，曾有 HP 村的村民也在 ZHZ 村建砖厂，最初和村民建立了土地使用转包协议，而且破土动工干了一阵子，结果由于没有将相关经营证件办下来，最后建厂只能以失败结束。MM 也深知自身去办理相关的证件非常之难，于是与 ZHZ 村中的 AHMT 合作，原因是 AHMT 虽是 ZHZ 村人，但其在 ZHKQ 镇担任镇长的职务，拥有较为广泛的社会资源，还有更重要的一点是 AHMT 的哥哥曾在临夏州担任过要职。于是 MM 通过和 AHMT 的强强联手，将办厂的相关证件办理下来。虽然证件办理了下来，但办砖厂需要征租大量的耕地，MM 不是 ZHZ 村的人，征租耕地的事情对他来说也很是棘手，很快 MM 得知自己征租的土地主要集中在 ZHZ 的 BZ 一家族人的手中，于是 MM 便和 ZHZ 村 BZ 家族的 MWN 进行合作，MWN 是 ZHZ 村 BZ 家族中最有声望的 BZ 的孙子，虽然征地的事情是由 MWN 出头和家族里的人联系、商量，但家族里的人都是看着 BZ 的面子，才陆续将自己的田地转租给了 MM，至此 MM 和 AHMT、MWN 三方联合建起了砖厂，当然在建厂中，AHMT 与 MWN 两人除了"出力"办事之外，各自也拿出一部分资金，作为自己在砖厂的投资，砖厂建成至现在，一切运营比较顺利，三人的联合经营也取得了巨大成功。(GH 县白村 YB，男，回族，54 岁，2012-7-14)

从上述案例中我们不但可以看出，经济精英为了扩展资本，通过与政治精英、社会精英的合作，其间不但动用了社会精英"私"的关系，同时也借用了政治精英"公"的关系，从而就一个开办砖厂的案例折射出乡村社会内部精英之间的互动关系和相互合作的互动模式。上述案例中，不同精英之间经过交换相互的资源而达成了彼此的目的，但有时候精英之间的合作，也会以失败的结果告终。

2006 年白村的村书记 AKF 与村庄的经济精英 MD 两人合作在白村办奶牛的养殖，前期两人合作比较成功，通过 AKF 的努力，他们的营业执照、以及相关国家扶贫的基金等的申请也顺利办了下来，加上 MD 自身的资金以及银行贷款等的支持，购进了奶牛 150 多头，此外两人通过各自的人际关系,征租了村民15亩耕地作为厂房以及养殖场地,于此,在白村中第一家有规模的奶牛养殖场顺利建成。但好景不长,一是在此后的日子里牛奶的价格一路下跌,导致养殖场的利润大幅下跌;二是当时他们引进的奶牛由于品种问题,导致产奶量一直不高;三是在管理上面,AKF与MD都各执一法,难以调和,最终在奶牛厂建立后一年AKF与MD分道扬镳,各自干了起来。(GH县白村YB,男,回族,54岁,2012-7-14)

对于上述这两个案例来说,我们可以从合作双方的利益出发进行分析,成功的案例中三者取得互惠的利益,而合作不成功的案例中双方并没有取得互惠,一方有钱,一方有社会资本,但有社会资本的一方并没有在他们的合作中发挥出应有的贡献。因此,当两个人相互投入各自的资源,但当没有取得他们预期的效果时,这种合作模式便告终,这一方面体现了乡村精英之间合作互动的脆弱性,但另一方面,也说明乡村精英之间的合作中各自的利益才是他们合作的核心要素,各自利益收益,合作继续,一旦各自利益受损,合作便终止。

另一方面,回族乡村精英之间的冲突互动主要表现如下:

正如有人所指出的"乡村精英并不是一个组织严密、目标明确、行动一致的群体,而是利益不同、层次不同、组织状况不同、目标不同、道德水准参差不齐、影响力大小有别的个体和群体"[①]。因此,在这样的情况下,乡村精英之间有合作就会有冲突,在乡村精英的成长以及权威的扩展过程中,精英之间的相互博弈,甚至相互冲突在所难免,在回族乡村社会的实地考察中,同样存在着精英之间的相互博弈、冲突,精英之间的冲突与博弈主要体现在其他精英与政治精英方面,尤其是其他精英成员与村支书之间的冲突,在笔者考察的事件中,冲突既有将村支书冲突下台的事例,也有村支书成功应对其他精英挑战的案例。其他精英成功将村支书推翻下台的案例如下。

ZJ村是毗邻白村的一个行政村,其由MJ村、LJ村、ZOJ村、YJ村等四个自然村构成,其中MJ村和YJ村是户数较少的自然村,各

---

① 刘奇、刘见君:《农村基层组织与"农民精英"》,《理论与改革》2004年第5期。

自为 103 户和 87 户人，而 ZOJ 村是 4 个自然村中户数最多的村庄，户数为 384 户；从 20 世纪 80 年代起，ZJ 村的村支书都是由 MJ 村的 MSJ 担任，至于村委会和村党支部的其他人员则由 4 个自然村的人员轮流担任，在 2004 年时，当时担任村党支部成员的 LW 与村支书发生了矛盾，原因是 LW 认为 MSJ 在担任 ZJ 村支书期间，存在贪污腐败的问题，并且很多的好处都是自己私吞，并不与"村两委"其他成员分享，于是决心开始向上级举报 MSJ；由于 MSJ 在任期间为了自身利益，以及 MJ 村其他成员的利益，所以在公共事件上常常做出一些不公平的事件，例如，在 ZOJ 村中有村民反映 MSJ 将灌溉设施修建了在了自己的村庄内，并毫无理由地扩展了自己所在自然村人们的河滩土地等，当 ZOJ 村中的村民得知 LW 决定要举报 MSJ 时，一些有经济实力经济精英组织村中的一些社会精英联合起来发起了所谓"倒 MSJ"的运动。首先 LW 将自己在工作期间所掌握的一些证据上报有关部门，此外，村中的经济精英筹集资金，从 LZ 市请来相关电视台的记者，就 ZJ 村小学修建事件进行了报道，此事件的原委是，当时 MSJ 担任 ZJ 村的村支书，由于 ZJ 村村小学校舍破旧，于是县相关部门拨款，并将此事交付与 MSJ 负责，但就在村小学建成一年后，就发生墙体开裂、倾斜等危险，不得已，就在小学建成后的第三年，ZJ 村村小学又进行了重建，而此事件在 ZJ 村村民心中造成很大负面影响，村民将所有的怒火指向了 MSJ，认为是由于 MSJ 贪污才造成小学建成不久又重建的事情，但一直找不到合适的机会来爆发。而此次 LW 和 MSJ 相互冲突之际，加之有村中经济精英和社会精英的支撑，很多人开始将此事作为一个切入点开始来反对 MSJ。由于 LW 掌握的相关工作证据，加上小学修建事件以及其他村民以及各类精英的联名签字等，最终 MSJ 在此事件发生后三个后被上级部门所罢免。（GH 县白村 EDLH，男，回族，46 岁，2012-5-16）

在上述案例中，政治精英、社会精英、经济精英通过通力合作，将村中的政治精英推翻下台，达成他们的目的。无独有偶，在笔者调查的在白村同样发生过其他精英与村支书之间的冲突，但最终这场冲突以政治精英村支书的胜利为结局。

在 2003 年白村内和村支书同属一个自然村的 MCH 发动了一场倒台村支书 AKF 的行动，原因是当时白村也曾对村小学进行过修建，但不知何种原因，当时打算修建两层教学楼的计划，最终变成了一层，而此时正值 AFK 的大儿子修建新家，当时从学校修建的物资中，拿走了很多的水泥、钢筋等物资，因此引起了一些村民的不满，此外由于 AKF 在任期间，由于村两委人员更换，还有其他的一些方面的原因，得罪了村内的一些人，而这些人得知 MCH 要扳倒 AKF，于是纷纷投靠 MCH，相互联合起来商议扳倒 AKF 的办法，MCH 要求大家在一份推倒 AKF 的协议书上签名，此外 MCH 联合白村内这些反对 AKF 的村民，一起到白村所属的其他自然村去请求其他村民联名签名，表示要换掉 AKF，但当 MCH 一行人等到隶属于白村的 HP 村去签名时，HP 村的一些村民对 MCH 等一行人进行了驱赶，原因是觉得 AKF 为人还不错，他们不想做什么签名的荒唐事情。于是，MCH 等人的倒 AKF 行动最终以失败告终！（GH 县白村 EDLH，男，回族，46 岁，2012-5-16）

从上述两个精英之间冲突的案例中，既有冲突导致另一方下台的情况，也有挑起冲突一方以失败而告终的情况。其实我们发现乡村精英之间的冲突，有一个很大的特点，乡村精英之间的冲突不仅在精英个体之间，而往往倾向于精英背后不同乡村群体之间的冲突，也就是说乡村精英之间的冲突往往表现为群体性，那么在这里我们就有必要探讨一下乡村社会个体的行动行为。对于农村的政治行为，学术界争论很大，很多学者认为农民的政治活动是理性的，他们能够依据利益的大小来做出选择，也有人认为农民的行为是非理性的，认为农民的行为往往采取避免风险、安全至上的原则。但从上述两个案例中，我们可以发现，乡村个体的行为，一方面表现为理性，他们很能判断什么对自己是有利的，例如上述第一个案例中，村民认为村支书损害了他们的利益，从而联合签名，而在第二个案例中，村民认为村支书 AKF 人还不错，从而驱赶挑事者。但另一方面，表现为非理性，主要表现在乡村个体在行动上主要以自己和他人的关系来决定是否行动。例如第一个案例中联合起来倒台村支书的经济精英，原因是其和村支书的关系不好，第二案例中那些签名的村民，也是因为和村支书 AKF 在某些事情上发生过冲突而加入行动，也就是大家都是以个人恩怨来选择行动,而没有从大局出发考虑行动与否,从这个层面上看,乡村个体行动似乎又充满着非理性的色彩。

所以,从这个意义上讲,对于乡村社会个体的行动考察,我们必须结合乡村社会的价值规范和情景进行,正如有人所指出的,"行动者行动选择受到他们所生活的社会中的价值规范和情境条件的制约,社会价值体系通过影响行动者的主观取向而导致行动者之间相互依赖、相互结合,最终形成社会秩序"①。因此,对于乡村社会个体之间的行为,我们不能片面地认定为理性或者不理性,而是要考虑这些行为背后的文化价值观念,以及当时事件发生的情景和事件中所产生和反映的不同信息去把握,同时,对乡村精英之间的冲突,我们也不能简单地从乡村精英个体去考察,而是要看到在精英冲突背后所关联的各种利益个体,以及这些利益个体之间的不同诉求造成的不同冲突。

(三) 回族乡村精英与民众之间的互动

在乡村社会中,作为生活在乡村社会中的群体,精英与其生活的的社会民众之间的互动无疑是最频繁、最持久的。在与民众的互动中精英才从一个普通人成为了精英,建立了自己的关系网,树立了自己在村中的威望。那么回族乡村社会中,精英与民众的互动主要体现在那些方面?本文从回族乡村精英与乡村个体的恶性互动矛盾冲突和良性互动合作支持两个方面来进行论述。

1. 回族乡村精英与回族乡村个体矛盾冲突主要表现

(1) 从回族乡村精英自身方面来看

乡村精英是乡村社会中出类拔萃的人,也是乡村社会中占据各类不同资源的人,正是由于他们的特性,导致他们在乡村社会中与普通个体互动时,会产生不同的矛盾冲突,这些矛盾冲突主要表现在,当乡村个体需要乡村精英的资源帮助,或者乡村个体希望从乡村精英身上获取利益,而乡村精英无法给予满足时,两者之间就会出现矛盾和冲突,两者之间的恶性互动也就随即发生。在白村的调查中我们也发现了类似的案例。

---

① 董研:《村民行动与村庄秩序——河北乡村社区的实地研究》,中央民族大学出版社 2011 年版,第 12 页。

在白村所在的 ZHZ 村中，2009 年村委会觉得将新修建新的村委会办公地点，后来经过村委会及村党支部的商议，将白村村委会修建在新征土地的上面，此时 ZHZ 村的 AHM 得知村委会有可能要建在自己家的土地上，暗自庆幸可以乘此次机会多索要土地承包转让费，结果事与愿违，新的村委会办公点没有修建在 AHM 的土地上，反而修建在了 AHM 土地前面的一块土地上，如此一来 AHM 原来的计划不但落空，而且由于自己家土地前面要修建二层楼，这样会影响自己家土地上庄稼的生长，AHM 对此十分的不满，找到村支书 AKF 对其坦言，他将会把自己的土地变成池塘，然后让水来破坏村委会楼房的地基，对此 AKF 认为 AHM 无理取闹，随即双方的冤仇就此结下。（GH 县白村 EDLH，男，回族，46 岁，2012-5-16）

乡村社会可以说原本由土地形成等级秩序，通过土改而被打破，但在当前的社会中，农村乡村社会中的等级秩序却通过职业、收入、经济、权力掌握的不同而被重建，在这个重建的过程中，土地也许并不扮演重要的角色，但对于那些在职业、收入、经济、权力等方面都不占优势的村民来说，土地也许就是他们唯一能镇守住自己尊严的唯一阵地。因此，对于那些收入低下，没有权力可言的底层村民来说，土地在当前的作用显得就尤为重要。因此，当一些人要对乡村个体的土地"打主意"时，乡村个体会希望这些能够给予他们心中比较理想的期待值，而一旦这些需求不能满足时，双方之间的矛盾和冲突也就随即发生。

白村 ZHZ 小村的砖厂建起来之后，由于砖厂的运行非常顺利，所以来自 HP 小村的砖厂厂长 MMD 希望扩大生产，那么扩张生产需要征地，需要征到 HP 村一些村民的土地，在征地的过程中，有几户村民觉得 MMD 给的征地补偿费太低，就是不同意将自己的土地征给 MMD，而 MMD 觉得这件事情上，这几户村民是有意为难自己，和自己过不去，也坚持不付较高的征地费，后来 MMD 的砖厂由于其生产直接影响到几户未同意征地农户的生产，于是后来便与这几户农户的矛盾冲突不断。（GH 县白村 YB，男，回族，54 岁，2012-7-14）

乡村精英是乡村中掌握有经济、政治、社会资源的人，在这样的情况下,一些普通的村民会有两种看法,一是他们希望乡村精英能够帮助给予他们帮助,或者他们希望当乡村精英从他们手里获取资源,必须加倍的偿还,如果他们的请求或期待达不到,他们就会觉得乡村精英是不值得他们尊重的,从而产生怨恨,对此乡村精英也觉得十分无辜,因为他们往往处在一个两难的境地。例如一位 ZHZ 村的经济精英说:

> 你说这个也很难,有时候他们(乡村普通个体)来借钱,你说借吧,很多时候资金被占用挪不出多余的钱借给他们,如果不借,他们又觉得你不想帮助人,所以很是为难,而且他们老是觉得你又很有钱,给他们借一些都无所谓,可是谁知道我们这些人的苦呀!(GH 县白村 MD,男,回族,50 岁,2012-5-28)

而在乡村个体这边另有一番说辞,例如,BJP 村的一位村民说:

> 现在的富人借钱都喜欢给富人借,谁都不给穷人借钱,怕借给你,你不还,所以穷人也不去富人那里借钱,只是现在有钱人都喜欢说大话,但给你办事情的少,都很势力。(GH 县白村 BJP 小村 EL,男,土族,46 岁,2012-5-29)

从上面两个案例我们可以发现,正是由于乡村个体的需要和乡村精英之间的给予个体的满足之间出现了落差,才会导致乡村个体与乡村精英之间的矛盾冲突,而只要乡村精英能够满足他们的需要的话,即使他们觉得这个乡村有不完美的地方,他们也会支持其行为。如在白村的调查中一位村民说:

> 你们都说 AKF(白村村支书)贪污、腐败,那你好,让你当,你就不贪吗?说不定你还不如 AKF,最起码他能办事,你什么都做不了,人们都骂 AKF,但每次遇到事情,还是拿上钱到人家家里,找人帮忙办事。(GH 县白村 ES,男,回族,53 岁,2012-6-11)

由此可见,对于乡村社会个体来说,他们与乡村精英的关系往往处在矛盾之中,一方面他们对于乡村精英的一些行为感到不满意,但另外一方面他们又需要乡村精英来满足自身的需求,所以对于乡村社会个体而言,他们对于乡村精英往往是既无奈而又离不开,正是在这样的状态中,无论是他们的良性互动,还是恶性互动都是成为乡村社会秩序的必要因素。

(2) 从乡村精英的身份方面来看

前面我们说了,精英作为乡村社会具有特殊身份的群体,他们往往扮演着国家与社会之间桥梁的作用,尤其是乡村社会中的政治精英,他们是国家在乡村社会中的"代理人",因此,当国家的"理"在传递到乡村社会时,往往会与乡村的"情"发生碰撞,从而产生矛盾。在这样的前提下,乡村精英与乡村民众的互动中发生矛盾冲突是不可避免的事情。

> 白村的一位前村书记谈道:上面有政策下来了,你不执行也不成,执行吧,也吃力的很,把人夹在两头里难受的人!就拿以前的计划生育来说,国家有国家的政策,但是咱们的人(白村村民)都想着,没有儿子的人有一个儿子,有一个儿子的想着有两个时保险些,那是一个家里三、四个女儿,本来是要做绝育,但是没有儿子的人都不同意,大家都是一个庄子里的(一个村),你把那一家上报了,都不好!(GH县白村AKF,男,回族,60岁,2012-6-13)

对此现象学者周红云曾指出:"一方面是不准超生(国家下达的任务),另一方面是要超生(如,传宗接代、多子多福等观念);另一方面是想超生(如,重男轻女等观念),另一方面也想培养超生(获得超生罚款),就是在超生户和计划生育干部之间的博弈过程中,还缺少一个恰当的桥梁。在这种情况下,有意识培养超生户的行为必须为自己找一个台阶和桥梁,这个台阶和桥梁也就是我们所说的各种不同的社会资本形式。"[①]另外,学者吴毅也对此类问题进行过探讨,认为:"任何深入乡村从事田野调查的人都会发现,在基层政府和村级组织的权威资源相对不足的情况下,如果乡村行政再缺乏这种强势的支撑或者不以一定的强制潜式为背景,那么,在设计诸如税费提取和计划生育这一类关系到宏观社会利益与微观个体利益冲突的较量中,乡村干部很难完成国家任务的。从这个角度看,我倒以为强制性行为是在现今的乡村权威与秩序格局下不得以而为

---

① 周红云:《社会资本与中国农村治理改革》,中央编译出版社2007年版,第149页。

之，而又不得不为之的一种无奈的选择，它不是有道德和法理上的合法性，但却可能具有技术的合理性。"①

的确，在计划生育超生这个问题中，乡镇干部和村干部有着不同的利益诉求，对于乡镇干部来说，或许他们还想让村民超生，因为超生意味着罚款，意味着收入，但对于村干部来说，就不一样，尤其对于乡村政治精英来说就更不一样，因为他们生活于乡村社会，与乡村社会普通成员往往处于低头不见抬头见的局面，在这样的情况下，他们往往处于比较尴尬的局面，一方面他们要配合乡镇干部完成所谓的"任务"，另一方面他们又不想过多地得罪他们生活之中需要经常打交道的村民。所以在这样的尴尬处境中，他们往往会选择采用一定强制的手段或者采用配合某一方而得罪某一放的方式来完成"任务"。在白村的调查中我们也发现了类似的问题例如：

> 在白村的小村ZHZ村，AKF当时负责村内计划生育的事情，一次镇上有工作人员下来检查，AKF陪同工作人员检查ZHZ村的计划生育情况，其中发现不少村民有超生现象，于是检查人员要对这些超生村民进行经济罚款，检查人员在AKF陪同下到了HK的家中，由于HK也是超生，于是检查人员便对HK进行了经济处罚，当时HK并没有对检查人员说什么，但后来HK认为是村支书AKF故意针对自己，带检查人员来自己家里罚款，便找AKF理论，双方发生了激烈的争执和肢体冲突，最后经过一些村中其他人员的调节，此事才得以罢休。（GH县白村YB，男，回族，54岁，2012-7-14）

从上面这个例子我们可以看出，国家在乡村社会的治理中，所采用的是理性的方式方法，但是乡村社会在其发展中，无疑拥有一套自身所特有的文化体系。因此，往往当国家的"理"在遇到乡村社会中的"情"时，矛盾和冲突就不可避免地发生了，而这些矛盾最直接的转嫁的主体就是乡村精英。

此外，因为乡村精英在国家与地方社会之间扮演着桥梁的作用，同时

---

① 吴毅：《村治变迁中的权威与秩序——20世纪川东双村的表达》，中国社会科学出版社2002年版，第235页。

也扮演着执行国家相关政策的角色，在这个过程中，随着乡村社会个体民主与法制意识的提高，当他们对乡村精英的期望与国家相关媒体的报道之间出现差异时，他们就会将全部的责任推到乡村精英的身上，对此学者景天魁等指出："民族与法制意识的增强，同样可能使作为'无政治阶层'而存在的普通村民对村政持一种批评的态度，这即是所谓政治期望的提升与体制满足这种期望的能力差异在转型期双村民众政治意识中的一个具体反映。所以，人民喜欢以外国来比较中国，以城市来比较农村，以发达地区来比较达川双村，甚至以大集体的优势来比较土地下户的劣势，这一比较，村里的工作还真有可能就被比成'丑小鸭'了。于是，以情绪化的批评代替设身处地的理解就往往会成为民众政治情绪化的一种表达甚至宣泄方式。"① 当乡村个体从电视中看到某某村的村支书如何为民办事，某某村的富人如何带动全村人致富等画面时，他们认为自己村的这些精英们是不称职的，也没有资格值得他们去尊重。正如学者景天魁指出："在农村社会中，农民对中央政府充满了信任，正是这种信念支持他们通过上访寻求社会公正；在矛盾冲突中他们对基层政府或政府部门则不信任，在他们之间往往存在着直接的利益冲突。"② 在以往学者们的调查中，我们也可以发现，基层干群矛盾的产生，往往源于村民认为，国家总的体制是对的，只是执行者出现了问题，所以矛盾发生时，村民只针对基层干部而不是国家体制。当然，在这里面，村民自身力量的弱小以及难以与整个国家体制抗衡也有一定的关系。因此，在这样的认识误差下，乡村个体与精英之间的矛盾冲突也就在所难免了。

（3）从乡村精英的活动方面来看

乡村精英源于乡村社会，大致活动于乡村社会，而他们往往又是乡村社会中各种活动的主要举办者和参与者。前面我们说了乡村精英在扩展其权威时，广泛的公共参与是其扩展其关系网络的一个主要的途径之一。在这些公共参与中，乡村精英们不免与乡村个体发生各种各样的互动，有时在这些互动中乡村精英与乡村个体的矛盾冲突就在所难免了。

正如学者甘满堂所指出的："在乡土社会中，文化程度所造就的'知识理性'对于个人的信仰抉择所起的作用并不大，人们更多地受传统社

---

① 景天魁等：《社会公正理论与政策》，社会科学文献出版社2004年版，第354页。
② 同上书，第101页。

会习俗支配。"①白村作为一个回族乡村社会，白村乡村精英们往往都会参与到白村清真寺的管理工作中来，前面我们说回族乡村社会中清真寺是一个集政治、经济、文化为一体的宗教组织机构，而且也是回族乡村个体每天都要打交道的一个组织机构，因此在清真寺的管理过程中各种矛盾冲突也会不断地发生。因为乡村中每个个体都希望通过清真寺这个公共空间来获取无论是物质还是精英的"面子"。对此有学者指出，"除了那些已经得到村庄认可的精英人物。普通村民一般都处于无权的位置，在政治、家境、人气上几乎一样高。但是，人都有比他人'高'的冲动，一个小范围的村落社会就会形成一个竞争性很强的场域，一般的村民都可能将得到比其他村民更多的权益作为自己追逐的目标，哪怕是在面子上好看一点，而且这也是更常见的情景"②。因此，在回族乡村社会中，乡村精英和普通个体相互争"面子"的过程中，双方发生矛盾冲突也就不足为奇了。例如：

> AKMD 是白村小村 HP 村的村民，早年通过关系在兰州一家大型的工厂工作，后来又开始在厂内承包各种工程项目，挣了不少钱，后来 AKMD 觉得自己年龄大了，就回到老家 HP 村，回来之后由于其有钱，便在一次选举中被当选为 HP 村清真寺管理委员会的主任，AKMD 觉得自己也有责任来担任这一职务，于是便当选。成为清真寺寺管会主任之后，AKMD 便发动村里的其他人员开始翻修清真寺，然后到处动员村里和村外认识有钱的朋友捐钱，工作进行得非常顺利，清真寺也顺利地翻修一新，但谁知后来在一次清真寺召开教民大会时，有人却认为 AKMD 此次翻修清真寺是有目的的，目的是为了让 AKMD 的一个亲戚的孩子到 HP 村来担任清真寺阿訇一职，而且还认为 AKMD 自从担任了寺管会主任一职后，在清真寺管理方面都安排了 AKMD 自己家族里的人等，这些说法让 AKMD 觉得冤枉不已，但是村里一些人也认为 AKMD 存在这些问题，甚至有人还为此断了和 AKMD 的往来。（GH 县白村 YB，男，回族，54 岁，2012-7-14）

---

① 甘满堂：《村庙宇社区公共生活》，社会科学文献出版社 2007 年版，第 127 页。
② 梁玉梅：《天主教徒：边缘化地生活在村庄世界中》，载杨善华主编《城乡日常生活：一种社会学分析》，社会科学文献出版社 2008 年版，第 106 页。

此外，通过在白村的调查，我们发现在乡村社会中，精英们与乡村个体的互动过程中，乡村个体会认为乡村精英们存在不公平的问题，例如，他们会认为村里的富人将钱借给了张三而没有借给我、村支书将低保的名额给了李四而没有给自己、社会精英在调节村庄内个体矛盾时，偏向某一方等，这样的问题层出不穷，对乡村精英来说，也甚是无奈。

> 在白村的小村 BZT 村，村民 MN 与村民 HS 因为土地纠纷发生了激烈的矛盾冲突，第一次发生纠纷时，两人均大打出手，都受了皮外伤，第二次发生冲突时，两个人家族的人都参与到其中。由于事态严重两人先是找村委会出面解决，但村委会调节了几次，仍旧不能处理此事，后来村委会联合村里的几名有威望的老人以及村里比较有威望的 HR 来调节此事，经过大家的调节，MN 与 HS 之间的土地纠纷终于达成了协议，但后来 HS 认为 HR 在调节纠纷的过程中有意偏袒 MN，所以导致自己的利益受损，不但他这样认为，其家族里的其他人也这样认为，虽然协议已经达成，没有办法反悔，但他们都对 HR 在此事中处理方式不满，整个家族里的人都开始疏远 HR，甚至选择与 HR 断绝关系。(GH 县白村 YB，男，回族，54 岁，2012-7-14)

从上述两个案例可以看出，乡村精英在参与乡村社会公共事务时，存在着机遇和风险，机遇是这些公共事务的参与可以给乡村精英带来扩展其权威和社会网络关系的可能，风险是在这些公共事务中，乡村精英有可能与乡村社会个体发生矛盾和冲突。因为，在乡村社会的公共事件中，每一个个体都在寻找着自身的利益点，他们都希望乡村精英能够给予自己所需要的那些利益，同时他们也希望乡村精英在处理公共事务时，能够对他们乡村社会个体形成保护，给予自己最大的支持，但当他们发现自身的利益没有得到保护，或者他们发现自身的利益由于乡村精英的参与而受损时，他们与乡村精英之间的冲突也就在所难免了。

2. 回族乡村精英与回族乡村个体的合作互动主要表现

前面我们说了乡村精英既担负着上级政府部门的任务，也担负着乡村文化规范。一方面，他们希望自己能够出色的完成上级分配下来的任务，以换取更大的社会资本，另一方面，他们因为隶属于乡村社会，乡村社会是他们的归属地，所以他们又担负着如何协调这种"上下级"关系的问题。在这个过程中，乡村精英有可能与乡村个体发生某些方面的矛盾与冲突，但只要这种关系协调得好，那么从总体来看，乡村精英与乡村个体的良性互动还是占据着其与社会个体的互动主体。通过在白村的调查，我们也证实了这一点，那么回族乡村精英与乡村个体的良性互动主要表现在哪些方面？对此经过梳理笔者将其总结为以下几个方面。

（1）乡村精英的职能

学者周云红认为乡村精英的职责为："乡村精英在当前农村，促进和维护全村公益事业主要包括调解民间纠纷、维持全村的社会治安和生活秩序、促进农村教育事业、修桥筑路改善公共交通、清理环境改善卫生、协助办理婚丧红白喜事、提供娱乐健身设施、协助政府机构收缴各种法定税费等。"[1] 也有学者从乡村精英与政府职能的实现方面指出："乡村精英可以更有效地实现乡镇政府的部分职能，减少政府的财政开支。实施村民自治后，乡村精英利用自身的整合能力，能够很好地充当国家政权和农民之间的中介角色，动员和带领农民贯彻实施国家的方针政策，弥补乡镇政府精简后带来的农村基层政权弱化的缺陷。"[2] 在回族乡村社会中，乡村精英们除上述职能之外，还担负着管理和协调乡村宗教组织机构运行的职责。

从乡村精英的职能方面来看，虽然从表面意义来看，乡村精英是在履行自己身为乡村精英所负载的义务，但从深层次的社会整合方面来看，"社会整合是将社会存在和社会发展的各要素、各部分联系在一起，组成一个共同体，是调整和协调社会中不同因素的矛盾、冲突和纠葛，使之成为统一的体系的过程或结果"[3]。正是在乡村精英职能的履行过程中，与乡村个体发生着互动，或者换句话说，只要乡村精英职能履行得好，那么其对乡村社会起着整合作用。当然，正是由于乡村精英在国家与社会之间扮演"中间人"的角色，所以对乡村社会来说，起着减少矛盾冲突、化解矛盾冲突的职能。例如学者景天魁指出："通过社区的中介形成农民与国家政策的协商机制，从而提供农民多样性的表达渠道是减少农村冲突的

---

[1] 周红云：《社会资本与中国农村治理改革》，中央编译出版社2007年版，第194页。

[2] 郭玲霞、刘路军：《培育乡村精英——乡镇政府职能的另类定位》，《领导科学》2011年第1期。

[3] 《社会学简明词典》，甘肃人民出版社1984年版，第257页。

重要手段。"① 正是在这种农村社区与国家政府之间的"中介"职能,让乡村精英能够发挥出更大的作用力,同时在这种职能的发挥过程中,乡村精英与乡村社会个体之间的"合作"关系也最终形成,即乡村个体通过乡村精英表达自身的利益和需求,而乡村精英通过国家相关政策以及相关的资源来满足这些需求,正是在这样的互动中,乡村社会才得以平稳的运行,乡村精英一方面通过完成乡镇部分相关任务,以及获取乡村个体的尊重,而达到自身"双赢"的局面。

(2) 乡村精英身份

其实,对于乡村精英来说,如果除去他们身上负载的精英身份,他们就是乡村社会普通的一员,他们也就失去拥有的一些"特权",他们必须放弃原有的一些利益,而履行作为一个普通民众的职责。

> 白村农田主要由水田(不用水泵抽水,可以直接从灌溉渠直接引水灌溉)、半水田(必须用村水利设施水泵抽水灌溉的田地)、旱地(无法用水泵抽水灌溉,只能靠雨水田地)构成,其中必须采用水泵抽水灌溉的半水田占白村田地的主体。在白村设有两个水泵抽水管理点,采用专人管理,一般正式的管理人员4—6名,此外根据白村在生产队时期的小组划分,另选出4名人员来具体负责每个小组的农田灌溉事务,也就是说将白村分为四个小组,每个小组选出一人专门管理小组灌溉农田的次序、收取水费、通知村民浇田等事务,由于半水田需要水泵抽水,因此水泵的维护、管理人员的工资、电费等需要资金支持,在白村,这些费用是向每个灌溉田地的村民来收取的,一般的收取标准是一个小时12元钱左右,也就是说,假如一个村民每次需要5个小时来灌溉农田,一年需要灌溉3次的话,那么他所要上缴的水费为180元。白村原村委书记GSB在位期间,由于整个白村的农田灌溉的管理员都是由其指定,所以GSB利用职务之便,在每次自家农田灌溉后,都没有上缴水费,如此在其在位的十几年间,没有一次交过水费。但是当GSB退位后,在一次AKF自己农田灌溉之后,仍没有上缴水费,由此AKF所在小组的水费收缴员,便在第二次农田灌溉时,不让GSB及其所在小组的其他成员灌溉农田,理

---

① 景天魁等:《社会公正理论与政策》,社会科学文献出版社2004年版,第96页。

由是 GSB 在位的话水费可以不缴，但既然退位必须要缴水费。由于当时天气炎热，眼看旱情逐渐逼近，GSB 所在小组人员得知是由于 GSB 的原因而延误他们整个小组的农田灌溉的时候，都将指责的矛头指向了 GSB，于是整个事情也闹得整个白村的人员知晓，迫于整个小组以及村庄人员的舆论压力，GSB 上缴了水费。（GH 县白村 YB，男，回族，54 岁，2012-7-14）

从上述这个案例我们可以看出，精英身份对乡村个体的重要性，尤其对乡村社会中的政治精英来说更是如此，因为在他们的身上负载国家认可的身份特征和乡村社会所赋予的权威性，一旦乡村精英失去他们的身份，他们就必须要履行做为普通村民的职责和义务，另外，我们从上述案例中也可以看出，原村支书在位期间没有缴纳水费，人们并没有给予追究，原因是他的村支书的身份，村民之所以不计较水费，是因为村民可以从他那里获得比水费更大的利益和帮助。这说明在乡村社会中精英身份本身就是乡村精英与乡村个体进行良性互动的一个主要的"法宝"，因为乡村精英的这种权威性和身份特征，使得一方面乡镇政府愿意培育乡村精英，同时乡镇政府也有培育乡村精英的基础，例如，有学者指出："乡镇政府作为国家政权在广大农村地区的代表机构，在广大农民心目中具有至高无上的权威性，这是乡镇政府适合承担培养角色的政治基础。"[1] 乡镇政府赋予了乡村政治精英某些政治基础，而乡村社会中经济精英以及社会精英，也同时都有自身与乡村个体进行互动资源，在这样的前提之下，乡村精英对于乡村个体来说无疑是他们求助和获得帮助的主要来源之一。

此外，在乡村社会中，人们有着很强的圈子概念，即本村的精英不为本村办事就不是合格精英，也不是他们眼中值得尊重的人，因此在这样的现实情况下，乡村精英也会顾及自身的身份特征，而极力为乡村个体赢取各种利益。对于学者杜赞奇从"保护性经纪"和"赢利性经纪"两个方面进行了论述其认为传统国家基层政府需要乡村一些有威望的人来履行公职，而在这些人物履行公职的过程中，都常常扮演着经纪人的角色，杜赞奇认为乡村社会中的经纪人可以分"保护性经纪"与"赢利性经纪"两

---

[1] 郭玲霞、刘路军：《培育乡村精英——乡镇政府职能的另类定位》，《领导科学》2011 年第 1 期。

种类型。前者指在与国家打交道的过程中维护社区人民利益者,后者则指借助权力以谋利者。从这个意义上来说,乡村精英由于其乡村身份的特征,加上乡村文化规范的约束,往往趋向于扮演"保护性经纪"的角色。

从乡村精英的身份构建上来说,我们前面讲了乡村精英如果想要构建自身的关系网络,树立自身在乡村社会中的权威,必须要对乡村社会进行投资,这些投资在一些乡村社会主要表现为精英为了当选某个职务而拉选票等现象。在白村的调查中我们发现,由于白村有着特有的村庄文化背景,即白村极少或者几乎没有举行过村民选举会议,由于选举会议的缺失,导致了精英对村民选举方面的投资极少。在一些乡村社会,乡村精英为了当选村干部,一定会考虑村民对其的支持力度,这样就会加大对村民无论是感情方面还是资金方面的投资,此时为了拉拢选票,具有选举资格的普通村民无疑成为乡村精英(乡村政治精英)的重点投资人。然而,由于白村几乎不举行村民选举会议等,一般村干部的任命都是由镇政府或者镇党委直接任命,在这样的背景下,白村的乡村精英无须对其所在的村民进行任何投资。但是,在此处我们不能忽略的一个问题是,乡村精英在选举之前对村民可能不进行投资,而一旦自己被选为乡村干部,那么为了自身工作的需要,一般都会对乡村个体进行"投资",而此类现象在回族乡村社会的宗教管理组织的选举中也有类似的事情发生,在白村的调查中我们发现,一些乡村精英为了成为村宗教组织的管理者,而不惜加大对乡村个体进行投资,这种"投资"主要包括请吃饭、进行帮助以及给予各种好处等。从这个意义上来看,乡村精英为了自身身份的获得而给予乡村个体某些利益或者好处,无疑是他们与乡村社会个体建构良好互动关系的主要途径之一。

(3)乡村精英两者的相互关系

乡村精英与乡村个体的关系属于既对立、又统一,即两者因拥有不同的社会资源而被分化到不同的阶层里面,同时在乡村社会中,乡村精英与乡村个体存在相互需要的关系。正如有人所指出的"农民进入市场经济需要乡村精英。这种需要当然部分是因为农村社会传统心理的影响,但更重要的是提升农民市场竞争能力和整合农民的需要"[1]。乡村精英如果想

---

[1] 郭玲霞、刘路军:《培育乡村精英——乡镇政府职能的另类定位》,《领导科学》2011年第1期。

很好地完成上级任务，需要乡村个体良好的配合，而乡村个体无论是向国家表达诉求还是想获得利益，也都很难离开乡村精英而直接去表达。同时，当前的乡村社会已经从费孝通的"熟人社会"走向了"半熟人社会"，即乡村社会内的个体之间的关系已经不再是全村型的，而是局限在村中某个圈子内，由于乡村社会内部形成不同的"人际圈"，这使得乡村社会个体在寻求支持与帮助方面，所能动员的资源的面大大减少，在这样的现实情况下，乡村精英则在乡村社会内部扮演着联结村内不同"人际圈"的功能，而乡村社会个体也正是通过乡村精英，达到与村中自己圈子之外的个体打交道的目的。同时，乡村社会中的精英们，由于其生活贴近乡村社会，所以他们更容易受到乡村社会群众舆论的监督，从而更加注意与乡村社会个体互动中自身行为给个体带来的影响。对此，学者薛毅通过研究指出："群众舆论是基于'自主认识'的，基本上不受乡村精英的控制，这样乡村舆论就不能成为一种乡村精英用以整合多数人的手段，反过来群众主导的舆论对乡村精英却具有反向监督作用。"[1] 而学者孙兆霞通过对乡村社会的实地考察之后，提出其对社会舆论的认识，其认为："通过社会舆论，使村民很大程度地参与村落事务的讨论，形成有利于村落发展的公共意见。另一方面，也使村落的正式组织、民间组织和精英们恪守社区规则并争取社会舆论的支持。如此一来，在社区公共空间中，村民、精英、民间组织与正式组织有了一个相互作用、良性互动的社会平台和机制，这也为乡村社会真正实现自我管理、自我教育、自我服务和自我发展的村民自治提供了社会和文化基础。"[2] 由此可见，在乡村社会中，乡村精英与乡村个体通过管理和监督的良性互动来实现乡村社会的平稳运行。

此外，我们还需要注意到，乡村社会的矛盾纠纷等问题都是很难离开乡村精英而只靠法律解决的。在前面，我们讲了乡村社会中，个体之间的矛盾纠纷，大致发生在土地纠纷方面，土地作为农村生产的第一要素，在乡村村民的心目中扮演着非常重要的角色，在他们的生活中有着不同一般意义上的地位，正因为如此，在乡村社会中，很多的纠纷与矛盾，也由土地的缘由而产生。当然这主要是因为在当前，土地在乡村社会个体中的作

---

[1] 薛毅编：《乡土中国与文化研究》，上海书店出版社2008年版，第53页。
[2] 孙兆霞等：《屯堡乡民社会》，社会科学文献出版社2005年版，第262页。

用力还仍旧很强大的原因,如有学者指出:"农户从土地获得两种密切相关的利益,一是通过从事农业生产获得经营收益,二是这种收益的实现为他们提供一种较为稳定的生计保障——迄今为止他们中的绝大多数人不能在土地之外获得任何其他社会性的保障。"[1] 乡村精英恰恰在调节这些纠纷矛盾中,扮演了良好的调节者,这是因为一方面乡村精英与法律、法规相比他们拥有本土、地方性经验,对此学者吴毅指出:"邻里圈子和乡土社会在处理矛盾和纠纷时其实自有一套生发于本土,与地方性经验和文化紧密相关的技术与知识,这些技术与知识与法律相比较,其实可能离当事者的生活和经验更近,运用起来的成本更小。"[2] 另一方面,法律、法规在乡村社会的实践中并没有取得相应的良好效果所致,正如学者赵旭东所认为的那样,当法律的空间取代乡村社会原有的秩序的时候,其给乡村社会造成了一种虚假意识就是"似乎借助法律,任何社会问题都可以快速而有效地化解,但实际的情况并非如此。因为就像农民对村庙里诸神的祈求根本上是一种心理安慰一样,对于法律这位新来的'神'而言,情况也不过如此。人们期望得很多,但真正能够得到的回报和应答却极为有限"[3]。在白村的调查中我们发现了类似的案例。

2007年,在白村的 ZHZ 小村发生一起由于兄弟几人为老人赡养而发生的土地纠纷事件。事件的原委是村民 AHM 是兄弟几个最小的,其他的兄弟都已经另家生活,由于父亲很早去世,所以 AHM 与自己的老母亲一起生活,前面一家人相互还算好,后来 AHM 的母亲认为 AHM 的媳妇对自己赡养不力,从而要求到别的孩子家去生活,而 AHM 也觉得自家兄弟有五个,而唯独自己一人一直在赡养老人,所以也要求其他的兄弟来赡养母亲,但其他的兄弟觉得,当时之所以让 AHM 赡养母亲主要的原因是当时在众兄弟分割土地时,把一块多余的土地分给了 AHM 以作为 AHM 赡养母亲的补偿,现在 AHM 不想赡养母亲的话,就应该把那块土地拿出来让其他兄弟平分,就在其他

---

[1] 方向新主编:《中国社会学会学术年会获奖论文集——和谐社会与社会建设》,社会科学文献出版社 2008 年版,第 41 页。

[2] 吴毅:《记述村庄的政治》,湖北人民出版社 2007 年版,第 24 页。

[3] 赵旭东:《纠纷调节与法律知识——以河北李村以及广西金秀的田野考察为例》,《中国研究》2005 年第 2 期。

兄弟准备平分土地之时，又有兄弟说，其他兄弟中老大 YB 当时分地时占了便宜，所以此次分地时不应该再给他分地，而 YB 认为如此不公平，说不给他分地，他就不赡养老人。最终，众兄弟因为此事闹得沸沸扬扬，后来有人建议他们到法院去解决纠纷，但众兄弟觉得那样太丢脸，而且那样也不一定能解决此事。最终，还是请了村里的有威望的老人、村支书和一些经济精英一起，经过几次的协调解决了此事，土地纠纷得到了解决，老人的赡养问题也就随之而解，而处于纠纷当中 AHM 以及其他众兄弟也对帮助处理此事的乡村精英们十分的感激，感激他们让自己脱离矛盾与纠纷之中，同时，帮助解决此事的精英们也因此而获得了村内其他个体的赞誉。（GH 县白村 SDK，男，回族，55 岁，2012-6-6）

从上述案例我们可以看出，从乡村精英与乡村社会个体的关系来看，乡村精英与乡村个体在相互需要中不断的进行着互动，由于这种互动中乡村精英拥有法律政策所不具备的优势，同时乡村社会恰恰也为这种优势的施展提供了空间，在这样的前提下，乡村精英与乡村个体的良性互动才得以实现，而这种良性互动往往是乡村精英与乡村个体"互赢"的状态之下完成的。

四　新时期回族乡村精英的变迁趋势

随着乡村社会改革的不断推进，乡村社会发生着翻天覆地的变化，而国家有关的乡村社会管理体制也在不断发生着变化，那么，乡村社会自身的变化，以及国家对乡村管理体制的变化对乡村精英有着什么样的影响？在这样的影响之下乡村精英又有怎么样的反应？

综观当前乡村社会的变化，由于乡村个体大量外出，在土地以外的空间寻求发展，从而造成乡村社会分化是乡村社会的最大变化之一。随着社会改革的不断深入，以及土地对农民吸引力的下降造成的"推力"和城市就业所产生的资本效应对农村的"拉力"，两者所形成的"推拉"合力之下，导致大量农村劳动力外流，从而引起的乡村社会分化、乡村社会成员内部差异化的扩大，给乡村社会带来了巨大的影响。此外，提起国家管理体制对乡村社会的影响，我们不得不提及税费改革，国家从 2000 年后逐步在全国推行税费改革制度，其目的是为了减轻农民负担，规范农村收费行为。对于税费改革，有的学者们从税费改革与农村公共产品供给的关系，提出了自己对税费改革的看法如："2000年后税费改革的推开，使得国家与社区之间互动结构发生更深刻的调整和变化，它直接影响了社区公共产品供给的组织承载。"① 也有学者从税费改革与农村村社组织、乡村精英等关系方面进行了思考如，"税费改革是建立在削弱甚至剥夺村社组织的农业收益分享与必要的强制性与威慑力基础上，这两个条件的缺失致使村社组织既无经济基础去提供社区公共产品，也缺乏强制力来规范'不合作者'，从而加剧了'分散'农户与公共产品'整体性'之间的内在冲突，以至于乡村社区陷入了外在与内部力量皆不能为其提供所需公共产品的困境"②。那么，乡村社会分化和税费改革在回族乡村社会的表现又是什么样子的呢？

　　笔者通过对白村所属的县份GH县乡村的观察发现，GH县近年来的乡村社会内部的分化已经十分突出，主要表现在：首先，外出人员大量增多。例如笔者调查的白村，在2005年的外出人口比例为11%左右，而在2010年的外出人口比例高达28%。其次，回族乡村社会内，人们从事的职业开始多样化。从CH县的调查来看，村内人们从过去的单一的种植业开始向运输业、餐饮业等服务业转化，虽然很多人并没有因为从事其他职业而彻底放弃种植业，但种植业已经在他们的收入中不在占据主要地位。最后，我们发现，已经有CH县乡村的村民开始在外出的城市或者县城购置房产，甚至有少部分村民直接搬离乡村，居住到了城镇。至于税费改革方面，GH县作为全国农业县份中的一员，无疑同样经历了税费改革所带来的洗礼。乡村种植业个体，不但因为税费改革而免交款项，同时还可以通过种植庄稼来获得国家的农业补贴，这对乡村社会个体和乡村精英都带来了很大的影响。从乡村个体方面来说，税费改革改变了缴费形式，但从更大的方面来说，从改革农民的那种服从感，从而让农民具备了"主人翁"的感觉。从乡村政治精英来说，税费改革，让他们从过去的"索取者"，变成了今天的"给予者"。

---

　　① 贺雪峰、罗兴佐：《乡村公共品供给：税费改革前后的比较与评述》，《天津行政学院学报》2008年第5期。
　　② 郭佩霞、朱明熙：《村社组织、乡村精英：乡村社区公共产品供给的底层机制——基于乡村内生秩序与制度变迁逻辑》，《开发研究》2010年第5期。

(一) 乡村社会变革下的回族乡村精英的转变与分散

面对回族乡村社会变革，作为回族乡村社会一分子的回族乡村精英们，也在积极的应对着这种变化，回族乡村精英们通过对自身的调整来应对乡村的变化，这种调整主要表现在两个方面。一方面是回族乡村精英的转变，由于乡村社会发生变化后，回族乡村精英通过自身的资源来转变为其他的精英，从而面对乡村社会的变化。另一方面是回族乡村精英离开回族乡村社会到外面去寻求发展，从而造成回族乡村社会中精英的分散。

1. 回族乡村精英的转变

对于精英转换，比较主流的有"精英循环论"和"精英再生论"，而对于中国乡村精英的转换研究中，学者宋时歌的"干部权力转换延迟效应"认为，"精英循环在中国改革进程中属于一个特殊时期的现象，产生这个特殊时期的原因是改革早期的干部权力向市场转换过程中一个短暂的延迟期而造成的干部权力真空，随着这个延迟期的结束，新兴的经济精英将越来越多地来自干部群体，精英再生将成为主流"[1]。浙江大学郎友兴教授认为，"经济精英"或者富有的村民利用国家所提供的制度如村民选举、村民代表会议进入权力层已经并将继续对中国农村产生影响，实行村民自治和村民选举以来经济精英在村庄中所扮演的角色对乡村社区的权力结构与运作提出了一些挑战性的问题。[2] 此外学者王汉生根据江苏、山东等地的实地研究资料，探讨了改革以来农村工业化进程如何和在多大程度上影响了农村精英构成及精英关系的变动。王指出，在以市场为导向的改革中，既存在精英的循环，也存在精英的再生。[3] 对于回族乡村精英的转变，我们主要从精英自身的主动转变和由于体制变化而导致的乡村精英被动改变两个方面来看。

（1）在乡村精英自身的主动转变方面。前面我们论述到乡村精英具有变动性强的特点，无论是经济精英还是政治精英和社会精英，在不断地

---

[1] 宋时歌：《权力转换的延迟效应——对社会主义国家向市场转变过程中的精英再生与循环的一种解释》，《社会学研究》1998年第3期。

[2] 郎友兴、郎友根：《从经济精英到村主任：中国村民选举与村级领导的继替》，《浙江社会科学》2003年第1期。

[3] 王汉生：《改革以来中国农村的工业化与农村精英构成的变化》，《中国社会科学季刊》（香港）1994年第3期。

扩展着自身的发展范围，寻求着自身发展的空间，这样自身的转变当中，一些退出某个圈子的精英，成功地转型为其他类型的精英，而有些精英在这些转变过程中，却没有成功，彻底地退出精英的圈子，成为了普通的民众。下面笔者就精英主动转变和被动转变通过实地的案例来进行分析。

精英主动转变的原因主要是由乡村社会的变化和精英自身的变化引起的，社会变化方面主要的表现为乡村社会的分化，引起了或者说刺激了精英转变的欲望。而精英自身引起的变化主要在于乡村精英不满足于现状，想通过自身的资源来改变自身身份的想法。

主动转变成功例子：

> GK 是白村的 BJP 小村的一位村民，其在他们家族中的威望很好，同时又是 BJP 清真寺的管理人员，经常主持和操办各种公共事务，同时还经常给村里人调节矛盾，撰写字据、丈量土地、被当证人等，但后来 GK 发现村里很多人都外出寻求发展，而他也发现现在的村庄不像以前那样热闹，由于很多人外出导致村庄显得冷清，觉得自己再呆在村里没什么意思。于是，跟着村里的一个老乡一起到北京开饭馆，由于 GK 的人脉较广，筹集了不少资金，加上以前的生活经历，使得他的饭馆开得很是顺利，不到三年已小有规模，一下子成为了 BJP 村的有钱人。(GH 县白村 HRN，男，回族，44 岁，2012-5-11)

主动转变失败的例子：

> 白村的前书记和前会计在任期间，由于他们觉得担任村支书和村会计所得的收入过于微薄，让自身在经济收入方面，明显地落后于村中的其他经济精英，于是二人在任期间，便联合起来做起了倒卖羊毛的生意，由于二人的身份与职务关系，二人凭借人际关系，在银行获取了数目不小的贷款，之后便在白村所在的 SJJ 镇做起来倒卖羊毛的生意，但由于二人在做生意方面的能力以及经验的缺乏，最后在两年后，亏损巨大，前书记又在生意亏损不久后被辞退，于是便告老还乡，回到了白村，而村会计由于不甘心在生意上的失败，便采取了极端的方式来发家致富，竟在暗地里贩起了毒品，后来被某市公安局抓

捕，蹲进了监狱。(GH 县白村 YB，男，回族，54 岁，2012-7-14)

(2) 乡村精英被动转变方面。乡村精英的被动转变一方面是由于国家政策或者当地相关体制的调整引起的，另一方面是由乡村社会发展引起的。

体制政策引起的被动转变成功的案例：

> 2011 年白村所在的 GH 县开始对基层管理组织进行了大规模的改革，改革的其中重要一项就是将每个村内部的村支书全部换掉，村支书由镇政府内部派出，这样一来，那些原来在自己本村内任村书记的人员全部下台，改由镇党组织任命的人员来担任，在这次改革中，GH 县除了四个村庄保留原村书记之外，其他所有的村庄都更换了村书记。在这个更换过程中，白村的村书记 AKF 也不例外，被更换下台。AKF 得知自己的下台已是铁定事实，无法挽回。于是，其在下台前，在白村村委会成员的选举中将自己的年仅 20 岁的孙子推举到村委会成员之中。于是，在白村中戏传，"AKF 当书记，人家是在唱戏，爷爷下台，孙子登台，轮流转，锅里的饭还是在碗里转，别人就别想了"。而 AKF 凭借自身在共走期间积累的资源，依旧为村民办理各种事务，依旧在村内享有较高的威望，和以前的他相比，AKF 只不过是少了村支书那顶头衔而已，其他似乎都没有什么太大的变化，可以 AKF 从乡村政治精英转变为了乡村社会精英。(GH 县白村 EDLH，男，回族，46 岁，2012-5-16)

乡村社会发展引起的被动转变失败的案例：

> MK 是白村 ZHZ 小村的一名清真寺阿訇，在白村内享有极高的威望，MK 从小在清真寺学习，由于学习经文的能力强，于是在 30 岁左右就已经成为了 GH 县一个人数较多村庄清真寺的开学阿訇，后来他又陆续在两三家清真寺当过清真寺阿訇。但是，令 MK 比较烦恼的是，一方面他发现来清真寺做礼拜的人越来越少，来清真寺学习宗教知识的清真寺学员也越来越少，此外，由于村庄内很多的人外出，导致清真寺管理工作落后。而更让 MK 着急的是，由于自己孩子长大考

入大学，家里开销增大，而自己的收入又没有多大的增加，同时看到村里很多人在外面做生意挣了钱，于是 MK 辞去清真寺阿訇的职务，也跟随他人到上海开起了饭馆，可谁知由于自己不懂经营，一下子赔了很多钱，搭进去自己的钱不说，还欠了很多的外债，对于此事 MK 既生气，也感慨无奈没有办法，其说社会变化太快，他已经跟不上社会发展的脚步了。（GH 县白村 HX，男，回族，58 岁，2012-5-14）

从上述案例我们可以看出，在回族乡村精英的转换中，既体现了精英循环的痕迹，如白村中有些政治精英失去政治身份的同时也没有能转变为其他精英，而有些乡村个体通过自身的努力则成为新的精英。也有精英再生的体现，例如，原村支书 AKF 的孙子成为乡村政治成员，同时，AKF 失去政治精英的身份成功转变为社会精英的例子。当然，这些现象仅是通过对白村这一个村庄的考察得出，不免在代表性上具有不全面性，但这些现象也从另一个侧面说明了在乡村精英的转换中所体现出来的一些现象和问题，其实在某些程度上还是验证了原有的一些精英理论。

此外，由于在村政乡管的体制之下，白村的经济精英与社会精英转化为政治精英的可能性已非常小。而白村中经济精英之所以能成为精英，是因为其在 20 世纪七八十年代依靠投机方式取得资本而成为经济资源的拥有者，而恰恰白村的经济精英的这种投机性，也造就了他们精英地位的极度不稳定性，一旦投机失败，他们将面临失去自己在村庄中所拥有的经济优势，从而失去经济精英的地位。因此，从对白村中三种精英的考察来看，社会精英具有很强的稳定性，政治精英具有相对的稳定性，而经济精英的稳定性最弱。政治精英在失去自己政治地位的同时，可能由于自身的经济资本和在村民中的社会威望而蜕变为经济精英或社会精英，当然，我们在前面也说过，有时候政治精英是一个多面体，也就是说我们所谓的政治精英，是集政治、经济、社会于一体的，我们之所以将他们归为政治精英，是因为政治精英所特有的政治身份而决定的。从社会精英方面来看，由于社会精英是通过其长期在村民中的各种社会事务以及各种活动建立起来的，通常社会精英的最大资源来自于其所在的家族和其自身所拥有的个人魅力，由于社会精英的这一特性，也就决定了社会精英的盛衰往往跟其整个家族以及个人能力的变化有着很大的关系，因此，从这个意义上来说，社会精英在一定的时期内具有很强的稳定性。乡村社会中三种不同精英的特性也决定了乡村社会中三种不同精英在其变迁过程中的变化轨迹。

2. 回族乡村精英的分散

由于乡村社会的变迁，加之国家对乡村社会管理体制的变迁，致使乡村社会出现了大量劳动力、资源外流的现象，如学者徐勇指出，"但伴随着农民工在城市适应能力的增强，城市的容纳接受力提升，随即出现单向度流动的趋势，乡村建设最紧迫需求的资金、人才、知识大量向城市集中，以致造成乡村发展的'空心化'"①。而对于乡村精英的外流，也有学者指出"乡村政治资源不能再构成吸引精英们的资本，乡村内部的精英流动和更替的机制开始中断，村内的民主选举选不出村干部，很多有资格和有能力担任村干部的人员对此没有兴趣。乡村内部产生的经济精英也开始向城市流动，甚至于社会精英也加入外流的队伍"②。同时，学者们将农村精英流失分为两种类型："一为'隐性流失'，指改革开放之前国家固定体制之下的城市吸纳农村精英；二为'显性流失'，是指改革开放之后历经劳动力资源的市场化选择，借助于价格和竞争机制使农村精英流向城市。"③ 其实可以这么说，随着现代脚步的不断逼近，乡村社会在不断受到外界的冲击，而在这其中，作为乡村社会的特殊人物的乡村精英无疑是整个现代化浪潮中的弄潮儿，他们一般走在村庄中其他人之前，由于现代化的推进，在市场经济的不断推动下，大量的村民不断外出，寻求他们的生存之路，世俗化随之对乡村社会的人际关系以及发展格局实施着其所有的影响力。那么，在社会变迁以及乡村体制变革的情况下，回族乡村社会中的精英们又是呈现出如何的态势呢？

学者徐勇曾说过："中国乡村社会经历和正在经历着四个阶段。'散'（中国古代乡村社会的特征）'统'（进入20世纪，实现现代化成为中国的紧迫任务，人民公社时期的突出特点就是"统"）'分'农村改革的基本特点就是'分''合'家户为单位的生产组织难以抵御自然、市场和社会多重风险，个体主义由分化到整合的阶段，这一阶段要求强化民间合

---

① 徐勇：《挣脱土地束缚之后的乡村困境及应对——农村人口流动与乡村治理的一项相关性分析》，《华中师范大学学报》2000年第3期。

② 钱燕：《"后乡村精英"时代与新农村建设》，《中共云南省委党校学报》2005年第3期。

③ 同上。

作，增强农民的自组织性和地方自理的自治性。"① 笔者通过对 GH 县回族乡村社会的调查发现，当前回族乡村精英外出的情况十分普遍，但精英的流失并不明显，当前回族乡村精英处于以一个分散的态势，也就是说，随着回族乡村社会的变革，大量的回族乡村精英外出寻找发展，但无论是在外发展的精英，还是在外居住的精英，都仍旧与他们的乡村社会保持着十分密切的联系，这主要是因为，出外的乡村精英仍旧与流出地的清真寺保持着联系，有着宗教上的纽带联系，此外，由于回族的宗教性，他们在外一般找到适合自身生活的空间是比较容易的，但寻找适合自身发展宗教空间相对来说比较困难，换句话说，一个回族乡村精英，在本村庄内，他可以担任清真寺的管理职务，可以支持宗教活动，但到了另外一个地方，在宗教这些方面，要想得到一些空间相对来说吃力。换句话说，由于有清真寺的存在致使回族乡村外出的精英，能够始终有一个趋心点，清真寺就像一根风筝的线一样，始终牵着在外飘荡的回族游子。再加上回族乡村传统文化本身对于回族乡村外出人员的牵引力，使得回族乡村人员始终处于一个"流而不失"的状态。至于说当前回族乡村精英处于一个分散的状态，主要是指，由于 GH 县村内集体经济落后，本身各种精英大都处于独立发展状态，加上回族乡村变革期，大量精英的外流，导致回族乡村精英的分散状态更加明显。

（二）回族乡村精英的转变与分散给回族乡村社会带来的后果分析

学者贺雪峰在描述当前乡村变革与村庄秩序之间的关系时曾指出："在中国现代化的长时段中，一方面，农村人口流出和市场经济对传统文化的侵蚀，不断地造成村庄共同体意识的解体和村庄生活面向的外倾，村庄越来越多地解体了；另一方面，庞大的农村人口的流出是一个漫长的过程，这个过程没有农村的稳定是不可想象的。"② 具体到乡村精英与乡村社会秩序的关系时，学者费孝通曾认为，"乡村社会在面对现代文明时，情况也是一样的。当一些悠闲的文化精英渐渐离开一个养育他的社会环境时，一方面他自己失去了自我发育的土壤，另一方面，原来的社会也因此

---

① 参见吴毅《村治变迁中的权威与秩序——20 世纪川东双村的表达》，中国社会科学出版社 2002 年版，序言部分第 3—4 页。

② 贺雪峰：《新乡土中国：转型期乡村社会调查笔记》，广西师范大学出版社 2003 年版，第 10 页。

失去了既有的平衡。一种和谐的文化生态也就被打破了"①。那么，回族乡村精英的转变与分散给回族乡村社会带来哪些影响呢？对此通过对白村实地调查，笔者将其归为以下几个方面。

1. 公共产品供给出现问题

农村公共产品历来是经济学者、社会学家关注乡村社会的一个主要问题之一，一般而言，公共产品主要指社会全体成员可以享用的具有非竞争性和排他性的产品或服务。至于农村公共产品的发展历史，则经历了"50—70 年代以'工分集权制'为特征的人民公社时期、80—90 年代末以'提留集权制'为代表的家庭承包责任制时期、2000 年来以'一事一议'为标志的税费改革三个阶段的变化"②。而对于农村公共产品的供给方式，贺雪峰和罗佐兴将其划分为"市场化供给方式、民间组织供给方式、政府强制供给方式"三种类型。③ 回族乡村公共产品除了拥有一般村庄公共产品的特征外，由于回族乡村社会宗教性特征的原因，回族乡村社会公共产品还具有宗教性的特征，例如回族乡村的清真寺等，而回族乡村精英与乡村公共产品之间的关系，通过笔者对白村的调查，发现主要表现在两个方面。

一方面由于乡村精英的流出和分散，导致回族乡村社会公共产品供给出现问题。前面我们讲了公共产品的供给，有市场化供给方式、民间组织供给方式、政府强制供给方式，乡村社会中公共产品除了政府和市场化供给外，就是民间组织的供给，而乡村精英则是民间组织中公共产品的主要供给者。在回族乡村社会中，由于有宗教组织的存在，因此回族乡村精英更是成为了民间组织供给中的主要力量，这一点我们前面讲过，在回族乡村清真寺的修建、清真寺运行物资的筹集上，回族乡村精英都会被大家视为出钱、出力的重点人物，而现在由于回族乡村精英外流和分散，导致他们在这些方面的行动力有所减弱。

在白村的 HP 小村，由于 HP 村在坪上，所以村庄距离公路比较

---

① 参见赵旭东《否定的逻辑：反思中国乡村社会研究》，民族出版社 2008 年版，第 96—97 页。
② 高鉴国、高功敬：《中国乡村公共品的社区供给制度变迁与结构互动》，《社会科学》2008 年第 3 期。
③ 贺雪峰、罗兴佐：《论农村公共物品供给中的均衡》，《经济学家》2006 年第 1 期。

远，原来的村庄通往公路的路是条土路，每当下雨、下雪都很难行走，2002年时村里清真寺寺管会的一些成员号召村里人来对这条土路进行硬化，刚开始由于要每家每户出钱，所以村里人都不太积极，后来寺管会的有钱人带头出钱，加上村里有威望的社会精英的动员，村里人都积极行动起来，开始出钱、出力，最后将这条从村里通往公路的土路给硬化掉。但在2010年清真寺寺管会成员号召村里对HP清真寺的一些房屋进行翻修，原因是这些房屋由于年久失修，常常逢雨就漏，但由于村内的很多有钱人和一些有能力组织公共事务的人都外出，导致此事最终由于没有人出大钱以及没有人组织管理而夭折。(GH县白村GSZ，男，土族，81岁，2012-7-12)

另一方面，由于乡村精英的流出和分散，导致回族乡村社会公共产品管理出现问题。乡村公共产品既包括物品又包括服务，公共产品既需要供给者，因为这样才能保证公共产品的持续性和补给性，同时公共产品也需要管理者和调配者，因为这样才能保证供给来的公共产品能够起到其应有的作用，能够为众人所享用。但是由于乡村精英外流以及分散，导致回族乡村社会中，公共产品的管理出现问题，致使出现很多公共产品不能物尽其用的局面，造成公共产品的不合理使用、滥用、浪费等方面的问题。

例如，在调查中我们发现，GH县有一条名叫永红渠的灌溉渠，此渠主要是为了GH县农田的灌溉而开凿的，当时为了灌溉的需要，将灌溉渠依村庄而建，所以此渠都是穿村庄而过，因此自然沿着灌溉渠就形成了一条大致可以通行农用三轮车的小路供村里人行走，早期的时候，为了保证灌溉渠周围的安全，一般每个镇都会派人定期的对灌溉渠两边的道路进行检查，排除潜在的危险。2004年GH县为了减少水资源的浪费，对灌溉渠进行了水泥防渗硬化，硬化之后灌溉渠发生决堤的可能性大大降低，所以之后对灌溉渠的检查就减少很多，以前村里人对灌溉渠堤坝以及道路也都非常关心，白村也发动过好几次对灌溉渠堤坝以及村内沿渠道路的修缮工作，但最近几年来，由于村里人大量外出，尤其是那些有威望并且关心村庄公共事务的人员的外流，致使白村内沿灌溉渠的道路发生被道路旁村民挤占的情况，有些村民将自己的院子扩大挤占道路，有些村民在道路的两边都种上了蔬菜、果树等，很多村里人对此都提出了自己看法，但由于没有人真正地组织他们，所以一直对这样的占路行为睁一只眼，闭一只眼,大家觉得这要是在以前,早就有人管了,现在有能力的人都忙自己的事情,没有人操心这些,所以这些挤占道路的行为才会如此猖獗地发生。

2. 乡村社会运行秩序受到影响

学者赵旭东指出:"一句话,结构可以带来一种秩序,这种秩序依靠一种意识形态而得到稳固,并经过长时间的运作实施而使其极为稳固。这种的稳固也容易因为抽掉一些核心的要素而变得异常的不稳定。这种不稳定是秩序的不稳定,也必然是社会的不稳定。"[①] 对于乡村社会来说,乡村精英是乡村社会中的核心要素之一,乡村精英的流失,必然会导致乡村运行秩序的稳定性。随着现代化的不断推进,乡村社会中外出打工的人员不断的增多,乡村社会原有的人际关系系统不断的被冲击与破坏,在这样的背景下,乡村社会急需乡村精英的整合,但现实的情况是,乡村社会中的经济精英与社会精英忙于自己的事情,要么外出,要么不在村内,村内的政治精英与部分社会精英,面对没有精英人员的乡村社会,却难以发挥出相应的整合力度来,在这样的情况下,乡村政治精英的主要职责仍旧停留在了如何完成相关的国家任务上面,而对于如何带领村民如何走上发家致富的想法似乎是很难找到的。白村作为一个传统的回族乡村社会,虽然,其具有强传统性,使得白村在面对现代化的冲击时,出现了一些自身的特征,例如,在白村,妇女外出打工的比例仍旧很低,外出打工人员的外出地相对集中等,但在整个现代化的潮流中,白村的社会运行秩序也在不断地受到现代化的冲击。

由于回族乡村精英的外流和分散,导致原来由乡村精英承担的村庄职责被搁置,一些村里的矛盾纠纷得不到及时的调节,此外,乡村精英特别是政治精英和社会精英在村庄内调解人的角色开始弱化,导致乡村社会内部出现的一些问题得不到及时的解决而产生新的问题,例如,村庄老人的养老、留守儿童、宗教事务等陷于管理不到位甚至无人管理的境地。由于现代化的推进,乡村社会人员的大量外流,导致了村庄管理度的低下,正如学者贺雪峰所指:"工业化、全球化和社会体制转型的今日中国,农村社会团结方式的变异已经不可避免,社会关联度的突降也已成为事实。问题是,中国农村在从机械团结向有机团结转变,从礼治向法治转轨的路途中已经跌入了二者之间的沟壑:一方面,传统的信仰、价值、规范在外出

---

① 赵旭东:《否定的逻辑:反思中国乡村社会研究》,民族出版社2008年版,第104页。

务工大潮的冲击下已经悄然解体,村庄的集体意识已经不复存在,村庄的社会关联度已经降至谷底,另一方面,由于资源、环境、土地、人口、粮食等诸多因素的限制,中国农村的工业化进程在相当长的时段内都将步履维艰。"[1] 现代进程对乡村社会带来了极大的冲击,乡村社会面对现代化的冲击发生巨变,但问题是,这种冲击在对乡村社会的传统文化进行致命的同时,并没有构建新的定西来补充这些消失传统,正如学者赵旭东所指出的,"面对今天的快速变革,我最为恐惧的是,在乡村,人们还没有足够的准备去创造出新的、可替代的东西来顺利地取代正在消失的传统"[2]。在前面我们说过,乡村社会已经由原先的"熟人社会"转变为"半熟人"社会,在乡村社会内部是由不同的人际圈子构成的,而乡村精英是连接这些圈子,建立起整个乡村社会关联的重要连接点,而当前随着回族乡村精英的外流与分散,导致村内的圈子之间联系度的降低,从而造成村庄关联度的降低,对乡村社会秩序形成了影响。正如学者贺雪峰所指,"村庄秩序的生成具有二元性,一是行政嵌入,二是村庄内生。人民公社是行政嵌入的典型,中国传统社会的村庄秩序则大多是内生的。内生的村庄秩序依赖于村庄内部人与人之间的联系,这种联系因其性质、强度和广泛性,构成了联系中的人们的行动能力,正是这种行动能力本身,为作为相对独立社区社会的村庄提供了秩序基础"[3]。乡村社会秩序主要是内生性的,那么,这种内生的乡村社会秩序由于乡村精英的流失而发生问题,对于回族乡村社会来说,同样由于乡村精英的外流和分散,使自身的运行秩序受到了影响。

3. 对村庄基层民主建设造成影响

非政府性、非赢利性、志愿性和自治性的农民组织可以大大提高政治参与的广度和深度,提高利益表达的层次和效能,增强利益博弈的影响和实力,增进利益分配和利益协调的公正性,从而实现社会主义新农村建设。[4] 但纵观学者们对当前乡村社会的研究发现。一方面,"当代中国农村基层政权组织出现了一种'内卷化'趋势。即,在广大农村地区,基

---

[1] 贺雪峰:《乡村研究的国情意识》,湖北人民出版社2004年版,第3页。
[2] 赵旭东:《否定的逻辑:反思中国乡村社会研究》,民族出版社2008年版,第5页。
[3] 贺雪峰:《乡村治理的社会基础》,中国社会科学出版社2003年版,第4页。
[4] 王学军:《建设社会主义新农村与健全农民利益表达机制》,《四川行政学院学报》2006年第5期。

层政权组织的公共服务和社会管理职能逐步衰退，其自利性、赢利性和掠夺性动机逐步增强"①。另一方面，"以家庭为本位的传统小农，彼此间存在地域和血缘间的联系，他们生存方式的一致性和利益上的同一性并不能使他们彼此间形成超血缘的各种类型的经济自组织，来完成单个家庭难以承担的共同经济事务，更不能形成区域性的政治组织来保护自身利益和管理自身的公共事务"②。从基层政权组织到乡村社会个体都难以建立起有效的民主机制，而在回族乡村社会中，乡村精英是村庄宗教组织主要构成部分，也是乡村其他组织的主要领导者和组织者，从这个意义上来说，由于回族乡村精英的外流和分散，对回族乡村社会基层民主建设造成了很大的影响。

对于乡村精英与乡村基层民主建设的关系，学者王奇生认为，"传统士绅的上下沟通是中国传统基层社会权力结构的基本构架，到20世纪前期，传统士绅阶层的衰落和知识分子的城市化，传统乡村的治理结构遭受破坏，而国民党政府由于组织能力有限，未能有效地推进乡村建设，最终导致了乡村的败落"③。此外，学者孙晔认为："当乡土社会从'熟人社会'变迁到'半熟人社会'，这意味着乡村法律秩序已经不再是单纯的'自生自发秩序'，而是'混合秩序'的共存。'混合秩序'必然要求多元规则与之相适应。如何选择不同的规则就成为乡土社会的人们所面临的一个问题。"④ 乡村社会一方面由于从"熟人社会"成为"半熟人社会"需要新的运行规则，另一方面，在乡村精英的外流，导致乡村社会治理结构受到破坏，构建新的运行规则显得有心无力。同时，当前乡村社会基层政权的一个现状是"基层政权正在远离国家利益，同时也没有贴近社会利益，他们日益成为脱离了原来行政监督的、同时未建立任何社会监督的、相对独立的、内聚紧密的资源垄断集团"⑤。乡村社会基层政权组织

---

① 马良灿:《"内卷化"基层政权组织与乡村治理》,《贵州大学学报》(社会科学版) 2010 年第 2 期。

② 曹锦清、张乐天、陈中亚:《当代浙北乡村的社会文化变迁》,上海远东出版社 2001 年版, 第 605 页。

③ 王奇生:《民国时期乡村权力结构的演变》,载周积明编《中国社会史论》,湖北教育出版社 2000 年版, 第 549—590 页。

④ 孙晔:《乡村精英与规则变迁》,《甘肃政法学院学报》2007 年第 1 期。

⑤ 张静:《基层政权:乡村制度诸问题》,上海人民出版社 2006 年版, 第 75 页。

的服务蜕化、赢利动机增强,而乡村社会由于乡村精英的缺乏,难以对乡村基层政权组织建立有效的监督机制,从而对乡村基层政权的这种有自知之名而无自治之实的现象显得无能为力。通过白村的实地调查,我们发现这种乡村基层政权的"内卷化"以及乡村民主建设的衰退,正在由于回族乡村精英的外流和分散而呈现越来越严重的态势。

五 回族乡村精英与回族乡村社会的治理

(一) 乡村治理的相关研究

"治理"(governance)一词的基本含义是指一个既定的范围内运用权威维持秩序,以增进公共利益。[①] 村级治理是指"通过村庄公共权力的配置与运作,对村域社会进行组织、管理和调控,从而达到一定目的的政治活动"[②]。国外早期对中国乡村社会治理的研究,主要集中在实地调查以及对已有文献资料的分析上面,比较著名的有黄宗智的《华北的小农经济与社会变迁》、杜赞奇的《文化、权力与国家》、罗伯特·B.登哈特的《新公共服务:服务,而不是掌舵》、阿魄曼的《中国村民自治的几点法律思考以及后果》。国内对中国乡村治理问题的研究主要集中在以下几个方面:第一,对乡村社会治理结构的研究,如郭正林的《中国乡村的治理结构:历史与现实》、董磊明的《中国乡村治理:结构与类型》等。第二,对于村民自治的研究,如徐勇的《中国农村村民自治》、孙秋云的《社区历史与乡政村治:鄂西土家族地区农村宗族文化与村民自治研究》等。第三,对于乡村社会治理制度的研究,如张静的《基础政权:乡村制度诸问题》、贺雪峰的《论村治模式》等。第四,对于税费改革和新农村建设中的乡村治理研究,如吴理财的《农村税费改革与"乡政"角色转换》、党国英的《废除农业税条件下的乡村治理》、赵业标的《重塑乡村治理结构建设社会主义新农村》等。

[①] 俞可平:《引论:治理与善治》,载俞可平主编《治理与善治》,社会科学文献出版社2000年版,第8页。

[②] 肖唐镖、戴利朝:《村治过程中的宗族——对赣、皖10个村治理状况的一项综合分析》,《福建师范大学学报》(哲学社会科学版)2003年第5期。

（二）乡村精英与乡村社会的治理

乡村精英与乡村社会的治理之间的关系研究主要集中在对乡村社会治理主体的探讨之上，学者俞可平认为"农村治理的主体不仅仅包括村干部（村委会和村党支部成员、驻村干部等），更应该包括广大的村民和农村各种民间精英如能人、乡贤等。广大村民的积极参与以及民间精英的作用直接影响着农村治理的好坏"[①]。从俞可平的分析中我们可以看出，其已经将乡村社会中除政治精英之外的其他类型的精英划归到村庄治理的主体之中了。此外也有学者提出了"官民共治"的想法，"所谓'官民共治'，就是指在当代中国农村治理的过程中，除了中国共产党的基层组织如党支部和乡镇党委以及政府如乡镇政府和各级政府下派的驻村干部外，村民组织如村委会、各种民间组织等也在村治舞台上占有重要位置，共同管理农村社区公共事务，促进农村社区公共利益"[②]。"官民共治"中也提到乡村社会组织中精英的位置。而学者贺雪峰和仝志辉则把乡村治理的主体分为体制精英、非体制精英、普通农户三个方面，体制精英的治理权从授权来源和行使权威都由国家权力所支持；非体制精英的治理权则主要来源于它利用其所掌控的各类资源，在与体制精英与普通农户的交换过程中的行动策略及文化历史势能构成的。而普通农户往往要通过非体制精英这个中介形成准组织形式方能参与村落公共权力。并分析了体制精英与非体制精英与普通农户的关系。[③] 而学者吴毅认为一方面由于乡村社会缺乏体制精英们需要的合法性支持，所以他们成为了乡镇的代理人；另一方面，由于村庄缺乏调动村民参与乡村公共事务的诱因，所以乡村社会陷入了一种"无政治村庄"的状态之中。[④] 还有学者从治理模式的角度出发提出了"能人治村"的模式，"经济能人治村是对历史上乡绅治村的传承和超越，它突破了过去的乡村精英治理传统，形成了一种独特的乡村精英治理新形

[①] 俞可平：《中国农村民间组织与治理的变迁》，载俞可平等《中国公民社会的兴起与治理的变迁》，社会科学文献出版社2002年版，第86页。

[②] 周红云：《社会资本与中国农村治理改革》，中央编译出版社2007年版，第140—141页。

[③] 仝志辉、贺雪峰：《村庄权力结构的三层分析》，《中国社会科学》2002第2期。

[④] 吴毅：《无政治村庄》，《浙江学刊》2002年第1期。

式"①。从以上学者们的研究可以看出，对于乡村社会治理学者们大致趋向于乡村社会治理主体模式的多元化方向。

（三）回族乡村精英与回族乡村社会治理

对于乡村视角下的回族乡村社会的治理，我们一定要结合当前回族乡村精英的特点，以及回族乡村社会的大背景来进行分析。一方面，随着现代化进程的不断推进，回族乡村社会经历中前所未有的变革，另一方面国家也在不断调整着对回族乡村社会的管理模式，加之回族乡村社会的特有宗教文化传统，在这样的现实背景下，回族乡村社会中精英呈现出"流而不失，统而有分"的特性，也就是说，在回族乡村社会变革中，一方面，回族乡村精英也出现了外流的现象，但由于宗教性以及回族乡村社会特有的文化传统，致使他们并没有完全的脱离原有的村庄，回族乡村社会也没有完全失去他们；另一方面，由于乡村社会的变革以及国家体制的调整之下，回族乡村社会呈现出分散的状态，也就是说，在当前回族乡村社会精英之间、或者精英与普通民众之间、精英与国家基层政府之间的联系性在慢慢地降低。那么，在这样的现实背景下，乡村精英视角下的回族乡村社会治理模式改革如何进行？

对此问题，我们仍从乡村社会治理的主体和治理的模式两个方面进行分析。在回族乡村社会治理主体方面，我们仍然坚持"乡村治理主体多元化"的理念。这时因为正如有学者指出的"治理的实质就是充分调动和运用社会自身资源，将一个自上而下安排的规则内在化，从而获得'善治'的过程。这个意义上，我们将治理当作一种为获得公共秩序而进行的双向活动"②。在乡村治理的过程中，如果我们不从乡村社会内部来调动资源，全部从外界输入这种模式恐怕会导致比较危险后果。在回族乡村社会中，由于其特有的宗教性的存在，我们的治理理念更要如此，而治理主体的多元化，也就意味着将回族乡村社会中的政治精英、社会精英、经济精英以及普通人员纳入乡村治理的主体中。在回族乡村社会治理模式方面，我们坚持将"体制"与回族乡村社会"传统文化"结合起来的治

---

① 卢福营：《乡村精英治理的传承与创新》，《浙江社会科学》2009年第2期。
② 贺雪峰：《新乡土中国：转型期乡村社会调查笔记》，广西师范大学出版社2003年版，第83页。

理模式。正如有学者所指出的,"在宏观上,任何制度设计都必须将该国家政权体系的'规范'与'传统性资源'结合起来。自上而下的制度安排如果在不考虑'传统性资源'的前提下,企图把国家政权体系的内容强力植入村落之中,是难以收到良好效果的"[①]。从这个意义上来讲,对于乡村社会治理来说乡村精英是组成乡村社会资源的重要部分,国家的乡村社会治理不应该忽略乡村精英而独立进行。

当前,无论是从回族乡村社会治理主体还是从回族乡村社会治理模式两个方面来看,我们对于回族乡村社会的治理都离不开对回族乡村精英的考虑,但有一个现实的问题摆在我们面前,就是当前回族乡村精英的"分散"状态,虽说当前的回族乡村精英并没有流失,但也呈现出了"分散"的状态。从这个意义上来说,笔者认为对于回族乡村社会来讲,当前社会治理恐怕更需要解决的问题是,如何结束回族乡村精英的这种"分散"状态,让回族乡村精英形成有效的合力,为乡村社会治理所用。

---

① 孙兆霞等:《屯堡乡民社会》,社会科学文献出版社2005年版,第239页。

第十七章　风险社会视野中的社区地质灾害及其治理研究

——以兰州市的一个多民族社区为个案

一　问题的提出

流动性是当今世界的最大特点。"流动性指的是包括资本、信息、人口、族群，乃至文化等在内的全球性流动。"[①] 这种流动不是单纯的从一个点到另一个点的直线式的运动，而是全方位的互动、扩展与传播。当今中国社会不可避免地卷入了全球化的旋涡，自改革开放以来，特别是自20世纪90年代以来，中国经济的飞速发展带动了大量的农民离开土地与家乡，流入城市寻求更好的发展机会。甘肃虽然地处西北，但是毅然加入了快速发展和人口流动的洪流，少数民族亦是如此，紧跟时代潮流，进入城市务工。临夏市的东乡、和政、广河等县均属国家级贫困县，自然环境恶劣，只能靠天吃饭，为改变贫困面貌，当地东乡族、回族来到了省会城市兰州，聚居于小西湖一带，形成了少数民族流动人口的聚居区，有些经济收入稍高者在积累了一定资本之后已经长期定居，他们在城市拼命赚钱，或将其寄往老家，或将其用于"城市边缘"家园的建设；有些收入较低者频繁地更换工作与居住地，在"城市边缘"努力地奋斗着。人口流动的频繁、经济收入的"低下"、农业户口的大量存在使得他们所居住的社区形成了"城市里的村庄"。不同于传统乡土村落里人口的稳定与同质，在利益的驱使下，"城市里的村庄"人口越来越多，流动性越来越强，异质性越来越大，不确定性也随之增多，面临的风险也日益增多。

[①] 范可：《流动性与风险：当下人类学的议题》，《中南民族大学学报》（人文社会科学版）2014年第5期。

兰州市是我国地质灾害最严重的省会城市，小到滑坡、崩塌、泥石流，大到地震均有易发可能，相关政府部门在专业方面已对地质灾害的预防与防治做了大量工作。但近年来由于人口的剧增，随意拆建的现象频繁出现，尤其是在流动人口较多的城市边缘地区，由肆意拆建等人为活动引发地质灾害的现象日益增多，这大大地影响着社区居民的居住环境，进而影响着社区的稳定与发展。

华林坪社区属于兰州市典型的"城市里的村庄"，它位于七里河区，是个多民族聚居社区，由于清真寺等宗教场所便利、房价低廉，大量外来的东乡族、回族居住于此。有些长期定居者购买了院落或者房屋，并在原来的基础上肆意占地与拆建，该社区本就是地质灾害隐患点，越来越密与越来越高的房屋使得社区发生地质灾害风险的可能性明显增大，在这种现实情况下，对社区地质灾害的治理就不仅仅是"地"的问题，更多牵涉到了"人"的问题。

鉴于此种考虑，笔者以2011年3—4月对华林坪社区[①]的田野调查为基础，在风险社会的视野下，以一个多民族社区为剖面来探究中国社会转型时期由人为因素造成的地质灾害是如何形成的，相关群体在心理和行动层面是如何应对的，在此基础上进一步探讨合理的治理策略，以便更好地理解城市的边缘社区及其发展。

二 华林坪社区及其地质灾害

（一）社区概貌

华林坪社区位于七里河区西园街道，而七里河区地处兰州市中南部，历史悠久，自唐代以来便是"茶马交易"的重要中转地带，形成了贸易发达、商贾云集，享有盛名的贸易集散地。中华人民共和国成立后，特别是改革开放以来，诸多少数民族尤其是"善商贾"的回族、东乡族愈益频繁地活跃于餐饮行业，并逐渐涉猎其他行业，为七里河区以及兰州经济社会的发展做出了重要贡献。

---

① 在调查中发现，华林坪社区的地质灾害与其邻近社区——华林山、林家庄有着极大的相似性，而且居民混居在一起，沟上面是华林坪，沟下面可能就是林家庄或者华林山，因此，论文调查以华林坪为主的情况下也会涉及林家庄和华林山两个社区。

西园街道地处七里河区东大门，辖区总面积 4.34 平方公里。东起雷坛河，西起硷沟沿，与西湖街道接壤，北频黄河，南以兰阿铁路为界，与魏岭乡、八里镇相邻。街道共辖 10 个社区，居住着汉、满、回等 12 个民族，常住户为 16910 户 48990 人，政府统计数据显示流动人口约 2 万人，但是实际情况中，由于流动人口的大量增加和流动的频繁性，统计数据缺乏一定的准确性，据街道工作人员介绍，辖区流动人口远在 2 万人以上，且以东乡族、回族为主。辖区宗教活动点 19 个，其中清真寺占大部。

华林坪社区东起孙家台，西止林家庄，南至华林路桥，北邻华林山社区。面积 0.14 平方公里，是一个少数民族多、外来流动人口多、纯居民多、下岗失业人员多、贫困弱势群体多、平房院落危房多、大单位少的"六多一少"特殊社区。现常住人口 1986 户 6176 人，其中有少数民族 565 人，占总人口的 9.14%。管理登记暂住人口 423 人，但据工作人员介绍，流动人口中进行暂住登记的人数少之又少，多数仍未登记。辖区宗教活动场所 2 个，均为清真寺。

根据入住时间的长短与流动的频繁度，华林坪社区的居民形成了边界明显的三类群体：老户、新户和流动人口。其中，老户主要指 20 世纪 90 年代以前就已在社区拥有固定住所，户籍在本社区的居民；新户主要指 20 世纪 90 年代以后陆续在社区拥有固定住所，户籍不在本社区的常住移民；流动人口主要指在本社区没有固定住所且户籍不在本社区的流动移民。该社区现在由少部分老户、较多新户和大量流动人口组成，老户中搬走的多是汉族，留守的以经济条件较差、依托附近清真寺的回族为主，而近年搬来的新户多是从东乡、广河、康乐来兰打工，有了一定积蓄后在此买房定居的东乡族和回族，流动人口中汉族和少数民族都较多。老户，从事的工作也是打工，经济条件较之新户和流动人口相对稍好。新户和流动人口主要从事拆迁业、屠宰业、小本餐饮业等脏、险、苦、累的行业：

> 我们平时就是打工嘛，拆迁的活啊什么的，你可能了解一点，也可能不了解，那么换句话说，只要能吃上饭、能挣上钱，我们啥都干。我能当这个房屋建筑上的报信工，就是说木工队、瓦工队一类的，一些小型的建筑我们也干呢。总而言之，啥都干呢，一个月收入下来除去我们的吃住也就能挣个 1000 多块钱。（租户，HDG，汉族，男）

我们是东乡的，老家没干啥，我是（19）98年来的嘛，我们是从老家一出来就来这儿打工，一打工就20多年。现在在这做点拆迁生意，生意马马虎虎，能过日子就行。（新户，HLL606，东乡族，男）

尽管如此，社区里仍不乏靠包工程、出租房屋等行业获取较好收入的家庭：

我老家是东乡的，这个三层楼是我盖的，我们全家都住在一楼，二楼和三楼主要是出租，一年收入也不高，但是怎么说比餐馆打工什么的还是好一些。（新户，HLL804，东乡族，男）

外来的低收入阶层为了在城市寻求一个休憩的场所、家庭的归属以及城市身份的认同，纷纷挤入环境相对较差，生存成本较低的华林坪、华林山等城市的"农村"社区，社区里人口复杂、民族众多、职业纷繁、秩序混乱，可谓典型的"街角社会"。那么，到底是什么原因促使越来越多的人涌入华林坪，不顾地质灾害的危险毅然决然地生活于其中呢？

（二）外来人口流入的动因

20世纪80年代以来，我国紧跟世界现代化、全球化浪潮，由传统的农业社会向现代的工业社会转变，有些东部发达地区已成功实现了转变，而相对欠发达的西部地区转变进程较慢，尽管如此，他们仍试图实现华丽的转身，位于中国陆域版图几何中心的兰州已处处耸立着高楼大厦，这对周边生存条件艰苦的农民阶层产生了强大的吸引力，他们跃跃欲试，纷纷涌入兰州，尽管市区能够容纳"我等"之辈的生活条件较差，但为了明天生活的美好，仍心甘情愿。小小的社区便能看见社会转型的万千景象。

1. *家乡贫困的推力，城市发展的拉力*

人口流动的频繁是社会转型时期的常见现象，据此，社会学也提出了一些相应的移民研究理论，如动力机制的研究、移民衍生延续的研究以及适应性的研究等。关于移民动力机制的经典理论当属推拉理论，推拉理论认为，"推"和"拉"双重因素决定了移民的存在和发展。"推"的因素，指迁出地存在某些不利于生存、发展的因素，产生种种压力，迫使人们离家出走。如经济萧条、严重失业、人口增长、生存环境恶化、缺乏就业机会、宗教迫害等；"拉"的因素，指迁入地所具有的吸引力，或因为迁入地的条件比迁出地优越，或因为迁入地表现出更多的谋生和发展的机会。如劳工需求大、就业机会多、收入高等吸引人们寻求移民。兰州市经济发展的吸引力和老家贫困的压力适用推拉理论解释这一地区的移民和流动人口。兰州市是甘肃省省会，是甘肃省的经济、政治、文化、教育中心，改革开放特别是实施西部大开发以来，兰州市更是西北地区建设和发展的重点，快速的基础设施建设和经济建设急需大量劳动力，这一发展推力引起了农村剩余劳动力的进城务工，相继产生了农民工阶层。而论文调查的华林坪社区也居住着大量流动人口，这些流动人口多来自兰州市周边的东乡、广河、定西等地，众所周知，东乡、广河等地是常年干旱缺水、靠天吃饭的贫困地区，人们常年劳作于贫瘠的土地上，生产的粮食都不够自家食用，农业收入难以维持生计，窘迫的生存现状推动大量农村劳动力走出大山，进入繁华的兰州市，以求获得更好的生活质量。一位以卖大饼为生的东乡大叔说道：

我们老家在东乡龙泉，四五年前来这里，家里面人多地少，种点粮食只够吃，家里头挣钱不成，外面出来打工也行做生意也行，一天也要挣七八十块钱，就这样子的。（新户，XXS，东乡族，男）

在林家庄已居住五年有余的东乡族新户也如是说：

我们从东乡过来的，过来五年了，全家都来了……老家旱得很，没地，庄稼不长，一年中半年吃的就没有。我们兰州过来一方面打工挣上些钱也方便些。第二女的们在饭馆里做些饭也几十块钱呢，娃娃出去也挣上几十块，就这么挣钱容易点。（新户，LJZ331，东乡族，男）

来自岷县的一位大哥来到兰州一方面是为了挣取更多的收入，另一方面也想为子女提供更好的教育。

我在兰州打工都十几年了，就是能比老家多挣些钱呗，老婆孩子

都来了，孩子在这华二小上小学呢，想着一直让他在兰州考初中……（租户，LBDG，汉族，男）

众多的个案为我们证实了一个结论：兰州市经济发展的拉力和农村贫困现状、流动人口追求更好生活的推力共同作用，促使大量流动人口聚集于兰州市。而市区生存的压力、宗教的信仰等使得这些流动人口不得不居住于华林坪山上或附近的山下。

2. 生存的压力，城市的向往——生存成本的考虑

七里河区的小西湖地带是兰州市的相对边缘地区，物价水平较低，生存成本较低，居住着大量的低收入阶层，基于这种原因，小西湖地区也成为了流动人口进入兰州市的第一个休憩地，成为他们进入核心市区之前首选的中转地带之一。而华林坪地处半山腰，房租、房价都要比"山下面"低得多，这对于经济条件较差的汉族、回族、东乡族农民工来说，无论租房还是买房，山上的低房价可以为他们减轻很多经济压力。

一位年近50的农民大哥在谈到为什么住到这里时说道：

> 我们一直就是靠打这个短工为主的，所以我们就要到这个地方来住，就算是临时找这么个地方。这里我们三个人住一间房，一个月总共一百二，便宜嘛。用兰州这边的话说就是，这边整个就是棚户区，棚户区就是低收入者居住的地方嘛……我再给你举个例子，前面那个地方好像那一帮人在那儿住了也有五六年了，他们也不搞啥，就是拾荒着呢，咱老百姓的话说就是捡垃圾的。他既不打工也不干啥，主要就靠这个捡垃圾，好像从他们住房的出发点来说，只要有个地方住就行了。（租户，HDG，汉族，男）

相对来说，租住楼房的租客收入较高一些，但房租便宜仍是首选因素：

> 租房子的时候没考虑过房子安不安全，这里房价稍微便宜一点，就到这里来了，那边的小平房里住的都是捡垃圾的、要饭的人，捡垃圾的一般不在这里头住，一般他们也住不起。（租户，LBDJ，汉族，女）

计划在兰州定居的东乡新户也是因为便宜才购买了这里的房屋。

> 我们从东乡过来的，买房子的时候这里空着呢，我们打工的来没处住，反正便宜一点，就买上了。(新户，LJZ331，东乡族，男)

新户当中最为富有，名气最大的东乡族 MYH 也将房屋便宜作为首选因素:

> 我跟你没说吗？我一回来，回来啥都没有，现金不够，我才只有起步资金，(买这里的房) 就是因为便宜。(新户，HLLMYH，东乡族，男)

无论是拾荒者，还是没有固定工作的农民工，亦或是工作稍微稳定的打工者，甚至经济条件较好的生意人；无论是寻求休息场所的目的，还是建设一个暂时的家庭，甚至出于投资的意图，"房子便宜""生存成本低"是外来人口居住于此的第一个考量因素。

3. 宗教的情感依托——穆斯林围寺而居

对于信仰伊斯兰教的回族、东乡族等穆斯林来说，清真寺是他们民族的象征，是情感的依托和归属。华林坪社区有两座清真寺，其中新教清真寺位于一马路，老教清真寺位于太平沟，周边的柏树巷社区、林家庄社区也都有，清真寺的广泛存在为他们处理宗教事务提供了便利的平台:

> 再一个，我们这地方少数民族多，有清真寺，各方面对我们也方便一些。我们就这两户 (是汉族)，再的都是少数 (民族)，这个道子全是……寺里面我们天天去着呢，就一马路那个寺，礼拜五的那个就去西关大寺。(新户，HLL606，东乡族，男)
>
> 咱们一马路做礼拜的回族、东乡族都可以，新教、老教都可以，世界穆斯林都可以，阿訇礼拜都一样嘛……就是说咱们这个少数民族啊，在咱们山上来打工时间长了之后，他在东乡搬过来就在这买院子，就定居下来了已经，这有一个好处，我们买院子就是想集中在一块，就是办事 (做礼拜) 方便些，就这一点区别，就再没有啥。回

民和回民住在一起，就这一种情况，围寺而居，传统风俗。(一马路寺管会主任，男，回族)

对于广大穆斯林群众，除了生存成本较低的因素之外，族群身份的认同，情感的依托等围寺而居的要求构成了穆斯林流动人口选择这一区域的重要契机。

当然还有其他因素，如一些来自农村的少数民族习惯住院落，不喜欢商品房而选择了这里；有些将买来的房子继续加盖，向外出租以赚取更多收入；也有些考虑到乡缘和业缘，与同乡住在一起有着较为便利的社会交往圈。但是进入城市改变贫困面貌、降低生存成本、宗教的情感依托是笔者在访谈中谈及次数最多的原因，是越来越多的人来到华林坪社区的最主要动因。

(三) 危险与风险：华林坪的地质灾害

1. 地质灾害的危险

兰州市是地质灾害易发地区，七里河区又是兰州市的主要地质灾害点，境内的地质灾害类型主要有滑坡、崩塌、不稳定斜坡、泥石流和地面塌陷五种类型。已确定的98处地质灾害隐患点中，滑坡31处，崩塌4处，不稳定斜坡31处，泥石流27条，地面塌陷5处。[1]可见滑坡和不稳定斜坡是区内最主要的地质灾害。据调查资料，"七里河区近50年来各类地质灾害造成59人死亡、直接经济损失达1.58亿元；目前境内地质灾害仍威胁28.21万人的生命安全，威胁财产达67.67亿元"[2]。

地质灾害易发区可划分为三大级别：分别是地质灾害高易发区、地质灾害中易发区和地质灾害低易发不易发区。华林坪一带则位居高易发区之列[3]，其中典型的姐姐沟、太平沟斜坡位于华林坪东、西两侧，东部为天龙水宫、孙家台等居民，西临铁路住宅小区，坡体上都为居民聚居区。姐姐沟、太平沟斜坡高差达44米，坡度在30—45度以上，斜

---

[1] 丁祖权、黎志恒主编：《兰州市地质灾害与防治》，甘肃科学技术出版社2009年版，第76页。

[2] 同上书，第77页。

[3] 同上书，第72页。

坡前缘临空发育。华林坪一带地处黄河河谷盆地南半部，市区黄河南岸高阶地前缘斜坡坡度陡峻，土质疏松，极易引发滑坡、崩塌等灾害的发生。在20世纪90年代以前这里是兰州市的"地广人稀"地带，恰如该区老户回忆：

> 八几年那会底下都没人住，底下住的人都是晒大粪的，呵呵，就是这几年才住下的，原来就是一个垃圾沟。（老户，HLL806，回族，女）

> 以前这些地方都空空的，都是山，我以前还养羊呢，从大门出去放羊。（老户，HPYML60，汉族，男）

人口较少之时人们往往首先会选择相对安全的地点居住，而不是那些沟坎、沟道、斜坡边：

> 以前这山上人很少，大部分地方都荒着呢，都是山下没地方住了才搬上来的，那会有些人上山下乡回来没地方了就在山上找块地方盖个房安顿下来，还有些人是山下要修建文化宫，就搬到山上占点地方住下了。那会人少得很，都住在平平的地方，像秋天雨多的时候滑坡啊崩塌啊什么的都有呢，但那个时候斜坡的地方、沟沟的地方根本没人住，所以也就没啥影响嘛。（老户，HPYML67，回族，男）

由于人口较少和居住地较为安全的缘故，人们确信，一般程度的地质灾害很少危及自身安全，因而，也无所惧怕。但是随着人口的逐渐增多，地质灾害造成的威胁已不容小觑。

2. 灾害点上房屋的增多

进入20世纪90年代以后，外来人口越来越多，特别是进入21世纪以来，社区人口剧增，社区的基本面貌、民族结构、人口结构也随之发生了变化：

> 现在少数（民族）多了，以前不多，以前我们这个地方（西沟沿）少数（民族）只有两家，最山尖子的那地方是一家，再有就是开铺子的这一家，现在你看全部都是少数（民族），都是从临夏东乡

的农村里来的，现在都是少数（民族）。（老户，HPYML60，汉族，男）

现在老户多的都搬走了，剩下的越来越少，从东乡、广河这些地方搬来的新户反而越来越多了，这山上现在发生了天翻地覆的变化啊……整个经济变化也大着呢，你看建筑上房子越来越高了。（老户，HLL820，回族，男）（老户，HLL820，回族，男）

变化大着呢，我刚上来的时候这几个道道子里啥都没有，原来一看全都是平房，现在拆掉了都是楼房……山上租房子的人越来越多了，流动人口越来越多了。（老户，HPSML64，汉族，男）

伴随经济的发展，利益的驱使，为了能够出租更多的房屋，新老户们都竭尽所能在平房的基础上逐层加盖，这种冒进的叠加在新老户之间还是有区别的，表17-1概括了新户和老户的基本概况和特点。

老户，20世纪90年代以前就已在此地拥有固定住所，户籍在本社区的居民，其中回族部分原居住在柏树巷公房，后因下乡或其他原因回兰后居无定所，便在华林山上占地盖房或买房，也有个别来自太平沟；汉族原居住在文化宫，后因文化宫修建，陆续搬至华林山上，也是直接占地盖房。山上的老户们相对于市区的老兰州，收入较低，经济条件都不太乐观。近十几年来由于条件稍微好转以及对自身安全的考虑，大部分汉族已搬下山，或将房屋直接卖掉，或常年招租，因此，现在的老户中回族占绝大比例，汉族只是零星分散。而由于老户们在很早之前就已占有较为有利地势，普遍住在沟上，或平坦地带，安全性相对较高。仍然留守山上的老户经济状况仍较窘迫，无力在平房上多加楼层，因而，房屋多为一层或者二层。

新户，20世纪90年代以后陆续在山上拥有固定住所，户籍不在本社区的常住居民。民族构成方面都是少数民族，其中以东乡族最多，回族次之。多来自东乡和广河。有些购买房屋较早的人居住于沟上（西沟沿上或太平沟上），或相对平坦地带，也有些是自己占地盖房，位于沟里或垃圾坑上，安全性极低，典型者当属姐姐沟垃圾堆上建了三层楼房的东乡族MYH，房子被华丽的称为"银河楼"，全部用于出租。新户中建有两层以上房屋的现象很是常见。

表 17-1　　　　　　　新、老户基本情况及其分布特点

	民族构成	来源	居住地带	房屋形式	楼层
老户	少数民族多（其中回族多、东乡少）汉族少	柏树巷 太平沟 文化宫	沟上 平坦地带 安全性较高	占地盖房 买房	一层 二层
新户	少数民族（其中东乡多，回族少）	东乡 广河	沟下、沟里 斜坡地带 沟上 安全性较低	占地盖房 买房	二层 及以上

伴随着人口的与日俱增，又缺乏防灾、避灾意识，越来越多的人在河道边、山洪出口一带建住房、搞开发，私自侵占沟道，乱弃、乱倒、乱建、乱挖的现象也与日俱增，楼层也不断攀升。地质方面本已存在灾害易发的危险性也随着人为行动而大大提高，现灾害已威胁社区斜坡上下居民、铁路住宅小区、邮电学校、华林二小等 995 户 3637 人的生命安全，威胁财产达 1 亿元以上。[①] 大雨形成的沟道堵塞、滑坡、崩塌明显增加，房子的裂缝也明显增多（如下图所示）。近几年社区先后发生了 9 处黄土小滑坡，造成 2 人死亡，多人受伤，直接经济损失数百万元。

图 17-1　社区不断攀升的楼层　　　　图 17-2　房屋随处可见的裂缝

住在姐姐沟上面的一家厨房裂了缝：

它这个地基是从这个地方开始的，这个地方原来是山，这本来是

---

① 丁祖权、黎志恒主编：《兰州市地质灾害与防治》，甘肃科学技术出版社 2009 年版，第 76 页。

个坡坡，这是我们自己打上来的，我们把它打了一米多，打平就盖了这个房子。这个裂缝的房子正好就在打下的那个地方，现在下沉了，再不能住人了，这个房子的裂缝已经有三年了。(老户，HLL798，汉族，男)

姐姐沟下面的一户常年忙碌于裂缝的堵塞和下水的疏通：

这个是去年塌了，淌下来的，裂缝这边我们自己塞住了，房后面厉害，这个塞住又裂开了……这后面都是垃圾，上面华林山的都倒着，我还没办法。后面的缝子开的大，这个就是去年秋后有一场雨，雨一冲全部落下来了。一到夏天雨大的时候那边的下水必须站个人把下水弄开，要不然房子就冲掉了。(老户，LJZ236，汉族，男)

因工程建设招致裂缝的阿姨面对裂缝时无能为力：

这个伙房里有裂缝，这是去年下大雨发大水了，大水从这下来我们的门墩子这块一下子塌了，围墙倒了，倒了多一半，门墩子那块塌了以后这都裂口了。发大水的时候这水是从工地上冲过来的，把我们的房子冲裂了。(老户，XGY11，汉族，女)

社区主任向笔者介绍近几年的地质灾害情况时说道：

华林坪社区地质灾害最严重的有两个地方。一个是姐姐沟那边，包括华林路920多号到860多号的一排，下面是林家庄，上面就是坎子，上面盖的房子多得很，一下雨就有松动或塌陷现象；还有一个是西沟沿，也是个坎子，雨一下主要就是滑坡，多半是违章建筑，极易引起塌陷、裂缝。

在走访的居民家里，无论是老户还是新户，几乎每家都或多或少、或轻或重的存在塌陷、裂缝等问题，有些甚至因为滑坡引起邻里纠纷。可以发现，人口剧增以及由此带来的乱建、乱盖、乱扔等人为活动给本已脆弱的居住环境雪上加霜，灾害日渐频繁和严重，灾害引发的危险需要重新思考和界定。

3. 地质灾害的社会化自然风险

社会学家贝克、吉登斯、卢曼、斯科特·拉什等都对风险作了一定的论述和界定。综合各类定义，风险可定义为："风险是指对于发生在将来的，可归因于自己的决定的可能的危害的不确定性；风险必定是面对未来的，必定与决定和归因相关。"①

很明显，调查社区本身具有的地质特点决定了它有发生地质灾害的危险，传统社会里，这种危险是自然属性决定，与人类活动没有相关度，滑坡、泥石流何时发生、程度如何，虽然具有不确定性，但这种不确定性是对传统社会中自然力量的无能引起的。在现代社会中，伴随科学技术的发展，对专家知识的信任，人们对地质灾害的基本知识有所了解，但是利益的驱使以及对美好生活向往的动力太过强大，强大到可以忽略不计地质危险，所以决定勇敢地前进，坚定地生活在危险地带，并在本已存在危险的地面上疯狂的拆、建、改，他们或许有所不知，或许很明了，住在这里可能会发生危险，但也或许很侥幸在他们居住的时间段内不会发生危险，即便发生，也不会危及自己与家人的安全与财产。这种危害是发生在未来的，是由自己的人为决定造成的，但是这种危害的发生时间和程度以及其他均是未知的，是不确定的，种种条件都说明了这一多民族聚居社区形成了社会化风险。由于全球化的影响，社区也自然地处在核辐射、疾病的流行、恐怖袭击等大的社会风险环境当中。但是社区脆弱的地质特点、各种社会因素以及大量人为活动使其处于严峻的生态风险当中。

吉登斯按照简单现代化和反思的现代化的逻辑，将风险从历史形态的角度划分为"外部风险"和"人为风险"，指出，在前现代，人类面对的是"外部风险"，是自然造成的风险。而在现代时期，尤其是反思性的彻底的现代化时期，人类面对的是后果严重的"人为风险"。② 显然，该社区面对的是现代时期后果严重的"人为风险"。

吉登斯还将现代社会中更具体的风险景象勾画成了七种，包括：①高强度意义上风险的全球化；②突发事件不断增长意义上风险的全球化；

---

① 周志家：《无知、视角分歧与风险管理：中国早期 SARS 应对策略的风险社会学分析》，厦门大学社会学与社会工作系网站。

② 杨雪冬：《全球化、风险社会与复合治理》，《马克思主义与现实》2004 年第 4 期。

③来自人化环境或社会化自然的风险；④影响着千百万人生活机会的制度化风险环境；⑤风险意识本身作为风险；⑥分布趋于均匀的风险意识；⑦对专业知识局限性的认识。①

在以上七种类型的风险景象中，论文所分析的风险可归为第三类风险景象，即来自人工化或社会化自然的风险。华林坪一带从自然层面来说，本就是地质灾害易发点，属于危险地带，但若这一地区居住人数较少，引发危险发生或危险发生带来生命威胁的可能性要小。但是随着城市化的加速，人口流动的频繁，社区居住人口远超过了其承载力，甚至在一些明显的灾害点上也已密密麻麻地挤满了人和楼，自然因素和社会因素的结合使得社区的生活环境演变成了风险加大的社会化自然环境，俨然一个现代性的后果。

无论是居住多年的老户，还是新近搬来的新户，以及其他流动的人口，他们生活在传统社会时，生活的重心是已有的经验和习以为常的惯例，日出而作、日落而息，年复一年，自给自足，一切都处于惯例之中。而"风险社会的不确定特征挑战的就是人类的惯例"②。如今的老户和新户已身不由己地跻身于现代社会，处于风险环境之中，一切都是不确定的，不确定明天的工作是否能找到；不确定房子何时会出现崩塌、裂缝的危险；不确定继续留在城市还是回农村老家……个体行为的选择取舍都受到不确定因素的干扰，人们犹如浮萍，没有了根基，失去了归宿，内心恐惧，存在性焦虑困扰着充满种种未知和不确定的现代人。

对于出于各种原因仍然居住在这一社区的居民来说，风险已然存在，那么，与这种社会化自然风险相关的利益群体都是如何应对、处理风险的呢？

三 地质灾害的传统治理与效果

（一）态度与行动：地质灾害的传统治理

社区地质灾害风险的利益相关群体除了居住的个体之外，还包括国家

---

① ［美］安东尼·吉登斯：《现代性的后果》，田禾译，译林出版社2011年版，第109页。
② 田国秀：《风险社会环境对当代个体生存的双重影响——吉登斯、贝克风险社会理论解读》，《哲学研究》2007年第6期。

层面的各级政府部门，而东乡族、回族占较大比例的实际情况决定了宗教组织面对风险时必然会采取相应的行动措施。那么，国家、清真寺、个体分别是如何考虑这种风险，又采取何种行动来解决风险的呢？

1. 国家层面的态度与行动

（1）兰州市相关部门的宏观管理与指导

2013年11月国务院通过《地质灾害防治条例》以前，兰州市没有专门的管理机构来负责地质灾害防治工作，《条例》通过以后，兰州市于2004年才明确由市国土资源局负责全市地质灾害防治的日常管理工作。

第一，市国土资源局建立规章制度，规范日常管理：①制定了《兰州市地质灾害防治管理办法》；②实行了目标管理责任制度，明确了各县区地质灾害防治目标和管理责任人，实施年度目标考核；③开展汛期值班制度，组织对各县区每年开展汛期地质灾害调查、检查、巡查和抽查，向社会公布了市、县、乡三级防治机构的值班电话，国土资源部门实行24小时全天候值班，做到下情上报、上情下达，保证信息渠道的通畅；④实行应急调查处理制度，各级资源主管部门在接到报警电话后立即赶赴现场，调查核实各种灾情信息，提出应急防治措施，着手采取有效措施，防止险情和灾情进一步扩大，将灾害损失降到最低点。以上制度的健全和落实，为兰州市地质灾害防治和管理工作的制度化建设奠定了基础。

第二，开展地质灾害的治理。组织对桃树坪滑坡、金城路滑坡、徐家平滑坡、自强沟不稳定斜坡、咬家沟地面塌陷、庙巷子滑坡等十几处地质灾害险情和灾情采取搬迁避让或工程治理。

第三，积极参加抢险救灾，完善各级应急处理系统。2005年，兰州市地质灾害防治领导小组办公室制定并实施了《兰州市突发性地质灾害应急预案》，进一步明确了各相关部门的职责，力图做到预警有手段、转移有路线、避灾有地点、安置有方案、救治有保障。并据此对相继发生的安宁区泂水湾、沙井驿滑坡，西固区扎马台，城关区自强沟、庙巷子滑坡，七里河区姐姐沟滑坡等几十处地质灾害险情都开展临灾处置工作。

第四，聘请专业防治单位进行全市地质灾害调查与区划工作。基本掌握了全市地质灾害点的分布、规模、危害、性质状况，并在此基础上完成了市及各县区地质灾害防治规划的编制工作。

第五，积极开展地质灾害防治的普及与宣传。如2006年组织为期两个月的农村地质灾害防治知识宣传"万村培训"行动,旨在提高农村地质灾害易发区基层干部群众地质灾害防治意识、增强临灾自救互救能力。

市级部门在地质灾害防治方面的努力取得了一系列成效,但由于各种主客观方面的制约,仍存在一些问题和困难,如资金不足、管理体系尚欠完善,专业人员缺乏,对地质灾害及其危险性的宣传培训不够深入,新出现的矛盾和问题难以解决,特别是对削坡建房、堵塞沟道等引发滑坡泥石流的违法行为如何进行事前制止和查处、事后的行政执法等,这使得各级管理部门在具体防治和应急处理工作陷入困境。

从市级部门发现的问题和矛盾中可以看出,政府以往只关注"地"及其地质灾害对人类的危害,即"人—地"关系。如今,随着城市人口迅速增长等新背景的出现,乱造、乱建的现象逐渐增多,由人为因素引发的地质灾害已极为普遍,市级相关部门特别是国土资源部门开始关注与"地"相关的"人—地—社会"关系。这种重要转变表明政府部门加大了对人、社会与地质灾害关系的关注与研究。政府部门虽没有正式地提及"风险"一词,但从其工作重心的转变可以看出政府部门无形之中已考虑到现代性、考虑到城市化、考虑到生态风险。

以上论述虽没有涉及市级部门对调查社区的具体细节指导,但是不可否认,兰州市相关政府部门发挥的指导作用属宏观层面的指导,市、县(区)的各级社区、行政村均位指导范围之列,调查社区也不例外,位居其中。

(2) 七里河区相关部门的中观协调与指导

七里河区政府职责是统一领导全区地质灾害防治工作。组织有关部门开展群测群防、抢险救灾、搬迁避让和工程治理等各项工作。负责处治因灾死亡3人以下(含3人)或直接经济损失100万元以下的地质灾害险情和各类险情。在省、市政府领导下,具体承担3人以上或直接经济损失100万元以上地质灾害的应急处理工作。[①]

近年来,七里河区开展了一系列保护地质环境的工作。具体有:①建立健全地质灾害防治工作组织体系,《地质灾害防治条例》颁布实施后,七里河区于2004年成立了以区长为组长的地质灾害防治工作领导小组,加强地质灾害防治工作领导体制;②开展地质灾害防治预案、规划、方案

---

① 《七里河区地质灾害防治工作责任制度》,兰州市七里河区人民政府网。

的编制和落实；③开展汛期地质灾害的防治工作；④统计地质灾害群测群防的基本信息，在 2010 年统计的"地质灾害隐患点统计表"中，社区所在的西园街道共存在 17 处隐患点，其中不稳定斜坡 13 处，塌陷 2 处，泥石流 2 处。

图 17-3 国土资源局七里河分局修筑的姐姐沟护坡

七里河区是兰州市地质灾害重要的隐患区，也是流动人口的集中地区，乱建乱盖的现象极为普遍，因而，由人为因素引发的地质灾害防治是七里河区地质灾害防治的难点和重点。[①] 而调查社区就属于人为工程建设频繁而诱发地质灾害增多的典型社区，位于该社区的姐姐沟是七里河区重要的地质灾害易发点，为减少地质灾害发生，保护附近居民，国土资源局七里河分局在沟坎处修建了护坡（如 17-3 所示），护坡的修筑为姐姐沟沟上沟下的居民带来了实质性的便利，居民的生命安全也得到了一定程度的保障。但是，"减少风险的措施可能给处于风险中的相关人员造成更大的风险；为某个社会行动者创造安全的举措可能无意识地给另一个行为者带来更大的风险"[②]。姐姐沟

---

① 《以人为本 科学防治 全面推进地质灾害防治工作——兰州市七里河区地质灾害现状与防治对策》，兰州市国土资源局七里河分局。

② 杨雪冬：《全球化、风险社会与复合治理》，《马克思主义与现实》2004 年第 4 期。

的护坡并没有完全覆盖沟坎，只是修了其中一部分，对于未得到护坡保护的住户来说，隔壁房屋的上面加筑了护坡，得到了保障，而自己的房屋就会显得更没有保障，看上去更害怕，心理上也更担心，这种部分修筑部分不修筑的行为使处于风险中的居民更是在无意识中加上了一层风险，客观上给这部分居民带来了更大的风险。

(3) 街道、社区基层部门的具体执行

街道、社区等基层部门在地质灾害防治体系中属于执行者。乡（镇、街道）人民政府在这方面的职责是：在区人民政府及相关部门的组织领导下，具体负责本辖区内地质灾害巡查；督促村级监测组或受威胁单位及个人进行隐患点的日常监测；组织开展本辖区内汛前排查、汛中巡查、汛后核查、宣传培训、防灾演习等工作；拟定并实施重要地质灾害隐患的防灾应急预案；做好本辖区内群测群防有关资料的汇总上报与年度总结；协助开展应急处置、抢险救灾等工作。①

村委会（社区）的职责是组织本村（社区）地域内隐患区的巡查；负责地质灾害隐患点的日常监测、纪录和上报工作；一旦发现危险情况，及时报告，并组织危险区内人员做好防范和及时撤离避让，做好自救、互救工作。②

①华林坪社区的防治工作。

调查社区中的地质灾害防治工作是由社区具体完成的，街道只是指导与配合，因此，此处以社区作为论述重点。滑坡、崩塌、泥石流等多发地质灾害在雨季出现的频率较高，故社区的地质灾害防治经常与防汛工作交叉进行。以2010年的防汛与防灾工作为例，社区制定了防汛防灾工作方案，成立了以社区书记为队长，社区主任为副队长，由30人组成的抢险小分队，并开展了一系列实际措施。

首先，对社区内的地质灾害安全隐患点进行全面排查，对居住在地质灾害安全隐患点范围内的居民进行摸底登记；确定居民撤离路线及避险场所，避免人员伤亡摸底情况。如表17-2所示，华林路868号、806号、808号、810号、842号、838号、840号是最为集中、最有安全隐患的居民点。表17-2和图17-4也清晰展示了居民撤离路线。

---

① 《七里河区地质灾害防治工作责任制度》，兰州市七里河区人民政府网。

② 同上。

表 17-2　　华林坪社区地质灾害安全隐患点摸底表

序号	地点	涉及范围	撤离路线	避险场所
1	华林路 868 号	1 户 5 人	从姐姐沟上端，经过私人银河楼，以最快速度 5 分钟撤离现场	华二校
2	华林路 806 号	1 户 3 人	经邮电学校家属楼，以最快速度 3 分钟撤离现场	华二校
3	华林路 808 号	1 户 5 人	经过安装公司家属楼，以最快速度 3 分钟撤离现场	华二校
4	华林路 810 号	1 户 5 人	经过安装公司家属楼，以最快速度 3 分钟撤离现场	华二校
5	华林路 842 号	1 户 9 人	从姐姐沟上端，经过私人银河楼，以最快速度 5 分钟撤离现场	华二校
6	华林路 838 号	1 户 4 人	经邮电学校家属楼，以最快速度 4 分钟撤离现场	华二校
7	华林路 840 号	2 户 7 人	经邮电学校家属楼，以最快速度 4 分钟撤离现场	华二校

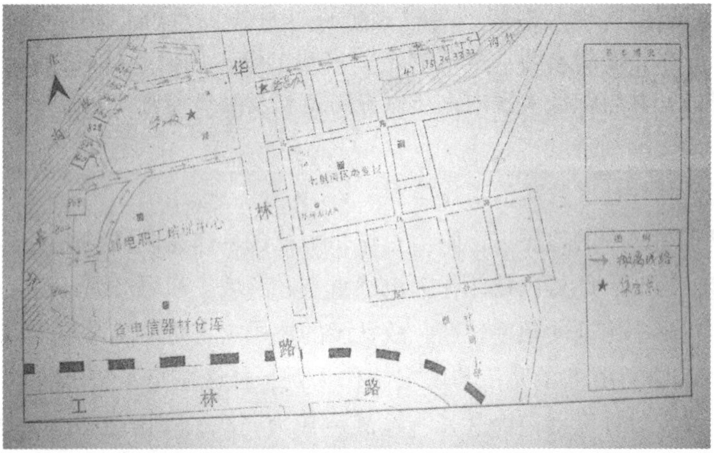

图 17-4　华林坪社区安全隐患点居民撤离路线

其次，根据监测情况，在危险地带设立警示标语或警示牌，对危险地段的住户下发《紧急通知》，《紧急通知》单一式两份，住户一份，社区一户，内容为：

紧急通知

辖区危险地段住户：_____
住址：_____

因夏秋多雨季节来临，为了做好汛期防汛工作，避免遭受地质灾害及滑坡等因素带来的人员伤亡事故，根据《中华人民共和国防汛法》的规定，请危险地段住户在雨季迅速撤离，以保证生命安全，如不及时撤离，造成的人员伤亡事故，一切责任自负。

住户签字：_____

西园街道办事处

针对住户房屋已经出现的坍塌、滑坡，社区也会下达一份《安全隐患通知书》，内容如下：

华林路×××号住户×××：

您的住房院落围墙已经坍塌，有大块坍塌围墙残体存在重大人身安全隐患，限本通知送达一日内消除隐患，否则造成的一切后果自负。

特此通知

2010年×月×日

以上举措可以看出，社区确实按照防灾职责，及时巡查，每个星期或两个星期监测填表上报，对安全隐患点上的住户进行摸底并设计撤离路线，将会有危险和已经遇到危险的住户下达紧急通知。社区的种种努力和措施为地质灾害的防治起到了重要作用，但是社区居民是如何评价社区作为的呢？

②居民眼中的"无作为"社区。

如表17-2所示，社区摸底统计的地质灾害隐患点上的居民户只有7户，但是笔者在走访过程中发现，房屋有裂缝的现象比比皆是，存在坍塌的也有好几户，家中存在安全隐患的也绝非摸底表中仅有的7户：

我们家裂缝这么严重的，下大雨的时候社区没有来过，还社区呢，我们这社区连管都不管。(老户，HLL798，汉族，男)

在社区及其工作人员看来，按照上级要求在频繁下雨季节，对隐患点居民及时做好通知工作和下发"撤离通知单"就已完成工作要求，但是，这种只负责通知撤离，却不顾往哪里撤离、如何撤离的行为在社区居民看来是一种不负责任的行为，社区是无作为的社区：

> 大雨的话社区的人提前就来了，叫你们搬一下躲一下。我们往哪处搬呢？我们躲也没处躲，没办法。反正是睡不着，就吓的呀，娃娃们就坐下等着呢。(老户，HLL804，回族，女)

> 下大雨给我们通知，叫我们自己负责任，他让你自己签上字，签上这个字以后他让你自己负责，给你个滑坡通知单，到时候砸死了自己负责，我们已经给你把责任尽到了。我们自己负责任，我们也不能搬到马路上去嘛。搬迁与不搬迁，出了人命关天的事情，出了事情你让我自己负责任，让我搬去呢，我往哪儿搬去呢？我一个老奶奶，往哪儿搬呀，你现在找个房子，租房子都不好租。(老户，HLL840，汉族，女)

> 来是来过，就是给个条条子，就是让我们往上跑。你说我们往哪里跑去呢，往下跑掉下来了，往上跑来不及嘛。(新户，LJZ331，东乡族，男)

居民经济状况都一般，发生地质灾害时，无力住宾馆也无力租房，简单的一句"撤离"该如何是好，若不及时撤离，后果还需自负，居民认为，通知撤离以及如何撤离的程序都应由社区负责，而不仅仅是下发一个通知单，社区的作为等于推脱责任；而社区则认为，根据要求已经尽责，如何撤离以及撤离到哪儿则是居民自己的事情，与社区无关。关于撤离的细节问题是社区与居民能否成功规避风险的关键所在，而就在这一关键阶段社区与居民之间的衔接出现了空白与断裂，空白又互推责任，无人填补。空白期的出现致使问题无法顺利解决，社区与居民之间也出现了一定的不理解。一个令人满意的社区应当是一个"有能力回应广泛的成员需要，解决他们在日常生活中遇到的问题和困难的社区"[①]。在应对地质灾害方面，社区的"无作为"明显没有回应到居民的切实需要。

2. 宗教的态度和行动

对待这种生态风险的态度和行动当中，主要涉及的应是国家和个人层

---

① P. Fellin, *The Community and the Social Workers*, Itasca, IL: F. E. Peacock, 2001, p. 70.

面，而对一个回族、东乡族占相当比例的社区来说，穆斯林全民信仰伊斯兰教的事实让我们必须考虑社区宗教在对待地质灾害风险时的态度和行动，以及宗教对社区的影响。文章以社区一马路的清真寺为例说明。

20世纪90年代以前，华林坪社区只有太平沟清真寺，该寺主要由信奉老教的穆斯林来履行宗教事务，信奉新教的穆斯林通常要去西关清真大寺做礼拜，但由于距离较远，又住在山上，下雨或身体不适时年纪较大者都不方便一天五次的往来，出于这种考虑，社区信奉新教的穆斯林集资于修建了一马路清真寺。初来一马路清真寺的穆斯林中，老户有20多家，新户30多家，现今新户和未定居的租客已远远超过了老户，因而寺里的活动参与者中新户越来越多，为了平衡新老户在宗教上的权力关系，寺管会中也选举了东乡族新户担任副主任。

政策明文规定地质灾害点上的房屋只能修在两层以内，两层以上者均属违章建筑，应予以拆除。但社区随处可见三层、四层甚至更高层的楼房。当问及政府人员为何过高楼层仍可以安然无恙时，他们说"少数把房子盖那么高我们去问、去管，人家说这是清真寺的房产，是清真寺集资盖的。"也就是说，在社区工作者的话语中，一些穆斯林借着清真寺的名义将楼层逐渐增高，而社区又不便于干涉宗教事务，只能任其自由发展。

同样的问题问及清真寺时，笔者所采访的寺管会人员委婉地回答了这一问题："这种状况没有的，这种状况反正他自己有钱他自己给寺里捐献，清真寺不参与他们房屋的修建。"从宗教管理者的回答中我们发现，清真寺对社区穆斯林违章加盖楼层的行为从态度上来说是一种"无为"态度，从行动上来说是放任不管，本质上来说就是一种"默认"。该清真寺的活动者中新户占了大多数，这就说明对该寺"散乜贴"的人主要是新户，新户还担任了重要的宗教管理者，从这一点上来说，一马路清真寺对新户有着实际的"庇护"作用。另一方面，社区里私自拆建、加盖层楼在两层以上的群体主要是新户为主（见表17-1）。对于新户来说，一马路清真寺正好为其加盖楼层提供了民间的"合法性"依靠。

由于调查的困难，无法对"社区"与"清真寺"的关系与态度展开深入调查，但是社区与宗教间的互抛绣球使得笔者对这一问题产生了种种疑惑：社区的政策引导及其硬规范和宗教的民间引导及其软规范在对阻止违章建筑的问题上各自做了哪些努力？分别起到了什么样的作用？社区与宗教组织在这一问题上是否做到了全力协作配合？如果没有，正确的态度和做法应是怎样的？

3. 个体的态度和行动

社区中新老户在对待地质灾害风险问题上有着不同的态度和行动，需要分别考察。

(1) 老户——心有余力不足

大量外来人口涌入之前，回族和汉族组成的老户杂居在一起，逢年过节互相走动，饭后家长里短喧上一喧，红白事邻里帮忙，地道的兰州方言中能深切地感受到这一共同体较为和谐的生活状态。20世纪90年代时，逐渐有外来人口流入，社区治安也大不如以前，再加上每逢暴雨时水泄不通，道路泥泞，房屋漏水，滑坡、坍塌时有发生。为改变生活环境，经济条件较好的老户们陆续搬离了老社区，进入兰州市核心地区。搬离的居民当中多是汉族，而回族考虑到宗教的因素，依然留守社区，如今社区的老户中多以回族为主。为数不多的老户回想起以前的情景，仍有不少感叹：

> 老户就我们这一家子和前面一家子，就我们两家，其他都是新户……搬走的都是孩子过得好些的，下面有楼房分上了，他就把这房子给别人租给了，卖的卖掉了，租的租掉了。老户是串门呢，那时候我们凳子拿出来就坐在门口喧啦，老太太们说话啦什么的，大家处得都挺好，现在一个把一个都不认识。（老户，XGY11，汉族，女）

这些为数不多、依然留守社区的老户们虽然不情愿住在山上，但面对自家经济状况的窘境，加之可望不可及的房价，只能无奈地住着，而住着就要坦然面对随时即来的大雨、暴雨以及发生地质灾害的风险，特别是住在已有几十年历史的老房子里，老户们是如何应对这种可能危及生命的灾害风险呢？

由于经济困难，共有十几口人的一家人只能继续住在姐姐沟崖边，往前两步便有摔下去的可能，面对大雨只能是坐立不安：

> 那下大雨的话害怕得很，特别是特别大的雨，我们躲也没处躲，没办法，反正是睡不着，就吓得呀，娃娃们就坐下等着呢。（老户，HLL804，汉族，男）

防危意识较强的一位老户，日常当中也会加以防范，大雨来时更是注意疏通：

> 我这房子下面有个水沟呢，原前那个水沟管子细，上面不是那个（邮电）学校嘛，协调了一下，它的一部分水就下到我们这里，从我们这下，这个水流下来这么粗，后来我们自己把水管子修大了一些。这个水下去是从这面走了，从这个斜角，这个确实危险，关键是这个下面土是松的，水一弄这个土就往下陷……秋天那个雨多，稍微一大，我说穿上，全部就穿上准备，东西没了房子没了我们还可以盖嘛，人没了你就完了……要条件好一点绝对是往外走了，就是条件不好，我为啥这个门也没拆没换，将就呢，没办法。（老户，HLL768，回族，男）

可见，老户们也意识到了住在地质灾害易发点上的风险，也心存害怕和恐惧，共同的意愿是搬到安全地带，但限于经济条件，无力搬出，只能先维持现状，以现有条件最大可能地应对和处理风险。

在世俗环境中，时常会听到关乎命运的话题，在调查中也发现部分访谈者谈及命运、运气，当问及住在地质灾害易发点上是否害怕时，他们说："面对这些风险，危险有可能来，有可能不来，整天担心滑坡、地震还不把人焦虑死，生死由命，控制不了。"恰如一位老太太所说："不害怕，老天爷滑坡了把大家滑了嘛，他总不能把我们一家子抓去了吧，把这个院子抓去了吧，哎呀，那该死的就死呢，不该死的老天爷就不让死，就这么说的，那再没办法。"面对危险的不确定时，命运为当事人提供了另一种思考的视角，这与整天的焦虑、害怕相比，与其说是对问题的逃避，倒不如说是较好地规避策略。"关于'命运'的观念（不管它是积极地还是消极地，都有某种对人们难以控制的遥远事件的模糊而笼统的信念），可以减轻个人在现存环境中所负载的重担，要不然这重担总是无休止地纠缠着我们。"[1]

为减轻低收入阶层买房的压力，近几年国家出台了廉租房政策，但廉租房的申请必须符合条件，社区老户都是本市户口，试图申请廉租房以搬

---

[1] [美]安东尼·吉登斯：《现代性的后果》，田禾译，译林出版社2011年版，第117页。

离这一风险地带,但在笔者的调查中,被调查者均无一人申请成功:

> 申请廉租房有条件。第一,住房不足十几个平方嘛,第二,两个都没工作,第三,户口必须是本市户口。我是本市户口呗,下面这个廉租房发了12套房子,等我知道的时候人家已经发完了。我们现在这个廉租房只要有人的都分上了,没人的就分不上。我为了自己生存肯定在外面一直奔波,我的职业是给别人打工着呢,跑销售着呢,累得很,还要照顾娃娃,还要照顾上班。时间上也没时间说跟他们凑到一起打听这个事情,等我知道的时候人家已经分完了,没有了。(老户,HPSML64,回族,男)
>
> 我们这块去年市上列成"危险区"着呢,社区让我申请廉租房,还是没申请成,媳妇的户口在河南,我们的户口属于两半户,这个不属于廉租房。(老户,LJZ236,汉族,男)

依靠廉租房搬离地质灾害易发点、规避风险的计划行不通,居民们也只能依旧日复一日地住在老社区。但心里对政府还是有所希望的,怀揣着拆迁的梦想,希望通过拆迁能够安置:

> 前两年的时候老有人量这块,说是要拆嘛怎么回事,现在又没声音了。我们就想着能拆掉是最好嘛,要拆的话他们不是给我们分房嘛,还有个过渡期我们自己就想办法,拆迁的时候有些人是要房不要钱,有些人是要钱不要房。我们肯定是要房,这么多人呢是吧。(老户,HLL834,东乡族,女)

当然,也有老户住习惯了院落,不喜欢市区的嘈杂,希望能够原地安置:

> (拆迁和加固)我觉得做加固好,因为城里面都是闹市区嘛,老人都在的话睡眠不好,环境也不好,人又多。在这治理好的话还是原地安置比较好。现在就希望把下水改进一下,把我们的房子再重新修一下,牢固一下。(老户,HLL804,回族,女)

面对地质灾害的风险，老户们心存恐惧和不安，大雨来临之时也会主动应对，但长期的不确定和不安，使得他们想搬离危险地带，但经济贫困无力购买商品房，廉租房也因各种原因申请不成功，鉴于长期的考虑，只能寄希望于拆迁安置，而多年的拆迁希望似乎又是那么渺茫，政府的加固维修也是他们希望改进的措施。我们看到的是，在社区居住了几十年的"老兰州"，试图通过种种努力规避风险，但当下的条件只能是心有余而力不足。

（2）新户——无暇顾及

甘肃省东乡族自治县是个地少人多、干旱缺水的山区，人们只能靠天吃饭，极低的粮食产量已远不能满足东乡人民的物质需求，改革开放以后，东乡人逐渐走出家乡，来到城市打工赚钱，寻求新的生活出路。20世纪90年代以后大量的东乡人来到兰州市，构成了兰州市少数民族流动人口的重要组成部分。调查社区也明显的受到这股潮流的影响，清真寺、较多的穆斯林、房租的便宜等诸多条件符合东乡人居住的选择范围，所以社区在20世纪90年代后期明显地流入了大量的东乡人，经过十多年的打拼，社区里已有好多东乡人买房定居，构成了社区新户的最主要部分。当老户们提及新户时主要指东乡族，而提到东乡族，也就不言而喻指的是新户。

新户搬来之初，有些知道该社区有发生地质灾害的危险，有些不知道，但面对生计的经济压力，环境压力只能退居其后，而由于灾害知识的缺乏和利益的诱，新户尽可能地加盖楼层。

每逢春秋大雨，以及可能随之而来的地质灾害，新户有着与老户不同的应对方式。

住在姐姐沟最边上，最危险的一户东乡新户，院子的一边是房子，另一边即是没有防护栏的崖边，极为危险，已有一个七八岁孩子的东乡妇女这样说：

> 住这好着呢，不觉得危险，孩子注意着就是了。（新户，HLL868，东乡族，女）

还有一户因为其他重要的事情暂时未考虑地质灾害：

以前刚来的时候下大雨心里也不踏实，那会没修护坡，现在修了好多了。哎呀，现在也没工夫考虑这个事情，现在家里最主要的事情就是这个病嘛，上了医保好多了，地质灾害啊这些还都没考虑过。（新户，HLL820，回族，男）

图 17-5　土堆上的房屋

女主人在家时，遇到大雨就害怕多了：

我们最怕夏天，夏天就害怕着！我就说去年啊，那个晚上就是雨下得特别大，哎呦，我们掌柜的在外地了嘛，就是干活去了嘛，我们就这几个娃娃，我说会不会这个房子塌了，吓得我灯都没关，就在外面出来待着呢站着呢。（新户，HLL808，东乡族，女）

生存是首要的考虑，地质灾害对新户们来说变成了其次的事情，即使恐惧不安，但面对比这更重要的事时，"恐惧"也就不那么重要了。由于缺乏预防地质灾害的一般常识，新户也不会采取积极的预防或规避措施。

新户普遍没有本市户口，自然不能申请廉租房。当告知他们，这里是地质灾害易发点，是否计划搬离时，大家的回答都是"不会"：

第十七章　风险社会视野中的社区地质灾害及其治理研究

现在危险知道了，但是也不想搬……搬出去，你随便找个好房子，你找不上呗……搬我们肯定是不搬，在这住得挺满意的。现在关于地质灾害知道了一些了，来了就拼命跑嘛，再有啥呢。现在盖两层就不让盖了，可是盖三层四层五层的都有呢，我们还想加呢。（新户，HLL606，东乡族，男）

共有三层的"银河楼"（如图 17-6）建在姐姐沟垃圾堆上，与其他地方相比危险系数更高，但是户主的答案依然是"不搬"：

那当然想过（住个安全点的地方），好生活谁不想过？谁也想过，知道不？还是经济达不到，我跟你说，我后面拉的人太多。（新户，YHLMYH，东乡族，男）

图 17-6　垃圾堆上的"银河楼"

在不搬的前提下，新户们针对环境的危险，对政府提出了希望，对自身也提出了一些规划：

那个坡（政府）已经护上了，这就加固了一下呗，再应该把我们的上面也给加固一下，我们这个上面或者下面不加固土老走着呢，上面的下来压呢，下面的房子也危险。我的意思是我们回民也是国家的一个公民①。在这个地方已经住下了，那边的山（姐姐沟）没做好我们也没说的，但是做好了一点点，我就觉得投资点钱把这上面和下面也做一下，这样土也就不走了呗。（新户，LJZ331，东乡族，男）

就在这住吧，我也就喜欢这些地方，这个地方就是方便嘛……等有钱了就先把这个盖一下，盖一下就行了，买房子的钱再没有，没想着买。（新户，HLL808，东乡族，女）

走出大山来到城市的东乡族新户经过多年的打拼，在社区艰难地定居下来，遇到地质灾害也不惊怪，照常生活，而留给在家妇女的却是恐惧与不安。面对来之不易的新家庭，新户们不想搬离，只想安稳地生活，继续建设新家园，对于地质灾害，只是寄希望于政府护坡的修筑与自身的小修小补，显然是无暇顾及，这与老户的心有余而力不足形成了一定的对比。

(3) 新老户的互不认同与互不协作

面对困难，寻求帮助时，人们往往会求助于日常积累的社会资本，比如亲戚、朋友、邻里、同事等，面对共同的灾害，社区邻里之间应相互帮忙、相互团结，共同解决困难。但在实践层面，社区邻里资本的运用并不理想，为数不多的老户与日渐增多的新户互不来往，也互不认同，邻里资本出现了失灵。

在兰州市，"少数"这一词汇本是对回族、东乡族等信仰伊斯兰教的穆斯林群体的专称，汉族称为"多数"，如此，"少数""多数"便有特定的含义。但在调查社区，"少数"在指代穆斯林民族的同时，还多了一层含义，即东乡族"新户"，汉族、回族老户是社区主体地位的"多数"，东乡新户是社区边缘地位的"少数"。那么，老户是如何看待近来的新户的，新户又是如何评价老户的呢？

①老户看新户。

社区的老户认为，最近几年陆续搬来的新户没有本市户口，不属于兰州人，特别是东乡新户，素质不高，没文化，经常干偷盗、抢劫、贩大烟等犯罪活动，导致社区名声日渐不好，存在一定偏见，平时也互不来往。

回族老户如是说道：

---

① 此处的回民实指东乡族。

我们两家是隔绝的，我们都是少数，但是不来往，他们家是干啥的也不清楚……我跟对面这一家从来不来往，这家的这个男人，拿个100块钱的角在大街上甩着呢，我说脑子不清楚，跟他不然，没文化，大老粗。(老户，LJZ341，回族，男)

他（指东乡新户）有些就做得不对，叫我们本地的兰州的老住户都看不惯，一样的回民，就是给回民脸上抹黑呢！一个老鼠害一锅汤，人家一说你看，现在张口闭口一说，贩大烟也是回民。真正贩大烟的有几个人，有几个回民贩的？……老住户来往着，新住户不认识，人家叫什么姓什么都不知道。除非有的时候，借个铁锹借个啥，我们有就借，也不问你姓啥。(老户，HLL768，回族，男)

汉族老户的评价有过之而无不及：

我们（跟新户）也不凑那热闹，我给你说句实话，（偷的抢的）多得很，平时就多得很，这两年稍微好些了，去年以前抢的都多得很，你们上来的那个路上，厕所上去有个道道，天一黑就开始抢了。几个娃娃刀子一拿就抢，这段时间抓得紧了就少了。我们跟他们纯粹不打交道，新来的都是少数，跟他们从来不来往，多数人家不来往。(老户，XGY9，汉族，男)

我们和少数不打交道（指新户），他们说话我们听不懂，我们说话他们听不懂，他们说的汉语话你能听懂吗？哇哇哇哇，说的希嘛快了（很快之意），听不懂。(老户，XGY48，汉族，女)

老户们尽管经济条件上也不尽人意，但心理上极具优势，认为他们才是社区的主人，新户都是外来户，没文化、没素质，存在很多偏见，正是这种心理上的优势和主观偏见，导致老户与新户的不来往、对他们不认同。

②新户看老户。

搬来的新户又觉得，老户们没钱，还瞧不起我们外来户，也是互不来往。

其实根本就不来往，他们现在是瞧不起我们，我们是从农村来的嘛，城市人就瞧不起我们，他们是老住户嘛，他有几个儿子呢，他们条件不如我们条件好。他们还是各方面跟我们不一样。他们条件不如我们，但是人家就是瞧不起我们。因为我们户口不在这，他们就是见面连招呼都不打嘛。（新户，HLL606，东乡族，男）

没来往，一般城市的不来往，有的时候我是特别想来往着。其实他们对我们东乡人，就是老兰州人好像我们东乡人来了，就是把那个垃圾坑改造得那么好了，有些嫉妒心理呢，明显感觉到了，他们直接说，你们来了把我们的垃圾沟全占了，其实，我说什么叫占呀。（新户，YHLMYH，东乡族，男）

新户眼中的老户贫穷、自大、嫉妒心强，看不起新户，自然不来往。对于由外地涌入兰州市的东乡族来说，"流动性"已然将其归为了兰州市的"边缘群体"，在社区中，东乡新户属于没有户口流动性强的边缘性群体，而居住多年拥有本地户口的汉族回族老户则属于"核心群体"，东乡新户少数民族的族群性、"少数性"更加强化了其"边缘性"的特点。社区核心群体与边缘群体之间的一系列偏见，使得二者的沟通与互动产生困难。如图17-7所示：

新老户的缺乏沟通与互动导致了不理解与偏见的滋生，而偏见又使得他们更不来往，如此，循环往复，恶性循环，新、老户之间互不认可的态度愈益严重，协作互助的可能性也就无从谈起，遇到地质灾害的风险时，邻里资本是失效的。

（二）传统的治理机制及效果

2004年以后，兰州市国土资源局全面负责全市地质灾害防治的日常管理工作，为兰州市地质灾害治理起到了宏观管理与指导作用；下辖七里河区政府职责是统一领导全区地质灾害防治工作，组织有关部门开展群测群防、抢险救灾、搬迁避让和工程治理等各项工作，为兰州市各县、乡（镇、社区）的地质灾害防治起中观协调与指导作用；街道、社区则依照市、区政策规定，具体实施灾害治理方案。从以上职责系统和组织系统可以看出，华林坪社区的地质灾害风险治理仍是以国家为中心、为主体的治理机制。国家凭借其政治权威、经济优势、人力优势，凭借专家系统提供的科学理性知识，制定政策，实施政策，对地质灾害风险进行预防和治

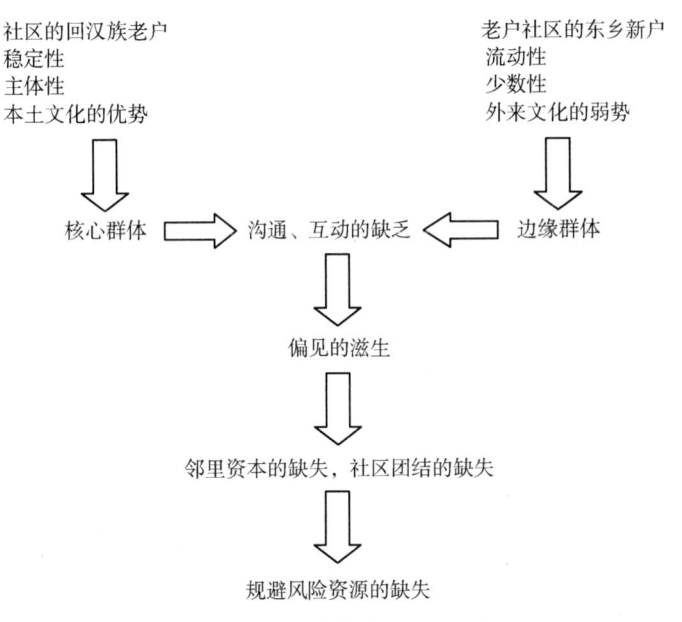

```
社区的回汉族老户                    老户社区的东乡新户
稳定性                              流动性
主体性                              少数性
本土文化的优势                      外来文化的弱势
      ↓                                   ↓
   核心群体  ⇒   沟通、互动的缺乏   ⇐   边缘群体
                      ↓
                   偏见的滋生
                      ↓
           邻里资本的缺失，社区团结的缺失
                      ↓
                规避风险资源的缺失
```

图 17-7 规避风险资源的缺失

理，虽有宗教、个体的参与，但作用微乎其微，实行的是一种自上而下的、单向的、主导的风险管理。

1. 传统治理机制的优势

从以往经验来看，国家单一主体的风险治理机制存在诸多优势。

首先，国家在整合资源方面拥有绝对的权威性。国家各级政府组织严密、门类齐全的官僚科层体制，对一定地域的人进行有效的权威性管理，又具有强大、权威的专家系统的支持，在灾害治理时能够有效地整合各类资源。例如姐姐沟护坡修筑以后，为社区居民地质灾害风险的规避起到了重要作用，而这种需要大量人力、物力、财力的工程仅靠一般的社会组织是难以完成的。

其次，国家治理也具有系统性和规范性。国家各级政府依据法律法规、意识形态、教育培训等规诫手段，上情下达，下情上传，上至最高级别的管理部门，下至社区个体居民，严密、系统地完成各自分工，保证了治理秩序的稳定。

最后，国家治理速度快、渗透力强。在治理系统中各级部门明确分工和职责，通过迅速的集中信息并传播信息，将地质灾害情报和专家预防知识散播给灾害相关群体，合理、深入地应对治理。这些主导优势是其他治理力量难以企及的。

2. 传统治理机制的不足

随着城市化步伐的加快，外来人口涌入城市，自然"社会化""人化"的程度也增高，这使本来因人口过多已经脆弱的生态环境更加脆弱，更容易被破坏。人为导致地质灾害风险的可能性也增大，现代社会的形势又错综复杂，国家虽然密切关注到了人为的因素，但单一主体的风险治理机制已然不能很好的应对复杂的灾害风险，表现出了一些不足。

首先是综合协调机构的缺失。国家为单一主体的风险治理中，涉及国土、水利、电力、财政、民政等诸多部门，不同部门只做好自己的本职工作，互相之间不进行良好的协调、互动，导致资源的重叠浪费，或者问题的无人问津、无人解决。华林坪社区中，各级政府在地质灾害预防和治理当中按照职责要求逐层下达，完成各自工作，但是当下达到基层社区时，社区对地质灾害隐患点上的居民负责通知撤离，但就是社区的这种只负责通知，却不顾撤离细节的行为及其效果让居民视社区为无责任、无作为社区。社区与居民在规避风险的关键阶段出现空白和断裂，居民对国家治理的效果呈不认可的态度。其实这一阶段更需要财政、民政、水利、国土等多个部门的通力合作，事实却是各级部门各自为战，缺乏综合协调，致使风险治理效果不尽人意。

其次是治理环节的缺失。风险管理包括风险评估、风险控制和预警、应急和救援几个阶段。社区的调查表明，国家将地质灾害风险治理重点放在了评估和预警环节上，相对忽视了救援阶段，如何救援、救援程序等思考较少，这也是导致如上居民对治理效果不认可的原因之一。

再次是顺应时代发展的法规条例的缺失。国家为治理地质灾害风险，制定了一系列法律法规条例，但是顺应社会发展的法律法规较为滞后，不能有效应对城市人口猛增带来的系列问题。调查社区明文规定不得随意拆建，不得修建二层以上的楼层，但所到之处都在翻盖或者新建，垃圾沟或其他地质灾害点上的建筑物比比皆是，高楼层也有很多。明文规定尚在，但违反规定的实情仍存，一定程度上说明旧的法规条例已不能很好地适应人口的增加，不能很好地控制由人口增加引起的反面现象。

最后，社会参与主体的缺失。从前文应对地质灾害风险的态度和行动中可以明显地看到，公共机制层面各级政府和基层社区成为了预防和治理灾害风险的单一主体，除此之外，便是个体层面老户的心有而余力不足和新户的无暇顾及，宗教组织花了较少笔墨可见它在风险治理当中没有起到较好的作用，更没有所谓的非政府组织特别是志愿者组织的出现。而现代社会复杂的风险事件处理紧靠单一的国家是远远不够的，除国家的主导作用之外，还需市场机制和公民社会的参与，包括企事业单位、非政府组织、家庭、个人等群体和个体的积极互动与参与，如此，才能更有效地应对风险。但调查社区出现了社会参与主体的缺失。

国家单一主体的风险治理机制在社区发挥了重要作用之外，现代社区的复杂，也使其表现出不足和缺陷，长此以往，便会治理失效，后果更为严重，小到政策性失效，大到制度性失效乃至结构性失效，甚至会影响国家的长治久安和社会主义和谐社会的建设，因此，亟须对国家单一主体的风险治理机制加以反思，提出适应现代社会发展的治理机制。

四 多元主体的治理模式

世界风险社会的到来是必然趋势，社区作为社会的基本单元亦不例外，充斥着经济的、文化的、社会的各种风险，风险给我们生活的世界带来了一些消极的影响，比如个体层面的存在性焦虑，群体层面的信任危机；但同时风险的不确定性、多元性对人们又有积极的意义，如为个体发展提供机遇，促进个体做反思性的选择等，风险观念"已经超越了乐观主义和悲观主义之分。风险既是我们生活的动力机制，也是我们面临的新两难困境的中心难题……在机遇与风险之间，能否达到有效的平衡，就取决于我们自己了"①。风险需要现时代的人积极主动治理，而非被动逃避。

在现代社会，"国家、市场、公民社会构成了预防、分散和减少风险的基本治理框架，它们相互支撑、制衡并弥补了彼此的缺陷，为整个社会提供了稳定的秩序，使个人、团体等行为者能够对自己的各种行为做出有依据的判断"②。而"个人和家庭则是私人领域治理的基本单位或机制，在某种意义上，他们应对风险的态度和方式对于提高整个社会的治理绩效比公共治理机制更加重要，因为他们一方面是公共领域中形成的最根本的、最直接的践行者，是外部风险'内在化'的最生动的实现者；另一

---

① ［美］安东尼·吉登斯：《第三条道路——社会主义的复兴》，郑戈译，北京大学出版社2000年版，第196页。

② 杨雪冬：《全球化、风险社会与复合治理》，《马克思主义与现实》2004年第4期。

方面通过人口的再生产与培养,它们为公共领域的治理提供了合乎制度要求的人力资源,从而私人领域的治理构成了公共领域治理的微观基础和必要补充"[①]。

调查社区地质灾害风险的治理也需要实现传统治理机制(国家单一主体的治理模式)向现代治理机制的转变,即多元主体的治理模式,将公共领域的治理和私人领域的治理结合起来,在提高国家治理能力、改善治理方式、依然发挥主导作用的同时,培育和发展公民社会、市场和个体的能力,合作互补,充分发挥功能和作用,以弥补国家单一主体治理的不足和缺陷,实现可持续发展。

(一)国家主导作用的发挥

在所有的社会主体中,国家是相对最能承担灾害救助责任和风险的主体,国家行为是制约灾害、调整灾害与经济社会发展关系的最有效力量,负担着防灾救灾的规划、决策、指挥、协调、执法等全面和统一的职能,因此,必须充分发挥国家的主导作用。

1. 制定符合社会经济发展的防灾救灾规划、预案以及法律条例

政府有关部门通过对地质灾害风险的评估、预测,制定出严密的防灾救灾规划,并纳入政府的长期规划和年度计划中,作为社会经济发展规划必不可少的组成部分。不仅要预防风险的发生,更要将重点放在救灾上,合理安置受灾民众,使其生产生活不至受到严重影响。

现代社会是法治社会,灾害的风险管理要以法律作为保障,灾害立法是推进城市减灾工作顺利进行的基础。对于违反法规条例乱拆、乱建、乱盖的现象需通过法律予以惩戒、规避。对于经常发生,对人民生命财产造成严重损害的地质灾害要制定专门的法律法规对相关群体和个人加以规范和协调,实现依法减灾。

2. 将灾害风险管理纳入日常管理

目前我国政府风险管理意识较弱,需要对政府部门进行风险管理理念的培训,使其在防灾救灾规划中融入风险意识和风险管理意识,培养政府的责任感和规避治理风险的能力。如此,将风险管理理念植入到防灾救灾日常管理的预测、决策、执行等各个环节之中,将风险管理和灾害日常管

---

① 杨雪冬:《全球化、风险社会与复合治理》,《马克思主义与现实》2004年第4期。

理结合起来，形成一种风险文化，并将其不断普及其他参与主体。

3. 提高信息沟通效率

政府运用现代化的高科技手段和网络传播手段搜集准确、真实、有效的信息，通过行政指令、层级传达、文件发放、电话会议等确保政府系统各机构、组织、部门和层级之间横向和纵向的信息传播和交流互动，防止沟通缺乏导致的各自为战和资源的重叠浪费；同时，面对社会公众、媒体、专家等其他参与主体，力图做到高效率的信息沟通与发布，保障各主体的知情权，消除猜疑与恐慌心理。

4. 全面的社会动员

克服传统的国家单一主体治理倾向，动员指挥全社会力量全面参与地质灾害风险的预防和治理。不仅要动员相关政府力量，还要动员其他参与主体，包括志愿者组织、企事业单位、宗教组织、家庭、个人等的全面参与，集中必要的人力、物力、财力，最大限度地应对紧急事态，做到"危机面前，政府与社会同在"。

5. 重视教育的作用

政府可借助各类培训、电视、网络媒体的宣传进行地质灾害知识和风险管理知识的教育与普及，以提高全社会防灾、减灾、救灾的能力；同时，加强环境教育，正确引导公众认识人与自然的关系，提高全社会处理人与自然、人与环境的伦理道德水准，从根本上解决人为因素对自然环境、地质环境的破坏。

（二）多元主体的参与治理

1. 提高社区综合减灾能力

在有效应对灾害风险的体制中，各级政府是关键，社区是基础，在整个防灾减灾体系中发挥重要作用，要提高社区的自救自保能力。灾害社会学专家段华明指出，在应对灾害时，社区职责应该"制定社区灾害应急救助预案，明确应急工作程序、管理职责和协调联动机制。通过政府财政支持和社会积极参与，社区利用公园、绿地、广场、停车场、学校操场或其他空地建立应急避难场所，设置明显的安全应急标识或标识牌"[①]。调查社区基本做到了以上防灾减灾工作，但在实践层面仍需提高效率，得到

---

① 段华明：《城市灾害社会学》，人民出版社2010年版，第242页。

居民认可；同时，还需经常性的组织居民开展形式多样的预演活动，制定符合社区实际情况的减灾教育计划，通过张贴宣传材料或其他方式，开展减灾防灾风险管理教育活动，提高社区的综合减灾能力。

2. 加强企业参与治理

市场中以赚取利润为主要目的、企业在承担生态风险特别是地质灾害风险方面所起的作用较小，但企业的健康发展离不开其所在社区的生态健康，因此，必须强化企业参与治理的责任意识，参与到社区地质灾害的防灾、救灾的实际工作中，并承担重要角色。西沟沿地质灾害点旁边的护坡是由房地产企业承担修筑的，位于本社区的其他企业也应该积极参与其中。

3. 重视清真寺的参与治理

宗教组织与宗教教义对社会的良性运行起到了软规范的作用，在参与治理风险时也会起到其他组织无可替代的作用。调查社区是个穆斯林群体聚居的社区，大大小小的清真寺在社区及其附近随处可见，形成了围寺而居的居住格局。清真寺对于穆斯林来说具有强大的号召力和凝聚力，它在民族社区发展和社区建设中发挥着其他组织和个人难以发挥的作用，所以，应当高度重视清真寺在地质灾害风险治理中的地位和作用，将其明确地纳入社区地质灾害风险的治理体系中，充分运用它的号召力量、凝聚力量和规范力量，灌输现代风险治理理念，规范、规约个体行为。

4. 鼓励其他非政府组织的参与治理

非政府组织在风险治理中可填补市场和政府无法到达或遗漏的领域，同时也充当着连接公共权力和私人领域的过渡地带，但由于我国公民社会发展不健全，非政府组织的功能难以发挥到理想状态，风险的参与治理当中也是如此。因此，政府需要鼓励国内非政府组织的建立和成长，加强与国际非政府组织的交流与合作，引导他们参与我国的风险治理。在地质灾害的风险领域，鼓励与环境保护和生态建设相关的非政府组织、志愿者组织参与治理，进入社区，配合政府和个人在地质灾害风险治理中发挥应有的宣传、教育、防灾、救灾等功能。

5. 加大媒体的参与治理力度

现代社会，新闻媒体发挥着越来越重要的作用，风险治理也需充分运用媒体优势，将其纳入治理体系当中，对风险文化、防灾、救灾知识等通过电视、广播、网络等媒介进行大面积的宣传；同时，将灾情对公众及时通知，确保公众对灾情的知情权，消除恐慌心理；此外，对政府和非政府组织的风险治理进行有效监督。

6. 提高个人参与治理的能力

个人和家庭属于风险治理的私人领域，也是多元治理中最基本的主体单位和践行者。调查社区的现实情况是灾害来临时多数居民只是等待政府和社区的救援，自救能力较差，同时邻里资本缺失，互救能力也较差，因此，在风险治理中，必须加强对个人和家庭关于风险文化、地质灾害知识的宣传，提高他们的自主性和责任感，以减少由随意拆建、改建等人为因素造成的诱发灾害；同时灌输共同体意识，增强社区凝聚力、团结力与协作率，提高治理效率。

相互支持是社区的重要功能，当社区主体寻求帮助时，传统上，初级和次级群体是提供社会支持和社会保证的第一道供给线，当社区变得越来越复杂，更多的次级和第三级正式组织如国家的有关机构、营利和非盈利组织、志愿者队伍等都会履行这一功能。[①] 同理，现代社区在进行地质灾害的风险治理中，国家在发挥主导作用的同时，还要求企业、非政府组织、宗教组织、媒体、家庭个人等多元主体通力合作、共同治理。此外，需要顺应社会发展，不断进行观念创新，制度创新，结构创新，使多元主体治理模式发挥最大效用。

五 结 语

本章在风险社会的视野下，以一个城市边缘的、多民族的灾害社区为个案，剖析了社区由人为因素导致的地质灾害及其治理过程，进一步提出了多元主体的治理模式。通过以上研究，对社区及其灾害治理进行总结和思考。

社区研究的奠基人滕尼斯指出，社区是指那些拥有共同价值取向的、关系密切、出入相友、守望相助，富有人情味的社会关系和社会团体。[②] 这一定义更符合对中国传统农村社区的描述，在传统的乡土社会里，人们因地缘、血缘、亲缘集中在同一地域，从事着相同的生产方式，日出而作，日落而息，互相熟识，有着高度的互动性、凝聚力与归属感。随着城

---

① 夏建中：《美国社区的理论与实践研究》，中国社会科学出版社2009年版，第12页。
② ［德］滕尼斯：《社区与社会》，商务印书馆1999年版。

市化的建设，农村的青壮年劳动力纷纷涌入城市，形成了强大的"农民工"阶层，农村社区人口外流，形成了"空壳"局面。与此形成鲜明对比的是，城市社区人口的集中甚至超额，特别是在一些城市边缘、生活成本较低的社区，外来的低收入阶层普遍居住于这类"边缘社区"，对于社区里的人来说，本地人因为外来人口的大量进入而逐渐迁出，仅剩的本地人内部形成了互动的小团体，外地人内部形成了互动的小团体。他们身居城市，但是在人际交往、生活方式等方面又无法融入城市，所在社区既不是严格的城市社区，也不是传统的农村社区，形成了在"传统"与"现代"之间的社区格局。华林坪社区就是这样的社区，从互动性上来说，老户内部互动较强，新户内部基于乡缘、业缘、宗教信仰也有一定程度的互动，但是老户与新户之间有着清晰的边界；从连接性上来说，由于流动人口的社会流动性相当大，社区与外在的连接性也就较高；从认同感来说，由于户籍归属地的不同，社区管理者对新户和频繁性流动人口的动员和吸纳兴趣不高，新户和流动人口的对社区活动的参与程度极低。社区与新户及流动人口之间是一种断裂的状态，居民对社区没有认同感和归属意识。因而，华林坪社区属于典型的"暂时型社区"①。在农民大量进城的当代中国社会，这类复杂的"暂时型"社区是具有一定数量和普遍性的，因为社区内部问题的复杂性，其社区治理、社区发展更具难度，因而更应该应当引起重视。

对于华林坪社区来说，它不仅具有"暂时型社区"的特点，还有"民族社区"（回族、东乡族聚居）、"灾害性社区"（地质灾害易发）的特点，每一个特点都会彰显复杂的社区问题，更毋庸说集各类特点于一身的社区，其实对于具有多样民族成分的西北民族地区来说，华林坪社区是一个个案，更是一个普遍现象。"治理不是一整套规则，也不是一种活动，而是一个过程；治理过程的基础不是控制，而是协调。"② 对于这类复杂社区的灾害治理，仅靠国家、政府的自上而下的单一主体治理模式显然是不够的，运用风险社会的思维，在国家的主导下，吸纳市场、宗教、个人、非政府组织、媒体等多元力量的共同治理模式才能实现合作互补，才能适应社会发展。

---

① 夏建中：《美国社区的理论与实践研究》，中国社会科学出版社 2009 年版，第 14 页。
② 王德福：《协同与参与：社区治理改革的内在逻辑》，《国家治理》2016 年第 11 期。

第十八章 区隔与聚居

——上西园社区少数民族流动人口聚居区研究

一 研究缘起

(一) 研究缘起与研究意义

现实意义。首先,据国家统计局 2014 年统计发布,年末全国大陆总人口为 136782 万人,全国人户分离的人口为 2.98 亿人,其中流动人口为 2.53 亿人。① 庞大的流动人群为城市管理与服务带来了较大的压力。同时,少数民族由于其自身的文化传统、流动特征等,为城市管理与服务又增添了一重复杂性。因此,有关少数民族流动人口的研究对于维护城市的和谐与稳定,提升城市管理的有效性具有重要意义。其次,对于少数民族流动人口本身来说,由于科学文化知识水平的局限,以及权责意识的缺失,常常无法准确表达其利益诉求。因此,少数民族流动人口的研究对于帮助他们在城市的生存及发展具有重要的现实意义。

学术意义。从近十年的研究成果来看,目前学界对于城市少数民族流动人口与社区关系的研究主要呈现出以下三个特点。其一,研究方法以定量研究为主,研究过程倾向于数据化,研究结果偏向宏观,对于研究个体的微观层面呈现较少。其二,在研究角度上,对少数民族流动人口与社区关系研究方面,多数学者集中于社区融合角度,对于差异性分析,主要集中于社区不同群体间文化差异、经济差异等,而从区隔角度的研究较少。其三,在研究内容上,针对少数民族流动人口社会融入、社会支持、管理与服务的相关研究进一步拓展,但多数研究专注于从一个主体立场出发,

---

① 中华人民共和国国家统计局网站,http://www.stats.gov.cn/tjsj/zxfb/201502/t20150226_685799.html。

如社会融入研究常以少数民族流动人口文化属性、地域属性等为出发点，测量其与城市之间的差距，而社会管理研究常从管理者角度出发，探讨管理方式的适用性，但在一定程度上忽略了各研究主体"同时在场"与"互动"理念的重要性。因此，笔者希望本文能进一步丰富少数民族流动人口与社区关系研究。

（二）研究综述

1. 少数民族流动人口聚居区相关研究

有学者认为，少数民族流动人口为了在城市生存与发展，需要通过社会时空和社会记忆来重构其社会归属。同时，要克服由于城乡差别、地区差距和民族差异带来的障碍，当然会首先选择以族缘关系为纽带的自发的流动少数民族聚落这样一个边缘化的小社会作为他们在城市生存和发展的依托，他们当中更容易自发形成城市流动少数民族聚落。这些民族聚落的存在体现了部分少数民族成员跨越城乡和地区之间谋求自我生存和发展的需要，只要我国的城乡差别、地区差距和民族差异存在，这种自发形成的城市流动少数民族聚落将会长期存在。因此少数民族人口聚居区研究，学界多侧重于少数民族流动人口社区管理研究。对此，汤夺先认为，少数民族流动人口管理要依托社区开展少数民族流动人口管理与服务工作，尤其要依托少数民族流动人口聚集社区，将防范性管理模式转变为服务型、参与性管理模式，并动员民间、社会力量与少数民族流动人口自身参与管理。[①]

此外，陶斯文在《四川少数民族流动人口研究》中提出，在少数民族流动人口管理问题上要考虑时代特点与民族自身特点，将少数民族流动人口管理纳入四川经济社会可持续发展长远规划，并对具体管理工作提出了一系列建议，如加强四川少数民族流动人口的宏观规划与政府的宏观调控；抓好流出地与流入地的双重管理；引导民间组织发挥积极作用。戴波在研究昆明市人口问题时，进一步补充道政府在对少数民族流动人口进行管理应该对流动人口登记形成网络，实行动态管理；加强对少数民族流动人口的突发事件的预防与处理。

---

① 汤夺先：《城市民族工作视角下的少数民族流动人口管理探析》，《新疆大学学报》（哲学人文社会科学版）2008年第5期。

除了政府主导的正式管理模式外，秦文鹏主张将文化引入到少数民族流动人口聚居的社区管理中来，提出城市少数民族流动人口的社会迁移，不仅是地域性迁移而且还是各异民族地区生活经历的文化性迁移。社区是具有生活经常性的地域共同体，其特有的礼俗氛围具有弥合法制社会管理空隙的粘合力，共同生活内涵具有整合地域文化差异的亲和力，是城市少数民族流动人口社会管理的有力平台。具体管理措施中，他提出，应该依托社区共同生活优势，注意开展和谐民族文化宣传；深化服务意识，培养他们对城市的认同感和归属感，逐步促进他们的心理适应和与社区的协调，促进流动人口的自愿自我管理。① 在具体的管理措施中，李林凤建议应该为少数民族流动人口建立社区档案，重点摸清少数民族流动人口的民族构成、文化素质、性别年龄、居住状况、子女教育、经济收入、就业情况等关键问题，为管理与服务少数民族流动人口打下良好的基础。② 马戎也曾根据对新疆乌鲁木齐市流动人口聚居区提出过相关建议，例如，针对很多学者提出的少数民族流动人口形成城市聚居区而造成的民族关系、社会融入、城市管理等问题，他认为应该在政府各部门的共同努力下，通过对出租房屋的管理来合理的调整流动人口在市区内的分布，减缓由于流动人口过于聚居于城市中心区而形成的对公共设施和交通的压力。③ 无独有偶，戴波也在《转型与嬗变中的都市少数民族人口——以昆明市为例》一书中针对少数民族流动人口聚居现象提出"引导民族人口有序化流动"的观点。

2. 区隔视角下的少数民族流动人口与城市社区关系研究

当前，学界对于区隔视角下的少数民族流动人口与城市社区关系研究，主要聚集于居住空间的区隔、文化区隔、制度区隔等方面。居住区隔方面，以郝亚明为代表，在对西方研究文献系统整理的基础上，其对城市化进程中族际居住隔离的形成原因、社会后果、作用机制、政策干预以及存在的争议等问题进行了较为全面的概述，并在政策干预中，重点评述了多元文化主义与同化主义在特定历史时期的社会效用与历史局限。在少数

---

① 秦文鹏：《试论城市少数民族流动人口社会管理的社区策略——一种文化迁移的社会嵌入关注》，《满族研究》2012年第3期。

② 李林凤：《试析城市少数民族流动人口的社区建档》，《档案》2009年第2期。

③ 马戎：《中国少数民族地区社会发展与族际交往》，社会科学文献出版社2012年版，第4页。

民族流动人口研究主题上,文化区隔一直是学界研究的重点。周大鸣、杨小柳在研究广州韩国人的文化适应时,提出,广州的韩国人出于强烈的民族自豪感和优越感,通过强调群体的排他性和封闭性,保持自己文化的独特性和优越性,与周边社会保持"深度区隔"。[①] 他们认为文化区隔是导致广州韩国人社会适应的重要因素。也有学者从民族主义多元文化论出发,认为民族主义多元文化论是导致文化隔离产生的重要因素,进而引发不同文化群体间的对立与冲突。更多的学者倾向于将空间区隔、文化区隔、制度区隔相结合,系统的论述(少数民族)流动人口与社区或社会的区隔现象,如,李运庆的《区隔与认同:农民工子弟的人际交往现状研究》,邹秋仁《区隔与融入:一个群体关系的模式分析》,魏万青的《区隔、冲突与融入——民工对都市生活的适应性研究》,悦中山、李树茁、费尔德曼等的《农民工社会融合的概念建构与实证分析》,等等。

3. 少数民族流动人口社会融入研究

近年来,学界对于社会融入的研究成果颇为丰富。根据学界现有成果,本文将按照影响少数民族流动人口社会融合的因素,融合过程研究,促进融合的策略等三个方面进行梳理。

首先,对于影响少数民族流动人口社会融合的分析。李林凤借鉴上述归因理论,认为以下三个层面的因素发挥着主要影响作用。第一,少数民族流动人口个人层面(人力资本归因论):关于移民融入的人力资本归因理论主要强调移民个体所具有的人力资本特征,如文化教育水平、劳动技能、语言技能、工作经验等人力资本方面的指标对于移民融入的重要影响。第二,流入地社区和社会层面(社会资本归因论):关于移民融入的社会资本归因理论把分析的层次提升到了个体所具有的社会关系网络或群体网络层次。第三,制度和政策层面(制度归因论):制度取向的理论解释更强调制度政策对于移民融入的限制因素。[②] 王振卯根据定量模型,分别对影响社会融入的可能性因素进行分析,如个体因素、民族因素、信息沟通因素、历史文化因素、经济因素等,根据数据显示,他认为地缘差异比民族差异更能影响流动人口的社会融入,经济因素中职业比收入更具影

---

① 周大鸣,杨小柳:《浅层融入与深度区隔:广州韩国人的文化适应》,《民族研究》2014年第2期。

② 李林凤:《从"候鸟"到"留鸟"——论城市少数民族流动人口的社会融合》,《贵州民族研究》2011年第1期。

响力。除此之外，李伟梁认为，城市融入的限制条件包括城市少数民族流动人员的社会排斥与自我限制。少数民族流动人口所遭受的社会排斥实际上是一种社会拒入，包括主观拒入和客观拒入两个方面，前者如社会歧视，后者如户籍壁垒、社会保障缺失等。首先，是职业上的自我限制。其次，是社会交往上的自我限制。再次，就是宗教文化上的自我限制。最后，是心理层面上的自我限制。① 对此，郑信哲也持相似的观点。黎明泽补充提出，社会认同"内卷化"已经成为阻碍少数民族流动人口融入沿海城市的重要因素。② 而高向东、余运江、黄祖宏基于定量分析，将影响少数民族人口流动城市适应的民族因素与制度因素做了比较，得出结论说，与民族因素相比，制度因素对于少数民族流动人口的城市适应更为显著。③

其次，学界关于少数民族流动人口城市融合过程的研究。李伟梁认为，少数民族流动人口的城市社会融入主要包括经济、社会和心理三个方面。其中，经济层面的融入主要是城市就业和收入，也就是职业上的转换；社会层面的融入主要是社会交往范围的扩大化，生活方式、价值观念和行为举止方面的市民化；心理层面上的融入主要是自我认同和心理归属。其社会融入实际上是二元经济结构、二元社会结构和二元心理结构的逐步消解的过程，即在经济上，从第一产业向第二、三产业转变；在社会上，从农民向市民、外地人向本地人转变；在心理上，包括认同和归属两个方面的转变。少数民族流动人口在城市经历了从"流入到生存、适应再到融入的过程。④ 少数民族流动人口的社会融入不仅包括其城市适应，更指的是其最终"沉淀"于市民社会中，成为新市民。而陈纪借助互动论的主要观点把少数民族流动人口与他者间互动作为前者融入城市社会的路径为研究其如何实现社会融入提供了一种理论分析和学术解释。依据互动情境、互动中介、互动意义这三个核心要素搭建少数民族流动人口社会融入路径的分析框架。在此基础上，结合少数民族流动人口的实际情况具

---

① 李伟梁：《论少数民族流动人口的城市融入》，《黑龙江民族丛刊》2010年第2期。
② 黎明泽：《浅论城市融入过程中的社会认同"内卷化"——以沿海城市少数民族流动人口为例》，《广州社会主义学院学报》2010年第4期。
③ 高向东、余运江、黄祖宏：《少数民族流动人口城市适应研究——基于民族因素与制度因素比较》，《中南民族大学学报》（人文社会科学版）2012年第2期。
④ 李伟梁：《论少数民族流动人口的城市融入》，《黑龙江民族丛刊》2010年第2期。

体阐释互动情境、互动中介、互动意义使两者互动得以产生的机理并指出它们分别是其实现社会融入的条件、手段和动力。[1]

再次,对于促进城市适应与融合的策略研究方面,学者们从各个方面给出了建议。李林凤认为,城市少数民族流动人口社会融合的影响因素既然存在着个人、社会和制度三个层面,那么推动其社会融合进程的途径也应从这三个层面来构建:提升少数民族流动人口个人人力资本;提升少数民族流动人口的社会资本、以社区为平台构建支持网络;制度和政策层面的调整与重构。[2] 对于提高个人人力资本这一点,郑信哲尤其提到,流出地政府也应该更加关注少数民族流动人口。首先,加强当地基础教育普及、提高流出人员的文化素质;其次,加强人口流出前职业培训,提高其就业能力;再次,加强与流入地政府的联系,互通信息,协调解决流出人口在流入地面临的问题。[3] 而对于提升少数民族流动人口的社会资本、以社区为平台构建支持网络这一方面,凌锐的观点可以加以补充,她认为,伴随着城市化的快速发展,少数民族人口向城市中心迁移和流动的数量也不断增加,少数民族流动人口势必需要构建新的社会网络来适应和面对这种生存环境和文化的变迁。因此,城市少数民族流动人口不仅要围绕强关系结成社会网络为流动中的个体提供庇护,又要充分发挥弱关系,寻求在城市生活中发展的信息、机遇和资源。少数民族流动人口社会网络的建立与扩展,并充分利用少数民族流动人口社会网络的功能,建立少数民族自助互助的组织,创造有利的环境与条件,使得少数民族流动人口能够通过其社会网络更快更好地融入城市生活。[4] 而在制度与政策层面,也有学者提出,要通过改革城乡户籍制度,加强民族工作立法;建立社会保障制度,解决生活就业困难;加强社会公共服务,提高社会参与程度;加强民族平等宣传,促进民族交流团结等方面,从而构筑以融合为中心的社会政

---

[1] 陈纪:《互动与调适:少数民族流动人口社会融入的路径探析》,《西南民族大学学报》(人文社会科学版) 2014 年第 12 期。

[2] 李林凤:《从"候鸟"到"留鸟"——论城市少数民族流动人口的社会融合》,《贵州民族研究》2011 年第 1 期。

[3] 郑信哲:《论少数民族流动人口的城市适应与融入》,《中南民族大学学报》(人文社会科学版) 2014 年第 1 期。

[4] 凌锐:《试论少数民族流动人口对城市民族关系的影响》,《中南民族大学学报》(人文社会科学版) 2005 年第 1 期。

策体系。除此之外，陈纪从社会排斥视角出发提出，从分割性劳动力市场排斥、差异性政策排斥、层级性社会分层排斥、冲突性文化排斥等方面，分别探讨少数民族流动人口面临的就业和相对贫困问题，权利保护和社会参与问题，族际交往和社会支持问题，宗教信仰和社会认同问题等。并且，以社会政策创新为实现路径，提出消解少数民族流动人口社会排斥，推进其城市社会融入的对策思路。[①]

由此可见，当前学界主要从两个视角出发进行少数民族流动人口与社区关系研究，一是管理者视角，以有效管理为目的，从制度设计、机构设置、政策实施等层面以求达到流动人口的有效管理；二是融入视角，以少数民族流动人口的社区融入为目的，从制度或非制度性社会帮扶出发，实现少数民族流动人口的社区融合。但是，两种视角均忽略了少数民族流动人口自身对自己与其他主体的认识或互动。

（三）关键词概念界定

1. 区隔

区隔（Distinction），是指差别、区别，在《牛津高级英汉双解词典》中解释为事物或者人按照其质量、品质进行的区分与隔离。布迪厄在其著作《区隔：趣味判断的社会批判》一书中将"区隔"定义为"必然趣味与自由趣味的对立所导致的社会阶层的分化"。人们对事物不同的看法、追求、评判标准，使其对美学的判断分化成了对立的方面，最终形成了社会意义上的区隔。本文使用"区隔"一词以表达少数民族流动人口及其聚居区与社区间的差异与疏离，将区隔分为居住空间区隔、社会交往与文化区隔、制度区隔等三个层面进行论述，表现聚居区与社区间的区隔现状。

2. 融合

帕克在《社会科学百科全书》中将社会融合定义为对一种或一类社会过程的命名，通过这种或这类社会过程，出身于各种少数族裔和具有不同文化背景的人们最终共同生活在一个国家，使文化整合的水平至少能够维持国家的存在。[②] 由此可见，帕克对于融合的概念偏向

[①] 陈纪：《少数民族流动人口问题：社会排斥的视角》，《云南民族大学学报》（哲学社会科学版）2014年第1期。

[②] Park R. E. Assimilation, Social, Seligman, E., Johnson A Encyclopedia of Social Sciences, Macmillan: NewYork, 1930.

于文化融合。而融合是一个多维度、动态、渐进的概念,国内学者们基于不同的研究角度、研究对象对于融合也有不同的见解。最多被引用的概念是由任远和邬民乐认为,"社会融合是个体和个体之间、不同群体之间、或不同文化之间互相配合、互相适应的过程",马西恒和童星认为社会融合是指农民工"在居住、就业、价值观念等城市生活的各个方面融入城市社会、向城市居民转变的过程"。对于少数民族流动人口而言,社会融合包括经济、文化、心理等多个层面,因此,本文将融合一词定义为少数民族流动人口与城市社区中的经济整合、文化交融、心理接纳的过程。

二 走进田野

(一)"租住户"与"常住户"并存的上西园社区

根据已有调查显示,占兰州市少数民族人口绝大多数的穆斯林居住分布呈现以下变迁趋势。

1982—1990年,穆斯林人口超过1000人的街区从13个增长为20个,都在城关区和七里河区,不足100人的街区共23个,多为乡、镇。穆斯林人口最多的3个街区为靖远路街道、西园街道和草场街街道。人口增长最多的3个街区分别为白银路街道、西园街道、西湖街道。人口减少的街区共有11个,减少最多的为阿干镇、酒泉路街道、皋兰路街道。

1990—2000年,穆斯林人口超过1000人的街区激增为30个,且不再仅限于城关区和七里河区,增加了安宁区的十里店街道、西路街道、沙井驿街道和西固区的西固城街道、福利路街道、先锋路街道。穆斯林人口不足100人的街区减为18个。穆斯林人口最多的3个街区演变为西园街道、靖远路街道和西湖街道。人口增长最多的3个街区演变为西园街道、西湖街道、雁滩乡,人口减少型街区从11个减为5个,减少最多的为酒泉路街道、阿干镇和西柳沟街道。

2000—2010年,穆斯林人口超过1000人街区增加为32个,超过了街区总数的一半,城关区所占街区最多,共20个,其次是七里河区7个、西固区3个、安宁区2个。穆斯林人口不足100人的街区数减少了一半,仅剩9个,多位于西固区。穆斯林人口最多的3个街区仍为西园街道、靖远路街道和西湖街道，无穆斯林人口的街区仅存金沟乡。① 由此可见，以兰州市穆斯林人口的增加为代表，兰州市少数民族人口呈快速递增趋势。尤其是七里河区西园街道，已成为典型的少数民族人口聚居区域，同时也在吸引着流动人口的涌入，进而影响着当地社会结构的转变。

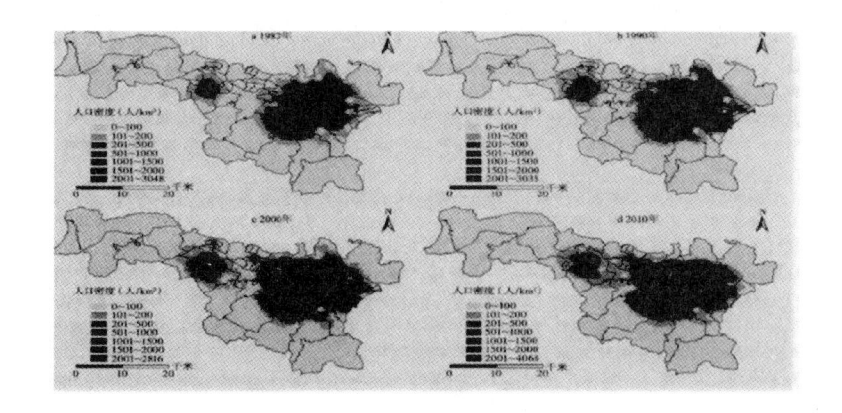

图 18-1 兰州市穆斯林人口密度格网

资料来源：张志斌：《兰州市穆斯林人口时空变动及其影响机制》，《中国人口科学》2013 年第 2 期。

而上西园社区隶属于穆斯林人口聚居的甘肃省兰州市七里河区西园街道，所辖范围东起林家庄，西至 212 国道中线，南接工林路，北临兰新铁路，辖区面积约为 0.4 平方公里，辖内有保安、东乡、萨拉、回、藏、满、汉等 7 个民族居民 4214 户 13628 人，流动暂住人口 2197 人，有居民小区 12 个（其中封闭式小区 6 个），平房院落 25 个。辖区内有企事业单位 7 家（其中国有控股企业 5 家，事业单位 2 家），非公企业 6 家，宗教场所 3 个。社区居委会位于上西园前街爱丽富家园，办公面积 330 多平方米，包括办公室、便民服务大厅、多功能会议室、图书阅览室、计生服务室、夕阳乐餐厅和社区警务室等，社区服务大厅实行一站式便民服务，社区整体基础设施齐全，功能完善。

上西园社区隶属于七里河区西园街道，少数民族尤其是穆斯林流动人口聚集。社区内楼房区与平房区并存，楼房区以现代化商品房住宅小区为

---

① 张志斌：《兰州市穆斯林人口时空变动及其影响机制》，《中国人口科学》2013 年第 2 期。

图 18-2　兰州市上西园社区三维图

代表，社区环境优越，社区基础设施完备，以"常住户"为主要居住人群，现代文化显著；平房区以平房院落为代表，社区环境恶劣，基础设施相对缺乏，以"租住户"为代表性居住人群，农村文化与穆斯林文化特色明显。由此可见，上西园社区作为少数民族流动人口聚居区，现代文化与穆斯林文化差异显著，社区阶层多样，为研究少数民族流动人口聚居区提供了便利的田野基础。

（二）平房院落——少数民族流动人口的特色聚居区

随着调研的进行，上西园社区中散落的平房院落逐渐引起了笔者的注意。一天，在踏进某一院落的大门之后，一个热闹的场景映入了笔者的眼帘。该院落形似四合院，院子三面有 8—10 间房屋。房屋中间庭院宽敞，一群七八岁左右的孩子在院子中打闹嬉戏，男人们站在一起边抽烟边聊天，厨房里炊烟袅袅，两名妇女在院中的自来水旁洗菜，如果不是刚从一个繁华的城市街道中拐进来，笔者与同学倒真以为进了一个温馨的山村。细问之下，笔者了解到，这个院落中的租户来自同一个村子，彼此相互熟悉。当与他们聊到城市适应问题时，他们无不满意的答道"习惯习惯""跟家里一样"，而当问到与社区其他居民、社区居委会的关系时，他们常常以"我们是外地人""不了解""没时间""没机会"等话语回答。那么，这样的院落是怎样形成的，对少数民族流动人口自身的生存与发展有什么样的影响，对于城市社区又有什么影响呢？带着问题，笔者进入到对平房院落更详尽的了解中。

1. 少数民族流动人口院落聚居区的形成过程

> 我们是从东乡来的,(在家里)我是老大,家里没有房子,孩子也多,回家也没有地方住,就想着出来找点活干。刚来的时候,是我的一个亲戚在这里住,他们搬走了,我们就住进来了。旁边住的那家是我妹妹一家,……我们两家情况一样,也是家里没有房子,出来找活干。斜对面那家我们是一个村的,也是我带过来的,他原来不在这,在向阳村那里。后来搞拆迁,这边也有一家要搬走,我就让他过来了。……这里住的便宜。我家娃娃多,我有四个娃娃,有一个上幼儿园,他们家也有娃娃上学,娃娃们每天需要接送,住在一起,也好照应嘛。我们都是农村人,小时候家里穷,小学毕业就再不上学了,只能下苦力,别的活我们也干不了,我们三家都在街上卖烧烤。(马某,男,东乡族,32岁,2015-12-20)

案例中展示了一个典型的少数民族流动人口社区院落聚居区的形成过程。首先,少数民族流动人口院落聚居区的形成需要发起人。该发起人常常是院落中的最初居住者,居住时间较长,对所住区域有足够的了解。同时,发起人大多是该院落中的"能人",致富能力较强,为人热心。案例中的马某是他们三家最开始卖烧烤的人,也是三家中经济条件最好的,其他两家均是在他的指点下才开始做起卖菜生意。其次,少数民族流动人口院落聚居区的形成需要亲密的交往关系为基础。该院落中的三家中,另外两家与马某分别是亲戚关系与同乡关系,三者同属于东乡族,所以又属于同族关系,在工作的过程中,又衍生出职业关系。在陌生的城市中,心理的趋同逐渐转化为距离的趋近,为社区中少数民族流动人口院落聚居区的形成打下基础。再次,少数民族流动人口院落聚居区的形成需要聚居者具备互补的需求。案例中,马某与另外两家的共同点之一,就是都有上幼儿园的孩子,接送与照顾孩子成为三家的共同需求。因此,共同的需求成为其选择聚居的重要推动力。

2. 少数民族流动人口院落聚居区的特征

其一,院落聚居区多数以家庭为基本单位。

根据对487名兰州市少数民族流动人口的抽样调查显示,所调查的少数民族流动人口中,未婚者较少,占据总人口的18.3%,已婚者以绝对的优势占 81.5%。其中，配偶在身边的人数居多，86.8%的人至少一个孩子在身边，这就说明了兰州市少数民族流动人口以家庭为单位的迁移成为显著的特点，并且家庭模式以核心家庭为主。① 该调查结果同样适用于上西园社区。同时，随着以家庭为单位的迁移逐渐增多，两个或多个家庭所形成的院落聚居区日渐形成，以原子状散落在社区之中，院落内的社区生活与人际交往基本沿袭了其原居住地的生活形态，是存在于城市社区中的独立体，也是城市社区中典型的区隔地带。

其二，复制化的生活方式。

虽然身在城市之中，但院落聚居区中的少数民族流动人口依然保持了其流出地的生活方式。从住房、饮食、服饰、语言、宗教到人际交往，均与流出地保持较大的相似性。表面上，围墙将墙内的院落聚居区与墙外的城市社区隔离开来，而对于少数民族流动人口来说，心理的隔离更为牢固。墙内的依旧是家乡，熟悉而亲近，墙外的却是异地，陌生而遥远。这种复制化的生活方式，带来了坐落于城市社区中院落聚居区的独立性，是院落聚居区最主要的表象特征。

其三，相似化的聚居群体。

经调研，院落聚居区中的少数民族流动人口群体呈现出高度的相似性。首先，职业相似性最为明显。院落聚居区中的多数人具有相似的职业，如从事牛羊肉批发生意，开摩的，市场卖菜，工地打工等。职业的相似性带来了其工作时间、地点，以及休闲时间、方式的相似性。其次，生活水平的相似性。从饮食结构和人均住房面积中可以看出，聚居院落中的流动人口，出于流出地相同与职业相似性的影响，生活水平也显示出高度的趋同性。再次，生活难题的相似性。调研中，每到一个聚居院落，笔者常常能听到相同的利益诉求。有些院落关注于教育问题，有些院落致力于宗教需求的满足，有些聚焦于医疗与养老，有些只在意如何增加自己的经济收入。而这些诉求当中，大部分与个人幸福有关，小部分与整个聚居院落中的群体利益有关，但与兰州市和所居社区并没有太大关联。

其四，封闭化的院落聚居区。

对于整个社区来说，少数民族流动人口所租住的院落聚居区显示了一定程度的封闭性。从院落的外观结构来看，多数院落采取"一个大门"

---

① 兰州市民族宗教事务委员会横向课题"少数民族流动人口管理与服务"项目调研资料。

加"多个小门"的居住形式。"一个大门"指将院落与外界社区进行物理区隔的公共门,门以内是聚居的多个租户,门以外则是陌生的社区领域,对于聚居的少数民族流动人口而言,大门象征着院落聚居区领域与社区公共领域的区隔,也象征着院落聚居区的封闭性;"多个小门"指院落聚居区内各个家庭所租房间的小门,是聚居区内各个租住家庭的分界线,象征着更为私密的个人空间,但对于聚居区来说,小门相对开放,标志着院落聚居区的内部融合。从院落中的社会网络来说,院落聚居区内的少数民族流动人口由于血缘、族缘、业缘、地缘等因素,社会交往相对内卷,院落聚居区内的社会网络延展性受限,因此,对于社区甚至是外部社会来说,少数民族流动人口聚居的院落具有一定程度的封闭性特征。

三 聚居区与社区居住空间的区隔

有学者认为,我们至少应该从两个方面来理解社区的本质属性,一是它的地域性,即具有一定边界(通常以居民能经常地进行直接互动从而能相互熟识为限)的时空座落;二是它的社会性,即人们在共同生活中存在和形成的功能上的、组织上的、心理情感上的联系。[①] 地域性是社会性的基础,社区是具有边界的居住和生活空间,而社区居住空间对于居民的社区交往和社区行为具有形塑作用。因此,聚居区与社区的区隔首先体现在居住空间的差异,包括私人居住空间与社区公共空间之间的不同。

(一) 少数民族流动人口的私人居住空间

1. 信仰的导向——围寺而居

兰州市少数民族流动人口中以穆斯林为主,而穆斯林流动人口的居住呈现出围寺而居的居住特征,城市中的穆斯林流动人口也不例外。清真寺是穆斯林进行礼拜和各种宗教活动的场所,在穆斯林心目中具有重要的地位,同时出于对宗教活动的便利,穆斯林常常聚居在清真寺周围。在调研之前,笔者曾预设,既然穆斯林有围寺而居的居住传统,那么聚居的特性也许可以帮助穆斯林流动人口掌握更多的社会资本,为其城市融入提供便利的条件。但是,情况并没有像笔者想象的那么乐观。

---

① 王小章:《何谓社区与社区何为》,《浙江学刊》2002年第2期。

首先，在穆斯林群体当中，同一信仰不同民族间差异逐渐加大。一位回族流动人口曾说道："我们到城里面来打工，人家本地人看我们是穆斯林，就说我们不讲卫生、没文化，穆斯林里也有好几个民族呢，不一定是我们干的，人家就说我们穆斯林不好，对我们也不公平。"由此可见，同一信仰不同民族间的差异也成为了穆斯林流动人口社会交往的阻碍之一。其次，穆斯林流动人口中出现了不同的社会阶层，不同阶层间差异显著，阶层流动不明显。简单来说，穆斯林流动人口中的社会阶层可用施舍者和受施者代替，施舍者依靠施舍行为获得更多的社会名望与社会资源，无形中与受施者之间产生阶层分化的鸿沟，阻碍着两者的互动，也建构着阶层分化的加大，这一点与汉族社会尤为相似。就如同笔者的访谈对象所说："我们家庭情况不好，那家庭情况好的人家也不交往，我就交往和我一样的，我不把你富的巴结。"再次，流动户与定居户之间差异显著。虽然共同聚居于清真寺周围，但穆斯林流动户与常住户之间，在职业、收入、生活习俗、教育水平等方面仍然具有较大差异。因此，穆斯林围寺而居的居住特征并没有能够阻挡穆斯林流动人口聚居区与社区间的区隔。

2. 经济的妥协——平房区

按照居住形式分类，上西园社区的居民住宅可简要分为平房区和楼房区。楼房区多数为定居户，而随着流动人口的涌入，平房区的原住户逐渐搬离，将房屋转让或租给少数民族流动人口。也因此，平房区与楼房区逐渐由居住形式的差异演化为定居户与流动户、富有户与贫困户的群体性差异。

上西园社区的楼房区，主要居住人群为定居户或者流动人口中的富有户，房屋均具备暖气、天燃气、独立卫浴等条件，居住空间宽裕，居住设施完善，同时楼房区环境卫生状况良好，生活便利。而平房区主要居住人群为流动人口，包括大量穆斯林流动人口，房屋缺少暖气、天燃气、独立卫浴等居住设施，居住空间狭小，蜗居现象较多，平房区内环境卫生状况较差，治安情况堪忧。两者在住房上的鲜明对比，透露着社区内流动人口与常住居民在私人居住现状上的显著差异。对于常住居民来说，社区是其生活的地方，他们需要宜居的社区环境，而对于少数民族流动人口来说，社区或者房屋只是他们的一个临时落脚之地，他们对于房屋的要求只有"遮风、挡雨、能睡觉"，就像笔者的一个访谈对象说的那样，"我们是客人嘛，出来就是挣钱的。我们白天都要干活，只有晚上才回住的地方，不需要很好的房子，能睡觉就行了"。由此可见，居住空间的不同，使平房区与楼房区划分出截然不同的居住人群，也决定了不同人群之间各自不同的居住形态。

平房区与楼房区的划分同时也可以看作是社区中社会群体的划分，不同的居住形态也赋予了社区群体不同的社区身份，平房区内的少数民族流动人口的社区身份，逐渐被固化为"打工的""没钱""没文化""租住户"等身份表征，这种社区身份的固化不仅影响着社区内居民的交往，社区管理的进行，也影响着少数民族流动人口的社区融入，由此，居住空间的差异为社区的区隔提供了客观条件。

(二) 社区公共空间——"租住户"与"常住户"的不同认知

1. 常住居民与少数民族流动人口之间对社区公共空间的不同需求

对于常住户之间，社区公共空间是一个集生活、娱乐、社交于一体的空间。而对于穆斯林流动人口来说，社区公共空间甚至是一个陌生的词汇。常住居民与穆斯林流动人口对社区公共空间的不同需求，从两者对社区环境与社区基础设施的不同态度中可以看出。

在对社区环境的看法上，常住居民往往比少数民族流动人口要更为关心。正如调研资料显示：

> 社区环境关系着我们社区里的每一个人，谁都想生活在干净一点的环境里，环境好了，对我们居民的健康也好嘛。现在整天脏兮兮的，对我们娃娃的成长也不好。我们社区菜市场那里有几家卖鸡的，就在他们店门口杀，来送活鸡的货车整天进来社区，每次路过那里，满地都是鸡毛，要是有个病毒流感什么的，你说吓不吓人。所以，社区还是得抓紧点。(赵某，女，49岁，2015-11-20)

> 我们来城里就是挣钱的，我们外地人嘛，房子就是一个睡觉的地方，干不干净的也没啥，要是政府能解决一下，当然好。我们每月还要给社区交保洁费呢，其实哪应该我们交，房子是房东的，房东一家交就行了，结果他们社区月月来人要，我说我们就租一间房子，又不要你扫，你要什么钱呢，他们还气得不行，说就你们外地人难缠得很。(马某，女，38岁，2015-11-27)

在对社区基础设施需求上，常住居民的需求更为强烈和多元，而少数民族流动人口的需求显得相对单一。在对社区基础设施的需求中，常住居民的关注点包括健身器材、文化活动中心、公共图书室、道路建设等，而对于少数民族流动人口来说，主动提及的项目包括清真寺建设、安全设施的完善等。对社区公共空间的不同需求，是两者对公共空间采取不同措施的前提与基础。

2. 常住户与少数民族流动人口之间对社区公共空间的不同对待

从调研来看，少数民族流动人口对于社区公共空间的的社会参与主要包括不参与与消极参与。

"不参与"是少数民族流动人口对社区活动的回应。曾经有一位社区工作人员告诉笔者："我们以前针对流动人口家庭，搞过四点半工程。这些流动人口家庭一般白天干活没有时间管孩子，我们就想娃娃放学以后来我们社区，做一下作业看会儿书都挺好的。可是那些少数民族流动人口的娃娃很少来。"对此，少数民族流动人口的回应多半是不知道，还有一些回应说："我们是少数，又是外地人，娃娃放那里我们不放心。"由此可见，"不参与"是少数民族流动人口对社区活动的基本态度。这种不参与的态度，进一步降低了少数民族流动人口与社区居民、居委会之间交往的可能性。

"消极参与"主要体现在少数民族流动人口对社区环境的行为上。对于社区中的居民来说，"不讲卫生，对社区公共环境的破坏"是大多数人对少数民族流动人口的看法。一位居民曾说："比如打扫得干干净净的地，孩子们一出来就把垃圾全扔到地上了，保洁员也没办法，只能等着他们全都走了再扫一遍。总的来说，他们对于干净卫生的理解与标准和我们的理解标准是不一样的。来这边住得久一点的，可能多少受到当地居民的影响，有一定的同化，能够讲卫生一些。但是那些刚来的，卫生环境问题就是个大问题。"这种对社区环境的消极对待，显然造成了少数民族流动人口与社区居民的心理隔阂，是社区空间区隔的导火索。

（三）聚居区"对内融合"与"对外区隔"的影响

1. "一荣俱荣"——聚居区"对内融合"的优势解析

首先，聚居区——少数民族流动人口融入城市的跳板。

我来兰州三十几年了，我 15 岁就从家里出来了，那时候家里没有的吃，我就扒火车出去了。年龄小，也不知道去哪，走到兰州，看着这个地方应该有饭吃，我就下来了。我干过的活很多，卖过菜、工地上打过工、饭馆子里也干过，睡过桥洞，还睡过大街。一开始当黄牛倒火车票，卖了一阵，觉得不好，我们伊斯兰教是有信仰的，我觉得（当黄牛）对我不好，就不做了。现在自己开个饭馆子，一年也就挣个十几万吧。从前住在上西园，一开始我和七八个人住一个屋子，娶了媳妇子，我就租了个房子，跟我们村子里的人住一个院子，出来挣钱，都不容易，别的也不认识，没有钱，人家也不跟我们打交道，我们相互照应着嘛。这几年儿媳妇也娶了，还有孙子，我们就搬出来了，买上个房子住着。……我这个人喜欢跟人聊天，我们在这里都习惯了，邻居也好。有时候店里来了有文化的客人，懂得多，我也喜欢跟客人聊天，能学到很多，不是说活到老学到老嘛。现在在兰州基本适应了，没什么不适应的。（马某，男，回族，49 岁，饭馆老板，2016-1-5）

上西园社区的少数民族流动人口在进入城市初期，具有受教育程度低、生活水平低、职业不稳定且收入水平低、流出地经济发展水平低等特征，多数面临城市适应问题。而聚居区为刚刚进入城市的少数民族流动人口提供了一个熟悉的归属地。院落聚居区中的人们互帮互助，共同应对初入城市生活中的困难，有助于缓解其城市生活的不适应感。随后，一些少数民族流动人口随着经济收入的增加，社会交往范围的扩展，逐渐脱离聚居区，适应城市生活，寻求更大的城市发展空间。因此，对于一部分人来说，聚居区可以作为其从流出地进入到流入地的跳板，聚居区中的生活期，也是少数民族流动人口缓解其经济、文化、心理等方面的适应期。

其次，聚居区——社会资本的集散地。

社会资本，指某个人或是群体，凭借拥有一个比较稳定、又在一定程度上制度化的相互交往、彼此熟悉的关系网，从而累计起来的关系的总和。调研中，笔者发现，以社区平房院落为代表的聚居区中的少数民族流动人口在共同生活的同时，也在分享着聚居所带来的社会资源。正如笔者的访谈对象所说：

我们刚来的时候什么也不知道，又没有文化，只能到饭馆子里打打工，可是挣不到多少钱，苦得很。我们院子里有个亲戚，他知道这里有个小卖部不打算干了，（他）可怜我们，跟别人说了说，我就把这个小卖部盘下来了，我们家娃娃小，我也干不了其他的，在这里还能一边做生意一边带娃娃。（孔某，女，25岁，小卖部老板，2015-12-27）

我们这里娃娃们上学都要钱着呢，政府说流动人口可以在这里上学，我们去了，人家学校就说招满了。我们农村来的娃娃实在，我们家长没文化家里教不了管不了，娃娃们考试考不过那些城里娃，学校班主任也不愿意招我们。都得找关系呢，像有亲戚朋友去年找了谁送了多少钱，我们再让亲戚朋友介绍一下关系，把钱给人送去，人家就把事情办了。要是没有熟人介绍，有钱人家也不给你办。还不能说花钱了，不让说。（马某，男，回族，49岁，饭馆老板，2016-1-5）

聚居区既是少数民族流动人口社会生活的场所，而由于院落中社会群体之间具有亲密的社会关系网络，信奉民族文化带来的相似的社会规则，常常具有相同的社会行动，类似的社会需求，因此，聚居区也可以作为一个场域进行分析。场域中存在资源丰富者，也有资源匮乏者。资源丰富者希望在场域中获得权力并对他人实施影响，而资源匮乏者希望能够共享社会资本，而聚居区中的资源匮乏者缺少外界的交往机会，因此，社会资本的流动多在场域内进行，聚居区便成为了一个社会资本的集散地。正如案例显示，对于社区聚居区中的少数民族流动人口来说，社会资本的重要性主要表现在就业与教育两个方面。少数民族流动人口与城市居民相比较，在就业资源与就业能力方面存在劣势，因此，聚居区的"对内融合"特性为少数民族流动人口的就业资源共享提供了便利。同时，由于当前兰州市少数民族流动人口存在家庭性迁移的特征，子女教育问题成为少数民族流动人口的主要难题，在外部制度性区隔的影响下，聚居区内的非正式资源共享渠道显得更为珍贵，也显示了聚居区社会资本共享的必要性。

2. "一损俱损"——聚居区"对外区隔"的劣势分析

首先，"对外区隔"的族群生存现状容易造成群体性贫困。

以社区平房院落为代表的聚居区在少数民族流动人口进入流入地初期对少数民族流动人口的城市适应具有明显的促进作用。但是随着聚居时间的增加，聚居区的同质性也会随之增强，少数民族流动人口群体对院落的依赖性随之增加。当院落中的同质性和依赖性达到一定程度的时候，少数民族流动人口的脆弱性便体现了出来，容易造成集体困境。笔者的一位调研对象曾经向笔者倾诉其生活困境时说道：

> 我们家有四个姑娘，一个儿子，最小的才1岁多，我又不能出去干活。我家掌柜的也没有文化，不识字，人又老实，以前是开摩托车的，最近这一段上头查得紧，摩托车也开不成了，生活实在是困苦得很。（问：这里的亲戚朋友不能帮忙介绍个工作吗？）旁边住的就是我姐姐家，我们两家情况一样的，他们家也是开摩托车的，我们在这里谁也不认识，现在冬天也找不到活干，只能等等看了，过一阵查得不严了再出去跑摩托车吧。（马某，女，26岁，东乡族，家庭主妇）

由此可见，职业的趋同性，使聚居区内的少数民族流动人口经济状况更为脆弱，一旦出现行业危机，院落中的少数民族流动人口的经济发展将面临停滞，同时，由于人际关系的内卷，少数民族流动人口寻求帮助的渠道将大为受限，抵御与解决生存困境的能力降低。除此之外，院落中的少数民族流动人口在流出地、受教育水平、职业技能的趋同性，也容易导致其在转变生存方式上能力较低。总之，长期的院落聚居生活，容易导致少数民族流动人口抵御困境的能力降低，陷入集体困境。

其次，聚居区——边缘化的城市存在。

边缘化一词首先由美国社会学家帕克于20世纪20年代提出来的。他认为，由于通婚或移民，那些处于两种文化边缘上的人常经受着一种心理上的失落感，他们在种族或文化团体中的成员关系模糊不清，因为他们既不能被这个种族或文化团体接受，也得不到另一个种族或文化团体的欢迎。后来，边缘化概念被进一步扩大，用来泛指在一个国家内由社会和经济上移动（尤其是城乡之间的移动）导致的经济与文化方面的冲突。[①] 少数民族流动人口在进入城市之后，常常面临边缘化问题。这里的"边缘化"既包括"被边缘化"也包括"自我的边缘化"。"被边缘化"指少数民族流动人口在进入城市以后，不被周围居民与社区管理人员所接受，产

---

① 江时学：《边缘化理论评述》，《国外社会科学》1992年第9期。

生的被孤立感。"自我的边缘化"主要指少数民族流动人口对城市生活产生不适应感之后，采取自我封闭的态度，主动远离城市生活的现象。调研中，一位回族妇女曾向笔者讲述：

> 我们是客人，我们在这里，就是来挣钱的，老老实实不惹事就行了。我们去买衣服，人家一看我们带着头巾，是少数（民族），说我们没钱，都不招待我们。受点委屈就受点委屈吧，谁让我们是客人呢。(马某，女，回族，53岁，开旅馆)

在进入城市初期，穆斯林流动人口常常面临被边缘化现象。这种被边缘化或者源于流出地与流入地之间的社会群体文化差异，或者是社会制度性差异导致。但随着城市生活的进行，聚居院落中的内卷化便进一步促使了穆斯林流动人口自我边缘化的形成，丧失了融入城市生活开展社会性交际的意愿与能力，促使聚居院落成为了城市社区中既独立又边缘的存在。

（四）小结

少数民族流动人口与社区之间的区隔关系，首先体现在居住空间上的区隔。从少数民族流动人口的私人居住空间来说，在居住地点的分布方面，流动人口多以租金便宜的社区平房区为主，而常住户多以社区楼房区为主，居住地点的差异使社区分层更为明显，也为少数民族流动人口与社区的区隔关系打下了客观的空间基础；在居住形式的群体特征方面，穆斯林具有"围寺而居"的聚居特征，而穆斯林流动人口在上西园社区的聚居特征又常以聚居区的形式表现出来，这些以院落为主要表现形式的聚居区虽在空间上呈原子状分布于社区之中，但对于穆斯林流动人口来说却是独立于社区的存在，是其流出地生活的复制品；在居住空间特征方面，少数民族流动人口呈现出蜗居的特征，空间狭小，环境拥挤，与社区楼房区形成了鲜明的对比。从对社区公共空间的认识来说，常住人口对于社区公共空间环境卫生、生活设施的重视程度与使用程度明显高于流动人口。这既体现了少数民族流动人口对于所在社区的归属感程度，同时也为从表层的居住空间断裂向深层次的社区交往与社区文化的区隔埋下了伏笔。

四 聚居区流动人口与社区的交往与文化区隔

(一) 聚居区流动人口与社区的人际交往区隔

1. 缘于生意，止于利益

聚居于上西园社区的少数民族流动人口群体，尽管职业、性格、经济收入等千差万别，但谈到与社区中的人际交往状况时，大多轻描淡写，极少主动谈及。

首先，从互动双方关系来看。访谈中，在社区开粮油店的马阿姨说道："我们来了十几年了，是因为大儿子有病，我们为了方便给儿子看病，就在这找了个生意住下了。十几年了嘛，周围人都认识，我们一直在这，人家来买东西，都说话着呢。像我们做生意的嘛，平常也没有休息的时间，得看着店，再就是不忙的时候，和旁边一起开店的说说话。一般就是社区里的人来买东西，时间长了，就认识了，再没啥了。"由此可见，少数民族流动人口与社区居民之间的关系除了近邻关系外，还是消费关系，且消费关系占据主导地位。其次，从互动内容上看。互动双方的话题主要围绕生意进行，互动的内容等同于交易过程。从互动中，双方多数只能得到彼此脾气性格等特征。社区卖菜的丁大叔在谈到社区交往情况时说："我也在这卖了好几年的菜了，要说社区里的人，我熟悉的不多，基本上就是人家来买菜，买完就走了，人家忙我也忙，哪有时间多说话，都是看着脸熟，要说是谁，我也不知道。"再次，从互动目的上看。互动双方由于买卖行为产生互动，而买卖行为的结束往往意味着互动的结束。这种交往常常流于表层，且并不稳定。在提到日常生意时，丁大叔说道："我们来这，就是下苦力赚钱的嘛，也不认识啥人，人家来买我的东西，肯定就是看我东西好呗，东西不好，人家也不来。固定的客户也有，做生意嘛，还是看你卖的东西好不好。"

总的来说，少数民族流动人口与社区居民之间的交往机会较少且形式较为单一，主要围绕生意进行，双方的买卖关系结束就意味着交往的结束，交往内容主要围绕利益进行。除此之外，两者之间交往的随意性较大，交易对象的选择主要取决于商品的优劣和消费者的消费习惯，与两者的个人私交联系不大，且在买卖话题之余很少产生其他的交谈话题。因此，聚居区少数民族流动人口的社区交往倾向于缘于生意、止于利益。

2. 多交于浅，少交于深

访谈过程中，谈及影响社区交往的因素时，卖大饼的马阿姨着重提到了民族因素的影响，"我跟社区本地人也交往着呢，我们卖馍馍好几年了，社区里的人也都认识。平常招呼也打着呢，就是按照我们的，人情走不近。你好比给我一箱奶，我不能接，接了对我们后代不好。要清真的。平常我们也没有时间没有机会跟人说上话，我们没有文化，不知道跟人说什么，我们有时候说话他们也听不懂，他们有时候说的话我们也不懂"（马某，女，45岁，大饼店老板娘，2016-1-8）。除此之外，跟随务工丈夫来兰州的家庭主妇李姐在聊到社区交往时，提到了农村与城市交往方式的不同，"我来兰州一年多了，平常就跟院子里的邻居说说话，她是我们一个村的，其他人我也不认识。还认识房东，房东人不好，跟她说话她不想理，嫌我们没文化，说话不好听，我也不知道怎么不好听"（李某，女，29岁，家庭主妇，2016-1-9）。

在对上西园社区少数民族流动人口的社会交往调查中，可以发现，少数民族流动人口在社区中的社会交往中大多停留在初步了解阶段。了解内容包括职业、年龄、家庭构成等，了解渠道多为间接性渠道，即常在与第三人交谈时得知。而在了解交往程度为浅层的原因时，主要包含两个方面，即缺少交往机会以及对城市中交往方式不了解。由于缺少交往机会，少数民族流动人口的交往范围便会局限在旧的交往关系中，交往的广度与深度均无法扩展。关于交往方式，少数民族有自身民族赋予的交往文化，也有农村的熟人社会带来的交往习惯，与城市社区中趋于理性与适度距离的交往有较大差异，因此少数民族流动人口与社区其他居民的交往程度趋向于"多交于浅，少交于深"。

3. 聚居区内社会交往内卷化

关于"内卷化"的概念，格尔茨在《农业内卷化》中以"内卷化"描述了印尼爪哇地区农业生产过程出现一种生态稳定性、内向型、人口快速增长、高密度、精细化的耕作过程。近年来，不少学者将此概念引申到其他学科，也有学者用来描述某一社会群体成员由于向外群体扩张受阻，群体关系不断向内部聚集和发展的状态方面。少数民族流动人口与城市生活日益隔离，他们多数生活在自己的圈子中和有限的空间里，在生活和社会交往上与城市居民和城市社会中交集较少，更无意于分享日趋丰富的城市公共生活，因此，他们的社会认同、经济生活呈现出内卷化发展趋势。

兰州市少数民族流动人口由于经济水平、宗教信仰与生活习惯的趋同性，以及其与城市主体居民的显著差异，容易出现难以融入现代都市生活的困境。而少数民族流动人口聚居区作为一个人员同质性较强的聚居区域，为居住者提供了天然的内部交往便利。内部交往的便捷，外部交往的排斥与冷漠，使得游离于主流社会之外的少数民族流动人口转而走向内卷化发展的路径。调研中，一位穆斯林妇女告诉笔者："我们都是一个地方的，熟悉得很，有啥事情相互帮一帮就行了，我们外地人跟别人也不熟，又没文化，出去了路都认不得。我们没钱呢嘛，家里穷得很，人家不认识的也不愿意跟我们说话。"（丁某，女，东乡族，家庭主妇，2015-12-12）无独有偶，一位做牛羊肉批发生意的叔叔谈到聚居区的交往时说："我们刚来的时候谁都不认识，没有钱，谁认识你呢。住在一起，相互照应着，现在我们都做这一行，交流信息也方便，主要还是我们几个交往多一些，跟人家交往不起来，人家嫌我们穷，外地人，不愿意跟我们交往。我们住得也习惯了，有啥事大家一商量就办了，交朋友这个事，我们还不苦恼，主要把生意做好就行了，我们出来就是打工挣钱的。"（马某，男，回族，牛羊肉批发，2016-1-5）

在流入地城市社会中，大部分经济水平较低的少数民族流动人口会出现城市融入的障碍，成为城市社会中的弱势群体，这在许多学者的论述中已经得到了验证。而聚居区作为弱势群体的居住地，在城市融入面临困境之时，少数民族流动人口便自发走向小范围的内卷，由此应对社会资本的不足。因此，游离于主流社会之外的少数民族流动人口在走向内卷化发展的路径的同时，社会交往范围难以扩展，与所在社区越走越远，人际交往的区隔加深了聚居区与社区的区隔程度。

（二）聚居区与社区的文化区隔

城市中的少数民族流动人口多数带有农村文化、民族文化的印记，而城市社区中的常住居民常年处于城市文化、现代化的熏陶之中，随着少数民族流动人口的流入，上西园社区中的农村文化、民族文化、城市文化、现代化相互交织与冲突，导致了少数民族流动人口聚居区与原有社区文化的区隔，而现有诸多文化无法有效融合与互动的文化区隔现象。

1. 农村文化与城市文化的冲突

根据问卷结果显示，被调查的兰州市少数民族流动人口中，农业户口占比87.8%，并且少数民族流动人口大多数来自民族地区的贫困乡村，经济发展较为落后，乡村观念根深蒂固，对城市管理与城市生活缺乏了解，在进入城市生活之后依然或多或少会沿袭农村传统的生活习惯和一些生活陋习。这种农村文化与城市社区主流文化相矛盾的现象，为聚居区和社区文化的区隔提供了基础。正如社区居民向笔者反映的那样：

> 他们这些人太不讲卫生了，垃圾想倒哪倒哪，衣服想烧就烧，我们说现在正防治大气污染呢，不允许烧东西，他们不管这个。（张某，女，53岁，汉族，社区居民，2015-12-20）
>
> 一些流动人口到城市以后，不管城市规章制度，乱摆摊、乱停车，有时候小摊贩把路挡着了，车开不进来，你不说城管来了他们不走。（刘某，女，30岁，汉族，社区居民，2015-12-13）
>
> 咱们是有计划生育政策的，有些流动人口他就是想要个男孩，那他不管这个。有时候我们入户，一开门，五六个孩子，家里穷得饭吃不上，娃娃学上不起。你说何必呢，孩子也受罪，你耐心地跟他讲，养不起不要要太多，他嘴上说好，其实心里听不进去，还是这个农村的观念太深。（马某，女，回族，41岁，社区工作人员，2015-12-13）

2. 民族文化与城市文化的矛盾

城市少数民族流动人口的社会迁移，不仅仅是地域性迁移，而且还是各民族地区生活经历的文化迁移。带有民族文化印记和传统文化观念的少数民族流入到城市以后，在与以现代文化为主要特征的城市接触中难免产生矛盾与冲突。其中，调研资料显示，社区生活中，民族文化与城市文化的矛盾主要体现在三个方面。

其一，传统婚姻观念与当下同居现象的冲突。

在调研中，一位开旅馆的穆斯林中年妇女告诉调研员："我们伊斯兰教规定，未婚男女是不能住在一起的。所以，如果是未婚的话，我们一定不能给他们只开一间房。但是现在有很多旅客不理解，明明没结婚，硬要说结了，我们不让人住，人家还要骂我们，有的时候还动手。有一次，我们报警了，警察过来还要说我们不对，说我们没事找事。"（马某，女，回族，53岁，开旅馆）

其二，部分穆斯林对规避风险持保守性认识。

一位23岁的年轻女性在访谈中提到，她的父母虽然患有多项慢性疾病，但并没有参加任何医疗保险。问及原因，她无奈地表示："我的父母都是虔诚的穆斯林，他们认为真主会照顾好一切，如果真主要让他们离开，他们就必须离开，买保险是没有用的。我觉得看病肯定得花钱，买份医保至少省一点，但是跟父母说不通，他们除了真主，不想依赖任何人。"（马某，女，回族，28岁，服务员）

其三，对于社区环境的不同观念直接显示了聚居区与社区文化的区隔现象。如，针对日常的厨余垃圾，少数民族流动人口从民族文化的角度予以解释：

> 这个东西现在一般是在小西湖穆斯林地区挂在树上，其他地区不在乎，和垃圾挂到一起了就，我们挂到树上，有些老大爷们养牛的养羊的就专门收集去。把食物直接倒了感觉就，我们小学学过锄禾日当午，汗滴禾下土，我们教义里说，一口饭菜放到嘴里得经过三百六十五道程序，没有肥沃的土地不行，没有阳光不行，甚至星星都不行，没有这些都不行。一口饭菜按照我们的教义要十六件叫法，该做的比如第一件我们必须吃干净、清真的食品，不是贪污受贿的，还有必须吃干干净净的食品。第二个是吃的同时还要是坚信这一切都是真主的恩赐，不是你的聪明等，是真主的赏赐，你得感谢。还有你得自己亲手去做。自己的残汤剩饭就相当于吃保健品，还有自己的碗里的你自己就吃就行了，不要挑三拣四。现在我们国家也倡导光盘行动，我们穆斯林一千四百年就开始了。（马某，回族，56岁，茶叶店老板，2015-12-20）

但是对此，社区居民又从城市文化的角度给予了不同的观点：

> 虽然宗教信仰上要让他们把自己暂时用不上的东西拿出来和大家分享，让需要的人能够使用它。但是有的人就把吃剩的牛肉面汤渣挂在树上或者是别的地方。在我看来，这就是懒惰，并不是真正地遵守他们的信仰。好好的垃圾桶你不扔，你非要挂在电线杆上，平时根本没有人来收。冬天还好些，到了夏天的时候，这些东西很容易招来蚊

蝇，对我们的健康也不好。要是袋子破了，打扫起来很费劲。你说我们要建设文明城市、文明社区，你这样文明吗？（刘某，汉族，40岁，社区居民，2015-12-20）

由此可见，民族文化与城市文化中对于社区环境的不同观念直接显示了社区文化的区隔。从对两种文化选择的优先性来说，少数民族流动人口显然认为民族文化与宗教文化的继承和发扬是第一位的，显示了他们对神秘世界的尊崇；而对于城市社区中的居民来说，现实世界的生活显然更为重要，毕竟社区环境的污染是直观存在的问题。出于文化差异的影响，少数民族流动人口与社区居民对于社区环境的不同行为导致了两者之间的矛盾与冲突，这份矛盾在无法达到有效调节的同时，无疑会进一步加大两者对于各自文化的坚守，因此，社区文化的区隔效应便逐渐放大。虽然从表象上看，两种文化在一定程度上显示出针锋相对的现象，但实际上两者并非不可调和。以对厨余垃圾的态度为例，民族文化和城市文化选择了两种截然不同的处理方式，但从本质上都表现了其对自然的尊重。少数民族流动人口的行为体现了节约的思想，社区居民的行为体现了爱护公共环境的理念。因此，虽然两者的表象差异导致了社区文化的区隔，但是依然蕴含着融合的可能。

3. 少数民族流动人口对现代化发展的不适应

少数民族流动人口多流出于经济发展水平较低地区，进城之后，面对现代化水平相对较高的城市，常常出现适应性问题，主要表现在以下几个方面。

首先，少数民族流动人口，尤其是妇女，多呈现教育水平较低的特点，有些甚至与人存在交流障碍，为其城市生活带来很多不便，有些人甚至因此难以享受社区服务。在调研中，笔者发现，许多社区工作人员反映，社区每次举办活动，穆斯林流动人口几乎不参加。但少数民族流动人口则表示，由于不识字，有些甚至听不懂普通话，所以并不知道活动信息。

其次，少数民族流动人口多数人因文化程度不高、职业技能缺乏，职业选择较为有限，只能从事低端行业，并且出现代际传递的特征。调研中，一位社区居民说道：

> 这些穆斯林流动人口多数就是在面馆里打工，个子小小的时候，在后厨刷碗；再大一点，就出来端盘子；再大一点，做拉面师傅；再大一点，挣点钱了，就回家娶个媳妇；生了个孩子，小小的时候，又让他来城市刷碗……

在这样的一种职业传承下，一方面契合少数民族文化与职业的需求，为少数民族流动人口提供就业机会，但另一方面这样的职业继替难以拓展少数民族流动人口的就业范围，难以提升其职业选择的能力。而社会性职业的发展呈现高精尖方向发展，为他们未来的发展和经济能力的提升带来困难。

再次，一些人呈现出对现代化技术的恐惧。例如，一位外地打工的东乡族阿姨向调研者抱怨道：

> 城里房子多车多，容易迷路，我也不会过马路。有时候出去了就回不来了，所以我就没出去过几次，也不认识什么人。手机我也不敢用，刚交完钱，又让交钱，我们也没打过多少电话，不知道是不是被骗了。

这种对于城市生活现代化技术在认知上的恐惧、在应用上的无力，无疑影响了他们适应社会的进程与享受服务的可能性。

五 少数民族流动人口社区融合中的制度区隔

（一）社区管理机构与少数民族流动人口间的制度区隔

1. "陌生的"社区居委会

上西园社区对于少数民族流动人口的管理以社区居委会为据点，社区网格化管理为基础，分为行政事务办理、区域综合治理两个方向。行政事务办理，即社区设立"一站式服务大厅"，厅中设流动人口服务站或民族宗教服务站，在站中安排专职人员负责流动人口、计生、民宗等岗位，解决少数民族流动人口办证、医保办理、计生、就业帮扶等服务。区域综合治理，即社区根据管辖区域特点，将辖区分为12—20个楼院不等，实行楼院长负责制，一名楼院长负责管理一个楼院，主要负责辖区信息登记、巡逻、宣传、综合服务等，综治楼院大小事务，是联系居民与社区居委会之间的纽带。在管理手段上，实行属地化管理原则。而属地化管理原则在实施中，是"以房管人"，主要由楼院长以巡访的形式实现。其中，针对少数民族流动人口的服务主要包括：登记人口信息、为居民开具居住证明、计生服务、办理医疗保险、提供就业信息、卫生检查与维护、安全监督。但在实际工作中，社区居委会对少数民族流动人口的管理以登记信息、维稳监督、计生工作为主，与少数民族流动人口城市适应、生活帮扶、就业帮扶等切实需求存在脱节现象。因此，对于部分少数民族流动人口来说，社区居委会始终是一个陌生的存在。

同时，社区在实体服务平台的基础上，也在积极搭建网络服务平台，开拓互联网沟通平台，探索互动型管理方式，如QQ群、微博、微信公众号建设等，而微信公众号建设是当前的主要形式。通过微信公众号建设，首先，在社区居民，尤其是年轻人之间，实现了更为实用的法律法规普及效果；其次，缩短了街道、社区与居民之间的距离，有利于社区居民对街道、社区的了解，便于居民互动，有益于少数民族流动人口的社区融入；再次，公众号中生活贴士、便民电话、政策宣传等板块的设立，为居民办事提供了方便，同时也减轻了社区居委会的工作负担。目前，社区中一些部门的微博、公众号的搭建与运营已十分完善，但对于少数民族流动人口而言，这种现代化的社区管理方式显然超越了其可接受范围，也在一定程度上加深了少数民族流动人口与社区居委会的管理脱节。

2."遥远的"社区派出所

首先，按照流动人口相关规定，流动人口需要在流入3日内，在居住地派出所办理流动人口居住证，因此，公安局也会在办理过程中对其个人信息进行登记，但是自从2009年居住证实行自愿办理之后，流动人口居住证办理率年检率逐年降低，少数民族流动人口信息统计难度加大；其次，公安部门出于防控的需要，也会对有不良记录的居民进行重点追踪防控。比如，调研中，社区工作人员反映到，其对少数民族流动人口的管理，主要体现在与公安机关配合，对吸毒人员进行监督与服务，预防复吸情况的发生，帮助其回归社会。由此可见，公安部门的登记制度以维稳防控为主要目的。在信息登记管理方面，常把管理重点放在有不良记录的居民身上，对于普通居民的登记管理较为松懈；在社区服务方面，以防盗宣传、法律基础知识普及为主,主要通过社区民警发放宣传单的形式完成,与社区居委会之间合作较少。而在调研中,笔者发现许多社区少数民族流动人口存在超生、开摩的、流动摊贩、乱摆摊等违反社会规章制度的相关情况,因此对公安部门多存在畏惧抵触心理,在行为上也常常采取躲避、说谎、不配合的应对策略。计生部门的统计与服务对象主要针对育龄人群,由于两个部门之间信息的阻滞,其人口信息统计数据存在较大误差。除此之外,2015 年,兰州市民族宗教事务委员会开始逐渐在各社区推进少数民族流动人口网络管理平台建设,但目前而言,这一措施尚在执行初期阶段,面临着许多执行困惑,如私搭乱建的平房没有门牌号,难以归类入户;人员流动频繁,登记存在滞后性;增加社区工作人员工作量,工作积极性不高等。同时,社区工作人员表示,相较楼房区来说,平房区确实存在更多的安全隐患。因而,上西园社区中,少数民族流动人口俨然成为了派出所治安防控的主要监察对象,也促使了社区中的少数民族流动人口与派出所的主动远离。

(二) 区隔——社区管理者与少数民族流动人口的互动实践

1. "本地"与"外地"——互动的制度壁垒

人口流动将社区中居民身份划分为"本地"与"外地",不同的身份代表了两者在享受社区服务内容上的差异。虽然多数社区推行了均等化服务,但当问及流动人口最为关心的低保、老年餐、经济适用房等政策时,却无法回避户籍限制问题,使得少数民族流动人口享有的社区服务十分有限。于是,对于社区管理者而言,"外地人"处于其服务内容无法覆盖到的边缘区,缺少互动的机会。而对于少数民族流动人口而言,社区服务的缺乏,使其与社区管理者之间互动的必要性降低。因此,对于社区管理来说,制度壁垒画下了"本地"与"外地"间的隐形界限,造成了少数民族流动人口与社区管理者之间互动量的减少,成为社区管理与少数民族流动人口之间制度区隔的导火索。

2. "被动"与"管制"——社区管理者的日常

首先,被动接受型的管理实践影响了管理行为的效果。理想的社区管理应以目的为导向,即依据社区具体情况,围绕管理目的选择管理方法与服务内容,发挥社区主观能动性,以期实现民族团结与民族发展。而在少数民族流动人口管理实践中,社区工作者偏于被动,习惯于任务完成型的工作模式。在调研中，当调研员向社区问到少数民族流动人口的管理与服务情况时，社区工作人员回答道：

> 有时候上面会到我们社区进行慰问活动，我们就负责入户，配合上级将物品发送到位，以前主要是米、面、油，这几年都是发钱，一般每户给上500元钱。名单一般是上面定下的，我们也不清楚是怎么个规定。
>
> 我们现在也只能是上面下达什么任务，我们完成什么任务，没有下达，我们也没能力做，有些任务，我们也不知道是为什么。
>
> 上面让我们怎么做，我们就怎么做。上面的任务下来了，我们就负责专人去完成就行了。

这种被动接受型的管理实践，势必影响到少数民族流动人口的社区管理效率，容易产生无效的互动实践，是造成少数民族流动人口聚居区与社区区隔的重要原因。

其次，管制意识大于服务意识，常常是引起少数民族流动人口与社区管理者矛盾的导火索。按照现代公共管理的理念，政府不是凌驾于社会之上的官僚机构，从某种意义上讲，更像是负有责任的"企业家"，公民则是其"顾客"。这里的"企业家"并非生意人，而是不断提高公共资源配置效率的人。服务型政府将以市场即公众需求为导向，因为只有顾客驱动的政府，才能提供满足人们合理、合法需求的公共服务。而社区作为多数政府部门的政策实施代理人，对于服务型政府的建立具有重要影响。但从调研情况来看，目前的社区管理理念依旧呈现出以管制为主、服务意识淡薄的特点。比如，在问到如何解决少数民族流动人口乱扔垃圾等问题时，一些社区工作人员纷纷表示："这些问题相当难办，社区没有权力，又不能像人家城管、警察一样，开罚单什么的，让你干什么你就必须干什么，确实比较难管。"

3. 消极互动——少数民族流动人口对社区管理的回应

从少数民族流动人口角度来说，制度区隔表现为少数民族流动人口对社区管理行为的消极互动。一方面，一些少数民族流动人口对社区管理行为持抵触态度，对社区管理行为表现为反对、欺瞒等现象；另一方面，一些少数民族流动人口出于对原居地社区管理的认同，而将自身排除在现居社区的管理范围之内，对现居社区采取不理会、不参与、不配合的应对态度，使制度性区隔的呈现更具直观性。

> 少数民族流动人口的信息登记率准确率都很低，他们白天工作不在家，我们晚上入户去了，敲门人家都不开，明明有人，硬跟我们说家里没人，有时还骂我们是骗子。好不容易进门去了，人家今天叫这个名，明天叫那个名，问他身份证，人家还说没有，就是不告诉你他的准确信息。我们的工作也很难做。还有的，你去他们家登记去了，他们不开门、不登。等他来社区办事的时候，他又说你没去过他们家。那我们去谁家本子上写着的啊。他就硬说你没去过。

（三）"乡村熟人社会"与"城市现代社区"管理方式的差异

由于上西园社区中少数民族流动人口在来源上带有乡村特征，少数民族流动人口聚居社区呈现出的社区管理区隔现象在一定程度上表现了"乡村熟人社区"与"城市现代社区"在管理方式上的差异。费孝通先生在其著作《乡土中国》中说道，中国的农村社会是一个熟人社会，一个村子中的人彼此熟悉，从熟悉中得到信任，传统文化与礼俗在乡村社区管理中发挥着重要作用。而对于由陌生人组成的城市现代社区而言，规则与法律是社区管理的重要特征。因此，两者在管理方式上的差异，催生着少数民族流动人口在融入城市社区中的制度性区隔，而两者的差异，在日常的管理活动中，主要表现为信息传播方式的差异、社区管理者角色的差异。

在信息传播方式上，乡村社区的信息传播方式较为单一，主要表现为熟人社会中的口口相传，以村干部为中心，呈网络状向社区传播，带有速度快、范围广、效率高的特征。而城市社区中的信息传播方式较为多样，如宣传单、宣传视频、网络媒体等，但是这种传播方式常常呈射线状，由社区工作人员向居民单向发出，呈现出传播范围有限、效率低下的特征。而少数民族流动人口具有受教育水平低，与城市社区工作人员联系较少的特征，因此，难免在信息获取上占据劣势。同时，多数少数民族流动人口已经习惯了乡村社会中口口相传的信息获取方式，而对于城市社区中的诸多宣传方式呈现出不适应的心理状态，这是少数民族流动人口聚居社区管理失效的重要原因。

在社区管理者角色上，乡村中的村民与管理者之间，既有管理关系，也包含着地缘或血缘关系，乡村社区管理者的角色也兼有管理与农民的双重角色，因此管理者与被管理者之间具有天然的亲密性，管理过程也具有天然的礼俗色彩。但在城市社区中，居民与管理者之间，往往只有管理关系，以及不甚亲密的地缘关系，社区管理者角色具有专门性，管理过程透露着程序与法律色彩，这常常让习惯于熟人社区管理方式的少数民族流动人口无所适从。调研中，一位少数民族流动人口向笔者介绍其家乡情况时说："我们家里什么情况，村里干部都知道，办低保的时候，他就把我家里报上了。村里的干部都认识嘛，有什么事情，我们找上村委会，说一下，人家能办的就办了。这边居委会我们没去过，我们不是本地的，不认识人，人家能帮吗？"由此可见，少数民族流动人口对于城市社区管理方式的不适应为少数民族流动人口融入过程中的制度性区隔埋下了伏笔。

（四）小结

社区管理组织与少数民族流动人口之间的管理失效是制度性区隔的主要表现。从社区管理组织方面来看，管理方自少数民族流动人口流入以来，一直期望与少数民族流动人口建立有效联系，如防火防盗宣传、健康普及、社区文艺汇演等活动，但是效果不佳。究其原因，主要是管理方与少数民族流动人口之间对于需求并没有达成一致的意见。管理方对于少数民族流动人口的需求，对于与少数民族流动人口建立联系的方式，对于好社区的标准主要依靠自己的想象。然而，少数民族流动人口的思想意识、生活习惯等依然沿袭了流出地的传统，他们并不知道该如何与陌生的城市社区建立联系，也不清楚社区可以满足他们的何种需求。从少数民族流动人口方面来看，社区管理的失效与少数民族流动人口的生活经验息息相关。随着在流入地生活经验的增加，少数民族流动人口难免会试图与流入地城市社区建立联系，但是往往会由于政策区隔、管理人员工作能力的限制而获得失败的沟通经验。这种失败的沟通经验又进一步促使了少数民族流动人口与社区管理组织的远离，导致了少数民族流动人口与城市社区的区隔现象。

六　区隔与融合：聚居区与城市社区关系思考

（一）区隔：少数民族流动人口聚居区与社区关系现状

社区居住空间的差异，社区交往方式的不同，社区的文化区隔，少数民族流动人口与社区管理组织的疏远，无不预示着少数民族流动人口聚居区与所居社区间的区隔关系。这种区隔不仅不利于少数民族流动人口在城市中的发展，更不利于城市与社区间的民族和谐。

从社会发展方向来说，工业化与现代化是社会发展的必然之路。社会中的新增就业要求具备高技术水平、高教育水平的人承担，社会中的传统职业会随着技术革新而被逐渐淘汰。但对于城市中的少数民族流动人口来说，其主要就业岗位，仍然是与民族有关的传统行业，以及社会中的三低行业。就业方向的单一，就业选择的狭窄，就业技能的缺乏，使少数民族流动人口的发展程度明显滞后于城市发展的需求。这种发展程度的滞后，势必带来少数民族与社区其他居民之间的更大差异。因此，一旦少数民族流动人口被甩在社会结构之外，少数民族流动人口的城市融入将更为困难，同时也将阻碍社会的发展进步。

从社区发展方向来说，现代化社区是城市社区发展的必然。但是少数民族流动人口需求与社区发展之间常常出现脱节状况，调研中，笔者发现，兰州市少数民族流动人口的关注点主要聚集于教育、住房、医疗、就业、社会救助等问题，而社区提供的服务中，通常为计生、卫生、大气污染等。除此之外，少数民族流动人口所聚居的平房区将随着城市快速发展的需要而走向变革，这种趋势从拆迁和棚户区改造中可见一斑。平房区是少数民族流动人口的主要聚居地，而拆迁带来的只能是少数民族流动人口的位置迁移，从一个聚居区迁向另一个聚居区，聚居区与城市社区间区隔的本质不会改变。

从区隔产生结果来说。对于少数民族流动人口而言，文化区隔限制了少数民族流动人口社会交往的广度和深度，不利于其社会资本的拓展，更不利于其突破区隔层面的限制，走向与社区的整合之路；对于城市社区居民来说，区隔的现状显然影响了其生活的品质，有碍于社区的融合以及对社区生活需求的满足；对于社区管理者来说，少数民族流动人口聚居区与社区间的区隔带来了社区居民之间社区需求的差异，当社区管理处于矛盾的需求中时，管理效度与管理信度均会受到影响，社区管理的失效又会带来更深程度的区隔现象。

（二）融合：少数民族流动人口聚居区与社区关系发展趋势

对于少数民族流动人口而言，目前的融合现状主要指聚居区的内部融合。内部融合为少数民族流动人口带来城市生活的社会资本，是其融入城市生活的跳板。但同时，现阶段来看，少数民族流动人口聚居区与社区间虽然呈现出区隔的表征，但这种区隔主要源于少数民族流动人口流出地与流入地之间发展状况的差异，而在深层次的文化中依旧包含着融合的因素，为少数民族流动人口的城市融合打下基础。这一点从穆斯林文化中可见一斑。

从环境观念上来说，穆斯林注重洁净，崇尚节俭，这与现代社区的发展理念不谋而合，但是对于社区管理者与社区其他居民来说，穆斯林流动人口的行为表现却与其文化恰恰相反。表面上看来这无疑是一种断裂，是农村社区与城市社区之间发展差异的投影，但究其缘由，则更多地表现为两者对各自文化的不同解读造成的生活习惯的差异。农村社区中，牛羊养殖较为普遍，将食物挂在树上，能够很快被其他人收集再利用，既避免了浪费又保护了环境。但在城市社区中，牛羊养殖并不普遍，少数民族流动人口对城市社区的不了解，对农村生活习惯的沿袭，最终导致了两者矛盾的发生。虽然两者的矛盾源于社会发展结构的差异，但更多的表现为生活习惯的不同，而习惯可以通过学习而改变，两者相同的文化根源为融合奠定了坚实的基础。

从知识观上来说，穆斯林同社区中其他民族一样，同样注重知识的学习，只是两者对于知识的解读和学习的方式不同。穆斯林所说的知识更多地是宗教知识，宗教知识中同样包含着对穆斯林群体真、善、美的教化，以及生活技能的传授，清真寺中的学习也是一种汲取知识的方式，帮助其适应穆斯林社会的生存与发展。但是对于现代人来说，知识一词更多地是指代着科学文化知识，学习的方式多指学校中的正规教育。两者眼中的知识没有优劣之分，也没有先进与落后的差异，只是适应各自生活的不同选择，而教育的目的都是为了人类更好的生存与发展。因此，少数民族流动人口与社区的关系不仅含有融合的因素，同样包含着融合的趋势。

从发展趋势上来看，少数民族流动人口与流入地之间同样呈现出融合的趋势。少数民族流动人口在流入城市的初期，出于对城市社会的陌生感，社会网络范围的限制，依据原生的族缘关系，常将对于城市的认同划归在族群之内，于是产生了城市中地缘关系与业缘关系中的"自己人"，即关系较为亲密的朋友或亲戚。因此，在居住地域的选择上，少数民族流动人口在寻找居住地时常倾向于寻求"自己人"的帮助，选择聚居的居住方式。在寻求工作的过程中，对于寻找工作的少数民族流动人口而言，尤其是穆斯林，出于宗教禁忌的影响，就业范围较为有限，常倾向于向具有族缘关系的"自己人"，寻找就业机会。而对于刚开展生意的少数民族雇主而言，"自己人"显然更为忠诚稳妥。由此可见，聚居区与社区的区隔现象，更多的是现实需求催生的被动区隔。

随着少数民族流动人口在城市中社会交往范围与频率的加大，少数民族流动人口的社会交往范围逐渐由"自己人"拓展到"能人"，即具有丰富社会资源或突出能力的社会人。聚居区内的流动人口需要开拓新的社会资源以达到更好地发展目的，而逐步走上正轨的生意也需要寻找能力突出的人协助经营，多年的城市生活使得流动人口对于城市生活与生产规则也更为熟悉，与聚居区内"自己人"的交往更加锻炼了少数民族流动人口与"能人"的合作能力。因此，此时的聚居区并非集合内部力量一致对外，而是更加向往着对外开放与融合。聚居区正是少数民族流动人口面对外部环境，不断被动调适创造的结果，而并非一个为聚居而聚居的过程。此时的区隔现象正是长期对内聚居，与对外融合不畅的表象。

因此，从区隔与融合的角度，再次审视少数民族流动人口聚居区时，聚居区便兼具了区隔与融合的双重特征。区隔是聚居区的现实表征，是农村与城市、少数民族与汉族两者的差异与冲突在聚居区内的延伸。正如上文所述，聚居区内包含着融合因素，而当前的区隔现象更多是聚居区与社区融合不畅的结果，而非聚居区本身的问题。如果带着问题意识审视聚居区，将聚居区看作社区乃至社会隐患，利用拆迁或驱赶的方式将社区内的少数民族流动人口聚居区连根拔掉，那么也只能导致聚居区在不同社区中的流动，而非解决聚居区与社区区隔问题的良策。对此，作为社区管理者而言，少数民族流动人口聚居区与社区的融合应更加关注于聚居区对外开放的发展趋势，合理运用融合因素建立聚居区与社区的常规联系。

（三）制度角度下的少数民族流动人口社区融合之路

1. 用"以人为本"的社区管理理念，促进社区融合

在构建服务型政府的倡导下，许多城市已经认识到在少数民族流动人口管理中"以人为本"的重要性。当前社区在少数民族流动人口管理中还存在误区，如管理理念中的不出事原则、管制型理念等。因此，社区管理需要树立以人为本的工作理念。调研中，上西园社区的一位楼院长告诉笔者："社区管理与人与人相处的道理是一样的，你对他们好，站在他们的角度考虑，他们也会对你和气，管理的目的也就达到了。有些社区工作人员总认为自己是管理者，高高在上的。人家来社区办事，当时不说清楚，让人家一趟一趟地跑，最后又告诉别人办不了，人家怎么会配合你管理呢。"因此，坚持以人为本的管理理念，针对居民服务需求提供服务内容，探索少数民族流动人口乐于接受的服务方式，对于少数民族流动人口管理与服务的开展具有重要作用。为了满足这一目的，需要引进社区参与式治理的理念。倡导流动人口参与社区服务的供给，扭转流动人口单项受益的服务接收模式，激发和唤醒流动人口的社会责任意识和社会责任感。这也就意味着，管理必须成为一种善治，即"善治的本质特征就在于它是政府与公民对公共生活的合作管理，是政治国家与公民社会的一种新颖的关系，是两者的最佳状态"[①]。

2. 服务主体方面：促进服务主体多元化

目前，兰州市少数民族流动人口管理与服务存在严重的主体缺失问题。因此，在管理方面，需要政府部门明确针对少数民族流动人口的管理主体。同时，在服务方面，应该与时俱进，积极促进服务主体多元化，拓展服务职能。

其一，培育社区微观组织。近年来，社区管理日益关注志愿者团体、党组织、兴趣团体对于管理的重要性。通过社区微观组织，建立社会网络，动员社会力量，整合社会资源。例如南宁模式中，建立五支服务队伍的做法。一是建立民族工作干部骨干服务队伍；二是组建社区"民族之家"服务队伍；三是建立少数民族联谊会会员服务队伍；四是成立民族工作信息员、民族关系协调员和民族工作专家顾问三支队伍；五是建立志

---

① 俞可平：《治理与善治》，社会科学文献出版社2000年版，第4—5页。

愿者服务队伍。

其二，有节制的引进市场。近年来，随着社区服务内容日益多样化和专业化，而社区居委会及其他自治组织提供服务的能力有限，因此，很多地方政府及社区居委会针对部分居民需要，在提供社区服务的过程中有节制的引进市场。社区服务市场化，主要包括两个部分。一是政府赎买，居民享受。二是社区准入，居民购买。通过以上两种方式，拓展居民的服务内容，满足居民特殊的服务需求。

其三，将宗教精英或宗教团体引入到少数民族流动人口中来。少数民族流动人口由于其民族与外来属性，到流入地之后，相比管理者来说，更容易与同民族或同信仰的宗教精英或宗教团体建立联系，因此，也有一些社区为了达到更好的管理与服务目的，将宗教精英或宗教团体作为联系少数民族流动人口与社区管理者的中间角色，引入到管理中来，如云南省昆明市复兴社区请永宁清真寺主任桂俊文负责还成立了民族宗教工作室的做法便值得推广。该社区以桂俊文民族宗教工作室为阵地，面向社区少数民族以及宗教人士，定期开展讲座，调解矛盾纠纷，维护社区团结稳定。

其四，提升服务供给能力。目前，兰州市在少数民族流动人口服务供给方面存在较大的缺口。在就业保障方面，应加强就业政策宣传，提升就业培训的质量与数量，为创业提供政策扶持。在教育方面，应加强与相关教育部门的沟通与合作，再扩大教育资源的同时，进一步加强教育公平。在住房方面，应做好拆迁安置工作，在商业开发的同时，兼顾社会公益，针对少数民族流动人口的住房需求，进行建设规划。此外，应立足于民族团结与民族稳定，在民族团结教育过程中，注重大众化、基层化与互动性。

其五，促进社企协作。随着经济和社会的进步，现代企业不仅要追求盈利，也应该承担相应的社会责任。现代企业社会责任要求，企业应发挥资本优势，为发展社会事业做出自己的贡献。兰州市工商企业特别是民族企业，有意愿也有能力为少数民族流动人口的福利事业做出贡献。例如，甘肃省民族企业联合商会在西园街道柏树巷社区资助的流动儿童托护点，十几年来解决了1300多名少数民族流动人口子女学前教育问题，为社会事业发展做出了贡献。在少数民族流动人口服务与管理工作中，应充分发挥企业的资本优势，鼓励企业参与社会事业。

3. 管理人员方面：促进管理人员专业化建设

关于管理人员专业化建设，主要应从三个方面进行改进。首先，对社区工作人员进行定期培训。兰州市社区工作目前已经形成专项工作与网格员管理相结合的工作模式。在调研中，发现有些社区由于岗位编制原因并没有设立民族工作专干，大部分少数民族流动人口工作由计生专干和网格员来管理，这些工作人员很少有接受过民族工作的专门培训，工作人员缺乏对少数民族流动人口服务与管理工作与流动人口服务与管理工作的区分认识，很难体现出民族工作的特殊性。根据我国现有的社区管理经验，并结合兰州市是民族聚居地的现实，应强化社区民族专干的设立，并对其进行民族文化知识和人口管理的培训，培训主要包括：少数民族风俗习惯普及、少数民族流动人口管理政策普及、管理经验交流学习等相关内容。少数民族专干的工作不应该仅仅限于"眼""耳"的作用，仅是用来观察、倾听少数民族声音的，更应该是"手"，起到拉近少数民族与社区、少数民族与汉族关系的作用。其次，社区引进社会工作者专业人才。在传统的城市少数民族服务管理体系中，社会服务的提供具有笼统性和单一性，很难观照到微观个体层面，这往往忽视了少数民族流动人口单个个体或家庭的具体问题和个性需求。而专业社会工作从价值和方法上对案主问题和需求的关注恰好弥补了传统工作机制的不足。近年来，湖北省武汉市为提升社区管理专业化水平，依据其省内高校优势资源，不但为社区居委会引进社会工作专业人才，而且与高校合作，在社区内建立实习基地，提升工作人员专业化水平的同时，也带来了许多国内外先进的管理经验。再次，在社区建立社会工作服务站。社会工作服务站的形成，可为少数民族流动人口挖掘、链接和整合资源。在城市中，少数民族流动人口的问题与需求是多样的，社会工作者重要的专业性体现在为其挖掘、联结与整合资源的能力，这些资源包括资金、信息、服务、机会等。当前，许多省市社区建立了社会工作服务站及其相似组织，分别针对青少年、老年人、残疾人等社区弱势群体开展如青春期问题诊治、临终关怀、残疾人工作等专业性社会工作服务，极大提升了社区服务水平。

第十九章　社区民族关系与社区整合

——甘肃省张家川回族自治县马关乡石川等村调查

我国是一个历史悠久、民族众多的国家，它的繁荣和发展离不开良好和谐的民族关系。在广大少数民族地区，不同民族成员之间的互动呈现怎样的关系态势？这种关系态势在时间的众轴上是否有变化？带着这样的问题，2007年我们以乡村社区整合为切入点，对甘肃张家川回族自治县马关乡石川等村的民族关系展开了调查。共发放调查问卷462份，收回有效问卷427份，其中回族174份，汉族253份。石川共339户，发放问卷322份，收回有效问卷300份，其中回族126份，汉族174份。在马关乡其他回汉杂居村发放问卷140份，收回有效问卷127份，其中回族48份，汉族79份。

一　历史上的马关乡回汉民族关系

（一）张家川概况

张家川回族自治县位于甘肃省东南部，陇山西麓。东接陕西省陇县，南临甘肃省清水县，西连秦安县，北与华亭县、庄浪县接壤。全县总面积1311.8平方公里，东西长62公里，南北宽48公里。全县现有人口31.97万人，其中回族23.07万人，占总人口的69.3%，是一个典型的回汉民族杂居区。张家川现辖3镇15乡，除渠子乡、川王乡、木河乡三乡为回族乡以外，其余15个乡镇都为回汉杂居乡。全县269个行政村，1294个村民小组，总人口31.97万人，农业人口29.8万人，占94%。全县总面积1311.8平方公里，其中耕地面积56.5万亩，人均1.8亩，良田面积45万亩，人均1.4亩。

张家川属于温带大陆性季风气候,由于地形的多样性,形成了明显的地域性立体小气候环境,西部和东部气候差别较大,东部五乡镇属高寒阴湿区,中部四乡镇属半湿润半干旱区,西部六乡镇属干旱区。全县土地普遍瘠薄,自然灾害频繁,是一个以种植业为主的农业县。张家川县东部靠近关山一带,有放牧面积41.5万亩,天然草场18.77万亩,现为张家川县发展畜牧业的基础。

(二) 马关乡概况

马关乡位于张家川县西部,东接庄浪县盘安乡,南靠连五乡,西临梁山乡,北与龙山镇接壤,全乡总土地面积51.5平方公里,地形主要以两道梁(新义梁、东庄梁),两条沟(窦家沟、八杜沟)为总轮廓,平均海拔1700米,年平均气温7.7℃,无霜期161天左右,年平均降雨量为534.6毫米,有耕地39937亩,人均耕地1.4亩。

马关乡现共辖17个行政村,92个村民小组。全乡总人口28381人,汉族18399人,回族9982人,占总人口的35%。全乡农业人口为28038人,非农业人口为294人。全乡户数5100户,平均每户5.56人。2006年底,全乡农民人均纯收入为1312元,粮食总产量达到7743吨。

马关乡素有"文化之乡"的美誉,全乡共有教育教学机构26个,教师280人,2006年如期实现了"两基"达标,教育质量稳步提升,年均高考上线人数24人,民间爱好书画、体育、雕刻、剪纸的艺人较多。2002年成功举办了全县首届乡镇书画展览。马关乡也是全县劳务输出大乡,2006年,全乡共输转农村剩余劳动力7800人,年创收2340万元,全乡呈现出经济发展、人心安定、政治稳定、民族团结的可喜局面。

表19-1　　　　　　　　2007年马关乡基本情况汇总

项　目	数目	项　目	数目
村民委员会	20	生产房屋面积	3.05
村民小组	92	当年新建房屋面积(平方米)	9300
乡村及村民小组干部	221	自来水受益村	7
国家正式干部	63	自来水受益户	1003
村委会干部	62	自来水受益人	6543

续表

项　　目	数目	项　　目	数目
村民小组干部	92	通公路的村数	7
村镇现有房屋（万平方米）	42.32	通汽车的村数（全通）	20
居民现有房屋（万平方米）	34.56	通电的村数（全通）	20
其中　钢混结构（万平方米）	1.52	通电的户数	5126
其中　砖木结构（万平方米）	6.91	通电话的村数	19
其中　砖土木结构（万平方米）	26.13	通电话的户数	951
公共设施房屋面积	4.71		

表 19-2　　　　　　　2007年马关乡从业人员情况汇总

从业人口（人）		从业领域（人,%）			文化程度（人,%）		
农村户数（户）	5126	农业	14688	86.3%	中专及以上	1996	11.73%
农村人口	27910	工业	753	4.4%	高中	2068	12.14%
乡村劳动力资源总数	18245	建筑业	515	3%	初中	5102	30%
乡村从业人员合计	17016	批发与零售业	143	0.84%	小学	4913	28.87%
其中　从业人员男	8384	科研技术服务	53	0.3%	文盲、半文盲	2937	17.26%
其中　从业人员女	8632	合计	16152	94.84%	合计	17016	100%

马关乡共辖17个村，有4个回族村（新义、西山、马堡、东山），8个汉族村（庙湾、八杜、上豆、上河、小庄、黄花、西庄、东庄、），5个回汉杂居村（石川、西台、赵沟、草湾、韦沟）。回族人口占马关乡总人口的35%。尽管汉族人数居多，但回汉民族关系非常融洽。尤其在回汉杂居村，回汉人民亲如一家，关系和睦。

从表19-1可知，马关乡20个村子全部通电、通车，分别有7个村子用上了自来水、通了公路，有19个村子通了电话。由表19-2的数据得知，有86.3%的人员从事于农业领域，工业领域的从业人员占到4.4%，建筑业领域的有3%，批发与零售业领域的有0.84%，而科研技术服务领域的只有0.3%。这些数据说明马关乡绝大多数的人口从事的是农业生产活动。这些从业人员的文化程度以初中居多，有30%，小学程度次之，占28.87%，文盲与半文盲占到总从业人员的17.26%，中专以上的人数最少，只有11.73%，显现出该乡从业人员受教育程度偏低的状况。

（三）马关乡的民族构成：回—汉二元结构

在全国五次人口普查中，1953年全县总人口134645人，回族107716人。到2001年，总人口增至306214，回族人口增至202399，将近1953年的两倍。张家川县人口以回汉民族人口构成为主，其他少数民族人口很少，仅有200多人。

表19-3　　　　　　　　　张家川县的五次人口普查

	全县总人口	汉族人口	回族人口	回族人口占全县人口百分比
第一次（1953年）	134645	21919	109716	80%
第二次（1964年）	131762	45216	89203	67.7%
第三次（1982年）	214658	68659	145990	68%
第四次（1990年）	254364	79056	175305	68.9%
第五次（2001年）	306214	103815	202399	66.1%

表19-4　　　　　　　　　马关乡人口变动情况

年份	全乡总人口	汉族人口	回族人口	回族人口占全乡人口百分比
1982年	18782	12892	5890	31.36%
1990年	17982	14181	3801	21.13%
2003年	22743	17725	5018	22.06%
2007年	28381	18399	9982	35%

据统计，马关乡有5个民族，汉族、回族、土族、维吾尔族、哈萨克族。2007年全乡总人口28381人，回族9982人，其他三个少数民族总共有8人，是由于婚姻原因进入该乡，所以没有统计到其中。表19-3在1953年张家川县回汉人口数据的基础上，列举了张家川县自1953年以来各主要年份的人口变化情况。1953年数据表明回族人口占80%，而1964年的数据变化较大，回族人口的比例下降至67.7%，而全县的人口总数也下降了18000多，这主要是因为"1958年至1960年"三年自然灾害时期许多人死于灾荒。从1964年以后，全县人口大幅度上升，回族人口也

成倍的增加,到 2001 年,回族人口已有 202399 人。表 19-4 中反映的数据与表 19-3 的情况基本吻合,只是在 1982—1990 年间马关乡的回族人口减少了 2000 多人,原因主要是实行了计划生育政策,许多回族家庭开始由原来的多子多福观念向优生优育观念转变,从而导致了回族人口的下降。从 2003 年到 2007 年,马关乡的人口又有了大幅度增长,主要原因是 2006 年县政府把原属四方乡的韦沟村、马堡村、东山村划入马关乡管辖范围内,因此全乡人口增加了许多,尤其马堡村和东山村为单一民族的回族村,所以回族人口几乎增加到 2003 年的两倍。

从民族构成来看,在马关乡是以汉族和回族为两大世居的民族,其他少数民族均为婚嫁时的户口迁入。这就决定了该地区的民族关系主要是回汉关系。从民族分布格局来看,当地是"回族—汉族"二元结构,二者也有比较明显的地理界限。马关乡的回族居住相对比较集中,新义、马堡、西山、东山为纯回族村,石川、西台、赵沟、草湾、韦沟为回汉杂居村,就在这些杂居村中,回汉也以路或小区域为界限居住,一般回族村民围绕清真寺而居。在乡政府所在地的石川,回汉混合居住互为邻居,此地的回汉关系非常和谐,回汉村民共用一眼泉水,亲如一家。

(四) 历史上的马关乡回汉民族关系

在对当地的民族关系调查时,笔者发现历史上马关乡的回汉关系经历了一个从冲突—和睦的过程,而在这个过程中,回汉关系的转折点就是解放后张家川回族自治县的成立。下面分别从新中国成立前和新中国成立后两个时期来看历史上当地的回汉关系。

从历史上看,清代回民起义发生的根源,应为统治阶级反动的民族歧视政策使然。清朝在法律上对于回民的防范与压制,比汉族更为严厉,其施刑也更加严苛。例如在乾隆二十七年(1762)所订的盗窃律:"回民行窃,结伙三人以上,执绳鞭器械,不分首从,不计赃数,次数,改发云贵两广极边烟瘴充军";但一般汉民犯案,则"凡窃盗已行而不得财,笞五十,免刺。但得财,以一主为重,并赃论罪。为从者,各减一等"[①]。回汉相比,实为悬殊,其中所反映的民族压制与歧视显而易见。"到了清

---

① 见《大清律令会通新编》,转引自张中复《清代西北回民事变——社会文化适应与民族认同的省思》,(台北)联经出版事业公司 2001 年版,第 188 页。

代，回民这种在民族上与汉族融而未合，在文化上与儒教文化同而未化的现象，随着统治政策的失当与社会环境的压迫，便不断经由回汉关系的摩擦而激化成大规模的反清事变。"[1]

由于回汉互相缺乏对对方民族宗教习俗的了解，也就缺乏对对方宗教信仰的尊重，直到民国时期，马关乡石川村回汉纠纷时而发生，有的甚至演变成打群架，导致流血事件。据老人们说，事情起因是回汉两村民因小事而吵架，在吵架过程中回族骂汉族"歹民"，汉族骂回族，这些严重伤害民族感情与民族自尊心的话语引起了更多回汉村民的参与，最后引发大混战，部分民众受伤，极大地伤害了两族人民的感情。欣慰的是自此之后没有发生过类似的事件，许多汉民村民从此不再养猪，而以养牛、驴等家畜替之，回族村民也不再随便说汉族是"歹民"，这说明他们汲取了深刻的教训，以史为鉴，以建立良好的民族关系为重。

1953年以前，张家川的大部分地区隶属清水县，而马关乡隶属秦安县。1949年7月，清水县全境解放，县政府和县委把宣传贯彻"各民族一律平等"的民族政策作为首要任务去完成。县政府教育回汉民族干部和群众，要树立"谁也离不开谁"的思想。1953年，在张家川地区开展民族政策宣传，回汉民族酝酿成立回族自治区之时，在张家川地区及周围居住的汉族群众，他们都积极拥护党的民族政策，并派代表与回族干部和群众协商交换意见，共同提出了要求加入回族自治区的要求。当时，原秦安县属的马关村汉族群众主动提出请求，要求加入自治区。其原因是，一方面历史上当地回汉民族就共同杂居，当地回汉民族祖辈能够和睦相处，而且回汉民族不分彼此，民族情谊源远流长；另一方面，也充分体现了回汉民族世代同处，患难与共的亲密兄弟关系。因而，政府就采纳了他们的意见将马关村及附近地区（今马关乡）划入1953年7月6日成立的张家川回族自治区，从此以后，马关乡的回汉民族关系进入了一个新的发展阶段。

在马关乡的回汉杂居村中，其中赵沟村的邵佛村（属于赵沟村的第五组）是回汉关系融洽的代表。邵佛村以村中公路为界，路左为姓邵的汉族，简称邵家，路右为姓马的回族，简称佛香家。据佛香家一村民的家

---

[1] 张中复：《清代西北回民事变——社会文化适应与民族认同的省思》，（台北）联经出版事业公司2001年版，第225页。

谱得知，佛香家原属甘谷县酸刺坡的佛香村，在同治年间，由于清政府对回民的镇压，甘谷县佛香村的村民就举家迁到了今张家川县马关乡邵佛村。据老人们介绍，在迁来以后的日子里，邵家的汉族村民给了他们很大的帮助，在那个年代，邵家汉族不但没有歧视回族，而且给予了热情的帮助。在佛香家村民重建家园的过程中，汉族村民捐赠了许多木材和一些粮食、衣物。佛香家的回族不仅在物质上得到了帮助，在感情上也得到了很大的安慰与鼓励。从此，邵家和佛香家同住一村，亲如兄弟，因此当地的人们称该村为邵佛家，而不再分别称呼。

邵佛村亲如兄弟的回汉关系一直保持至今，现在该村是其他回汉杂居村学习的榜样和楷模。至今在邵佛村流传着许多感人的故事，有一个故事是发生在三年困难时期的。1958年大饥荒，汉族邵家因家中孩子太多，没有足够的粮食而经常挨饿，一家人的生命危在旦夕。当佛香家马某知情后，他坚决从自己口粮中省出一部分，每天都给邵某家送去一点米面馍，久而久之，自己变得面黄肌瘦，而这每天送的一点馍救了邵某家人的性命。度过饥荒以后他们结为世交，至今他们的子孙后代依然亲密的交往着。受此影响，邵佛村的回汉村民经常友好的来往、走动、串门，过年过节时更是互相拜年，开斋节时互相祝贺，宛如一家。

二 当代马关乡回汉民族关系的分析

美国社会学家戈登（Milton M. Gorden）提出的衡量族群关系的7个变量，是根据美国社会的情况总结出来的。他认为研究民族集团间关系（即民族关系）存在7个变量：①文化；②社会交往；③通婚；④意识；⑤偏见；⑥歧视；⑦权利分配。戈登的理论说明，民族关系不能用一个简单的指数来衡量，而是体现在一个复杂的变量系统之中。[①] 在我们将之引用于我国的民族关系研究时，考虑到我国的现实情况，有的学者就提出了在实际中可操作的8个变量指标：①语言使用；②宗教与生活习俗的差异；③人口迁移；④居住格局；⑤交友情况；⑥族群分层；

---

① M. Gorden, *Assimilation in American Life*, New York: Oxford University, 1964, pp. 70 – 82.

⑦族际通婚；⑧族群意识。① 本章立足于田野调查资料，对其中的若干变量进行分析。

（一）居住格局与民族关系

马戎论述了民族居住格局的三个层面：各民族人口在一个国家或地区中的地理区域分布，在一个地区中的城乡分布，以及在一个社区内的居住分布格局。② 在马关乡境内，我们主要从后一个层次上进行分析，根据当地的民族分布格局和调查资料，将从三个方面描述分析马关乡回汉居住格局与回汉关系。

1. 马关乡回汉民族的居住格局

"民族之间的交往通常被定义为民族间的社会互动和信息传播。民族居住格局是民族间社会交往的客观条件之一，是交往发生的重要场域。居住格局不仅是民族关系在空间上的一种表现形式，还是各民族开展交往和各种互助合作的重要条件，各民族交错分布的程度越高，交往、合作的可能性就越大。"③ 各民族在日常生活和经济活动等方面的接触与交往因他们在分布上的交错与穿插将不可避免地重复多次进行；相反，如果空间分布相对隔离，或者有明显的界限，那么，民族间的交往则较少。依此类推，民族间的混杂程度，相互交往频率的高低与民族间的相互了解、民族关系的密切程度成正比。

马关乡共有17个村，其中庙湾、八杜、上豆、上河、小庄、黄花、西庄、东庄八村为汉族村，新义、西山、马堡、东山是四个回族村，石川（乡政府所在地）、西台、赵沟、草湾、韦沟五村是回汉杂居村。虽然有一半的汉族村庄，但是在这些汉族村庄的不远处甚至相隔几十米远就分布有回族村庄，如庙湾村和八杜村附近就是回族村庄新义村，韦沟村的东边和西边分别是回族村马堡和西山，而东庄和西庄的不远处又是回汉杂居村赵沟村。这所有的村庄都是围绕着乡政府所在地石川分布的，一半以上村子的村民去龙山镇赶集时都必须经过石川，在石川车站坐公交车去赶集，

---

① 马戎：《民族社会学——社会学的族群关系研究》，北京大学出版社2004年版，第218—227页。

② 同上书，第397—399页。

③ 马宗保：《多元一体格局中的回汉民族关系》，宁夏民族出版社2002年版，第141，77页。

因此，石川就成了全乡回汉人民接触和交流的平台，也起着沟通全乡回汉人民感情的媒介作用。再次，石川本身是全乡人口最多的一个回汉杂居村，回汉分布规模比较大，分布格局比较模糊，共有马、杨、窦三姓为主的住户。窦姓汉族村民居住在石川东部，一小部分马姓回族居住在石川西部，还有绝大多数的马姓回族和杨姓汉族杂居在石川的中心地带，这一部分回汉村民的居住格局没有规律可循，有许多回汉互为邻居，混合杂居，这种居住格局是对"回汉大杂居"最形象最妥帖的描述和诠释。

其他回汉杂居村如西台、赵沟、草湾、韦沟都是在整体村落的基础上又以路或清真寺为界分成两片小的居住区，一般路的一边住回族，另一边住汉族，或是清真寺周围住回族，更远处住汉族。就算这种杂居环境里有分明的回汉界限和回汉标志，但总体来说，他们依然是一个整体，一个完整的村庄，外界对他们的称呼只有一个（即村庄的名字），不可能有两个。

马关乡回汉村民的杂居有利于回汉民族团结，这在回汉杂居村表现更为突出，如石川赵沟、草湾各村回汉人民的农田大多一埂之别，在农忙季节，回汉村民互相帮助耕种、收割。无论是回汉村民的婚丧嫁娶，还是民族节日，以及修房建院，他们都能够彼此互相帮助，在近50年没有发生过大的冲突和矛盾。现在石川与赵沟村是全乡的民族团结村。

除了农村社区的民族关系，还有居住在乡级单位及各个学校里的回汉关系。在马关乡的每个乡级单位里，都有回族和汉族职员，他们共同工作，共同吃饭（一般单位都有清真灶，汉族也在清真灶吃饭），共同住宿（宿舍相邻），平时都能很好的相处，创造了愉快和谐的工作环境，建立了亲如兄弟姐妹的人际关系。如马关乡政府的王某（汉族），他在与回族同事交往的过程中已适应了回族的饮食习惯，只吃牛羊肉，在过年的时候会和回族一样炸油香和馓子，他的女儿嫁给了外地回族，他为了适应女儿的选择，平时回族朋友的红白大事他都参加，回族朋友也在过年过节时和他互相走动。这种回汉互相来往的现象在马关乡各单位和学校中非常普遍。

由此可以看出，居住格局是民族间开展交往和各种互助合作的重要条件，回汉民族间交错分布的程度越高，回汉民族间交往、合作的可能性也就越大。"空间分布上的交错穿插决定了各民族之间在经济生产、日常生活方面接触和交往的不可避免性，从而使回汉民族关系更具有开放性、直接性、高频性。"① 在这种情况下，回汉民族往往以朋友关系、邻居关系为表现形式，不易看到彼此的民族成分。

2. 回汉居住格局影响下的回汉交往

在民族关系的研究中，与其他交往场合相比较，居住格局对民族之间交往的作用力有多大？我们试通过分析邻居选择意愿、回汉村民间的往来频率、回汉朋友关系等变量，对上述问题做出回答。

(1) 择邻意愿

当普通生活中的邻居关系穿插有民族因素时，人们主观上愿意和哪个民族做邻居？这种主观的意愿必然会影响到不同民族成员的日常交往频率。对此我们设计了问卷，问"您愿意选择和回族/汉族做邻居吗？"可选择答案有：回族、汉族、无所谓民族成分三项。统计结果如下表显示。(石川共339户，发放问卷322份，收回有效问卷300份，其中回族126份，汉族174份。)

表 19-5　　马关乡政府所在地石川所有受访者的择邻意愿　　(人,%)

答案 民族	回族	比例	汉族	比例	无所谓 民族成分	比例	总计	比例
回族	78	61.91%	6	4.76	42	33.33	126	100
汉族	28	16.09%	65	37.36	81	46.55	174	100

可见，回族中将近38%的人在择邻选择上没有特别的民族倾向，但是仍有62%的回族倾向于选择本民族的人做邻居。我们在访谈中了解到，回族人认为，和本民族的人一起居住，生活上方便些，在一些宗教大事上还可以借用邻居的餐具等。这种状况应该与穆斯林民族重视宗教有关。

个案访谈中他们这么说：

个案1：回族，女，42岁，半文盲，农民。

选择回民当邻居互相帮忙时方便，念阔亲（穆斯林为亡故亲友进行的念经等宗教仪式）需帮忙时，乡俗一样，好帮忙，方便。

---

① 马宗保：《回汉民族居住格局分析》，《第12次全国回族学研讨会论文汇编》，1999年，第438页。

个案2：回族，男，28岁，专科，乡政府干部。

邻居是哪个民族无所谓，如果邻居好、和睦的话，怎么都行；如不和睦，就算是两个亲兄弟也不能相处。咱们这地方是杂居的，汉民也很好。

个案3：回族，男，50岁，做皮毛生意者。

还是和回民邻居好，和汉民做邻居生活上不方便。他们做大肉时飘出的味道让我接受不了，至于人嘛，倒没有什么不好。

个案4：汉族，男，46岁，中专，教师。

有许多回民非常干净，讲卫生，做的饭菜香，饮食方面很有特色。对人也很热情，如果和回族为邻居的话我觉得很好。

个案5：汉族，男，37岁，初中，搞运输。

邻居以同族的好，和回民住一块会有矛盾。我们养猪、吃猪肉，住到一块，他们会反感的，而且回民不好惹，和他们做邻居坚决不行。

从访谈可以了解到人们的择邻意愿及其原因，大多回民选择同民族的原因是因为宗教信仰和风俗习惯相不同，而汉族也很重视回族的禁忌，不想引起不愉快，不愿制造麻烦。

从表19-5的数据看出，马关乡石川的汉族有37.36%的人选择与同民族的人为邻居，也有16.09%的人愿意与回族为邻，而46.55%的汉族认为做邻居的话民族成分无所谓，说明汉族在邻居选择意愿上具有一定的开放性，这也与汉族的文化习俗密切相关，如汉族就没有特别需要遵守的饮食禁忌。

表 19-6　马关乡其他回汉杂居村受访者的择邻意愿　（人,%）

民族＼答案	回族	比例	汉族	比例	无所谓民族成分	比例	合计	比例
回族	33	68.75	5	10.42	10	20.83	48	100
汉族	11	13.93	47	59.49	21	26.58	79	100

说明：在马关乡其他回汉杂居村发放问卷 140 份，收回有效问卷 127 份，其中回族 48 份，汉族 79 份。

由表 19-6 中的统计数据来看，马关乡其他回汉杂居村的回汉村民与乡政府所在地的回汉村民相比，在邻居选择上有明显的倾向，68.75% 的回族愿意与同民族的人一起居住，20.83% 的回族表示在邻居选择上无所谓。汉族中也有近 60% 的人表示愿意和同民族的人为邻，这些杂居区的村民主要是考虑到信仰相同、风俗一样，在平常交往时比较方便。从中可见，宗教信仰、风俗习惯方面的差异是造成民族成员选择与本民族成员相邻居住的主要因素。

（2）回汉杂居村中回汉村民的往来频率

马关乡回汉族之间往来的频率总体来说还是比较高的，如表 19-7 所示。

表 19-7　马关乡石川回汉村民之间往来的频率　（人次,%）

民族＼交往频率	经常交往	比例	有交往	比例	偶尔交往	比例	不往来	比例	合计	比例
回族	34	26.98	56	44.45	27	21.43	9	7.14	126	100
汉族	22	12.64	71	40.8	64	36.78	17	9.78	174	100
合计	56	18.66	127	42.33	91	30.34	26	8.67	300	100

从表 19-7 看出，回汉村民之间互相有交往的分别是 44.45% 和 40.8%。但是应该注意到，回汉之间交往的总体比例只有 18.66%，回族与汉族经常交往的比例 26.98% 高于汉族与回族经常交往的比例 12.64%，这是因为在马关乡汉族占多数，回族在办事（如医院、学校、乡政府）的过程中必须与许多汉族打交道，因此回族的比例相对于汉族较高。以上数据也反映出回汉之间不往来的总体比例是 8.67%，这说明回汉之间的往来还是受到民族属性的影响，宗教信仰不同、风俗习惯差异较大等因素是回汉民族间交往受限制的主要因素。譬如邻居间常见的借炊具等行为，

在马关乡回汉邻居间就不会发生。

表 19-8　　　　马关乡其他杂居村回汉村民间往来的频率　　　（人次,%）

交往频率 民族	经常交往	比例	有交往	比例	偶尔交往	比例	不往来	比例	合计	比例
回族	2	4.17	23	47.92	18	37.5	5	10.41	48	100
汉族	6	7.59	40	50.63	26	32.92	7	8.86	79	100
合计	8	6.3	63	49.6	44	34.65	12	9.45	127	100

数据相比得知，马关乡其他杂居村回汉之间经常交往的比例相对石川村比例更低，互相之间经常交往的比例只有6.3%，表示不往来的比例为9.45%，而有交往的比例则占到49.6%，相比石川村的稍高一些。回汉之间"经常交往""有交往"和"偶尔交往"的总比例达到90.6%（6.3%+49.6%+34.65%），反映出马关乡90%的回汉村民在日常生活中能够相互交往，在这种回汉杂居的居住格局下，回汉民族间的交往频率较高，较高的交往频率是两个民族之间相互了解的基础，创造良好民族关系的保证。

（3）回汉民族朋友关系

民族之间的朋友关系是各种人际关系中最稳定的、联系最为密切的、也是质量最高的。民族之间的朋友关系，受到民族群体关系的宏观影响，因此，这种微观的、个体之间的朋友关系，能够从微观的角度反映出民族群体之间的总体关系状况。

马关乡受访的174名回族中，有1—3个汉族朋友的人占到54.59%，有3个以上汉族朋友的人数占40.82%，说明95%的回族均有汉族朋友。在受访的253名汉族中，有1—3个回族朋友的人数占52.17%，但是没有回族朋友的人数也有17.39%，这说明还有一部分汉族与回族没有建立友谊，这也与马关乡汉族人数居多，回族人数较少的人口比例有一定关系。

表 19-9　　　　　　马关乡回汉族之间的交友情况　　　　　　（人,%）

人数 类别	3人以上	比例	1—3人	比例	0人	比例	合计	比例
回族有汉族朋友	71	40.82	95	54.59	8	4.59	174	100

续表

人数 类别	3人以上	比例	1—3人	比例	0人	比例	合计	比例
汉族有回族朋友	77	30.44	132	52.17	44	17.39	253	100
合计	148	34.65	227	53.16	52	12.19	427	100

从表19-9反映的总体数据看出，有87.8%的回汉人民互相交朋友，建立了友谊关系。考虑到受访的对象均是成年人，社会交往的范围比较广泛，交往的层次也比较多，这种高比例的民族朋友是符合实际社会生活情况的。

从拥有不同民族朋友的情况来看，回汉民族之间在微观层次上交往的程度还是比较深的，这也反映出宏观层次上民族之间的关系状况稳定并且良好。

（二）回汉民族认同

按照人类学的理论，不同民族之间的了解越多，则越有利于形成对于他文化的宽容与尊重，从而促成彼此之间良好的互动。"不同民族对于自身的定义，对于他者的了解与认知，对于彼此之间同与异的圈定，为彼此的交流互动规定了一个可允许的范围的同时，也为其规定了一个不可互动的范围，正是在可与不可这个分界点上，体现着民族之间的边界与质的差异，从而形成彼此之间的一种文化边界，结构、组织，维系彼此之间的良好互动。"[①] 从这个意义上说，民族的自我认同与对他者的认知成为整个族际互动的核心因素，正因为在这种定义中自我是什么，他者又是什么，自我和他者在哪些方面、在何种程度上存在着同与不同，从而决定了不同民族在某些范围、某种程度上可以互动，同时又排斥某些方面。

对本族的自我定义与对他族的认知，在本族与他族的互动中形成，形成后又会通过文化的传承作用传递给后代和我族内的其他个体，从而影响着本族与他族的互动，使之在互相能接受的范围内顺利进行。同时，这种

---

① 连菊霞：《保安、东乡、撒拉、回、汉等民族关系调查报告》，见丁宏《回族、东乡族、撒拉族、保安族民族关系研究》，中央民族大学出版社2006年版，第87页。

与他族的互动又会不断地改变,丰富着认知的内容,如此循环往复,使彼此之间的界限随之发生一定程度的推移、变化。那么,在马关乡,回汉民族之间的了解程度怎样,对于自我与他者的定义又如何呢?

1. 民族了解

为了了解马关乡回汉民族之间对对方文化的了解程度,我们通过调查问卷询问受访者:"您了解回族/汉族的风俗习惯及节日文化吗?"见表19-10。

表19-10　　　　马关乡回汉民族对对方民族习俗的了解程度　　　　(人,%)

		很了解	了解一些	不了解	根本不感兴趣	合计
回族对汉族	人数	5	121	40	8	174
	比例	2.88	69.54	22.98	4.6	100
汉族对回族	人数	12	192	39	10	253
	比例	4.74	75.89	15.42	3.95	100

表19-10显示,回族与汉族相互了解的程度普遍较高。回族对汉族风俗习惯"了解一些"的人数占69.54%,而汉族对回族的民族习俗"了解一些"的人数高达75.89%。只是双方互相"很了解"的比例较低,只有2.88%和4.74%。当地汉族人口占马关乡总人口的65%,回族在当地人口较少,而回族的风俗习惯与文化相对与汉族的风俗就显得较为独特,所以大多数汉族都会或多或少的关注回族的风俗文化,并去更深层次的了解它。在长期的历史中,两民族在共同的地域内共同生活,交往互动,形成了彼此之间较高程度的了解,从而促成了两民族之间的交融与和谐。

2. 民族认同

民族之间相互的认知,浅显地说也就是民族之间在心理上的相互认可。马关乡回汉民族在交往的过程中不断地适应着对方的文化。儒家文化和伊斯兰文化在回汉交往过程中不断地碰撞摩擦,并相互适应着。在适应的过程中,两族人民也在不断地调整自己的民族文化,使之在适应中寻求发展。这种文化的适应,在各种因素的影响下,它首先表现在心理上对对方民族的认可。针对这一问题,设置了相关调查问卷,这些问题的设置以正面评价为主,从各个方面进行评价,有很高的代表性和真实性。

表 19-11　　　　　　　　回汉民族相处时的感觉　　　　　　　　(人,%)

		相处很愉快	没隔阂可以相处	有隔阂相处不愉快	总计
回族对汉族的感觉	人数	106	50	18	174
	比例	60.92	28.74	10.34	100
汉族对回族的感觉	人数	127	64	62	253
	比例	50.19	25.29	24.52	100
合计	人数	233	114	80	427
	比例	54.56	26.69	18.75	100

表 19-12　　　　　　　　回汉民族对对方民族的评价　　　　　　　　(人,%)

		吃苦勤奋	平易随和	勤俭节约	倔强不屈	厚道可信	讲究卫生	善于经商	精明	重视教育	蛮横	合计
回族眼中的汉族	人数	10	27	29	0	61	0	0	0	45	2	174
	比例	5.74	15.51	16.66	0	35.1	0	0	0	25.86	1.15	100
汉族眼中的回族	人数	0	19	0	8	0	42	20	134	0	30	253
	比例	0	7.51	0	3.17	0	16.6	7.91	53	0	11.9	100

表 19-13　　　　　　　　您认为回/汉族好打交道吗　　　　　　　　(人,%)

		挺好打交道	还行	不好打交道	没注意	合计
回族眼中的汉族	人数	45	99	6	24	174
	比例	25.86	56.91	3.44	13.79	100
汉族眼中的回族	人数	31	135	78	9	253
	比例	12.25	53.47	30.83	3.55	100

从以上三表的统计结果显示，有 54.56% 的回汉族在一起相处很愉快，有 18.75% 的回汉相处不愉快，这应该引起注意，一方面可能是因个体原因造成不愉快的体验，另一方面说明回汉之间还缺乏更深层次的了解和沟通。表 19-9 中的内容比较丰富，回族普遍认为汉族具有厚道可信、重视教育、勤俭节约、平易随和和吃苦勤奋的特点，但是没有一个回族认为汉族讲究卫生、善于经商，这一方面可能呈现的是固有的刻板印象，另一方面反映出汉族在经商和卫生方面的不足之处。与此恰恰相反的是，汉族人认为回族精明、善于经商、讲究卫生，但是没有人认为回族重视教育（这里的教育指现代意义上的教育范畴），这与回族传统的经堂教育有关。

在改革开放以前,绝大多数的回族家长不让孩子去接受学校教育,原因有两个:一是交不起学费;二是受伊斯兰文化的影响,部分家长更愿意把孩子送到清真寺去接受经堂教育。改革开放以后,这种现象越来越少,但始终有一小部分回族孩子过早辍学,外出打工。这也是造成汉族认为回族不够重视教育的原因之一。

值得我们注意的是:表19-12的数据反映有11.9%的汉族认为回族蛮横不讲理,在表19-13中也反映出有30.83%的汉族认为回族不好打交道,这应引起我们关注。表19-13的统计结果显示:25.86%的回族认为汉族很好打交道,互相认为和对方打交道"还行"的比例最高,分别是56.91%和53.47%。总体而言,回汉两民族在问卷所涉及的这些领域对彼此正面的评价较高,除了在"讲究卫生、善于经商、重视教育"等方面的评价中体现出的较大差异外,其他方面相差不大,大部分的人认为双方相处愉快,也许这就是促成当地回汉在诸多领域能够和谐共处的因素之一。从以上分析得知,马关乡回汉民族之间相互的认知度较高,而相互之间的认可是建立良好民族关系的保证。

(三) 民族交往

民族之间的交往是从整个社会交往关系中抽象出来的一种交往关系。我国自古就是统一的多民族国家,各民族在长期的历史进程中,在各种社会场域及各种交往层次上有了广泛的接触、交往,并因此形成了多元的民族关系网。这种民族关系网中的主体民族——汉族,在广大的少数民族地区"形成了一个点线结合,东密西疏的网络,这个网络正是多元一体格局的骨架"。[①]

社会交往是社会个体成员在经济社会生活中相关互动的形式和内容的总和。[②] 社会交往是人们在经济社会生活的各个领域形成不同类型、不同质量的人际关系总和,这种包括民族关系在内的人际关系总和,在微观层次上正是通过民族的个体成员之间的相处和交往表现出来的。民族之间交往的形式、范围和深度反映出民族间的整体关系状况,社会融合程度和凝聚力,所以有必要对不同民族间的人际交往情况进行考察。

---

① 费孝通:《中华民族多元一体格局》,中央民族大学出版社1999年版,第32页。
② 马宗保:《多元一体格局中的回汉民族关系》,宁夏民族出版社2002年版,第120页。

1. 民族交往的类型

(1) 日常社会交往

马关乡回汉族在长期的共同生活中,在传统的社区里形成了不同的人际关系类型,诸如邻居关系、同学关系、师生关系、朋友关系等,这些日常生活中形成的各种人际关系,进一步加深了民族间在日常生活中的往来,互助与合作,成为多民族居住区里各民族成员间相处的基本社会形式。由于该乡回汉两族人民长期居住,对彼此的生活方式、节日文化了如指掌,并深深地融入到对方的文化中去。每年回族过"尔德节"时,汉族村民会给关系好的回族朋友开斋,他们会受到热情的招待,回族招待客人一般吃三顿,先吃馓子、油香、水果、瓜子、花生等,然后是肉菜或者"四碟子"(四种不同的菜),稍后又是一顿面条。在汉族村民离开时,回族会送上自家的馓子、油香等。在汉族过春节时,回民也去给汉民拜年,汉族为了尊重回族的风俗习惯,会买来饼干、蛋糕、煮鸡蛋来招待回族,回族离开时,他们也会送上糖果水果等。这是两个民族互相影响和互相学习的结果。近几年以来,存在汉族的节日回族过,回族的节日汉族也过的现象。比如端午节,汉族会把荷包送给回族小孩,两族小孩在一起吃粽子过节,这种情况家长不会反对,有少数还会鼓励。最少见的是在回族开斋节时,也有少数汉族会在自家炸馓子、油香等,据调查,有80%的家长是因为孩子的要求,20%的家长是想和回族一起过节。回汉民族团结的事例举不胜举。由此可见,谁也离不开谁的观念已经深入人心。

(2) 政治生活中的交往

马关乡是回汉两个民族居住的乡镇。在各级党政机关、事业单位和其他众多的单位和部门,体现了社会分工、行业划分、职业和专业划分,其工作人员往往由回汉民族的成员构成。这些部门和单位是民族成员间各种人际关系发生的重要场所。在马关乡的回汉团结模范村邵佛村有村支书1名,主任1名,队长2名。2000年以前村支书是回族,主任是汉族,后来村支书去世,在换届选举的时候,选出一名汉族党员作为村支书,主任由回族人担任。这样使回汉同志协调搭配,组成该村委会的领导班子,也使该回汉民族村保持了良好的政治氛围,回汉村民的政治权利得到了保障。该村的2名队长,回汉各1名,在工作上互相帮助、相互合作,他们分管各民族的具体事务。比如在交水电费的时候,队长挨家挨户去收水费；乡政府下发的通知队长会一家一户去通知。虽然村中有一个扩音喇叭可供队长通知各种事务，但有时个别村民家中没人，只有队长亲自去通知。有时回族队长忙，汉族队长负责通知，这时回族群众则会很热情的招呼队长，如遇到过节时还送给队长馓子等清真食品。回族队长去汉族群众家中时，如遇汉族村民吃饭，他们会主动说"我知道你们不吃汉人的饭，那就喝点水吧"。可见该村的汉族非常尊重回族的风俗习惯。而这种尊重正是建立回汉人民之间友谊的保证。

（3）经济生活方面的交往

马关乡回汉民族在日益广泛的经济领域有着越来越多的交往。回族在商业活动中十分活跃，经营的行业为数众多，诸如传统的餐饮业、交通运输等。回族的商业活动形成了与汉族之间紧密的经济互补关系。商业交往增进了民族之间在风俗习惯、价值观念和处世风格等方面的相互了解，这必然会促进民族关系的进一步发展。

马关乡的回汉村民除种地以外，还从事各种各样的职业。有38%的成年人外出打工，在行政单位、事业单位、企业单位上班的占21%，还有17%的农民留守在家，其余24%的人从事其他职业。其他职业包括从事食品加工、羊皮制品加工、贩卖牛羊、贩卖蔬菜水果、运输业等。在食品业方面，回汉民族之间形成了买和卖的关系，如回族做的酿皮，拿到乡政府所在地（石川）去卖，有时本村汉族会直接到回族家中来买。回族的清真食品在当地很受欢迎，本村有一名回族妇女MLX做的锅盔口味不错，因此汉族群众大多亲自来预定，生意很好。除此之外，汉族在回族的影响下，逐渐对商业重视起来。以前，汉族主要耕作农田，偶尔外出打工，经济类型单一。而回族自古以来善于经商，在回族带动下汉族以家庭为单位，进行商业方面的运输，如用四轮车拉沙子、砖头、木材等建筑材料，也有个别汉族和回族合作贩卖牛羊。当然，汉族对回族也有影响，该村许多汉族姑娘（未考上高中的）外出打工的地点是天津市的一家服装厂，每年都能挣回五六千元不等，在汉族姑娘的影响下，一些回族姑娘也跟随她们去了服装厂，为家里减轻经济负担。还有一种现象，在农忙时节，不管耕种还是翻地都需要2头牛，可几乎每家只有1头牛，这就需要互相配合互相帮助，这时就会出现一对对的回汉村民组合，使用双方的牛互相合作耕种。这些经济交往关系反映了回汉民族之间的相互影响和相互帮助。

2. 民族交往的程度

民族交往的过程也是个体社会化的过程，民族的特点是个体特点抽象的总和，把民族个体成员和其他不同民族个体成员交往的过程加起来就是两个不同民族之间的交往关系。民族交往是民族关系发展的一个重要前提，民族交往程度是反映民族关系状况的因素。

在走访和问卷中，我们对民族之间的交往频率和主要的人际关系类型均进行了调查，统计结果如下。

表19-14　　　　　　　　马关乡回汉之间的交往情况　　　　　　　　（人次,%）

交往频率	回族与汉族 人数	比例	汉族与回族 人数	比例	总计 人数	比例
经常交往	36	20.68	28	11.08	64	14.98
有交往	79	45.4	111	43.87	190	44.49
偶尔交往	45	25.86	90	35.57	135	31.64
不往来	14	8.06	24	9.48	38	8.89
合计	174	100	253	100	427	100

表19-14的统计结果表明，马关乡的回汉之间在社会生活中接触、交往的频率比较高。与汉族有交往的回族占总数的45.4%，不往来的仅仅占8.06%；与回族有交往的汉族也占到43.87%，不往来的人数仅占9.48%。在"经常交往"这项中，回族所占的比例高于汉族，这种差异主要是由马关乡的回汉人口差异造成的。占总人口35%的回族有较多的机会与汉族交往，因此"经常交往"的比例高于汉族，这也是人口对民族之间的交往所产生的影响。显然，这种情况有利于回族进一步加深对汉族的了解，促进民族间良好的关系继续向前发展。

表19-15　　　　　　　马关乡回汉族间的主要人际关系类型　　　　　　（人,%）

人际关系类型	回族与汉族 人数	比例	汉族与回族 人数	比例	总计 人数	比例
同事关系	35	20.11	52	20.55	87	20.37
同学关系	80	45.97	106	41.89	186	43.56
邻里关系	28	16.09	48	18.97	76	17.79
亲属关系	0	0	3	1.18	3	0.7

续表

人际关系类型	回族与汉族 人数	回族与汉族 比例	汉族与回族 人数	汉族与回族 比例	总计 人数	总计 比例
师生关系	20	11.49	27	10.67	47	11
生意关系	6	3.44	8	3.16	14	3.27
其他关系	2	1.14	3	1.18	5	1.17
无直接关系	3	1.72	6	2.37	9	2.1
合计	174	100	253	100	427	100

在马关乡回汉的各种人际关系中，同学关系所占比例最高，分别为45.97%和41.89%；其次是同事关系和邻里关系，分别为20.11%，20.55%和16.09%，18.97%。值得注意的是，回族与汉族亲属关系一项的结果为0，而汉族与回族亲属关系一项的结果为3，这说明前一个数据0的不真实性。因为在调查过程中，我们得知马关乡回汉通婚总数是35对，其中8对双方都是马关乡人，其余27对为马关乡人与外地或外乡人结婚。可是以上数据与实际数据相差甚远，其中的原因是可以理解的，在8对同乡人的回汉通婚中，绝大多数都是以"私奔"的方式结婚，得不到家人与朋友的支持，更甚之，家人与其断绝亲属关系。因此，在填写问卷时，回族家长一概不承认自己与汉族有亲属或亲戚关系，而仅有少数汉族承认与回族有亲属关系。至于回汉通婚的详细情况将在后面内容中详述。

由表19-15数据可见，同学关系是马关乡民族之间各种人际关系中比例最高的一种，这也说明学校成了回汉民族之间交往的一个重要场域。在张家川县境内，不存在按民族成分分班的情况，回汉民族学生共同学习，长期相处，建立起牢固的友谊。由此看来，张家川的各级学校是促进民族关系良好发展的重要场所。

为了解民族、宗教等因素对回汉民族成员间一般的社会交往是否有影响，我们用"您愿意跟哪个民族的人交朋友"这一问题，来测试在一般的社会交往中受访者的民族意识、宗教意识是否起作用，能起多大作用；用"您最亲密的朋友是哪个族的"这一问题来测试在深度交往中宗教、民族所发挥的影响；用"您的异族朋友有困难时是否会帮助"这一问题来测试这种交往关系的可靠性与牢固性。

表 19-16　　　　您愿意跟哪个民族的人交朋友　　　　（人,%）

		本民族	同宗教	无所谓民族	合计
不识字组	人数	35	20	5	60
	比例	58.33	33.33	8.33	100
小学组	人数	16	13	57	86
	比例	18.6	15.12	66.28	100
初中组	人数	26	29	22	77
	比例	33.76	37.66	28.57	100
中专、高中组	人数	13	24	25	62
	比例	20.96	38.71	40.32	100
大专组	人数	6	11	75	92
	比例	6.52	11.95	81.52	100
本科组	人数	3	2	45	50
	比例	6	4	90	100

通过以上的统计结果我们可以看到，绝大多数人都能突破民族与宗教的限制，其中以大专组选择"无所谓民族"的比例最高，不识字组最低。从总体来看，交友范围仅限于本民族的只是少部分人并且受教育程度关系密切，越是受教育程度较低，文化传统越是保守，民族交往范围越狭窄，心态越保守。本科组的人在交往意愿上不受宗教与民族的限制，表现出了最开放的心态。

表 19-17　　　　您最好的朋友是哪个民族的　　　　（人,%）

		本民族	非本民族	合计
不识字组	人数	58	2	60
	比例	96.66	3.33	100
小学组	人数	74	12	86
	比例	86.1	13.95	100
初中组	人数	46	31	77
	比例	59.74	40.26	100
中专、高中组	人数	35	27	62
	比例	56.45	43.55	100
大专组	人数	68	24	92
	比例	73.91	26.1	100
本科组	人数	23	27	50
	比例	46	54	100

与普通的交往不同，在深度交往中，以不识字组的组内交往率最高，达到 96.66%，小学组和大专组次之，而本科组最低。如果说不识字组的人受其生活、工作场域的限制而减少了与他民族的交往机会的话，那么不识字组深度交往方面极高的族内交往应该与其较强的民族意识与宗教信仰有关。在深度交往中能跨越民族边界的以本科组的比率最高，中专组次之，不识字组最低，仅仅占 3.33%。这种状况说明，受教育程度越低，宗教与民族对其社会交往的影响越大；反之，受教育程度越高，宗教对其社会交往的影响越小，仅有少数人例外。

表 19-18　　　　当您的异族朋友有困难时是否会帮助　　　　（人,%）

人次＼选项	主动帮助	他需要时再帮	不帮助	合计
人数	205	208	14	427
比例	48	48.71	3.28	100

中国人常说"患难之中见真情"。表 19-18 的问题就是测量不同民族间朋友关系的可靠性。当问到"您的异族朋友有困难时是否会帮助"时，有 48% 的人选择了"主动帮助"，也有 48.71% 的人选择了"他需要我帮助时再帮"，只有 3.28% 的人不帮助。这些数据反映出不同民族身份并不影响朋友之间深层次的交往，有大约一半的人会主动帮助他族朋友，其他一半人也会在朋友需要时去帮助。这些数据足以证明回汉朋友一旦建立友谊，就会以更大的热情和诚意保持并经营下去。

（四）宗教信仰与风俗习惯

1. 宗教信仰与民族关系

"宗教作为一种社会化的客观存在具有内在、外在两类基本要素。内在要素分为宗教观念和宗教体验，外在要素分为宗教行为和宗教制度。"[①] 内在要素可以认为是意识形态，外在要素是社会组织，外在要素一般以行为或制度的方式体现内在要素即宗教意识。宗教的社会功能具有双重性，一方面它可能在稳定社会、推进社会变革方面发挥积极作用；另一方面它

---

① 吕大吉：《宗教是什么？——宗教的本质、基本要素及其逻辑结构》，《世界宗教研究》1998 年第 2 期。

又有可能酿造社会动乱,阻碍社会变革。宗教是各民族传统文化的重要组成部分,影响着广大民众的思想观念和日常行为,所以宗教在现实社会中已经成为建立或阻碍民族认同的重要因素,也是影响民族和睦、导致民族冲突的因素之一。马关乡回汉群众的文化差异基本上是由宗教信仰塑造的,例如回族的"古尔邦节""尔德节"都源自伊斯兰教。

表 19-19　　　　　　马关乡受访者的宗教信仰情况　　　　　　(人,%)

宗教信仰	人	数	比	例
无神论	总数 42		总比例 9.84	
	回族 12	汉族 30	回族 6.89	汉族 11.86
伊斯兰教	回族 156	汉族 0	回族 89.66	汉族 0
佛教	回族 0	汉族 158	回族 0	汉族 62.45
基督教	回族 0	汉族 21	回族 0	汉族 8.3
道教	回族 0	汉族 40	回族 0	汉族 15.81
其他	总数 10		总比例 2.34	
	回族 6	汉族 4	回族 3.45	汉族 1.58
合计	174	253	100	100

调查显示,伊斯兰教、佛教是当地民众的主要宗教信。回族受访者有 174 人,其中信仰伊斯兰教的为 156 人,占所有受访者的 89.66%,无信仰的回族占 6.89%,选择"其他信仰"的有 6 人,占 3.45%。这说明,当地回族对伊斯兰教信仰保持着较高的认同度。马关乡现有清真寺 12 座,每个回族村或回汉杂居村都至少有一座清真寺,有的村子因宗教教派的不同,有 2—3 座清真寺。由此可见,马关乡传统的围寺坊聚居的特点仍然较好的保持着。

佛教是当地汉族文化的重要内容,虽然当地汉族的信仰比较复杂,但还是有大多数人信仰佛教,这些人数占受访者的 62.45%,其次是信仰道教、无神论和基督教,分别占 15.81%、11.86% 和 8.3%。其实在农村地区,汉族的宗教信仰多是以复合型的民间信仰形式表达出来的。马关乡现有 7 处佛教寺庙,不是每个汉族村都有,而是具有相同姓氏的汉族村庄集体拥有一座寺庙,并且寺庙的规模很小,平时去寺庙的人寥寥无几,只在过年过节时寺庙里才会热闹起来。尽管如此,还是有大部分的人 (62.45%) 信仰佛教,这些小寺庙成为当地信众表达信仰需求、进行宗教实践的主要场所。从不同的清真寺和庙宇可以看出,不同民族因宗教信仰的不同,宗教功能所附着于民族本身所传递的民族情感、民族认同等也表现为不同的特点。

2. 宗教信仰对民族关系的影响

马关乡回族均多数信仰伊斯兰教,汉族普遍信仰佛教、道教和基督教等,他们在宗教归属方面有区别,但是从几种宗教所阐释的终极关怀来看,它们都具有包容性。这几种宗教都不存在以己为宗的宗教义理,相反,它们更多地倡导对他人的接受、容纳与和善。如果以回汉之间的交往为范本,就可以证明,宗教间的差异虽然使民族在认同方面有一定的界限,但是在现实社会交往中,并没有因为宗教信仰的不同而导致或出现民族的隔离,尤其随着城市化的推进,随着人与人之间交往频率的增加,宗教差异不再是民族关系融洽和谐的障碍,也不是社会成员划定交际圈、生活圈的参照。因为无论哪种宗教、哪种民族,作为社会个体的成员,在社会交往中,必须在接受他人的过程中取得生存与发展的机会,因为由社会环境决定的经济互补性决定了民族间的互相离不开和相互依赖。

宗教信仰是民族文化传统的一个重要内容,如果民族之间在宗教信仰、礼仪和与宗教相关的生活习俗等方面有很大差异,就可以直接影响民族之间的日常交往和民族关系。不同宗教在对待其他宗教的宽容度上也各不相同。马关乡回汉群众的交往,总体呈现出一种比较亲密的态势,回汉之间的主要区别是宗教因素和风俗习惯的不同,那么这种区别是如何影响民族间的社会交往的?影响程度到底有多大?从下面的调查结果中,可能会找到一些答案。

表 19-20　　　　　　　选择朋友主要是因为　　　　　　　(人,%)

答案	人数	比例
宗教因素	22	5.15
工作关系	85	19.91
学习生活中培养了感情	181	42.39
个人喜好	130	30.44
其他	9	2.11
合计	427	100

在选择朋友的原因上，有 42.39% 和 30.44% 的受访者认为选择朋友的原因是"学习生活中培养了感情"和"个人喜好"。也有 19.91% 的人选择了"工作关系"，只有 5.15% 的受访者交友的标准受"宗教因素"的影响。表 2.16 中的总体数据告诉我们，马关乡的人们在选择朋友的过程中，绝大多数人注重的是"感情"和"个人喜好"，"宗教因素"对人们选择朋友的影响很小。

表 19-21　　　　　　　和不同宗教信仰的人在一起　　　　　　　（人,%）

答案	人数	比例
有隔阂不愉快	57	13.35
没有太大隔阂可以接受	304	71.19
完全没有隔阂很愉快	66	15.46
合计	427	100

表 19-22　　　　　　　您对伊斯兰教和佛教的看法　　　　　　　（人,%）

答案	人数	比例
有优劣之分	68	15.93
无优劣之分，各有长短	359	84.07
合计	427	100

在问到"和不同宗教信仰的人在一起有无隔阂"时，71.19% 的受访者选择了"没有太大隔阂，可以接受"，有 15.46% 的人认为和不同宗教信仰的人在一起相处很愉快，完全没有隔阂；在对待伊斯兰教和佛教的态度上，84.07% 的人认为两种宗教信仰各有长短，没有优劣之分。

以上三表中的数据表明，宗教信仰对马关乡回汉民族间的交往没有起到阻碍作用。总体来看，当地的回汉民族交往呈现出良好状态，由于两个民族成员相互间有很多的社会交往机会；彼此间没有整体性的偏见与歧视，宗教信仰上能彼此包容，这些都是保持回汉民族相互交往的基础。

3. 风俗习惯与民族关系

"风俗是民族文化的象征符号，积淀了民族成员的智慧和创造。饮食是体现民族风俗的外化形式。在民族历史演变的过程中，各民族都会根据其传统居住地的地理、气候、自然资源等条件而形成各自特有的传统生活方式，同时形成自己传统的价值体系和行为规范。当然，这些生活习俗与价值体系也会在与其他民族长期的交往过程中受到他族的影响而发生一些变化。"[1] 从这个意义上说风俗是展现和了解民族文化的一扇窗口，以此为媒介，各民族成员之间不断加深了解，扩大交往。以下分别从卫生习惯、饮食禁忌、宗教生活等方面反映当地回汉民族在不同的风俗习惯面前相互包容理解的态度。

（1）卫生习惯方面

由于回族在进清真寺前有"大小净"的习惯，因此回族村民家家都有"挂罐子"（沐浴）的设备，以此来沐浴净身。现在这种习惯也被部分汉族吸收，也在家里"挂罐子"。更甚之，近几年汉族村民建新房的时候，会在卧室旁边附带修一小水房，专用于洗澡。经过调查，有99%的汉族村民都认为吸收回族的这种习惯是因为很卫生，有益身体健康。

（2）饮食禁忌方面

以前该村只有汉族有抽烟喝酒的习惯，回族禁烟酒，但由于汉族以敬烟敬酒表示对别人的尊重。因此在盖房子、耕种等需要回族群众合作劳动时，汉族会向回族敬烟，部分回族也接受，接受者以年轻人居多。每年的农闲时间在小商店，经常能看到回族村民和汉族村民（年轻人居多）在一起猜拳喝酒，虽然他们在一起很随意，但汉族村民在原则问题上还是非常尊重回民，比如说到"猪"这个字，他们会连忙说对不起或者干脆避免说这个字，用"亥"来代替。这也是汉族向回族学来的，因为回族经常用"亥"字代替"猪"字。

（3）宗教生活方面

宗教生活是回族群众精神生活的一部分，伊斯兰教和佛教是两种完全不同的宗教，如何才能在心理上认可和理解对方的宗教文化，是搞好民族关系的前提和关键。具体表现在他们在日常生活和宗教生活方面对对方的宽容和理解。在笔者调查期间，如回族每天在清真寺定时用高音喇叭播诵"邦克"，一日五次礼拜和星期五的聚礼，汉族群众都是默认的，而且他们也习惯了这种氛围，并不觉得高音喇叭影响他们的生活。尤其在"斋月"里，每天凌晨四点阿訇就开始念"邦克"，通过喇叭唤醒回族群众封

---

[1] 马戎：《民族社会学——社会学的族群关系研究》，北京大学出版社2004年版，204页。

斋，一般要念上半个小时，对这种情况，汉族群众也能够理解和包容。当然回族也默认汉族的各种节日活动，譬如，汉族过春节放鞭炮，回族人不会抱怨，有些年轻人也会参与其中。在汉族人玩社火时，回族群众不但去看，也会和他们一起打鼓。在每年的农历九月，汉族群众要组织唱戏，回族几乎每家的小孩和一部分大人会去戏场观看，与汉族一起享受愉快的气氛。正是这种在心理上对对方民族文化的认同感，才使他们能够和平相处、事事谦让、包容。

三 马关乡回汉民族关系的停滞点——回汉通婚

回汉通婚是最直观地反映两个民族之间交往状况的指标之一。以血缘融合为媒介的族际通婚是衡量一个地区民族关系的重要尺度，可是在张家川县，在马关乡，回汉普遍通婚仍是遥不可及的事情。回汉通婚在当地会被众多的人指责，甚至遭到一些中年和老年人的排斥。当地的回汉通婚者承受着舆论谴责与众叛亲离的压力而不得不远离家乡，在外打工，过着艰辛的日子，他们以极其沉重的代价追求着属于自己的爱情。正因为这重重的阻力和沉重的代价，使许多回汉恋人望而生畏，极其严厉的家法和社会舆论把这种民族爱情扼杀在萌芽状态，因此马关乡的回汉通婚寥寥无几，基本处于停滞状态，这就导致当地的回汉关系不会有更深度的发展，仅仅停留在一些表象的认可与交往上。鉴于此，本部分以"马关乡回汉民族关系的停滞点——回汉通婚"为题。

（一）回族族际通婚的特点

从全国范围内来看，回族的族际通婚有以下三个特点。

1. 回族实行民族、宗教内婚制

"考虑到回族人口散居在全国97%以上的县内，就会发现回族社会的族际通婚率相对较低。"[①] 根据马戎的研究，回族属于"一定程度上通婚"的民族，且主要是基于"宗教选择"。根据2000年全国人口普查数据，全国回族人口9816802人，户主为回族的户数共有1955084户，其中配偶为汉

[①] 马戎：《民族社会学——社会学的族群关系研究》，北京大学出版社2004年版，第449页。

族的有 238732 户（12.2%），配偶为回族的有 1685281 户（86.2%）。[①] 也就是说，全国回汉通婚率为 12.2%，而回族的内婚率为 86.2%，还有 1.6% 的回族与其他少数民族通婚（回族除与独龙族、珞巴族以外的其他民族都有通婚）。

2. 回族族际通婚是以只娶不嫁的单方向通婚为主

根据 2000 年全国人口普查数据，在所有回汉通婚户中，回族男性娶汉族女性的为 197314 户，占回汉通婚户总数的 82.7%；而回族女性嫁汉族男性的为 41418 户，占回汉通婚户总数的 17.3%。[②]

3. 回族族际通婚具有明显的地域差异

在 1990 年全国人口普查数据中发现，北京、山西、上海和江苏四省的回族族际通婚率较高，其中江苏省的每 11 个已婚回族人口中有 7 个与汉族联姻，只有 4 人属于族内婚。[③] 但在宁夏、甘肃的回族人口中，这一比例很低，根据马戎的分析，宁夏、新疆和西藏的"混合户与少数民族户比例"在 0.1 以下，是全国最低的几个地区，表明这里的族际通婚很少。

（二）马关乡的回汉通婚状况

张家川县民政局的资料显示：1999—2007 年，张家川县回汉通婚的有 56 对，这些数据只代表一部分回汉通婚者，因为还有一部分人在外地办理结婚登记，所以数据有一定的局限性。在对马关乡回汉通婚的调查过程中，我们得知目前马关乡回汉通婚的有 35 对，其中 8 对双方都是马关乡人，其余 27 对一方是本地人，一方是外乡人或外地人，详情见表19-23。

表 19-23　　　　　　　马关乡回汉通婚统计表　　　　　　　（人,%）

类型	对数	比例	类型	对数	比例
乡内通婚	8	22.86	回男汉女型	31	88.57
乡外通婚	27	77.14	回女汉男型	4	11.43
合计	35	100	合计	35	100

---

① 国家统计局人口和社会科技统计司、国家民委经济发展司：《2000 年人口普查中国民族人口资料》（上册）民族出版社 2003 年版，第 302 页。

② 同上。

③ 马戎：《民族社会学——社会学的族群关系研究》，北京大学出版社 2004 年版，第 450 页。

表19-23的数据告诉我们,在35对回汉通婚者中,有27对属于本乡人与外地人结婚,这与实际情况相符合,在调查中我们得知:许多回族青年外出打工时认识了汉族朋友,在举行了宗教仪式后结婚。这种类型的婚姻占总回汉通婚对数的77.14%,只有22.86%的人属于当地回汉之间的通婚。

表19-24　　　马关乡回汉通婚与全乡户数的比例情况
（全乡总户数5100户）　　　　　　　　　　（人,%）

类型	对数	比例
回汉通婚总数	35	0.69
回男—汉女型	31	0.61
回女—汉男型	4	0.078

由表19-24得知马关乡共5100户人,回汉通婚总数35对,即有35对"回汉混合户",31对的"回男—汉女型混合户",仅有4户"回女—汉男型混合户"。比例数据表示:马关乡的回汉通婚率为0.69%,低于1%。在回汉通婚类型中,"回女—汉男型"的通婚比率更低,仅有0.078%,说明这种通婚类型在马关乡极其少有,造成这种现象的原因是伊斯兰教教义规定回族以只娶不嫁的单方向通婚为主,而且要求双方皈依伊斯兰教或遵从回族的生活习惯,因此造成当地回汉通婚普遍以"回男—汉女型"居多。

（三）当地人们的婚姻观念

关于当地人们对回汉通婚的态度,我们在问卷中设计了一系列问题,用这些真实的数据来反映人们的婚姻态度。

表19-25　　　　　　　您对回汉通婚的态度　　　　　　　（人,%）

		回族	汉族	合计
赞同	人数	49	82	131
	比例	28.16	32.41	30.68
反对	人数	97	136	233
	比例	55.75	53.75	54.57
坚决反对	人数	28	35	63
	比例	16.09	13.84	14.75
合计	人数	174	253	427
	比例	100	100	100

表 19-26　　　　　对回汉通婚持不同态度的年龄比较　　　　　（人,%）

年龄 态度		20—30岁	30—40岁	40—50岁	50—60岁	合计
赞同	人数	66	40	22	3	131
	比例	50.38	30.54	16.79	2.29	100
反对	人数	23	109	65	36	233
	比例	9.87	46.78	27.9	15.45	100
坚决反对	人数	3	9	16	35	63
	比例	4.76	14.29	25.4	55.55	100

数据反映，在所有受访者中有54.57%的人反对回汉通婚，14.75%的人坚决反对，只有30.68%的人赞成回汉通婚，可在这些赞同的人里面，年龄在20—30岁之间的就占到50.38%，说明赞同回汉通婚的多是年轻人，这些人思想开放，容易接受新事物，受宗教信仰的束缚较小。

有54.57%人反对回汉通婚，而这部分人里有46.78%的年龄在30—40岁之间，说明这个年龄段的人民族意识形成并增强，具有成熟的判断能力。本年龄段的人大多数已经成家，他们在建立家庭的过程中也深刻地懂得了回汉婚姻在当地不被接受的事实，尤其是回族更明白族内婚姻制度在家族中的重要性。因此30—40岁之间有大约一半的人反对回汉通婚，这与他们的成长经历和成长环境，及个人价值观的稳定有很大关系。

对回汉通婚持坚决反对态度的人中有55.55%的人年龄分布在50—60岁之间，此数据也符合当地的情况。此年龄阶段的人思想传统，与外界环境发生接触的机会少，并且深受伊斯兰教的影响，坚决拥护自己的宗教信仰，坚决执行内婚制，强烈反对回汉婚姻的态度。

表19-27的数据用以分析对回汉通婚持不同态度的人的受教育程度，从这点上也可以分析受教育程度对人们婚姻态度的影响作用。在赞同回汉通婚的人数中，有44.27%的人是"高中或中专"文化程度，一般来说，该层次的人有了自己的价值观，对宗教信仰与传统习俗有自己独特的看法，对新鲜事物有极大的好奇心和认可度，他们的思想正处在积极向上的阶段，观念超前，善于尝试和创新，因此会有44.27%的赞同者属于这一文化程度。"本科"组赞成回汉通婚的人有16.03%，仅次于本科组的为

大专组，这说明受教育程度对回汉通婚有一定影响，并且受教育程度与对回汉通婚的赞成度基本成正比，受教育程度越高，对回汉通婚的支持率越高。（至于"高中或中专"组的支持率最高，是因为受访者中这一文化程度的人数最多，所以会出现高比例。）选择"反对"的人数中，"文盲半文盲"组所占的比例最高（24.89%），这是因为"文盲半文盲"组的人们没有接受过正规的教育，受到汉文化的熏陶比较少，相对来说，他们和外界的接触较少，社会的日新月异和人们思想的变化对他们的作用不大。他们从出生就是回族，在家人的影响下虔诚地信仰伊斯兰教，随着年龄的增长，伊斯兰教已成为他们灵魂的寄托和思想的支柱，因此这组人的思想更趋于传统。

表 19-27　　　　对回汉通婚持不同态度的受教育程度比较　　　　　（人,%）

态度	教育程度	文盲半文盲	小学	初中	高中中专	大专	本科	合计
赞同	人数	15	12	9	58	16	21	131
	比例	11.45	9.16	6.87	44.27	12.21	16.03	100
反对	人数	95	30	29	18	42	36	233
	比例	40.77	12.88	12.45	7.73	18.03	15.45	100
坚决反对	人数	20	5	25	6	4	3	63
	比例	31.74	7.94	39.68	9.52	6.35	4.76	100

综上所述，我们得出以下结论：在马关乡，回汉通婚被绝大多数人（约70%）反对，仅有30%的人赞同，而在这些赞同者中，20—30岁的年轻人有50%；"中专或高中"文化程度的人有44%。这充分说明，年龄的年轻化与赞成率成正比，越年轻的成年人对回汉通婚的支持度越高；文化程度越高的人对回汉通婚的支持度越高。反之，年龄越大的人越反对回汉通婚；受教育程度越低的人对回汉通婚的反对度越高。

1. 当地回族的婚姻观念

个案1：回族，女，56岁，少识字，杂居区农民。

回民天生就是和回民结婚的，经典（指古兰经）上就是这么说的。我们是回民，就得按经典走。和汉民结婚绝对不行，不要说生活上不一样，根子里也不一样，他本身就是汉民嘛，就算进教了也不行，因为他的家庭是汉民。

个案 2：回族，男，45 岁，中专，杂居区乡镇干部。

回汉通婚我是反对的，但如果实在不行，我可以同意回族男的娶进汉族女的，这样的话经过阿訇的念经仪式可以让女方入教，女方真入教了那就是好事，我们应该欢迎。如果让回族女的嫁到汉族家去我是坚决反对的，这样的话亲属根本没脸见人，那是丢人的事情，家里人会被村里人指责，这样绝对不行。

个案 3：回族，男，51 岁，初中，小学老师。

如果嫁给非穆斯林，那是背叛家族，背叛祖先，背叛民族的做法，我们是坚决不会答应的。就算小伙子随教也不行，因为他骨子里不是我们本民族的血，他的习惯，这些是变不过来的。

个案 4：回族，女，30 岁，本科，行政干部。

我认为回汉通婚是可以的，婚姻本来就是个人问题，家人与朋友只能建议，不能直接干预。回汉通婚的话，只是宗教信仰与风俗习惯的不同而已，双方如果真想建立家庭的话，这些不是问题，只需要互相尊重对方的风俗习惯，互相包容、互相谦让就够了。我想感情才是最重要的，要想和和美美一辈子，需要的是深厚的感情，而不是相同的民族和相同的宗教信仰。

个案 5：回族，男，38 岁，大专，杂居区教师。

我个人非常赞成回汉通婚，我认为这样可以优生优育，并且有利于两族的民族关系。只是在本地需要很大的勇气，需要面对一切困难和压力。当地的舆论压力很大，俗话说"唾沫星子淹死人"这是真的。这里的人们有点事就一传十、十传百地说，尤其是这种事，肯定会遭到许多人的语言攻击，只要能过这一关，以后时间长了也就没人说了。不过回汉结婚的人需要付出很大代价，很不容易，我支持他们，但像我这样的人太少了，所以起不了什么作用。

以上是我们从访谈中选出的几个典型个案。在访谈中，人们最频繁的提及的理由是回汉宗教信仰和风俗习惯不一样，所以不能结成美满的婚姻；其次，村民、亲友给予的压力也是很多人反复提到的一种因素，"名声不好""别人瞧不起了""让村里人骂死了"，这些地方社区的舆论成为一种无形的压力阻止着个体对于汉族的选择。而对于宗教的归向问题则成为人们选择上的最大阻力，所以是往往被排除于婚姻选择对象的范围之外的。

虽然也有一部分回族有条件地赞成回汉通婚，但实际上，绝大多数回民并不愿意跟汉民通婚，主要是因为其父母及家族都是汉族，担心其将来宗教信仰与生活习惯的问题。对于随过来的汉族女方而言，怕她回到娘家时再"乱吃"；对于回族姑娘的出嫁，在当地的社会环境中，意味着回族姑娘被纳入汉族男方的社会空间，丧失了自己的信仰，这是家人不允许的。[①] 因此为了维护当地的风俗习惯，回族家长宁可把女孩子嫁给一个各方面条件不如自己女儿的回族青年，也不愿意将女孩子嫁给很优秀的汉族青年，这就造成了一种"只进不出"的单方面流动现象，这种不平衡的单方向流动现象不仅是"只娶不嫁"的人口单方向流动，而且也是宗教文化皈依式的单方向流动，即回族与汉族通婚必须以对方皈依伊斯兰教为前提。但由于历史上中国回族的先民是以男子为主的群体，所以长期以来形成了回族男子娶汉族女子的传统。回族男子外娶有利于吸收其他民族的成分，而回族女子外嫁则有可能导致其信仰的丧失。由于长期以来受到回族社会舆论与观念的普遍限制，因此，在实际生活中，仍然以回族男子外娶的情况占回汉通婚的绝对多数。

2. 汉族的婚姻观念

个案6：汉族，男，28岁，大专，杂居区干部。

实际上我不反对回汉通婚，不管是姑娘嫁出去，还是娶人家（回民）的姑娘，对我们来说没有损失什么，只是人家（回民）觉得

[①] 马坚译：《古兰经》，中国社会科学出版社1981年版，第25页。

和我们结婚不好，本来我们倒不嫌弃他们，但他们（回民）老是嫌弃我们，老这样下去，我们心里也不痛快。既然他们说我们不合他们的教门，还要从宗教上约束结婚的汉民，那干脆别结婚了，结了也不会被他们认可，也不会好。

个案7：汉族，女，52岁，文盲，杂居区农民。

我是反对（回汉通婚）的，本来就不是一路人，他们看不上我们，我们还看不上他们呢，两个不同的宗教结了婚也会有矛盾。

个案8：汉族，男，55岁，初中，杂居区小学教师。

我现在反对回汉结婚，但我以前是同意的。我认为回汉通婚可以，但是不能硬逼着汉民信仰回民的宗教，这是不公平的，每个人都有宗教信仰自由，可是回民拿这个作为结婚的条件，太不讲理了。他们的孩子嫁入我们汉族就说是背叛祖先，那如果我们的孩子入他们的教也是对我们的背叛啊，这怎么行呢？他们的这些话很让人痛心。

以上对汉族的访谈记录让人为之一颤，多数汉族是不反对回汉通婚的，可是当地一些回族宗教信仰的高度虔诚和极强的自我民族意识有时会伤害汉族群众感情，这是不应该发生的。

对于汉族来说，不愿意和回族通婚的原因并非聚焦于"是否吃大肉"这种日常习惯上，而更多的是与回族要求的皈依伊斯兰教这一问题联结在一起。在当地的少数民族传统文化中，通婚与信仰有着密切的关系，由于宗教信仰引起的矛盾也激化了回汉通婚中的矛盾，不利于回汉关系的进一步发展，也使回汉通婚的步伐减速。

但同时，在婚恋这一领域，起作用的并非仅仅是宗教信仰所规定的生硬无情的条条框框，还有人类最神秘莫测的情感和神圣的感情，而现代教育与工作场域中回汉民族合作共事的格局无疑增加了回汉民族相互了解、增进感情的机会，正如当地一位年轻的大学生所说："咱们这地方本身就是回汉杂居地，现在回汉谈恋爱的越来越多，我认为回汉通婚是宗教信仰所控制不了的。"这样，由两种信仰所划定并极力维持的边界不断地被年轻一代冲击着，在回汉民族之间引起不大也不小的震荡。

(四) 影响马关乡回汉通婚的因素分析

马戎提出了影响族际通婚中个人择偶决定的三组变量：①族群基本特征；②历史关系特征；③两族共处特征。① 从第一组变量来看，在前面对马关乡民族关系的论述中，该地区回汉文化边界比较清晰，民族特征明显，这也相对制约着回汉通婚的发生。关于第二组"历史关系特征"，张家川在清朝同治年间曾发生过回汉民族间的仇杀事件，虽然时隔已久，但历史的影响是深远的，这也对当地的回汉通婚有些许影响。从第三组变量来看，当地的回汉属于杂居的居住格局，这是有利于民族间互相交流的，也相对能够提升回汉通婚的发生频率。以下从马关乡的实际出发，来分析影响回汉通婚的主要因素。

1. 宗教信仰与舆论压力

与全国其他地区相比，张家川回族在回汉通婚方面更趋保守，这其中最重要的原因还是受到作为文化特征核心的宗教信仰的制约。马戎也认为，东部都市和沿海地区回汉通婚率较高，表明："部分回族群众自身的宗教观念有所减弱"。

表 19-28　　　　　回汉通婚所遇到的最大压力来自什么　　　　　（人,%）

回复答案	人数	比例
宗教信仰的不同	56	13.11
生活习惯的不同	40	9.37
心理上有差距	36	8.43
父辈们由于宗教信仰和社会环境所形成的保守思想	102	23.89
社会环境和舆论压力	98	22.95
亲友之间难以走动和沟通	95	22.25
合计	427	100

在马关乡的问卷调查中，在对"您认为回汉通婚所遇到的最大压力来自什么"作出回答的 427 人中，有 23.8% 的人认为回汉通婚的压力来自父辈们由于宗教信仰和社会环境所形成的保守思想，其实这也是宗教信

---

① 马戎：《民族社会学——社会学的族群关系研究》，北京大学出版社 2004 年版，第 434 页。

仰的不同而造成的，如果把这一项和第一项"宗教信仰的不同"合并起来，这个比例就占到37%。认为社会环境和舆论压力是回汉通婚的阻力的人数有22.95%，选择"亲友之间难以走动和沟通"的人数有22.25%，仅这三项的人数就占总受访人数的69%，说明大部分人们认为生活习惯与心理上的差距不重要，重要的是宗教信仰导致的父辈们的反对及强大的社会舆论压力。

常言道："人言可畏"，舆论有时可以打垮一个人的意志。在当地，由于农闲时间比较充裕，而农村的大部分村民受教育程度较低，所以他们就以"说长道短"来打发时间。久而久之形成一种风气，一旦村子中有事件发生，大家就争先恐后的互传，这样就形成了强大的舆论场域，而且乡村社会是一个熟人社会，互相比较了解，因此这种舆论力量能够影响到整个乡村社区，以至全乡，甚至全县。所以人们惧怕乡村的舆论压力，惧怕它给自己及家人带来前所未有的痛苦与羞辱。有这样一个例子：2001年，邵佛村一个回族姑娘MSM在外打工期间与一汉族男子相爱，后在双方家人的同意下结婚，在双方家长的谈判过程中，回族姑娘的爷爷（赵沟村小学校长）起了很大作用，他第一个赞同这门婚事，并开导规劝家人，后来全家终于同意了。可是社会舆论开始了，村民们的指责和批评甚至谩骂像乌云一样遮住了他们全家的笑容，从此，回族姑娘很少回娘家，老校长也很少出门。可见，社会舆论深深地伤害了这些追求幸福生活的人们，这种强大的舆论压力阻碍着当地的回汉通婚，是回汉通婚路上也是回汉友谊路上的绊脚石。

2. 文化程度

从以上的分析中可以看出，当地人的宗教信仰态度和强大的舆论的形成都与受教育程度密切相关。

从马关乡政府了解到的资料中得知，马关乡共5100户村民，2007年末总人口28332人，其中在国家机关上班的人数只有294人，占总人口的1.04%，这个比例偏低。

表19-29　　　　2007年马关乡所有从业人员受教育程度表　　　　（人，%）

	文盲半文盲	小学	初中	高中	中专及以上	合计
人数	2937	4913	5102	2068	1996	17016
比例	17.26	28.87	29.98	12.16	11.73	100

表中的数据由马关乡政府提供,在马关乡17016个从业人员中,初中与小学文化程度的比例最高,分别是29.98%和28.87%,其次为"文盲半文盲"组,这组的人数占总从业人数的17.26%,而中专及以上文化程度的人只有11.73%,是一个比较小的比例,这说明马关乡所有从业人员的文化程度普遍偏低,高学历的人数太少。

文化素质包括文化知识的构成、范围和水平等。在一般情况下,文化主要表现为受教育的年数,而受教育程度的高低也可以反映一个人的文化素质和知识结构。受教育程度越高的人,他们思维活跃,观念更新快,对新事物的接受和认知能力较强,容易学习和掌握先进的知识,抛弃老套的东西。在宗教信仰方面他们会有自己独特的看法和价值观,会客观的面对宗教与生活。在调查中,有90%的大专以上学历的人认为对待宗教信仰应该是吸收好的东西,而放弃那些不符合社会发展,不合乎人性的教规,只要不触犯法律,一切都是可行的。在回汉通婚问题上,受教育程度与赞成回汉通婚的人数成正比,这在第三节里已经详细论述过。他们认为"婚姻的基础是感情而不是相同的宗教"。相反,当地文化程度偏低的人对是非的判断标准是另一种趋向。他们的自我价值观有一定的局限性。因此,他们完全以自己心目中的伊斯兰教的教义为自己的思想指导,认为宗教里规定不让回汉通婚就是真理,就不容侵犯,一旦有违反教义教规的事发生,这些人们就会联合成一个强大的舆论队伍,以此来"唤醒"他们认为的"罪人"。这一切现象归结起来就是当地人们的文化程度普遍较低,思想传统导致对宗教信仰的过分依赖,导致对回汉通婚的抵制,更甚之,导致当地经济的落后,导致少数民族的缓慢性和滞后性。

要更快更好更深入的发展当地回汉民族关系,提高回汉通婚比率,就必须提高当地人们的文化程度,彻底扫盲,彻底贯彻九年义务教育,至少让年轻一代有较高的文化程度,这才是提高回汉通婚比率的有效途径,也是打破目前当地回汉民族关系停滞状态的动力,更是保证当地回汉更深层次发展的基础。

四 结 论

"所谓社会主义和谐社会,指民主法治、公平正义、诚信、友爱、充满活力、安定有序,人与自然和谐相处的社会。和谐社会不仅是巩固我国平等、团结、互助的社会主义民族关系必须遵循的准则，而且也是发展我国平等、团结、互助的社会主义民族关系必须实践的内容。和谐社会在处理民族问题时，追求各民族根本利益的一致，包含了各个民族自身发展的特殊利益要求，如因地制宜的特色经济，多样性的文化、语言、宗教和社会生活习俗等，对此不仅需要各民族相互的尊重和理解，还需要法律和政策的保障。"①

民族关系，就是指各民族之间的互动关系。民族关系是一个过程，由于时常受多种复杂因素的影响，民族关系只有在不断解决各种新矛盾和新问题的过程中发展和完善。"民族关系犹如一株常青树，只有精心爱护，经常培育、浇灌，才能根深蒂固，枝繁叶茂，否则就会枯萎、凋谢。"②

要使马关乡回汉民族关系更加友好和谐，笔者认为可以从以下几个方面入手。

（一）落实和完善民族政策

对于民族关系发展目标的设计和相关政策的引导，应该使民族意识与民族边界的演变朝着有利于社会进步，民族团结的方向发展。伴随市场经济体制的完善，市场在资源配置中的作用凸显，如何引导少数民族通过市场竞争实现自我发展成为我们值得关注的重要问题。

（二）夯实民族关系的经济基础

加快少数民族和民族地区经济社会发展，不仅是全面建设小康社会的基本要求，也是构建社会主义和谐社会的基本条件。当前，在国家实施西部大开发政策的过程中，张家川马关乡应该在完善市场经济制度的同时，充分利用民族地区的物质资源和文化资源，引导回汉群众积极利用改革开放的大好时机，加大民族经济发展的力度。根据本地特点，实现发展模式的创新，逐步缩小与外界的差距，实现共同富裕。实际上，马关乡政府在这方面的工作已经有了一些进展。乡政府把全乡"十一五"期间的经济发展思路确立为6句话24个字：粮食稳乡、项目促乡、产业带乡、劳务富乡、特色活乡、实干兴乡。我们相信，通过各族人民的共同努力，民族

---

① 马建福：《撒拉、藏、汉、回民族关系调查报告》，见丁宏《回族、东乡族、撒拉族、保安族民族关系研究》，中央民族大学出版社2006年版，第323页。

② 马宗保：《多元一体格局中的回汉民族关系》，宁夏人民出版社2002年版，第165页。

关系的经济基础会更加坚实，和谐民族关系的构建将更加深化。

（三）增进族际文化沟通与认同

马关乡的经济和教育水平相对滞后。在目前国家新农村的建设过程中，比如劳务经济的繁荣使得人员流动性的大大增加，各民族互动的频繁增加了民族关系新的内容，新的问题。而这些问题的出现很重要的一个原因是不同民族拥有不同的传统文化，这种文化的差异性缺乏有效沟通和理解的方式与手段，从而引起误解。一方面，要在当地有力的宣传不同民族文化，加强民族间的沟通和理解，消除文化隔膜，增加彼此的文化认同；另一方面，大力发展民族教育，宣传先进的理念与现代文化，消除固化在百姓头脑中的落后的思想观念，培养其生存技能，增强他们在市场经济中的适应能力，从而为新型的和谐民族关系奠定坚实的基础。

对马关乡落后偏远、思想保守的村落，应深入到这些村庄进行宣传教育工作，讲道理、讲利害，对于普通的小学、中学也应加大教育经费的投入，使每位受教育者得到全面的发展。对于那些整体文化程度比较低的村庄应深入开展扫盲活动，普及一些基本的科学、农业、天文、地理等方面的知识，通过扫盲教育，把他们培养成懂科学、有文化的村民，使他们的思想素质得到提高，民族关系自然会向着和谐的方向发展。我们前面的实证研究已经证实，科学文化素质与族际沟通能力正相关。

第二十章　国家、农民关系与社区发展

——对新疆柯坪县劳动力培训与输出的动员研究

对中国民族地区乡村社区发展来说，国家与农民关系是核心问题。一方面社区的存在民众是主体，没有民众的广泛参与和社区行动，社区发展将无从谈起，另一方面，在我国这样的多民族、后发展国家，国家在推动现代化与社区发展中的作用十分突出，没有政府的介入，社区发展将失去根本保障与发展的主导。问题的关键是多年的计划体制使部分民众形成了对政府的依赖心理，很多问题政府不出面，难以推动与解决，但面对市场经济体制的完善，国家与社会一定的分离成为必然，社区发展只有建立在国家与社会良性互动基础上，才有可能深入与完善。新疆柯坪县劳动力培训与输出的动员充分体现了国家与农民之间的这种特殊关系，引起了我们的极大关注，并进行了较为深入调查。

一　柯坪县概况

柯坪县位于新疆维吾尔自治区西南部，塔里木盆地西北边缘，柯尔塔格山南麓，是阿克苏地区最西端的一个小县，其境内80%的地域为荒漠和戈壁。柯坪县属暖温带南疆干旱区，年平均气温11.7℃，平均日温差为14.6℃，年均降水72毫米。该县属严重缺水地区，全县有百万多亩可开垦荒地，大多数地势平坦，土质优良，但因水资源缺乏，播种面积仅占可耕地的3%，这极大地影响了农牧业生产的发展，其农业区用水主要依靠两处泉水汇流。柯坪县是新疆风沙日最多的一个县，年平均风沙日数38.5天，最长可达53天。

柯坪县是一个以农业为主、牧业占有一定比重的县。主要种植的农作物及农副产品有小麦、玉米、谷子、棉花、苹果、杏子等，杏子和驼毛是柯坪县的两项名优特产。柯坪县境内有多种矿产资源,初步探明有硫磺、硫铁等19种矿藏,其中硫磺和硫铁已建矿开采多年,石油正在进行大面积勘测之中,磷、铅、铜、石膏的开发远景广阔。

柯坪县是古"丝绸之路"的必经之地,历史悠久,早在新石器时代就有人居住。公元前60年,西汉王朝在西域设置西域都护府后,柯坪就成为祖国不可分割的一部分。柯坪县现已查明有古遗址13处之多,大多为汉至唐时期的遗址,其中克斯勒塔格佛寺、丘达依塔格城堡、亚依地烽燧、齐兰烽燧等具有较高的保护和观赏价值,另外一些壮观的山峦和奇特地貌也为发展旅游业提供了良好的条件。

柯坪,传说为"洪水"或"地窝子"之意。柯坪历史悠久,早在新石器时期就有人群居住。公元前西迁的部分月氏人、塞人曾留居柯坪。公元前60年,西汉王朝在西域设西域都护府后,柯坪就成为祖国不可分割的一部分。民国8年(1919年),设柯坪县佐。民国19年(1930年),建柯坪县治。是时,柯坪县有近1000户,约5000人口。1949年9月,新疆和平解放,12月,中国人民解放军派地方工作组进驻柯坪,并于翌年初建立人民政权。从此,柯坪进入了社会主义新时期,各项事业迅速发展。1990年,全县有三乡一镇一场,有6448户34158人,有维吾尔、汉、柯尔克孜、回等民族。维吾尔族33179人,占总人口的97.34%;其次为汉族,有909人,占2.66%;其他民族人口均很少。现柯坪县下辖1个镇4个乡:柯坪镇、盖孜力克乡、玉尔其乡、阿恰勒乡、启浪乡。据2007年统计,柯坪县总面积8977平方公里,总人口近4.5万人。其中少数民族占97%,农业人口占3.5万人,农村富裕劳动力9000余人。

县人民政府驻柯坪镇,距乌鲁木齐市公路里程1146公里。柯坪镇位于县境中部盆地,南依库木阿提拉山,北为玉尔其乡,东为阿恰乡,西为盖孜力乡。盆地三面高山环绕,中为呈东西向的狭长平原地带。柯坪镇包括亚尔巴各区、古鲁巴各区、喀拉库提村和良种场,城镇有71个行政机关和企事业单位,中共柯坪县委、县人民政府、县人民代表大会常务委员会等领导机关位于大十字两侧。喀拉库提村是我们重点访谈的一个村。1990年该村统计有256户1185人385个劳动力,耕地3500亩。2006年统计有260户1263人658个劳动力。喀拉库提下属8个小队,村支部、村委会班子成员有8人,中专3人,初中5人。从年龄结构上看,35—45岁的有3人、46—55岁的有3人、56岁以上的有3人。喀拉库提村以小麦、玉米种植为主,全村人均耕地面积1.5亩。2003年,集体经济收入1.8万元,人均收入1372元。喀拉库提意为"黑色的树墩"。

笔者之所以选择柯坪县,是因为这里是位于新疆南疆地区的国家级贫困县,地处戈壁荒漠,以传统农牧经济为主;在少数民族人口分布上,基本上属于典型的维吾尔族聚居区,因而较多地保留了维吾尔族的传统风俗、生活方式等;在社会急剧变迁的时代,柯坪县如何克服脆弱的生态环境,走出经济发展的困境,保持政治的稳定,走向和谐社区建设,关系着国家西部大开发战略的具体实施,它的发展受到中央及地方政府的高度重视,它的发展与中央和地方政府的政策密切相关。这也成为学者关注的焦点,通过该县实施的劳动力转移发展战略,来考察国家与农民的互动关系具有特别的意义。

二 劳动力转移:走出困境的发展策略

过去,人们用三句顺口溜来形容柯坪县。第一句:"一条马路七盏灯,一个喇叭全县听,半脚刹车出了城。"这是形容县城很小。第二句:"一日三餐一个馕,蹲在墙根晒太阳。"这是形容农民们懒散的思想。第三句:"轻工业烤馕饼,重工业钉马掌。"这是形容极为落后的工业。三句话极为真实而客观形象地描述了柯坪县的过去。但现在的柯坪已发生深刻变化。

据2007年统计,柯坪县总面积8977平方公里,总人口近4.5万人。其中,少数民族占97%,农业人口占3.5万人,农村富裕劳动力9000余人。具体如表20-1所示。

表20-1　　　　　2006年柯坪县人口性别年龄结构统计　　　　　(人)

乡镇名称	男	女	18岁以下	18—35岁之间	35—60岁之间	60岁以上
柯坪镇	3764	3441	1911	2397	2273	624
盖孜力乡	7324	6914	4711	4971	3467	1087
玉尔其乡	6695	6467	4560	4505	3057	1040
阿恰勒乡	3912	3577	2688	2430	1710	661
启浪乡	1005	861	815	579	412	60
总计	22700	21260	14685	14882	10919	3472

表 20-2　　　　2006 年柯坪县各民族人口分布统计　　　　（人）

乡镇名称	维吾尔族	汉族	哈萨克族	回族	柯尔克孜族	蒙古族	其他
柯枰镇	6084	1098		12		2	9
盖孜力乡	14236					0	
玉尔其乡	13135	5			20	2	
阿恰勒乡	7438	38		3		7	3
启浪乡	1836	30					
总计	42729	1171	0	15	20	11	12

说明：其他民族包括俄罗斯族、锡伯族、塔吉克族、乌孜别克族、塔塔尔族、满族、达斡尔族等。

　　这是一个典型的少数民族社区，确切地说，是一个以维吾尔族为主体的少数民族社区，此外，零星地分布着汉、蒙古族、哈萨克族等少数民族，其中汉族主要居住在柯枰镇，而维吾尔族及其他少数民族主要分布在各个村。社区人口的年龄普遍比较年轻，男女比例大致协调。在柯坪县内，农业生产因为受水资源的限制，主要种植耐旱的农作物，如棉花、玉米、小麦、杏子等，农牧业生产的商品率低；工业因资源有限，主要以维吾尔族日常生活中的馕饼的生产及钉马掌为主，工业极为单一、落后。

　　柯坪县整体上是一个贫困、落后，资源匮乏、生态恶劣的少数民族县。1985 年，该县被评为国家级贫困县。面对柯坪县的现状，寻找一条科学合理的发展之路，使该县摆脱贫困，走出困境，成为县领导班子成员的当务之急。环境是一个县城的外衣，外观不美，就很难使居民安居乐业，就很难吸引外界的投资。俗话说得好，"要想引凤，先得筑巢"。1999 年，柯坪县领导干部、职工开始亲自动手、绿化荒滩，筹措资金，加大基础设施建设，大大改善了县城环境。经过柯坪县领导及人民的努力，功夫不负有心人，柯坪县的面貌发生了很大变化，今非昔比。感触最深的是：当人们倦怠了南疆千里行程中满眼的灰色与单调之后，一条很长的绿色长廊突然出现在茫茫戈壁荒漠中，令人眼睛顿时熠熠生辉。这便是通向柯坪县的门户，是柯坪县干部十几年来前仆后继、艰苦耕耘的结晶。进入到柯坪县城后，只见一条条街道宽阔而干净，一座座漂亮的高楼被大片绿色草坪围绕，充满了浓郁的现代文明气息。县城周围，昔日的万亩荒滩，如今全都披上了绿装……在巴扎上一位维吾尔族老农民告诉我们说：

　　　　柯坪县变化太大了！我都不敢相信，几年的时间，我们县变得这

么漂亮，变成大城市了。(2007-5-29)

在环境改变的同时，柯坪县本着"不求所有，但求所在，先起步，后管理，先发展，后规范，先让利，后收税"的工业发展原则，积极引资建厂。2001年，柯坪县在乌洽会上打破"零"的纪录，引资150万元建起了恰玛古深加工厂。接着又引资2240万元建成年产10万吨的沥青厂，这成为柯坪县历史上第一座现代化工业企业。随后的两年里，柯坪县引进疆内外投资2800多万元，盘活了闲置多年的5家棉花加工厂、1家驼绒厂，并对这几家企业进行了大规模扩建改造。2003年，柯坪县招商引资企业为县财政缴纳利税150万元，占全年县财政收入的三成以上。这样，柯坪县从1999年没有一家像样的工厂企业，县财政收入全年仅120万元，发展到2006年全县工业总产值1771万元，县财政收入达到582万元。这些年，柯坪县招商引资共计8500多万元，为工业发展注入了强大活力。

在改善环境、发展工业的基础上，一个新的发展思路，一条新的发展战略逐渐被提上了议事日程，这就是富余劳动力转移。温家宝总理在十届全国人大二次会议的政府工作报告中指出："稳步推进城镇化，改善农民进城就业环境，加强农民工培训，多渠道实现劳动力转移。"推进农村劳动力战略性转移，是统筹城乡经济社会发展的必然要求，也是新阶段增加农民收入最直接、最有效的途径。

柯坪县毕竟是农牧业生产县，农业人口占总人口的80%左右，农村富裕劳动力多达9000余人，占总人口的20%左右。由于自然条件艰苦、生态环境恶劣、人多地少、水资源短缺、矿产资源匮乏等各种因素的影响，柯坪县依然存在农业生产基础条件差，招商引资难，二、三产业发展滞后等问题，这在一定程度上影响了农民增收。在资源有限，人多地少，工业发展的空间不大，这一现实条件制约之下，要实现农民长期稳定增收，加快脱贫致富步伐，就必须明确重点、选准突破口。在全国劳动力外出打工浪潮的席卷下，柯坪县劳动力转移也经历了一个摸索阶段，并最终被确定为全县农民增收的重大战略举措，加以动员实践。

一开始，农民被动员组织到邻近农业团场短期外出打工，增加收入。如2004年，柯坪县组织近8000农民工，到兵团农一师、阿瓦提县拾棉花，创收755万元。作为外出打工模范的柯坪县盖孜里乡巴格力村村民木合拜提·卡德尔一家家境并不富裕，全家 6 口人，有 3 个劳动力，靠着 2.5 亩耕地过日子，一年到头缺吃少穿，2002 年全家人均收入只有 1200 元。不满足现状的他经常抽空到乡文化站翻报纸，找致富信息，还积极参加县、乡举办的各种科技技术培训。2004 年 8 月，他听说乡政府要组织村民到外地打工，就带着 3 个儿女和村里的 40 个青壮劳力集体到农一师二团场拾棉花。这次外出拾棉花，木合拜提·卡德尔家净挣 5200 元，家里的人均收入增加到 2200 元。他把挣来的钱投资发展家庭养殖业，并打算以后继续外出打工创收。2004 年，在他的带动下，阿布都热依木·买买提也外出拾花，一人净挣 1500 元，全家人均增收 300 元。他打心里对木合拜提·卡德尔感激不尽：

> 去年跟他一起出门务工挣了钱，现在我家已经脱贫了，妻子孩子都穿上了新衣裳。(2007-9-11)

像阿布都热依木·买买提这样，在木合拜提·卡德尔带动下脱贫致富的农民还有好多。木合拜提·卡德尔说：

> 办法总比困难多，跟着党的政策走没错，转变观念、外出打工，我相信我们的生活会一天比一天好。(2007-9-20)

短期外出基本上以秋季农忙时节到邻近团场拾棉花为主，这增加了一些农民的收入，但并没有彻底解决富余劳动力的转移问题，许多农民依然在其他时节无所事事。总结几年来农民外出打工的实践经验，柯坪县委、县政府根据实际情况，初步确定了 2007 年乃至今后五年内"三农"工作的重点，即以红枣为突破口，大力发展以高效林果业为重点的高效农业；以自压滴灌为突破口，大力实施以高效节水为主的农业农村基础设施建设项目；以农民技能培训为突破口，狠抓以培养新型农民为主的劳动力培训。在此基础上，实现大规模的劳动力异地转移，不断拓宽农民增收渠道，为搭建农民新的产业结构框架奠定坚实的基础。这三个环节是紧密相关的，其中，劳动力异地转移是重中之重。从当前柯坪县农民人均收入构成分析，主要靠种植业（占农民人均总收入的 54.7%）、畜牧业（占农民人均总收入的 23.7%）和劳务输出三大产业（占农民人均总收入的

16.1%），而在全国劳务输出的收入占农民总收入的50%，全疆是25%，因而，柯坪县劳务输出增收的空间还很大。

2006年是全国农村劳动力转移培训"阳光工程"实施的扩大年。在党中央、国务院的高度重视和各级党委、政府的共同努力下，各地切实加强对阳光工程实施工作的组织领导，加大资金投入，强化项目监管，取得了明显的成效。温家宝总理对"阳光工程"实施做出了重要批示，充分肯定了"阳光工程"在促进农村劳动力培训和转移就业的重要作用，并指明了"阳光工程"的工作方向。2006年中央一号文件明确提出，扩大"阳光工程"的实施规模，提高补助标准，增强农民转产转岗就业的能力。这一政策环境给柯坪县的发展带来了契机。恰逢2007年柯坪县被确定为劳务输出示范县，面对机遇和挑战，柯坪县确立劳务输出作为政府和县委的中心工作，采取了异地转移和就地转移双管齐下，即"两驾马车，并驾齐驱"的转移发展策略，并以劳务培训促进劳务输出，使之形成一个系统工程。

具体战略目标为：积极整合各类培训资源，加大农村劳动力培训和转移力度。首先，要大力开展农民高技能培训。根据当前农业产业化发展方向和农产品市场需求，围绕发展红枣产业，建立一批标准化示范园，培养一批现代农业产业工人；围绕发展自压滴灌，把一批农村知识青年培养成懂现代农业管理技术的管理员队伍。要加快建立政府扶助、面向市场、多元办学的教育培训机制，切实搞好对农民的技能培训，大力培养农村实用人才，努力把广大农户培养成有较强市场意识、有较高生产技能、有一定管理能力的现代农业经营者。通过劳动力高技能培训，力争使全县7000余户农民家庭中每户至少有一个农业技术明白人、一个具有转移就业技能的劳动力。其次，要继续扩大劳务输出规模。坚持长短结合、就近转移的原则，组织有一技之长的农民向外输出，实现非农转移，从而致富农民；积极协调县内基建项目尽可能多地吸纳本地劳动力从事一些力所能及的工作，使农民实现就地转移创收；继续抓好以短期拾花为主的季节性劳务输出，不断巩固当前农民增收基础。要针对农民增收难、收入低的问题，想方设法调动各方力量为低收入农户"找岗位""跑岗位""挖岗位"，加快农民向二、三产业转移，力争"十一五"末，低收入农户每户至少有一人在二、三产业岗位上就业，真正达到"输出一个劳力、脱贫一个家庭"的目的。再次，要大力实施"走出去"战略。以发展特色产业和标准化产品为突破口，着力培育以棉花、恰玛古、杏、枣、肉、绒等为主的农副产品加工产业，打造"柯坪恰玛古""柯坪羊肉""柯坪驼绒""柯坪黄杏"等系列品牌，不断提高农业市场化、规模化、标准化程度，使一批特色农副产品走出柯坪，进入区内外市场，延长产业链、提高附加值，带动农民增收。

三 劳动力培训与输出：全面动员

在劳务培训与输出这一战略目标之下，柯坪县委、县政府全面部署，各职能部门及各乡镇自上而下密切配合，建立了较为完善的劳动力转移工作领导机构，形成全民动员的缜密网络。具体地说，就是组织力量，对全县城乡劳动力进行全面信息采集，建立县、乡、村三级劳动力信息资源库；建立和完善以县劳动力转移工作领导小组办公室为核心、5个乡镇劳动保障事务所（站）和56名劳务输出经纪人为终端的就业服务网络体系。在财政资金方面，尽县财政之所能，拿出财政收入的10%作为专项配套资金用于劳动力转移培训，将"阳光工程"培训、转移就业培训、扶贫资金、教育费附加及财政配套等各项资金整合后捆绑式使用，专款专用，使得每个剩余劳动力可支配的培训经费达到1500元，真正发挥劳动力转移培训经费效应，确保城乡劳动力真正受益。为了使劳务输出工作稳步推进，全县还建立了四项长效机制：目标考核机制、高效培训机制、政策激励机制、规范运行机制。

在完备各级机构，完善各项服务体系及建立基本的运行机制后，紧接着要做的便是对全县村民进行劳动力培训和转移的全面动员。

社会动员是一个社会学概念，是指人们在社会持久的、主要因素的影响下，其态度、期望与价值取向等不断发生变化的过程。动员的主体通常为政府或政党，动员的客体为社会资源、人力资源以及人的精神等，社会动员是一种带有导向性的社会过程。社会动员的效果及广度和深度，取决于社会动员的内容和形式。从内容上看，社会动员要以满足被动员者的实际利益为实现条件，一切脱离被动员者实际利益的社会动员都不可能持久。动员形式，即动员民众起来参与的方式或手段，按照不同的分类标准，被划分为：传统动员和现代动员、体制内动员和体制外动员、人为的动员和自发的动员、组织化动员和准组织化动员等。社会动员形式是随着社会条件的变化而变化的，如，在革命战争时期，采用群众运动式的传统动员形式，在和平建设时期，有示范动员等。[1] 本研究依据的分类标准是传统动员和现代动员。在这里，传统动员被界定为是以政治为核心，以集中统一、层层动员、人民群众的广泛发动为主要手段和表现形式的社会动员；现代动员是指以利益为杠杆，以政策引导、制度激励、社会的自主参与为主要手段和表现形式的社会动员。[2]

柯坪县在动员形式上，体现了以传统为主，传统与现代相结合的特点。一方面，在地方政府的主导下，开动员大会，入户宣传，依靠各级组织，将政策、信息、观念等通过领导层层传达，层层动员。另一方面，采取舆论宣传、传媒宣传等现代动员方式。其中比较典型的动员形式是召开各级动员大会。笔者在柯坪县作调查期间，正值全县劳动力转移工作紧锣密鼓地开展之际，有幸参加了县、乡两级劳动力转移动员大会。

县级动员大会。县级召开"柯坪县劳动力转移工作例会"，参加者有：县级领导、各乡镇领导（主要是各乡镇的书记）、县职能部门负责劳动力转移工作的有关领导等，既有少数民族同志，也有汉族同志。会议用汉语发言和交流[3]，副县长做了重点发言，对该县劳动力转移工作做了小结，指出了县劳动力培训转移工作面临的形势，与全疆、乃至于全国相比存在的差距，明确了以后奋斗的目标。他强调，在柯坪县必须将语言培训作为一项基础性工作来抓，以此作为转移就业的突破口。技能培训是围绕两个方面开展，其一是就地转移，主要是适应当前县域经济发展和产业结构调整的需要，通过高效林果业再就业示范基地（是指红枣业）和高新节水灌溉等项目的建立，培养新型农业产业工人；以及结合社会主义新农村建设及二、三产业的用工需求，开展汽车驾驶、建筑泥瓦工等培训。其二是异地转移，主要是围绕地区产业结构调整和市场就业岗位需求，开展纺织工、民族特色餐饮、电器修理、美容美发等培训。他指出了各乡镇在劳动力转移工作中存在的问题：农牧民培训积极性不高，基层工作人员认

---

[1] 杨福忠：《从社会动员能力看当前国家同农民的关系》，《黑龙江社会科学》2001年第3期。

[2] 周治滨等：《论西部大开发社会动员的主要内容和形式》，《理论与改革》2006年第3期。

[3] 民族地区的汉族领导干部基本上都掌握当地主体少数民族语言，交流运用自如，但在会议等重要公共场合一般用汉语交际。

识不到位等,并细化了下一步的工作规划:着重抓落实、转成效、抓督促,落实目标责任制;举办大规模汉语培训;组织各方面的人士到地区企业参观学习;进行巡回演讲,加大宣传力度;尽快出台相关优惠政策和奖励措施等。其他领导作了补充发言,针对工作中的问题提出了各自的看法。最后,县委书记作总结性发言,就工作中的方式、方法、原则等宏观问题,概括了经验教训。比如,针对宣传方式的问题,他特意强调,在民族地区不可只用汉语书写标语,而应以维语为主,汉语为辅。否则,将事倍功半。这次会议的特点是,以聆听领导的传达讲话为主,是自上而下的宣传动员,气氛较为严肃。

  乡级动员大会。这次会议之后,乡镇领导紧急部署和落实本范围内的职责。笔者同样参加了其中一个乡的"劳动力转移"讨论会,参加讨论会的有县劳动人事局的副局长、乡长、乡党委书记、9个村的村支书等①,是乡村两级基层领导班子成员的会议,讨论如何落实劳动力转移问题。在会上,乡长、乡党委书记做了劳动力转移的总动员,分析了劳动力转移的重要性和迫切性,县副局长补充传达了县政府关于劳动力转移的相关政策,之后各个村的村支书就劳动力转移问题进行讨论,发表各自的看法。有些村干部提出,目前村民并不是很乐意接受劳动力培训和输出,不如多开垦荒地,或者是大力推广节水灌溉技术,种植葡萄、核桃等特色果木,以取代劳动力转移。由上可以看出,村领导对劳动力转移的必要性和迫切性本身也缺乏足够的认识,他们依然强调传统果木的种植,并没有意识到在水资源严重匮乏的情况下,大力开垦荒地是不现实的,劳动力转移正是在上述方案不可操作的情况下不得已的一种选择,是符合县乡实际的一条切实可行的发展战略。基于一些村级领导对劳动力转移存在的误区,乡长和书记又重新做了解释,消除他们的顾虑和疑问。之后,各村领导你一言、我一语,就如何宣传动员村民参加和接受的问题进行了讨论。这次会议的特点是:以村级领导的讨论为主,气氛活跃,无拘无束,自下而上总结出较好的意见和可行方案,是集思广益的讨论会,也是一次对村级领导的动员大会,引起了他们的思想重视,明确了各自的工作任务和重点。

  对村民的动员是核心,政策的落实与否全在此,乡、村领导都格外重

---

  ① 参加会议的代表中,除乡书记、县劳动人事局的副局长及一个村的支部书记是汉族之外,其余全是维吾尔族。会议上安排有专门的翻译,进行维汉互译。这里的汉族领导基本上也懂维语,可以进行简单交流。

视。在村一级，除采用传统的广播喇叭宣传外，最常用的便是入户宣传的形式。首先摸清村里有多少富余劳动力，针对那些不愿参加培训的人家，逐户拜访，了解他们的思想顾虑。笔者跟随村领导走访了几户人家。村民买买提一家比较具有代表性。

当我们到他家的时候，只有他爱人和一个女儿在家。通过聊天得知，买买提今年54岁，家有5个儿女：4个女孩，一个男孩。大女儿从塔里木农业大学毕业后，在乡里工作；二女儿在乌鲁木齐做生意；三女儿两年前毕业于塔里木农业大学，未找上工作，一直赋闲在家，帮父母亲做些家务；四女儿初中毕业后，很快结婚生子，在家务农。小儿子去年刚初中毕业，在家待着，没工作。家有两个年轻的剩余劳动力，又没有报名参加乡里举办的技能培训，这样的人家显然是村领导宣传工作的重点。母亲对村领导的到来及工作表示支持，希望孩子早日工作，女儿也表达了同样的想法。原因出在父亲身上，全家只有他一人反对，但他是一家之主，对家庭重大事务具有决定权。这在维吾尔族家庭里非常普遍，男性享有较高的地位。看来，重点是做通父亲的工作。我们一直等待买买提干完农活回家。买买提的到来使家里的气氛显得很凝重，买买提说出了自己的顾虑："我女儿是大学毕业，她应该去从事较好的工作，如公务员或教师之类，而不应该参加你们的技能培训，去干美容、厨师这样的活。如果找不上好工作，我宁愿让她在家待着，帮着做些农活。"（2007-9-25）

至于小儿子，因为是初中毕业，也没有什么前途，只要能学习一门技术，在家好好过日子就行了。小儿子花钱很厉害，抽烟、喝酒、找朋友玩。买买提显然对他很不放心，也很不满意，说："这次去阿克苏地区参加技能培训，我只给他500元钱零花钱，多的没有。"（2007-9-30）

由于儿子认为父亲给的零花钱太少，不够一个月的开销，要求父亲多给。父亲一怒之下，就临时取消了给儿子的技能培训报名。看来，原因也不全出在父亲身上。不过，买买提还有别的担心，他说："我们家种了8亩棉花、2亩小麦，家里固定的劳动力只有我和老伴，我们年龄也大了。孩子在家，平时可以帮帮忙，尤其是农忙时节。如果孩子去参加培训了，农活谁来帮我们做呢？"（2007-9-25）

这反映了买买提大叔的矛盾心理，一方面，希望孩子出去闯荡，多挣些钱，另一方面，又希望孩子留在家里，可以照料老人，帮着干些农活。这也是目前村里有些农民不愿让孩子参加培训和去外地务工的重要原因。

了解了买买提一家的基本情况后，村领导针对具体情况对买买提做了思想动员。女儿可以去参加每年的公务员考试，考取了自然很好，如果考不上的话，参加县乡举办的技能培训，同样也能挣钱，增加家里的收入。现在大学生找工作都很难，思想要放开些。至于小儿子的培训，主要还是做孩子的工作。因为地区培训，基本上是学费全免、住宿费全免，不需要太多零花钱的。因为小儿子不在家，只好约定改日上门做孩子的工作，使其尽快参加培训。买买提提到的耕地多人口少、农活紧张的问题，看来是一个普遍的问题，村领导会尽快召开会议，讨论解决办法，希望通过建立农业生产互助小组或邻里帮工的办法加以解决。

由此可见，县、乡两级大会是地方政府内部的动员大会，上级政府的意志据此得到层层传达，各层领导明确了各自的任务和责任，为动员村民做好了准备。在这两级动员大会中，动员者的素质格外重要。如果不能准确领会会议精神，则动员链会出现裂缝，动员难以衔接和传递。村级动员则是一种底层动员，针对的是平民百姓，由此，村民参与与否，非常重要，直接关系到动员的效果，关涉到政府与农民的互动关系。

此外，舆论宣传动员也被越来越广泛地运用，主要是充分发挥新闻媒体的导向辐射作用。柯坪县电视台开设了柯坪外地成功创业和就业返乡人员"劳动者之声"访谈栏目，并拍摄专题片在县电视台黄金时段滚动式播放；定期组织转移就业成功人士深入乡村进行巡回演讲，以鲜活的事例现身说法向广大农民灌输"外出务工天地宽""外出务工光荣，在家等靠无能"的道理。2007年5月，新疆维吾尔自治区党委宣传部组织的采访团赴内地多个省区采访了新疆贫困地区外出务工的新疆姑娘们，并制作了专题片。

我也要过城里人的生活

"爸爸，内地实在太好了，城里的生活要比咱家里好得多，我要在这里好好挣钱，回去后咱们在喀什市买一套房子，让你过过城里人的生活。"这是在浙江嘉兴华顺玩具厂打工的玛依拉·买买提给家里打电话时说的。见到家乡的记者来工厂看望自己,茹仙古丽高兴地合不拢嘴,兴奋地给我们讲述着在浙江的见闻。城市里就是好,这里空气湿润,太阳也不像家里那么大,在这里不到两个月,我的皮肤就变得又白又细,不用擦油也很润。这里的住宿条件也很好,一天三顿饭按时就有,而且都很不错,过几天就会有肉吃,不像在家里,因为经济条件不允许,只有中午才能吃上像样的饭,另外两顿都只能吃点馕随便打发了,也不可能经常吃到肉。哎呀,吃得好了也不行,我现在都长胖了,你看,脸上肉都多了,这样会不会变得不漂亮啊。

回家去创业

热孜万古丽·艾买提去浙江嘉兴打工一年后,返回了家乡,在家里休息了不到一个月,就闲不住了,跑到伽师奥都果业去打工,照她的话:天天待在家里整天就是干家务,实在太没意思,学不到东西,也不能结交更多的朋友,更重要的是不能挣钱,变成了家里的负担,所以我要出来打工挣钱,我想用自己挣的钱补贴家用,也想多存点钱,自己开个工艺品加工店,我也要做一回老板……她已然从生涩、胆怯的小女孩出落成一个自信、坚定的姑娘了。阿依努尔·阿布都拉说,出来看看,觉得既然已经学到了手艺,出去做些事要比在家里种地强得多,她和几个好朋友打算挣些钱后回家乡合开一家缝纫店。

不放弃学习

在青岛新阳光服装有限公司务工的海赛古丽说,她高中毕业后在家里不知道干些什么,刚赶上县里组织大家外出务工,就一起来了,到了这里发现要学的东西太多,也感觉自己的知识不够用,她常常抽时间在工作之余充电,她最常看的是英语书,她说这里的人文化水平普遍比家乡人高,她有很强的危机感,她要多学习,今后总能用得着。海赛古丽还很喜欢写诗,还时常把自己写的诗读给大家听,与大家一起分享,在海赛古丽的带动下,姑娘们渐渐开始对文学产生了兴趣。

这些姑娘们的事例深深地影响着每一个柯坪人,尤其是柯坪女性的思想和生活,塑造着她们的价值观。在传统的维吾尔族社会,男主外、女主内的守旧观念认为女人在家干家务、做农活、相夫教子是天经地义的事,外出挣钱是男人干的，如果女人出去做了这些事，是不光彩的，只有家里揭不开锅的人才会让女人出去抛头露面。所以，从前即使女人想出去挣钱都得偷偷地干，生怕让邻里知道了抬不起头来。随着劳务输出工作的逐步开展，大家发现外出务工并没有像想象中的那么可怕，再加上是政府组织的集体性劳动力转移，百姓们也更加放心让自己的孩子出去学一项技能，走出去的孩子喜报频传，她们增长了见识，又学到了谋生的技术，还可以给家里带来一笔可观的收入，真可谓一举多得。这些成功的故事让家人放了心，亲戚、邻里也开始争相把自己的孩子送出去。要使农民富裕必须减少农民，要减少农民必须转移农民，要转移农民必须转化农民的思想。转移就业有利于转变农民思想观念，提高农民综合素质，培养新农民，缓解当地就业压力，维护农村社会稳定，真正实现走出一个人，省下一口粮，赚回一笔钱，富裕一家人，影响几代人，对于加快农村经济社会发展，推动社会主义新农村建设有十分重要的意义。

可见，传媒对人们的影响是直接的，是一种信息影响，通过集体化、形象化、艺术化的信息，潜移默化地感染人们的思想行为，具有很强的渗透力和感染性。传统的思想教育与之相比，就显得单薄乏力了。

四　劳动力培训与输出：成绩与问题

经过柯坪县上上下下的全面动员，以及几年来的实际运作，该县劳务培训与输出工作取得了突破性进展，表现为：汉语强化培训越来越灵活多样、技能培训越来越内容丰富。2006年，全县针对转移中因语言障碍"想转出的很多、能转出的不多"这一现实问题，开展大规模、灵活多样的转移前汉语强化培训，已培训750人次，并与地区技工学校签订长期友好合作协议，举办了以棉纺、民族特色餐饮、保安、汽车驾驶、服装裁剪、美容美发等为主的职业技能培训，各种培训班次达到15期，培训人员1300人，其中680余人在阿克苏、乌鲁木齐、大连、济南等地实现稳定就业，输出劳动力的农户增收效果明显，劳务输出工作逐渐形成"以输出带培训、以培训提技能、以技能助转移"的良性循环模式；实现了由自发性、零散性、小规模外出到有组织、大规模输出的转变，年外出规模由2000年不足千人次发展到2006年上万人次，其中有规模输出也由几十人次增长到上千人次；由体能型向技能型转变，输出技能型人员比例由

2000年的不足10%增长到了2006年的35%以上；由季节性临时工向稳定性长期务工转变。稳定性外出务工的比例由2000年的15%增长到2006年的35%；输出市场由本地、区内向区外、内地转变。目前在阿克苏地区、乌鲁木齐等现有输出地的基础上，已顺利打开辽宁大连、山东青岛、济南、枣庄，以及浙江等内地大中型城市的劳务市场。劳务输出在柯坪县的经济发展和农民增收的过程中发挥了重要作用。据统计，2006年全县劳务输出创收1026万元，人均劳务创收358元，人均增收48.8元，占农民增收的38%。

笔者在其中一个村调查时发现，该村到处都在建造抗震安居工程房。这种房子以往都是承包给其他地区的包工头，建筑工人一般也是来自内地省份或疆内其他地区，但这种局面从2006年开始发生了很大变化。一些经过建筑技能培训的本乡农民开始介入其中，比例逐年增加。笔者对一处正在建造中的安居工程房的农户进行了访谈。

> 房主是农民，家里耕地有近10亩，劳动力较多，生活相对较富裕。除了政府补助的抗震安居工程房款3000元之外，其余都是自己支付，将近花费了4万—5万元左右（1平方米400元左右）。房屋的建筑面积很大，有120多平方米，由4间大屋组成，主体工程已经完成。在建筑工地上有10余人，5个大工，5个小工，还有1个包工头。大工、小工基本上都是来自本村的农民，包工头是其他地区过来的。按日计付工资，大工每天50—60元，小工30元左右，而包工头一次性支付2000元钱。在人均年收入2000左右的柯坪县，小工一个月就可获得900元左右，大工一年下来能挣2万—3万元左右，这已是不少的收入了。农忙时他们还可干些农活。

看来，培训使村民获得了实实在在的好处，既解决了剩余劳动力，也增加了农民的收入。政府推行的抗震安居工程为农民提供了就业的渠道和环境，而提高了收入的农民，反过来又会投资建造抗震安居工程房，促进了村容村貌的改变。

2006年初，柯坪县妇联为帮助农村贫困妇女掌握一技之长，与缝纫个体户阿依古·吾拉木签订协议，委托阿依古·吾拉木对想学裁剪缝纫技术的贫困妇女进行培训，由县妇联负责部分培训费用，同时为帮助阿依古·吾拉木扩大培训规模，县妇联帮助她申请了小额信贷。目前，此培训点共培训贫困妇女60余人，并已全部实现就业。

柯坪县的劳务培训和输出动员工作取了显著的成效，劳务培训与输出从无到有，从有到多发展起来，农民收入稳定增长，农村经济快速发展，农村贫困面貌明显改善，农村社会更加稳定。不过，在劳动力培训和输出的实践过程中，也存在很多问题，尤其是将它作为富民强县的产业来抓，它的力度还远远不够，表现为：农牧民培训的积极性不高，劳动力转移难度较大，转移后的稳定性不够。

尽管政府举办了各种培训班，并且拿出较高的培训补助标准，但大部分农村劳动力对此积极性不高，对就业前景不乐观，不愿支付培训期间的基本生活费，总以农业生产忙、劳动力不够等为借口，拖延或不去参加培训，致使培训工作、乃至劳务输出整体工作进展缓慢。笔者参加了一个乡组织的汉语培训[1]，实际考察了那里的培训情况。

这一期的汉语培训是为接踵而来的美容美发技能培训做准备，因此，参加者多是年轻的女孩或小媳妇，平均年龄在25岁左右。她们平时在家做些家务，做饭、洗衣，或者放羊，很少出门。培训安排在乡里，便于村民们就近来参加，培训时间定于每天下午4点，也是充分考虑到村民们的生活及劳作规律。即便如此，来参加者也是稀稀落落，有的怀里抱着孩子，有的拿着针线活。有些是不情愿过来，但碍于村里的硬性任务勉强参加。当问及培训后的打算时，大多数女性表示不愿意到外面打工，有的说需要考虑一下，年龄在40岁以上的村民大都不愿参加培训。当问及原因时，有个大胆的女孩子告诉我们心中的顾虑，未婚女性在外地打工，面临很大的风险，那就是婚姻问题。在外地的穆斯林很少，无法找到合适的对象，因而也就不能安心工作。这天下午，老师因故未能到来，村民们从3点等到4点多，这让她们非常失望，觉得老师不守信用，政府也安排得不妥，浪费了她们的时间。后来听说，这种老师和学生互相等的现象已经不是第一次，这也使得培训农民的积极性大打折扣。

转移后的人员稳定性问题也是影响培训效果的大问题。据青岛即墨新阳光服装有限公司的负责人说："新疆姑娘心灵手巧，悟性高，

---

[1] 依照县里规定，汉语培训一般不少于3个月，但实际情况不允许，农民没有这么多空余时间学习。因此，培训标准被降低，培训1个月左右，农民只要掌握简单的会话，能够交流就可以了。汉语培训班每期30人。

很有礼貌，学东西很认真。但她们刚来的时候，有些坐不住，有事也不知道请假，干了一会儿人就没影了，不知道干什么去了，很不适应工厂的管理。"（2007-9-30）

连新疆姑娘们自己也说："以前在家里自由自在，想干啥就干啥，想什么时候睡觉就什么时候睡觉，现在不行了。"（2007-10-5）

另外，有些农民在参加完培训后，没有找到合适或理想的工作，也影响了他们培训的热情。如笔者在一个乡的巴扎①上碰到几个闲逛的年轻人。问起他们的工作情况时，其中一个年轻人说，他初中毕业后参加了保安培训班，之后通过县政府联系到乌市一家酒店当保安。干了一阵，觉得月收入太低，除去吃、住等费用外，一个月只剩400—500元，不如政府当初宣传的那样，所以就跑回家来了。他认为，保安培训不吃香，出来找不上好工作，以后准备参加村里的手机维修培训班，期望可以挣大钱。各村像他这样的年轻人还不少，培训后短期工作过，后又嫌收入低或工作累，在家无所事事。这对其他农民也产生了间接影响。

由此可见，村民不愿参加培训和外出，或者勉强参加了，但把它当作一项上级下达的任务来完成的情况确实存在，这些都制约了柯坪县劳动力培训与转移的进程。截至2007年上半年，柯坪县各乡镇均未完成上半年劳动力培训与转移的预期目标，这对下半年的动员工作提出了挑战，并带来了压力。

五　结　论

影响劳动力培训和外出及稳定的因素是多方面的，既有客观限制，又有主观制约。新疆自然位置偏僻，距离内地遥远，其内部城市之间、城市和乡村之间也比较远，如从喀什到乌鲁木齐就是1500公里，从和田到乌鲁木齐更是2000公里。交通不便，信息相对闭塞；绝大多数维吾尔族聚居区只通公路，交通费用普遍比较昂贵，故新疆农民交通消费支出远远高

---

① 这是维吾尔族村民的传统集市。每个星期在各个乡轮流举行，集市上出售蔬菜、水果及各种日常生活用品，村民们每次赶集购回所需用品。

于全国农民。高额的流动成本令安土重迁的维吾尔族村民望而生畏，而且若是出省务工，就不能像在当地务工一样，在农忙时可以保证农业生产，农闲时可以务工增加收入了。

维吾尔族世居于此。受传统就业观念的束缚，农村劳动力本土观念较重，思想保守，不愿意走出去就业，流动性很小。人口流动的去向受社会关系网络的影响很大，其中族类是一个非常重要的组成部分。许多维吾尔族不懂汉语，即使懂得一些汉语，从农村进入城市社区，也需要很大的勇气；而从单一的维吾尔族社区跨入到一个文化特质、氛围完全不同、异质性非常大的另一个民族社区，要想生存下来并生活得很好，也不是一件易事。待转移农民普遍存在汉语水平低，沟通能力较差等问题，致使其从业的行业范围和地域受到限制，这成为农民转移城镇就业的最大障碍。

无论是敬业精神还是在吃苦耐劳方面，维吾尔族农民都无法与内地农民竞争。库尔勒市一个集体企业响应政府扶贫的号召，特意招来维吾尔族农民做工，孰料一个月内工人全部跑光，厂里蒙受了很大损失，不得不从内地重新招聘工人。新疆本身还是比较缺劳动力的，每年秋季拾花季节，都要招募大量民工。尤其北疆地区，每年从四川、甘肃等省招募大批拾花工，而维吾尔族农民在疆内流动拾花的比较少，吃不了苦。

这些都被看作是制约柯坪县劳动力外出培训和转移的障碍性因素。本研究着重从政府动员的角度来解释劳动力培训与输出的结果及其折射出的国家与农民的关系。

国家与农民的关系，是农村研究中的一个比较重要的框架。这里的国家概念不是一个地域概念，是与社会相对而言的一般抽象意义上的国家概念，在现实中的代表是自上而下的一套国家政权体系。这里的农民概念也不是一个职业概念，而是特指生活在农村的具有一定村庄社区成员身份的人。国家与农民的关系，是指两者在一定的社会结构中的互动关系，核心是利益关系[1]。本研究是从社会动员能力的角度来分析国家与农民的关系，并将其纳入劳动力培训与输出的整个过程。考察国家与农民的关系依据的是农民被动员参与的情况及劳动力培训与输出是否达到了地方政府预期的目的。如果农民能够积极参与且劳动力的培训与输出工作结果良好，

---

① 许昀：《村民自治后国家与农民的关系及其调整》，《中国农业大学学报》（社会科学版）2001年第3期。

则说明国家对农民的动员是有效的，两者的关系是和谐的；反之，则说明国家对农民的动员能力弱，两者的关系紧张。

新疆位于祖国的西部边疆，又是少数民族聚居区，其特殊的地理位置决定了国家对其控制相对较强。只有在强权控制之下，才能实现国家的意志。中国农村社会内部缺乏内生性的现代性因素，如果没有外在刺激，农村不会自行进入现代化的历程。这种话语模式比较符合柯坪县的发展状况，在南疆这样偏僻落后封闭的环境中，外界的动力尤为重要，柯坪县农村的发展可理解为内部的传统性在功能上对外部的现代化要求的不断适应过程。在这个过程中，国家的作用尤其突出，农村现代化的启动和推进，需要国家和政府直接介入农村经济实践，充分调动一切资源。[1]

但若由此得出，国家的动员能力强，国家与农民的关系是和谐的，则未免有失偏颇。农民的积极参与，农民主体性的发挥，同样至关重要。有农村实践表明，国家强制性主导下的"逼民致富"的结果反而会导致"逼民致贫"，关键的问题在于解除对农民的社会排斥和限制行为的枷锁，解开国家拴在农民身上的那条根本就不需要的牵绳。[2]

在柯坪县劳动力培训和输出的动员过程中，地方政府的动员能力总体上是比较强的，取得了一定的成果，国家与农民的关系比较和谐。但农民的参与却还存在问题，有些农民不是积极响应，而是消极应付，农民的主动性没有充分发挥出来。这其中的原因是多方面的。

首先，组织者满足被动员者利益的程度决定了社会动员的效果，也决定了组织者与被动员者之间的关系状态。政府组织劳务培训与输出的主要目的是增加农民收入，培养新型农民，这应该说是符合广大农民根本利益的。但为什么在实践的过程中，农民不理解、不支持呢？笔者认为，增加收入是每个农民热切盼望的，但他们缺乏对自身状况的清醒认识，缺乏对政府行为的正确认识，缺乏对自身利益的准确定位，这是导致农民不能自主参与、国家与农民不能有效互动的制约因素。培训与外出打工不是农民自发产生的想法，而是政府从外围强加给他们的，这与内地省份不同。内地的劳动力转移大多是农民自发的，他们或者有着外出的历史传统，或者

---

[1] 张兆曙：《乡村五十年：日常经济实践中的国家与农民——以义乌市后乐村为个案的实地研究》，《开放时代》2004年第4期。

[2] 古学斌等：《地方国家、经济干预和农村贫困：一个中国西南村落的个案分析》，《社会学研究》2004年第2期。

外出的意识比较强烈，如河北、四川等省，他们一般通过亲戚、朋友的引导，一人带动一家人，一家人带动一村人，出去打工。以亲缘、地缘关系为基础建立的社会关系网络在这种外出中发挥重要作用，外出基本上没有什么有组织的培训，有着固定的方向地域性。外出也会因信息不畅，无法找到合适的工作而陷入困境。

柯坪县的劳务输出，一开始就是在地方政府的引导和组织下井然有序地进行，受到政府的大力支持和补贴，具有相当的优越性。但与前者相比，农民的积极性却不高，没有充分调动起来，这缘于柯坪县农民本身没有强烈的外出和就业意识，没有把自己的切身利益与政府的利益联系起来。对于存在语言障碍的少数民族农民来说，理解尚有难度，更何况去接受？这时，耐心细致的宣传工作尤为重要。如果缺少这个环节，而是由政府直接实施劳动力转移计划，就会遭到农民的排斥，或者他们会以偷懒的方式抵制。思想观念的改变是主要的，柯坪县汉族的观念比少数民族转变得快，汉族的生活总体也比少数民族要好。物质扶持只能带来一种依赖心理。地方政府应改变以往单纯的自上而下的动员所导致的"输血"结果，而是应以发动群众积极性为目标从而促成"造血"的效果。这样，国家的利益与农民的利益才能结合起来，动员的效果才能达到最佳，国家与农民的关系才能达致和谐。

其次，动员能力的大小还取决于动员者对资源的掌握程度。掌握的资源越丰富，能够提供给农民的实惠越多，农民越能够主动参与。在中国计划经济时期，全部资源均控制在国家手里，并且政治和经济权力高度集中在中央政府，社会经常处于被动员的状态。作为中央政府意志的贯彻执行者，各级地方政府手中同样拥有丰富的资源，土地是集体所有，劳动力是集体支配，在这种强权之下，国家的意志在绝大多数地区都能够实现，可谓国家对社会的动员能力很强。而在市场经济时期，国家的权力已大为收缩，对资源的控制减弱。尤其是在西部少数民族集中的农村地区，乡村集体经济十分薄弱，缺乏乡镇企业，集体占有耕地少，资金来源少，控制的资源有限。集体财政的拮据产生恶性循环，地方政府无法为村民提供必要的社会福利以及承担公益事业（包括教育、医疗、卫生保健等），无力承担村里的公务，其剩余的功能只是负责传达执行上级政府的任务，这大大削弱了村干部的威望，弱化了他们的权力，从而失去了对群众的吸引力，工作难度较大。农民是最讲实惠的，今天得了你的好处，明日就会帮助你工作。否则，谁愿意听你的呢。

最后，动员能力的大小取决于动员者对动员方式的选择。农村富余劳动力培训和转移的首要任务是引导农民解放思想，破除小农意识，树立全新的就业观念。这就需要政府在选择动员方式时，应积极选择形象、生动、易于被农民所接受的自下而上的现代动员模式，如传媒动员、竞争动员、示范动员等。科技人员组成劳务输出宣传组深入乡村农户，利用各种农村会议、培训班等机会，利用广播、电视、报纸等舆论工具广泛宣传，努力营造农村劳动力转移培训的良好社会氛围。通过宣传，帮助农民破除固守土地，小富即安的狭隘思想和陈旧观念，克服"故土难离"的消极情绪，为开展培训、加快劳务输出扫清思想障碍。同时，通过典型引路、示范引导，使广大农民逐渐认识到通过培训外出打工是开阔视野、致富创业的新路子，努力在经济欠发达地区形成争相参加培训、劳务输出致富的新局面。

在实际的动员过程中，柯坪县政府主要采用的是一种传统的体制内动员，组织动员，是政府主导下的控制动员，动员的目的虽然是提高农民收入，促进社会主义新农村建设，但动员是一种单向的、自上而下的动员，是一种外力的输入，传达的是上级部门的意志，有可能没有考虑到农民的实际情况，没有去解决农民关注的问题。如上文提到的外出后的生活环境，外出的经费等。另外，贫困县的农民已经习惯了国家的给予，足不出乡就可以享受各种支援，这种外出的动员与政府先前提供的物质援助显然是相矛盾的，他们有一个适应转变的过程。层层动员的过程中必然涉及各方的政绩利益及责任权利问题，由此导致互相推诿、责权不明等现象，牵涉到县级职能部门与乡镇之间的利益纠纷及达标问题等，这些都会影响到动员的效果。

我们在乡镇调查时，感受颇深。不少乡镇干部对乡镇一级政府的作用感到迷惘，认为乡镇缺少工作经费，工作量大，来自上级职能部门分派的任务多。在某乡委会上，乡党委书记向县委来的考核领导抱怨：劳动力培训与输出是全县齐抓共管的一件大事，每个职能部门也都分有任务。但事实上，县上的有些职能部门只知道把任务摊派到乡上，打个电话就完事，自己也不下来监督或者操作。他们只要求汇报结果，连工作的过程都不过问，成绩最终却属于他们。他们哪怕派个人下来跟我们一起做都好，哪怕他们少承担一点，我们多承担一点都可以。以后我们只听县劳动人事局的安排，再不听其他部门的，县上2000多个干部，我们能听得过来吗？"上面千根线，下面一根针"，我们不是各个部门的跑腿的，他们又没有经费给我们。县上每年拨给各乡镇的经费只有5000元，除去水电等费用，所剩不多，经费有限，人手有限。上面每个部门都给我们分派任务，乡镇的工作压力无形中加大，我们也听不过来呀。对于劳动力培训与输出的考核，乡书记也极为不满，认为乡镇的考核办法存在问题：考核不应该单纯是上对下的考核，还应该包括下对上的考核。可见，动员的形式本身也存在诸多问题。

在市场经济条件下，政府还应采用一些以经济利益为核心的非正式动员形式，以枣树种植为例。2006年柯坪县政府开始规划种植红枣，起初农民并不接受，因为他们一向以杏树、棉花、小麦等传统种植为主，突然改种红枣，意味着重新学习种植技术，重新投入资金，同时红枣的经济效应并非立竿见影，而是存在巨大的风险，以后是否能销售出去还未可知。总之，农民的担忧太多了。对于村民的顾虑，县政府及乡政府并没有采取强制措施，迫使农民耕种，而是采取积极引导的方式：宣传红枣的经济效益；采用传统作物与红枣套种，如棉花与红枣套种、小麦与红枣套种等，不影响原有作物的产量；采用经济手段补助农民，种植一棵红枣，政府补助3元钱，一颗红枣树苗本身的成本为3元钱；政府组织红枣种植技术培训班，教授农民基本技能。同时，乡、村两级领导亲自督阵，抓生产，给农民示范除草，松土灌溉。对于懒人，不给化肥（是乡政府免费发放的），勤快人给予奖励。现如今，各乡的红枣种植面积已大大拓展，农民已基本能够接受。

在动员时，还应注意适度动员，以免造成期望与现实的差距。亨廷顿研究发现，在社会动员、政治参与和不稳定之间存在着这样的联系：社会动员往往会提高人们的期望和需求水平，但是，期望本身的增长比转变中的社会在满足这些期望方面的能力的提高要快得多。因此，在人们的期望和现实可能方面，在需求的形成和需求的满足之间形成了一个差距。这种差距容易引起社会挫折感，引起社会不安定。[①] 在柯坪县，劳务输出的宣传对农民产生了很大的诱惑力，可是一些农民参加培训，并获得工作后，发现实际工作环境以及工作待遇并不如县政府宣传的那样，于是非常失

---

① ［美］塞缪尔·亨廷顿：《变革社会中的政治秩序》，华夏出版社1988年版，第54页。

望，甚至擅自脱离岗位。

有学者认为，鉴于传统动员模式存在一些问题，新的动员模式必须具备三个基本特征：依靠专业化沟通方式实现建设项目推进者与基层民众之间的良性互动。传统动员模式中通常采用的文件传达、标语上墙、一哄而起等方式，缺少对动员对象特点和利益诉求的科学研究，参与动员的人员多数是凭感情和直觉从事动员工作，缺少沟通技能的专业训练；通过理性化的建设思路设计，确保建设项目的可行性和可持续性。传统动员模式中，项目设计以追求快速的外显效益，即"政绩"为宗旨，很少关注其在基层的可行性和可持续性；依靠相对中立的利益诉求的社会组织作为专门的基层动员者。传统动员模式中，党政领导机构既承担政策制定工作，又承担动员工作，结果部门利益、职位利益的差异导致了基层社会中出现"多头领导"，造成基层社会的内部分裂。① 这实际上是对动员主体提出了更高的要求，对动员的方式提出了更为理性化、可持续性的目标，这些都有利于动员目标的实现，有利于农民的参与。

---

① 赵孟营：《非政府组织与社会主义新农村建设的基层动员》，《宁夏社会科学》2007年第2期。

结语：外助与自立之间——迈向社区发展的本土理论

一 大转型中的社区中国

当代社区发展的学术讨论中，乡愁派不断呼吁乡村社区在现代文明中的重要性，现实派则为传统农村社区写下一首首挽歌，毕竟单纯从数据来看，近十年有近90万个中国村落消失，从2000年的360万个村落到现在只剩不到200万个，几乎每天都有100个村落正在消失。民政部《2017年社会服务发展统计公报》显示，从2004年到2017年底，全国村民委员会的数量逐年递减，从64.4万个下降到55.4万个，平均每年减少近七千个村委会（平均每天减少近20个）。截至2017年底，全国共有村委会55.4万个，数量比上年下降0.9%，村民小组439.7万个，村委会成员224.3万人，比上年下降0.5%。学术界甚至讲中国过去三十多年社会转型的总体特征用从"单位国家"向"社区国家"的转变来概括，这一转变包含着生活空间转移、社会交往方式转变、社会治理体系转型三大深层变化。从城镇化到新型城镇化，在我国几十年来不断推动城市化的进程中，农村社区何去何从？农村社区经历着怎样的结构转型与文化变迁？如何建设新型农村社区？如何和大中小城镇城乡统筹、产业互动、协调发展？这正是我们调查和研究力图回答的问题。

本研究记录了我们在过去的20余年的田野行走，这是纵横2000余公里的西北广袤之地，包括汉族、藏族、土族、维吾尔族、回族、哈萨克族、东乡族、裕固族等众多少数民族世代生息之地；这也是一次学术之旅，是我们竭力对包括传统农业社区、农牧结合社区、林牧结合社区、民俗旅游社区等多种生计方式的民族社区进行全面纵深考察，并对其发展与变迁动因进行探索；这还是一次实践观察，是我们通过对跨越高原、草原、平原、沙漠等地理分界线的众多社区关于其发展的各层次问题与可能性发展路径的全景式呈现。研究虽然以个案式、参与式的方法呈现每一个社区的发展，但我们也力图呈现影响社区发展的政府、企业、社会组织等诸多中观层面行动者，从而挖掘内生型组织的发展动力和目前在现代化过程中的迷茫与转型的可能性——同时在村里传统文化精英和市场力量的张力之间寻找发展路径；在许多调查与反思中，我们甚至将社区放置在更为广阔的社会转型、制度调整、治理创新等更为宏观的层面，关切社区发展的外生动力——项目、人口流动等内容，探讨外生动力在推动民族社区发展的可能性。

奔波在西北这片广袤的土地上，深入众多文化形态的民族社区中，我们将很多精力聚焦在"生于斯长于斯"的社区传统组织之上。因为多年的调查使我们感知这股内生的社区力量在社区发展与社区变迁的进程中仍然在一定程度上影响着村落的传统秩序的维系，规范着村落的日常生活，是我们一直关注的民族社区自立的力量源泉之一。比如在本书第五章中所呈现的起源于藏族部落制度，却在汉藏文化交流互动密切的区域所生长出来的具有独特特征的村落民间组织——沙尼。沙尼这一以血缘关系为基础的组织形式随着时代的发展和社区需求的变化，其形成基础不断被赋予新的内容，其边界也经历了不断拓展的过程：沙尼发生了由血缘沙尼到血缘沙尼与田地沙尼、契约性沙尼混合、共存的转变。这一转变一方面证实了这种组织在社区存在的合理性和稳定性；另一方面也反映出，在不同的时代背景下，"互助"的组织需求可以成为维系或扩展沙尼的新动力。这也是沙尼"扩大性"的根源。正如唐仁郭先生指出的"由血缘宗族组织转向社会地域组织是少数民族传统社会组织的共同特点"[1]，沙尼在现实生活中的结构变迁使其民间互助的特征日益显现。在甘肃卓尼藏区，沙尼有着悠久的历史，在新的历史条件下又将唤发出新的活力。它不仅是一种独特的社区文化现象，是一种传统，而且将在现实中延续，在国家与社会的良性互动中，在促进和谐社区建设中都发挥独特的功能。在民族地区社会治理创新过程中，如何引导沙尼这类社区社会组织融入到地方治理体系当中，既是社区有序发展的现实需求，又可以为我们探讨地方性治理智慧提

---

[1] 唐仁郭：《我国少数民族传统社会组织的共性成分》，《黑龙江民族丛刊（双月刊）》2007年第3期。

供现实案例。

当我们的调查进入到西北穆斯林主要聚居的社区，观察其所运行的寺坊组织后，发现其对社区运行以及社区文化传承仍然有着不可忽视的功用——是回族乡村社会中权威与关系的生产、再生产的重要载体。随着社会转型的不断演进，世俗化进程的加剧对回族寺坊组织产生了深刻的影响，寺坊社会的人际关系与权威格局也在不断发生变化，一方面回族寺坊组织在寺坊社会中获得了更多的运行资源以及空间，但同时寺坊社会也在不断的对回族寺坊组织的运行提出新的要求与挑战；另一方面，寺坊组织成员与寺坊组织之间亦是互构与共生的关系，寺坊组织成员可以通过寺坊获得社会资本的生产与再生产，但同时寺坊组织也可能成为其成员之间权威生产的阻碍。

呈现社区传统组织的内在生命力，我们还深描了存在于青海土族社区中的组织形态完整且生命力十足的青苗会，其亦在当地社区运行中有着巨大的社会功能。青苗会在不同的地域文化中呈现出契合于地方性知识的组织结构与模式，仍旧彰显出强劲的生命活力，在农村社区的运行和发展中扮演了不可或缺的角色。它们不仅在日常生活场域中是社区居民集体行动的边界之一，具有组织、维系居民集体行动的能力，培育了社区居民的集体认同感，而且在社区资源的分配、社区秩序的维系、社区集体规范的达成、社区文化的生成、社区凝聚力的集成等方面均发挥了积极的功用，民族社区作为传统文化实践的场域，其文化的保存、传承和变迁一直都是我们认知民族社区地方性知识的重要途经，也是其文化多元体现的主要载体。正如费孝通先生在其晚年的著作中写到："根据这些年的实际调查经验，我觉得在地方社会中，越是我们'外人'看不出、说不清、感觉不到、意识不到、很难测量和调控的文化因素，越可能是一些深藏不露的隐含的决定力量，越可能是我们实际工作中的难点，也越值得我们社会学研究者关注。"[1] 所以，在社区发展的语境中，西北民族社区的传统社会组织在其地方传统秩序的维系、地方性知识的运行以及作为社区内生力量助力社区的持续发展等方面所发挥的功能是非常重要的。

---

[1] （费孝通，2003a：451）

二　田野未到与未尽之处

按照一般的设想，进行完这样类似学术长征般的考察，我们应该对西北少数民族乡村社区的发展获得了很清晰完备的认识。但答案却不那么确定，研究越是推进的深入，我们的疑问和不确定越来越大，试图在社区发展研究上达成共识的挑战越来越大，不同时空、不同文化坐落中的社区注定其发展的多元性多样性，这就为学术研究试图揭示的规律性带来了难以逾越的挑战。学术界孜孜不断的研究结果，只能提供泛泛而谈的"大问题"和解释原则，而社区发展的实践却有着自身的实践路径，知识的生产与社区的实践之间的区隔仍然明显。本研究尽管对西北少数民族农村社区进行了尽可能深入的调查，但是行动研究关切不足，干预性的参与研究才开始探索性的展开，对民族社会工作在民族地区实践的开展和调查才刚刚展开，成效和变化尚需时日。

课题组成员无论是对新疆哈密维族社区的调查去分析项目推动下的社区发展动力机制，还是进入新疆与哈萨克斯坦边境的哈萨克社区去观察项目实施过程与实施效果，亦或进入青海互助土族社区、宁夏固原回族社区等不同的文化社区去思考影响社区项目效果的相关因素以及地方性知识在民族社区贫困问题解决中的实践，都是期望其研究成果能够对我国民族地区社会发展的路径提供真实的认知支持。但这些调查主要采用的是民族学、社会学传统的学术路径，多数采用社区的微观观察，并未采取行动研究的方法，采取行动介入策略；同时多数社区尚未采取生命历程的研究策略长期跟踪调查，而只是在调查研究期间采取短期观察的策略，因此缺乏如埃利亚斯在《文明的进程》中所强调的历史过程视野，随着社区调查的结束并没有跟踪到最新的政策的变化在村落中的执行以及与村民行动之间的建构问题，亦无法精准回应我国近两年所开展的大规模的精准扶贫行动在当地的效果评估。

不过通过扎实的田野我们发现，在国家精准扶贫大规模开展之前，其在民族地区多年来所陆续实施的各种扶贫项目，逐渐推动社区行动向综合发展方向前行。许多民族地区社区内实施了多样化的扶贫开发项目，其中包括：教育（修建学校，改善教学环境，增添教学设备）、村容村貌整治工程（村庄公共空间建设、村庄卫生、普及卫生厕所）、小额循环基金

(用于发展经济项目)、养殖业（修建圈舍、开展技术培训、提供仔猪）、种植业（改良品种、连片开发）、人畜饮水工程、医疗卫生、危房改造和综合技能培训等。然而，村民对项目的感受更多为"撒胡椒面"，有广度缺乏深度，重视村容村貌的改进和整理，轻视村民个人技能水平的培训和提高。所以，到最后村民感到国家的扶贫政策的确非常好，想支持民族社区尽快地发展起来，但由于项目所涉及的目标和内容过于广泛，反而没有靶向，导致项目资源分配过于宽泛，与村民对项目持有的期望差距加大。计划支援少数民族发展的项目在社区开展过程中存在不同程度的问题，其实际产生的效能被打折扣：作为社区主体的社区居民并没有有效地参与到项目中，社区内实施的项目并没有在最大程度上满足社区居民发展的内在需求，民族社区的居民没有真正地享受到国家项目带来的预期效益，到底是什么原因导致这些试图支援少数民族发展的国家项目与其预期产生落差呢？"在被规划定居点上的人口集中可能并没有带来国家规划者所希望的结果，但是他却阻止或破坏了原有的社区，这些社区的凝聚力往往来自非国家方面。"[1]

  西部大部分农村民族社区发展的动力源依然停留在外部输血的阶段，或者向内外源动力聚合的阶段过渡，这是西部地区落后于东部农村地区的一个致命因素，因此对于西部农村社区的发展来说，内源动力是最基本的力量，在以扶贫项目为依托的外源力量推动下，激活社区的内源力量实现内外源合力下的社区发展，这才是一种理想的发展图景。[2] 我们目前实施的牧民定居工程是否也应考虑这样的问题：这样的社区是不是当地农牧民想要的，如果原有的社区凝聚力破坏了，如何恢复，或者是在项目实施前就对传统的社区凝聚力加以保护，同时，政府也应加强对新建社区凝聚力的培养和正确引导，包括社区文化、宗教信仰、生活娱乐等。而从更深层次来看，需要我们认真看待社区发展中的参与式发展研究，究竟在项目的实施过程是否需要民众参与呢？民众参与对项目的实施会产生怎么样的影响呢？在国家发展项目中如何让民众参与，民众需要具备怎样的参与能力？我们的观点是，如果将参与式发展理念、工具和方法通过有效的国家项目参与方式推广至我国各民族社区的发展过程中，则在很大程度上能够

---

[1] ［美］詹姆斯·C. 斯科特：《国家的视角》，王晓毅译，社会科学出版社2004年版，第254页。

[2] 赵利生：《民族社会学》，民族出版社2003年版，第176页。

保障我国各族人民作为中国的发展主体享有发展的权力、履行发展的义务和分享发展的成果。在这个过程中，尤其是要继续不断地重点关注少数民族的发展，特别是少数民族中发展落后的民族和地区，在充分尊重少数民族的传统文化的基础上寻找其发展的途径，改变他们被动发展的局面，建立民族社区的内源发展动力机制，实现其全面发展。

三　外助与自立之间：迈向社会发展与治理创新的新时代

党的十八大提出"五位一体"的中国特色社会主义事业总体布局，"全面推进经济建设、政治建设、文化建设、社会建设、生态文明建设，促进现代化建设各个方面、各个环节相协调，建设美丽中国"。这一战略布局是中国发展理念的最新呈现，是学术界长期以来的关注焦点，也是我们多年来通过村落调查而呈现的多元化的社区发展理念。在本书的第三章中，我们回顾了中西方对"发展"这一概念内涵的历史认知，澄清了社会中曾经出现的"经济增长等于发展"、"发展是直线进化的"、"发展等于西方化"等单线性思维的局限性，强调了社区视角对于认识、研究发展的重要性——社区发展是旨在通过整个社区的积极参与和全面依靠社区的首创精神，来为社区建立一种经济条件和社会进步的一种过程。

20世纪90年代费孝通先生和英国人类学家利奇在学术对话中充分肯定了社区研究的价值："Leach教授在1992年所写的Social Anthropology一书中向研究中国农村的社会人类学者提出一个问题：'中国这样广大的国家，个别社区的微型研究能否概况中国国情？'我在1990年所发表的《人的研究在中国》一文中答复了这个问题。我在当时的答复中首先承认他的'局部不能概况全部'的定式，即方法上不应'以偏概全'，而提出了用'逐渐接近'的手段来达到从局部到全面的了解。后来我又提出在云南内地农村调查的事件中采用的'类型'的概念，和在90年代城乡经济发展的研究中提出了'模式'的概念，对局部和全面的关系作了进一步的修正。……我的这种思考，是我进一步摆脱了Leach的责难。我认为有可能用微型社会学的方法去搜集中国各地农村的类型或模式，而达到接近对中国农村社会文化的全面认识。……微型社区的人文世界是完整的。……微型社会学有它的优点，它可深入到人际关系的深处，甚至进入语言所难以表达的传神之意，但是同时有它的限制，在空间坐标上它难于全面反映和该社区有密切地联系地外来辐射。"① 费孝通先生的这段论述不仅是对利奇等西方学者质疑社区研究在中国的学术合法性议题的有力回应，更是对从社区视角如何研究中国这一具有几千年历史、多元文化共存的文明型国家的深入思考。

回首社区研究在中国，其一，从价值趋向上来看，中国的社区研究不同于西方人类学中纯粹价值中立的价值假设。从吴文藻先生提出"社会学中国化"到20世纪30、40年代魁阁学者在中国民族社区开展调查，到新中国成立后的民族调查与民族识别的进行，到社会学、民族学的学科恢复直至当前学界同仁孜孜不倦地调查与探索，我们的实践都在不同程度不同层面上遵循着费孝通先生在其《迈向人民的人类学》中所倡导的价值观："科学必须为人类服务，人类为了生存和繁荣才需要科学。毋需隐瞒或掩盖我们这个实用的立场，问题知识在为谁实用？用来作什么？我们认为：为了人民的利益，为了人类中绝大多数人乃至全人类的共同安全和繁荣，为了满足他们不断增长的物质和精神生活的需要，科学才会在人类的历史上发挥它应有的作用。……科学的、对人民有用的社会调查研究必须符合广大人民的利益，也就是说真正的应用人类学必须是为广大人民利益服务的人类学。"②

其二，从方法与方法论来看，中国的社区研究走过了具有中国发展历程印记的独特过程。从早期以单一社区的实证主义调查为方法，到以结构功能主义视角为特征的多民族社区考察，发展到学科恢复之后的多社区"类型比较"研究，尤其是20世纪80年代以后费孝通先生的考察以小城镇—经济模式—边区开发—区域发展的脉络拓展，所主要采取的是"类型比较研究"和"个案拓展研究"方法。在其方法论上所主要采取的是"局外人"的视角、立场和身份去观察别人的生活，存在着不能解决"多维一刻"的时间、空间和文化层次上带来的问题。③ 面对这一问题，费孝通先生在其方法论的本土探索中提出了十分具有中国文化色彩的"将心

---

① 费孝通：《重读江村经济·序言》，引自潘乃谷、马戎主编《社区研究与社会发展》，天津人民出版社1996年版。
② 费孝通：《迈向人民的人类学》，《社会科学战线》1980年第3期。
③ 转引自周飞舟《从"志在富民"到"文化自觉"：费孝通先生晚年的思想转向》，《社会》2017年第4期。

比心"的方法论原则:"'心'的'主观性'特征决定了要认识另外的'主体',不能单靠'我们今天实证主义传统下的那些可测量化、概念化、逻辑关系、因果关系、假设检验等标准,而是要用'心'和'神'去领会。……在'将心比心'的同时,将'我'和世界的关系变成了一种'由里及外'、'由己及人'的具有伦理意义的'差序格局':己所不欲勿施于人;以忠恕的态度由己及人、由近及远地去认识他人和世界。"① "将心比心"的方法论原则,在当前的行动研究、实践研究、社区社会工作等领域中,契合于其提倡的"同理心"、"换位思考"等价值理念,因此在其行动介入过程中更多地被吸纳、践行。

其三,从理论回应上来看,中国社区发展的本土探索自改革开放以来有多种模式的提出:比如学者夏禹龙根据国外"适应理论"发展而来的"梯度发展模式",根据中国经济发展速度与地理区位的关系而提出的三个梯度模型;学者马戎通过对西藏民族社会的调查对美国社会学家赫克托分的"扩散模式"进行了理论拓展:"在体制扩散这个大方向下至少可能有两种很不相同的结果:一是扩散后经过竞争(也不排除政府在一定程度上的保护与扶持)实现工业化,可称为'扩散-工业化'模式;另一个是扩散后中央把边区在财政上完全包下来,最后发展成一种'依赖型'经济,可称为'扩散-供给'模式"②;"学者何传启在其出版的著作《东方复兴:现代化的三条道路》中认为,第一次现代化(工业化)与二次现代化(信息化)两步并作一步走,实现现代化的跨越式突破,而不是赶超型的现代化模式。……韦海鸣在对西部民族地区的研究中发现,西部少数民族地区跨越式发展受到资本、人力资源、技术、制度等四方面因素制约,并且它们之间是紧密相连、相互影响、相互作用的,一个因素的恶化能够形成多重的恶性循环。"③ 这些被认为是"跨越式发展模式"的学术分析范畴。

在众多的学术探讨中,一些民族地区社会发展的实践和理论过分强调

---

① 转引自周飞舟《从"志在富民"到"文化自觉":费孝通先生晚年的思想转变》,《社会》2017年第4期。

② 中国藏学研究中心编:《西藏社会发展研究》,中国藏学出版社1997年版,第53—57页。

③ 龙立:《少数民族现代化模式的比较研究及局限性分析》,《西南民族大学学报》(人文社会科学版)2015年第2期。

了核心地区对边缘地区的现代化扩散，而相对忽视了其内在生长力的培养。深耕于西北的广阔田野，学者刘敏所提出西北黄土高原山村社会发展动力的"二源动力聚合转换"理论将理论关注回归到民族社区发展的内在生长力与外力的协调与转换之上，对我们探索社区发展动力的生产、如何真正实现少数民族自我本位的发展等议题具有较强的参考价值。通过西北民族社区的实证研究，我们借鉴前人的研究成果，在民族社区发展的外助与自立之间，提出民族乡村社区发展的动力及其逆反机制模型，是我们在社区发展领域的又一本土化探索。

基于我们在甘肃录巴寺所看到的社区民众对发展的抗拒、青海互助土族乡村民俗旅游中的"失真包装"，甚至是新疆阔克麦西来甫作为非遗传承现象在发展中的困境的事实，其所呈现出来西北少数民族乡村地区的发展问题让我们进一步认识到民族地区乡村社会发展逆反机制的理论事实——西北少数民族乡村地区发展中存在着逆反机制，是西北少数民族乡村地区各种障碍性因素通过一定手段联结起来，经由社会系统中的惯性运动，在整个社会系统中，对乡村社会发展起系统性逆反作用的社会力量及其综合效应，由乡村社会系统内部逆反机制与外部逆反机制两部分构成。乡村社会体系内部包括手段缺失机制，联动断裂机制与惯性乏力机制，和这三种机制共同作用形成的贫困文化；城乡二元社会之间发挥作用的外部逆反机制则由外源动力输入制度阻碍机制、区位隔断机制及其二者演化而成的外显文化区隔机制组成。这一理论框架是我们对影响西北乡村社会发展的诸种因素进行系统模型建构的初步探索，西北黄土高原山村社会发展的内外源动力聚合系统与"二源动力"转换机制的提出也在内在的逻辑上与非良性循环模式建立了呼应性的关系，因而为从个体层面和宏观层面理解西北乡村社会的发展嫁接了一个中观性的解释框架。

回首本书中我们的田野地点，全部分布在"胡焕庸线"的西北方向，与其东南、西南具有截然不同的自然和人文风貌，是草原、沙漠和雪域高原的世界，历史上是游牧民族的天下，亦是当今我国民族社区研究重要区域。以西北的甘肃为例，东西长近2000公里，中国陆地国土三大自然区东部季风气候区、西北干旱及半干旱区和青藏高寒区在此交会，由此决定不同地区生计方式差异巨大。而青藏高原与黄土高原、祁连山与秦岭、巴丹吉林沙漠与腾格里沙漠等重要地理分界线在此的相遇，更是为生活在此地的少数民族带来多样化的发展机遇和挑战。从文化分布来看，该区域也是蒙古高原的游牧文化圈、青藏高原的游牧文化圈和中原农耕文化圈的交集重叠地带，也是我国佛教特别是藏传佛教、伊斯兰教、本土道教、儒家文化共存共生的重要地区。更为重要的是，在方法论上，它作为中国地理的几何中心和多元民族、宗教文化汇通融合的核心文化区又是观察、理解中国历史与文化的最佳视点。因为对传统中国的"中原—中心"来说，它是边缘，而对于"华夷之别"的边缘来说，它又是中心。河湟民族走廊作为"边缘—中心"历史沉淀的和现实彰显的文化特征就是我们理解中国多元文化一体结构的最好视窗。① 西北地区是我国多元族群与文化多样性最为丰富、积淀最为深厚的文化区域。西北地区是丝绸之路最为重要也是最长的地区，在丝绸之路上形成河西走廊、藏回走廊、青海道等各种通道，在悠久的历史文化交融过程中，西北地区成为我国文化多样性社区发展的最为丰富的区域。在这样一个复杂场域中展开的民族社区发展图景，单一的外力发展类型无法满足其多样化的需求，自然就需要从多样化中体认治理的重要性，寻找多样化治理的西北方案，为理解中国"一带一路"背景下的社区与社会发展提供新的智慧。

由此可见，我们关注于西北少数民族乡村社区的发展仍然具有深远的现实和文化意义。在西北少数民族地区迈向城市化的进程中，地域发展的滞后性、发展能力的差异性以及对于地方发展模式的探索都将是不可避免

---

① 杨文炯：《人类学视域下的河湟民族走廊——中华文化多元一体格局的缩影》，《青海民族大学学报》2015年第1期。

的挑战。除此之外，由于文化、宗教、民族等问题的影响，西北少数民族乡村社区面临的问题更具有特殊性。从某种程度来说，任何针对西北少数民族地区整体社会经济发展的判断都是有很大问题的，社区层面的讨论真正回应地方性问题，使发展落到实处。这就要求西部开发的各项政策更为精细化，更具个性化。这也恰恰是西北少数民族社区发展多元性的价值所在。呈现西北少数民族乡村社区发展的样本，是我们试图揭示隐藏在纷繁复杂的西北社会现实之下的关于社区发展路径的实质的努力，是我们试图建立中国民族社会学学术话语的努力，是我们作为中国的社会学者为我国广大人民利益服务的努力。

习近平总书记指出，要着力加强民族地区基础设施建设，着力培育民族地区特色优势产业，有序开发民族地区特色优势资源，提高民族地区产业结构层次，增强民族地区自我发展能力和可持续发展能力，尊重民族差异、包容文化多样，让各民族在中华民族大家庭中手足相亲、守望相助、团结和睦、共同发展。为了生活在这片土地上的人民生活更加幸福，无论是政府、市场或是社会，不同的行动主体都在竭力推动民族地区的社会发展。我们正在迈向社会发展与治理创新的新时代，政府在推进，人民在行动，我们的研究亦会继续。

后　　记

　　2007年兰州大学自主设立了民族社会学专业博士点并把社区发展作为重要研究方向，我开始招收民族社会学博士生，不知不觉在西北少数民族社区研究这一领域探索了十多年，这本书也算是我们在此领域理论探讨和田野调查的集辑。该书是由我、焦若水博士及谢冰雪博士三人为主要撰稿者撰写并统稿而成。这些年来，我的博士生与硕士生马小华、魏冰、李元元、金昱彤、钟静、陈芳芳、袁宝明、杨苏、陈峰焦、欧玄子、赵亚川、许可可以及当时的本科生李正元（现为兰州大学西北少数民族研究中心教师）等出色地完成了各自的田野调查任务并撰写了相应的田野调查报告，这些成果成为本书中重要的田野呈现。此外马小华博士在工作期间完成白村的田野调查并撰写了相关内容。中共上海市委党校、上海行政学院社会学教研部的潘鸿雁教授和张家川回族自治县文化馆的马慧兰女士帮助我们撰写了其中新疆柯坪国家与农民关系及甘肃省张家川民族关系的相关内容，特此致谢！兰州大学的钟福国研究员、陕西省社会科学院的江波研究员与甘肃政法学院的杨正先生在我们调查期间予以重要指导和热心帮助，我们深表谢意！我们所走过的每个田野地点的访谈民众和社区领导人都曾给予我们以亲人般的关心与协助，我们终生难忘，深表谢意！最后，对我的学生马志强、马治龙、焦则正、康学玲、东宇轩、拉姆扎西等在书稿最后的文字校对、图片、表格更正中所做出的努力表示感谢！此书是我们在西北少数民族地区社区发展领域内探索的阶段性总结，它充分表达出西北地方社会既有社区发展的共性特征，又充满了独特的地方性知识，是我国社区研究的重要阵地，我们希望以此为基础，不断努力，在社区研究领域取得更大成绩，以回报社会与各民族民众的关心与支持！

赵利生
于兰州大学衡山堂
2018年10月1日